자평진전평해

子平眞詮評解
자 평 진 전 평 해

원저자 / 산음(山陰) 심효첨(沈孝瞻)
역해자 / 금산(金山) 강윤용(姜允茸)

소강

역해자 서문

　역학(易學)을 공부하는 사람들과 대화 중에 사주 애기가 나오면 격국(格局)과 용신(用神)의 관법은 잘 맞지 않는다는 말을 자주 듣는다. 그러면서 무슨, 무슨 명리(命理)가 잘 맞는다며 각자 의견을 제시한다. 역해자(譯解者) 역시 그런 말에 현혹되었고 덕분에(?) 상당히 많은 관법(觀法)을 공부했다. 물론 여기저기 기웃거린 덕에 여러 공부를 할 수 있었고 나름대로 얻은 것도 많다. 하지만 역해자가 상당 기간 역학을 공부하고, 상담하는 중에 계속해서 확신을 가지게 되는 것이 있었다. 사주에서 기본이 되는 음양오행(陰陽五行)과 간지(干支)의 성정(性情)을 모르고는, 어떤 비법(秘法)으로도 명리의 진수(眞髓)를 절대로 깨우칠 수 없다는 점이다.

　비법이라는 것이 결국 음양오행과 간지를 제대로 알고자 하는 방법 이외에 아무것도 아니라는 사실이다. 그러면서 사주학의 기본을 제대로 간파하고 밝혀놓은 것이 무엇인가를 하나하나 따져보게 되었고, 현재 역해자의 판단은 자평(子平) 이론이 핵심이라는 결론을 내리게 되었다. 물론 역해자의 공부가 더 깊어지면 나중에 또 다른 애기를 하게 될지 모르겠다. 하지만 현재의 결론은 자평의 격국과 용신이라는 기본 틀을 모르고는 『난강망』(欄江網)

의 조후론(調候論), 『적천수』(滴天髓)의 기세론(氣勢論), 그 외 어떤 문파의 비법(秘法)도 제대로 간파하지 못하고 주변만 맴돌 고 말 것이라는 생각을 가지게 되었다. 사주 공부를 집 짓는 데 비유하자면, 『자평진전』(子平眞詮)은 기본 골격이라고 할 수 있겠다. 제대로 집을 지으려면 모름지기 기본 골격인 기둥을 튼튼하게 세우고 난 다음에 벽을 바르고 지붕을 얹어야 한다. 뼈대도 없는데 벽을 아무리 잘 바른들, 지붕을 멋지게 올린들, 무슨 소용이 있겠는가?

『난강망』, 『적천수』, 기타 등등 …… 모두 아주 훌륭한 간명법이 다. 그런데 자평이라는 기본 틀 없이 그것들에만 얽매인다면 공부해 본 사람은 다 알겠지만, 시간이 갈수록 공부가 깊어질수록 더 모르겠다 …… 이다. 그래서 역해자는 사주 공부를 많이 하고도 잘 모르겠다고 하는 사람들이나, 사주를 배우고 싶은데 뭣부터 해야 할지 모르겠다는 학인(學人)들에게 부족하나마 기본서가 될 수 있는 책을 만들어봐야겠다는 생각으로 『자평진전』을 번역 하고 해설하게 되었다. 역해자 나름의 새로운 체계로 책을 써볼까 하는 생각도 했었다. 그러나 오랜 기간 살아남고 계속해서 보서(寶 書)로 대접받고 있는 고서(古書)는 읽으면 읽을수록 끊임없이 무언가 계속해서 우러나오는 오의(奧義)가 있을 것이다. 그래서 약간 지루하더라도 『자평진전』의 차례를 따라가며 공부하는 편 이 낫겠다는 생각에 『자평진전』의 기본 체계 안에서 역해자 나름 의 견해와 간명법을 기술하는 방식을 취하게 되었다.

시중에 『자평진전』을 번역하고 해설한 책들이 이미 상당수 나와 있고, 역해자 역시 모두 보았다. 개중에는 여러 차례 읽고 역해자의 공부에 많은 보탬을 준 책도 있다. 이렇듯 이미 자평이 나와 있음에도 역해자가 다시 자평을 번역하고 해설하여 출판을 해야겠다고 마음먹은 것은 역해자 나름대로 사주를 바라보는 시각이 있어서다. 즉 음양과 오행에 대한 역해자 나름의 정의(定義)와 억부(抑扶)로 찾고자 하는 과정에서 많이 곡해된 격국과 용신을 제대로 알리고 싶은 생각에 『자평진전』을 역해(譯解)하기로 마음먹게 되었다.

『자평진전』은 원래 이름이 "자평수록(子平手錄) 39편(篇)"으로 청나라 때 산음(山陰) 심효첨(沈孝瞻, 1696?~1757?)이 저술한 책이다. 그 뒤에 호공보(胡空甫)라는 사람이 『자평진전』(眞詮: 참된 깨달음, 참뜻)이라고 이름하여 간행했다. 원저자(原著者) 산음은 39편만 저술했는데, 후세 사람들이 따로 취운(取運) 편을 분리하여 증보(增補)하고, 여기에 또다시 동해(東海) 서낙오(徐樂吾, 1886~1949)가 첨부하여 총 54편으로 만들었다고 한다. 이것이 우리가 접할 수 있는 『자평진전평주』(子平眞詮評註)다.

동해의 『자평진전평주』가 있었기에 오늘날 우리가 『자평진전』이라는 보서(寶書)를 대할 수 있고, 그 의미를 알 수 있게 되었으니 동해의 공로는 지대하다고 할 수 있겠다. 하지만 동해는 『자평진전』뿐 아니라 『적천수』, 『난강망(궁통보감窮通寶監)』 등 상당히 많은 책을 해설하고 본인의 주(註)를 달아서 평(評)했다. 그 책들에는 본인의 생각이 많이 가미되어 있고, 해당 책의 원래 논법과는 다르게 상당 부분 억부 용신을 사용하면서 사주를 풀어내고 있다. 이런 영향으로 오랜 기간 사주를 공부한 사람도 용신을 잘못 이해하고 사주 명식만 보면 신강(身强), 신약(身弱)으로 용신을 정하려고 한다. 차차 알게 되겠지만 녹겁격(祿劫格)과 양인격(陽刃格)을 제외하고는 월령 자체 또는 월령에서 투출(透出)한 것이 격국이면서 용신이다. 그리고 『난강망』 역시 어느 일간이든 당해 월에 용신이 이미 정해져 있다. 이렇듯 정해져 있는 격국과 용신이 건전한가 아닌가, 또는 유력한가 무력한가를 따져서 사주의 고저(高低)와 빈부(貧富)를 나눠야 한다. 그런데 그걸 모르고 각자의 감각으로 신강, 신약을 따져 가며 임의적인 용신만 찾아 헤매고 있는 실정이다. 『자평진전』에 「평주」(評註)를 달아 우리가 공부할 수 있게 한 동해의 공은 지대하지만 그의 「평주」 때문에 심효첨의 진의(眞意)가 왜곡된 면이 상당 부분 있다. 그래서 역해자는 산음의 본의(本意)를 중요시한다는 생각에 『자평진전평주』에서 「평주」 부분은 빼고 "자평수록"의 원문에 해당하는 39편만 취하여 번역하고 해설했다.(「제3부 격국의 분석과 취운」에서 각 격국의 취운 편은 격국에 달려 있기에 목차를 매길 때에 새로운 번호를 붙이지 않고, "-"를 붙여서 격국의 부속으로 처리해 기술했다) 다만, 「평주」 부분에서 원문을 해설하는 데 도움이 되는 부분은 발췌하여 해설에 많은 부분을 인용했다. 만약 역해자 견해와 다르면 동해 의견을 제시하면서 역해자 의견을 개진했다. 때로 원저자 산음의 원문 내용에도 역해자가 생각하기에 오류나 수정할 부분이 있으면, 역해자 의견을 제시했다. 고서(古書)를 공부하면서 원저자의 의도에 반하는 의견을 개진하는 것이 어떻게 보면 건방지게 보일 수도 있어 상당히 조심스러웠다. 하지만 예전에는 출판 기술이 미흡하였고, 기술하는 과정에서 어느 정도는 오류가 발생할 수도 있기에, 부족한 지식이지만 역해자 견해를 제시하기로 했다. 물론 때로 독자들 의견과 다를 수도 있다. 역해자 소견으로 공부라는 것이 그러한 과정과 논의를 거치면서 서로 발전하는 것이 아닐까 생각해 본다.

 그리고 원문을 역해(譯解)하면서 원문 내용과 관련하여 원문의 설명이 미진한 부분들은 역해자가 따로 기술했다. 예를 들어 『하도』(河圖), 오행의 성정(性情)과 오상(五常), 10간(干)과 12지(支)의 자의(字義), 60갑자(甲子)와 공망(空亡), 납음(納音), 월두법(月頭法)과 시두법(時頭法), 천간합(天干合)의 생성원리, 형충파해합(刑沖破害合)의 생성원리와 적용 방법, 대운(大運)의 원리 등의 내용을 가능하면 이해하기 쉽고 외우기 쉬운 방법을 제시하면서 기술했다. 다만, 책의 분량 때문에 충분한 내용을 싣지 못해 독자들에게 미안하고 아쉽다.

「제3부 격국의 분석과 취운」은 "자평수록"과 「평주」에 실려 있는 부분 및 『연해자평』(淵海子平)에 같은 사람인데 명조가 다르게 나와 있는 부분들을 찾아내어 비교하면서 기술했다. 서낙오의 대운 풀이를 소개하면서도 가급적 역해자의 견해대로 운 보는 법을 기술했는데, 이 부분은 옳고 그름을 떠나서, 이 부분을 공부하고 나면 독자들이 사주에 운을 대입하는 법을 어느 정도 알 수 있을 것으로 생각한다. 이 책의 집필 의도가 이러하다 보니 『자평진전』 원문의 내용뿐 아니라 서낙오의 「평주」 부분까지 거의 전부를 다룰 수밖에 없었다. 물론 역해자 나름으로 가감을 했지만,

분량으로는 거의 다 포함되었다. 거기에 별도로 사주 기본 지식을 첨부했고, 원문과 해설 부분의 내용에 대해 입체적으로 연상하면서 이해할 수 있도록 명조로 표시할 수 있는 거의 대부분을 예를 들어 해설했다. 그리고 역해자 나름의 세밀한 사주 분석법까지 기술하다 보니 책의 쪽수가 상당하다. 독자들이 책 분량에 처음부터 질려버리지 않을까 내심 염려스럽다. 하지만 원문의 한문 부분은 일단 접어두고 번역 부분과 「평해」 부분만 먼저 읽고 한문 부분은 다시 읽을 때 같이 본다면 처음부터 부담을 갖지 않아도 될 듯하다. 사주에 대해 어느 정도 지식이 있다면 「제1부 사주학의 기초 개념」은 건너뛰고 「제2부 용신의 적용과 변화」부터 읽어도 괜찮다. 그리고 용신과 격국에 대해서 어느 정도 골격이 잡혀 있다면 「제3부 격국의 분석과 취운」으로 바로 들어가서 사주 분석을 직접 해보는 것도 가능하다. 그렇지 않다면 조금은 양(量)이 많고 지루하더라도 처음부터 책을 읽어 주기 바란다. 차근차근 읽다 보면 사주의 기초부터 실전 풀이 능력까지 갖추게 될 것이다.

모름지기 고전(古典)을 공부하려면 최소 두 번 이상은 봐야 한다. 하지만 여러 가지 사정상 책 전체를 다시 읽기 어렵다면, 책 뒷부분에 있는 "찾아보기"를 활용하면 좋을 듯하다. 궁금하거나 미심쩍은 내용이나 문구가 있을 때, "찾아보기"를 통해 해당 부분들이 나와 있는 쪽을 찾아가면서 하나하나 확인해 보면 저절로 자기 것이 될 수 있을 거라고 생각한다. "찾아보기" 활용은 책을 다 읽고 난 다음은 물론, 책을 읽는 중간중간 또는 문득 생각났을 때도 유용할 것이다.

지식과 경험이 많지 않은 역해자가 감히 보서 중의 보서인 『자평진전』을 번역하고 해설하여 혹시라도 누를 끼치지는 않을까 저어되는 바다. 하지만 완벽이란 없는 것이고, 단지 완벽을 향해 나아갈 뿐이라는 생각에 이 책을 감히 세상에 내놓는다. 독자들은 소기의 목적을 달성하고, 더욱 발전하여 더 나은 간명법을 깨우치기 바란다.

『자평진전』을 역해(譯解)할 수 있도록, 태로(太爐) 권오달(權五達) 선생(육효서六爻書『야학노인점복전서』 번역자)께서 도움을 많이 주셨다. 태로 선생께 감사드린다.

戊戌年(2018년) 봄에 금산 쓰다

일러두기

- ( )는 괄호 속의 단어에 상응하는 한자(漢字)를 사용할 경우에 썼으며, [ ]는 간단한 어귀를 한글이나 한자로 바꿔도 될 경우에 사용하였고, < >는 어떤 문구를 삽입하여 읽어도 무방할 경우에 사용했다. 그리고 주(註)의 한자 병기(倂記)는 ( )를 없애고 "한자漢字"식으로 표기했다. 예를 들면,

  예) 정관 戊가 투출했더라도 상관견관으로 논하지 말고, 재왕생관(財旺生官)으로 논하라.(상관생재傷官生財 → 재생관財生官)

- 이 책에서 명조를 기재하는 방법은 전통적 관례에 따라 오른쪽[右]에서 왼쪽[左]으로, 위[上]에서 아래[下]로 만들었다. 물론 대운(大運)의 기재 방법도 마찬가지다. 그리고 연・월・일・시의 기재는 생략했다. 명조로 예를 들면 아래와 같다.

시 일 월 연		재 인
재 인		戊 乙 壬 甲
戊 乙 壬 甲	⇨	寅 巳 申 申
寅 巳 申 申		관
관		戊 丁 丙 乙 甲 癸
戊 丁 丙 乙 甲 癸		寅 丑 子 亥 戌 酉
寅 丑 子 亥 戌 酉		

- 인(印)은 인수(印綬), 인성(印星), 인(印)으로 표기하였고, 재(財)는 재성(財星), 재(財)로 표기했다. 그리고 관(官)은 관성(官星), 정관(正官), 관(官)으로 표기했다.
- 책에 나오는 인명은 우리 표기 방식으로 기재했다.

차 례

역해자 서문 / 5
일러두기 / 12
역해자 후기 / 659
찾아보기 / 661
원문 예시 명조 찾아보기 / 679

제1부 四柱學의 基礎 概念 ······ 17

1 論十干十二支 : 10간 12지를 논함 ······ 19
- ○ 『하도』(河圖)/ 27
- ○ 오행(五行)/ 32
- ○ 오상(五常)/ 34
- ○ 10간(干)/ 42
- ○ 12지(支)/ 44
- ○ 60갑자와 공망표/ 48
- ○ 납음오행의 생성원리/ 53
- ○ 월두법(月頭法)/ 58
- ○ 시두법(時頭法)/ 60

2 論陰陽生剋 : 음양에 따른 생극의 차이를 논함 ······ 64
- ○ 십신간 생극 관계도/ 69
- ○ 10신(神): 비식재관인(比食財官印)/ 70

3 論陰陽生死 : 음간과 양간의 생왕사절(12운성)을 논함 ······ 81
- ○ 12운성표/ 89
- ○ 지장인원도(地藏人元圖)/ 92
- ○ 12월령 인원 사령 분야표(十二月令人元司令分野表)/ 95

4 論十干配合性情 : 천간합으로 인한 길흉의 변화를 논함 ······ 98
- ○ 오천오운도(五天五運圖): 천간합/ 101

5 論十干合而不合 : 천간이 합하려고 하나 합하지 못함을 논함 107

6 論十干得時不旺失時不弱 : 10간이 득시해도 왕하지 않고

실시해도 약하지 않음을 논함 ················· 116
7 論刑沖會合解法 : 형충회합의 해법을 논함 ············· 125
  ○ 방합(方合)/ 126   ○ 삼합(三合)/ 127
  ○ 형(刑)/ 128   ○ 육합(六合)/ 130
  ○ 육충(六沖)/ 135   ○ 육해(六害)/ 138
  ○ 육파(六破)/ 139

제2부 用神의 適用과 變化 ················· 149

8 論用神 : 용신을 논함 ························· 151
  ○ 용신격국표/ 152
9 論用神成敗救應 : 용신의 성패와 구응을 논함 ············· 170
10 論用神變化 : 용신의 변화를 논함 ···················· 186
11 論用神純雜 : 용신의 순잡을 논함 ···················· 195
12 論用神格局高低 : 용신격국의 고저를 논함 ·············· 200
13 論用神因成得敗因敗得成 : 성격에서 파격되고, 파격에서 성격됨을 논함 ···························· 213
14 論用神配氣候得失 : 용신의 기후 배합 득실을 논함 ········· 219
15 論相神緊要 : 상신의 긴요함을 논함 ··················· 232
16 論雜氣如何取用 : 잡기의 취용법을 논함 ················ 241
17 論墓庫刑沖之說 : 묘고의 형충설을 논함 ················ 253
18 論四吉神能破格 : 4길신이 격을 파괴할 수도 있음을 논함 ··· 262
19 論四凶神能成格 : 4흉신이 격을 성립할 수도 있음을 논함 ··· 265
20 論生剋先後分吉凶 : 생극의 선후에 따라 길흉이 달라짐을 논함 268

21 論星辰無關格局 : 성신은 격국과 무관함을 논함 ················ 282
22 論外格用舍 : 외격의 쓰임과 쓰이지 않음을 논함 ················ 289
23 論宮分用神配六親 : 각 궁에 용신과 육친을 배합함을 논함 ·· 293
24 論妻子 : 처와 자식을 논함 ································ 298
25 論行運 : 행운(行運)을 논함 ································ 311
26 論行運成格變格 : 행운(行運) 때문에 성격되고 변격됨을 논함 334
27 論喜忌干支有別 : 희기(喜忌)는 천간과 지지가 다름을 논함 341
28 論支中喜忌逢運透淸 : 지지의 희기가 운을 만나 작용함을 논함 347
29 論時說拘泥格局 : 잘못된 격국에 얽매임을 논함 ················ 354
30 論時說以訛傳訛 : 학설이 와전됨을 논함 ······················ 363

제3부 格局의 分析과 取運 ·································· 371

31 論正官 : 정관격을 논함 ····································· 373
31-1 論正官取運 : 정관격의 취운을 논함 ······················ 384
32 論財 : 재격을 논함 ··· 393
32-1 論財取運 : 재격의 취운을 논함 ·························· 413
33 論印綬 : 인수격을 논함 ····································· 428
33-1 論印綬取運 : 인수격의 취운을 논함 ······················ 447
34 論食神 : 식신격을 논함 ····································· 461
34-1 論食神取運 : 식신격의 취운을 논함 ······················ 476
35 論偏官 : 편관격을 논함 ····································· 489

35-1 論偏官取運 : 편관격의 취운을 논함 ……………………… 507
36 論傷官 : 상관격을 논함 ………………………………………… 518
36-1 論傷官取運 : 상관격의 취운을 논함 ……………………… 540
37 論陽刃 : 양인격을 논함 ………………………………………… 555
37-1 論陽刃取運 : 양인격의 취운을 논함 ……………………… 577
38 論建祿月劫 : 건록격과 월겁격을 논함 …………………… 582
38-1 論建祿月劫取運 : 녹겁격의 취운을 논함 ………………… 606
39 論雜格 : 잡격을 논함 …………………………………………… 621

제1부
四柱學의 基礎 概念

1 論^논十^십干^간十^십二^이支^지
10간 12지를 논함

干支 1

天地之間, 一氣而已。惟有動靜, 遂分陰陽; 有老少, 遂分四象。老者極動極靜之時, 是爲太陽太陰; 少者初動初靜之際, 是爲少陰少陽。有是四象, 而五行具於其中矣。水者, 太陰也; 火者, 太陽也; 木者, 少陽也; 金者, 少陰也; 土者, 陰陽老少、木火金水, 沖氣所結也。

천지만물(天地萬物)은 한 기(氣)일 따름이다. 그 한 기(氣)에 동(動)과 정(靜)이 있게 되어 마침내 음(陰)과 양(陽)으로 나뉜다. 이 음(陰)과 양(陽)에도 노(老)와 소(少)가 있으니 마침내 사상(四象)으로 나뉜다. 노(老)라는 것은 동(動)이 극(極)에 이르고 정(靜)이 극(極)에 이른 때로서, 이것을 태양(太陽), 태음(太陰)이라고 한다. 소(少)라는 것은 동(動)하기 시작함과 정(靜)하기 시작하는 때(즈음, 경계)를 이름이니, 이것을 소음(少陰), 소양(少陽)이라고 한다. 이러한 사상(四象)(태양, 태음, 소양, 소음)이 있고 나서, 오행(五行)은 모두 이 사상(四象) 속에 갖추어지게 된다. 水는 태음(太陰)이고, 火는 태양(太陽)이고, 木은 소양(少陽)이고, 金은 소음(少陰)이고, 土는 "음양(陰陽)의 노소(老

少)인 목화금수(木火金水)"의 충기(沖氣)가 엉기어 응결된 것이다.

評解 천지지간(天地之間)은 단순하게, 그냥 하늘과 땅 사이라는 의미로 새기기보다 우주 창조 이전의 상태인 무극(無極), 즉 태극(太極)을 의미한다고 보는 것이 적절할 것 같다. 사주명리를 배우는 책의 첫머리에 태극과 기가 나오는 이유는 무엇인가? 사주명리는 천간의 글자 10개와 지지의 글자 12개의 조합으로 만들어진 60개(10과 12의 최소공배수는 60이다)의 간지인 흔히 말하는 60甲子를 가지고 인간의 운명을 논하는 학술이다. 그런데 이러한 사주명리의 기본 요소라고 할 수 있는 10천간과 12지지는 오행에서 나왔다. 또 오행은 음양에서 나왔고, 음양은 태극에서 나왔으니, 사주 보는 법을 논하기 전에 모체(母體)가 되는 태극과 기와 음양을 먼저 알아야 한다.

　이러한 태극이 음과 양의 두 기운으로 나뉜 것을 양의(兩儀)라고 한다. 또 이 양의가 재차 나뉜 것을 사상(四象)이라고 하고, 이 사상이 재차 나뉜 것을 팔괘(八卦)라고 한다. 이것은 하나가 둘을 만든다(또는 하나에서 둘이 나온다)는 일생이법(一生二法)의 분화 발전 법칙에 따른 것이다. 이는 음양과 木火金水 사행(四行)의 발생 근원이 되며, 사주 명조의 근본 골격이 된다고 볼 수 있다.

○ 사상(四象)은 사주(四柱), 즉 연주(年柱), 월주(月柱), 일주(日

柱), 시주(時柱)의 네 기둥으로 원용되었고,
○ 팔괘(八卦)는 천간 지지의 여덟 글자인 팔자(八字)로 원용되었 다고 볼 수 있다.

우리는 이를 일러 사주팔자(四柱八字)라고 한다. 또한 점학(占學)인 육임(六壬)의 4과(四課)(정단正斷하는 날의 간지를 기준으로 작성되는데, 육임 해석의 기준이 된다)에도 원용되는 등 역학 전반의 골격이 되고 있다.

원문에서 土를 4행이 충기(沖氣)하여 응결된 것이라고 했다. 여기서 충(冲)은 충돌이 아니라 화(和)의 의미로 쓰였다. 木火金水 사행(四行)의 성정을 두루 포함하고 서로 융화시킨다는 뜻이다. 태초에 발생한 일기(一氣)에서 분화되어 나온 두 기운(음과 양)이 서로 밀어내고 섞인다. 즉 무(無) 또는 혼돈의 상태에서 유(有) 또는 조화(調和)와 화해(和諧)의 상태로 진행된다. 이런 과정과 결과가 충기의 응결이고, 융화다. 다음 면에 표기한 『하도』(河圖)에서, 중앙의 5土가 1, 2, 3, 4라는 水火木金의 생수(生數)와 합하여 6, 7, 8, 9라는 水火木金의 성수(成數)를 만들어내는 과정을 이르는 것이기도 하다.

그리고 사주명리(四柱命理)가 지구상에서만 적용된다는 의미에서, 土를 木火金水 사행(四行)이 운행하고 적용되는 지구 자체로 볼 수도 있겠다. 이상의 내용을 도표로 정리하면 아래와 같이 된다.

☷ 8 곤 坤	☶ 7 간 艮	☵ 6 감 坎	☴ 5 손 巽	☳ 4 진 震	☲ 3 리 離	☱ 2 태 兌	☰ 1 건 乾	팔괘(八卦)
⚏ 태음(太陰)		⚎ 소양(少陽)		⚍ 소음(少陰)		⚌ 태양(太陽)		사상(四象)
⚋ 음(陰)				⚊ 양(陽)				양의(兩儀)
태극(太極) ☯ =무극(無極) ○								일기(一氣)

	火 태양(太陽) ⚌	
木 소양(少陽) ⚎	土 충기(沖氣)	金 소음(少陰) ⚍
	水 태음(太陰) ⚏	

※ 위 도표는 원문의 내용을 그대로 표기했으나, 『하도』(河圖)에 나타난 사상(四象)의 위(位: 생수生數)와 용(用: 성수成數)과는 차이가 있다.

송대의 주염계(周濂溪, 1017~1073)는 「태극도설」(太極圖說)에서 "무극이 곧 태극"(無極而太極)이라고 했다. 이는 태극이 항상 존재하지만 태극은 잡을 수도 볼 수도 인식할 수도 없다는 것을 강조하기 위해 무극이라는 말로 표현한 것이다. 『주역』(周易)「계사상전」(繫辭上傳) 11장에 "역유태극 시생양의 양의생사상 사상생팔괘"(易有太極 是生兩儀 兩儀生四象 四象生八卦)라고 했으니 그 내용을 상(象)에 대비하여 해설하면 아래와 같다.

o 무극은 글자의 뜻 그대로 시공(時空)의 다함[極]이 없는 개념상의 상태로서, 시작과 끝의 구분이 없는 한 획의 둥근 상 '○'으로 표기하여 공허함을 나타낸다.

o 태극은 비로소 하나의 기운이 생겨나기 직전의 상태로서, 상하의 극점을 중심으로 하여 한 획을 이루어 표기한다. '☯' 이로써 시종(始終)이 구분되고, 하나에서 좌우로 나뉘어 두 기운[陰陽]이 형성되니 '일생이'(一生二)의 이치가 나타난다.

o 양의는 '둘 량(兩), 거동 의(儀)'로 두 가지 양태를 뜻하니, 태극이 한 번은 양이 되고 한 번은 음이 되는 것을 표현한 것이다.(이를 "일음일양지위도"一陰一陽之謂道라고 한다) 양이 먼저 나왔으니 첫째라는 뜻과 양의 뻗어 나가는 성정(性情)을 표현하고자 한 획으로써 양(■)을 긋는다. 그리고 음이 나중에 나왔으니 둘째라는 뜻과 가운데가 비어 그 속으로 수렴(收斂)한다는 의미에서 두 획으로써 음(■■)을 긋는다.

o 사상(四象)은 네 가지의 형상이란 뜻이다. 태양(太陽)이란 양(■)에서 양(■)으로 나아간 것으로 양이 더 커져서 양이 겹친 '⚌' 모양이 된다. 태음(太陰)이란 음(■■)에서 음(■■)으로 나아간 것으로 음이 더 커져서 음이 겹친 '⚏' 모양이 된다.

소음과 소양의 표기 방법을 해설하면 다음과 같다. 음(⚏)과 양(⚎)에서 한 단계 발전한 것을 아래에서 위로 표기하는 바, 음(⚏)에서 양(⚎)이 하나 생겼으니 '⚏'로 표기하고, 나중에 생긴 것에 주안점을 두고 소양이라고 한다. 또 양(⚎)에서 음(⚏)이 하나 생겼으니 '⚎'로 표기하고, 나중에 생긴 것에 주안점을 두고 소음이라고 한다. 또 태극(무극)이 일기(一氣)가 아니고 태극에서 일기가 생겼지만, 도표의 단순화를 위하여 그대로 일기라고 표기했다.

干支 2

有是五行, 何以又有十干十二支乎? 蓋有陰陽, 因生五行, 而五行之中, 各有陰陽。卽以木論, 甲乙者, 木之陰陽也。甲者, 乙之氣; 乙者, 甲之質。在天爲生氣, 而流行於萬物者, 甲也; 在地爲萬物, 而承玆生氣者, 乙也。又細分之, 生氣之散布者, 甲之甲; 而生氣之凝成者, 甲之乙。萬物之所以有枝葉者, 乙之甲; 而萬木之枝枝葉葉者, 乙之乙也。方其爲甲, 而乙之氣已備; 及其爲乙, 而甲之質乃堅。有是甲乙, 而木之陰陽具矣。

이렇듯 오행이 있는데 어찌하여 또 십간(十干)과 십이지(十二支)가 있는가? 무릇 음양이 있고 나서, 이 때문에 오행이 생겼으므로 각 오행 속에는 각각 음과 양이 있는 것이다. 가령 木으로써 논한다면, 甲과 乙이라고 하는 것은 木의 음[乙]과 양[甲]이 된다. 甲은 乙의 기(氣)이고, 乙은 甲의 질(質)이 된다. 하늘에서 생기(生氣)가 되어 만물에 유행(流行)하는 것이 甲이고, 땅에서 만물이 되어 이 생기를 이어 받아들이는 것이 乙이 된다. 또 세분하여 말하면, 생기 중에서도 흩어지고 퍼진 것이 甲 중의 甲이고, 이 생기 중에서도 엉겨서 이루어진 것이 甲 중의 乙이 된다. 만물 중에 가지와 잎사귀가 있는 것은 乙 중의 甲이고, 온 나무에 온통 가지와 잎으로 뒤덮인 것은 乙 중의 乙이 된다. 결국 이 甲이라는 것은 乙의 기가 이미 갖추어진 것이고(부드럽고), 또한 乙이라는 것은 甲의 질(質)로서 견고하다. 이렇게 甲과 乙이 있음으로써 木의 음과 양이 갖춰지게 된다.

評解 여기서는 기(氣)와 질(質)을 고찰해 보고 넘어가지 않을 수 없다. 원문에서 어느 정도 언급되었고 나중에도 해설이 나오겠지만, 기(氣)란 눈으로 보거나 만질 수 없는 순수한 기운을 말한다. 요즘 말로 에너지라고 볼 수 있겠고, 어떤 일이나 사물의 조짐 등을 말하는 것으로 상(象)이라고도 표현할 수 있다. 질(質)이란 기에 대비되는 것으로 좀 더 구체화되고 가시화되는 것으로 형(形)이라고도 볼 수 있다.

 기와 질 또는 양간(陽干)과 음간(陰干)을 나무의 예를 들어 해설하여 보자. 우리가 길을 다니다 보면 수많은 가로수를 보게 된다. 그것이 나무이므로 그냥 단순하게 木이라고 생각하고 만다. 그러나 그 안에는 木火土金水 오행이 다 들어 있다. 그리고 木이라고 하더라도, 가로수가 큰 나무이므로 木 중에서도 乙이 아니고 甲이라고 생각하는데, 그렇지 않다. 우리 눈에 보이는 나무의

몸통과 줄기, 가지와 잎사귀는 이미 형상화되어 있으니 질인 乙이다. 그 안에 흐르고 있는 우리 눈으로는 볼 수 없지만 그 나무가 서 있을 수 있게 만드는 어떤 기운, 그 나무가 성성하게 자라도록 만드는 어떤 기운, 이것이 甲이다. 즉 우리가 이미 볼 수 있고 만질 수 있는 것은 질이며 음간이고, 그것이 있게 하는 원동력이 기며 양간이다. 그러나 이 양자(兩者)는 이건 기고 이건 질이라고 명확히 구분되기보다 상대적인 개념으로 대대(對待)로 인식함이 타당할 것이다. 그래도 이해를 구하기 위하여 구분하여 보자면,

○ 양은 기고 음은 질이며,
○ 오행 중에서도 木火는 기고 金水는 질이며,
○ 천간은 기고 지지는 질이며,
○ 천간 중에서도 양간은 기고 음간은 질이며,
○ 지지 중에서도 子寅辰午申戌은 기고 丑卯巳未酉亥는 질이다.

이중에서 子午와 巳亥는 체용(體用)을 달리하여 지장간(地藏干)의 정기(正氣, 本氣)(子는 癸, 午는 丁, 巳는 丙, 亥는 壬)에 따라 음양을 바꾸어 사용할 뿐이다.(명리에서는 지지 글자 자체[體]가 아니라 지장간에 내장되어 있는 천간[用]의 개념 때문에 음양이 바뀌고, 점술 등 타 역술에서는 위에 기술한 대로 子午는 양으로, 巳亥는 음으로 구분 사용한다)

특히 역학의 가장 기본되는 체계인 『하도』(河圖)에서는 음양을 체와 용으로 구분하여 水의 체(體)는 양, 용(用)은 음으로 규정하고, 또한 火의 체는 음, 용은 양으로 규정하고 있다. 이는 水의 기본수인

1과 6, 火의 기본수인 2와 7을 통해서 보면 알 수 있다. 즉 水의 체는 1로서 양이지만 용은 6으로서 음이고, 火의 체는 2로서 음이지만 용은 7로서 양이다. 이러한 체와 용의 구분은 나머지 오행인 木과 金에도 같이 적용되고 있다. 팔괘(八卦) 등 역학의 기본 체계에서는 체(體) 자체를 중요시하여 씀으로써, 水는 양으로 火는 음으로 나타내고 있으나,[水를 나타내는 감(坎, ☵)괘는 양이고, 火를 나타내는 이(離, ☲)괘는 음이다] 명리에서는 체가 아닌 용을 쓰기 때문에 火를 양으로, 水를 음으로 하여 쓰고 있다.

『하도』(河圖)의 기본수 체계

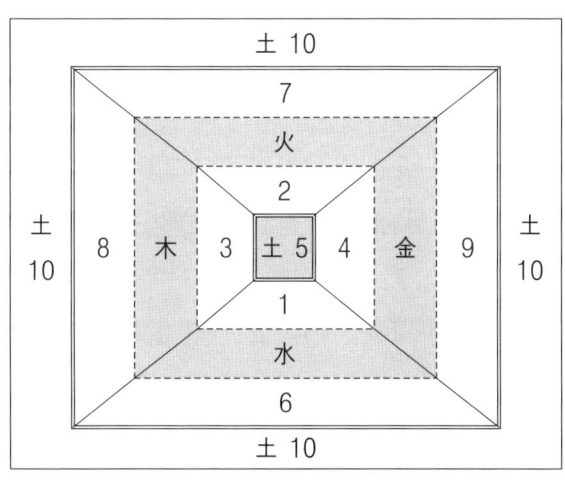

※ 생수(生數)인 1, 2, 3, 4, 5가 체(體, 內)이고, 성수(成數)인 6, 7, 8, 9, 10은 용(用, 外)이다. 일반적으로 10을 5와 같이 내부에 표기하는데, 10은 성수로서 1에서 9까지 또는 木火土金水 모두 아우르는 것으로 보아 의도적으로 외부에 표기했다.

干支 3
_{간 지}

何以復有寅卯? 寅卯者, 又與甲乙分陰陽天地而言之者也。以甲乙
_{하이부유인묘　인묘자　우여갑을분음양천지이언지자야　이갑을}

而分陰陽, 則甲爲陽, 乙爲陰, 木之行於天而爲陰陽者也。以寅卯
_{이분음양　즉갑위양　을위음　목지행어천이위음양자야　이인묘}

而分陰陽, 則寅爲陽, 卯爲陰, 木之存乎地而爲陰陽者也。以甲乙
_{이분음양　즉인위양　묘위음　목지존호지이위음양자야　이갑을}

寅卯而統分陰陽, 則甲乙爲陽, 寅卯爲陰, 木之在天成象而在地成
_{인묘이통분음양　즉갑을위양　인묘위음　목지재천성상이재지성}

形者也。甲乙行乎天, 而寅卯受之; 寅卯存乎地, 而甲乙施焉。是故
_{형자야　갑을행호천　이인묘수지　인묘존호지　이갑을시언　시고}

甲乙如官長, 寅卯如該管地方。甲祿於寅, 乙祿於卯, 如府官之在
_{갑을여관장　인묘여해관지방　갑록어인　을록어묘　여부관지재}

郡, 縣官之在邑而各施一月之令也。
_{군　현관지재읍이각시일월지령야}

그럼 어찌하여 <木에는 甲과 乙이 있는데> 또 寅과 卯도 있는가? 寅卯라는 것 역시 甲乙과 더불어 음양이나 천지로 나누어서 말한 것이다. 즉 甲乙을 음양으로 나누면 甲은 양이요 乙은 음이 되는 것으로, 木이 천간에서 유행(流行)하는 것이고 천간 木의 음양이 된다. 寅卯를 음양으로 나누면 寅은 양이요 卯는 음이 되는 것으로, 木이 지지(地支)에 존재하는 것이고 지지 木의 음양이 된다. 甲乙 寅卯를 통틀어 음양으로 나누면, 즉 甲乙은 양이 되고 寅卯는 음이 되니, 木이 천간에서는 상(象)을 이루고 지지에서는 형(形) 을 이루게 된다. 甲乙이 하늘에서 유행하면 寅卯는 이것을 땅에서 받아들이게 되고, 寅卯가 땅에 존재하고 있음으로써, 甲乙이 여기 에 <그 기를> 베푸는 것이 된다. 이러한 까닭으로 甲乙은 관장(官 長)(관청의 장관)과 같고, 寅卯는 관장이 관할하는 해당 지역과 같다. 甲의 녹(祿)은 寅에 있고 乙의 녹은 卯에 있다. 예를 들어

부(府)의 장관이 군(郡)에 부임한 것과 같고, 현(縣)의 장관이 읍(邑)에 부임한 것과 같아서, 각각 <寅월과 卯월> 한 달 동안의 명령을 집행하는 것과 같다.

> **評解** 이 대목은 10천간과 12지지의 대비 개념을 논했는데, 원문을 보면 천간은 "행(行)한다, 상(象)을 이룬다, 시(施)한다"고 하고 있고, 지지는 "존(存)한다, 형(形)을 이룬다, 수(受)한다"고 표현하고 있다. 이렇듯 10천간은 순수한 오행의 기운이고, 12지지는 10천간이 저장되어 있고[存], 10천간의 기운이 머물고 발휘되는 곳이면서, 저장된 지장간이 쓰임을 기다리는 곳이라고도 할 수 있겠다. 그래서 10천간은 오행 자체이므로 甲木, 乙木, 丙火, 丁火 등 오행을 붙여서 읽어도 무방하지만, 12지지는 寅木, 卯木, 辰土, 巳火 등 지지 뒤에 오행을 붙여 읽으면 그른 표현이다.
> 寅을 예를 들어 해설하면, 寅의 지장간에는 戊土, 丙火, 甲木이라는 세 개의 천간을 보유하고 있으면서, 이 천간들의 쓰임을 기다리며 뿌리 역할을 하는 곳이다. 단지, 지장간 세 개 중 甲이 寅의 정기(正氣)인 관계로 甲木의 녹지(祿地)인데, 추후에 배우게 될 격용(格用)에서 우선 순위가 부여될 뿐이다.(육임같은 점술 등에서는 지지의 정기를 그대로 채용해서 쓰는 관계로 그냥 寅木이라고 해도 무방하다)

干支 4

甲乙在天, 故動而不居。建寅之月, 豈必常甲? 建卯之月, 豈必常乙? 寅卯在地, 故止而不遷。甲雖遞易, 月必建寅; 乙雖遞易, 月必建卯。以氣而論, 甲旺於乙; 以質而論, 乙堅於甲。而俗書謬論, 以甲爲大林, 盛而宜斲, 乙爲微苗, 脆而莫傷, 可爲不知陰陽之理者矣。以木類推, 餘者可知。惟土爲木火金水沖氣, 故寄旺於四時, 而陰陽氣質之理, 亦同此論。欲學命者, 必須先知干支之說, 然後可以入問。

甲과 乙은 천간에 있으니 동(動)하여 머무르지 않는데,(늘 움직인다) 월지(月支)가 寅이라고 하여 월간(月干) 또한 어찌하여 반드시 항상 甲이어야 한다고 하는가?(甲丙戊庚壬 5양간이 모두 올 수 있다) 월지가 卯라고 하여 월간 또한 어찌하여 반드시 항상 乙이어야 한다고 하는가?(乙丁己辛癸 5음간이 모두 올 수 있다) 寅과 卯는 지지에 있으므로 고정되어 있고 옮겨 다니지 않는다. 甲이 비록 자리를 번갈아 바꾸지만 정월(正月)의 월지는 반드시 寅이 되고, 乙이 비록 자리를 번갈아 바꾸지만 2월의 월지는 반드시 卯가 된다. 기(氣)로써 논한다면 甲은 乙보다 왕(旺)하며, 질(質)로써 논한다면 乙이 甲보다 더 단단하다. 그런데 속서(俗書)에서 잘못 논하기를 "甲은 대림목(大林木)이라 왕성하니 깎고 다듬어야 마땅하고, 乙은 미약한 싹이라 연약하니 손상하면 안 된다"고 하는데, 이는 음양의 이치를 모르고 하는 말이다. 이렇게

木의 이치로 미루어 추측해 보면 다른 오행의 이치들도 알 수 있다. 그런데 오직 土는 木火金水의 충기(沖氣)이므로 사시(四時)(木火金水, 춘하추동)에 기대어 왕성하니, 음양과 기질의 이치 또한 이러한 논리와 동일하다. 명리를 공부하려면 반드시 간지(干支)의 이치부터 알아야 하고, 그런 연후에야 입문할 수 있다.

評解 『자평진전』에서는 10천간의 설명이 나오지 않고, 「2 논음양생극」(論陰陽生剋)에서 간략히 다루고 있을 뿐이다. 그래서 대략적이나마 10천간을 해설하고자 한다. 10천간은 이 책의 제일 처음에 나오는 내용과 같이, 음양에서 사상이 나오고, 사상과 충기(沖氣)인 土를 합하여 오행(五行)이라 하고, 그 오행 속에도 원래부터 음양이 있었으니, 각 오행별로 양간과 음간으로 나뉘어 10천간이 나왔다. 「3 논음양생사」(論陰陽生死)에도 나오겠지만, 양은 모여서[聚] 앞으로 나아가려는[進] 성정이 있고, 음은 흩어져서[散] 뒤로 물러나려는[退] 성정이 있다. 따라서 양간은 해당 오행의 기(氣)이고, 음간은 질(質)이라는 것으로 대별해놓고(기와 질의 개념은 앞에서 해설했다) 보는 것이 최우선이다. 이것을 대전제로 하여 10천간의 성정을 개략적으로 해설하겠다.

10천간을 해설하기에 앞서 오행이라는 것은 우주 삼라만상의 기운과 성정을 크게 5가지로 분류하여 놓은 것일 뿐임을 말해 두고자 한다. 즉 木이라고 하여 진짜로 우리가 산에서 보는 나무가 아니고, 金이라고 하여 쇠붙이가 아니고, 火라고 하여 불이 아니고, 水라고 하여 물이 아니다. 그리고 土라고 하여 흙이 아니다. 다만, 해설의 편의를 위하여 우리가 흔히 볼 수 있는 사물을 끌어다가 그 사물의 성정으로 해설한 것일 뿐이다.

오행의 성정(性情)

○ 木은 처음 발생한 것으로,(물론 역易에서는 水1 火2 木3 金4 土5의 순으로 설명하지만, 명리에서는 용用적인 현상을 설명하고자 하므로 木을 처음으로 한다) 앞으로 또는 위로 솟구쳐 오르려는 기운으로, 마치 봄에 새싹이 겨우내 언 땅을 뚫고 나오는 것과 같아서(영어로는 용수철의 의미가 있는 '스프링Spring'이 봄이다) 木으로 표기한 것이다. 그래서 계절로는 봄, 방위는 동(東), 색은 청(靑)(靑, 즉 푸르다는 것은 파란색만 뜻하는 것이 아니고 생기발랄한 것을 통칭한다) 장기는 간(肝), 맛은 신맛, 사람의 성정으로는 인(仁)을 상징한다. 또 곡직(曲直)이라고 말한다. 이는 양(陽)인 甲木의 직진성과 음(陰)인 乙木의 휘는 성질을 한마디로 표기한 것이다.

○ 火는 木의 솟구침이 절정에 이르러 확산하고 폭발하려는 기운으로 마치 여름에 태양이 작렬하듯 하고, 불꽃이 터지는 것 같아서 火로 표기하는 것이다. 계절로는 여름, 방위는 남(南), 색은 적(赤)(赤, 즉 빨갛다는 것은 빨간색만 뜻하는 것이 아니고 화려한 것의 통칭이다) 장기는 심장, 맛은 쓴맛, 인간의 성정은 예(禮)다. 또 염상(炎上)이라고 한다. 이는 火가 탈 때 불꽃을 내며 위로 오르는 현상을 말한다. 예를 들어 불꽃놀이에 비유하자면, 폭죽에 불을

붙이면 폭죽이 하늘로 치솟아 오르는데, 이는 木의 솟구치는 성정이고 하늘에서 불꽃이 터지는 것은 火의 발산이다.
○ 金은 木의 솟구침과 火의 폭발이라는 팽창의 기운을 억제하여 수렴하고자 끌어내리는 기운으로(영어로는 떨어진다는 의미의 '폴 Fall'이 가을이다) 마치 여름내 활짝 핀 꽃을 떨어뜨리고 열매를 맺도록 하고자 찬 서리가 내리는 것과 같고, 익은 과일을 따는 것과 같아서 서슬퍼런 쇠붙이 성정을 지닌 金으로 표기하는 것이다. 계절은 가을, 방위는 서(西), 색은 백(白)(白, 즉 하얗다는 것은 흰색만 뜻하는 것이 아니고, 예리하고 서슬퍼런 것의 통칭이다) 장기는 폐(肺), 맛은 매운맛, 인간의 성정은 의(義)다. 또 종혁(從革)이라고 한다. 이는 가을의 숙살지기(肅殺之氣)인 금기(金氣)가 만물을 죽여서 새로이 살리는 것이 마치 짐승이 허물을 벗고 새 옷을 입는 것과 같아서(또는 쇠를 불에 달구고 두들겨서 새로운 것을 만든다는 의미에서) 종혁이라고 한다.
○ 水는 金의 기운으로 끌어내리고 수렴한 기운을, 다음 번의 새로운 발설(發洩)을 위하여 깊이 저장하고 응축하는 기운이다. 겨울에 지상의 모든 것이 떨어지고 씨앗에다 고농도로 응축된 기운만을 저장하는 것과 같다. 씨앗이 겉은 딱딱하지만 그 속에는 응축된 고밀도의 수기(水氣)로 되어 있는데 마치 동물의 정액과도 같다. 이를 水라고 표기한다. 계절은 겨울, 방위는 북(北), 색은 흑(黑)(黑. 즉 까맣다는 것은 검정색만 뜻하는 것이 아니고 춥고, 어둡고, 숨는다는 뜻의 통칭이다) 장기는 신장(腎臟), 맛은 짠맛, 인간의 성정은 지(智)다. 또 윤하(潤下)라고 한다. 이는 水는 계속 아래로만 흐르려는 성정이 있으며, 만물을 적시려고 하므로

윤하라고 한다.

○ 土는 이러한 4행(行)의 충돌과 융화로써 생긴 충기(冲氣)다. 4행이 의탁하여 생하고 저장되는 것이 마치 만물이 땅에서 생하고 묻히는 것과 같으니 土라고 표기하는 것이다. 계절은 사계(四季: 간절間節), 방위는 중앙, 색은 황(黃)(黃은 단순하게 노란색이 아니고 누렇다는 말인데, 이는 자기 본연의 색이나 기질이 없이 모든 것을 받아들이고 저장하고 있어 특정한 색이 없는 것의 통칭이다) 장기는 위(胃), 맛은 단맛, 성정은 신(信)이다. 또 가색(稼穡)이라고 한다. 이는 土는 만물이 씨 뿌려지고 익어서 거둬들이는 곳이기에 가색이라고 한다.

여기서 인의예지신(仁義禮智信)이란 **오상(五常)**으로서 인간이 항상 지켜야 하는 도리를 말한다. 공자가 주장한 유교의 도덕이념 또는 정치이념인 5가지 사상인데, 명리에서 이를 오행과 배합(配合)하여 설명한다.

○ 인(仁)은 모든 덕(德)의 기초로서 공자는 이것을 극기복례(克己復禮)라고 설명한다. 인은 측은(惻隱)에 바탕하여 자애(慈愛)로 발현(發顯)된다. 겨울의 엄한(嚴寒)을 이겨낸 새 생명이 암흑과 혼돈의 상태(수기水氣의 응축된 압박)에서 그것을 처음으로 박차고 나올 때의 성정을 말함이다. 즉 땅은 새싹이 자기 표피를 뚫고 나올 때의 아픔을 어미가 산통을 겪듯이 감수하며, 사랑으로 감싸 자라게 한다. 나무 역시 새순이 자기 껍질을 헤치고 나올 때의 쓰라림을 참아내고, 거기서 꽃을 피우도록 영양분을 제공한

다. 이렇듯 봄에는 천지만물이 새 생명의 탄생을 위해 어느 정도 고통은 감내한다. 이러한 자기 희생을 통한 사랑의 베풂은 군자의 살신성인(殺身成仁)에 비유될 수 있고, 봄을 상징하는 木의 성정에 인(仁)을 배정하게 되었다. 결국 木의 성정은 살리고 기르는 것이 핵심이고 이것이 '어질 인'의 뜻이다. 또한 한자의 훈(訓)에 과일의 씨나 속살이라는 뜻도 있다. 이것이 바로 '태극의 핵(核)'이다. 원형이정(元亨利貞)[천도天道의 4가지 원리(4덕德), 즉 사물의 근본 원리] 중 원(元)에 해당한다.

○ 예(禮)는 글자를 파자해 보면 '풍성할 풍(豊)' 자와 '보일 시(示)' 자의 합(合) 자로서 여름에 만개한 꽃을 보는 것과 같고, 풍성한 제물을 바쳐서 신에게 제사를 지낸다는 뜻이다. 사람이 모습을 드러내고 예식을 치를 때, 어느 정도의 격식은 차려야 하니 활짝 드러나는 여름의 화기(火氣)에 이러한 성정을 배정하게 되었다. 火의 성정은 드러내고 발산함이 핵심이고, 드러냄에는 격식과 예의(禮儀)를 갖추어야 한다. 이것이 '예도(禮道) 예'의 뜻이다. 원형이정 중 형(亨)에 해당한다.

○ 의(義)를 金에 배정한 것은, 가을의 금기(金氣)는 만물의 기를 끌어내려 수렴하는 것이니 이를 숙살(肅殺)의 기(氣)라고 한다. 그런데 비록 죽이는 살기(殺氣)지만 모두 다 죽이는 것은 아니라 水로써 응축시켜 다음 생(生)을 대비하도록 하는 의무도 있다. 따라서 엄정한 기준에 의해 정의롭게 판단하여 남길 것은 남기고 죽일 것은 죽여야 한다. 그래서 가을의 금기에 의(義)를 배정하게 되었다. 다시 말해 金의 성정은 죽이고 수렴하는 것이 핵심이고, 또 죽이는 것은 다음 생을 위함이다. 여기에는 공정함이 있어야

한다. 이것이 '의로울 의(義)'의 뜻이다. 원형이정 중 이(利)에 해당한다.

○ 지(智)를 水에 배정한 이유다. 금기(金氣)에 의해 숙살되고 정리된 것들을 겨우내 간직하고 있다가 다음 봄에 발설시켜야 한다. 그러기 위해선 최소의 크기와 최소의 에너지만으로 보관하여 겨울이라는 시기를 보내야 한다. 또 발설의 시기를 정확히 알아 목기(木氣)로써 발설해야 한다. 여기에는 옳고 그름과 좋고 나쁨을 가릴 줄 아는 지혜가 있어야 한다. 그래서 수기(水氣)에 지(智)를 배정하게 되었다. 水의 성정은 감추고 보관하는 것이 핵심이다. 그리고 어두운 곳에 잘 감추고 보관을 잘 하려면 지혜가 있어야 한다. 이것이 '슬기로울 지(智)'의 뜻이다. 원형이정 중 정(貞)에 해당한다.

○ 신(信)을 土에 배정한 이유는, 土는 만물이 생하고 자라나며 죽어서 묻히는 곳으로 4행인 만물이 생사(生死)를 믿고 의지하기 위해서는 土에 대한 신뢰가 무한히 있어야 하기 때문이다. 또 믿을 신(信) 자는 펴진다는 의미의 펼 신(伸) 자와 상통하니, 이는 土의 기본 성정이기도 하다. 土의 성정은 모든 것을 다 포용하는 것이 핵심이고, 수용함에는 믿음이 있어야 한다. 이것이 '믿을 신(信)'의 뜻이다. 원형이정이 구현되는 터전이라고 볼 수 있다.

이와 같은 것이 오행이지만, 사주명리는 이러한 오행의 성정을 10천간과 12지지로 빌어다가 인간의 운명을 논하는 학술이다. 그러므로 기(氣)적인 것만 논하지 않고, 실제 간명(看命)에서는 사물에 빗대어 해설한다. 특히 동북아의 기본 삶이었으며 태양력에 의한 계절의 기후를 가장 잘 활용하는 농경의 일상사를 빌어서 해설하고 있는 실정이다. 다만, 이러한 것도 해설의 편의를 위한 것일 뿐, 그것이 본질은 아니다.

이러한 각 오행의 기본 성정 때문에 상생(相生)과 상극(相剋)이라는 작용이 일어난다. 즉 솟구치려는 木의 성정과 끌어내리려는 金의 성정은 서로 정반대의 성정으로, 이것이 金木 상극이다. 또 확장, 폭발하려는 火의 성정과 응축, 저장하려는 水의 성정은 정반대의 성정으로, 이것이 水火 상극이다. 이러한 金木 상극과 水火 상극도 각 오행 중에 음양이 있으니, 같은 상극이라도 동성(同性)간의 극은 격렬하고, 이성(異性)간의 극은 대체로 온순하다. 그래서 양간끼리 상극인 甲木과 庚金의 극은 격렬하고, 양간인 甲木과 음간인 辛金의 극은 극이지만 유순한 편이다. 반대로 음간끼리 극인 乙木과 辛金의 극 역시 격렬하며, 乙木과 庚金은 극이지만 유순한 편이고, 오히려 합(合)을 하려고 하는 성정도 있다. 水火의 관계 역시 같은 맥락이니, 양간끼리인 丙火와 壬水는 격렬한 극이고, 이성간인 丙火와 癸水는 온순한 극이다. 음간끼리인 丁火와 癸水는 격렬한 극이고, 이성간인 丁火와 壬水는 온순한 극이면서 이 또한 합하려고 한다. 이것이 상극의 요점이다.

그리고 상생이란 水는 木을, 木은 火를, 火는 土를, 土는 金을, 金은 水를 생하는 작용을 말한다. 이것은 기준이 되는 오행의 입장에서 바로 전 단계의 오행이어서 그곳이 내가 나온 곳이기에 엄마와 같은 입장이 되어 생(生)한다고 할 뿐, 흔히 알고 있듯이 물로써 나무를 키우고, 나무로 불을 지피는 그런 단순한 물질적인 관계는 아니다. 그런 관계라면 木에게 水가 아무리 많다 한들, 또는 겨울이라고 한들 엄마가 되는 水가 木을 얼려 죽이기야 하겠으며, 木이 아무리 많다 한들 자기 자식인 火를 꺼버리기야 하겠는가?

오행 간의 상생이란 그 전 단계 기운이 있음으로 해서 그것을 발판으로 하여 생기는 기운의 작용력을 말하는 것이다. 즉 木은 水의 응축력이 있기 때문에 그것을 뚫고 나오려는 반발력으로 솟구치게 되는 것이고, 火는 木의 솟구침에서 힘이 지나쳐서 폭발하는 작용이니, 결과적으로 보면 水가 木을 생하고, 木이 火를 생한 것과 같이 보일 뿐이다. 이것 역시 음양으로 구분하여 이성간의 상생은 더 유력하고, 동성간의 상생은 덜 유력하다고 보면 된다.

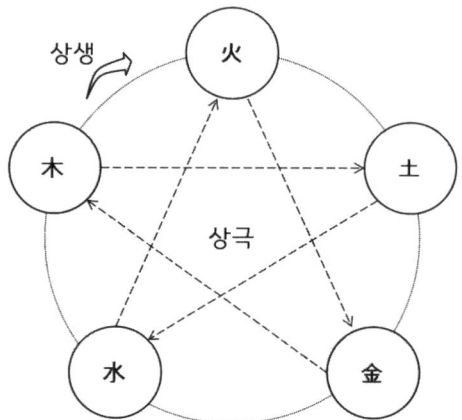

<오행 상생 상극도>

이런 상생관계 역시 지나치면 오히려 역효과가 있으니, 즉 水가 많으면 木이 썩거나 표류한다고 하고, 木이 많으면 火가 숨을 못쉬고 꺼져버린다고 하는 표현을 쓴다. 이것 역시 설명을 위한 편의일 뿐이고, 실제로 水가 많으면 응축력이 과하여 木의 반발력이 제대로 작동하지 못하니 솟구치기 어려운 것이고, 木이 많으면 끝없이 솟구치기만 하니 火로 폭발하지 못하는 것이다. 이러한 현상을 명리 용어로 수다목부(水多木浮)니, 목다화식(木多火熄)이니 하는 표현을 쓰는데, 이런 것은 다 비유적인 표현일 뿐 오행 생극작용의 본질은 아니다.

여태까지 土는 언급하지 않았는데, 土는 木火金水처럼 뚜렷한 성정이 있지 않기에 엄밀하게 이 4행과 생극(生剋)관계가 형성되지 않는다. 즉 흔히 알고 있는 상식적 내용과는 달리 火가 土를 생하지 않고, 土가 金을 생하지도 않는다. 오히려 土는 木火金水 모두 생하기도 하고 극하기도 할 수 있다. 다만, 土는 모든 만물을 그 안에 끌어안고 가두려는 성정이 기본 속성이다. 반면 4행 중에서 木은 이런 속박을 뚫고 나가려는 돌파의 속성을 가지고 있다. 그런 작용이 土 입장에서는 木에게 극제를 당하는 것이 된다. 이것이 木극土고 이를 명리에서는 소토(疎土)라고 한다. 또 水는 계속 흐르려고 하고 土는 계속 가두려고 하니, 水 입장에서는 土에게 극을 받는 것이 된다. 이것이 土극(剋)水다. 또 金은 솟구치려고 하는 木을 끌어내리려고 한다. 이를 火의 폭발력으로 막아 주어 木을 보호하니 金 입장에서는 火에게 극을 받는 것이 된다. 이것이 火극金이다.

이러한 오행 간에 발생하는 생극관계에서 천간의 경우, 자기를 포함해서 일곱째가 극이 되는 자리다.(여섯째와는 합이 된다) 그중에서도 강렬한 것은 충(沖)이라고 하고 나머지는 그냥 극(剋)이라고 한다. 천간의 충(沖)은 水·火 간, 金·木 간에만 존재하는 것이고 나머지는 극일 뿐이지 충은 아니다. 즉 甲木과 庚金, 乙木과 辛金, 丙火와 壬水, 丁火와 癸水는 충이고, 甲木과 戊土, 乙木과 己土, 丙火와 庚金, 丁火와 辛金, 戊土와 壬水, 己土와 癸水는 극이다.(지지의 충은 오행 간 대립이라기보다는 위치의 대립에서 오는 현상이다. 또 실질적인 충의 작용은 지장간끼리 충극沖剋을 논하는 것이니, 6가지의 충이 모두 성립한다는 점이 천간과 다르다)

기준	木		火		土		金		水	
기준	甲	乙	丙	丁	戊	己	庚	辛	壬	癸
관계	⇑충	⇑충	⇑충	⇑충	⇑극	⇑극	⇑극	⇑극	⇑극	⇑극
대상	庚	辛	壬	癸	甲	乙	丙	丁	戊	己
	金		水		木		火		土	

그리고 상생과 상극의 관계를 종합적으로 살펴보면,
○ 木은 火를 생함으로써 金에게서 오는 극을 방지할 수 있고,
○ 火는 土를 생함으로써 水에게서 오는 극을 방지하며,
○ 土는 金을 생함으로써 木에게서 오는 극을 방지하며,
○ 金은 水를 생함으로써 火에게서 오는 극을 방지하며,
○ 水는 木을 생함으로써 土에게서 오는 극을 방지할 수 있다.

이를 명리에서는 내가 자식을 낳아 그 자식이 나를 보호하는

현상으로 해설한다. 이러한 오행의 상생과 상극의 작용이 다시 음양의 두 가지로 구분되니 10천간끼리 상생상극으로 나뉘어 나타나게 된다. 그러나 양간은 각 오행의 기(氣)이고, 음간은 각 오행의 질(質)일 뿐이다. 즉 위에서 해설한 각 오행의 성정을 제대로 알고, 음과 양 사이의 당기고 밀어내는 작용을 안다면 10간끼리 하는 생극 역시 쉽게 알 수 있을 것이다.

 이러한 10간(干)의 성정을 사물에 빗대어 아래와 같이 설명하기도 한다.
○ 甲木은 대림목(大林木)이라 하고, 乙木은 난초와 같은 풀이라 하고,
○ 丙火는 태양, 丁火는 촛불이나 모닥불이라 하고,
○ 庚金은 도끼나 큰 칼, 辛金은 작은 칼이나 보석이라 하고,
○ 壬水는 바다나 강물 같은 큰 물줄기, 癸水는 이슬이나 옹달샘 등으로 비유하고 실제로 간명에도 사용하고 있다.

 그러나 실제로 10간은 눈으로 볼 수도, 손으로 만질 수도, 몸으로 느낄 수도 없는 개념상의 존재다. 위의 해설은 형이상학적인 기와 질인 오행과 10간을 해설하기 위하여 비유적으로 표현했을 뿐이다. 이렇듯 물질로 비유한 것을 10간의 본질로 착각하고 이러한 것에만 집착한다면 명리의 정수(精髓)를 알기 어려울 것이다.

※ 주자(朱子, 1130~1200)에 의해 완성된 성리학에서는 이(理)와 기(氣)를 구분하여 이기이원론(理氣二元論)으로 주창했다.

여기서 이(理)는 형이상학적 개념으로 소이연(所以然)(그렇게 되야 하는 이유, 즉 자연적 원리로서 절대 진리)이거나 소당연(所當然)(그렇게 되어야만 하는 이유, 즉 윤리적 법칙)의 절대 가치이고, 기(氣)는 형이하학적 개념으로서 소연(所然)(그렇게 된다)이라는 실질적 드러남으로 구분했다. 그러나 주자에게 학문적 기반을 제공한 주염계의 「태극도설」에서는 이(理)와 기(氣)를 하나로 하는 이기일원론(理氣一元論)으로 만물의 근원을 태극에서 동(動)한 기(氣)로 보고 있다. 이런 차원에서 여기 『자평진전』에서 논하는 기(氣)와 질(質)의 개념을 형이상학적이라고 한 것일 뿐, 신유가(新儒家)에서 말하는 이기(理氣)의 논의는 아니다.

10천간(天干)의 자의(字義)

○ 甲은 새싹이 뿌리를 내리고 처음 나온다는 뜻이다. 밭[田]에 씨를 뿌리면 땅 밑으로 뿌리를 내리는[甲] 형상을 표현한 것이다.

○ 乙은 새싹이 땅위를 박차고 점점 자라는 형상이다. 양(陽)기운이 과(過)하여 방정(方正)함을 얻지 못하고, 모양이 꾸불꾸불한 것이다. 그래서 乙을 '굽을 을(乙)', '창자 을(乙)'이라고 한다.

○ 丙은 하늘의 빛과 열기로 대지를 따뜻하게 품어 양기(陽氣)가 충만해진 형상으로 하늘(一은 하늘이다)에 크게[大] 날개[八]를 드리운 모습이다. '불꽃 병(炳)' 자에서 따왔다고 한다.

○ 丁은 한 일(一) 자와 갈고리 궐(亅) 자를 합한 모양으로

한 일 자는 곧 하늘을 뜻한다. "나무가 하늘에 닿을 듯 치솟아 오른 형상이고, 사람이 성장하여 어깨가 떡 벌어진 모습이기도 하다. '장정 정(丁)' 자를 그대로 썼다고 한다."
○ 戊는 더욱 무성하게 성장한다는 의미로 '성할 무(茂)' 자에서 따왔다.
○ 己는 戊土 속에서 몸을 일으켜 세워 내적 성숙함이 극에 달한 모습으로 '일어날 기(起)' 자에서 따왔다.
○ 庚은 땅에서 자란 만물이 열매를 맺는 모습으로 바뀌는 '고칠 갱(更)' 자의 형상이다.
○ 辛은 청량한 기운이 있으므로 '새로워진다'[新]는 뜻이니 만물의 열매가 성숙되면 새로운 맛이 생긴다.
○ 壬은 '맡긴다[任], 임신(姙娠)한다'는 뜻이다. 계절로는 겨울이 되어 대지가 얼어붙어 전혀 생기가 없는 듯하나, 내면으로 양(陽) 기운이 처음 생겨서 땅속으로 온화한 기운이 생겼다. 월령(月令)으로 11월(子월)이 되어 일양(一陽)이 시생(始生)하니 봄에 나올 양(陽) 기운을 잉태하는 것이다.
○ 癸는 '헤아린다'[揆규]는 뜻이며, 월령으로 12월이 된다. 깊은 겨울이라 만물이 폐장(閉藏)되어 있으나 회임(懷妊)한 양(陽) 기운이 싹이 터서 껍질이 터지고 나오기 전까지 규탁(規度: 헤아려서 계획함)하는 것이다. [최국봉,『증보계의신결』(增補稽疑神訣), (서울: 태중출판사, 2015), 62~64쪽]

12지지(地支)의 자의(字義)

○ 子는 방위로는 북방이 되고, 계절로는 음력으로 11월(동지 冬至)이 된다. 음(陰) 기운이 지극히 강한 한수(寒水)의 자리다. 그러나 음중(陰中)에 유양(有陽)으로 일양이 처음 생기는 [일양시생一陽始生] 자리다. 子는 '자(孶)(부지런할 자, 낳을 자, 새끼 가질 자, 열매 자)'에서 온 것이니, 자식을 잉태한 것이다. 천간 壬에서 회임하는 이치와 상통한다. 그러므로 양(陽) 기운이 이미 동(動)하여 만물이 아래에서 어린 싹이 트는 것이다. 시각으로 하늘이 열린다는[천개어자天開於子] 한밤중 12시에 해당한다. 이때(겨울, 한밤중) 뭇생물이 고요히 새끼치기를 시작하여 종자(種子)를 뿌리고, 순차적으로 종자에서 싹이 나고 결국에는 열매를 맺게 된다.

○ 丑은 방위로는 북·동방이 되고 계절로는 12월 섣달이 된다. 丑은 얽어맨다는 의미의 '맺을 뉴(紐)'에서 따온 것이다. 12월은 1년이 끝나갈 무렵 이양(二陽)이 생기는 달이지만 음(陰) 기운이 오히려 잡고 있어 얽어맨 상이 된다. 시각으로 땅이 열린다는[지벽어축地闢於丑] 새벽 2시경에 해당한다. 丑은 역(易)에서 간(艮)의 자리로 간(艮)은 전(前)의 것을 마치고 새로운 시작이 있는 자리다[종시어간終始於艮].

○ 寅은 방위로는 동·북방이 되고 계절로는 정월(正月)이 된다. 寅은 옮긴다[移], 넓힌다[演], 당긴다[引]는 뜻이 있다. 정월에는 얽어맨 것[紐]을 이끌어 신장시켜 옮기게 한다. 子와 丑에서 천지가 생긴[천개어자天開於子, 지벽어축地闢於

丑] 후에 寅에서 사람이 생겼으므로[인생어인人生於寅], 천지인(天地人) 삼재(三才)라고도 한다. 시각으로는 새벽 4시경에 해당하며 寅시가 되면 사람이 활동하기 시작한다.

○ 卯는 방위로는 동방이 되고 계절로는 2월이 된다. 무릅쓴다[冒], 무성하다[茂]라는 뜻이 있으니 卯시가 되면 태양이 솟아 오르며 4양(四陽)의 달이라 만물이 무성하게 지상으로 모출(冒出)함을 뜻 함이다.(卯월은 중춘仲春으로 만물이 나온다. 물생어묘物生於卯) '앙(昴)(밝을 앙)' 또는 '묘(昴)(별이름 묘, 밝을 묘)' 자에서 따온 것이라고도 하며, 시각으로는 해뜨는 아침 6시경에 해당된다. 또 卯는 유(柳) 자에서 왔다는 일설도 있으니, 봄이 오면 버들강아지가 제일 먼저 눈을 트기 때문이다.

○ 辰은 방위로는 동·남방이 되고 계절로는 3월이 된다. 辰은 진동(振動)한다는 뜻이 있으니 역(易)의 진(震)(진동할 진)괘와 상통한다고 볼 수 있다. 기(氣)가 바야흐로 화창한 시기라 만물이 꽃다움을 다투어 자라남을 뜻한다. 만물이 활발하게 움직이고 사람 역시 활동을 개시하는 오전 8시경에 해당한다.

○ 巳는 방위로는 남·동방이 되고 계절로는 4월이 된다. 순양(純陽)인 6양(六陽)의 달이라 음 기운이 없는 건(乾, ䷀)괘에 해당한다. 일어난다는[起] 뜻이 있으니, 양 기운이 다하는 때라 만물의 이치가 다하면 다시 일어나는 것이다. 시각으로는 만물이 활짝 핀 오전 10시경에 해당하고, 시기적으로도 4월은 신록의 계절이다. 역(易)의 손(巽)(공손할 손)괘와 상

통한다고 할 수 있다.(巳는 손방巽方임)

○ 午는 방위로는 남방이 되고 계절로는 5월(하지夏至)이 된다. '짝 짓는다'[仵]는 뜻이 있으며 크다[長大]는 뜻도 있다. 4월 순양(純陽)의 달을 지나 비로소 음(一陰) 기운이 생기므로 음양(陰陽)이 교제(交際)한다고 보고, 이때가 되면 만물이 풍만하며 장대하니 천간의 丁과 같다. 시각으로는 해가 중천에 떠 있는 밝은 대낮 12시(正午)에 해당한다.

○ 未는 방위로는 남·서방이 되며 계절로는 6월이 된다. 未를 '어둡다'[昧]고 하기도 하고, '맛'[味]이라고 하기도 한다. 이음(二陰)의 달이라 만물이 점점 쇠(衰)하기 시작하여 혼매(昏昧)한 데로 향한다는 뜻이며, 만물이 풍만하게 성장하였으면 반드시 맛이 있다는 뜻이다. 시각으로는 오후 2시경에 해당한다.

○ 申은 방위로는 서·남방이 되며 계절로는 7월이 된다. '편다'[伸]는 뜻이 있으며 '몸'[身]이라는 뜻도 있다. 만물의 신체가 다 신장(伸張)되어 완성되었음을 뜻한다. 시각으로는 오후 4시경에 해당한다.

○ 酉는 방위로는 서방이 되고 계절로는 8월이 된다. 시간상으로 오후 6시경으로 해질 무렵이다. '가볍다'[輶]와 '말고삐'라는 뜻이 있다. 완전히 성숙된 만물이 쇠하여 말고삐를 도사리듯 가볍게 유축(輶縮)되어 수렴된다는 뜻이다. '유'(槱)(태울 유, 화톳불을 놓아 하늘에 제사지낼 유) 자에서 따왔다고도 한다. 8월 중추(仲秋) 초저녁 酉시에 화톳불을 켜고 햇곡식으로 하늘에 제사지낸다는 의미다.

○ 戌은 방위로는 서·북방이 되고 계절로는 9월이 된다. 戌은 소멸(消滅)한다는 뜻이 있다. 음 기운이 다 차오르고 양 기운은 하나만 남아 간신히 버티고 있는 박(剝, 산지박山地剝, ䷖)괘에 해당하여 9월을 박(剝)월이라고도 한다. 이때가 되면 만물이 모두 탈락하고 없어진다는 의미다. 시각으로 오후 8시경에 해당한다.

○ 亥는 방위로는 북·서방이 되고 계절로는 10월이 된다. '씨(핵核)'라는 뜻이 있다. 순음(純陰)인 6음(六陰)의 달이라 양기는 없고 음기만 왕성하다. 즉 만물의 일생이 끝난 것이다. 그러나 그중에는 핵이 내포되어 있다. 그러기에 10월을 소춘(小春)이라고 한다. 봄에 피었던 꽃이 10월에 다시 피기 때문이다. 이러한 이유로 장간법(藏干法)에서 甲木(봄 기운)이 亥중에서 장생하는 까닭이 된다. 시각으로 밤 10시경에 해당한다. [최국봉, 『증보계의신결』(增補稽疑神訣), (서울: 태중출판사, 2015), 64~67쪽]

이상으로 천간(天干)과 지지(地支)를 자의(字義)로써 해설했다. 그러나 자의는 말 그대로 글자를 따온 이유를 설명한 것뿐이다. 그것이 곧 각 간지(干支) 자체의 정의(定義)는 아닌 것이니 다만 참고할 뿐이다. 그것으로 간지의 정의로 한정지어서는 안 된다.

또 10천간은 오행의 성정을 음양으로 나누어 기(氣)와 질(質)로써 표현한 것이고, 12지지는 이러한 10천간이 소장되어 쓰여지기를 기다리는 공간이요 시간일 뿐이다. 이러한 오행과 간지의 기본 개념을 잘 인식하고 숙지한 다음 10간과 12지의 물상적(物象

的) 기법들을 곁들여 사용한다면, 사주 통변에 있어 정확하면서도 변화의 묘(妙)를 살릴 수 있다.

60甲子와 공망(空亡)

 이로써 오행과 10천간 및 12지지의 기초적인 해설은 마무리 짓고, 10간과 12지의 조합으로 생성된 60갑자와 이들의 조합 때문에 생기는 공망(空亡) 및 납음오행(納音五行)을 기술한다. 오행 및 간지끼리 생극에 따른 명칭과 작용은 「2 논음양생극」(論陰陽生剋)에 해설되어 있다.

60갑자와 공망표

甲子순(旬)	甲子	乙丑	丙寅	丁卯	戊辰	己巳	庚午	辛未	壬申	癸酉	戌亥 공망
납음오행	해 중 금 海 中 金	노 중 화 爐 中 火	대 림 목 大 林 木		노 방 토 路 傍 土		검 봉 금 劍 鋒 金				
甲戌순(旬)	甲戌	乙亥	丙子	丁丑	戊寅	己卯	庚辰	辛巳	壬午	癸未	申酉 공망
납음오행	산 두 화 山 頭 火		간 하 수 澗 下 水		성 두 토 城 頭 土		백 랍 금 白 鑞 金		양 류 목 楊 柳 木		
甲申순(旬)	甲申	乙酉	丙戌	丁亥	戊子	己丑	庚寅	辛卯	壬辰	癸巳	午未 공망
납음오행	천 중 수 泉 中 水		옥 상 토 屋 上 土		벽 력 화 霹 靂 火		송 백 목 松 柏 木		장 류 수 長 流 水		
甲午순(旬)	甲午	乙未	丙申	丁酉	戊戌	己亥	庚子	辛丑	壬寅	癸卯	辰巳 공망
납음오행	사 중 금 沙 中 金		산 하 화 山 下 火		평 지 목 平 地 木		벽 상 토 壁 上 土		금 박 금 金 箔 金		
甲辰순(旬)	甲辰	乙巳	丙午	丁未	戊申	己酉	庚戌	辛亥	壬子	癸丑	寅卯 공망
납음오행	복 등 화 覆 燈 火		천 하 수 天 河 水		대 역 토 大 驛 土		차 천 금 釵 釧 金		상 자 목 桑 柘 木		
甲寅순(旬)	甲寅	乙卯	丙辰	丁巳	戊午	己未	庚申	辛酉	壬戌	癸亥	子丑 공망
납음오행	대 계 수 大 溪 水		사 중 토 沙 中 土		천 상 화 天 上 火		석 류 목 石 榴 木		대 해 수 大 海 水		

甲子가 언제부터 누구에 의해 사용되었는가는 정확히 헤아리기 어려우나 대략을 말하면 다음과 같다.

『황제내경』(黃帝內經)에 이르기를 천기(天氣)는 甲에서 시작되고 지기(地氣)는 子에서 시작되었다. 甲에다 子를 붙이고 乙에다 丑을 붙여 차례대로 배열해 나가면 60째에 가서 천간과 지지가 나란히 끝난다. 이것을 이름하여 60甲子라고 한다. 상고(上古)에 천지가 개벽한 후로 삼황(三皇: 천황天皇, 지황地皇, 인황人皇)시대부터 간지(干支: 구갑자舊甲子)의 이름이 성립되었고, 복희(伏羲)씨가 8괘를 이루었다. 황제(黃帝)가 대요(大撓)에게 명하여 오행의 정(情)을 탐구하고 북두칠성의 자루 모양(두병斗柄)이 가리키는 곳을 살펴 비로소 甲子를 지어 천간과 지지로써 음·양을 나누었다. 그리고 오운(五運)과 육기(六氣)로써 경위(經緯)를 삼아 하루하루 시간을 추산하여 세시(歲時)를 정했다. 그로써 수천년을 거슬러 올라가 월과 일의 도수(度數)가 여분이 없이 11월 초하루 정자시(正子時)에 동지절이 교입(交入)되는 날을 얻게 되었다. 이로부터 甲子년 甲子월 甲子일 甲子시가 기원(起源)되어 지금까지 전한다. [최국봉, 『증보계의신결』(增補稽疑神訣), (서울: 태중출판사, 2015), 130쪽]

이렇듯 甲子년 甲子월 甲子일 甲子시로 시작하지만, 子월로 세수(歲首)를 삼지 않고, 寅월로 세수를 삼기 때문에 甲子월과 乙丑월 두 달은 이미 癸亥년에 지나갔으므로 丙寅월이 정월(正月)

이 된다.

　천간은 10개이고 지지는 12개다. 이 두 가지가 서로 합쳐 60甲子를 만드는데(12와 10의 최소공배수는 60이다) 지지가 2개 더 많으니, 천간이 한 바퀴 돌고나면 지지의 자(字)가 2개 남아서 짝이 없다. 이것을 공망(空亡)이라고 하는데, 순(旬)은 10이란 뜻으로 천간이 甲부터 癸까지 10개이니 한 바퀴 배정되면 한 순배를 돌게 된다. 이것을 甲子순(旬), 甲戌순(旬) 등으로 부른다. 이런 식으로 매 순마다 2개씩 지지가 남게 되고 이것이 공망이니, 이는 곧 천간이 없다는 뜻이다. 일주(日柱) 위주로 따지지만 연주(年柱) 기준으로도 본다.

　공망의 작용력은 공망이 되는 해당 자리의 간지와 십신의 역할과 작용력이 약해진다고 하는데, 실제 간명에서 공망이 있다는 이유만으로 해당 간지나 십신의 역할이 약해진다고 무조건적으로 보기는 쉽지 않다. 다만, 육효나 육임 등의 점술에서 질문 사안에 해당하는 용신이 공망에 들면 공망에서 벗어나오는 탈공(脫空)의 시기를 응기(應期)로 보기 때문에 역학을 공부하기 위해서는 공망을 반드시 알아야 한다.

　60갑자는 사주나 모든 역학의 가장 기본이 되는 요소다. 역학을 공부하는 사람이라면 누구나 60갑자를 안다. 그런데 정작 어느 60갑자가 몇 째인지? 그리고 그것이 어느 순(旬)에 있으며 공망이 무엇인지는 바로 대답을 하지 못한다. 그래서 60갑자를 빨리 찾을 수 있는 방법을 도표로 만들어 보았다.

1	2	3	4	5	6	7	8	9	10	戌亥 공망
甲子	乙丑	丙寅	丁卯	戊辰	己巳	庚午	辛未	壬申	癸酉	
11	12	13	14	15	16	17	18	19	20	申酉 공망
甲戌	乙亥	丙子	丁丑	戊寅	己卯	庚辰	辛巳	壬午	癸未	
21	22	23	24	25	26	27	28	29	30	午未 공망
甲申	乙酉	丙戌	丁亥	戊子	己丑	庚寅	辛卯	壬辰	癸巳	
31	32	33	34	35	36	37	38	39	40	辰巳 공망
甲午	乙未	丙申	丁酉	戊戌	己亥	庚子	辛丑	壬寅	癸卯	
41	42	43	44	45	46	47	48	49	50	寅卯 공망
甲辰	乙巳	丙午	丁未	戊申	己酉	庚戌	辛亥	壬子	癸丑	
51	52	53	54	55	56	57	58	59	60	子丑 공망
甲寅	乙卯	丙辰	丁巳	戊午	己未	庚申	辛酉	壬戌	癸亥	

표에서 보듯이,

○ 甲乙은 '1·2', '11·12', '21·22', '31·32', '41·42', '51·52'째 순서로서 子丑부터 시작해서 戌亥, 申酉, 午未, 辰巳, 寅卯로 지지는 역행(逆行)하여 배열된다. 이유는 천간은 10개이고 지지는 12개라서 언제나 2개가 남기 때문이다.

○ 丙丁은 '3·4', '13·14', '23·24', '33·34', '43·44', '53·54'째 순서로서 寅卯부터 시작하여 역행으로 子丑, 戌亥, 申酉, 午未, 辰巳에 배열된다.

○ 戊己는 '5·6', '15·16', '25·26', '35·36', '45·46', '55·56'째 순서로서 辰巳부터 시작하여 역행으로 寅卯, 子丑, 戌亥, 申酉, 午未에 배열된다.

○ 庚辛은 '7·8', '17·18', '27·28', '37·38', '47·48', '57·58'째 순서로서 午未부터 시작하여 역행으로 辰巳, 寅卯, 子丑, 戌亥, 申酉에

배열된다.
○ 壬癸는 '9·10', '19·20', '29·30', '39·40', '49·50', '59·60'째 순서로서 申酉부터 시작하여 역행으로 午未, 辰巳, 寅卯, 子丑, 戌亥에 배열된다.

이러한 순서로 해당 간지를 찾고 나면, 1에서 10까지는 戌亥가, 11에서 20은 申酉가, 21에서 30은 午未가, 31에서 40은 辰巳가, 41에서 50은 寅卯가, 51에서 60은 子丑이 공망이다. 그리고 한 가지 팁을 더 주자면, 매 30번대가 처음 시작하는 지지와 대충이 된다는 점이다. 이유인즉 60갑자이니 반으로 나누면 30이 되기 때문이고, 지지를 반으로 나누면 반대되는 자리는 대충의 자리인 까닭이다. 즉 甲子의 순서가 1인데 甲午는 31이고, 丙寅이 3인데 丙申은 33이고, 戊辰이 5인데 戊戌은 35이고, 庚午가 7인데 庚子는 37이고, 壬申이 9인데 壬寅은 39다. 음간은 바로 그 다음 순서가 된다. 즉 癸酉는 10이니 癸卯는 30을 더해서 40째가 된다.
 60갑자는 해당 간지가 몇 째인지 빨리 습득할 수록 역학을 공부하는 데 상당히 도움이 된다. 예를 들어 주역 64괘를 60갑자에 배정하여 주역의 괘의(卦義)와 60갑자의 성정을 비유하여 설명하기도 한다. 가령, 주역의 첫째 괘인 중천건(重天乾, ䷀)괘를 60갑자의 첫째 순서인 甲子에 배정하고, 60째인 수택절(水澤節, ䷻)괘를 마지막 간지인 癸亥에 배정한다.(61에서 64번괘에는 간지가 배정되지 않는다. 다른 방법이 있기도 하지만 이 방법이 가장 보편적이다)

납음오행(納音五行)의 생성원리

납음오행(納音五行)은 60갑자를 2개씩 묶어서 총 30개의 납음오행을 붙인 것이다. 소길(蕭吉)(생몰 미상, 중국 수나라 때 음양학자)이 지은 『오행대의』(五行大義)에서 "납음수(納音數)라는 것은 사람의 본명(本命)이 소속된 음(音)을 이른다. 음(音)이란 궁(宮)·상(商)·각(角)·치(徵)·우(羽)를 말하고, 납(納)이란 이 다섯 가지 음을 취하여 각자가 소속되어 있는 천성(天性)을 조율하는 것이다"고 했다.

납음오행은 수(數)로서 음(音)을 붙이고, 이치(理致)로서 상(象)을 취하여 木火土金水의 성정과 형질의 공용(功用)과 변화를 밝힌 것이다. 당나라 이허중(李虛中)이 오성술(五星術)을 약간 변형시켜 연(年)을 위주로 하여 납음 화기(化氣) 오행으로 신살(神殺, 神煞)을 취하여 녹명(祿命)을 추산했으나,(연간을 녹祿이라 하고, 연지를 명命이라 하며, 간지를 합한 납음오행을 신身이라 하여 삼명三命이라 했음) 후에 서자평(徐子平)이 이를 무시하고 일간(日干)을 위주로 하여 십신과 오행의 생극제화(生剋制化)됨과 용신을 살펴 길흉을 정했다. 이로부터 납음오행으로 간명하는 법은 점점 멀어지고 일간을 위주로 하는 자평학설이 명리를 추산하는 데 일대 혁신을 가져왔다. [최국봉, 『증보계의신결』(增補稽疑神訣), (서울: 태중출판사, 2015), 130~131쪽]

납음오행을 구하는 방식은 주역에 기원을 두고 있다. 천지(天地)의 수는 생수(生數)와 성수(成數)가 있으니, 1, 2, 3, 4, 5는 생수이고, 6, 7, 8, 9, 10은 성수다. 이중에서 5는 중앙의 土가 되는 바, 수(數)의 조(祖)라고 하며 천지수의 매개가 된다. 즉 1에 5를 더해서 6이 나오고, 2에 5를 더해서 7이 나오고, 3에 5를 더해서 8이 나오며, 4에 5를 더해서 9가 나오며, 5에 5를 더해서 10이 나온다. 이렇듯 중앙에서 모든 수를 통할(統轄)하는 5는 태극(太極)이면서 황극(皇極)이다. 천지의 수를 모두 합하면 55가 되는데, 합수인 55에서 중앙의 수 5를 제하면 50이 되니 50을 대연수(大衍數)라 한다. 대연수인 50이 도출되는 원리를 좀 더 자세히 기술하자면, 선천인『하도』(河圖)는 1부터 10을 다 쓰니 합이 55가 되고, 후천인『낙서』(洛書)는 10을 제하고 1부터 9까지 쓰니 합이 45다. 『하도』의 합수 55와 『낙서』의 합수 45를 더하면 총합이 100이 된다. 이 합수인 100을 음양으로 합해 반으로 나눈 것이 50이다. 또『하도』의 중간에 위치하면서 土에 해당하는 5(太極)와 10(無極)을 대연(大衍)하면 5를 10배 한 것이 되어 역시 50이 나오는데, 이것이 대연수다. 대연수인 50에서 태극은 체(體)가 되므로 사용하지 않는다는 의미로 1을 제하면 49가 남는다. 49가 용(用)이 되어 만물을 만들어내는 것이다.

천간은 甲에서부터 시작하고 지지는 子에서부터 시작하는데, 甲子에서 壬申까지는 9째가 된다. 9라는 수는 1, 3, 5, 7, 9인 양수의 만수(滿數)가 되어 노양(老陽)이라고 한다.

○ 甲子에서 壬申까지는 9인데 甲이 己를 합하여 오고 子가 午를 충하여 오니 甲己子午는 하나의 구성체를 이룬다. 이리하여 甲己子午는 9가 된다.
○ 乙丑에서 壬申까지는 8이 되는데 乙이 庚을 합하여 오고 丑이 未를 충하여 오니, 乙庚丑未는 하나의 구성체가 되어 乙庚丑未는 8이 된다.
○ 丙寅에서 壬申까지는 7이 되는데 丙이 辛을 합하여 오고 寅이 申을 충하여 오니, 丙辛寅申은 하나의 구성체가 되어 丙辛寅申은 7이 된다.
○ 丁卯에서 壬申까지는 6이 되는데 丁이 壬을 합하여 오고 卯가 酉을 충하여 오니, 丁壬卯酉는 하나의 구성체가 되어 丁壬卯酉는 6이 된다.
○ 戊辰에서 壬申까지는 5가 되는데 戊가 癸을 합하여 오고 辰이 戌을 충하여 오니, 戊癸辰戌은 하나의 구성체가 되어 戊癸辰戌은 5가 된다.
○ 己巳에서 壬申까지는 4가 되는데 己는 甲과 함께 하므로 여기서는 천간은 없고 지지만 있으니, 巳가 亥를 충하여 와서 巳亥가 4가 된다.

이상 각 천간과 지지의 수는 선천의 수로서 이것이 납음오행을 계산해내는 기초다. 이 선천대연수(先天大衍數)를 기초로 하여 납음오행이 도출되는 것이니 계산 방식은 다음과 같다.
○ 甲子에서 甲과 子는 9이니 합이 18이고, 乙丑에서 乙과 丑은 8이니 합이 16이다. 둘의 총합은 34다. 이 수를 49에서 빼면

15가 된다. 이 수를 생수의 만수(滿數)인 5로 나누면 남는 것이 없으니 그냥 5로 하는데 5는 土다. 土는 金을 생하므로 甲子, 乙丑은 金(해중금海中金)이 된다.

○ 丙寅에서 丙과 寅은 7이니 합이 14이고, 丁卯에서 丁과 卯는 6이니 합이 12다. 둘의 총합은 26이다. 이 수를 49에서 빼면 23이 되고 23을 5로 나누면 몫이 3이다. 3은 木이다. 木이 火를 생하니 丙寅, 丁卯는 火(노중화爐中火)가 된다.

○ 戊辰에서 戊와 辰은 5이니 합이 10이고, 己巳에서 己는 9이고 巳는 4이니 합이 13이다. 둘의 총합은 23이다. 49에서 23을 빼면 26이 되고 26을 5로 나누면 몫이 1이다. 1은 水다. 水가 木을 생하니 戊辰, 己巳는 木(대림목大林木)이 된다.

○ 庚午에서 庚은 8이고 午는 9이니 합이 17이다. 辛未에서 辛은 7이고 未는 8이니 합이 15다. 둘의 총합은 32가 되고 49에서 32를 빼면 17이 된다. 17을 5로 나누면 몫이 2다. 2는 火다. 火는 土를 생하니 庚午, 辛未는 土(노방토路傍土)다.

○ 壬戌에서 壬은 6이고 戌은 5이니 합이 11이다. 癸亥에서 癸는 5이고 亥는 4이니 합이 9다. 둘의 총합은 20이다. 49에서 20을 빼면 29다. 29를 5로 나누면 몫이 4다. 4는 金이다. 金은 水를 생하니 壬戌, 癸亥는 水(대해수大海水)다.

이상 木火土金水 오행을 모두 예시를 들어 해설했다. 이런 식으로 하나하나 계산해 보면 각각의 납음오행을 찾아낼 수 있다. 그리고 각 오행에서 각자의 상(象)을 취한 것은 납음으로 화(化)한 오행이 각각의 지지에서 득하는 생왕묘절(生旺墓絶)에 따른

기(氣)와 세(勢)에 따라 상을 취한 것이다. 이렇듯 납음오행을 취한 원리와 계산 방식을 알고 있더라도 실전에서 이런 방식으로 일일이 계산해 내기는 쉽지 않다. 그래서 쉽게 외우고 찾을 수 있는 방식을 제시한다.

甲子 乙丑	해중금 海中金	甲寅 乙卯	대계수 大溪水	甲辰 乙巳	복등화 覆燈火
甲午 乙未	사중금 沙中金	甲申 乙酉	천중수 泉中水	甲戌 乙亥	산두화 山頭火
丙子 丁丑	간하수 澗下水	丙寅 丁卯	노중화 爐中火	丙辰 丁巳	사중토 沙中土
丙午 丁未	천하수 天河水	丙申 丁酉	산하화 山下火	丙戌 丁亥	옥상토 屋上土
戊子 己丑	벽력화 霹靂火	戊寅 己卯	성두토 城頭土	戊辰 己巳	대림목 大林木
戊午 己未	천상화 天上火	戊申 己酉	대역토 大驛土	戊戌 己亥	평지목 平地木
庚子 辛丑	벽상토 壁上土	庚寅 辛卯	송백목 松柏木	庚辰 辛巳	백랍금 白鑞金
庚午 辛未	노방토 路傍土	庚申 辛酉	석류목 石榴木	庚戌 辛亥	차천금 釵釧金
壬子 癸丑	상자목 桑柘木	壬寅 癸卯	금박금 金箔金	壬辰 癸巳	장류수 長流水
壬午 癸未	양류목 楊柳木	壬申 癸酉	검봉금 劍鋒金	壬戌 癸亥	대해수 大海水

지지의 子丑을 기점으로 甲乙은 金, 丙丁은 水, 戊己는 火, 庚辛은 土, 壬癸는 木부터 시작하는데, 金 → 水 → 火 → 土 → 木의 순서로 계속해서 배열된다.[원래 역(逆)으로 돌아서 金木(상극) → 土(중재) → 火水(상극)의 순서가 되지만, 암기의 편의를 위하여 이와 같이 표기한다. 이것은 암기를 위한 편법일 뿐 원리는 아니다] 그래서 甲乙은 金水火, 丙丁은 水火土, 戊己는 火土木, 庚辛은 土木金,

壬癸는 木金水의 각각 3개씩 오행을 가지게 된다. 천간을 2개씩 묶었으니 5개 그룹과 오행이 각 3개씩이니 총 15개 오행이다. 거기에 대충되는 자리의 명칭만 다르니 30개의 납음이 있다.

결론적으로 말하면 60갑자이지만 납음은 30개다. 그리고 상기의 도표를 풀어서 해설하면 같은 천간에서 지지가 충이 되는 것과 납음오행이 같다.(이것은 대연수를 이용한 납음오행 도출의 원리에도 이미 적용되고 있다) 예를 들어 甲子·乙丑은 金인데 충이 되는 자리인 甲午·乙未도 金이다. 또 보면 庚午·辛未는 土인데 충이 되는 자리인 庚子·辛丑도 土다. 戊辰·己巳는 木인데 충이 되는 자리인 戊戌·己亥도 木이다. 이런 식으로 계산하면 15개만 알면 나머지는 저절로 알게 된다.

월두법(月頭法)

이제부터는 원문에 월건(月建)의 내용이 나왔으니 월두법(月頭法)을 해설하겠다. 월두법, 즉 연간의 간(干)에 따라 매월의 월간을 세우는 법칙은 먼저 천간의 합화(合化)를 알아야 한다. 뒤에서 설명되지만 여기서 간략히 소개하면 10천간이 둘씩 짝을 지어 새로운 오행으로 화(化)하는데, 甲과 己는 합하여 土로, 乙과 庚은 합하여 金으로, 丙과 辛은 합하여 水로, 丁과 壬은 합하여 木으로, 戊와 癸는 합하여 火로 화한다.

10간	甲己	乙庚	丙辛	丁壬	戊癸
합화	土	金	水	木	火

즉 이것을 전제로 하여 연간별 매월의 월간(月干)을 세우는 법칙인 월두법이 성립된다. 여기서 먼저 반드시 알아두고 넘어가야 할 것은 명리에서 말하는 12월은 흔히 알고 있듯이 음력 날짜가 아니라는 것이다. 사주명리는 철저하게 태양력을 중심으로 하는 24절기를 가지고 계절별로 오행과 간지의 희기(喜忌)를 논하는 학문이다. 그중에서도 매월의 기점은 입춘(立春)을 시작으로 하는 12입절(立節日)이 기준이다.

	1월 寅월	2월 卯월	3월 辰월	4월 巳월	5월 午월	6월 未월	7월 申월	8월 酉월	9월 戌월	10월 亥월	11월 子월	12월 丑월
절기	입춘	경칩	청명	입하	망종	소서	입추	백로	한로	입동	대설	소한
양력 월/일 (즈음)	2/4	3/5	4/4	5/5	6/5	7/7	8/7	9/7	10/8	11/7	12/7	1/5

이 두 가지 조건하에서 월간을 세우는 법은, 정월인 寅월을 10간이 합화(合化)하여 화(化)한 오행의 인성(印星)에서 시작하여 인성 → 비겁 → 식상 → 재성 → 관성으로 상생의 순서로 배열된다는 것이다. 이렇게 배열하다 보면 천간은 10개이고 지지는 12개이므로 2개가 남아서 인성은 두 번 배열이 될 수밖에 없다. 기억의 편의를 위하여 한 가지 팁을 주자면 辰월(음 3월)은 언제나 합화된 오행의 비겁(比劫)이 온다.

월\연	1월 寅월	2월 卯월	3월 辰월	4월 巳월	5월 午월	6월 未월	7월 申월	8월 酉월	9월 戌월	10월 亥월	11월 子월	12월 丑월
甲/己 土	丙寅 인성	丁卯	戊辰 비겁	己巳	庚午 식상	辛未	壬申 재성	癸酉	甲戌 관성	乙亥	丙子 인성	丁丑
乙/庚 金	戊寅 인성	己卯	庚辰 비겁	辛巳	壬午 식상	癸未	甲申 재성	乙酉	丙戌 관성	丁亥	戊子 인성	己丑
丙/辛 水	庚寅 인성	辛卯	壬辰 비겁	癸巳	甲午 식상	乙未	丙申 재성	丁酉	戊戌 관성	己亥	庚子 인성	辛丑
丁/壬 木	壬寅 인성	癸卯	甲辰 비겁	乙巳	丙午 식상	丁未	戊申 재성	己酉	庚戌 관성	辛亥	壬子 인성	癸丑
戊/癸 火	甲寅 인성	乙卯	丙辰 비겁	丁巳	戊午 식상	己未	庚申 재성	辛酉	壬戌 관성	癸亥	甲子 인성	乙丑

시두법(時頭法)

　월두법(月頭法)을 알아보았으니 이제는 시두법(時頭法), 즉 일간(日干)에 따라 시간(時干)을 세우는 법을 알아보자. 여기서도 일간에 투출(透出)한 천간의 합화(合化)로 화(化)하는 오행을 기준으로 시간(時干)을 세우는데 합화법은 이미 배웠다. 월(月)은 정월인 寅월부터 시작하지만 시(時)는 子시부터 시작하므로 기점이 다르다. 월두법에서는 합화한 오행의 인성(印星)으로 寅월을 시작하였지만, 시두법은 합화한 오행의 관성(官星)에서 子시를 시작한다. 이런 식으로 천간을 배열하다 보면, 寅에서 亥까지는 같은 배열이 되고, 子丑은 월두법에서는 寅卯와 같은 인성이 배열되고, 시두법에서는 子丑이 관성이 되는 차이가 있다. 월두법은 인성으로 시작하고, 시두법은 관성으로 시작하는 법칙을 따르면, 辰월이든 辰시든 辰의 자리에는 합화한 오행의 비겁이 오게 되어 있다.

시\일	子시	丑시	寅시	卯시	辰시	巳시	午시	未시	申시	酉시	戌시	亥시
甲/己 土	甲子 관성	乙丑	丙寅 인성	丁卯	戊辰 비겁	己巳	庚午 식상	辛未	壬申 재성	癸酉	甲戌 관성	乙亥
乙/庚 金	丙子 관성	丁丑	戊寅 인성	己卯	庚辰 비겁	辛巳	壬午 식상	癸未	甲申 재성	乙酉	丙戌 관성	丁亥
丙/辛 水	戊子 관성	己丑	庚寅 인성	辛卯	壬辰 비겁	癸巳	甲午 식상	乙未	丙申 재성	丁酉	戊戌 관성	己亥
丁/壬 木	庚子 관성	辛丑	壬寅 인성	癸卯	甲辰 비겁	乙巳	丙午 식상	丁未	戊申 재성	己酉	庚戌 관성	辛亥
戊/癸 火	壬子 관성	癸丑	甲寅 인성	乙卯	丙辰 비겁	丁巳	戊午 식상	己未	庚申 재성	辛酉	壬戌 관성	癸亥

시각을 정하는 방법을 우리나라는 동경 135°를 기준으로 한다. 여기서 동경은 영국 그리니치 천문대(본초 자오선本初 子午線)를 기준으로 해서 동·서로 시각을 나누는 지구의 경도를 말한다. 이는 일본의 도시인 동경이 아니고 일본 효고현 고베 서쪽 아카시라는 소도시를 지나는 선이다. 이는 우리나라의 경도상 기준이라고 할 수 있는 127° 5′(대전을 관통하는 선)보다 7° 5′ 차이가 나고, 이 차이는 시간으로 30분 차이가 난다.(1°에 4분 차이) 여기까지는 대부분의 역술인들이 알고 있어서 흔히 23시 30분으로 시각의 기준점을 삼는다. 그러나 이것도 지역별 편차를 고려하지 않은 것으로, 우리나라 서쪽끝에 있는 평안북도 신의주 마안도(비단섬이 서쪽끝이라고도 한다)는 경도가 124° 11′이고, 동쪽끝에 있는 경상북도 울릉군 독도의 동쪽끝은 131° 52′로 두 지역의

차이가 7° 41′의 차이가 있다. 시간으로 약 30분의 차이가 나니 반드시 지역별 편차를 고려해야 한다.

그리고 우리가 사용하고 있는 시각은 약속된 시각으로 기계적으로 언제나 동일한 표준시(標準時)(평균태양시平均太陽時라고 함)일 뿐이다. 헌데, 지구는 기본적으로 기울어져 있고 지구가 태양을 공전하는 궤도에도 약간의 편차가 있다. 따라서 계절별로 약간씩 속도와 각도가 변하면서 계절별로 진태양시(眞太陽時)(시태양시 視太陽時라고 함)가 변하여, 양력 2월에는 16분이나 늦어지고, 양력 10월에는 14분이 빨라지는 등, 그 차이는 최대 약 16분 가량이 발생한다. 위 두 가지 조건, 즉 지역별 분포와 시기별 편차를 보정(補正)해야지만, 그 지역, 그 시기의 정확한 시각인 진태양시를 산출할 수가 있다. 그러한 연후에야 정확한 사주명조가 도출된다. 태양력을 기준으로 계절의 기후에 따른 오행 간지의 생극작용을 사주 분석의 기본 체계로 삼고 있는 사주명리에서는 반드시 위에서 해설한 진태양시를 고려하여 사주명조를 도출하고 간명해야 한다.

그 방법을 말하면, 인터넷의 '한국천문연구원' 사이트에 들어가서, '천문우주지식정보'를 클릭하고 다시 '생활 속 천문학'을 클릭한다. 바뀐 화면 중에서 '일출일몰시각계산'으로 가서 알고자 하는 지역과 날짜를 입력하면 그 지역, 그 날짜의 '일출, 남중, 일몰' 시각이 나온다. 그중에서 '남중 시각'이 그 지역 그 날짜의 '정오'이니 이것을 기준으로 각 사주명조의 12시지(時支)를 도출하면 된다.(2017년 상반기에 사이트 개정 작업을 하고 난 이후로는 지번 단위까지 시각이 표기된다. 다만, 아쉬운 건 그전에는 초 단위까지

기재되었는데, 이제는 분 단위까지만 나온다는 점이다) 우리나라는 두 차례 1948~1960년(50~52년은 제외)과 1987년~1988년에 서머타임(Summer Time)을 실시한 적이 있고, 1954년~1961년은 현재의 표준시 체계인 세계시(영국 그리니치 천문대 기준) +9시간이 아닌, +8.5시간이어서 현재보다 30분 빨랐음도 고려해야 한다.

2 論陰陽生剋
음양에 따른 생극의 차이를 논함

陰陽生剋 1

四時之運, 相生而成。故木生火, 火生土, 土生金, 金生水, 水復生木, 卽相生之序, 循環迭運, 而時行不貳。然而有生又必有剋, 生而不剋, 則四時亦不成矣。剋者, 所以節而止之, 使之收斂, 以爲發洩之機, 故曰天地節而四時成。卽以木論, 木盛於夏, 殺於秋; 殺者, 使發洩於外者藏收於內, 是殺正所以爲生。大易以收斂爲性情之實, 以兌爲萬物所說, 至哉言乎! 譬如人之養生, 固以飮食爲生, 然使時時飮食, 而不使稍饑以待將來, 人壽其能久乎? 是以四時之運, 生與剋同用, 剋與生同功。

사시(四時)(사계절)의 운행(변화)은 오행이 상생(相生)함으로써 이루어진다. 그러므로 木은 火를 생하고, 火는 土를 생하고, 土는 金을 생하고, 金은 水를 생하고, 水는 다시 木을 생하게 된다. 즉 상생의 순서대로 돌고 또 돌면서 운행이 번갈아 듦에 따라 사계절의 운행은 그침이 없다. 그러나 생(生)함이 있으면 또 반드시 극(剋)함도 있어야 하는 바, 생함만 있고 극함이 없으면 사시 역시 이루어지지 않는다. 극이라고 하는 것은 <생함을> 매듭지어 그치게 하고 수렴하도록 하여, <다음 번의> 발설(發洩)

을 위한 기틀이 된다. 그러므로 역(易)에서 말하기를 "천지에 매듭지음이 있어 사계절의 운행을 완성하는 것이다"고 했다. 가령 木으로써 논할 것 같으면, 木은 여름에 왕성하고 가을에 시들어 죽게 된다. 이때 살(殺)이라고 하는 것은, 외부로 발설하는 기운을 안으로 수렴하여 저장하는 것이다. 이것이 바로 살(殺)이 있으므로 생이 있게 되는 까닭이다. 『역경』에서 "수렴은 성정(性情)의 실체이고, 태(兌, 서방西方)는 만물이 기뻐하는 곳이다"고 했으니 아주 지당한 말이 아니겠는가! 예를 들어 사람의 양생(養生)에 비유하면, 본래 사람은 음식을 먹고 살아가지만, 그런데 쉬지 않고 늘 음식을 먹도록만 하고, 다음 끼니 때까지 잠깐 동안이라도 먹지 않도록 하지 않는다면 사람이 어찌 오래 살 수 있겠는가? 그러므로 사계절의 운행에 있어 생과 극은 쓰임이 똑같고, 극과 생의 공능(功能) 또한 똑같은 것이다.

평해 評解 생과 극은 가장 반대되는 관계이면서 늘 같이 있는 관계다. 사람의 경우, 아기를 낳아서 먹이고 입혀가며 잘 자라도록 키우지만, 잘못을 나무라고 고쳐주는 교육과정이 없다면 쓸모없는 인간이 될 것이다. 마찬가지로 자연생태계의 경우도 봄과 여름의 생장만 있고, 가을과 겨울의 숙살과 수렴의 작용이 없다면, 늘 변화하면서도 항상 그대로인 자연생태계가 존재하지 않을 것이다. 즉 생함과 극함이 있음으로 해서 만물이 존재한다.

陰陽生剋 2
_{음양생극}

_{연이오행이통론지} _{즉수목상생} _{금목상극} _{이오행지음양이분배}
然以五行而統論之, 則水木相生, 金木相剋。以五行之陰陽而分配
_지 _{즉생극지중} _{우유이동} _{차소이수동생목} _{이인유편정} _{금동극}
之, 則生剋之中, 又有異同。此所以水同生木, 而印有偏正; 金同剋
_목 _{이국유관살야} _{인수지중} _{편정상사} _{생극지수} _{가치물론}
木, 而局有官煞也。印綬之中, 偏正相似, 生剋之殊, 可置勿論;
_{이상극지내} _{일관일살} _{숙특판연} _{기리불가불세상야}
而相剋之內, 一官一煞, 淑慝判然, 其理不可不細詳也。

그러므로 오행으로 통틀어서 생극(生剋)을 논한다면, 水와 木은 상생(相生)하고, 金과 木은 상극(相剋)한다. 오행의 음양으로써 생극을 분배하여 보면, 생하고 극하는 중에 같은 것도 있고 다른 것도 있다. 이것은 水가 木을 생(生)하는 것은 같지만 인수(印綬)에도 편(偏)과 정(正)의 구분이 있고, 金이 木을 극하는 것은 같지만 이것의 국(局)에는 관(官)과 살(煞)의 구분이 있는 까닭이다. 인수 중의 편과 정은 작용이 서로 비슷하여, 생과 극을 편과 정으로 특별히 나누어 따로 구분할 필요는 없다. 그러나 상극에서는 어떤 것은 관(官)이 되고 어떤 것은 살(煞)이 되어, 좋고 나쁨이 확실하게 구분되니 이치를 상세히 밝히지 않으면 안 된다.

評解 생하고 극하는 작용에도 음과 양의 다름이 있음을 말하고 있다. 음양이 다른 것끼리는 결국 남녀끼리의 작용이니, 극(剋)하는 것은 약하고 생(生)해 주거나 기운을 설(洩)하는 것은 강하다. 반대로 음양이 같은 것끼리는 동성간의 작용이니, 극하는 것은 강하고 생해 주거나 설하는 것은 약하다.

陰陽生剋 3

卽以甲乙庚辛言之。甲者, 陽木也, 木之生氣也; 乙者, 陰木也, 木之形質也。庚者, 陽金也, 秋天肅殺之氣也; 辛者, 陰金也, 人間五金之質也。木之生氣, 寄於木而行於天, 故逢秋天肅殺之氣, 則銷剋殆盡; 而金鐵刀斧, 反不能傷。木之形質, 遇金鐵刀斧, 則斬伐無餘; 而肅殺之氣, 只外掃落葉, 而根底愈固。此所以甲以庚爲煞, 以辛爲官; 而乙則反是, 庚官而辛煞也。又以丙丁庚辛言之, 丙者, 陽火也, 融和之氣也; 丁者, 陰火也, 薪傳之火也。秋天肅殺之氣, 逢陽和而剋去, 而人間之金, 不畏陽和; 此庚以丙爲煞, 而辛以丙爲官也。人間金鐵之質, 逢薪傳之火而立化, 而肅殺之氣, 不畏薪傳之火; 此所以辛以丁爲煞, 而庚以丁爲官也。卽此以推, 而餘者之相剋可知矣。

즉 甲乙과 庚辛을 가지고 편정(偏正)의 생극을 말한다면, 甲은 양목(陽木)으로서 木의 생기(生氣)이고, 乙은 음목(陰木)으로서 木의 형질(形質)이 된다. 庚은 양금(陽金)으로서 가을 하늘의 숙살지기(肅殺之氣)가 되고, 辛은 음금(陰金)으로서 인간이 사용하는 5금(五金)(금, 은, 구리, 철, 주석)의 질(質)이 된다. 木의 생기인 甲은 木에 기탁(寄託)하여 하늘(천간)에서 운행하는 기운이다. 그러므로 가을 하늘의 숙살지기인 庚을 만나면 소극(銷剋)(부서지거나 쇠해지고 극상(剋傷)을 당함)을 당하여 그 위태로움이 극치에 달하게 되는데, 金의 질이 되는 쇠로 만든 칼이나 도끼가 되는 辛으로는 오히려 木의 생기인 甲을 손상할 수 없다. 木의 형질인 乙은 金의 질이 되는 쇠로 만들어진 칼이나 도끼가 되는 辛을 만나면 남김없이 베어지지만, 숙살지기인 庚을 만나면 단지 겉에 보이는 잎만 제거되어 떨어질 뿐, 뿌리는 더욱 견고해진다. 이와 같은 이치 때문에 甲은 庚을 칠살(七煞)로 삼고, 辛을 정관(正官)으로 삼게 된다. 乙은 이와 반대로 庚을 정관으로 삼고 辛을 칠살로 삼게 된다. 또 丙丁과 庚辛을 가지고 편정의 생극을 말한다면, 丙은 양화(陽火)로서 융화하게 하는 기운이며, 丁은 음화(陰火)로서 장작불이 된다. 가을 하늘의 숙살지기인 庚은 양(陽)의 융화한 기운인 丙을 만나면 극제되어 제거되나, 인간이 사용하는 金의 질인 辛은 양의 융화한 기운인 丙을 두려워하지 않는다. 이로써 庚은 丙을 칠살로 삼고, 辛은 丙을 정관으로 삼게 된다. 인간이 사용하는 金과 철(鐵)의 질인 辛은 장작불을 만나면 곧바로 변화되지만, 숙살지기인 庚은 장작불을 두려워하지 않는다. 이와 같은 이치 때문에 辛은 丁을 칠살로 삼고, 庚은 丁을 정관으로 삼게 된다. 이와 같은 이치를 가지고 유추해 보면 나머지 다른 오행들의 상극도 가히 알 수 있을 것이다.

評解 지금부터 각 천간별 및 간(干)대 지(支)의 생극에 따른 명칭 및 작용을 해설한다. 단, 십신(十神)의 표기에 있어 지지는 본기(정기)를 기준으로 표시한다. 그리고 천간과 지지는 십신이 같더라도 작용이 다를 수 있지만, 여기서는 총론적인 것만 해설한

다.
 십신(十神)이란, 간지간의 생극작용에 따른 관계를 표기하는 용어로, 오행은 5개이지만 이것이 음양으로 나뉘어 10개가 되므로 10신이라고 부른다. 이를 육신(六神)이라고도 하는데, 이는 십신이 인간의 육친(六親)에 빗대어 설명하는 것이 많으므로 이와 같은 맥락으로 보고 그렇게 표현하는 것일 뿐이다. 정확히는 십신(十神) 또는 십성(十星)이란 표현이 옳다고 본다.

십신 간 생극 관계도

비겁: 나(일간, 기준 간지)와 같은 오행, 식상을 생하고, 재성을 극하고, 관살의 극을 받고, 인성의 생을 받는다. 자기 중심, 독립, 동업.

⇓

식상: 나에게서 생을 받으며, 재성을 생하고, 관살을 극하고, 인성에게 극을 받는다. 나를 설기하는 것이니 언어 표현, 끼, 생식 기능, 손발.

⇓

재성: 내가 극하고, 식상의 생을 받으며, 관살을 생하며, 인성을 극한다. 처첩(妻妾), 부(父), 재물, 건강, 수명, 복부.

⇓

관살: 나를 극하고, 재성의 생을 받으며, 인성을 생하며, 식상의 극을 받는다. 부(夫), 벼슬, 직업, 자식, 관재(官災), 머리.

⇓

인성: 나를 생하고, 관살의 생을 받으며, 식상을 극하고, 재성의 극을 받는다. 모(母), 권한(인사권: 도장), 공부, 문서.

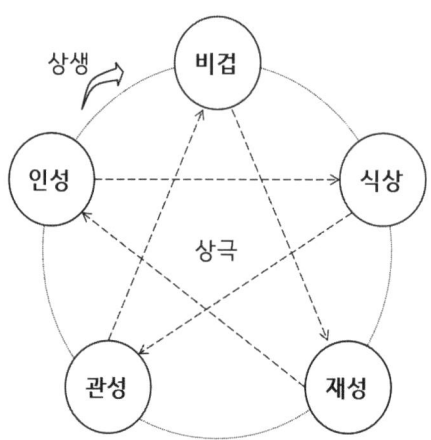

<십신 상생 상극도>

10신(神)

① 비견(比肩)

십신(대상) \ 나		甲	乙	丙	丁	戊	己	庚	辛	壬	癸
비견	천간	甲	乙	丙	丁	戊	己	庚	辛	壬	癸
	지지	寅	卯	巳	午	辰戌	丑未	申	酉	亥	子

나(일간, 기준 간지)와 오행과 음양이 같은 것(甲한테 甲)으로 '견줄 비와 어깨 견' 자를 쓴다. 즉 나와 어깨를 나란히 하는

동료이자 경쟁자로서, 신약한 경우에는 도움이 된다. 예를 들어 관살이 나를 극할 때 대신 극을 받아주기도 하고, 식상으로 설기(洩氣)가 심하든가 재성이 과다할 때 기댈 곳이 된다. 그 외 보통의 경우는 나의 경쟁자다. 육친으로는 형제가 된다.

② 겁재(劫財)

십신(대상)	나	甲	乙	丙	丁	戊	己	庚	辛	壬	癸
겁재	천간	乙	甲	丁	丙	己	戊	辛	庚	癸	壬
	지지	卯	寅	午	巳	丑未	辰戌	酉	申	子	亥

나와 오행은 같지만 음양은 다른 것(甲한테 乙)으로 신약한 경우에는 도움이 된다. 예를 들어 관살이 나를 극할 때 대신 극을 받아주기도 하고,(양간한테 겁재인 음간은 양간의 칠살을 합으로 막아준다) 식상으로 설기가 심하든가 재성이 과다할 때 기댈 곳이 된다. 그 외 보통의 경우는 나의 정재한테 칠살이 되어 나의 정재를 극하고 겁탈한다. 그래서 겁재라고 부른다. 예를 들어 甲에게 庚은 칠살인데 겁재인 乙이 乙庚합으로 甲의 칠살을 막아주며, 甲에게 己는 정재인데 己에게 乙은 칠살이 되니 甲의 정재인 己가 乙에게 겁탈당한다. 육친으로는 형제, 여자에게는 시아버지(정관인 남편의 편재)가 된다.

특히 사주 내에서 재성이 용신(用神)이나 상신(相神)에 해당하는 경우, 종격(從格)인 경우를 제외하고는 아무리 일간이 약하더라도 운에서 겁재가 들어오면 무조건 흉하다. 겁재는 비견과는 다르게 내 재성을 바로 극하기 때문이다. 이것의 예외로는 원국에 정관이 투출해 있어 겁재를 막아주는 경우와 인수격에 재성이 인성을 극하여 인수격이 파격(破格)이 되고 있을 때, 겁재가 재성을 극하여 인성을 살려내는 두 가지뿐이다. 이런 점이 사주의 격을 무시하고 신강, 신약만 따져 억부(抑扶)로 용신을 정하는 방법과 다른 점이다.

③ 식신(食神)

십신(대상)	나	甲	乙	丙	丁	戊	己	庚	辛	壬	癸
식신	천간	丙	丁	戊	己	庚	辛	壬	癸	甲	乙
	지지	巳	午	辰戌	丑未	申	酉	亥	子	寅	卯

나의 생조를 받으면서 음양이 같은 것(甲한테 丙)이다. 또 나의 기운을 설(洩)하는 것으로 내가 밥을 먹여주는 존재가 되어 '밥 식(食)'자, 식신(食神)이라 부른다. 이러한 식신은 나(甲)의 기운을 설(丙)하여 나의 정재(己)를 생조하고, 나(甲)를 극하는 칠살(庚)에게는 칠살(丙)이 되어 나의 칠살을 극제하는 역할을 하여 길신(吉神)으로 보지만, 신약할 경우에는 부담스러운 존재가 되기도 한다.

이렇게 식신(丙)이 과다할 경우에는 인성(壬)이 있어서 식신을 극제(剋制)하든가, 비겁이 있어서 나에게 힘이 되어 주는 것이 좋다.

육친(六親)으로 남자에게는 장모(나의 정재에 해당하는 처를 낳는다)가 되고, 할머니(나의 부친에 해당하는 편재를 생한다)가 되고, 손주(나의 자식인 관살에게 관살이 된다)가 되고, 여자에게는 자식이 된다.

2 음양에 따른 생극의 차이를 논함

④ 상관(傷官)

십신(대상)	나	甲	乙	丙	丁	戊	己	庚	辛	壬	癸
상관	천간	丁	丙	己	戊	辛	庚	癸	壬	乙	甲
	지지	午	巳	丑未	辰戌	酉	申	子	亥	卯	寅

　나의 생조를 받으면서 음양이 다른 것(甲한테 丁)이다. 또 나의 기운을 설(洩)하는 것이다. 식신과 차이가 나는 것은 상관 입장에서는 음양이 다른 내가 정인(正印)이 되는 관계로 설기가 많이 되고, 나의 겁재(乙)는 상관(丁)과 음양이 같기에 겁재가 상관의 편인이 되어 나보다는 설기가 덜 되어 상대적으로 나의 손실이 크다는 점이다.(식신에게는 내가 편인이고 겁재가 정인이어서 상대적으로 내가 득을 보는 관계가 형성된다)

　특히 상관의 가장 좋지 않은 작용은 나의 정관(辛)에게 칠살(丁)이 되어 정관을 극제하여 상하게 한다. 그래서 상관이라고 부른다. 그런 중에도 길한 작용도 있다. 즉 재격(財格)일 때 재성이 약하면 재성을 생조하는 작용을 하고, 관살은 강하고 내가 약할 때 관살을 극제하여 나를 보호하는 작용을 한다.

　육친으로 남자에게는 식신과 마찬가지로 장모, 할머니, 손주가 되고, 여자에게는 자식이 된다.

⑤ 정재(正財)

십신(대상)	나	甲	乙	丙	丁	戊	己	庚	辛	壬	癸
정재	천간	己	戊	辛	庚	癸	壬	乙	甲	丁	丙
	지지	丑未	辰戌	酉	申	子	亥	卯	寅	午	巳

나의 극제를 받는 것이면서 나와 음양이 다른 것(甲한테 己)이다. 양간 기준으로는 나와 합을 하는 존재다. 내가 극을 하면서 나와 음양이 다르니 나의 정배(正配)(정처)다. 그래서 정재라고 부른다. 내가 극을 한다는 것은 나의 통제하에 있다는 뜻이고, 그러한 것은 내 소유물인 재물과 같은 것이다. 그래서 재(財)라고 한다. 식상(食傷)의 생조를 받아 내 재물이 되고, 정관(辛)을 생하는 작용을 할 때에는 대체로 좋은 것으로 본다. 하지만 칠살(庚)을 생하여 도리어 나를 극하도록 할 때도 있고, 나의 정인(癸)을 극하여 나를 더욱 약하게 만들기도 하는 등 흉한 작용을 하기도 한다.

육친으로는 나의 본처이고, 고모(편재인 부친의 남매), 처의 여형제 등이다.

⑥ 편재(偏財)

십신(대상)	나	甲	乙	丙	丁	戊	己	庚	辛	壬	癸
편재	천간	戊	己	庚	辛	壬	癸	甲	乙	丙	丁
	지지	辰戌	丑未	申	酉	亥	子	寅	卯	巳	午

나의 극제를 받으면서 나와 음양이 같은 것(甲한테 戊)이니 나의 편배(偏配)(첩)다. 그래서 편재라고 부른다. 정재와 음양만 다를 뿐이고 십신으로서 작용은 거의 같은 것으로 취급한다. 그래서 나중에 용신격국(用神格局)을 나눌 때 따로 구분하지 않고 재격(財格)으로 묶어서 하나로 보고 있다.

육친으로 남자에게는 첩이나 애인, 나의 부친(친모인 정인 癸의 정관 戊), 숙부나 백부, 처남(본처의 남매), 여자에게는 시어머니(정관인 남편의 정인) 등이다.

⑦ 정관(正官)

십신(대상)	나	甲	乙	丙	丁	戊	己	庚	辛	壬	癸
정관	천간	辛	庚	癸	壬	乙	甲	丁	丙	己	戊
	지지	酉	申	子	亥	卯	寅	午	巳	丑未	辰戌

 나를 극제하면서 나와 음양이 다른 것(甲한테 辛)으로, 나에게 정배(正配)(본 남편)가 되니 정관이라고 부른다. 국가에서는 임금이고 가정에서는 아버지와 같은 존재로서 나를 통제하고 극제하는 것이 마치 국가의 관청과 같으니 관(官)이라고 한다. 하지만 그 때문에 나를 완성시키는 역할을 하는 존귀한 존재로 여겨서 자평의 격국(格局)에서는 가장 존귀한 것으로 인식하고 있다.
 생극의 관계에서 정관이 길(吉)한 것은 무엇보다도, 나의 겁재(乙)에게 칠살(辛)이 되어 내 재물을 겁탈하려고 하는 겁재를 극하여 나의 정재(己)를 보호한다는 점이다. 결국 겁재나 나나 정관에게 극을 받는 것은 동일하지만, 나보다 겁재가 훨씬 격하게 극을 받게 되어 나는 상대적으로 이득을 보게 된다. 약점은 정관(辛)에게 상관(丁)이 칠살이 되어 존귀한 정관이 파손된다는 점이다. 만약 사주 내에 정관과 상관이 동시에 투출하고 상관이 제거되지 않으면 상관견관, 위화백단(傷官見官, 爲禍百端)이라 하여 상당히 흉하게 보고 있다. 반면에 인성(癸)을 생하여 인성이 다시 나를 생하게 하니, 이를 관인상생(官印相生)이라 하여 대체로 좋게 보고 있다.
 육친으로 무엇보다 여자에게는 본 남편이 되고, 남자에게는

<딸>자식이 되고, 남녀 공통으로 외할머니가 된다.(모친인 인수를 생한다)

⑧ 편관(偏官)

나 십신(대상)		甲	乙	丙	丁	戊	己	庚	辛	壬	癸
편관	천간	庚	辛	壬	癸	甲	乙	丙	丁	戊	己
	지지	申	酉	亥	子	寅	卯	巳	午	辰戌	丑未

나를 극하면서 나와 음양이 같은 것(甲한테 庚)으로 나에게는 편배(偏配)(정부情夫)가 되니 편관(偏官)이라고 부른다. 나를 포함해서 7째의 자리에 있으면서 나를 공격하고 극하는 관계로 '칠살'(七煞)이라고도 부른다.(칠충七沖과는 개념이 다른 것이다. 7째가 되면 모두 칠살七煞이지만, 충沖은 水火와 金木의 경우인 甲庚, 乙辛, 丙壬, 丁癸의 4가지뿐이다)

나와 겁재가 편관에게 극을 받는 것은 같지만, 편관과 나는 음양이 같으므로 정관과는 달리 격하게 나를 극한다. 그리고 편관과 겁재는 음양이 다르므로 극하더라도 유(柔)하다. 또 편관은 음간인 겁재하고 함까지 하는 관계로 나의 겁재(乙)에게 정관(庚)이 되어 본 남편이 되니, 상대적으로 내가 불리해진다. 편관이 무서운 존재이지만 제어만 잘되면 나에게 강력한 도구가 되니 극귀(極貴)한 격국에 오히려 칠살격(七煞格)이 많다.

칠살을 제어하는 방법에는 인성(癸)으로 화(化)하도록 하여 칠살이 인성을 생하고 다시 인성이 나를 생하도록 하는 방법과 식신(丙)이나 상관(丁)으로 칠살을 극하는 방법이 있다. 그러나 모두 원국의 구조에 따라 잘 살펴야 한다. 그리고 칠살격에 재성이 있으면 재성(己)이 칠살을 생하고, 생조를 받은 칠살이 나를 극하므로 흉하다.

육친으로 보면 여자에게 정부(情夫)가 되고 남자에게 <아들> 자식이 되고, 남녀 공통으로 외조모가 된다.

⑨ 정인(正印)

십신(대상)	나	甲	乙	丙	丁	戊	己	庚	辛	壬	癸
정인	천간	癸	壬	乙	甲	丁	丙	己	戊	辛	庚
	지지	子	亥	卯	寅	午	巳	丑未	辰戌	酉	申

나를 생하면서 나와 음양이 다른 것(甲한테 癸)으로 나에게 정모(正母)(친모親母)가 된다. 인(印)은 '도장 인' 자인데, 옛날 중국에서 관직의 표시로 패용하고 다니던 금석류의 조각물이 '인'(印)으로서 자기의 신분을 나타내는 표지다. 나에게 모친이 되는 십성에 이러한 '인'(印) 자를 쓴 것은, 고대에는 모계 중심의 사회로 모친에 의해 자기 신분이 정해지므로 '인'(印) 자를 쓴 것으로 짐작된다.

이러한 정인의 속성 때문에 정인을 대체로 좋은 것으로 보고 있으나, 인성이 과다하면 설기가 되지 않아 사람됨이 우직하고 고집스러운 면도 있다. 이런 경우 식상(丙)으로 설기를 해 주든가 아니면 재성(己)으로 극을 해 주는 것이 좋다.

육친으로 친모(편재 戊인 부친의 정재 癸), 여자에게는 사위(식신 丙인 딸의 정관 癸), 남자에게는 장인(처인 정재 己의 편재 癸), 외손주(정관 辛인 딸의 식신 癸) 등이다.

⑩ 편인(偏印)

십신(대상) \ 나	甲	乙	丙	丁	戊	己	庚	辛	壬	癸
편인 천간	壬	癸	甲	乙	丙	丁	戊	己	庚	辛
편인 지지	亥	子	寅	卯	巳	午	辰戌	丑未	申	酉

나를 생하면서 나와 음양이 같은 것(甲한테 壬)으로 나에게 편모(偏母)(계모)가 된다. '인' 자를 쓴 이유는 위에서 해설했다. 편인의 가장 큰 특징은 나에게 길한 십성인 식신(丙)에게 칠살(壬)이 되어 극하는데, 이러한 현상을 탈식(奪食)이라 하며 매우 흉하다고 본다.

자연계에서 올빼미가 어려서는 어미의 보호를 받다가 커서는 자기 어미를 잡아먹는다고 한다. 이것에 빗대어 '올빼미 효(梟)' 자를 써서 효신(梟神)이라는 별칭으로 부르고 있다. 이 두 가지를 합쳐서 효신탈식(梟神奪食)이라고 한다.

이러한 특성은 식신의 보편적 특성인 길한 작용에만 초점을 두고 말한 것이고, 항상 원국의 구조를 잘 보아 길흉을 따져야 한다. 즉 식상이 과다하거나 신약할 경우 또는 칠살이 나를 극하고 있을 때는, 그야말로 천군만마의 구원군이 된다. 육친으로 계모, 사위(여자에게), 외손주 등이다.

이상 십신을 개략적으로 해설했다. 여기서 눈여겨 볼 것은 나와 음양이 다른 것에는 '바를 정(正)' 자를, 음양이 같은 것에는 '치우칠 편(偏)' 자를 붙여서 부른다는 점이다. 이는 음양이 다른 것[異性]끼리는 서로 당겨서 합하려고 하고, 같은 것[同性]끼리는 서로 밀쳐내며 극하는 지극한 자연 현상 때문이다. 그래서 기본 속성에 있어 정(正)의 십성을 길한 것으로, 편(偏)의 십성은 흉한 것으로 분류를 하고 있다.

하지만 유일하게 차이가 있는 것은 식상(食傷)이다. 식신(丙)은 나와 음양이 같으므로 굳이 정/편으로 나누면 편(偏)에 해당하지만 길한 것으로, 상관(丁)은 정(正)에 해당하지만 흉한 것으로 분류하고 있다. 이유인즉 자평의 기본 논법은 재(財)와 관(官), 그중에도, 특히 관(官) 중심으로 보는 고대의 신분제 사회에서 만들어졌다. 그러므로 재·관의 입장에서 호(好)/불호(不好)를 정한다.

따라서 식신(丙)은 나의 정재(己)에게 친모인 정인이 되어 편인(偏印)이 되는 상관(丁)보다 훨씬 강력하게 생조를 하므로 길신으로 보고, 상관(丁)은 나의 정관(辛)에게 칠살이 되어 정관이 되는 식신(丙)보다 훨씬 강력하게 극상(剋傷)하므로 흉신으로 본다.

지금까지 해설한 내용은 십신의 기본적인 속성만 논한 것일 뿐이다. 즉 사주를 간명할 때 절대적인 법칙으로 적용되는 것은 아니니, 실제 간명을 할 때 십신의 기본 속성에만 얽매여서는 안 된다. 예를 들어 상관만 보이면 흉하다는 등, 이러한 단편적인 간명은 절대로 금기할 일이다. 반드시 사주 원국 전체의 구조를 살펴서 간명해야 한다.

십간별 십신 비교 총괄표

십신(대상) \ 나		甲	乙	丙	丁	戊	己	庚	辛	壬	癸
비견	천간	甲	乙	丙	丁	戊	己	庚	辛	壬	癸
	지지	寅	卯	巳	午	辰戌	丑未	申	酉	亥	子
겁재	천간	乙	甲	丁	丙	己	戊	辛	庚	癸	壬
	지지	卯	寅	午	巳	丑未	辰戌	酉	申	子	亥
식신	천간	丙	丁	戊	己	庚	辛	壬	癸	甲	乙
	지지	巳	午	辰戌	丑未	申	酉	亥	子	寅	卯
상관	천간	丁	丙	己	戊	辛	庚	癸	壬	乙	甲
	지지	午	巳	丑未	辰戌	酉	申	子	亥	卯	寅
정재	천간	己	戊	辛	庚	癸	壬	乙	甲	丁	丙
	지지	丑未	辰戌	酉	申	子	亥	卯	寅	午	巳
편재	천간	戊	己	庚	辛	壬	癸	甲	乙	丙	丁
	지지	辰戌	丑未	申	酉	亥	子	寅	卯	巳	午
정관	천간	辛	庚	癸	壬	乙	甲	丁	丙	己	戊
	지지	酉	申	子	亥	卯	寅	午	巳	丑未	辰戌
편관	천간	庚	辛	壬	癸	甲	乙	丙	丁	戊	己
	지지	申	酉	亥	子	寅	卯	巳	午	辰戌	丑未
정인	천간	癸	壬	乙	甲	丁	丙	己	戊	辛	庚
	지지	子	亥	卯	寅	午	巳	丑未	辰戌	酉	申
편인	천간	壬	癸	甲	乙	丙	丁	戊	己	庚	辛
	지지	亥	子	寅	卯	巳	午	辰戌	丑未	申	酉

3 論陰陽生死
음간과 양간의 생왕사절(12운성)을 논함

陰陽生死 1

五行干支之說, 已詳論於干支篇。干動而不息, 支靜而有常。以每干流行於十二支之月, 而生旺墓絶繋焉。

오행 간지(干支)의 학설은 이미 간지 편(篇)에서 상세하게 논했다. 천간(天干)은 동(動)하고 멈춤이 없으나, 지지(地支)는 정(靜)하고 늘 그대로다. 각각의 천간이 12지지의 월(月)을 유행함으로써 생왕묘절(生旺墓絶) 등 12운성(運星)의 관계로 매이게 된다.

評解 생왕묘절(生旺墓絶)의 학설은 유래가 매우 오래되었다고 한다. 중국 전한(前漢)시대 회남왕(淮南王) 유안(劉安, 기원전 179~122년)(한고조漢高祖 유방劉邦의 손자)이 편찬한 『회남자』(淮南子)에서는 "봄에는 木이 장(壯)하고, 火가 생(生)하고, 金이 수(囚)하며, 水가 노(老)하고, 土는 사(死)한다"고 했으며, 송나라 때 이방(李昉, 925~996년)이 편찬한 『태평어람』(太平御覽) 「오행휴왕론」(五行休旺論)에서 말하기를 "입춘에는 간(艮)은 왕(旺)하고, 진(震)은 상(相)하며, 손(巽)은 태(胎)하고, 이(離)는 몰(沒)하며, 곤(坤)은 사(死)하고, 태(兌)는 수(囚)하며, 건(乾)

은 폐(廢)하고. 감(坎)은 휴(休)한다"고 했다. 두 가지 해설이 명칭은 다르지만 뜻은 같다고 할 수 있다.

　후세에 12지지를 팔괘에 배정하여 장생(長生), 목욕(沐浴) 등 12운성의 차서(次序)를 정하게 되었다. 그것의 용어가 비록 통속적이긴 하지만, 천지 자연의 이치에 부합하는 만큼 함축된 뜻은 지극히 정미로와서 음양오행의 연구에 필수적이다. 그래서『자평진전』의 저자 신효첨과「평주」를 쓴 서낙오 역시 12운성을 중요시하는 입장을 취하고 있다.

陰陽生死 2

陽主聚, 以進爲進, 故主順; 陰主散, 以退爲退, 故主逆。此長生沐浴等項, 所以有陽順陰逆之殊也。四時之運, 成功者去, 待用者進, 故每流行於十二支之月, 而生旺墓絶, 又有一定。陽之所生, 則陰之所死, 彼此互換, 自然之運也。卽以甲乙論, 甲爲木之陽, 天之生氣流行萬木者, 是故生於亥而死於午。乙爲木之陰, 木之枝枝葉葉, 受天生氣, 是故生於午而死於亥。夫木當亥月, 正枝葉剝落, 而內之生氣已收藏飽足, 可以爲來春發洩之機, 此其所以生於亥也。木當午月, 正枝葉繁盛之候, 而甲何以死? 卻不知外雖繁盛, 而內之生氣發洩已盡, 此其所以死於午也。乙木反是, 午月枝葉繁盛, 卽爲之生, 亥月枝葉剝落, 卽爲之死。以質而論, 自與氣殊也。以甲乙

爲^{위례}例, 餘^{여가지의}可知矣。

양(陽)은 주로 모여서 앞으로 나아가려는 속성이 있으므로 주로 순행(順行)하고, 음(陰)은 주로 흩어져서 뒤로 물러나는 속성이 있으므로 주로 역행(逆行)하게 된다. 이것이 장생, 목욕 등의 항목에서, 양은 순행하고 음은 역행하는 구별이 있게 되는 까닭이다. 사시(四時)의 운행에서 이미 공(功)을 이룬 것은 물러가고, 쓰임을 기다리는 것은 앞으로 나아가면서, 매 12지지의 월(月)을 유행함으로써, 생왕묘절(生旺墓絶)이라는 일정하게 정해진 순서가 있게 된다. 양이 생(生)하는 곳이 바로 음이 사(死)하는 곳이 되며, 이렇듯 피차(음과 양)가 서로의 자리를 바꾸는 것이 자연의 운행이다. 즉 甲과 乙을 가지고 논한다면, 甲은 木의 양(陽)으로, 하늘의 생기(生氣)가 되어 만목(萬木)에서 기(氣)가 운행하는 것이다. 이러한 까닭에 甲은 亥에서 생(生)하고 午에서 사(死)한다. 乙은 木의 음으로, 木의 가지와 가지, 잎사귀와 잎사귀가 되어 하늘의 생기를 받아들이는 것이다. 이러한 까닭에 乙은 午에서 생(生)하고 亥에서 사(死)한다. 무릇 木은 亥월을 만나면 바로 가지와 잎사귀는 벗겨지고 떨어지지만, 안으로 생기를 이미 수장(收藏)(거두어서 깊이 간직함)하여 속이 꽉 차 있다. 이(수장된 생기)는 다가올 봄에 기운을 발설할 기틀이 된다. 이것이 亥에서 생하는 까닭이 된다. 木이 午월을 만나면 바로 가지와 잎사귀가 번성하는 계절인데, 甲이 어찌하여 사(死)한다는 것인가? 그것은 비록 밖으로는 번성한다고 해도 안의 생기(生氣)는 이미 다 발설되어 소진되었다는 것을 모르고 하는 소리가 되니, 이것이 午에서 사(死)하는 까닭이 된다. 乙木은 이와 반대인데, 午월에는 가지와 잎사귀가 번성하니 곧 생(生)이 되고, 亥월에는 가지와 잎사귀가 벗겨지고 떨어지니 곧 사(死)가 된다. 이것은 질(質)과 기(氣)가 당연히 다르다는 것을 논한 것이다. 甲과 乙로써 예를 들었으니, 나머지 천간도 유추하여 알 수 있을 것이다.

評解 양간(陽干)과 음간(陰干)의 생왕묘절이 다른 이유를 설명하고 있다. 양간은 기(氣)로서 12지지를 순행하고, 음간은 질(質)로서 12지지를 역행한다. 결과적으로 양간이 생하는 자리가 음간이 사(死)하는 자리이고, 음간이 생하는 자리가 양간이 사(死)하는 자리다. 서낙오는 양간의 12운성만 인정하고 음간의 12운성은 인정하지 않으려고 하지만, 심효첨은 음양간의 12운성을 모두 인정하고 있다. 다만, 뒤쪽에 나오는 「24 논처자」(論妻子)에서 자식 수(數)를 추정할 때 양간의 12운성만 사용하는 모순은 있다.

陰陽生死 3

支有十二月, 故每干長生至胎養, 亦分十二位。氣之由盛而衰, 衰
而復盛, 逐節細分, 遂成十二, 而長生沐浴等名, 則假借形容之詞
也。長生者, 猶人之初生也。沐浴者, 猶人旣生之後, 而沐浴以去垢
也; 如果核旣爲苗, 則前之靑殼, 洗而去之矣。冠帶者, 形氣漸長,

3 음간과 양간의 생왕사절(12운성)을 논함

猶人之年長而冠帶也。臨官者, 由長而壯, 猶人之可以出仕也。帝
旺者, 壯盛之極, 猶人之可以輔帝而大有爲也。衰者, 盛極而衰,
物之初變也。病者, 衰之甚也。死者, 氣之盡而無餘也。墓者, 造化
收藏, 猶人之埋於土者也。絶者, 前之氣已絶, 而後之氣將續也。
胎者, 後之氣續而結聚成胎也。養者, 如人養母腹也。自是而後,
長生循環無端矣。

지지(地支)는 12개월이므로 각각의 천간 역시 장생(長生)에서 태(胎)와 양(養)에 이르는 12가지 위상(位相)을 분담하여 가지게 된다. 이는 기(氣)가 왕성함에서 쇠약해지고, 쇠약했다가 다시 왕성해지는 과정을 12과정으로 세분화한 것이다. 장생(長生), 목욕(沐浴) 등의 명칭은, 다만 그 과정을 형용하기 위하여 임의로 만든 수식어일 뿐이다. 장생은 사람이 막 태어날 때의 왕성한 생명력을 말한다. 목욕(沐浴)은 사람이 태어난 후에 목욕으로 때를 씻어내는 것과 같다. 이는 마치 과일의 씨에서 싹이 돋으면서 그 전에 덮혀 있던 짙푸르고 딱딱한 껍질을 떨어뜨려(※ 洗: 시들어 떨어지게 하다) 제거하는 것과 같다. 관대(冠帶)는 형상과 기운이 점점 성장하는 것으로, 사람이 성년이 되어 갓쓰고 띠를 두르는 것과 같다. 임관(臨官)은 성장하여 건장해진 것으로, 사람이 관직을 맡을 만한 때다.(기운이 장壯한 때다) 제왕(帝旺)은 장성함이 극에 이른 상태로, 사람이 임금을 보필하여 크게 일을 할 만한 때다. 쇠(衰)는 왕성함이 극에 달해 쇠해지려는 때로, 사물이 비로소 변하려는 것이다. 병(病)은 쇠함이 심해진 것이다. 사(死)

는 기가 소진되어 남아있지 않는 때다. 묘(墓)는 조화(造化)(만물을 낳고 자라게 하고 죽게 하는, 영원무궁한 대자연의 이치)의 기운을 수장(收藏)하는 것으로, 사람을 땅속에 매장하는 것과 같다. 절(絶)은 이전의 기는 이미 끊어지고, 뒤에 오는 기가 장차 이어지려고 하는 상태다.(포태라고도 한다) 태(胎)는 이후의 기가 이어져 맺고 모여서 태를 이루는 상태다. 양(養)은 사람이 어머니 뱃속에서 길러지는 것과 같다. 이후로는 다시 장생으로 순환하여 끝없이 이어진다.

評解 평해 12운성은 12개월에 있어 각 천간의 기(氣)의 왕쇠(旺衰)를 보는 법으로, 사람의 인생에 비유해서 설명한 것이다. 그 기준은 월령(月令)이 된다. 그런데 이러한 원칙을 무시하고 연월일시 네 지지에 각각 대비해서 12운성을 보기도 한다. 이는 어느 일정 부분에 맞을 때도 있을지 모르겠으나 12운성의 논법하고는 차이가 있다고 하겠다. 이유인즉 연지(年支)하고 일지(日支)는 12지(支)의 단순한 순서에 의해서 나온 것이지, 그것이 기후나 일조량과 무관하기 때문이다. 가령 丁酉년이라고 해서 그것이 가을도 아니고 저녁때도 아니지 않은가?

 양간은 12운성과 계절의 기운이 거의 같다. 그러나 음간은 기(氣)가 아니고 질(質)이므로 계절의 방향과는 역행으로 12운성을 운행한다.이 때문에 12운성과 계절의 기운이 부합하지 않을 때가 많다. 그래서 서낙오 같은 이는 음간의 12운성 자체를 인정하지 않기도 한다. 하지만 이 둘은 분리해서 보면 될 뿐으로, 음간의

12운성까지 무시할 필요는 없다. 다만, 음간은 12운성과 계절의 기운이 다르면 계절의 기운을 먼저 고려하는 게 옳다고 본다. 가령 양간인 壬일간이 申월에 태어나면 생지월(生地月)에 태어났으니 기운이 왕성하다. 그러나 음간인 癸일간은 卯월에 태어나도 생지월에 태어나기는 했지만, 이를 어찌 기운이 왕성하다고 할 수 있겠는가? 그리고 癸일간이 申월에 태어나면 사지(死地)지만 申중 壬水에 통근(通根)하고 庚金이 생하는데 이를 약하다고 하기에는 무리가 있다. 마찬가지로 癸일간이 未월에 생하면, 12운성상 묘지(墓地)에서 생하는 셈이다. 그리고 癸水는 음간으로 12운성을 역행하니 未, 午, 巳로 운행하게 되지만, 계절은 변함없이 앞으로만 진행한다. 즉 未월 다음에는 申월이 기다리고 있으니 비록 12운성상 未가 묘지에 해당되고, 申이 사지에 해당되지만 얼마 안 있으면 기(氣)를 득(得)할 수 있다. 그러므로 음간에서는 12운성보다 계절을 먼저 논해야 한다.

 반대의 경우로 壬水가 辰월에 생하면 辰은 묘지고 다음에 오는 巳월은 절지(絶地)로 무력(無力)해진다. 그러나 만약 사주 원국에 壬水가 뿌리를 내릴 곳이 없으면, 辰중 癸水에 뿌리를 내리니 壬水의 근(根)으로서 역할을 하게 된다. 또 丙火 같은 경우, 辰월은 관대지(冠帶地)이므로 기운이 왕성하고, 戌월은 묘지이므로 쇠약한 것은 맞다. 하지만 丙이 辰에서는 뿌리내릴 곳이 없을 뿐 아니라 丙火의 빛이 가리워지기만 하고, 오히려 戌에는 戌중 丁火에 기댈 수가 있는 상황도 발생할 수 있다. 따라서 계절에서의 득기(得氣)와 천간에게 지지가 근으로서 하는 역할은 다르다. 즉 12운성상으로는 무력하지만 반대로 근으로서 역할하는 반대의 논리가 생긴다. 음양간을 막론하고 계절, 즉 월령의 기운이 최우선인 바 12운성과 더불어 지장간에 득기했는가 안 했는가를 동시에 고려해야 한다. 그리고 일주(日柱)를 볼 때도 간혹 일지가 12운성으로 무엇인가를 논하기도 하는데, 이것 역시 간혹 맞을 뿐이다. 예를 들어 丙寅일과 丁酉일이 둘 다 생지(生地)에 앉아 있지만, 어찌 이 둘의 힘이 같을 수 있겠는가? 丙寅일은 생지에 앉아 있다는 이유보다 좌하(坐下)인 寅중에 본신(本身)인 丙火와 인성에 해당하는 甲木을 소장하고 있어서 힘이 센 것이다. 반면에 丁酉일은 좌하인 酉중에 火나 木을 소장하고 있지 않으니, 丙寅일의 유력함과는 비교가 안 된다. 다만, 그래도 생지이기는 하니 전혀 무력하다고 보지 않는다고 심효첨은 말하고 있다. 결국 12운성이란 월령인, 그 해당 시점의 한 달이란 기간 동안의 기후와 일조량에 의해 각 천간, 특히 일간이 얼마만큼 힘을 얻고 있는가를 보는 것이다.

그리고 시지(時支)에서도 12운성을 고려하는데, 이는 시간(時間)이란 것이 월보다 뚜렷하지는 않지만, 그래도 하루 동안에 어느 정도의 온도나 일조량의 차이는 있기 때문이다. 가령 巳시와 亥시는 같은 계절이라도 태양의 밝기와 온도 차이가 분명히 나지 않는가? 이런 이유로 뒷부분에 나오는 자식이 몇 명인가를 볼 때 일간의 관성에 해당하는 간(干)을 시지에 대비해서 12운성으로 보는 법이 도출된다. 이것이 12운성을 보는 요점이라고 할 수 있겠다. 다음에 12운성과 지장인원(支藏人元)을 도해(圖解) 한다.

3 음간과 양간의 생왕사절(12운성)을 논함

12운성표(12운성 기준)

성간	생	욕	대	녹	왕	쇠	병	사	묘	절	태	양
甲	亥	子	丑	寅	卯	辰	巳	午	未	申	酉	戌
乙	午	巳	辰	卯	寅	丑	子	亥	戌	酉	申	未
丙	寅	卯	辰	巳	午	未	申	酉	戌	亥	子	丑
丁	酉	申	未	午	巳	辰	卯	寅	丑	子	亥	戌
戊	寅	卯	辰	巳	午	未	申	酉	戌	亥	子	丑
己	酉	申	未	午	巳	辰	卯	寅	丑	子	亥	戌
庚	巳	午	未	申	酉	戌	亥	子	丑	寅	卯	辰
辛	子	亥	戌	酉	申	未	午	巳	辰	卯	寅	丑
壬	申	酉	戌	亥	子	丑	寅	卯	辰	巳	午	未
癸	卯	寅	丑	子	亥	戌	酉	申	未	午	巳	辰

※ 생은 장생, 욕은 목욕, 대는 관대, 녹은 임관, 왕은 제왕, 절은 '포'라고도 한다.

12운성표(지지 기준)

지간	子	丑	寅	卯	辰	巳	午	未	申	酉	戌	亥
甲	욕	대	녹	왕	쇠	병	사	묘	절	태	양	⇒생
乙	병	쇠	왕	녹	대	욕	⇐생	양	태	절	묘	사
丙	태	양	⇒생	욕	대	녹	왕	쇠	병	사	묘	절
丁	절	묘	사	병	쇠	왕	녹	대	욕	⇐생	양	태
戊	태	양	⇒생	욕	대	녹	왕	쇠	병	사	묘	절
己	절	묘	사	병	쇠	왕	녹	대	욕	⇐생	양	태
庚	사	묘	절	태	양	⇒생	욕	대	녹	왕	쇠	병
辛	⇐생	양	태	절	묘	사	병	쇠	왕	녹	대	욕
壬	왕	쇠	병	사	묘	절	태	양	⇒생	욕	대	녹
癸	녹	대	욕	⇐생	양	태	절	묘	사	병	쇠	왕

제1부 사주학의 기초 개념

양순음역(陽順陰逆) 생왕사절지도(生旺死絶之圖)

巳		午		未		申	
甲 病	乙 敗	甲 死	乙 生	甲 墓	乙 養	甲 絶	乙 胎
丙戊 祿	丁己 旺	丙戊 旺	丁己 祿	丙戊 衰	丁己 冠	丙戊 病	丁己 敗
庚 生	辛 死	庚 敗	辛 病	庚 冠	辛 衰	庚 祿	辛 旺
壬 絶	癸 胎	壬 胎	癸 絶	壬 養	癸 墓	壬 生	癸 死

辰				酉	
甲 衰	乙 冠			甲 胎	乙 絶
丙戊 冠	丁己 衰	旺 陰		丙戊 死	丁己 生
庚 養	辛 墓	死 陽		庚 旺	辛 祿
壬 墓	癸 養	絶 順		壬 敗	癸 病

卯		之 逆		戌	
甲 旺	乙 祿	圖 生		甲 養	乙 墓
丙戊 敗	丁己 病			丙戊 墓	丁己 養
庚 胎	辛 絶			庚 衰	辛 冠
壬 死	癸 生			壬 冠	癸 衰

寅		丑		子		亥	
甲 祿	乙 旺	甲 冠	乙 衰	甲 敗	乙 病	甲 生	乙 死
丙戊 生	丁己 死	丙戊 養	丁己 墓	丙戊 胎	丁己 絶	丙戊 絶	丁己 胎
庚 絶	辛 胎	庚 墓	辛 養	庚 死	辛 生	庚 病	辛 敗
壬 病	癸 敗	壬 衰	癸 冠	壬 旺	癸 祿	壬 祿	癸 旺

※ 長生 沐浴 冠帶 臨官 帝旺 衰 病 死 墓 絶 胎 養
  祿臨官也 敗沐浴也 녹은 임관이고, 패는 목욕이다

※ 도표 보는 요령
○ 양간은 순행(順行)하고 음간은 역행(逆行)한다.
○ 양간이 생(生)하는 자리에서 음간은 사(死)한다.
○ 土는 火를 따른다.
○ 녹(임관)의 자리는 지장간에 본신이 정기(본기)로 있는 곳이다.
  즉 甲은 寅, 乙은 卯, 丙은 巳, 丁은 午, 庚은 申, 辛은 酉, 壬은 亥, 癸는 子의 자리가 녹지(祿地)다.(戊와 己는 土로서 충기沖氣지

엄연한 의미에서 오행이 아니니 丙·丁과 같이 한다)
○ 절지(絶地)는 녹지(綠地)의 반대 자리다. 즉 나의 본신과 충하는 자리로 나와 충하는 천간의 녹지가 된다. 즉 甲은 申(庚의 녹), 乙은 酉(辛의 녹), 丙은 亥(壬의 녹), 丁은 子(癸의 녹), <戊·己는 丙·丁을 따른다> 庚은 寅(甲의 녹), 辛은 卯(乙의 녹), 壬은 巳(丙의 녹), 癸는 午(丁의 녹)가 절지다.
○ 장생지(長生地)를 찾는 방법은 당연히 12운성의 순서, 생·욕·대·녹 …… 은 안다는 전제하에, 양간은 순행해서 진행해 왔으니, 각 천간의 녹지에서 그 자리를 포함해서 거꾸로 따져서 넷째 자리가 생지(生地)다. 음간은 역행해서 퇴행해 왔으니, 각 천간의 녹지에서 그 자리를 포함해서, 앞으로 넷째 자리가 생지다. 즉 甲은 亥, 乙은 午, 丙은 寅, 丁은 酉, <戊·己는 丙·丁을 따른다> 庚은 巳, 辛은 子, 壬은 申, 癸는 卯가 장생지가 된다. 양간의 장생지가 음간의 사지(死地)고, 음간의 사지가 양간의 장생지가 된다는 사실을 알고 있으면, 하나만 알아도 나머지는 저절로 알게 될 것이다. 천간 하나를 예로 들자면, 양간인 庚金은 巳에서 생하여, 午에서 목욕, 未에서 관대, 申에서 녹, 酉에서 왕, 戌에서 쇠, 亥에서 병, 子에서 사, 丑에서 묘, 寅에서 절, 卯에서 태, 辰에서 양(養)의 순서로 순행한다. 음간인 辛金은 庚金의 사지인 子에서 생하여, 亥에서 목욕, 戌에서 관대. 酉에서 녹, 申에서 왕, 未에서 쇠, 午에서 병, 巳에서 사, 辰에서 묘, 卯에서 절, 寅에서 태, 丑에서 양(養)의 순서로 역행한다. 나머지 십간들도 이런 식으로 보면 된다.

지장인원도(支藏人元圖)

巳 戊 庚 丙 庚 生 丙 戊 祿	午 丙 己 丁 (生 乙)	未 丁 乙 己 墓 木	申 戊 壬 庚 庚 祿 壬 生
辰 乙 癸 戊 墓 水	支藏人元圖		酉 庚 辛 (生 己 丁)
卯 甲 乙 (生 癸)			戌 辛 丁 戊 墓 火
寅 戊 丙 甲 甲 祿 丙 戊 生	丑 癸 辛 己 墓 金	子 壬 癸 (生 辛)	亥 戊 甲 壬 甲 生 壬 祿

○ 왕지(旺地)인 子午卯酉에는 다른 오행이 섞여 있지 않고, 본 오행만 있다. 그러므로 지지에서 회합(會合) 작용을 할 때 자기를 중심으로 합하여 자기의 본기로 오행이 화하도록 하고, 비교적 다른 지지와 다르게 거의 순일한 오행에 가깝다. 그래서 <물론 엄밀하게 안 되는 것이지만> 子水, 午火, 卯木, 酉金이라고 불러도 좋을 만큼 해당 오행을 거의 순일하게 지니고 있다고 할 수 있다.[「평해」(評解)에서 子午卯酉에 한 해 본기本氣의 오행적 성정性情을 강조하기 위해 子(水), 午(火), 卯(木). 酉(金)처럼 ( )안에 오행을 표기한 곳이 더러 있다] 이러한 까닭에 삼합(회)의 중심이 되는 것이며, 충의 작용력 또한 격렬하다.(단, 午에만 己土가 중기로 있을 뿐이다. 이것의 해설은 추후에 있다)

○ 생지(生地)인 寅申巳亥의 처음에는 여기(餘氣)로 전부 戊土가 있는데, 이는 하나의 方에서 다른 方으로 넘어가는, 또는 한 계절에

서 다른 계절로 넘어가는 완충 작용으로서 土의 작용을 위한 것일 뿐이다. 실제로 지장간에 있던 戊가 천간에 투출해도 인정할 수 있는 것은 寅과 巳에서 투출했을 때 뿐이다. 寅申巳亥는 지장간에 있는 것 중에서 본기인 간(干)에게 녹지가 되고, 중기인 간(干)에게 생지가 된다. 그리고 지지끼리 회합 작용을 하면 왕지가 중심이 되어 결국 중기에 있던 오행으로 화하므로 이를 통칭하여 생지라고 부른다.

○ 묘지(墓地)인 辰戌丑未의 지장간에는 본기인 土만 음양의 구분의 있을 뿐(辰·戌에는 戊, 丑·未에는 己) 여기와 중기 모두 음간으로만 되어 있다. 즉 辰은 壬水의 묘지라고 하면서 癸가, 未는 甲木의 묘지라고 하면서 乙이, 戌은 丙火의 묘지라고 하면서 丁이, 丑은 庚金의 묘지라고 하면서 辛이 저장되어 있다.

이는 기본적으로 천간과 양간은 기(氣)이고 지지와 음간은 질(質)이므로, 지지인 4묘지에 천간이 입묘(入墓)할 때는 기의 형태인 양간이 아니고 질의 형태인 음간으로 저장되는 까닭이다. 그렇게 저장되어 있던 음간 형태의 지장간이 천간에 투출할 때에는 음간이든 양간이든 형태만 바꾸어 나온다. 그러므로 이 둘을 모두 같은 곳에 뿌리를 두고 투출한 것으로 보는 것이고, 이것이 나중에 거론될 잡기격이 된다.

○ 이와는 반대로 4생지인 寅申巳亥에는 지장간 3개가 모두 양간으로만 되어 있다. 생지(生地)는 기(氣) 발현처이기 때문이고, 묘지(墓地)는 한 생(生)의 순환이 끝나서 절멸된 기가 다음 생으로 변화를 기다리고자 질로 저장되어 있기 때문이다. 지장간을 볼 때 이렇듯 생지, 왕지, 묘지의 개념을 가지고 그 구성을 살피면

어렵지 않게 이해될 것이다.
○ 여기서 다시 한번 짚고 넘어갈 것은 지지(地支)는 오행이 아니라는 점이다. 예를 들어 지장인원도(支藏人元圖)에서 보듯이 寅중에는 戊土, 丙火, 甲木이 들어 있다. 그런데도 寅을 寅'木'이라고 한다면 戊'土'와 丙'火'는 무엇이란 말인가? 명리학의 3대 보서(寶書) 중 2대 보서인, 『적천수』와 『자평진전』에서는 12지지를 말할 때 ~~木, ~~火 등으로 표기하지 않았다.[다른 하나의 보서로 취급받는 『궁통보감』 「논4계월지토」(論四季月之土)에서 辰戌丑未를 辰土, 未土 등으로 표기하긴 했으나, 이것은 土의 본기를 논하고자 한 것일 뿐이다. 『궁통보감』 자체가 오행의 생극에 의한 간명법보다 계절의 기후를 기준으로 한 10천간의 희기(喜忌)의 용법을 논한 관법이다. 그리고 어느 정도 물상적(物象的)인 관점을 내포하고 있는 까닭에 그러한 표기를 했다고 보면 좋을 듯하다]

도면의 명칭을 '지장인원도'라고 하였듯이, 명리학에는 동양의 근본 사상인 천지인(天地人) 삼재(三才) 사상이 그대로 적용되고 있다. 즉 10천간은 천(天)이요, 12지지는 지(地)요, 지장간은 하늘의 기를 땅에서 받아 소장하고 있는 것으로 삼라만상의 기(氣)니, 삼라만상의 영장(靈長)인 인간에 빗대어 인(人)이라고 명명(命名)하고 있다.

결국 각 지지는 하늘의 기를 품수하여 지장간으로 소장하고 있는 공간으로, 쓰이기를 기다리고 있는 지장간들의 보관 장소다. 그리고 12지지 자체만 놓고 볼 때, 지지는 시간(계절, 월, 시)과 공간(방위) 좌표의 역할을 하고 있는 것뿐이다. 예를 들어 子월이라면 동짓달이고, 子시라면 한밤중이 되고, 子 방위는 정북(正北)이 되겠다. 또 지지를 소위 12동물에 비유하는 것은 각 동물의 특징을 끌어다가 빗대어 말한 것뿐이다.

다음은 월별로 인원(人元, 지장간)이 사령하는 기간을 절기와 날짜별로 표기한 것이다.

12월령 인원 사령 분야표(十二月令人元司令分野表)

寅월 입춘 후 戊土 7일, 丙火 7일, 甲木 16일　입춘(立春), 우수(雨水)
卯월 경칩 후 甲木 10일, 乙木 20일　경칩(驚蟄), 춘분(春分)
辰월 청명 후 乙木 9일, 癸水 3일, 戊土 18일　청명(淸明), 곡우(穀雨)
巳월 입하 후 戊土 5일, 庚金 9일, 丙火 16일　입하(立夏), 소만(小滿)
午월 망종 후 丙火 10일, 己土 9일, 丁火 11일　망종(芒種), 하지(夏至)
未월 소서 후 丁火 9일, 乙木 3일, 己土 18일　소서(小暑), 대서(大暑)
申월 입추 후 戊己土 10일, 壬水 3일, 庚金 17일　입추(立秋), 처서(處暑)
酉월 백로 후 庚金 10일, 辛金 20일　백로(白露), 추분(秋分)
戌월 한로 후 辛金 9일, 丁火 3일, 戊土 18일　한로(寒露), 상강(霜降)
亥월 입동 후 戊土 7일, 甲木 5일, 壬水 18일　입동(立冬) 소설(小雪)
子월 대설 후 壬水 10일, 亥水 20일　대설(大雪), 동지(冬至)
丑월 소한 후 癸水 9일, 辛金 3일, 己土 18일　소한(小寒), 대한(大寒)

陰陽生死 4
음 양 생 사

인 지 일 주, 불 필 생 봉 록 왕, 즉 월 령 휴 수, 이 년 일 시 중, 득 장 생 록 왕,
人之日主, 不必生逢祿旺, 卽月令休囚, 而年日時中, 得長生祿旺,

便不爲弱, 就使逢庫, 亦爲有根。時說謂投庫而必沖者, 俗書之謬
也。但陽長生有力, 而陰長生不甚有力, 然亦不弱。若是逢庫, 則陽
爲有根, 而陰爲無用。蓋陽大陰小, 陽得兼陰, 陰不能兼陽, 自然之
理也。

사람의 일주(日主)가 반드시 출생한 달(월)에서 녹왕(祿旺)을 만날 필요는 없다. 설령 월령(月令)에서 휴수(休囚)가 되어도, 연(年), 일(日), 시(時) 중에서 장생, 녹왕을 얻으면 곧 약한 것이 아니다. 설사 고(庫)를 만난다고 해도 역시 뿌리가 있는 것이니, 항간에 떠도는 "입묘(入墓)(투고投庫)되었으니 반드시 충해야 한다"고 하는 설은 속서의 오류일 뿐이다. 다만, 양간의 장생은 유력하고 음간의 장생은 그다지 유력하지 않지만 그렇다고 해서 약한 것도 아니다. 만약 이처럼 고(庫)를 만나는 경우, 양간에게는 뿌리가 되지만 음간에게는 <뿌리 역할로> 쓸 수 없게 된다. 무릇 양은 크고 음은 작은 바, 양은 음을 겸할 수 있어도 음은 양을 겸할 수 없으니, 이것이 자연의 이치다.

評解 12운성은 월령을 기준으로 한다. 당연히 일간이 월령에서 녹왕을 얻으면 그 자체로 강하다. 그러나 지지는 천간의 뿌리가 되는 것이고, 천간은 지지가 쓰임을 얻는 곳이다. 그러므로 일간이 월령을 얻지 못하더라도 다른 지지에서 뿌리를 얻으면 힘을 얻을 수 있으니, 재관을 감당할 수 있다.(이 해설은 「6 논십간득시불왕실시불약」論十干得時不旺失時不弱에서 다시 거론된다) 다만, 음간은 12

운성상 생지(生地)나 고지(庫地)를 얻어도 지장간에 뿌리가 없으니 양간만큼 힘을 얻지 못한다. 이 내용은 앞에 해설되어 있다. 서낙오는 음간의 12운성을 부정적으로 보아 인정하지 않았다. 하지만 실제 간명에서 음간이 생지를 얻으면 비록 지지에 근이 없어도 양간의 생지만큼은 아니더라도 완전히 무력하지는 않는 것을 볼 수 있다. 따라서 음간의 12운성 자체를 무시할 필요는 없을 것 같다.

살		식	재
乙	己	辛	癸
亥	卯	酉	酉
			식

乙 丙 丁 戊 己 庚
卯 辰 巳 午 未 申

예를 들어 「34 논식신」(論食神)에 나오는 유 제태(劉堤台) 명조다. 己土 일간이 지지에 근이 없다. 인성이나 비겁도 없다. 다만 월령과 연지가 酉로 일간의 생지다. 일간이 기댈 곳은 오로지 생지의 기운뿐이다. 식신으로 설기되고 칠살에게 극을 받으니 어느 한 쪽으로 종(從)하지도 못한다. 일간을 돕는 인성운과 비겁운이 오기를 기다린다. 己未, 戊午, 丁巳운에 발복했다.

4 論十干配合性情 (논십간배합성정)
천간 합으로 인한 길흉의 변화를 논함

十干配合 (십간배합) 1

合化之義, 以十干陰陽相配而成。河圖之數, 以一二三四五配六七八九十, 先天之道也。故始於太陰之水, 而終於沖氣之土, 以氣而語其生之序也。蓋未有五行之先, 必先有陰陽老少, 而後沖氣, 故生以土, 終之旣有五行。則萬物又生於土, 而水火木金, 亦寄質焉, 故以土先之。是以甲己相合之始, 則化爲土; 土則生金, 故乙庚化金次之; 金生水, 故丙辛化水又次之; 水生木, 故丁壬化木又次之; 木生火, 故戊癸化火又次之, 而五行徧焉。先之以土, 相生之序, 自然如此。此十干合化之義也。

합화(合化)(원래의 오행들이 서로 합하여 다른 오행으로 변함)의 의의는 10천간(天干)들의 음과 양이 서로 배합(配合)하여 이루어지는 것을 말한다. 『하도』(河圖)의 수는 1, 2, 3 ,4, 5를 6, 7, 8, 9, 10에 배합한 것으로 선천(先天)의 도(道)다. 그러므로 태음(太陰)인 水에서 시작하여 충기(沖氣)인 土에서 마치게 되는데, 이는 기(氣)로써 그 생(生)하는 순서를 말한 것이다. 무릇 오행이 있기 전에 반드시 음양(陰陽)과 노소(老少)가 있었고, 그런 연후에 각 기가 충기하여 土라는 것이 생기고, 이리하여 마침내 오행이 있게 된 것이다. 더욱이 만물은 土에서 생겨나는 것이고, 水火木金 역시 土의 바탕에 기대어 <그 질(質)을> 의탁하니, 土로써 처음을 삼게 된다. 甲己 상합(相合)으로써 시작을 삼으니, 즉 화(化)하여 土가 된다. 土가 金을 생하니 乙庚이 합하여 金으로 화하는 것이 그 다음이고, 金이 水를 생하니 丙辛이 합하여 水로 화하는 것이 또 그 다음이고, 水가 木을 생하니 丁壬이 합하여 木으로 화하는 것이 또 그 다음이고, 木이 火를 생하니 戊癸가 합하여 火로 화하는 것이 또 그 다음이다. 이로써 오행이 두루 펼쳐지게 된다. 土로서 처음을 삼아 상생의 순서를 따르니 자연의 이치가 이와 같다. 이것이 10천간이 합화하는 의의다.

評解 십간의 합화를 『하도』의 선천수와 오행의 상생 순서로 설명하고 있다. 이를 도표로 단순화하면 다음과 같다.

10간	甲	乙	丙	丁	戊
	己	庚	辛	壬	癸
합화	土	金	水	木	火

원문에서 설명한 것처럼 甲己합(合) 土를 기점으로 오행의 상생에 의해서 천간의 합화(合化)를 설명하는 방법 외에, 우룡즉화(遇龍則化)라고 하여, 즉 "용을 만나면 화(化)한다"고 했다. 여기서 용은 辰이다.

○ 甲己년에는 戊辰월을 얻게 되니 戊는 土에 속하므로 甲己합화土하였고,

○ 乙庚년에는 庚辰월을 얻게 되니 庚은 金에 속하므로 乙庚합화金하

였고,
- 丙辛년에는 壬辰월을 얻게 되니 壬은 水에 속하므로 丙辛합화水하였고,
- 丁壬년에는 甲辰월을 얻게 되니 甲은 木에 속하므로 丁壬합화木하였고,
- 戊癸년에는 丙辰월을 얻게 되니 丙은 火에 속하므로 戊癸합화火했다고 하는 논의도 있다.

서낙오는 「평주」에서 십간의 합화를 『황제내경소문』 「오운행대론」(五運行大論)을 들어 설명하면서 십간의 합화가 의학과 근원이 같다고 설명하고 있다. 그것의 본 근원은 천문(天文)의 오운육기(五運六氣)에서 유래한 것이다. 「평주」의 설명보다는 『천문류초』(天文類抄)의 설명이 더 간명하므로 『천문류초』의 설명으로 갈음하고자 한다. 아래의 내용과 도면은 『천문류초』에서 발췌 인용한 것이다.

하늘의 기운 중에 가장 대표적인 것이 오운(五運)을 나타내는 오천(五天)의 기운이다. 오천(五天)이란 木 기운이 뻗쳐서 나타난 창천(蒼天), 火 기운의 단천(丹天), 土 기운의 금천(黔天), 金 기운의 소천(素天), 水 기운의 현천(玄天)의 5천을 말한다. 이 5기운이 항시 나타나는 것이 아니라, 해당하는 기운이 강할 때만 나타나서, 그 해의 하늘과 지상의 기운을 다스린다.

오천오운도(五天五運圖)

○ 창천(蒼天)의 木 기운은 28수(宿) 중에서 위(危), 실(室), 류(柳), 귀(鬼)의 4별자리를 지나는데, 이는 24방위의 丁과 壬에 해당한다. 오운육기론으로 볼 때, 丁과 壬이 합해서 木이 된다고 하고, 간지로 丁과 壬으로 시작하는 해를 木의 기운이 주관한다고 한다.

○ 단천(丹天)의 火 기운은 28수 중에서 우(牛), 여(女), 벽(壁), 규(奎)의 4별자리를 지나는데, 이는 24방위의 戊와 癸에

해당한다. 그래서 戊와 癸가 합해서 火가 된다고 하며, 간지로 볼 때 戊와 癸로 시작하는 해를 火의 기운이 주관한다고 한다.

○ 금천(黔天)의 土기운은 28수 중에서 심(心), 미(尾), 각(角), 진(軫)의 4별자리를 지나는데, 이는 24방위의 甲과 己[巽]에 해당한다. 그래서 甲과 己가 합해서 土가 된다고 하며, 간지로 볼 때 甲과 己로 시작하는 해를 土의 기운이 주관한다고 한다.

○ 소천(素天)의 金기운은 28수 중에서 항(亢), 저(氐), 묘(昴), 필(畢)의 4별자리를 지나는데, 이는 24방위의 乙과 庚에 해당한다. 그래서 乙과 庚이 합해서 金이 된다고 하며, 간지로 볼 때 乙과 庚으로 시작하는 해를 金의 기운이 주관한다고 한다.

○ 현천(玄天)의 水기운은 28수 중에서 장(張), 익(翼), 누(婁), 위(胃)의 4별자리를 지나는데, 이는 24방위의 丙과 辛에 해당한다. 그래서 丙과 辛이 합해서 水가 된다고 하며, 간지로 볼 때 丙과 辛으로 시작하는 해를 水의 기운이 주관한다고 한다. [(김수길 외, 『天文類抄』(서울: 대유학당, 2006), 30~31쪽)]

결국 십간의 합화는 천문의 오천오운에 근원이 있다는 설명이다. 이중에서 戊와 己는 원래 24방위에는 배정되지 않았는데, 戌과 건방(乾方)을 戊로, 辰과 손방(巽方)을 己로 하여 십간을 해설했다. 그리고 상기 도면을 보면 일반적 방위와 동서(東西)가 다르다. 이것은 인간의 입장이 아닌 하늘의 입장에서 묘사한 것이다. 뒷면에서 보면 방위가 맞다.

十干配合 2
_{십간배합}

_{기성정하야} _{개기유배합} _{필유향배} _{여갑용신관} _{투병작합} _{이관}
其性情何也? 蓋旣有配合, 必有向背。如甲用辛官, 透丙作合, 而官

_{비기관} _{갑용계인} _{투무작합} _{이인비기인} _{갑용기재} _{기여별위지}
非其官; 甲用癸印, 透戊作合, 而印非其印; 甲用己財, 己與別位之

_{갑작합} _{이재비기재} _{여년기월갑} _{년상지재} _{피월합거} _{이일주지}
甲作合, 而財非其財。如年己月甲, 年上之財, 被月合去, 而日主之

_{갑을무분} _{년갑월기} _{월상지재} _{피년합거} _{이일주지갑을불여시}
甲乙無分; 年甲月己, 月上之財, 被年合去, 而日主之甲乙不與是

_야 _{갑용병식} _{여신작합} _{이비기식} _{차사희신인합이무용자야}
也。甲用丙食, 與辛作合, 而非其食。此四喜神因合而無用者也。

그 <십간합의> 성정은 어떠한가? 무릇 10천간이 배합이 되면 반드시 향배(向背)(좇음과 등짐, 좋은 작용과 나쁜 작용)가 있기 마련이다.

가령 甲木 일주가 정관 辛金을 쓰는데, 식신 丙火가 투출(透出)하여 정관 辛을 합하면 정관이 있으나 정관으로서 역할을 못하게 된다.

甲木 일주가 癸水 인성을 쓰는데, 재성 戊土가 투출하여 癸水를 합하면 인수가 있으나 인수로서 역할을 못하게 된다.(간합에만 의미를 두고 지지는 표시 안 함)

甲木일주가 재성 己土를 쓰는데, 己가 다른 천간에 있는 또 다른 甲과 합해버리면, 재성이 있으나 재성으로서 역할을 못하게 된다.

 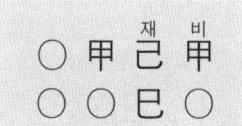 예를 들어 연에 己가 있고 월에 甲이 있으면, 연에 있는 재성 己는 월에 있는 甲에게 합거당하므로 일주인 甲 혹은 乙에게는 <재성의> 몫이 없다. 연에 甲이 있고 월에 己가 있으면, 월간의 재성 己가 연의 甲에게 합거당하므로 일주인 甲 혹은 乙이 이(재성 己)와 함께하지 못한다(차례가 오지 않는다).

 甲일주가 식신 丙을 쓰는데, 辛이 있어 합을 해버리면 丙은 식신으로서 역할을 못하게 된다. 이상은 4희신(喜神)(재관인식財官印食)이 합 때문에 용신(用神)이나 상신(相神)으로서 역할을 못하게 되는 경우다.(甲일간이 辛 정관을 쓴다든가 丙 식신을 쓴다는 의미는 辛 정관이나 丙 식신이 용신일 수도 있고 상신일 수도 있는 경우다. 위의 예시 명조는 역해자가 임의로 구성한 것이다)

評解 4길신인 재관인식(財官印食)이 합 때문에 쓸모없게 되는 경우의 예시다.

十干配合 3

又如甲逢庚爲煞, 與乙作合, 而煞不攻身; 甲逢乙爲劫, 與庚作合,

4 천간합으로 인한 길흉의 변화를 논함

而乙不劫財。甲逢丁爲傷, 與壬作合, 而丁不爲傷官; 甲逢壬爲梟,
_{이을불겁재}　_{갑봉정위상}　_{여임작합}　_{이정불위상관}　_{갑봉임위효}

與丁作合, 而壬不奪食。此四忌神因合化吉者也。
_{여정작합}　_{이임불탈식}　_{차사기신인합화길자야}

```
  살 겁
○ 甲 庚 乙
○ ○ 辰 ○
```

또 가령 甲일간이 庚을 만나면 이는 칠살(七煞)이 되는데, <庚이> 乙과 더불어 합을 하면 칠살이 일간인 甲을 공격할 수 없게 된다. 甲일간이 乙을 만나면 이는 겁재가 되는데, <乙이> 庚과 더불어 합을 하면 乙은 甲의 재(財: 己)를 겁탈하지 않는다.

```
관　　상 효
辛 甲 丁 壬
未 ○ 未 ○
```

甲일간이 丁을 만나면 이는 상관이 되는데, <丁이> 壬과 더불어 합을 하면 丁은 상관의 역할을 하지 않는다.

```
식　　효 상
丙 甲 壬 丁
寅 ○ 寅 ○
```

甲일간이 壬을 만나면 이는 효신(梟神)이 되는데, <壬이> 丁과 더불어 합을 하면 壬은 甲의 식신(丙) 기운을 빼앗지 못한다.

이상은 4기신(忌神)(살상겁효煞傷劫梟)이 합 때문에 길하게 된 경우다.(위의 예시 명조는 역해자가 임의로 구성한 것이다)

|評解| 4흉신 살·상·겁·효(煞傷劫梟)가 합 때문에 기신 작용을 하지 않게 된 경우의 예시다.

十干配合 4
_{십간배합}

蓋有所合則有所忌, 逢吉不爲吉, 逢凶不爲凶。卽以六親言之, 如男
_{개유소합즉유소기}　_{봉길불위길}　_{봉흉불위흉}　_{즉이륙친언지}　_{여남}

以財爲妻, 而被別干合去, 財妻豈能親其夫乎? 女以官爲夫, 而被他干合去, 官夫豈能愛其妻乎? 此謂配合之性情, 因向背而殊也。

무릇 적합한 경우가 있으면 꺼리는 경우도 있는 바, 길한 것(희신)을 만나도 길하지 않을 수 있고, 흉한 것(기신)을 만나도 흉하지 않을 수 있다. 가령 육친으로 말한다면 남자는 재(財)로써 처(妻)를 삼는데, 이 재성이 일간 이외의 다른 천간에게 합거되어버리면 재성인 처가 어찌 남편과 친할 수 있겠는가? 여자는 관(官)으로써 남편을 삼는데, 이 관성이 일간 이외 다른 천간에게 합거되어버리면 관성인 남편이 어찌 처를 사랑할 수 있겠는가? 이것이 "배합(配合)의 성정(性情)과 향배(向背)로 인한 다름"을 이르는 것이다.

5 論十干合而不合
천간이 합하려고 하나 합하지 못함을 논함

合而不合 1

十干化合之義, 前篇旣明之矣, 然而亦有合而不合者, 何也?

십간 화합의 의의는 전편에서 설명했다. 그런데 합이 되는 것 같지만 합이 되지 않는 것이 있다. 어째서 그러한가?

合而不合 2

蓋隔於有所間也, 譬如人彼此相好, 而有人從中間之, 則交必不能成。假如甲與己合, 而甲己中間, 以庚間隔之, 則甲豈能越剋我之庚而合己? 此制於勢然也, 合而不敢合也, 有若無也。

대체로 합하고자 하는 것들 사이에 격리하는 것이 있기 때문이다. 사람에 비유하면, 서로 좋아해도 중간을 가로막는 자가 있다면 서로 사귐이 성립될 수 없는 것과 같다.

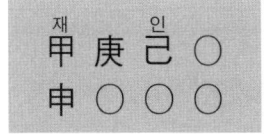 

예를 들어 甲과 己가 합을 하려고 하는데, 그들 중간에 庚이 끼어 격리하고 있다면, 甲이 어찌 자기를 극하는 庚을 뛰어넘

어서 己와 합을 할 수 있겠는가? 이는 힘에 의한 제약 때문에 그러한 것으로, 합을 하고자 하나 감히 합을 할 수 없는 것이니, <합하는 자가> 있어도 없는 것과 같다.

評解 극하는 것이 가로막고 있어서 건너뛰어 가서 합하지 못함을 설명한 것이다.

合而不合 3

又有隔位太遠, 如甲在年干, 己在時上, 心雖相契, 地則相違, 如人
天南地北, 不能相合一般。然於有所制而不敢合者, 亦稍有差, 合
而不能合也, 半合也, 其爲禍福得十之二三而已。

또 너무 멀리 떨어져 위치해서 합이 안 되는 경우가 있다.

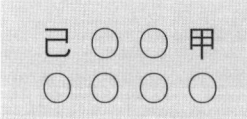

예를 들어 甲은 연간(年干)에 있고 己는 시간(時干)에 있으면, 마음으로 서로 아무리 맺고 싶어도 너무 멀리 떨어져 있는 것이, 마치 사람이 남쪽 하늘과 북쪽 땅으로 갈라져 있어 서로 합하지 못하는 것과 같은 모양이다. 그러나 극제하는 것이 있어 감히 합을 하지 못하는 경우와는 약간 차이가 있다. 합하고자 하나 합할 수 없는 것은 반합(半合)인데, 화(禍)나 복(福)이 되는 작용력은 10분의 2나 3 정도일 뿐이다.

5 천간이 합하려고 하나 합하지 못함을 논함

評解 극하는 것은 없지만 거리의 이유로 합이 원활하지 못한 경우를 예시한 것이다. 극(剋)으로 인한 불합(不合)과는 조금 차이가 있을지라도 어차피 합이 원활하지 못하다. 이러한 경우 합이 제대로 이루어지지 않은 것들이 반합(半合)이고, 그 합화(合化)의 작용력이 20~30% 정도라고 말하고 있다.

合而不合 4

又有合而無傷於合者, 何也? 如甲生寅卯, 月時兩透辛官, 以年丙合月辛, 是爲合一留一, 官星反淸(輕). 甲逢月刃, 庚辛並透, 丙與辛合, 是爲合官留煞, 而煞刃依然成格, 皆無傷於合也.

또 합(合)됨으로써 결함을 없애는 경우가 있는데, 어떤 경우인가?

```
관   관 식
辛 甲 辛 丙
未 ○ 卯 ○
```

예를 들어 甲일간이 寅, 卯월에 생하고 정관 辛이 월간(月干)과 시간(時干)에 각각 투출했는데, 연간(年干)에 丙이 있어 월간의 辛을 합하면, 하나를 합하고 하나를 남기는 것이 되어 관성이 도리어 청(淸)해졌다(경輕해졌다).(다른 판본에 있는 표현으로, 중重한 것의 반대인 경우가 되었으니 경輕하다는 표현도 맞을 듯하다. 한편 寅월인 경우, 이 조건은 성립할 수 없다)

```
살   관 식
庚 甲 辛 丙
午 ○ 卯 ○
```

甲일간이 양인(陽刃)월인 卯월에 생하고 庚과 辛이 같이 투출했는데, 丙이 있어 辛을 합하면 이는 관(官)을 합하고 살(煞)

을 남긴 것이 되어 여전히 살인격(煞刃格)이 성격(成格)되었다. 이런 것이 모두 합으로써 결함을 없앤 경우다.

> **評解** 중관(重官)과 관살혼잡(官煞混雜)이 합 때문에 해소되어 사주의 격이 청(淸)해진 경우의 예시다.

合而不合 5

又有合而不以合論者, 何也? 本身之合也。蓋五陽逢財, 五陰遇官, 俱是作合, 惟是本身十干合之, 不爲合去。假如乙用庚官, 日干之乙, 與庚作合, 是我之官, 是我合之, 何爲合去? 若庚在年上, 乙在月上, 則月上之乙, 先去合庚, 而日干反不能合, 是爲合去也。又如女以官爲夫, 丁日逢壬, 是我之夫, 是我合之, 正如夫妻相親, 其情愈密。惟壬在月上, 而年丁合之, 日干之丁, 反不能合, 是以己之夫星, 被姉妹合去, 夫星透而不透矣。

또 합이 되는데도 합이 된 것으로 논하지 않는 경우가 있는데, 어떤 경우인가? 바로 본신(本身)인 일간의 합이다. 대체로 5양간(陽干)이 정재(正財)를 만났을 때나 5음간(陰干)이 정관(正官)을 만났을 때 합을 하는데, 본신인 일간의 합을 합거되었다고 하지 않는다.

5 천간이 합하려고 하나 합하지 못함을 논함

예를 들어 乙이 정관 庚을 쓰는데, 일간 乙이 庚과 합하면, 이는 나의 정관과 내가 합하는 것이다. 이를 어떻게 합거(合去)되었다고 하겠는가?

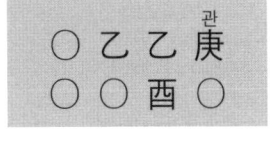

그런데 만약 庚이 연간에 있고 乙이 월간에도 있으면 월간에 있는 乙이 먼저 庚과 합해버려 일간 乙은 합을 할 수 없다. 이런 것은 합거다.

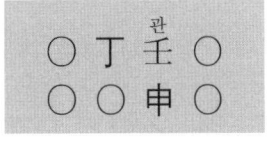

또 여자는 관을 남편으로 삼는데, 丁일간이 壬을 만나면 이는 자신의 남편과 합을 한 것이 되어 부처(夫妻)가 서로 친화하고 정이 더욱 친밀한 것이다.

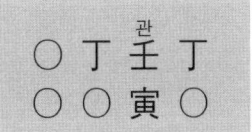

다만, 壬이 월간에 있고 연간에 또 다른 丁이 있으면 일간 丁은 합을 할 수 없다. 즉 자신의 남편성(男便星)이 다른 자매에게 합거되어 남편성이 있어도 없는 것과 같다.

評解 일원(日元)(일간)은 본신(本身)이다. 그러므로 일간은 합화(合化)하여 성질이 완전히 바뀌는 경우를 제외하고 합거되었다고 하지 않는다. 그리고 일간과 같은 십간이 다른 곳에 또 있어서 나의 정재나 정관이 다른 십간과 먼저 합하여 사라지는 것을 설명한 것이다. 양간은 정재와 합하고 음간은 정관과 합한다. 이를 도표로 해설한다.

양간의 합

양간	甲	丙	戊	庚	壬
정재	己	辛	癸	乙	丁

음간의 합

음간	乙	丁	己	辛	癸
정관	庚	壬	甲	丙	戊

合而不合 6
_{합이불합}

然又有爭合妬合之說, 何也? 如兩辛合丙, 兩丁合壬之類, 一夫不娶二妻, 一女不配二夫, 所以有爭合妬合之說. 然到底終有合意, 但情不專耳. 若以兩合一而隔位, 則全無爭妬. 如庚午、乙酉、甲子、乙亥, 兩乙合庚, 甲日隔之; 此高太尉命, 仍作合煞留官, 無減福也.

또 쟁합설(爭合說)과 투합설(妬合說)이 있는데, 이는 어떤 것인

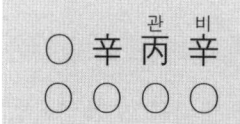 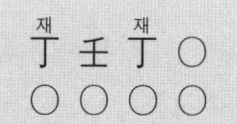

가? 2개의 辛이 丙과 합하고 2개의 丁이 壬과 합하는 유형이다. 즉 한 남자가 두 처를 거느리지 못하고, 한 여자는 두 남편을 섬기지 못한다고 하여 쟁합·투합 같은 설이 생겨난 것이다. 어찌되었든 합은 되는 것인데, 단지 정(情)이 전일(專一)하지 못하다. 만약 2개의 천간이 1개의 천간과 합하려고 하는데,

5 천간이 합하려고 하나 합하지 못함을 논함 113

간격이 떨어져 있다면 쟁합이나 투합은 일어나지 않는다.

```
 겁       겁 살
乙 甲 乙 庚
亥 子 酉 午
```

예를 들어 庚午, 乙酉, 甲子, 乙亥의 경우에는 2개의 乙이 1개의 庚과 합하려고 하지만, 甲일간이 이들 중간을 격리하고 있다. 이것은 고 태위(高太尉)의 명조로 시간(時干)의 乙과 월간(月干)의 乙이 쟁합하지 않고, 월간의 乙이 庚살(煞)과 합하고 정관 酉만 남아 합살유관(合煞留官)하게 되어 복(福)이 감하지 않았다.

評解 쟁합은 남자 둘이 여자 하나를 놓고 서로 차지하려고 다투는 모습을 빗대어 말한 것으로, 재성 하나를 놓고 2개의 동일한 십성이 다투는 현상이다. 또 투합은 여자 둘이 남자 하나를 놓고 다투는 모습을 빗대어 말한 것으로, 정관 하나를 놓고 동일한 십성이 다투는 현상이다. 결국 재관(財官)만 바뀌었을 뿐 서로 먼저 합하려고 다투는 모습은 같다. 그런데 원문에 예시된 고 태위(太尉)(무관 최고위직)의 사주는 乙이 2개에 庚이 하나로 되어 있다. 따라서 쟁합이든 투합이든 될 것 같지만 중간에 甲이 있어 庚金은 월간의 乙이 먼저 합하게 되어 결과적으로 합살유관의 귀격 사주가 되었다.

합이불합
合而不合 7

금인부지명리   동이본신지합   망론득실   갱유가소자   서운합관
今人不知命理, 動以本身之合, 妄論得失 ; 更有可笑者, 書云合官

非^비爲^위貴^귀取^취, 本^본是^시至^지論^론, 而或以本身之合爲合^{이 혹 이 본 신 지 합 위 합}, 甚或以他支之合爲合^{심 혹 이 타 지 지 합 위 합}, 如辰與酉合^{여 진 여 유 합}、卯與戌合之類^{묘 여 술 합 지 류}, 皆作合官^{개 작 합 관}。一謬至此^{일 류 지 차}, 子平之傳掃地^{자 평 지 전 소 지}矣^의!

오늘날 사람들은 명리를 알지 못하고 걸핏하면[動] 일간의 합으로 함부로 득실을 논한다. 더욱 가소로운 것은 옛 책에서 "정관이 합이 되면 귀(貴)를 취할 수 없다"고 말한 지당한 이론이 있는데도, 혹자는 일간 본신이 정관과 합하는 것도 합하는 것으로 잘못 알고 있다. 그것뿐 아니라 심지어 지지의 정관을 다른 지지가 합하는 것도 합으로 본다. 예를 들어 "辰酉합, 卯戌합"과 같이 육합(六合) 때문에 합한 것들도 모두 합관(合官)되었다고 여긴다. 하나의 오류가 이토록 중차대한 지경에까지 이르는 것이니 자평의 이론서에서 일체 쓸어내야 할 것이다.

評解^{평해} 앞에서도 말했지만 일간의 합은 합화격(合化格)을 제외하고는 합으로 사라졌다고 보지 않는다. 그리고 일간이 양간일 경우 정재와 합하거나, 음간일 경우 정관과 합하는 것은 정재나 정관이 사라졌다고 보지 않고 일간에게 유정(有情)하다고 본다. 정관이나 정재가 일간 이외 다른 천간에게 합거되어 사라지는 것과는 완전히 다르다.

그리고 지지의 용신이 삼합 때문에 변하는 것은 십신이 변하여 격국(格局)이 변하는 것으로 보지만, 육합 때문에 합하는 것은 십신이 변하거나 격국이 변하는 것으로 보지 않는다. 다만, 충이나 형을 합으로 막아주는 역할을 할 때만 육합을 인정하고 있다. 삼합을 합이라 표현하지 않고 회(會)라는 용어로 표현하고 있다. 주의가 필요하다. 자평에서 말하는 합은 천간의 합만 말하는 것이고 지지의 합은 회라고 표현한다.

6 論十干得時不旺失時不弱
10간이 득시해도 왕하지 않고 실시해도 약하지 않음을 논함

得時失時 1

書云, 得時俱爲旺論, 失時便作衰看, 雖是至理, 亦死法也, 然亦可活看。夫五行之氣, 流行四時, 雖日干各有專令, 而其實專令之中, 亦有並存者在。假若春木司令, 甲乙雖旺, 而此時休囚之戊己, 亦未嘗絶於天地也, 特時當退避, 不能爭先。而其實春土何嘗不生萬物, 冬日何嘗不照萬國乎?

책에서 이르기를 "득시(得時)하면 모두 왕(旺)한 것으로 논하고, 실시(失時)하면 곧 쇠(衰)한 것으로 본다"고 했다. 이는 지극한 이치이기도 하지만, 또한 잘 안 맞는 쓸모없는 법칙이기도 하다. 잘 활용해서 간명해야 한다. 무릇 오행의 기는 사시(四時)를 유행하고 있다. 비록 일간이 월령(月令)을 차지했다 하더라도, 실제 월지 안에는 병존하는 다른 지장간(地藏干)들도 있다. 가령 봄은 木이 사령(司令)하는 때로 甲乙이 비록 왕하지만, 이 시기에 휴수된 戊己라고 해서 천지에서 그 기운이 완전히 끊어진 것은 아니다. 다만, 그 시기가 마땅히 물러나 피해 있을 때이므로 다른 오행들에 비해 앞서지 못할 뿐이다. 그러나 실제로 봄의 土라고 해서 어찌 만물을 생하지 않겠으며, 겨울의 태양이라고 해서

6 10간이 득시해도 왕하지 않고 실시해도 약하지 않음을 논함

어찌 온 나라를 비추지 않겠는가?

評解 이번 편의 논지는 일간의 강약을 구별하는 법을 말하고 있다. 일간이 월령을 얻지 못하더라도 다른 지지에서 힘을 얻으면 약하지 않다는 논리를 펴고 있다. 일리 있는 말이다. 그러나 이는 신강, 신약으로 용신을 정하는 간법에서는 중요하지만, 자평의 간법에서는 그렇게까지 중요하지 않다. 왜냐하면 자평의 간법은 일간과 월령간 생극관계로 격국을 정하고 희기(喜忌)를 판단하는 체계이지, 단순하면서도 애매모호하게 신강, 신약을 정하고 그에 따라 억부로써 용신을 정하는 체계와는 다르기 때문이다. 하지만 취운(取運) 편에서는 일간의 강약을 고려하므로 이번 편의 내용을 숙지할 필요는 있다. 다만 구분할 것은, 자평의 간법은 신강과 신약으로써 용신과 빈부귀천을 정하는 것이 아니고, 일간과 월령과의 생극으로 격국과 용신을 정한다. 이로써 부귀빈천은 이미 어느 정도 정해지는 것이다. 운을 본다는 것은 이미 정해진 틀 안에서 해당 운 동안의 희기와 양태(樣態)만 따질 뿐이다.

得時失時 2

況八字雖以月令爲重, 而旺相休囚, 年日時, 亦有損益之權, 故生月卽不值令, 而年時如値祿旺, 豈便爲衰? 不可執一而論。猶如春木雖强, 金太重而木亦危; 干庚辛而支酉丑, 無火制而不富, 逢土

生而必夭, 是以得時而不旺也。秋木雖弱, 木根深而木亦強; 干甲
乙而支寅卯, 遇官透而能受, 逢水生而太過, 是失時不弱也。

팔자에서 비록 월령을 중요시하여 월령을 가지고 왕상휴수(旺相休囚)를 따지지만, 연일시(年日時)(원문에는 "月"이 표기되어 있지만 논리상 "月"이 없는 것이 옳으므로 삭제했음) 역시 손익(일간의 강약)을 가늠하는 <임시 방편의, 어느 정도의> 저울추 역할을 할 수 있다. 그러므로 출생 월에서 월령을 얻지 못했다고 하더라도 연(年)이나 시(時)에서 녹왕(祿旺)을 만나면 어찌 쇠하다고 하겠는가? 그러니 한 가지 이론에만 집착하는 것은 불가하다.

辛乙辛辛
巳丑卯酉
巳酉丑 金局

비록 봄의 木이 강하지만 金이 아주 중(重)하면 木 역시 위태로운 것이다. 천간에 庚, 辛이 있고 지지에 酉, 丑이 있을 때 火의 제지(制止)가 없으면 부유할 수 없고, 金이 土의 생함까지 받는다면 반드시 요절할 것이다. 이런 것이 득시했지만 왕하지 않은 것이다.

丙甲甲乙
寅子申卯

가을의 木이 비록 약하지만 木의 뿌리가 깊으면 도리어 강할 수 있다. 천간에 甲, 乙이 있고 지지에 寅, 卯가 있으면 관(官)이 투출했어도 능히 수용할 수 있다. 여기에 水의 생조(生助)까지 만난다면 도리어 木이 태과(太過)한 것이 된다. 이런 것이 실시(失時)했지만 약하지 않은 것이다.(위의 두 명조는 역해자가 임의로 만든 것임)

6 10간이 득시해도 왕하지 않고 실시해도 약하지 않음을 논함

得時失時 3

是故十干不論月令休囚, 只要四柱有根, 便能受財官食神而當傷官七煞。長生、祿旺, 根之重者也; 墓庫、餘氣, 根之輕者也。得一比肩, 不如得支中一墓庫, 如甲逢未、丙逢戌之類; 乙逢戌、丁逢丑, 不作此論, 以戌中無藏木、丑中無藏火也。得二比肩, 不如得一餘氣, 如乙逢辰、丁逢未之類。得三比肩, 不如得一 長生、祿、刃, 如甲逢亥寅卯之類。陰長生不作此論, 如乙逢午、丁逢酉之類, 然亦爲有根, 比得一餘氣。蓋比劫如朋友之相扶, 通根如室家之可住; 干多不如根重, 理固然也。

그러므로 십간은 월령의 휴수만 논해서는 안 된다. 오직 사주에 뿌리가 있는 것을 중요시하는데, <뿌리가 있다면> 재(財)·관(官)·식신(食神)을 수용하고, 상관(傷官)·칠살(七煞)을 감당할 수 있다. 장생과 녹왕은 뿌리가 중(重)한 것이고, 묘고(墓庫)와 여기(餘氣)는 뿌리가 경(輕)한 것이다.

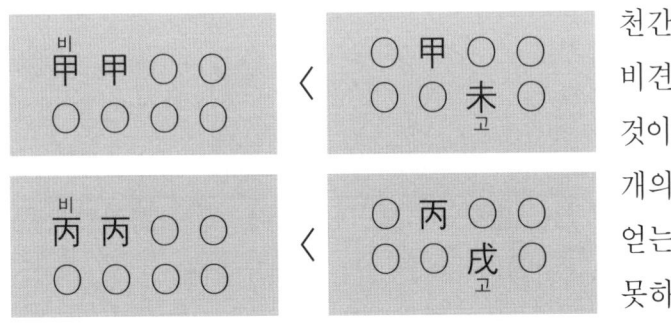

천간에 1개의 비견을 얻는 것이 지지에 1개의 묘고를 얻는 것보다 못하니, "甲일주가 未를, 丙일주가 戌을 만나는 경우"다.

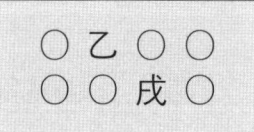 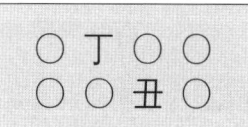 그러나 "乙이 戌을, 丁이 丑을 만나는 것"은 그렇게 논하지 않으니, 戌의 지장간에는 木이 없고, 丑의 지장간에는 火가 없기 때문이다.

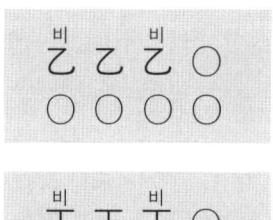 <

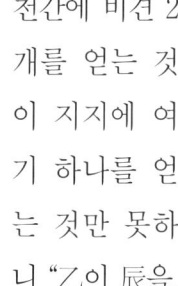

천간에 비견 2개를 얻는 것이 지지에 여기 하나를 얻는 것만 못하니 "乙이 辰을, 丁이 未를 만나는 경우"다.

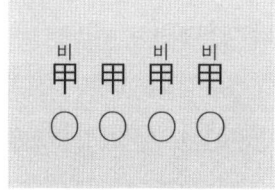 <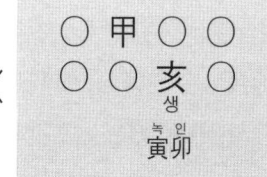

천간에 비견 3개를 얻는 것이 지지에 장생(長生)·녹(祿)·인(刃)을 얻는 것만 못하니 甲이 亥·寅·卯를 만나는 경우다.

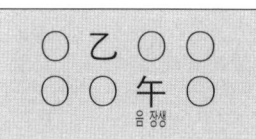 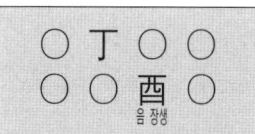

그러나 음(陰) 장생은 그렇게 논하지 않으니 "乙이 午를, 丁이 酉를 만나는 경우"다. 그래도 역시 뿌리가 있는 것은 되니 1개의 여기(餘氣)를 얻은 것과 같다.

무릇 비견, 겁재는 친구의 도움이 있는 것과 같고, 통근(通根)하는 것은 집에서 가족과 거주하는 것과 같다. 그러니 천간에 비겁이

6 10간이 득시해도 왕하지 않고 실시해도 약하지 않음을 논함

많은 것이 뿌리가 깊은 것만 못하다. 이 이치는 아주 자연스런 것이다.(※ 固: 진실로, 반드시 등의 부사어임)

評解 천간에 비견이 많은 것보다 지지에 뿌리가 있는 것이 더 중요하다는 설명이다. 당연한 것이 천간에 비견이 아무리 많다고 하더라도 지지에 뿌리를 가지지 못한다면 마치 사상누각과 같은 것이다.

위의 설명을 구체적으로 풀어서 기술한다.

일간	甲	乙	丙(戊)	丁(己)	庚	辛	壬	癸
묘고	未	戌	戌	丑	丑	辰	辰	未
지장간	丁乙己	辛丁戊	辛丁戊	癸辛己	癸辛己	乙癸戊	乙癸戊	丁乙己

천간의 비견 1개보다 지지의 묘고 하나가 더 중하다. 단, 음간은 그렇게 논하지 않는다. 양간의 고지(庫地)에는 지장간에 같은 오행이 들어 있지만, 음간의 고지에는 같은 오행이 없으니 뿌리가 되지 못한다. 그리고 戊와 己는 丙丁과 12운성을 같이 하지만, 丙이 戌중 중기(中氣)인 丁火에 뿌리를 두는 것과는 다르게 戊土는 戌중의 정기인 戊土에 근이 있고, 丁의 고지 丑중에는 火가 없어 근이 없지만, 己土는 丑중의 정기가 己이니 근(根)이 있다. 즉 丙戊, 丁己가 12운성을 같이 하지만 지지의 근은 다르다.

천간에 비견 2개를 얻는 것보다 지지에 여기(餘氣) 하나를 얻는 것이 더 중요하다.

일간	甲	乙	丙	丁	庚	辛	壬	癸
여기	辰		未		戌		丑	
지장간	乙癸戊		丁乙己		辛丁戊		癸辛己	

여기(餘氣)는 음간(陰干), 양간(陽干)을 구분하지 않고 오행의 기운만 본다. 봄인 寅, 卯, 辰 3개월의 마지막 달 辰이 木의 여기고, 여름인 巳, 午, 未 3개월의 마지막 달 未가 火의 여기고, 가을인 申, 酉, 戌 3개월의 마지막 달 戌이 金의 여기고, 겨울인 亥, 子, 丑 3개월의 마지막 달 丑이 水의 여기다. 그리고 여기의 지장간 안에는 해당 오행이 여기로서 들어 있다. 戊己는 4계절의 정기에 해당하지 않고 4계(季)에 걸쳐 있어 이 논리에는 해당되지 않아 표에서 제외했다.

천간에서 비견 세 개를 얻는 것보다 지지에서 장생·녹·인(刃)을 얻는 것이 더 중요하다. 단, 음간의 장생은 그렇게 논하지 않는다.

일간	甲	乙	丙(戊)	丁(己)	庚	辛	壬	癸
장생 지장간	亥 戊甲壬	午 丙己丁	寅 戊丙甲	酉 庚辛	巳 戊庚丙	子 壬癸	申 戊壬庚	卯 甲乙
녹	寅	卯	巳	午	申	酉	亥	子
인(刃)	卯	-	午	-	酉	-	子	-
겁재	-	寅	-	巳	-	申	-	亥

양간은 양인(陽刃)이 있지만 음간은 양인이 없다. 양간이나 음간이나 녹은 자기의 본기가 정기로 있는 것이니 기운이 같다.

다만, 장생은 다르다. 원문에는 음간의 겁재에 대한 내용이 없는데, 겁재에 해당하는 지지의 장간에도 같은 오행이 들어 있으니, 녹지보다 못하더라도 여기보다 일간의 뿌리 역할을 훨씬 더 잘할 수 있으니 반드시 고려해야 한다.

양간의 장생지에는 지장간에 중기로서 해당 오행을 가지고 있어 뿌리가 되지만, 음간의 장생지에는 같은 오행이 없으니 뿌리가 되지 못한다. 다만, 장생지는 내가 나온 곳으로 앞으로 점점 기운이 커져 가는 것이기는 하니, 어느 정도 기운은 있는 것으로 본다. 원문에서는 음간의 장생을 여기 정도로 본다고 했다. 이 말은 乙이 지지에 午가 있는 것이나 辰이 있는 것을 같이 본다는 것이고, 丁이 지지에 酉가 있는 것이나 未가 있는 것을 같이 본다는 말이고, 辛이 지지에 子가 있는 것이나 戌이 있는 것을 같이 본다는 것이고, 癸가 지지에 卯가 있는 것이나 丑이 있는 것을 같이 본다는 말이다. 하지만 이렇게 보는 것은 무리가 있다. 장생지가 비록 이제 나왔으니 기운이 강하다고는 하지만, 음간의 장생은 양간의 장생과는 다르게 기(氣)가 아니라 질(質)적인 차원의 장생이기에 기운을 득하고 득하지 못하는 것과는 다르다. 그래서 음간의 장생을 지장간에 근이 있는 여기와 같은 정도의 기운으로 보는 것은 상당히 무리가 있는 내용이다. 다만, 사주 내에 근이 미약하여 종격이 의심스러울 때 음간의 장생이 있으면 어지간해서는 종하지 않고, 운에서 뿌리가 오기를 기다리는 정도의 힘의 세기로 보면 좋을 듯하다.

得時失時 4

今人不知命理，見夏水冬火，不問有無通根，便爲之弱。更有陽干逢庫，如壬逢辰、丙坐戌之類，不以爲水火通根身庫，甚至求刑沖以開之。此種謬書謬論，必宜一切掃制也。

요즘 사람들은 명리의 이치를 모르고, 여름의 水나 겨울의 火를 보기만 하면 통근(通根)의 유무를 묻지도 않고 곧 약하다고 한다. 도리어 양간이 고(庫)를 만났을 때, 예를 들어 "壬이 辰을 만나고, 丙이 戌을 깔고 앉는" 이런 경우는 水와 火가 각각 자신의 고(庫)에 통근한 것인데도 심지어 형충으로 개고(開庫)해야 한다고 하니, 이런 오류의 책과 이론은 반드시 일제히 쓸어버려야 하는 것들이다.

評解 비록 계절의 기운을 득하지 못하더라도 지지에 근이 있으면 약하지 않다는 내용이다. 또 양간은 지지에 고지(庫地)가 있으면, 그것이 뿌리가 되는 것이지 묘지(墓地)가 아니라고 기술하고 있다.

7 論刑沖會合解法
형충회합의 해법을 논함

刑沖會合 1

刑者, 三刑也, 子卯、巳申之類是也。沖者, 六沖也, 子午、卯酉之類是也。會者, 三會也, 申子辰之類是也。合者, 六合也, 子與丑合之類是也。此皆以地支宮分而言, 斜對爲沖擊射之意也。三方爲會, 朋友之意也。並對爲合, 比鄰之意也。至於三刑取義, 姑且闕疑, 雖不知其所以然, 於命理亦無害也。

형(刑)은 삼형(三刑)이니 子卯형, 巳申형 등이다. 충(沖)은 육충(六沖)이니, 子午충, 卯酉충 등이다. 회(會)는 삼회(三會)이니, 申子辰 수국(水局) 등이다. 합(合)은 육합(六合)으로 子丑합 등을 말한다. 이것들은 모두 지지 각 궁(宮)의 위치에 따라 나온 학설로써, 비껴서거나 마주 대한 위치에서 서로를 부딪치고 때리고 쏘아댄다는 의미다. 삼방(三方)의 것들(申子辰 등)이 모여서 회(會)가 되는데, 이는 친구들의 모임을 뜻한다. 나란히 상대하는 것(子丑합 등)은 합이 되는데, 가까운 이웃이라는 의미다. 삼형을 취한 의의는 잘 모르겠다. 하지만 비록 삼형의 원리를 몰라도 명리를 해석하는 데 별 지장은 없다.

評解 형충회합(刑沖會合)은 지지의 작용으로 이 중에는 사주 격국에 영향을 미치는 것도 있고, 영향은 주지 않고 작용만 하는 것도 있으니 구분해서 보아야 한다.

방합(方合)				
방위	木동방(東方)	火남방(南方)	金서방(西方)	水북방(北方)
지지	寅卯辰	巳午未	申酉戌	亥子丑

방합(方合)은 같은 방위에 속해 있는 지지의 자(字)들끼리 모이는 것이다. 같은 방위는 각각 지지의 자가 원래 있던 곳으로 자기의 고향과 같은 것이니 체(體)에 해당한다. 결국 이는 같은 기운인 계절의 합이고 한집에서 태어난 형제의 합과 같다.

이 3자가 함께 모여 있으면 강력한 결집력을 보이기는 하지만, 각 글자는 삼합처럼 오행이 변하지는 않고 자체의 오행 기운을 그대로 유지하고 있다. 그런 이유로 자평의 격국에서는 방합(方合) 때문에 격이 변한다고 보지 않는다. 그러나 만약 방합의 3자가 다 모여 있다면 영향력은 크니 반드시 고려해야 한다. 또한 방합의 체(體)로서 가지는 결집력과 삼합의 용(用)으로서 가지는 작용력에 의해 형(刑)이 도출되어 나온다.

7 형충회합의 해법을 논함

| 삼합(三合)=삼회(三會) |

구분	생(生)	왕(旺)	묘(墓)
목국(木局)	亥	卯	未
화국(火局)	寅	午	戌
금국(金局)	巳	酉	丑
수국(水局)	申	子	辰

삼합(三合)은 12운성상 생지(生地), 왕지(旺地), 묘지(墓地) 3자의 합이다. 왕지의 정기(正氣)를 중심으로 오행이 합화(合化)한다. 다른 방위(계절, 오행)에 있던 글자들이 헤쳐 모여서 하나의 오행으로 화(化)하는 것으로 방합에 대비해 용(用)적인 작용에 해당한다.

자평의 격국에서 지지의 '월령'이 삼합으로 화하면 격국이 변하는 것으로 본다. 예를 들어 일간이 丁이고 월령이 亥이면서 다른 지장간이 투출한 것이 없다면 정관격인데, 지지에 卯나 未가 있으면 亥卯未 목국(木局)으로 변화하여 인수격이 된다는 것이다.

왕지(旺地)인 子午卯酉가 없이 생지와 묘지만 있으면 삼합이 안 되는 것으로 보기도 하지만, 자평의 격국론에서는 왕지가 없어도 삼합이 이루어져서 격국에 영향을 주는 것으로 보고 있다. 다만, 정기(왕지)의 자가 없으면 삼합의 결집력이 약한 것은 사실이다. 이런 경우 천간에 삼합으로 화(化)할 오행의 자가 투출해 있다면 정기의 자가 없어도 삼합이 이루어지는 것으로 본다. 예를 들어 지지에 亥未만 있고 卯가 없을 때 천간에 甲이나

乙이 투출해 있다면 亥未가 회합하여 목국(木局)이 이루어진다.
 반면에, 지지에 삼합의 인자(因子)가 있어도 천간에 삼합을 방해하는 글자가 있으면 삼합이 이루어지지 않는다. 위의 예에서 천간에 庚辛金이 투출해 있으면 金극木이 되어 亥卯未 삼합 목국(木局)이 이루어지지 않는다. 실제 간명에서 월령의 삼합이 아니더라도 지지에 삼합의 인자가 있으면 운의 흐름에 따라 삼합의 작동 때문에 사주에 미치는 영향이 크게 나타나기도 한다.

형(刑)

방합(體)	亥 子 丑 (水)	寅 卯 辰 (木)	巳 午 未 (火)	申 酉 戌 (金)
삼합(用)	亥 卯 未 (木)	申 子 辰 (水)	寅 午 戌 (火)	巳 酉 丑 (金)
형	亥 子 丑 ⇕ ⇕ ⇕ 亥 卯 未	寅 卯 辰 ⇕ ⇕ ⇕ 申 子 辰	巳 午 未 ⇕ ⇕ ⇕ 寅 午 戌	申 酉 戌 ⇕ ⇕ ⇕ 巳 酉 丑

 형(刑)은 각 오행에서 방합의 기운과 삼합(회)의 기운 간 힘겨루기에 의해서 서로 밀어내는 에너지의 방출로 인한 현상이다.
 여기서 방합은 계절의 기운으로 볼 수도 있고, 각 오행의 본기인 체(體)로도 볼 수 있다. 이에 비해 삼합은 방합에 있던 3자가 각자 분리되어 생왕묘 3자가 왕지를 중심으로 모여서 각 오행을 새로 생성해내는 용(用)의 작용이다. 여기서 水와 木은 상생의 관계로서 水와 木은 방합과 삼합을 교차한 상태에서 형(刑)이 발생된다. 반면에 火와 金은 서로가 극하는 관계이고 둘 다 강하며, 또 金火교역(交易)[선천(『하도』)에서 후천(『낙서』)으로 바뀌는 과

7 형충회합의 해법을 논함

정에서 발생한 金과 火의 자리 교환]이 있었으니, 삼합과 방합을 교환하지 않고 그대로 둔 상태로 비교하여 형이 발생된다.

아래는 방합과 삼합의 관계에 의해 도출되는 삼형을 도면으로 표시한 것이다. 안쪽이 12지지의 방위 배치에 의한 방합이고 바깥쪽은 삼합이다.

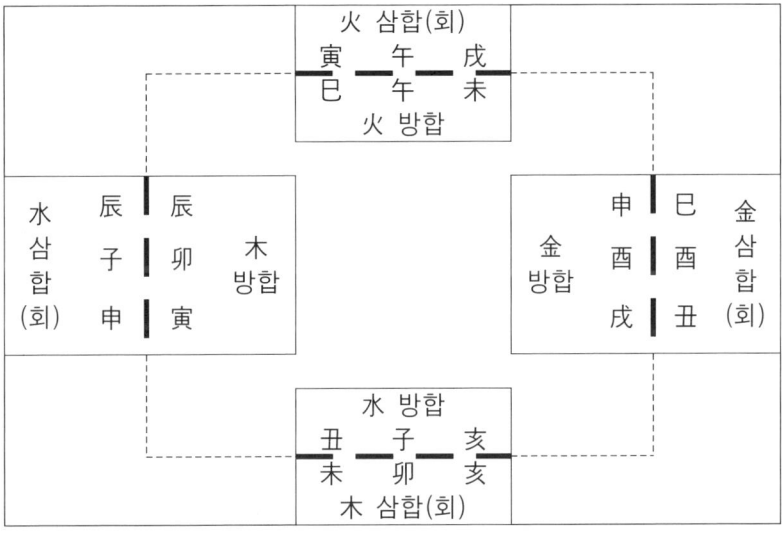

○ 亥子丑은 북방 水인데 亥卯未 목국(木局)을 만나면 왕한 木이 더욱 왕해지므로, 亥가 亥를 형하고, 卯가 子를 형하고, 未가 丑을 형하게 된다.

○ 寅卯辰은 동방 木인데 申子辰 수국(水局)을 만나면 水생木하여 왕한 木이 더욱 왕해지고, 중화(中和)의 도(道)를 잃게 되므로, 申이 寅을 형하고, 子가 卯를 형하며, 辰이 辰을 형하게 된다.

○ 巳午未는 남방 火인데 寅午戌 화국(火局)을 만나면 왕한 火가

더욱 왕해지므로, 寅이 巳를 형하고, 午가 午를 형하고, 戌이 未를 형하게 된다.
○ 申酉戌은 서방 金인데 巳酉丑 금국(金局)을 만나면 왕한 金이 더욱 왕해지므로, 巳가 申을 형하고, 酉가 酉를 형하고, 丑이 戌을 형하게 된다.

결국 두 글자 간에 발생하는 것이다. 그중에서도 寅巳申, 丑戌未, 子卯의 3가지 형은 작용력이 더 크다고 본다. 이러한 형(刑)의 자가 원국에 있거나(2자만 있어도 형이다) 운에서 들어오면 사주의 격국(특히 정관격)을 파괴하여 파격(破格)이 되니, 형을 막아줄 다른 글자가 있어야 한다. 그리고 같은 글자끼리 형을 일으키는 辰辰, 午午, 酉酉, 亥亥는 자형(自刑)이라고 한다. 이 자형은 실제 간명에서 빈번한 변화나 이동이 있다고 보는데 『자평진전』에서는 사용하지 않는다.

육합(六合)

지지 육합은 오성법(五星法) 중 칠정(七政)에서 나왔으니 칠정은 일(日), 월(月), 木, 火, 土, 金, 水를 말한다. 지지에서 子와 丑을 기준으로 우주의 삼라만상을 구성하는데, 丑에서 午까지는 기운이 상승하고, 未에서 子까지는 기운이 하강하면서 기운이 교차하는 합치점을 춘하추동 사시(四時)에 대비하는 것으로써,

○ 午未합은 하늘이 되어 午는 태양(太陽)으로 해를, 未는 태음(太

7 형충회합의 해법을 논함 131

陰)으로 달을 삼고,
○ 子와 丑은 합하여 土가 되어 지구로 삼으니, 이로써 천지(우주)를 구성하게 되고,
○ 寅亥합은 木으로서 봄이 되고,
○ 卯戌합은 火로서 여름이 되고,
○ 辰酉합은 金으로서 가을이 되고,
○ 巳申합은 水로서 겨울을 구성하게 된다.

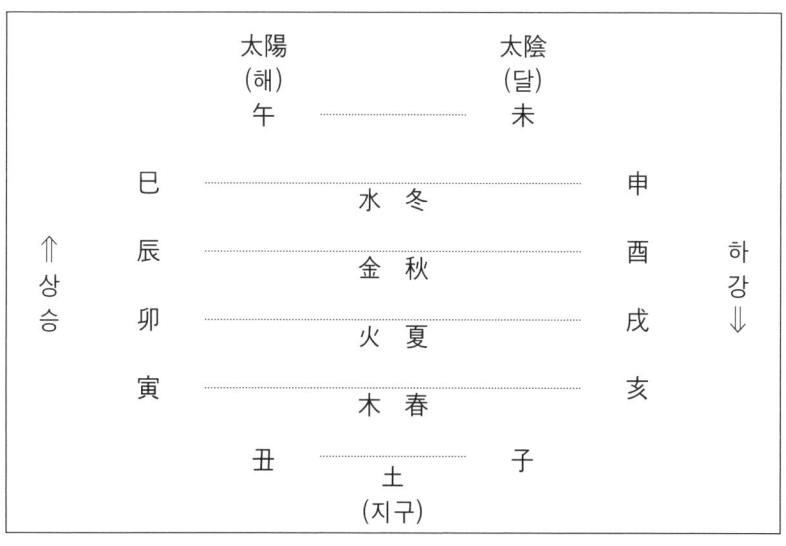

[최국봉, 『증보계의신결』, (서울: 태중출판사, 2015), 169쪽 도면]

이 육합은 보통 부부의 합이라 하면서 합력(合力)이 강하다고 하는데, 『자평진전』의 관법에서는 형이나 충을 해소하는 역할 정도로만 간주한다. 하지만 육합이 나오게 되는 본래의 근원은 천문(天文)에 있다. 동양의 천문에서는 하늘을 마갈궁(馬羯宮,

염소자리), 인마궁(人馬宮, 궁수자리) 등 12궁(宮)으로 나누고, 성기(星紀), 석목(析木) 등 12분야(分野, 12차次)로 나누어 본다. 12궁은 황도(黃道)(태양이 운행하는 길)를 12등분한 것이고, 12분야는 적도(赤道)(황도의 남극과 북극의 가운데로 도수가 제일 균일한 곳)를 12등분한 것이다. 황도와 적도가 만났을 때가 춘분(春分)과 추분(秋分)이고, 황도와 적도가 가장 많이 떨어졌을 때가 하지(夏至)와 동지(冬至)다. 이렇듯 천문에 의해 24절기(節氣) 역시 나왔다.

육합을 간단히 해설하자면, 해와 달이 운행하다가 머물러서 회합하는 곳을 말한다. 북두칠성의 자루(두표斗杓) 부분이 가리키는 것이 매월의 월건(月建)이고, 그 달에 해와 달(일월日月)이 머무르는 곳이 해당 월의 육합이다.

	⇒										
두표	子	丑	寅	卯	辰	巳	午	未	申	酉	戌	亥
육합	∥	∥	∥	∥	∥	∥	∥	∥	∥	∥	∥	∥
일월	丑	子	亥	戌	酉	申	未	午	巳	辰	卯	寅
자리	성기 星紀	현효 玄枵	추자 娵訾	강루 降婁	대량 大樑	실침 實沈	순수 鶉首	순화 鶉火	순미 鶉尾	수성 壽星	대화 大火	석목 析木
	⇐										

○ 子월에 두표는 子를 가리키고, 일월은 丑 방위의 성기 자리에서 모인다.(子丑합)
○ 丑월에 두표는 丑을 가리키고, 일월은 子 방위의 현효 자리에서 모인다.(子丑합)

○ 寅월에 두표는 寅을 가리키고, 일월은 亥 방위의 추자 자리에서 모인다.(寅亥합)
○ 卯월에 두표는 卯를 가리키고, 일월은 戌 방위의 강루 자리에서 모인다.(卯戌합)
○ 辰월에 두표는 辰을 가리키고, 일월은 酉 방위의 대량 자리에서 모인다.(辰酉합)
○ 巳월에 두표는 巳를 가리키고, 일월은 申 방위의 실침 자리에서 모인다.(巳申합)
○ 午월에 두표는 午를 가리키고, 일월은 未 방위의 순수 자리에서 모인다.(午未합)
○ 未월에 두표는 未를 가리키고, 일월은 午 방위의 순화 자리에서 모인다.(午未합)
○ 申월에 두표는 申을 가리키고, 일월은 巳 방위의 순미 자리에서 모인다.(巳申합)
○ 酉월에 두표는 酉를 가리키고, 일월은 辰 방위의 수성(壽星) 자리에서 모인다.(辰酉합)
○ 戌월에 두표는 戌을 가리키고, 일월은 卯 방위의 대화 자리에서 모인다.(卯戌합)
○ 亥월에 두표는 亥를 가리키고, 일월은 寅 방위의 석목 자리에서 모인다.(寅亥합)

이것이 결과적으로는 두표는 좌(左)로 돌고, 일월은 우(右)로 돌면서 서로 마주보는 자리가 육합이 된다.(좌선左旋, 우선右旋은 수장도手掌圖를 기준으로 본 것이다)

수장도(手掌圖)

검지	중지	약지	소지
巳	午	未	申
辰			酉
卯			戌
寅	丑	子	亥
	⇒ 일월 우선 (육합)	⇐ 두표 좌선 (월건)	

※ 본인의 왼손이라 가정해서 보라

  육합 이론은 육임(六壬)에서 그대로 사용하고 있는데, 월건의 육합이 되는 자리를 월장(月將)이라 하고 월건보다 월장을 더 중요시한다. 그 이유는 육임은 해당 월의 태양의 기운을 기준으로 운기를 측정하는 점술이니, 월건보다 일월이 머무는 월장의 자리를 기준으로 하는 것이다. 다만, 월건과 월장의 날짜 기산(起算)에는 차이가 있는데, 월건은 입절(立節)을 기점으로 하고 월장은 중기(中氣)를 기점으로 한다. 즉 정월(寅월)의 월건은 입춘(대략 양력 2월 4일)에서 경칩(대략 3월 5일) 전일까지인데, 정월(寅월)의 월장 亥는 입춘 15일 뒤인 우수(대략 2월 18일)에서 경칩 15일 뒤인 춘분(대략 3월 20일)까지다. 이것은 육임에서 사용하는 것으로 명리와는 무관하지만, 육임 등의 점술을 할 때 반드시 필요한 기본 지식이다.

> 충(沖, 육충六沖)

　본궁의 대궁(對宮)으로서 충극(沖剋)하기도 하고 충동(沖動)하기도 한다. 충(沖)은 기본적으로 자리가 정반대에 위치하고 있다. 따라서 방위상으로 정반대가 되고, 계절적으로 정반대가 되며 그리고 시간상으로도 정반대가 된다. 흔히 충이 되면 보통 깨지고 부서진다는 부정적인 의미로만 보는데, 실제로 잠자고 있던 기운을 부딪쳐 깨워서 일어나게 하는 작용도 있다. 충이 되면 지지 자체의 글자가 아니라 그 안에 있던 지장간들이 밖으로 나와서 그것들끼리 일어나는 작용을 말한다.
　그러한 충이 각자의 입장에 따라 한편으로 흉하기도 하고 한편으로 길하게 작용하기도 하니, 사주 원국에 따라 구분해서 살펴야 한다. 단, 충이 사주 원국에 있거나 운에서 들어오면 격국(특히, 정관격)이 파괴되니, 충을 막아줄 글자가 있는지 살펴보아야 한다.

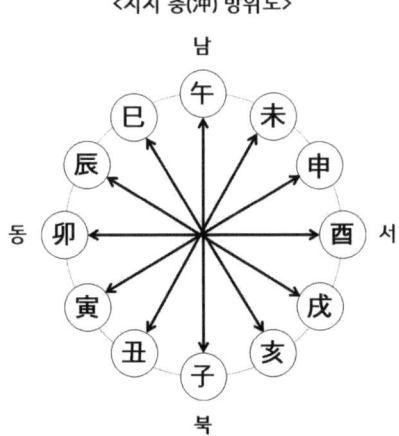

〈지지 충(沖) 방위도〉

음양소식괘	음양비율 양	음양비율 음	지지		순서	대충	순서	지지		음양비율 양	음양비율 음	음양소식괘
䷗	1	5	子	壬 癸	1	⇔	7	午	丙 己 丁	5	1	䷫
䷒	2	4	丑	癸 辛 己	2	⇔	8	未	丁 乙 己	4	2	䷠
䷊	3	3	寅	戊 丙 甲	3	⇔	9	申	戊 壬 庚	3	3	䷋
䷡	4	2	卯	甲 乙	4	⇔	10	酉	庚 辛	2	4	䷓
䷪	5	1	辰	乙 癸 戊	5	⇔	11	戌	辛 丁 戊	1	5	䷖
䷀	6	0	巳	戊 庚 丙	6	⇔	12	亥	戊 甲 壬	0	6	䷁

※ 음양 소식(消息)은 子월(동지)에 일양(一陽)이 시생(始生)하여 양이 하나씩 자라나서 巳월에 6양으로 정점을 찍고, 午월(하지)에 일음(一陰)이 시생하여 음이 하나씩 자라나서 亥월에 6음으로 정점을 찍고, 다시 子월로 재차 순환하는 것을 말하는 것이다. 음양 비율은 매월의 양과 음의 비율을 표기한 것이다. 순서는 子부터 시작해서 순행(順行)하는 차서(次序)를 가리킨다.

다음에 생지(生地), 왕지(旺地) 그리고 묘지(墓地)의 구분에 따른 충의 강약을 구분하여 해설한다.

4정(正, 왕지旺地)의 궁끼리의 충

지지(地支)	子 ⇔ 午 충	卯 ⇔ 酉 충
지장간(여기)	壬 ⇔ 丙 충	甲 ⇔ 庚 충
지장간(본기)	癸 ⇔ 丁 충	乙 ⇔ 辛 충

子午와 卯酉의 충은 소장된 장간끼리 모두 극하는 충이다.(午중의 중기인 己는 木火 양의 기운에서 金水 음의 기운으로 넘어가는 완충자의 역할이므로 논외로 한다)

4맹(孟, 생지生地)의 궁끼리의 충

地支	寅 ⇔ 申 충	巳 ⇔ 亥 충
지장간(여기)	戊 = 戊 동	戊 = 戊 동
지장간(중기)	丙 ⇔ 壬 충	庚 ⇔ 甲 충
지장간(본기)	甲 ⇔ 庚 충	丙 ⇔ 壬 충

寅申과 巳亥의 충에서 소장된 지장간 중 여기는 같은 土로서 동(動)하기만 하고, 중기와 본기가 상극하는 충이다. 그러는 중에도 寅申충에서는 申중 壬水가 寅중 甲木을 생하기도 하고, 巳亥충에서는 亥중 甲木이 巳중 丙火를 생하기도 한다.

4고(庫: 묘지墓地)의 궁끼리의 충

지지(地支)	辰 ⇔ 戌 충	丑 ⇔ 未 충
지장간(여기)	乙 ⇔ 辛 충	癸 ⇔ 丁 충
지장간(중기)	癸 ⇔ 丁 충	辛 ⇔ 乙 충
지장간(본기)	戊 = 戊 동	己 = 己 동

辰戌과 丑未의 충에서 소장된 지장간 중 여기와 중기는 충극을

하지만 본기는 같은 土로서 극하지 않고 충동만 하여 붕충(朋沖)이라고도 한다. 그리고 생지의 충과 마찬가지로 극하는 중에 생하는 관계 역시 존재한다.

육해(六害)

子丑합	寅亥합	卯戌합	辰酉합	巳申합	午未합
子 丑	寅 亥	卯 戌	辰 酉	巳 申	午 未
⇅ 충 ⇅	⇅ 충 ⇅	⇅ 충 ⇅	⇅ 충 ⇅	⇅ 충 ⇅	⇅ 충 ⇅
未 午	巳 申	辰 酉	卯 戌	寅 亥	丑 子
子未해 丑午해	寅巳해 申亥해	卯辰해 酉戌해	卯辰해 酉戌해	寅巳해 申亥해	丑午해 子未해

 육합을 하고자 하는 대상을 충으로 깨서 합을 못하게 하는 것으로, 말 그대로 재해를 입는다는 흉살이다. 결과적으로 육합의 대충 자리끼리 일어나는 작용이다. 다음의 12지지 배열도에서 보면 도표와 같이 세로로 짝하는 것이 육해(六害)다.

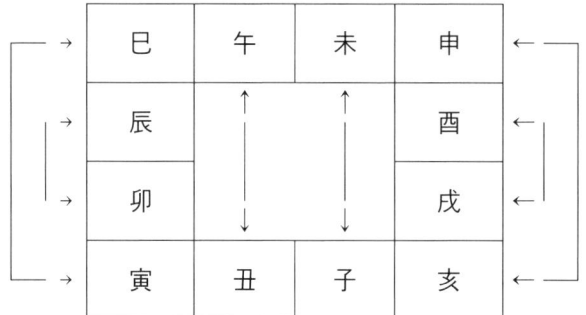

7 형충회합의 해법을 논함

중국의 맹인들 사이에 구전되었다고 하는 "맹파명리"(盲派命理)는 육해를 천살(穿殺)이라 하면서 간명에서 상당히 중요시한다. 어쨌든 『자평진전』의 관법에서는 육해를 사용하지 않는다.

육파(六破)				
삼합	亥 卯 未 (木)	寅 午 戌 (火)	巳 酉 丑 (金)	申 子 辰 (水)
삼합	寅 午 戌 (火)	亥 卯 未 (木)	申 子 辰 (水)	巳 酉 丑 (金)
파	亥 卯 未 ⇕ ⇕ ⇕ 寅 午 戌	寅 午 戌 ⇕ ⇕ ⇕ 亥 卯 未	巳 酉 丑 ⇕ ⇕ ⇕ 申 子 辰	申 子 辰 ⇕ ⇕ ⇕ 巳 酉 丑

육파는 삼합에서 서로 화(化)하는 오행끼리는 상생관계에 있으면서, 각각의 입장에서 한편으로 밀어내기도 하는 과정에서 발생한다. 발생 근거는 4왕지인 子午卯酉끼리, 4생지인 寅申巳亥끼리 그리고 4고지인 辰戌丑未끼리 관계의 힘겨루기에서 발생한다.

한편 음양학은 수리학(數理學)이다. '수(數)란 1에서 시작하여 10에 이르면 0'이 된다. 그러므로 주역에 이르기를 "10은 수의 극이라"(數之極)고 했다. 파(破)란 것은 너무 과하여 파손을 초래함이다.

	⇒					
양지	子	寅	辰	午	申	戌
파	⇕	⇕	⇕	⇕	⇕	⇕
음지	酉	亥	丑	卯	巳	未
	⇐					

o 子에서 시작하여 순(順)으로 세어가면(자기를 포함) 열째가 酉가 되니 이것이 파다.
o 丑에서 시작하여 역(逆)으로 세어가면 열째가 辰이 되니 이것이 파다. 즉 만초손(滿招損)(넘치면 잃는다)의 이치로 수가 극에 달하였으므로 파손을 초래하는 것이다. 子寅辰午申戌은 양이니 순으로 세어 가고, 丑亥酉未巳卯는 음이니 역으로 세어 간다. [최국봉,『증보계의신결』(서울: 태중출판사, 2015), 183~184쪽]

육파가 사주 내에 있으면 글자 그대로 파괴, 붕괴, 불화 등 불미스러운 일이 발생한다고 하지만,『자평진전』의 관법에서는 거론조차 하지 않고 있다.

刑沖會合 2

八字支中, 刑沖俱非美事, 而三合六合, 可以解之。假如甲生酉月, 逢卯則沖, 而或支中有戌, 則卯與戌合而不沖; 有辰, 則酉與辰合而不沖; 有亥與未, 則卯與亥未會而不沖; 有巳與丑, 則酉與巳丑會而不沖。是會合可以解沖也。又如丙生子月, 逢卯則刑, 而或支中有戌, 則卯與戌合而不刑; 有丑, 則子與丑合而不刑; 有亥與未, 則卯與亥未會而不刑; 有申與辰, 則子與申辰會而不刑。是會合可以解刑也。

팔자 중에 형충이 있으면 좋지 않은데, 삼합(삼회)이나 육합으로 이를 해소할 수 있다.

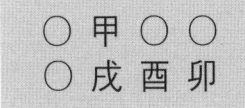 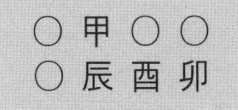 예를 들어 甲일간이 酉월에 생했는데 卯를 만나면 卯酉충이 되지만, 지지에 戌이 있다면 卯와 戌이 합을 하여 卯酉충이 일어나지 않는다. 이 경우, 辰이 있어도 酉와 辰이 합을 하여 卯酉충이 발생하지 않는다.

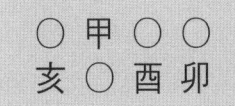 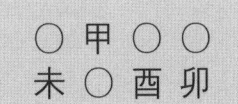 또 亥나 未가 있어도 亥卯회나 卯未회가 되어 卯酉충이 일어나지 않는다.

  또 巳나 丑이 있어도 巳酉회나 酉丑회가 되어 卯酉충이 일어나지 않는다.

이런 것들이 회합으로 충을 해소한 경우다.

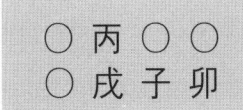  또 丙일간이 子월에 생했는데 卯를 만나면 子卯형이 되지만, 지지에 戌이 있으면 卯戌합을 하여 子卯형이 일어나지 않는다. 또 丑이 있으면, 子丑합을 하여 子卯형이 일어나지 않는다.

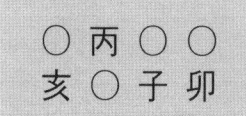 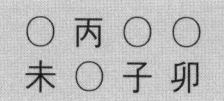

亥나 未가 있어도 亥卯회나 卯未회를 하여 子卯형이 일어나지 않는다.

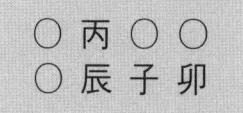 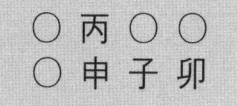

申이나 辰이 있어도 子申회나 子辰회를 하여 子卯형이 일어나지 않는다.

이런 것들이 회합으로 형을 해소한 경우다.

評解 형충을 회합으로 해소하는 경우의 설명인데, 해소하는 자가 있다고 무조건 해소되는 게 아니고 위치도 중요하다. 원문의 내용은 근본 원리를 설명한 것뿐이고, 실제 간명에서는 위치와 선후에 따라 차이가 있다. 「평주」에 예시된 명조로 형충이 해소되는 예를 보자.

| 甲 | 庚 | 壬 | 壬 |
| 申 | 辰 | 子 | 午 |

중국 섬서성(陝西省)의 주석(主席)이었던 소역자(邵力子)의 명조라고 한다. 申子辰 삼합으로 子午충이 해소되었다.

| 丁 | 癸 | 己 | 丁 |
| 巳 | 卯 | 酉 | 巳 |

절강성(浙江省)의 장군이었던 양선덕(楊善德)의 명조라고 한다. 巳酉가 반합(半合)하여 卯酉충이 해소되었다.

| 丙 | 乙 | 辛 | 戊 |
| 戌 | 卯 | 酉 | 午 |

육영정(陸榮廷)이라는 사람의 명조라고 한다. 卯戌합으로 卯酉충이 해소되었다.

7 형충회합의 해법을 논함

```
壬 癸 丙 甲
戌 卯 子 戌
```

해군총장 두석규(杜錫珪)의 명조다. 卯戌합이 子卯형을 해소했다.

刑沖會合 3

又有因解而反得刑沖者, 何也? 假如甲生子月, 支逢二卯相並, 二卯不刑一子, 而支又逢戌, 戌與卯合, 本爲解刑, 而合去其一, 則一合而一刑, 是因解而反得刑沖也。

또 형충(刑沖)이 해소되는 것 때문에 도리어 형충이 되는 경우가 있는데, 어떤 경우인가?

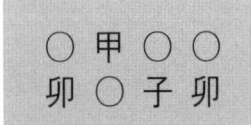

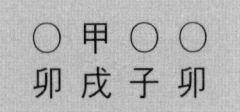

예를 들어 甲일간이 子월에 생했는데, 2개의 卯가 있으면 2개의 卯는 1개의 子를 형(刑)하지 못한다.

그러나 지지에서 또 戌을 만나면, 卯戌합을 하게 된다. 본래는 육합으로 형을 해소하지만 이런 경우는 卯 하나를 합거하고 하나를 남기게 되는 것으로써 하나가 합이 되어 하나가 형을 하는 것이다.

이것이 해소되는 것 때문에 도리어 형충이 되는 경우다.

評解 형충을 회합으로 해소하여 도리어 형충이 되는 예를

설명했다. 아래는 「평주」(評註)에 예시된 명조들의 예다.

```
庚 丙 甲 丙
寅 午 午 子
```

장국감(張國淦)의 명조다. 원래 1개의 子는 2개의 午를 충하지 못한다. 그런데 寅午가 회합하여 午 하나만 남으니 子가 午를 충한다. 이것은 양인을 충으로 제거한 것이 되어 오히려 좋아졌다.

```
庚 庚 壬 癸
辰 戌 戌 未
```

모조권(茅祖權)의 명조다. 1개의 未는 2개의 戌과 형하지 않는다. 그런데 辰戌충으로 戌未형이 다시 일어난다.

```
壬 壬 戊 壬
寅 寅 申 午
```

장계(張繼)의 명조다. 寅午합으로 寅申충이 다시 일어난다. 寅(시지)과 午(연지)가 멀리 떨어져 있어 본래는 회합하기 어렵지만 충을 이끌 수는 있다.

```
己 丁 癸 壬
酉 酉 卯 辰
```

조관도(趙觀濤)의 명조다. 1개의 卯는 2개의 酉와 충하지 않는다. 그런데 辰酉합으로 卯酉충이 다시 일어난다. 장계(張繼)의 명조와 비슷하다.

刑沖會合 4

又有刑沖而會合不能解者, 何也? 假如子年午月, 日坐丑位, 丑與子合, 可以解沖, 而時逢巳酉, 則丑與巳酉會, 而子復沖午; 子年卯月, 日坐戌位, 戌與卯合, 可以解刑, 而或時逢寅午, 則戌與寅午會,

^{이묘부형자} ^{시회합이불능해형충야}
而卯復刑子。是會合而不能解刑沖也。

또 형충(刑沖)이 있을 때 회합(會合)으로도 이를 해소하지 못하는 경우도 있다. 어떤 경우인가?

예를 들어 子년 午월인데 일지(日支)가 丑이라면 子丑합이 子午충을 해소할 수 있다.

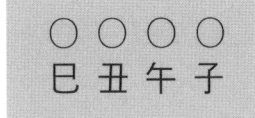 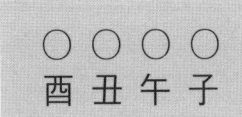

그러나 시지에서 巳나 酉를 만나면 巳丑회나 酉丑회를 하여 子午충이 부활한다.

子년 卯월인데 일지에 戌이라면, 卯戌합을 하여 子卯형을 해소할 수 있다.

그러나 시지에서 寅이나 午를 만나면 寅戌회나 午戌회를 하여 子卯형이 부활한다.

이런 것들이 회합이 있지만 형충을 해소하지 못하는 경우다.

評解
^{평해}
본래는 회합이 있으면 형충이 해소되어야 한다. 그런데 다른 하나의 회합 때문에 형충이 다시 생기기도 하고, 혹은 제2의 형충 때문에 제1의 형충이 유도되어 일어나기도 한다. 이 해설 역시 「평주」의 예시 명조로 대신한다.

甲	丁	乙	丁
辰	酉	巳	亥

조철교(趙鐵橋)의 명조다. 巳酉합으로 巳亥충을 해소하는데, 辰酉합으로 巳亥충이 다시 일어난다.

甲	甲	癸	乙
子	午	未	丑

제요림(齊耀琳)의 명조다. 午未합으로 丑未충을 해소하는데, 子午충으로 丑未충이 다시 일어난다.

戊	甲	甲	丙
辰	戌	午	子

육종여(陸宗輿)의 명조다. 午戌합으로 子午충을 해소하는데, 辰戌충으로 子午충이 다시 일어난다.

刑沖會合 5

更有刑沖而可以解刑沖者, 何也? 蓋四柱之中, 刑沖俱不爲美, 而刑沖用神, 尤爲破格, 不如以別位之刑沖, 解月令之刑沖矣。假如丙生子月, 卯以刑子, 而支又逢酉, 則又與酉沖而不刑月令之官。甲生酉月, 卯日沖之, 而時逢子位, 則卯與子刑, 而月令官星, 沖之無力, 雖於別宮刑沖, 六親不無刑剋, 而月官猶在, 其格不破。是所謂以刑沖而解刑沖也。

또 형충이 있는데, 이를 다른 형충으로 해소하는 경우도 있다. 이는 어떤 경우인가? 대체로 사주 중에 형충이 있으면 좋지 않은데, 만약 용신을 형충하면 더군다나 파격(破格)이 된다. 이렇듯 월령의 형충은 다른 지지의 형충과는 같지 않으므로(심각하므로), 월령의 형충은 해소해야 한다.

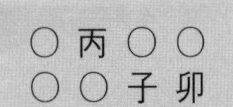

예를 들어 丙일간이 子월에 생했는데 卯가 있으면 子卯형이 된다.

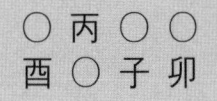

그러나 지지에서 또 酉를 만나면 卯酉충이 되어 월령의 정관 子는 형을 당하지 않게 된다.

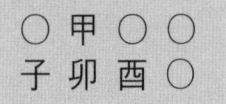

甲일간이 酉월에 생했을 때 卯일이면 卯酉충이 되지만 시지에 子를 만나면 子卯형이 되어 월령의 정관인 酉에게 卯酉충이 무력해졌다.(甲일간이 卯일이 될 수는 없지만, 학습 의의만 새기도록 하자) 비록 다른 지지의 궁의 형충 때문에 그에 해당하는 육친(십신)에게 형극이 없진 않겠지만, 월령의 정관이 그대로 온전하다면 격은 파격이 되지 않는다. 이런 것들이 소위 형충으로써 다른 형충을 해소하는 것이다.

評解 형충을 또 다른 형충으로 해소하는 경우의 설명이다. 특히 자평은 월령을 중요시하기 때문에 월령의 형충은 가장 기피한다. 원국의 형충은 말할 것도 없고 운의 형충도 상당히 꺼린다. 형충으로 형충을 해소하는 예를 「평주」의 예시 명조로 대신한다.

서낙오의 친구 진 군(陳君)의 명조라고 한다. 子卯형이 子午충을 해소했다.

다만, 월령이 4흉신(살煞·상傷·겁劫·인刃)이거나 관살이 너무 강할 때에는 월령의 충형이 오히려 좋게 작용하는 경우도 있으니 일률적으로 보아서는 안 된다.

| 丙 庚 丁 辛 |
| 子 午 酉 卯 |

청(淸)나라 건륭(乾隆) 황제(청 6대 황제, 1711~1799년, 재위: 1735~1795년)의 명조다. 양인격에 칠살을 용신으로 하는 살인격(煞刃格)이다. 월간 丁火가 辛金을 제복(制伏)하고 있고 칠살 또한 왕한데 비겁은 약하다. 다행스러운 것은 子가 午를 충하여 火가 金을 상하지 못하게 한다. 또 酉가 卯를 충하여 木이 칠살 火를 생하지 못하게 한다. 이는 2개의 충이 쓰임을 크게 얻은 것이다. 이 명조는 「제3부 격국의 분석과 취운」 양인 편의 설명을 참조하라.

刑冲會合 6

如此之類, 在人之變化而已。

이와 같은 유형들은 변화의 일부분일 뿐이며, 사람들에 따라 변화가 다 다르다.

[評解] 명리의 변화는 모두 간지의 회합과 형충 때문에 일어난다. 변화가 무궁무진하니 일률적으로 판단해서는 안 되고, 사주의 구조와 운에 의한 변화를 잘 살펴서 간명해야 한다.

제2부
用神의 適用과 變化

8 論用神(논용신)
용신을 논함

用神(용신) 1

八字用神, 專求月令, 以日干配月令地支, 而生剋不同, 格局分焉。
(팔자용신, 전구월령, 이일간배월령지지, 이생극부동, 격국분언)
財官印食, 此用神之善而順用之者也; 煞傷劫刃, 用神之不善而逆
(재관인식, 차용신지선이순용지자야; 살상겁인, 용신지불선이역)
用之者也。當順而順, 當逆而逆, 配合得宜, 皆爲貴格。
(용지자야. 당순이순, 당역이역, 배합득의, 개위귀격)

팔자의 용신은 오로지 월령에서만 구한다. 일간을 월령의 지지(地支)에 맞추어보면 생극의 작용이 같지 않으므로 이로써 격국이 나뉜다. 월령이 재(財)·관(官)·인(印)·식(食)이면 이는 선(善)한 용신이니 이를 순용(順用)해야 하고, 월령이 살(煞)·상(傷)·겁(劫)·인(刃)이면 이는 불선(不善)한 용신이니 이를 역용(逆用)해야 한다. 순용할 것은 순용하고 역용할 것은 역용하여 배합이 잘 맞춰지면 순용이든 역용이든 어느 격국이든지 모두 귀격(貴格)이 될 수 있다.

> **評解(평해)** 『자평진전』에서 말하는 용신은 흔히 알고 있는 기세론(氣勢論) 관점의 용신이 아니다. 가장 쉽게 말하자면 월령이 바로 용신이다. 그리고 이것을 격국이라고 한다. 다만, 예외적으로 일간과 월령의 오행이 같은 양인격과 녹겁격(祿劫格)(建祿格건록

격과 月劫格월겁격)만 월령이 아닌 다른 것을 용신으로 취할 뿐이다.(이건 「제3부 격국의 분석과 취운」에서 추후 논한다) 그러니 사주가 있으면 자체에 용신이 있는 것이지 따로 용신을 정하는 것이 아닙니다. 용신을 정하는 것은 『적천수』(滴天髓)의 기세론적 관법이다. 『자평진전』의 용신격국을 취하는 관법 체계는 아래와 같다.

첫째, 월령 지장간의 본기를 용신격국으로 하고

용신격국표 (괄호 안은 본기임)

월령 일간	子 (癸)	丑 (己)	寅 (甲)	卯 (乙)	辰 (戊)	巳 (丙)	午 (丁)	未 (己)	申 (庚)	酉 (辛)	戌 (戊)	亥 (壬)
甲	정인	정재	건록	양인	편재	식신	상관	정재	편관	정관	편재	편인
乙	편인	편재	월겁	건록	정재	상관	식신	편재	정관	편관	정재	정인
丙	정관	상관	편인	정인	식신	건록	양인	상관	편재	정재	식신	편관
丁	편관	식신	정인	편인	상관	월겁	건록	식신	정재	편재	상관	정관
戊	정재	월겁	편관	정관	건록	편인	정인 (양인)	월겁	식신	상관	건록	편재
己	편재	건록	정관	편관	월겁	정인	편인	건록	상관	식신	월겁	정재
庚	상관	정인	편재	정재	편인	편관	정관	정인	건록	양인	편인	식신
辛	식신	편인	정재	편재	정인	정관	편관	편인	월겁	건록	정인	상관
壬	양인	정관	식신	상관	편관	편재	정재	정관	편인	정인	편관	건록
癸	건록	편관	상관	식신	정관	정재	편재	편관	정인	편인	정관	월겁

둘째, 지장간 중에서 투출한 간(干)이 본기이면 투출하지 않았을 때와 같이 본기가 용신격국이다. 그리고 본기 대신 다른 지장간이 투출하면 그것이 본기를 대신하여 용신격국이 된다. 예를

들어 甲일간이 월령이 寅이면 寅의 지장간에는 戊丙甲이 있다. 이중에서 본기인 甲이 아니고, 戊가 투출하면 편재격(偏財格)이 되고, 丙이 투출하면 식신격(食神格)이 된다.

혹 월령이 丑이면 丑의 지장간에는 癸辛己가 있다. 이중에서 癸가 투출하면 잡기정인격(雜氣正印格)이 되는데, 癸 대신에 같은 水지만, 음양은 다른 壬이 투출해도 잡기편인격(雜氣偏印格)으로 인정하고, 辛이 투출하면 잡기정관격(雜氣正官格)이 되는데, 辛 대신 같은 金이지만 음양은 다른 庚이 투출해도 잡기편관격(雜氣偏官格)으로 인정된다. 그리고 己가 투출하면 당연히 <잡기>정재격(正財格)인데, 己 대신 같은 土지만 음양이 다른 戊가 투출해도 <잡기>편재격(偏財格)으로 인정된다.

이는 월령이 4묘고(辰戌丑未)일 때, 즉 잡기일 때에만 취하는 관법이다. 묘고는 본기인 土자체만 음양이 구분되어 저장되어 있을 뿐, 여기와 중기는 4묘고가 모두 기(氣) 아닌 질(質)의 형태인 음간으로 저장되어 있다. 이는 木火金水 각각의 기를 질의 형태인 음간의 형태를 빌어 저장하고 있는 것일 뿐으로, 투간(透干)한 형태가 음간이든 양간이든 모두 묘고에 있던 것이 투출한 것으로 본다.

셋째, 월령 지지의 회합으로 변화되는 오행을 용신격국으로 하고, 병행이 되면 격을 겸하여 취하는 바, 더 자세한 내용은 차차 다루게 된다.

넷째, 일간과 월령의 오행이 같은 양인격과 녹겁격은 격국은 그대로 양인격과 녹겁격이라고 하면서, 용신은 관살과 재성(식상) 중에서 별도로 취한다.

다섯째, 이런 경우에도 해당하지 않는 특수한 경우를 잡격이라고 하여 별도의 격과 용신을 취한다.(「제3부 격국의 분석과 취운」잡격 편에서 논한다)

다시 한 번 강조하건대 『자평진전』의 용신은 흔히 말하는 『적천수』에서 기세론적으로 사주의 균형을 맞추기 위해 필요한 것을 용신이라고 칭하는 것과 완전히 다른 개념이다. 『적천수』식 관법에서 말하는 용신을, 굳이 『자평진전』식 관법에 대비하자면 뒤에서 해설할 '상신'(相神)이라 하면 어느 정도 맞다. 하지만 이것도 엄밀하게 다른 개념이니, 『자평진전』식 관법은 월령을 중심으로 한 격국을 중요시하여 그 격국을 보조하기 위한 수단으로 상신이 필요한 것이다.

그리고 4길신(吉神)이란 재성(정재, 편재), 정관, 인성(정인, 편인), 식신의 4십신(十神)을 말한다. 이들을 길신이라 함은 정관을 가장 존귀한 것으로 보는 『자평진전』의 관점에 기인한 것으로,
○ 정관이야 가장 존귀한 것이니 당연히 길신이고,
○ 재성은 정·편(正·偏)을 나눌 필요 없이 정관을 생한다. 그러니 길신이다.
○ 인성은 정관의 생조를 받아서 다시 일간을 생하니 정관의 극제를 인성의 생조로 환원할 뿐 아니라, 정관의 가장 무서운 적인 상관을 극하여 정관을 보호하니 역시 길신이다.
○ 식신 역시 정관을 극하는 것은 상관과 같지만 상관은 정관에게 칠살이 되어 극하는 것이 강력하다. 그러나 식신은 정관에게

정관이 되니 극이라도 상대적으로 충격이 덜하다. 반면 편관에게 칠살이 되어 일간에게 가장 무서운 칠살을 극해 주는 효용이 더 크다. 그래서 길신에 포함된다.

흉신이라 함은 4길신에 포함되지 못한 것으로,
o 칠살은 편관으로 일간을 극하는 것이 강력하니 세기를 완화해야 한다.
o 상관은 정관의 칠살이니 당연히 흉신이다. 식신과 같이 재성을 생하기는 하지만, 식신과 다르게 일간을 설기(洩氣)하는 힘이 강하므로 일간이 약해지기 쉽다.
o 겁재는 일간이 소유하고 누려야 할 권리인 재성을 겁탈하니 흉신이다.
o 양인은 십신으로는 겁재지만 굳이 양인이라고 따로이 분류하여 다루는 것은 겁재보다도 재성을 겁탈하는 정도가 강력하므로 양간의 겁재를 양인이라고 하여 별도로 다루고 있다.

이 두 가지 길신과 흉신을 10신(神)으로 보면,
o 길신에는 정재, 편재, 정관, 정인, 편인, 식신의 6개 십신이 포함되고,
o 흉신에는 칠살, 상관, 비겁[비견, 겁재(혹은 양인)]의 4개 십신이 포함된다.

用神 2

是以善而順用之,則財喜食神以相生,生官以護財;官喜透財以相生,生印以護官;印喜官煞以相生,劫財以護印;食喜身旺以相生,生財以護食。不善而逆用之,則七煞喜食神以制伏,忌財印而資扶;傷官喜佩印以制伏,生財以化傷;陽刃喜官煞以制伏,忌官煞之俱無;月劫喜透官以制伏,利用財而透食以化劫。此順逆之大略也。

그러므로 선(善)한 용신은 순용(順用)해야 하는 바,

```
    재 식
○ 丙 庚 戊
○ ○ 申 ○
```

즉 재격(財格)은 식신에게 생조를 받는 것을 기뻐하고,

```
    재 관
○ 丙 庚 癸
○ ○ 申 ○
```

관(官)을 생하여 <관이 비겁의 극제에서> 재(財)를 보호하는 것을 기뻐한다.

```
    관 재
○ 甲 辛 戊
○ ○ 酉 ○
```

정관격(正官格)은 투출(透出)한 재성에게 생조를 받는 것을 기뻐하고,

```
    관 인
○ 甲 辛 癸
○ ○ 酉 ○
```

인성을 생하여 <인성이 식상의 극제에서> 관을 보호하는 것을 기뻐한다.

```
    인 관
○ 丙 甲 癸
○ ○ 寅 ○
```

인수격(印綬格)은 관살의 생조를 받는 것을 기뻐하고,

8 용신을 논함

|재|겁|
|甲 戊 乙|
|○ ○ 子 ○|
|인|

겁재가 <재성의 극제에서> 인성을 보호하는 것을 기뻐한다.

|식|겁|
|丙 甲 乙 ○|
|寅 辰 巳 ○|

식신격은 일간이 왕한 상태에서 식신을 생하는 것을 기뻐하고,

|식|재|
|丙 甲 己 ○|
|寅 辰 巳 ○|

재성을 생하여 <재성이 인성의 극제에서> 식신을 보호하는 것을 기뻐한다.

불선(不善)한 용신은 역용(逆用)해야 하는 바,

|식|살|
|丙 甲 庚 ○|
|寅 ○ 申 ○|

즉 칠살격(七煞格)은 식신에게서 받는 극제를 기뻐하고,

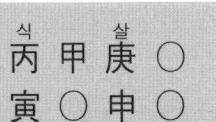

재성의 생조나 인성의 보호를 받는 것을 꺼려한다.

|인|
|○ 甲 壬 ○|
|○ ○ 午 ○|
|상|

상관격(傷官格)은 인성이 있어 상관이 제복(制伏)되는 것을 기뻐하고,

|재|
|○ 癸 丙 ○|
|○ ○ 寅 ○|
|상|

재성을 생조하여 상관의 기(氣)가 재성으로 화(化)하는 것을 기뻐한다.

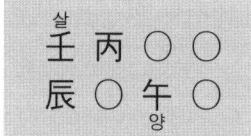 양인격(陽刃格)은 정관이나 칠살의 제복을 기뻐하고,

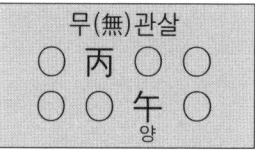 정관과 칠살 중 어느 하나라도 없는 것을 꺼려한다.

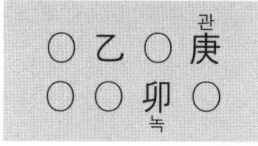 월겁격(月劫格)은 투출한 정관의 제복을 기뻐하고,

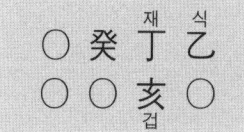 재성을 용신으로 하는 경우, 투출(透出)한 식상으로 <월령(月令)인> 비겁 기운을 빼내어 재성을 생해 주는 것을 기뻐한다.

이상이 순용과 역용의 대략을 말한 것이다.(상기 예시 명조들은 임의로 작성한 것임)

評解 순용(順用)해야 하는 격(格)의 구조를 10간별 도표로 만들어 해설하면 다음과 같다. 중간이 격국 용신(用神)이고, 상하가 격을 보호하는 상신(相神)들이고, 그리고 (   ) 안은 본기(本氣)다.

① 재격

일간	甲	乙	丙	丁	戊	己	庚	辛	壬	癸
식상	丙, 丁		戊, 己		庚, 辛		壬, 癸		甲, 乙	
월령 (재성)	辰戌丑未 (戊, 己)		申, 酉 (庚, 辛)		亥, 子 (壬, 癸)		寅, 卯 (甲, 乙)		巳, 午 (丙, 丁)	
정관	辛	庚	癸	壬	乙	甲	丁	丙	己	戊

재격은 정·편을 구분하지 않는다. 이유는 이미 해설했다. 재성을 생조하는 식상은 식신과 상관을 구분하지 않고 상신으로 쓸 수 있지만, 비겁에게서 재성을 보호할 관살은 반드시 구분해야 한다. 정관을 상신으로 쓰면 재생관(財生官)이 되어 귀격 사주가 되지만, 칠살이 있으면 재생살(財生煞)이 되어 파격 사주로 흉하다.

② 정관격

일간	甲	乙	丙	丁	戊	己	庚	辛	壬	癸
재성	戊, 己		庚, 辛		壬, 癸		甲, 乙		丙, 丁	
월령 (정관)	酉 (辛)	申 (庚)	子 (癸)	亥 (壬)	卯 (乙)	寅 (甲)	午 (丁)	巳 (丙)	丑, 未 (己)	辰, 戌 (戊)
인성	壬, 癸		甲, 乙		丙, 丁		戊, 己		庚, 辛	

정관격은 자체로 귀격이다. 그러니 격이 손상되지 않아야 한다. 정관을 손상하는 것은 식상인데, 식상에게서 정관을 보호하는 방법은 두 가지가 있다. 재성으로 식상을 설기하여 식상생재(食傷生財) → 재생관(財生官)으로 식상을 화(化)하는 방법과 인성으로 식상을 극제하여 정관을 보호하는 방법이 있다. 그러므로 정관이 용신일 때 상신인 재성과 인성은 정·편을 구분하지 않고 사용한다.

③ 인수격

일간	甲	乙	丙	丁	戊	己	庚	辛	壬	癸
관살	庚, 辛		壬, 癸		甲, 乙		丙, 丁		戊, 己	
월령 (인성)	亥, 子 (壬, 癸)		寅, 卯 (甲, 乙)		巳, 午 (丙, 丁)		辰戌丑未 (戊, 己)		申, 酉 (庚, 辛)	
비겁	甲, 乙		丙, 丁		戊, 己		庚, 辛		壬, 癸	

인성은 나 일간을 생조하는 것이고, 나를 극하는 관살을 설기하여 나를 보호하는 것이니, 정·편을 구분하지 않는다. 다만 격국이 아니고 십신으로 나눌 때, 정인은 희신으로 보지만 편인은 길신이 되는 식신을 극하므로 효신탈식(梟神奪食)이라고 하여 흉신으로 본다. 즉 격국으로 볼 때와 십신으로 볼 때 길흉이 갈리니 잘 구분해야 한다.

인성이 재성에게서 보호되기 위해서는 관살로 재성을 설기하여 재생관(財生官) → 관생인(官生印)으로 인성을 보호하는 방법과 비겁으로 재성을 극하여 보호하는 방법이 있다. 역시 상신인 관살과 비겁을 정·편 구분없이 사용한다.

④ 식신격

일간	甲	乙	丙	丁	戊	己	庚	辛	壬	癸
비겁	甲, 乙		丙, 丁		戊, 己		庚, 辛		壬, 癸	
월령 (식신)	巳 (丙)	午 (丁)	辰, 戌 (戊)	丑, 未 (己)	申 (庚)	酉 (辛)	亥 (壬)	子 (癸)	寅 (甲)	卯 (乙)
재성	戊, 己		庚, 辛		壬, 癸		甲, 乙		丙, 丁	

식신과 상관은 일간을 설기하여 재성을 생하는 점에서는 같지만

상관은 흉신이고 식신은 길신이다. 이유는 이미 해설했다. 식신 역시 길신이니 보호해야 한다. 비겁으로 생조하는 방법과 식신이 재성을 생조하여 인성한테서 보호되는(재극인財剋印) 방법이 있다. 당연히 상신인 비겁과 인성의 정·편 구분은 필요 없다.

역용(逆用)해야 하는 격의 구조를 10간별 도표로 만들어 해설하면 다음과 같다. 이중에 칠살격만 상하가 희기(喜忌)로 구분되고 나머지는 모두 바라는 희신들이다. 역용의 방법은 해당 용신(격국)을 극제하는 방법과 설기하는 방법의 두 가지가 있다. 이중에서 설기하는 방법은 길신의 순용에서도 사용했던 방법이다.

① 칠살격(편관격)

일간	甲	乙	丙	丁	戊	己	庚	辛	壬	癸
식신(희喜)	丙	丁	戊	己	庚	辛	壬	癸	甲	乙
월령 (칠살)	申 (庚)	酉 (辛)	亥 (壬)	子 (癸)	寅 (甲)	卯 (乙)	巳 (丙)	午 (丁)	辰, 戌 (戊)	丑, 未 (己)
재성(기忌) 인성(희기)	戊, 己 壬, 癸		庚, 辛 甲, 乙		壬, 癸 丙, 丁		甲, 乙 戊, 己		丙, 丁 庚, 辛	

칠살은 흉신이니 식신으로 극제하든가 인성으로 설기해야 한다. 재성이 있으면 재성이 칠살을 생조하므로 흉하다. 또한 식신으로 제살(制煞)하는데 인성이 있으면 흉하다.

이중에서 인성은 구분해서 보아야 한다. 식신이 칠살을 제복하고 있을 때 인성이 있으면, 인성이 식신을 제복하여 결과적으로 칠살을 보호하게 되어 나쁘다. 반면에 칠살격에 식신이 없는 상태에서 인성이 있으면, 칠살을 인성으로 화(化)하여 다시 일간을 생조하니 오히려 희신의 역할을 하게 된다. 그러니 사주 구조에 따라 구분해서 보아야 한다.

② 상관격

일간	甲	乙	丙	丁	戊	己	庚	辛	壬	癸
인성	壬, 癸		甲, 乙		丙, 丁		戊, 己		庚, 辛	
월령 (상관)	午 (丁)	巳 (丙)	丑, 未 (己)	辰, 戌 (戊)	酉 (辛)	申 (庚)	子 (癸)	亥 (壬)	卯 (乙)	寅 (甲)
재성	戊, 己		庚, 辛		壬, 癸		甲, 乙		丙, 丁	

상관 역시 흉신이니 인성으로 극제하든가 재성으로 설기해야 한다.

③ 녹겁격(월령이 비견이나 겁재로 월령이 격국 자체며, 상하의 십신이 용신이다)

일간	甲	乙	丙	丁	戊	己	庚	辛	壬	癸
정관	辛	庚	癸	壬	乙	甲	丁	丙	己	戊
월령 (녹겁)	寅 (甲)	寅, 卯 (甲, 乙)	巳 (丙)	巳, 午 (丙, 丁)	辰 戌 (戊)	丑 未 (己)	申 (庚)	申, 酉 (庚, 辛)	亥 (壬)	亥, 子 (壬, 癸)
재성 (식상)	戊, 己 (丙, 丁)		庚, 辛 (戊, 己)		壬, 癸 (庚, 辛)		甲, 乙 (壬, 癸)		丙, 丁 (甲, 乙)	

녹겁격은 정관으로 월령인 비겁을 극제하여 재성을 보호해야 한다.

만약 칠살이 있으면 칠살 역시 극제해야 한다. 관살이 없이 재성을 용신으로 할 때에는, 월령이 비겁이라 탈재(奪財)가 심하니 식상으로 비겁을 설기하여 재성을 생조해야 한다.

④ 양인격(월령이 양간의 겁재로 격국 자체며, 상하의 십신이 용신이다)

일간	甲	乙	丙	丁	戊	己	庚	辛	壬	癸
칠살	庚	-	壬	-	甲	-	丙	-	戊	-
월령(양인)	卯(乙)	-	午(丁)	-	午(己)	-	酉(辛)	-	子(癸)	-
정관	辛	-	癸	-	乙	-	丁	-	己	-

　양인격은 월겁격보다 탈재 현상이 심하다. 정관, 칠살을 가리지 않고 일단 양인을 제거하는 것이 최우선이다. 오히려 칠살이 있으면 두 흉신인 칠살과 양인이 합으로 같이 사라지니 최고로 좋다. 이렇게 되면 최고로 귀한 격국이 된다. 관살이 없으면 재성을 용신으로 취할 수 있다. 다만, 반드시 식상의 생조가 있어야 한다.

　5양간만 해당하니 戊일간이 午월에 생해도 양인격인데 午중에 겁재 己土가 있기 때문이기도 하다. 그렇지만 양인격은 왕지(旺地)인 子午卯酉가 월령이기에 가능한 것이지 단순히 양간의 겁재라는 사실만으로 양인격이 되는 것은 아니다. 戊일간의 겁재는 午보다는 오히려 丑未다. 丑, 未월의 戊일간은 양인격이라고 하지 않고 겁재격(劫財格)이라고 한다. 상세한 해설은 양인격 편에 있다.

　이상 순용하는 4길신의 격국과 역용해야 하는 4흉신의 격국의 구조를 10간별로 세분하여 도표로 표기 해설하여 보았다.

用神 3

今人不知專主提綱, 然後將四柱干支, 字字統歸月令, 以觀喜忌;
甚至見正官佩印, 則以爲官印雙全, 與印綬用官者同論; 見財透食
神, 不以爲財逢食生, 而以爲食神生財, 與食神生財同論; 見偏印
透食, 不以爲洩身之秀, 而以爲梟神奪食, 宜用財制, 與食神逢梟
同論; 見煞逢食制而露印者, 不(以)爲去食護煞, 而以爲煞印相生,
與印綬逢煞者同論; 更有煞格逢刃, 不以爲刃可幫身制煞, 而以爲
七煞制刃, 與陽刃露煞者同論。此皆由不知月令而妄論之故也。

요즘 사람들은 "오로지 제강(提綱)(월령)이 주(主)가 되고, 그런 연후에 사주 간지의 글자들을 하나하나 월령에 맞추어 보아 희기(喜忌)를 살펴야 한다"는 것을 알지 못한다.

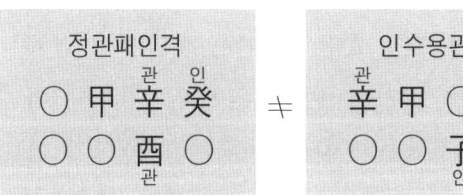

심지어 정관격에 인수가 있는 정관패인격(正官佩印格)을 <인수격에 정관을 상신으로 하는> 인수용관격(印綬用官格)과 <구분하지 못하고> 같이 보아 둘 다 관인쌍전(官印雙全)이라고 하니 이는 잘못이다.

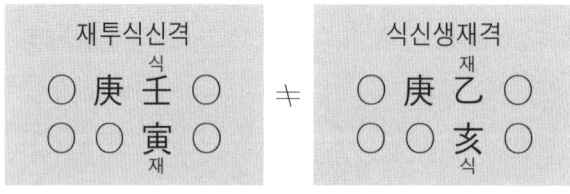

재격에 식신이 투출한 재투식신격(財透食神

格)을 재(財)가 식신을 만났다고 해야 되는데도 그렇게 여기지 않고, 식신격이 재성을 생하는 식신생재격(食神生財格)과 동일하게 보아 식신생재라고 하니 이는 잘못이다.

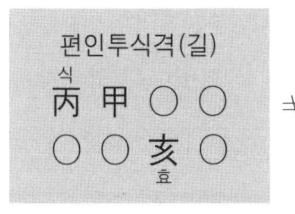 ✕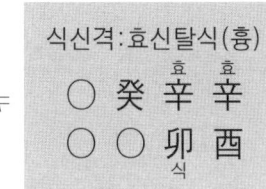

편인격에 식신이 투출한 편인투식격(偏印透食格)은 식신으로 왕한 일간을 설기하여 수기(秀氣)가 된다. <그런데> 그렇게 여기지 않고 "효신탈식(梟神奪食)(효신이 식신을 손상하는 것)이니 재성으로 효신을 제지해야 한다고" 하면서 식신봉효격(食神逢梟格)(식신격에 효신을 만나는 격)이라고 하니 잘못이다.

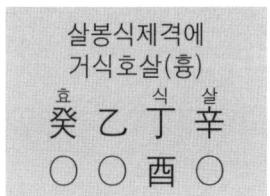 ✕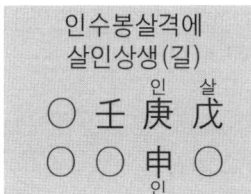

칠살(七煞)을 식신(食神)으로 제지하는 살봉식제격(煞逢食制格)에 인성이 노출된 것을 인성이 식신을 제거하여 칠살을 보호하는 거식호살(去食護煞)이라고 여기지 않고, 인수격에 칠살이 있는 인수봉살격(印綬逢煞格)과 같이 보아 살인상생(煞印相生)이라고 하니 이는 잘못이다.(※ 以가 원문에는 빠져있으나 문맥상 넣는 것이 맞다)

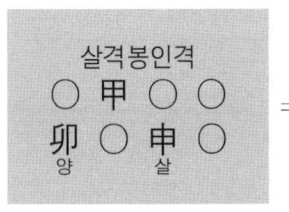 ✕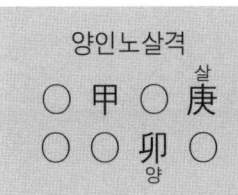

또 칠살격에 양인이 일간을 돕는 살격봉인격(煞格逢刃格)

을 양인이 일간 본신을 도와 칠살을 제지하는 것으로 여기지 않고, 양인격에 칠살을 쓰는 양인노살격(陽刃露煞格)과 같이 보아 칠살로써 양인을 제지해야 한다고 하니 잘못이다. 이상의 오류들은 모두 월령이 제강됨을 알지 못하고 망령되이 용신을 취하여 논함으로써 생긴 것이다.(이상의 예시 명조들은 역해자가 임의로 만든 것임)

> **評解** 격의 명칭을 구분할 줄 알아야 하는데 보통 4글자로 구성되어 있다. 그중에서 앞의 2자는 격국(格局)이고 뒤의 2자는 상신(相神)이다.(녹겁격과 양인격은 뒤의 2자가 용신이다) 이것을 구분해서 보는 것은 상당히 중요한데, 이것의 구분에 따라 성격과 파격이 갈리기 때문이다.
>
> 원문에 나온 예들은 혼동하기 쉬운 격국들인데 이것들의 차이를 도표로 해설하면 다음과 같다.

정관패인격(正官佩印格)과 인수용관격(印綬用官格)

구분	격국(용신)	상신	다른 십신	성격(成格) 혹은 파격(破格)
정관패인격	정관격	인성	식상	성격(인성이 식상을 극제하여 정관보호)
			재성	파격 가능성(재극인財剋印)
인수용관격	인수격	정관	식상	파격(식상이 정관 극제)
			재성	성격(재생관財生官)

재투식신격(財透食神格)과 식신생재격(食神生財格)

구분	격국(용신)	상신	다른 십신	성격 혹은 파격
재투식신격	재격	식신	겁재	성격(식신이 겁재를 설기하여 재성 보호. 단, 운에서 겁재는 파격 가능)
			인성	파격 가능(인성이 식신 극제. 단, 신약할 경우 운에서 오는 인성은 일간을 생조하니 좋을 수도 있다)
식신생재격	식신격	재성	겁재	파격(겁재가 재성 극제)
			인성	성격(재성이 인성 극제하여 식신 보호)

편인투식격(偏人透食格)과 식신봉효격(食神逢梟格)

구분	격국(용신)	상신	다른 십신	성격 혹은 파격
편인투식격	인수격	식신	–	자체로 성격
식신봉효격	식신격	편인	–	자체로 파격
			재성	성격(재극인財剋印으로 식신을 보호)

살봉식제격(煞逢食制格)과 인수봉살격(印綬逢煞格)

구분	격국(용신)	상신	다른 십신	성격 혹은 파격
살봉식제격	칠살격	식신	–	자체로 성격(식신제살食神制煞)
			인성	파격(거식호살去食護煞. 단, 칠살이 중하고 일간이 약하면 기식취인棄食取印 으로 변하여 성격)
인수봉살격	인수격	칠살	–	자체로 성격(살인상생煞印相生)

살격봉인격(煞格逢刃格)과 양인노살격(陽刃露煞格)

구분	격국	상신	다른 십신	성격 혹은 파격
살격 봉인격	칠살격 (용신)	양인	–	자체로 성격
			관살	관살혼잡(官煞混雜)으로 파격
양인 노살격	양인격	칠살 (용신)	–	자체로 성격(양인합살陽刃合煞)
			재성(상신)	성격(양인격만 재생살財生煞이 좋음)

이상 원문에 나온 혼동하기 쉬운 격국들을 개략적으로 비교 분석하여 보았다. 자세한 내용은「제3부 격국의 분석과 취운」에 있다.

用神 4

然亦有月令無用神者, 將若之何? 如木生寅卯, 日與月同, 本身不可爲用, 必看四柱有無財官煞食透干會支, 另取用神; 然終以月令爲主, 然後尋用, 是建祿月劫之格, 非用而卽用神也。

그러나 월령에 용신이 없을 수도 있으니, 장차 이를 어떻게 할 것인가? 가령 木이 寅, 卯월에 생하면 일간(日干)과 월의 오행이 동일한 바, 본신이 본신을 용신으로 삼을 수는 없는 것이다. 이런 경우 반드시 사주 내에 재(財)·관(官)·살(煞)·식(食)이 투간(透干)했는지, 지지에서 월령이 회국(會局)을 이루었는지를 보아서 별도로 용신을 취해야 한다. 어찌되었건 월령을 위주로 찾고 그것이 없는 연후에야 비로소 다른 곳에서 용신을 찾는 것이니, 바로 건록월겁격(建祿月劫格)은 월령 용신이 아닌 다른 것을 용신으로 삼게 된다.

評解 일간과 월령의 오행이 같은 것을 녹겁격(祿劫格)(건록격과 월겁격)과 양인격(陽刃格)이라고 한다. 격명(格名)은 월령 그대로 사용하고, 용신은 월령이 아닌 다른 곳의 재·관·식 중에서 취한다. 자세한 내용은 「제3부 격국의 분석과 취운」에 있다.

9 論用神成敗救應
   용신의 성패와 구응을 논함

成敗救應 1

用神專尋月令, 以四柱配之, 必有成敗。何謂成? 如官逢財印, 又無刑沖破害, 官格成也。財生官旺, 或財逢食生而身强帶比, 或財格透印而位置妥帖, 兩不相剋, 財格成也。印輕逢煞, 或官印雙全, 或身印兩旺而用食傷洩氣, 或印多逢財而財透根輕, 印格成也。食神生財, 或食帶煞而無財, 棄食就煞而透印, 食格成也。身强七煞逢制, 煞格成也。傷官生財, 或傷官佩印而傷官旺, 印有根; 或傷官旺, 身主弱而透煞印; 或傷官帶煞而無財, 傷官格成也。陽刃透官煞而露財印, 不見傷官, 陽刃格成也。建祿月劫, 透官而逢財印, 透財而逢食傷, 透煞而遇制伏, 建祿月劫之格成也。

용신은 오로지 월령에서 찾아야 하는데, 그것을 사주에 맞추어 보면 반드시 성격(成格)과 패격(敗格)이 있는 바, 무엇을 성격이라고 하는가?

정관격(正官格)이 재(財)나 인수(印綬)를 만나고, 또 형충파해가 없으면 정관격이 성격된 것이다.(亥卯未 목국木局은 시간 時干 庚金의 극제 때문에 불성립한다. 격명격

정관격 편의 김 장원
재 인
庚 丁 丁 乙
戌 未 亥 卯
관

名: 정관용재正官用財, 정관패인正官佩印)

임의 명조
재 관
○ 丙 庚 癸
○ ○ 申 ○
재

재격에서 재성이 정관을 왕(旺)하게 생조하여 비겁의 극제에서 보호하거나(재왕생관財旺生官)

재격 편의 양 시랑
겁 식 식
辛 庚 壬 壬
巳 辰 寅 寅
재

재성이 식신한테서 생조를 받고 있는데 신강하고 비겁이 있거나(재용식생재用食生)

재격 편의 증 참정
재 인 인
庚 丙 甲 乙
寅 申 申 未
재

재격에 인성(印星)이 투출했으나 위치가 적당히 떨어져 있어, 재(財)와 인(印)이 상극(相剋)하지 않으면(재격패인財格佩印)

이상은 재격이 성격된 경우다.

인수격 편의 마 참정
비 살 비
壬 壬 戊 壬
寅 辰 申 寅
인

인수격에 칠살이 있어 약한 인성이 칠살의 생조를 받거나(인수봉살印綬逢煞)

인수격 편의 장 참정
인 인 관
戊 辛 戊 丙
子 酉 戌 寅
잡기

관인쌍전하거나(인수용관印綬用官)

| 인수격 편의 이 장원 |
| 상 인 식 |
| 己 丙 乙 戊 |
| 亥 午 卯 戌 |
| 인 |

일간과 인성이 왕성한데 식상으로 설기하든가(인용식상印用食傷)

| 인수격 편의 왕 시랑 |
| 인 재 인 |
| 辛 壬 丙 辛 |
| 亥 申 申 酉 |
| 인 |

인성이 많을 때 재(財)가 투출하였지만 재의 뿌리가 약하면(인다용재印多用財)

이상은 인수격이 성격된 경우다.

| 식신격 편의 양 승상 |
| 비 비 재 |
| 癸 癸 癸 丁 |
| 丑 亥 卯 未 |
| 식 |

식신격에서 식신이 재성을 생조하거나 (亥卯未 식신 목국木局이 되어 식신생재가 더욱 원활하다. 식신생재食神生財)

| 식신격 편의 호 회원 |
| 식 살 식 |
| 戊 丙 壬 戊 |
| 戌 子 戌 戌 |
| 식 |

식신격에 칠살(七煞)만 있고 재성(財星)이 없거나(식신제살食神制煞. 만약 재성이 있으면 식신이 재성을 생하고 재성이 다시 칠살을 생하여 그 칠살이 일간 본신을 극하므로 흉하게 된다)

| 식신격 편의 상 국공 |
| 살 인 인 |
| 己 癸 辛 辛 |
| 未 酉 卯 卯 |
| 식 |

식신을 버리고 칠살을 따를 때(기식취살棄食就煞) 인수가 투출하면(인성의 화살化煞)

이상은 식신격이 성립된 경우다.

9 용신의 성패와 구응을 논함

편관격 편의 극귀 명조
식 비 비
丁 乙 乙 乙
丑 卯 酉 亥
살

칠살격에서 신강하면서 식신으로 칠살을 제복할 수 있으면 칠살격이 성격된 것이다.(살봉식제煞逢食制)

상관격 편의 사 춘방
식 겁 재
庚 戊 己 壬
申 午 酉 午
상

상관격에서 상관이 재성을 생조하거나(상관생재傷官生財)

상관격 편의 나 평장
인 식 인
壬 甲 丙 壬
申 午 午 申
상

상관패인격(傷官佩印格)인데 상관도 왕하고 인성이 뿌리가 있거나(상관패인傷官佩印)

상관격 편의 채 귀비
살 살 인
丙 庚 丙 己
子 子 子 未
상

상관이 왕하고 일간은 약한데 칠살과 인성이 투출해 있거나(상관용살인傷官用煞印)

임의 명조
살 상
壬 丙 己 ○
辰 ○ 未 ○
상

상관격에 칠살을 차고(가지고) 있는데 재성이 없다면(상관대살傷官帶煞)

이상은 상관격이 성격된 경우다.

양인격 편의 모(某) 승상
```
재 재 관
丙 壬 丙 己
午 寅 子 酉
       양
```

양인격에서 정관이나 칠살 중에서 하나가 투출하고 재성이나 인성이 투출해서 <관(官)이나 살(煞)을> 보호하면서 상관을 만나지 않으면(상관이 있다면 상관견관傷官見官이나 상관제살傷官制煞임) 양인격이 성격된 것이다.(양인용관陽刃用官, 양인노살陽刃露煞)

녹겁격 편의 김 승상
```
    관 인
癸 癸 戊 庚
亥 酉 子 戌
   녹
```

건록월겁격에 정관이 투출하고 재성이나 인성이 있어 정관을 보호하거나(녹겁용관祿劫用官)

녹겁격 편의 장 도통
```
   재 상
丙 癸 丙 甲
辰 丑 子 子
       녹
```

재성이 투출했는데 식상이 있어 생조하거나(녹겁용재祿劫用財)

녹겁격 편의 원 내각
```
재 겁 살
丙 壬 癸 戊
午 午 亥 辰
    녹
```

칠살이 투출했는데 제복이 되면(녹겁용살祿劫用煞)

이상은 건록월겁격이 성격된 경우다.

成敗救應 2

何謂敗? 官逢傷剋刑沖, 官格敗也。財輕比重, 財透七煞, 財格敗也。

9 용신의 성패와 구응을 논함

印^인輕^경逢^봉財^재, 或^혹身^신强^강印^인重^중而^이透^투煞^살, 印^인格^격敗^패也^야. 食^식神^신逢^봉梟^효, 或^혹生^생財^재露^로煞^살, 食^식神^신格^격敗^패也^야. 七^칠煞^살逢^봉財^재無^무制^제, 七^칠煞^살格^격敗^패也^야. 傷^상官^관非^비金^금水^수而^이見^견官^관, 或^혹 生^생財^재而^이帶^대煞^살, 或^혹佩^패印^인而^이傷^상輕^경身^신旺^왕, 傷^상官^관格^격敗^패也^야. 陽^양刃^인無^무官^관煞^살, 刃^인格^격 敗^패也^야. 建^건祿^록月^월劫^겁, 無^무財^재官^관, 透^투煞^살印^인, 建^건祿^록月^월劫^겁之^지格^격敗^패也^야.

무엇을 패(敗, 파격破格)라고 하는가? 정관격에서 정관이 상관에게서 극제를 받든가,(상관견관傷官見官) 형충(刑沖)이 있으면 정관격은 파격(破格)이 된다. 재격에서 재성이 약하고 비겁이 중하거나(군비<겁>쟁재), 재격에 칠살이 투출하면 재격은 파격이 된다. (재생살財生煞) 인수격에서 인성은 약한데 재성이 있어 재(財)에게 극을 당하거나,(탐재괴인貪財壞印) 신강하고 인성도 중한데 칠살이 투출하면(살생인煞生印 → 인생신印生身) 인수격은 파격이 된다. 식신격에서 식신이 효신(편인)을 만나서 효신탈식이 되거나, 식신이 재를 생하는데 칠살이 투출해 있으면(식생재食生財 → 재생살財生煞) 식신격은 파격이 된다. 칠살격에서 칠살이 재를 만나 생조를 받고 있는데 식상의 제복이 없으면(재생살財生煞 → 살극신煞剋身) 칠살격은 파격이 된다. 상관격에서 금수상관격(金水傷官格)이 아니면서 정관이 있거나(상관견관), 상관생재(傷官生財)하고 있는데 다시 칠살이 있거나,(식상생재食傷生財 → 재생살財生煞 → 살극신煞剋身) 인성으로 상관을 제지하는 상관패인격(傷官佩印格)인데, 오히려 상관이 약하고 신강하면 상관격은 파격이 된다. 양인격에서 정관이나 칠살 둘 중에 하나라도 없으면 양인격은 파격이 된다. 건록월겁격에서 재성이나 정관이 없거나 칠살과 인성이 투출하면(살생인煞生印 → 인생신印生身) 녹겁격은 파격이 된다.

成^성敗^패救^구應^응 3

成^{성중유패}中有敗, 必^{필시대기}是帶忌; 敗^{패중유성}中有成, 全^{전빙구응}憑救應。何^{하위대기}謂帶忌? 如^{여정관}正官, 逢^{봉재이우봉상}財而又逢傷; 透^{투관이우봉합}官而又逢合。財^{재왕생관}旺生官, 而又逢傷逢合。印, 透食 以^{이설기}洩氣, 而又遇財露; 透^{투살이생인}煞以生印, 而^{이우투재}又透財, 以^{이거인존살}去印存煞。食^{식신}神, 帶^{대살인이우봉재}煞印而又逢財。七^{칠살}煞, 逢^{봉식제이우봉인}食制而又逢印。傷^{상관}官, 生^{생재이재우봉합}財而財又逢合, 佩^{패인이인우조상}印而印又遭傷。陽^{양인}刃, 透^{투관이우피상}官而又被傷, 透^{투살이우피합}煞而又被合。建^{건록월겁}祿月劫, 透^{투관이봉상}官而逢傷, 透^{투재이봉살}財而逢煞。是^{시개위지대기야}皆謂之帶忌也。

성중유패(成中有敗)(성격인 듯하지만 파격인 경우)에는 반드시 기신(忌神)이 있고, 패중유성(敗中有成)(파격인 듯하지만 성격인 경우)은 전적으로 구응(救應)함에 의지한다. 무엇을 기신이 있다고 (성중유패라고) 하는가?

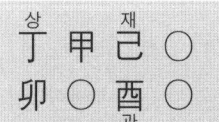

정관격에 재성이 있어 성격되었다가 다시 상관을 만나는 경우.

투출한 관이 합거(合去)당하는 경우.(丙辛합)

9 용신의 성패와 구응을 논함

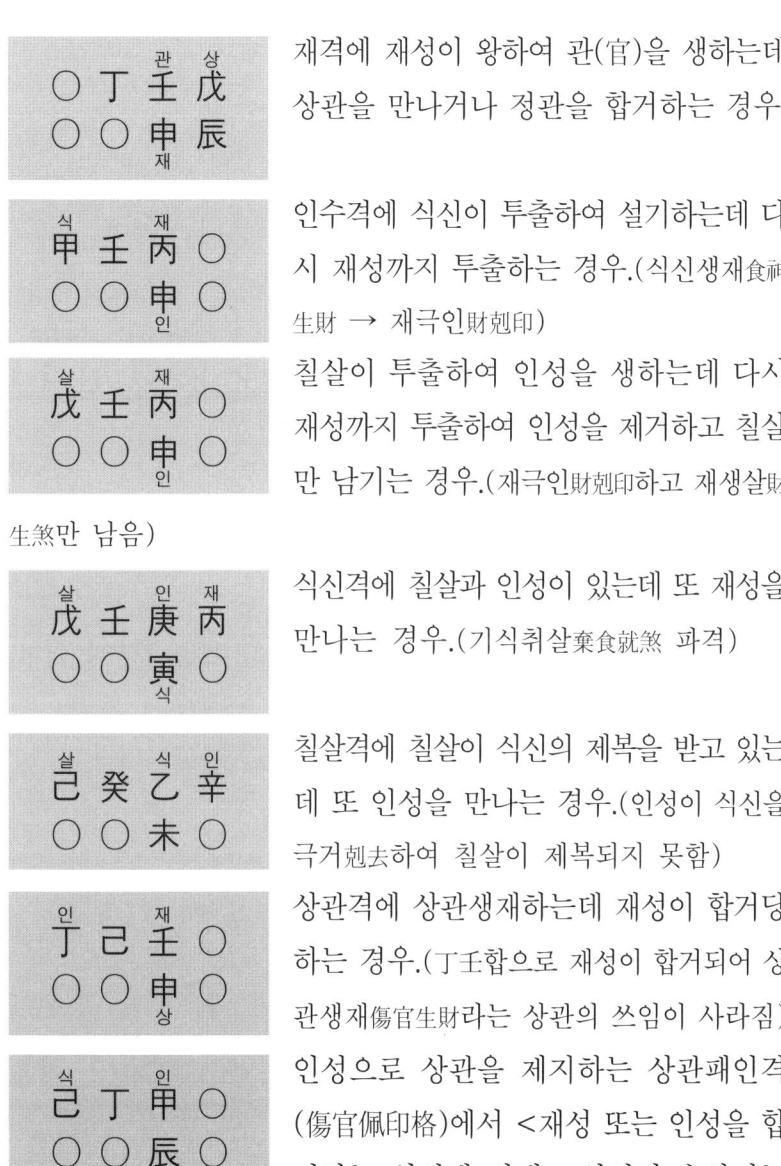

재격에 재성이 왕하여 관(官)을 생하는데 상관을 만나거나 정관을 합거하는 경우.

인수격에 식신이 투출하여 설기하는데 다시 재성까지 투출하는 경우.(식신생재食神生財 → 재극인財剋印)

칠살이 투출하여 인성을 생하는데 다시 재성까지 투출하여 인성을 제거하고 칠살만 남기는 경우.(재극인財剋印하고 재생살財生煞만 남음)

식신격에 칠살과 인성이 있는데 또 재성을 만나는 경우.(기식취살棄食就煞 파격)

칠살격에 칠살이 식신의 제복을 받고 있는데 또 인성을 만나는 경우.(인성이 식신을 극거剋去하여 칠살이 제복되지 못함)

상관격에 상관생재하는데 재성이 합거당하는 경우.(丁壬합으로 재성이 합거되어 상관생재傷官生財라는 상관의 쓰임이 사라짐)

인성으로 상관을 제지하는 상관패인격(傷官佩印格)에서 <재성 또는 인성을 합거하는 십성에 의해> 인성이 손상되는 경우.(甲己합)

 양인격에 투출한 정관이 <상관에게> 손상당하는 경우.

 투출한 칠살이 겁재에게 합거당하는 경우.

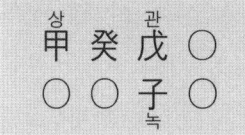 건록월겁격에 투출한 정관이 <상관에게> 손상당하는 경우.

 재성이 투출했는데 칠살까지 투출한 경우.(재생살財生煞 → 살극신煞剋身) 이상은 모두 기신이 있는(成中有敗) 경우들이다.

(위의 예시 명조는 역해자가 임의로 구성한 것이다)

成敗救應 4

何謂救應? 如官逢傷而透印以解之, 雜煞而合煞以淸之, 刑沖而會合以解之。財逢劫而透食以化之, 生官以制之; 逢煞而食神制煞以生財, 或存財而合煞。印逢財而劫財以解之, 或合財而存印。食逢梟而就煞以成格, 或生財以護食。煞逢食制, 印來護煞, 而逢財以去印存食。傷官生財, 透煞而煞逢合。陽刃用官煞, 帶傷食而重印以護之。建祿月劫用官, 遇傷而傷被合, 用財帶煞而煞被合, 是謂之救應也。

무엇을 구응(救應)(패중유성敗中有成)이라고 하는가?

인		상	관
壬	甲	丁	辛
申	○	酉	○
			관

정관격(正官格)에 상관(傷官)을 만났는데 인성이 투출하여 상관을 제압함으로써 상관견관(傷官見官)을 해소하는 경우.
(丁壬합)(임의 명조)

재		겁	살
戊	甲	乙	庚
辰	子	酉	寅
		관	

정관과 칠살이 혼잡되었는데 합살하고 정관만을 남겨 청(淸)하게 하는 경우.(乙庚합으로 칠살을 합거하고, 정관 酉만 남음. 정관격 편의 이 참정李參政 명조)

○	甲	○	○
○	辰	酉	卯
		관	

형충(刑沖)이 있는데 회합(會合)으로 해소하는 경우.(辰酉합 → 卯酉충 해소)(임의 명조)

겁		식	식
辛	庚	壬	壬
巳	辰	寅	寅
		재	

재격에 겁재가 있지만 식신이 투출하여 겁재를 식신으로 화(化)하거나,(재격 편의 양 시랑 명조)

재		겁	관
癸	戊	己	乙
亥	午	丑	卯

정관을 생하여 정관으로 겁재를 제지하는 경우.(임의 명조, 잡기재격)

살		비	식
甲	戊	戊	庚
寅	寅	子	辰
		재	

재격(財格)에 칠살(七煞)이 있지만(재생살財生煞) 식신(食神)으로 제살(制煞)하고 생재(生財)하거나,(재격 편의 이 어사 명조)

| 재격 편의 모 장원 |
| 재 살 겁 |
| 戊 甲 庚 乙 |
| 辰 子 辰 酉 |
| 재 |

칠살을 합살하고 재성만을 남기는 경우.
(乙庚합)

| 임의 명조 |
| 겁 재 |
| 戊 己 壬 ○ |
| ○ ○ 午 ○ |
| 인 |

인수격에 재성이 있지만(재극인財剋印), 겁재가 있어 재성을 제압하여 재극인하는 것을 해소하거나

| 임의 명조 |
| 인 재 |
| 乙 丙 庚 ○ |
| ○ ○ 寅 ○ |
| 인 |

재성을 합거하고 인성만 남기는 경우.(乙庚합)

| 식신격 편의 상 국공 |
| 살 인 인 |
| 己 癸 辛 辛 |
| 未 酉 卯 卯 |
| 식 |

식신격에 편인이 있지만(효신탈식梟神奪食) 칠살이 있어서 <살생인(煞生印) → 인생신(印生身) → 식신설기(食神洩氣)의> 기식취살(棄食就煞)로 성격되거나,

| 임의 명조, 亥卯식신 木국 |
| 효 재 |
| 辛 癸 丁 ○ |
| 酉 亥 卯 ○ |
| 식 |

<편인이 있지만> 식신생재하여 재성으로 하여금 인성이 식신을 극하는 것을 막는 경우.

| 임의 명조 |
| 식 인 재 |
| 丙 甲 壬 己 |
| ○ ○ 申 ○ |
| 살 |

칠살격에 식신이 제살하는데(칠살식제七煞食制) 인성이 와서 식신을 제거하여 칠살을 보호하려고 하는데, 다시 재성이 있어서 재성으로 인성을 제거하고 식신을 남겨

두어 식신제살(食神制煞)이 온전해지는 경우.(연간이 戊土면 완벽하지만 구조상 나올 수가 없어서 己土로 했다. 뜻만 새기고 넘어가자)

```
임의 명조
 겁    재   살
 己 戊 癸 甲
 ○ ○ 酉 ○
        상
```

상관격에 상관생재하는데 칠살이 투출했지만(상관생재傷官生財 → 재생살財生煞) 칠살을 합살하는 경우.(甲己합살)

```
임의 명조
 관    상   인
 丁 庚 癸 己
 亥 ○ 酉 未
        양
```

양인격에 정관이나 칠살을 용신으로 하는데, 식신이나 상관이 있어 용신인 관살을 손상하려고 한다. 이때 중(重)한 인성이 있어 식상을 극제하고 용신인 관살을 보호하는 경우.

```
녹겁격 편의 왕 총병
 인    상   관
 庚 壬 乙 己
 子 戌 亥 酉
  녹
```

건록월겁격에 정관을 용신으로 하는데, 상관이 있지만(상관견관傷官見官) 상관을 합거하거나(乙庚합)

```
녹겁격 편의 원 내각
 재    겁   살
 丙 壬 癸 戊
 午 午 亥 辰
     녹
```

재성을 용신으로 하는데, 칠살이 있지만(재생살財生煞) 칠살을 합거하는 경우.(戊癸합)

이상과 같은 경우를 구응(救應: 패중유성敗中有成)이라고 한다.

評解 다음은 성중유패(成中有敗)와 패중유성(敗中有成)의 예를 「평주」의 예시 명조를 들어서 한 해설들이다.

인		식	관
甲	丁	己	壬
辰	丑	酉	戌
		재	

유징여(劉澄如)의 명조다. 월령의 재성 酉가 정관 壬水를 생하니 재왕생관격(財旺生官格) 성격이다. 그러나 월간(月干)의 식신 己土가 정관 壬水를 극하니 성중유패(成中有敗)가 되었다. 하지만 시간에 인성 甲木이 투출하여 재성 酉의 극을 받지 않으면서 식신 己土를 제압하니 다시 성격이 되었다.(패중유성敗中有成) 연간의 정관 壬水가 파괴되어 귀하지는 못하고 재(財)가 유정(有情)하니 절강성 서부에서 최고의 부자가 되었다고 한다. 관살운으로 행할 때 인수의 화(化)함이 있어 발달했다고 한다.

겁		재	겁
癸	壬	丙	癸
卯	申	辰	巳

양행불(楊杏佛)이라는 사람의 명조다. 辰 중에서 癸水가 투출하니 잡기월겁격(雜氣月劫格)이다. 월간의 재성 丙이 용신이고 시지(時支)의 상관 卯가 상신이다. 丙火가 연지의 巳에 통근하니 월겁용재격(月劫用財格) 성격이다. 즉 상관생재(傷官生財)의 구조다. 그러나 연간과 시간에 겁재가 중첩되어 군겁쟁재(群劫爭財)로 파격이 되었다.(성중유패成中有敗) 子 대운에 申子辰 겁재 수국(水局)을 이루고 癸酉년에 상관 卯를 충거(沖去)하니 암살당했다.

식		재	살
乙	癸	丁	己
卯	丑	丑	卯

행정원장(行政院長)을 지낸 담연개(譚延闓)의 명조다. 丑에서 己土가 투출하니 칠살격이다. 식신 乙木이 투출하여 제살하니 칠살식제격(七煞食制格) 성격이다. 그러나 월간에 재성 丁火가 있으니 식신생재(食神生財) → 재생살(財生煞)로 파격(성중유패成中有敗)이 되는 것 같다. 하지만 일간 癸水가 가로막으니 식신 乙木이 재성 丁火를 생조하지 못하고,(「평주」의 설명이다.

丁火가 지지에 근이 없고 겨울이라 무력한 것은 맞지만, 癸水 때문에 乙木이 丁火를 생조하지 못한다는 것은 좀 억지같다) 칠살 己土가 식신 卯에 좌(坐)하니 연지의 식신 卯로 칠살 己土를 제(制)하는 구조가 되어 파격을 면했다.(패중유성敗中有成) 재성 丁火는 칠살을 생하는 작용이 아닌 조후(調候) 역할만 한다. 申 대운 庚午년에 상신인 식신 乙卯가 상하로 모두 손상당하고, 午에 丁火와 己土가 녹(祿)을 얻게 되어 왕(旺)해진 칠살이 일간을 공격하니 뇌충혈(腦充血)로 돌연사했다.

관		재	재
己	壬	丙	丁
酉	寅	午	亥
		재	

외무부장관을 지낸 오조추(伍朝樞)의 명조다. 재격에 정관이 투출하여 재왕생관격 성격이다. 재가 너무 왕하여 약한 일간이 감당하기 어렵다. 그런데 연지에 亥 녹이 있고, 시지에 酉 인성이 있어 신약을 면하니 재관을 감당할 수 있다. 패중유성(敗中有成)이다.

살		겁	상
丙	庚	辛	癸
戌	申	酉	巳
		양	

석우삼(石友三)이라는 사람의 명조다. 양인격에 칠살 丙火가 투출하니 양인노살(陽刃露煞) 성격이다. 그러나 겁재 辛金이 투출하여 칠살을 합거하고, 癸水 상관이 연지의 칠살 巳마저 극하니 칠살이 무력하여 양인용살격(陽刃用煞格) 파격이다.(성중유패成中有敗)

관		인	관
丁	庚	己	丁
亥	子	酉	巳
		양	

주고미(朱古薇)라는 사람의 명조다. 양인격에 정관 丁火가 용신이다. 원래 중관(重官)은 귀하지 못하다. 그러나 월상(月上)의 인성 己土가 있으니 연간의 정관은 관이라기보다 인성을 생하

는 작용만 한다. 시간(時干)의 丁火가 양인을 극제하는 용신이 된다. 대운이 火 방향으로 흐르니 귀하게 되었다.

```
  살   재 상
丙 庚 乙 癸
子 寅 丑 酉
```

절강성장(浙江省長) 장재양(張載陽)의 명조다. 월지 丑에서 癸水가 투출하고 시간에 칠살 丙火가 투출하니 상관대살격(傷官帶煞格) 성격이다. 그러나 월상에 재성 乙木이 투출하여 상관생재(傷官生財) → 재생살(財生煞)로 파격이 되는 것 같다. 묘하게도 乙庚이 합하니 癸水가 乙木을 생하지 않고 칠살 丙火를 제복하니 상관대살격 성격이 되었다.(패중유성敗中有成)

```
  관   인 재
甲 己 丁 癸
戌 卯 巳 酉
      인
```

민국(民國) 초기 절강성장을 지낸 저보성(褚輔成)의 명조다. 巳월의 己土 일간이 丁火까지 투출했으니 화염토조(火炎土燥)하다. 연간의 재성 癸水가 인성을 극제하고 정관 甲木을 생하니 구응(救應)의 신이다. 巳酉가 반합하여 식상(食傷)으로 변하여 정관을 극하려고 하나 재성이 두상(頭上)(천간)에 있으니 식상생재(食傷生財) → 재생관(財生官)으로 변하여 패중유성(敗中有成)이 되었다. 癸 대운에 귀(貴)하게 되었다.

成敗救應 5

^{팔자묘용} ^{전재성패구응} ^{기중권경권중} ^{심시활발} ^{학자종차류}
八字妙用, 全在成敗救應, 其中權輕權重, 甚是活潑。學者從此留
^심 ^{능어만변중융이일리} ^{즉어명지일도} ^{기서기호}
心, 能於萬變中融以一理, 則於命之一道, 其庶幾乎!

팔자의 묘용(妙用)은 전적으로 격국 용신의 성패(成敗)와 구응

(救應)에 달려 있다. 그 성패와 구응의 경중(輕重)을 잘 헤아리면 비로소 생생하고 막힘없이 판단할 수 있을 것이다. 배우는 사람들이 이러한 점을 마음에 새기고 따르면, 능히 만 가지 변화 중에서 하나의 이치를 융합하여 도출해낼 수 있을 것이다. 그리되면 비로소 명리(命理)의 도(道)에 거의 가까이 왔다고 할 수 있지 않겠는가!

10 論用神變化
　　　용신의 변화를 논함

用神變化 1

用神既主月令矣, 然月令所藏不一, 而用神遂有變化。如十二支中, 除子午卯酉外, 餘皆有藏, 不必四庫也。卽以寅論, 甲爲本主, 如郡之有府; 丙其長生, 如郡之有同知; 戊亦長生, 如郡之有通判。假使寅月爲提, 不透甲而透丙, 則如知府不臨郡, 而同知得以作主。此變化之由也。

용신은 원래 월령이 주(主)가 된다. 그런데 월령에 지장간(地藏干)이 하나만 있는 것이 아니기 때문에 용신의 변화가 있게 된다. 12지지(地支) 중에 子午卯酉를 제외한 나머지 지지들에는 모두 지장간이 여러 개가 있고 4고(四庫: 辰戌丑未)는 더 말할 필요도 없다. 寅을 예로 들어 논하자면, 지장간 중 甲이 위주로 본기(本氣)가 되니, 이는 군(郡)에 지부(知府)(군군의 장관)가 있는 것과 같다. 丙이 寅에서 장생을 하니 이는 군에 동지(同知)(지부 아래 관직)가 있는 것과 같고, 戊 역시 寅에서 장생을 하니 이는 군에 통판(通判)(지부 아래 관직)이 있는 것과 같다. 가령 寅이 월의 제강을 맡았더라도, 甲이 투출하지 않고 丙이 투출하면, 이는 군(郡)에 지부(知府)가 부임하지 않고 동지(同知)가 군의 주인

행세를 하는 것과 같다. 이런 것이 용신이 변화하는 이유다.

評解 용신(격국)은 전적으로 월령에서 구한다. 그런데 12지지는 그 자체가 오행이 아니고 오행을 담아놓은 그릇에 불과하다. 지장간에 적게는 2개, 많게는 3개까지 천간이 들어 있다. 이들을 여기(餘氣), 중기(中氣), 본기(本氣)라고 한다.

월령의 지장간 중에서 투출한 것이 없으면 본기가 용신이 되지만, 여기나 중기 중에서 투출한 것이 있으면 그것을 용신으로 하게 되니 이러한 현상이 용신의 변화다. 또 지지의 회합 때문에 오행이 변화하면 그것 역시 용신의 변화다.

○ 4정(正)인 子午卯酉는 전기(專氣)라고 하여 지장간의 오행이 하나(십간이 2개씩 들어 있지만 음양만 다를 뿐 오행은 같다. 午중에는 己土가 있지만, 이것의 의미는 전환기의 매개자로서 역할이니 논외로 한다)뿐이다. 그래서 이들은 용신의 변화가 일어나지 않는다.(午월의 戊일간만은 午중 己土 때문에 양인격이 되기도 하고, 丙丁 때문에 인수격이 되기도 하는 예외가 있기는 하다)

○ 4생(生)인 寅申巳亥는 지장간의 투간에 따라서, 또 지지의 회합에 의해 용신이 변화한다. 다만, 申과 亥에서 戊土가 투출해도 이것은 용신으로 인정받지 못한다. 이유는 申중에는 戊壬庚이 있는데 戊土가 식신 庚金과 재성 壬水로 설기되기 때문이다. 또한 亥중에는 戊甲壬이 있는데, 戊土가 재성 壬水와 칠살 甲木에 극제되기 때문이다.

○ 4고(庫)인 辰戌丑未 또한 지장간의 투간 및 지지의 회합에 따라서 용신이 변화한다. 지장간 중 戊土와 己土는 본기이니 당연히 인정받는다. 여기와 중기는 4고(庫)에 모두 음간으로 담겨져 있다. 이중에서 해당 오행이 투출하기만 하면, 음양간(陰陽干)을 구분하지 않고 용신으로 인정한다. 예를 들어 戌중에는 辛丁戊가 있는데, 辛金 대신 庚金이 투출하든, 丁火 대신 丙火가 투출하든 모두 용신으로 인정한다. 그 이유는 용신 편에서 이미 해설했다. 그래서 이들의 명칭을 잡기격(雜氣格)이라고 한다.

이러한 이유들 때문에 용신(격국)의 변화가 일어난다.

用神變化 2

故若丁生亥月, 本爲正官, 支全卯未, 則化爲印。己生申月, 本屬傷官, 藏庚透壬, 則化爲財。凡此之類, 皆用神之變化也。

만약 丁일간이 亥월에 출생하면 본래는 정관격인데, 지지에 卯未가 있으면 亥卯未 목국(木局)의 인수격으로 변한다.

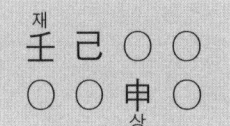

己일간이 申월에 생하면 본래 상관격에 속하는데, 庚은 지장간에만 있고 壬이 투출하면 재격으로 변화한다.

대개 이런 식의 지지의 회합과 지장간의 투출 유형에 따라 용신(격국)의 변화가 있게 된다.

用神變化 3

變之而善, 其格愈美; 變之不善, 其格遂壞。何謂變之而善? 如辛
生寅月, 逢丙而化財爲官。壬生戌月, 逢辛而化煞爲印。癸生寅月,
藏甲透丙, 會午會戌, 則化傷爲財; 卽使透官, 可作財旺生官論,
不作傷官見官。乙生寅月, 透戊爲財, 會午會戌, 則月劫化爲食傷。
如此之類, 不可勝數, 皆變之善者也。

용신이 변화하여 좋아지면 격도 더 좋아지고, 변화하여 나쁘게 되면 격은 마침내 파격이 되고 만다. 무엇을 변화하여 좋게 된다고 하는가?

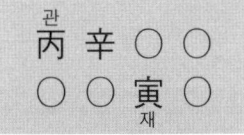

辛일간이 寅월에 생했는데 <甲이 아니고> 丙이 투출하면 재격이 변화하여 정관격이 된다.

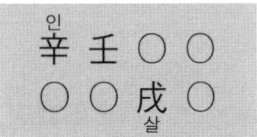

壬일간이 戌월에 생했는데 <戊가 아니고> 辛을 만나면(투출하면) 칠살격(七煞格)이 변화하여 잡기인수격(雜氣印綬格)이 된다.

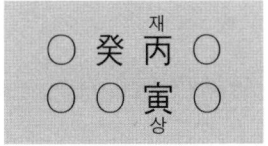

癸일간이 寅월에 생했는데, 甲은 지장간에 있고 丙이 투출하거나

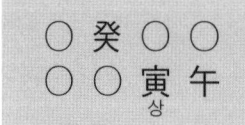

<월령이> 寅午나 寅戌로 회국하면 상관격이 변화하여 재격이 된다.

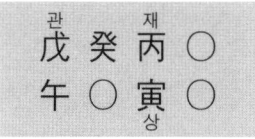

이럴 때는 설사 정관 戊가 투출했더라도 상관견관으로 논하지 말고, 재왕생관(財旺生官)으로 논하라.(상관생재傷官生財 → 재생관財生官)

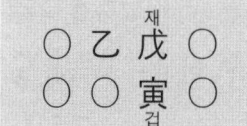

乙일간이 寅월에 생했는데 戊가 투출하면 재격이 되고(이 경우 재성인 戊 입장에서는 乙의 겁재인 寅에게 극을 받고 있으니, 식상 火가 있어서 戊를 생하는 작용이 필요하다)

<월령이> 寅午나 寅戌로 회국하면 월겁격이 변화하여 식상격이 된다. 이런 유형들은 셀 수 없이 많은데, 모두 변화하여 좋아진 경우다.

用神變化 4

何謂變之而不善? 如丙生寅月, 本爲印綬, 甲不透干而會午會戌, 則化爲劫。丙生申月, 本屬偏財, 藏庚透壬, 會子會辰, 則化爲煞。如此之類亦多, 皆變之不善者也。

무엇을 <용신이> 변화하여 나쁘게 되었다고 말하는가?

10 용신의 변화를 논함 191

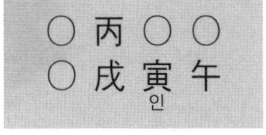

丙일간이 寅월에 생하면 본래 인수격인데, 甲은 투출하지 않고 <월령이> 寅午나 寅戌로 회국하면, 인수격이 변화하여 비겁인 녹겁격으로 된다.

丙일간이 申월에 생하면 본래는 편재격인데, 庚은 지장간에 있고 壬이 투출하거나, (칠살격)

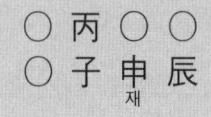

<월령이> 申子나 申辰으로 회국하면, 재격이 변화하여 칠살격이 된다. 이런 유형들 역시 많은데, 모두 변화하여 좋지 않게 된 경우다.

評解 다음은 용신 변화에 따른 희기(喜忌) 변화의 예를 「평주」의 예시 명조를 들어서 해설한 것들이다.

오정방(伍廷芳)의 명조다. 未중에서 인성 丁火와 칠살 乙木이 투출했다.(살인상생煞印相生) 지지에서 亥卯未 목국(木局)을 이루니 丁壬이 합하여 木으로 화한다. 일간 己土는 의지할 곳이 없으니 살(煞)을 따를 수밖에 없다. 원국에 金이 없으니 종살격(從煞格)이 순수하다. 변하고 또 변해서 좋아진 사주다.

왕극민(王剋敏)의 명조다. 辰에서 乙木과 壬水가 투출했다.(녹겁격과 상관격겸격兼格) 지지에서 申子辰 수국(水局)으로 이루니 칠살이 비겁으로 변했다. 재성 丙火가 시지 巳에 근을 두고 투출하니 녹겁격에 재성이 용신이다. 상관 乙木이 왕한 수기(水氣)를 설(洩)하여 재성 丙火를 생조하니 녹겁격에 상관생재 성격이다.

用神變化 5

又有變之而不失本格者。如辛生寅月, 透丙化官, 而又透甲, 格成正財, 正官乃其兼格也。乙生申月, 透壬化印, 而又透戊, 則財能生官, 印逢財而退位, 雖通月令, 格成正官, 而印爲兼格。癸生寅月, 透丙化財, 而又透甲, 格成傷官, 而戊官忌見。丙生寅月, 午戌會劫, 而又或透甲, 或透壬, 則仍爲印而格不破。丙生申月, 逢壬化煞, 而又透戊, 則食神能制煞生財, 仍爲財格, 不失富貴。如此之類甚多, 是皆變而不失本格者也。

변화하더라도 본래의 격국을 잃지 않는 것도 있다.

辛일간이 寅월에 생하고 丙이 투출하면 정관격이 된다. 그런데 또 甲까지 투출하면 격은 본래대로 재격이 되고 정관격은 겸격(兼格)이 될 뿐이다.

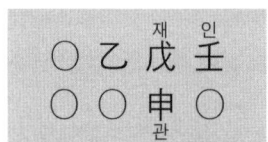

乙일간이 申월에 생하고 壬이 투출하면 인수격이 된다. 그런데 다시 戊가 투출하면 재(財)인 戊는 정관인 월지 申을 생하고

인수인 壬은 재성인 戊를 만나 극을 당하므로 격국의 지위에서 물러나게 된다. 壬이 비록 월령인 申에 통근했다 하더라도 격은 원래대로 정관격이 되고 인수는 겸격이 될 뿐이다.

	癸 재 丙 상 甲
	○ 寅 ○
	상

癸일간이 寅월에 생하고 丙이 투출하면 재격이 된다. 그런데 다시 甲이 투출하면 격은 본래대로 상관격으로 환원된다.(이 상태는 상관생재傷官生財로 성격임) 이럴 때 戊를 보면 상관견관이 되니 좋지 않다.

| ○ 丙 ○ ○ |
| ○ 午 寅 戌 |
| 인 |

丙일간이 寅월에 생하고 <월령이> 寅午戌회국(會局)으로 비겁을 이루었는데(녹겁격祿劫格)

| ○ 丙 甲 ○ |
| 인 |
| ○ 午 寅 戌 |
| 인 |

월령의 본기인 甲이 투출하거나,

| ○ 丙 壬 ○ |
| 살 |
| ○ 午 寅 戌 |
| 인 |

칠살인 壬이 투출하면(壬水가 寅午戌 화국火局을 극제함) 본래의 인수격으로 환원되고 격은 파격이 되지 않는다.

| 戊 丙 壬 ○ |
| 식   살 |
| ○ ○ 申 ○ |
| 재 |

丙일간이 申월에 생하고 壬을 만나면(투출하면) 칠살격이 되는데, 다시 戊까지 투출하면 식신인 戊가 칠살인 壬을 극제하고 월령인 편재 申을 생하니, 재격을 유지하므로 부귀를 잃지 않게 된다.

이런 유형들은 아주 많은데, 이런 것들이 모두 변화했으나 본래의 격을 잃지 않는 경우다.

> **評解** 지장간의 투출에 따라서 또는 지지의 회합에 따라서 용신이 변화하지만, 원칙은 월령의 본기가 용신의 제1 지위다. 그러니 지장간에서 여기(餘氣)나 중기(中氣)가 투출하더라도 다른 천간에 의해 극제가 되면 월령의 본기로 용신이 회귀(回歸)한다. 그리고 지지의 회합이 있더라도 본기가 투출하면 본기가 용신이다. 그 외의 것은 겸격 지위만 가질 뿐이다.

用神變化 6 (용신변화)

是故八字非用神不立, 用神非變化不靈, 善觀命者, 必於此細詳之。
(시고 팔자비용신불립, 용신비변화불령, 선관명자, 필어차세상지)

그러므로 팔자는 용신(격국) 없이 존재할 수 없고, 용신이 변화하지 않는다면 영묘하지 않다. 명(命)(사주)을 잘 보려는 자는 반드시 이러한 변화를 상세히 살펴야 한다.

11 論用神純雜
용신의 순잡을 논함

用神純雜 1

用神既有變化, 則變化之中, 遂分純雜; 純者吉, 雜者凶。

용신(격국)은 본래 변화하는 것에 <그 속성이> 있는데, 그 변화 중에서도 순(純)한 것과 잡(雜)한 것으로 구별해야 한다. 순(純)한 변화는 길한 것이고, 잡(雜)한 변화는 흉한 것이다.

用神純雜 2

何謂純? 互用而兩相得者是也。如辛生寅月, 甲丙並透, 財與官相生, 兩相得也; 戊生申月, 庚壬並透, 財與食相生, 兩相得也; 癸生未月, 乙己並透, 煞與食相剋, 相剋而得其當, 亦兩相得也。如此之類, 皆用神之純者。

어떤 것을 순(純)하다고 하는가? 상호 작용하여 양자 간에 서로 득(得)이 되는 것을 말한다.(相得: 서로 뜻이 맞음)

辛일간이 寅월에 생했는데, 재성 甲과 정관 丙이 함께 투출하면 재(財)와 관(官)이 상생하므로 서로 득(得)이 된다.(재격에

정관겸격正官兼格: 재왕생관격財旺生官格)

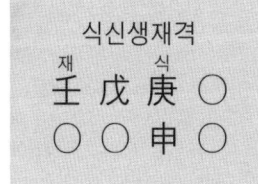

戊일간이 申월에 생하고, 식신 庚과 재성 壬이 같이 투출하면 재와 식신이 상생하므로 서로 득이 된다.(식신격에 재성겸격財星兼格: 식신생재격食神生財格)

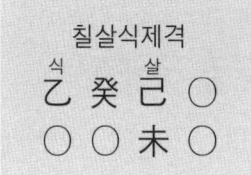

癸일간이 未월에 생하고 식신 乙과 칠살 己가 함께 투출하면, 이는 칠살과 식신이 상극(식극살食剋煞)한다. 하지만 이러한 상극은 마땅한 것이므로 이 역시 서로 득이 된다.(칠살격에 잡기식신겸격雜氣食神兼格: 칠살식제격七煞食制格)

이러한 유형들은 모두 용신의 변화가 순(純)하게 된 것들이다.

評解 순(純)하다는 것은 월령에서 투간한 용신들 간 상호작용이 일간에게 유리하게 작용하는 것을 말하는데, 길신은 상생해야 하고 흉신은 극제하는 것이 요점이다. 그리고 길신이더라도 일간이 약하면 극제해야 할 때가 있고, 흉신이라도 일간이 강할 때에는 도와야 할 때가 있다. 그러니 사주의 구조에 따라 구분해서 보아야 한다.

用神純雜 3

何謂雜? 互用而兩不相謀者是也。如壬生未月, 乙己並透, 官如傷相剋, 兩不相謀也; 甲生辰月, 戊壬並透, 印與財相剋, 亦兩不相謀

11 용신의 순잡을 논함

^야 ^{여 차 지 류} ^{개 용 지 잡 자 야}
也。 如此之類, 皆用之雜者也。

무엇을 잡(雜)하다고 하는가? 상호 작용이 불상모(不相謀)(각자가 도모하는 것과 서로 다르게 작용)하는 것을 말한다.

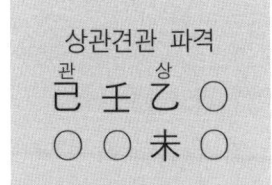

格: 상관견관 파격)

壬일간이 未월에 생하고 상관 乙과 정관 己가 함께 투출하면, 정관과 상관이 상극하므로 이것이 서로 불상모(不相謀)하는 것이다.(정관격에 잡기상관겸격雜氣傷官兼

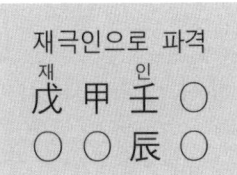

甲일간이 辰월에 생하고 재성 戊와 인성 壬이 함께 투출하면 인수와 재가 상극하므로 이것 역시 서로 불상모하는 것이다.(재

격에 잡기인성겸격雜氣印星兼格: 재격패인財格佩印이지만 재극인財剋印으로 파격) 이러한 유형들은 모두 용신의 변화가 잡(雜)하게 된 것이다.

評解 잡(雜)하다는 것은 순(純)하다는 것의 반대로 용신들 간 상호 작용이 일간에게 불리하게 이루어지는 것을 말한다. 즉 길신이 극제(剋制)당하고 흉신이 부조(扶助)되는 경우다. 위의 예시 중 이 경우는 시간의 재성 戊土가 자기의 칠살에 해당하는 일간 甲木을 넘어서 인성 壬水를 극하기 어렵다. 그러니 잡하다고 보기 어렵다.(辰월에는 연간, 월간에 戊·壬이 같이 올 수 없다. 戊년이면 丙辰월이고, 壬년이면 甲辰월이 된다) 혹시 원국에

일간을 극제하는 金이 강하거나 일간을 설기하는 火가 강하다면, 일간이 약하여 戊土를 제지하지 못하니 戊土가 壬水를 극할 수는 있겠다.

```
  재    인
  戊 乙 壬 甲
  寅 巳 申 申
           관
```

정관격 편에 나오는 설(薛) 상공(相公) (승상丞相, 정승의 존칭)의 명조와 비교하여 보자. 재성 戊土가 인성 壬水를 극하고자 하나 일간 乙木이 戊土를 극제하니 인성 壬水가 온전하여 정관격에 인수가 있는 정관용인격(正官用印格, 관인상생격官印相生格) 성격이다.

다음은 순잡(純雜)의 예를 「평주」에 있는 예시 명조를 들어서 한 해설이다.

```
  겁    인   관
  戊 己 丁 甲
  辰 亥 卯 子
        살
```

양증신(楊增新)이라는 사람의 명조다. 원래 칠살격(七煞格)인데 亥卯가 회합(會合)하고 甲木이 투출하니 정관격(正官格)이다.[정관용인격(正官用印格), 亥卯의 회합 목국(木局)을 굳이 구분하자면 甲보다는, 월령이 卯(乙)이니 乙로 보는 것이 더 타당하다. 지지에 칠살 乙을 두고 정관 甲이 투출했으니 엄밀히 따지면 관살혼잡(官煞混雜)이다] 재성 子(水)가 정관을 생하고 정관 甲木은 다시 인성 丁火를 생하고 丁火는 일간을 생하여 재관인(財官印)이 상생하니 순수하고 잡되지 않다. 왕성한 일간을 설기할 金이 없어 상생이 일간에서 멈추어 대(代)를 이을 자식이 없었다고 한다.

재	인	관
辛	丙	甲 癸
卯	戌	子 未
		관

양홍지(梁鴻志)라는 사람의 명조다. 子月에 癸水가 투출하니 정관격이다. 戌과 未가 옆에서 子(水)를 극하고 癸水 역시 未에 좌(坐)하여 극을 받고 있어 식상이 정관을 극하니 상관견관의 파격처럼 보인다. 그러나 인성 甲木이 시지(時支) 卯에 근을 두고 투출하여 정관 癸水와 子(水)의 생을 받아 왕한 상태에서 戌未 식상을 극제하여 정관을 보호하고 있다. 재성 辛金이 인성 甲木을 극하고자 하나 일간 丙火가 합하여 辛金이 무력하니 인성 甲木이 유력하여 정관용인격(관인상생격) 성격이다. 탁한 가운데 청하니 귀하게 되었다.

用神純雜 4

純雜之理, 不出變化, 分而疎之, 其理愈明, 學命者不可不知也。

순잡(純雜)의 이치는 용신(격국) 변화의 원칙을 벗어나지 않는다. 그 변화를 분석하고 통하다 보면 이치가 더욱 밝아질 것이니, 명리를 배우는 사람은 용신의 순잡을 반드시 알아야 한다.

12 論用神格局高低
용신격국의 고저를 논함

格局高低 1

八字旣有用神, 必有格局, 有格局必有高低, 財、官、印、食、煞、傷、劫、刃, 何格無貴? 何格無賤? 由極貴而至極賤, 萬有不齊, 其變千狀, 豈可言傳? 然其理之大綱, 亦在有情、無情、有力、無力之間而已。

팔자에는 본래 용신이 있는 것이고, 용신이 있으면 반드시 격국이 있다. 그리고 격국이 있으면 반드시 고저(高低)가 있기 마련이다. 재격(財格)·정관격(正官格)·인수격(印綬格)·식신격(食神格)·칠살격(七煞格)·상관격(傷官格)·녹겁격(祿劫格)·양인격(陽刃格) 등의 격국 중에 어느 격국이라고 귀격(貴格)이 없겠으며, 어느 격국엔들 천격(賤格)이 없겠는가? 극귀한 사주부터 극도로 천한 사주까지 수많은 사주 중에 같은 것은 하나도 없고, 그 변화는 천태만상이니 이를 어찌 말로 다 전하겠는가? 그러나 그 이치의 대강(大綱)은 그래도 있는 것이니, 유정(有情)한가, 무정(無情)한가, 유력(有力)한가, 무력(無力)한가의 차이에 달려있을 뿐이다.

12 용신격국의 고저를 논함

評解 평해 4길신이라고 모두 귀격이 아니고, 4흉신이라고 모두 천격이 아니다. 흉신의 격국이라도 용신과 상신이 유정하고 유력하다면 귀격이 되는 것이고, 길신의 격국이라도 용신과 상신이 무정하고 무력하다면 천격 사주가 된다. 그리고 같은 격국에서도 용신과 상신의 상태에 따라서 고저(高低)로 나뉜다. 그것은 일률적으로 논할 수는 없고, 사주의 구조에 따라 세세히 따져봐야 한다.

아래는 「평주」에서 격국의 고저를 설명한 예시 명조다.

두 사주 모두 칠살격에 칠살이 중(重)하여 인성 火를 상신으로 쓰는 사주다. 사주 ①의 경우, 일간이 인성 午(火)를 깔고 앉았고, 2개의 寅이 상신 午를 생하면서 보호하고 있다. 상신인 午(火)를 극하는 재성 子(水)는 연지에 있어 재성 子가 칠살 寅을 생하고, 칠살이 다시 인성을 생하고, 인성이 다시 일간을 생하는 순환 구조로 되어 있다. 그러니 상신인 인성이 일간과 가까이 있고 칠살이 인성을 생하니 유정하고 유력하다.

사주 ②의 경우는 인성 丙火가 칠살 甲과 寅의 생조를 받으며 투출했으니 일단 유력하다. 그러나 칠살격에 기신(忌神)인 재성이 일지(日支)에 있어 일간에 바로 첩신(貼身)한 것이 유정하지 못하게 되었다. 두 사주 모두 재생살(財生煞), 살생인(煞生印), 인생신(印生身)의 순환 구조로 된 칠살용인격(七煞用印格, 살인

202 제2부 용신의 적용과 변화

상생煞印相生)으로 귀격 사주지만, 사주 ②가 사주 ①보다 격이 떨어진다.

格局高低 2
격국고저

如正官佩印, 不如透財; 而四柱帶傷, 反推佩印。故甲透酉官, 透丁
여 정관패인 불여투재   이사주대상 반추패인   고갑투유관 투정
合壬, 是謂合傷存官, 遂成貴格, 以其有情也。財忌比劫, 而與煞作
합임 시위합상존관   수성귀격 이기유정야   재기비겁 이여살작
合, 劫反爲用。故甲生辰月, 透戊成格, 遇乙爲劫, 逢庚爲煞, 二者
합 겁반위용   고갑생진월 투무성격 우을위겁 봉경위살 이자
相合, 皆得其用, 遂成貴格, 亦以其有情也。
상합 개득기용 수성귀격 역이기유정야

원래 정관패인격(正官佩印格)(정관격에 인수가 있음)이 정관격에 재성이 투출한 것(재왕생관격財旺生官格)보다는 못하다. 그러나 정관격에 상관이 있다면 상관을 극제해 줄 인수가 있는 것이 오히려 더 나은 것이다.

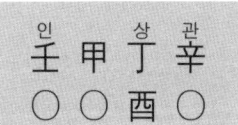

甲일간이 酉월에 태어나 정관 辛이 투출한 정관격에 <투출해서 정관을 극하고 있는> 상관 丁과 인수 壬이 합하면 이른바 <상관을 합하고 정관을 존속시킨> '합상존관'(合傷存官)이 된다. 이는 유정함 때문에 마침내 귀격이 된 것이다.

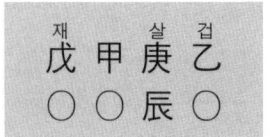

재격은 비겁을 꺼리지만 비겁이 칠살과 합해버리면 겁재가 반대로 쓸모 있게 된다. 甲일간이 辰월에 생하고 재성 戊가 투출해서 재격이 성격되었을 때, 乙이 투출하면 재격이 겁재를

보아 파격이고, 庚이 투출하면 재생살(財生煞)이 되어 파격이다. 그런데 이 둘이 동시에 투출해서 乙庚합을 하면 겁재와 칠살이 합거(合去)되어 두 기신(忌神)이 다 쓸모 있게 되어, 마침내 귀격이 된다. 이것 역시 유정함으로 인한 것이다.

| 평 해 |
| 評解 |

정관격은 반드시 식상에게서 방어가 필요하다. 그 방법은 인성으로 식상을 극하는 것과 재성으로 식상을 설기하면서 정관을 생조하는 것이다. 정관 입장에서는 자신을 설기하는 인성보다는 자신을 생해 주는 재성이 더욱 좋다. 하지만 원국에 식상이 이미 있다면, 일간은 정관의 극을 받고 있는 상태에서 식상의 설기까지 있어 극설(剋洩)로 약해진다. 이럴 때에는 인성으로 식상을 극제하여 정관을 보호하면서 일간까지 생조해 주는 것이 더욱 좋다.

정관격에 상관이 있다면 파격이다. 그런데 기신인 상관을 합거할 인성이 있다면, 병이 있는데 약이 있는 것이 되어 오히려 사주가 더욱 좋아진다.

재격은 당연히 비겁을 꺼린다. 재성을 겁탈하기 때문이다. 또 칠살도 꺼린다. 재가 칠살을 생하고 칠살이 일간을 극상(剋傷)하기 때문이다. 그런데 두 기신인 겁재와 칠살이 합으로 사라진다면 기신이 없을 때보다 더욱 유정해져 귀격 사주가 된다.

格局高低 3

身强煞露而食神又旺, 如乙生酉月, 辛金透、丁火剛、秋木盛, 三者
皆備, 極等之貴, 以其有力也。官强財透而身逢祿刃, 如丙生子月,
癸水透, 庚金露, 而坐寅午, 三者皆均, 遂成大貴, 亦以其有力也。

식	살		
丁	乙	辛	○
亥	未	酉	○

신강한데 칠살이 투출하고 식신도 왕한 경우. 예를 들어 乙일간이 酉월에 생하여 칠살 辛金이 투출하고, 식신인 丁火 또한 강하고 가을이지만 木의 기세 역시 왕성하다면, 3자가 모두 갖추어진 것이니 극귀한 격이 된다. 이는 유력함 때문이다.

관		재	
癸	丙	庚	○
○	寅	子	○

정관이 강하고 재성이 투출해서 재생관(財生官) 하는데, 일간 역시 지지에서 건록이나 양인을 얻는 경우. 예를 들어 丙일간이 子월에 생하고 癸水 정관이 투출하고, 庚金 재성도 투출하고 지지에 寅이나 午가 있으면, 3자 모두 고르게 갖추었으니 마침내 귀격이 된다. 이 또한 유력함 때문이다.

評解 정관은 길신으로 순용(順用)해야 하고, 칠살은 흉신으로 역용(逆用)해야 한다. 순용과 역용이라는 처리의 방식만 다를 뿐 정관이든 칠살이든 강해야 좋다. 관살이 강하고 일간이 강하면 귀격 사주가 될 조건을 갖춘 것이다. 신강하고 정관이 강하면서 재성의 생조를 받고 있거나, 신강하고 칠살이 강한데 식신 또한 왕하여 제살을 하고 있으면, 모두 귀격 사주다.

12 용신격국의 고저를 논함

다음의 염석산(閻錫山), 상진(商震) 그리고 육영정(陸榮廷), 세 사람의 명조는 칠살격의 유력한 사주로「평주」에 예시된 것이다.

```
염석산의 명조
  식   살   인
  丁   乙   辛   癸
  亥   酉   酉   未
           살   재
```

```
상진의 명조
  상   살   재
  丙   乙   辛   戊
  子   未   酉   子
      재   살
```

```
육영정의 명조
  상   살   재
  丙   乙   辛   戊
  戌   卯   酉   午
           살   식
```

세 사람의 명조는 모두 칠살격으로 칠살 辛金이 투간하고 식상이 강하고 가을이지만 木일간 역시 강하다. 칠살인 辛金이 투출해야만 유력해져 귀(貴)하게 되는 것이지 투출하지 않으면 귀하게 되지 못한다고 한다. 칠살을 극거할 식상 丙, 丁火 역시 투출해야 된다.

```
  살   살   인
  辛   乙   辛   癸
  巳   丑   酉   酉
           살
```

허세영(許世英)이라는 사람의 명조다. 일간이 너무 약하다. 인성 癸水가 丑중 癸水에 근을 두고 투출하여 일간을 생하고 있으므로 종살격도 되지 못한다. 가을의 나무는 왕성해야 하는데 그렇지 못하다. 더구나 칠살을 제압할 식상인 丙火는 시지 巳중에 있으나 巳酉丑 금국(金局)으로 기반(羈絆)되어 제 역할을 하지 못한다. 인성의 화살(化煞)과 생조에 의지하니 살인상생격이 성격되었지만 위의 세 명조보다 격이 떨어진다.

```
  인   재   식
  癸   乙   己   丁
  未   亥   酉   未
           살
```

이 명조는 식신(食神) 丁火가 투출하고 가을의 木이 왕성하기만 할 뿐이다. 칠살 辛金이 투출하지 못했으니 유력하지 못하다.

관	재	재
癸	丙	庚 辛
巳	寅	子 酉
		관

『적천수징의』(適天髓徵義)에서 발췌한 사주라고 한다. 정관격에 왕한 재성이 정관을 생조하고 있는 정관용재격(正官用財格)이다. 일간이 장생 寅에 좌(坐)하고 시지(時支)에 녹(祿)이 있어 능히 재관을 감당하니 재왕생관(財旺生官)의 귀격 사주다.

			상
丙	丙	丙	己
申	寅	子	卯
재	인	관	

호한민(胡漢民)이라는 사람의 명조다. 정관격에 정관이 지지에만 있지 투출하지 않았고, 재성 역시 투출하지 않았다. 일시지(日時支)에서 寅申이 충하여 일간의 근이 흔들린다. 정관격에 보필인 인성과 재성이 충으로 무력(無力)해졌다. 격국인 월령이 충을 당하지 않아 격국이 성격되었다고「평주」는 설명하고 있는데, 寅申이 충이 되면 子卯도 형(刑)이 된다. 격국인 월령이 형을 당했으니 이래저래 파격이다. 다시 말해 정관격 성격이라고 해도 고관무보(孤官無輔)(재財와 인印이 둘 다 사라져버려 누구의 보필도 받을 수 없는 외로운 관官)의 하격(下格) 사주이고, 子卯로 정관이 형을 당했으면 정관격 파격이다.

格局高低 4

又有有情而兼有力, 有力而兼有情者。如甲用酉官, 壬合丁以清官, 而壬水根深, 是有情而兼有力者也; 乙用酉煞, 辛逢丁制, 而辛之祿卽丁之長生, 同根月令, 是有力而兼有情者也。是皆格之最高者也。

또 유정하면서 유력함을 겸하는 경우가 있고, 유력하면서 유정함을 겸하는 경우도 있다.

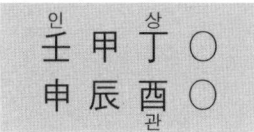

甲일간이 酉월에 생하여 정관격인데, 상관 丁을 인수 壬이 합하면 정관이 청(淸)해진다. 게다가 壬水가 뿌리까지 깊다면 이른바 유정하면서 유력을 겸하는 경우가 된다.

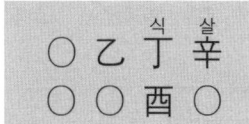

乙일간이 酉월에 생하여 칠살격(七煞格)인데, 투출한 칠살 辛이 식신 丁의 제지(制止)를 받고 있다. 월령 酉는 辛의 녹지이면서 丁의 장생지(長生地)이기도 하다. 이는 칠살과 식신이 같이 <제강인> 월령에 뿌리를 둔 것이다.(칠살과 식신이 다 강하다) 이른바 유력하면서 유정함을 겸하는 경우다.(칠살은 제지받아야 하는 것이다. 칠살을 식신으로 제지하는 것이 유정함이고, 둘 다 강한 것이 유력함이다) 이런 경우 모두 최고의 격국이 된다.

評解 유정하면서 유력하기까지 하다면 최고의 귀격 사주가 된다. 유정하고 유력하다는 것은 희신은 뿌리가 깊을수록 좋고, 기신은 뿌리가 깊지 않은 것이 좋다는 것이다.

『자평진전』에서는 음간(陰干)의 장생을 인정하고 있는 바, 酉월은 丁火의 장생지라서 丁火가 약하지 않다고 본다. 원문 내용 중 아래의 예시 명조인 酉월의 乙일간은 칠살 辛金과 식신 丁火가 월령에 같이 뿌리를 두고 투출하니 유정하고 유력해져 좋은 것이다. 그런데 위의 예시 명조인 酉월의 甲일간이 상관 丁火를 인성 壬水로 합거한 것은 기신인 丁火가 월령인 酉에서 장생을 얻으니 丁壬 합거가 완전히 이루어지지 않을 수도 있다. 그러니 壬水가 근을 확실히 두어 丁火를 강력하게 제거해야 한다.

格局高低 5

如甲用酉官, 透丁逢癸, 癸剋不如壬合, 是有情而非情之至。乙逢酉煞, 透丁以制, 而或煞强而丁稍弱, 丁旺而煞不昂, 又或辛丁並旺而乙根不甚深, 是有力而非力之全, 格之高而次者也。

 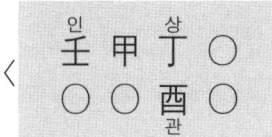

甲일간이 酉월에 태어나 정관격인데, 투출한 상관 丁을 정인인 癸水가 투출해서 극제하는 것이, 편인인 壬水가 투출해서 상관 丁을 합거하는 것보다 못하다. 이는 유정하지만 그 정이 지극한 정도는 아니기 때문이다.

乙일간이 酉월에 태어나 칠살격에서 식신 丁이 투출하여 칠살을 제하는 칠살식제격(七煞食制格)일 때, 칠살 辛은 강한데 식신 丁은 조금 약하거나,

식신 丁은 강한데 칠살 辛이 식신에 비해 기세가 약하든가,

식 식 살
丁 乙 丁 辛
丑 未 酉 巳

칠살 辛이나 식신 丁은 둘 다 강한데, 乙일간의 뿌리가 깊지 못한 경우가 있다.

이런 것은 유력한 듯하지만 그 힘이 온전하지 못한 것으로 격이 높기는 하지만 좀 떨어지는 것들이다.(※ 次: 품질이 떨어지다, 뒤지다) (위 예시 명조는 임의로 만든 것임)

評解 평해 酉월의 木일간 중 甲일간은 정관격이 되고, 乙일간은 칠살격이 된다. 정관격에 상관이 있으면 파격인데, 상관 丁火를 癸水로 극거하는 것보다 壬水로 합거하는 것이 더 유정하다는 설명이다. 극거(剋去)는 강제적이고, 합거(合去)는 유화적(宥和的)인 방법이면서 상황에 따라서는 丁壬합 木으로 화(化)하여 일간을 돕는 효과도 있기 때문에 더욱 유정한 것이다. 酉월의 乙일간은 칠살격이 되는데, 일간(日干), 칠살(七煞), 식신(食神) 셋 모두가 왕하면 최고의 귀격 사주가 된다. 다만, 그중에 하나라도 부족하다면 격이 떨어지는 바, 운에서 부족한 것이 채워질 때 발복할 수 있다.

格局高低 6 격국고저

至如印用七煞, 本爲貴格, 而身强印旺, 透煞孤貧, 蓋身旺不勞印生, 印旺何勞煞助? 偏之又偏, 以其無情也。傷官佩印, 本秀而貴,

而身主甚旺, 傷官甚淺, 印又太重, 不貴不秀, 蓋欲助身則身强,
制傷則傷淺, 要此重印何用? 是亦無情也。又如煞强食旺而身無
根, 身强比重而財無氣, 或夭或貧, 以其無力也。是皆格之低而無
用者也。

인수격에 칠살을 쓰는 사주는 본래 귀격이다.

○ 壬 辛 戊
○ 申 酉 戌

그러나 신강하고 인성도 강한데 칠살이 투출하면 고독하고 가난하다. 대체로 신왕하면 인성의 생함이 필요하지 않다. 인성이 왕성한데 칠살의 생조함이 무슨 공이 되겠는가? 치우치고 또 치우치면 이 때문에 무정(無情)하게 된다.

辛 癸 壬 壬
酉 丑 寅 申

상관패인격(傷官佩印格)은 본래 빼어나고 귀격인데, 그러나 일간 본신이 아주 왕하고 상관은 매우 약한데 인성이 매우 중(重)하다면, 귀하지도 빼어나지도 않게 된다. 인성이 일간을 도우려고 하면 할수록 일간은 더욱 강해지고, 상관을 제지할수록 상관은 미약해지니, 이토록 중한 인성이 무슨 쓸모가 있겠는가? 이 역시 무정한 것이다.

己 癸 乙 丙
未 巳 未 寅

또 칠살은 강하고 식신도 왕성한데 일간 본신은 뿌리가 없거나,

庚 壬 庚 丙
子 申 子 辰

신강하고 비겁은 중한데 재(財)가 무기(無氣)하면 요절하거나 가난하게 되니,

이는 무력함 때문이다.
이상은 모두 격이 낮고 쓸모없는 사주다.(※ 至如: ~란 것은, ~을 말할 것 같으면) (위의 예시 명조는 임의로 만든 것임)

> [評解] 용신은 월령에서 찾는 것이니 이미 사주 내에 있다. 격국에 따라 희신과 기신이 기본적으로 있지만, 원국의 상황에 따라 쓸모 있기도 하고 없기도 하다. 가령 인수격에 칠살이 있으면 원래는 사주가 좋다고 한다. 하지만 일간과 인성이 모두 왕한데 칠살이 또 있으면 인성이 더욱 왕해져 설기가 안 되어 고집불통이면서 이기적 성향의 빈천지국(貧賤之局)이 된다. 반대로 상관은 기본적으로 흉신이지만 일간과 인성이 강하다면 오히려 상관을 북돋아야 한다. 결국 사주의 도(道)는 중화(中和)다. 칠살과 식신은 강한데 일간이 약한 사주는 극설교가(剋洩交加)로 빈천지국의 명조이고, 군비쟁재 사주 역시 마찬가지다.

格局高低 7

然其中高低之故, 變化甚微, 或一字而有千鈞之力, 或半字而敗全局之美, 隨時觀理, 難以擬議, 此特大略而已。

그러나 격국의 고저(高低)가 생기는 원인 중에 아주 미묘한 변화가 있으니, 한 글자가 천균(千鈞)의 <막강한> 힘을 발휘 때도 있고, 반(半) 글자<도 안 되는 미미한 차이>가 사주 전체 조화의미(美)를 망쳐놓을 수도 있다. 그러므로 상황에 따라서 적절한 이치를 살펴야 하며, 추측이나 자기 주장만으로는 어려울 것이다. 이상은 단지 대략을 말했을 뿐이다.[※ 千鈞: 3만근(1균은 30근), ※ 特: 단지]

13 論用神因成得敗因敗得成
성격에서 파격되고, 파격에서 성격됨을 논함

破格成格 1

_{팔자지중} _{변화불일} _{수분성패} _{이성패지중} _{우변화불측} _{수유인}
八字之中, 變化不一, 遂分成敗; 而成敗之中, 又變化不測, 遂有因
_{성득패} _{인패득성지기}
成得敗、因敗得成之奇。

팔자 내의 변화는 한결같지 않지만 마침내는 성격(成格)과 파격(破格)으로 나뉜다. 그러나 성격과 파격 중에서도 변화를 예측할 수 없으니, 성격이 되어서 그 때문에 도리어 파격이 되고, 파격이 되어서 그 때문에 도리어 성격이 되는 기이함이 있다.(※ 不一: 한결같지 않다, 일정하지 않다 ※ 因: "~에서부터, ~때문에" 두 가지로 해석할 수 있다)

評解 성격이 변하여 파격으로 되는(성중유패成中有敗) 사주에는 반드시 기신이 있다. 그러나 그 기신이 희신으로 변하면 파격이 성격으로 변한다. 파격이 성격으로 변하려면(패중유성敗中有成) 오로지 구응(救應)에 의해서만 가능하다. 구응의 신이 변하여 기신이 되면 다시 파격으로 변한다. 이런 변화는 천간과 지지의 회합(會合) 때문에 일어난다. 회합하여 본래 사주의 기질이 변하는지, 또는 일원(日元)의 수요(需要)에 합당한지 그렇지 않은지를 잘 살펴보아야 비로소 성패를 판별할 수 있다.

破格成格 2

是故, 化傷爲財, 格之成也; 然辛生亥月, 透丁爲用, 卯未會財, 乃以黨煞, 因成得敗矣。印用七煞, 格之成也; 然癸生申月, 秋金重重, 略帶財以損太過, 逢煞則煞印忌財, 因成得敗也。如此之類, 不可勝數, 皆因成得敗之例也。

그러므로 상관이 재성으로 변하면 재격으로 성격이 된다.

그러나 辛일간이 亥월에 생하고 칠살 丁이 투출하고, [원래는 상관(亥)으로 칠살(丁) 을 제하는 상관제살격傷官制煞格으로 성격되 었지만] 지지에 卯나 未가 있어 亥卯未 재 성 목국(木局)을 이루면 도리어 재성이 칠살을 생하게 된다. 이는 재성국(財成局)을 이루는 것 때문에 파격이 된 경우다.(※ 是故: 그러므로, ~한 연고로)

인수격에 칠살을 쓰는 사주는 원래 인용칠 살격(印用七煞格)으로 성격이 된다. 그러 나 癸일간이 申월에 생하고 가을의 金이 많다면, 대략 재성(財星)을 차서(써서) 태과한 인성을 덜어내야(극해야) 한다. 이때 칠살을 만나면(투출 하면) 인수격에 칠살을 쓰는 살인격(煞印格)이 되고, 살인격에서 는 칠살을 생하고 인성을 극하는 재성을 꺼리게 되는 바다. 이는 인수용재격(印綬用財格)에서 인용칠살격(印用七煞格)으로 성 격되는 것 때문에 파격이 된 경우다. 이런 유형은 셀 수 없이 많은데, 모두 성격됨으로 인하여 파격이 되어버리는 예다.

評解 성격되는 것 때문에 파격이 되는 예를 설명하고 있다.

```
○ 辛 ○ ○
未 卯 亥 ○
     상
亥卯未 재성 木국
```

상관격이 상관이 회합으로 재성국으로 변하면 화상위재(化傷爲財)로 성격이다.

```
       살
○ 辛 丁 ○
○ ○ 亥 ○
     상
```

상관격에 칠살이 투출하면 상관이 칠살을 제살(制煞)하는 상관대살(傷官帶煞)로 성격이다.

그런데 원문 예시의 경우는 화상위재(化傷爲財)와 상관대살(傷官帶煞)이 동시에 이루어져 결국은 상관격이 재격으로 변하고 재격에 칠살이 있는 재대칠살(財帶七煞)이 되어 파격이 되었다.

인수격이 칠살이 있으면 살인상생으로 성격이다.(인용칠살印用七煞)

인성이 태과하다면 칠살을 쓰지 못하고 (칠살을 쓰면 인성만 더욱 강해진다), 재성으로 왕성한 인성을 덜어내야 한다.(인다용재印多用財)

그런데 원문 예시의 경우는 인성이 중(重)하여 재성으로 인성을 극제하고 있다. 거기다가 칠살까지 투출해서 재성이 칠살을 생하고, 칠살이 다시 인성을 생하여 인성이 더욱 중(重)하게 되었으니 파격이 되었다.

破格成格 3

官印逢傷, 格之敗也; 然辛生戊戌月, 年丙時壬, 壬不能越戊剋丙, 而反能洩身爲秀, 是因敗得成矣。煞刃逢食, 格之敗也; 然庚生酉月, 年丙月丁, 時上逢壬, 則食神合官留煞, 而官煞不雜, 煞刃局淸, 是因敗得成矣。如此之類, 亦不可勝數, 皆因敗得成之例也。

관인격(官印格)에 상관이 있으면 파격이 된다.(상관견관)

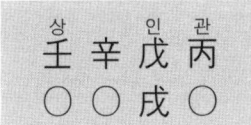

그러나 辛일간이 戊戌월에 태어나 연간에 丙, 시간에 壬이 투출하면, 시간의 壬은 자기를 극하는 戊를 넘어서 연간의 丙을 극할 수 없다. 오히려 일간의 왕성한 기운을 설(洩)하는 수기(秀氣)가 되니, 파격에서 성격으로 된 것이다.(파격인 듯하지만 성격이 된 것이다)

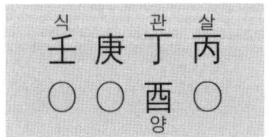

양인격에 칠살을 쓰는 살인격(煞刃格)에 식신이 있으면 파격이 된다. 그러나 庚일간이 양인月인 酉월에 생하여 연간에 칠살 丙, 월간에 정관 丁이 있고, 시간에 식신 壬이 있으면, 식신 壬이 정관 丁과 합하고 칠살 丙만 남는 합관유살(合官留煞)로 관살혼잡이 되지 않으니 살인국(煞刃局)이 청(淸)하게 되었다. 이는 파격인 듯하지만 성격이 된 것이다.

13 성격에서 파격되고, 파격에서 성격됨을 논함

이런 유형은 셀 수 없이 많다. 이상은 모두 파격인 듯하지만 성격이 되는 예다.

評解 원문의 내용은 파격인 듯하지만 성격이 되는 예를 설명하고 있다. 아래와 비교해 보자.

상		관	
壬	辛	丙	○
○	○	○	○

상관이 정관을 극하고 있는데 정관을 보호해 줄 재성이나 인성이 없으므로 상관견관 파격이다.

상		관	인
壬	辛	丙	戊
○	○	○	○

비록 인성인 戊土가 있지만 멀리 있어서 상관 壬水가 정관 丙火를 극하는 것을 막을 수가 없다. 역시 파격이다. 하지만 인성이 있긴 있으니 앞의 경우보다 낫다고 할 수 있다.

그런데 원문의 예시 명조는 정관이 용신일 때 상관이 있으면 상관견관으로 파격이지만 인성이 상관을 극제하여 파격을 면하고 성격이 되는 예다.

원문 아래의 예시는 양인격 명조다. 양인격은 칠살로 양인을 합거하는 것이 제일이고, 정관으로 극거하는 것이 그 다음이다. 결국 양인은 관살로 제거해야 한다. 그런데 식상이 있다면 식상이 관살을 합거나 극거하여 양인합살(陽刃合煞)이 되지 못하고 파격이 된다. 그러나 원문의 예시 명조처럼 정관과 칠살이 같이 투출하여 하나가 합으로 사라진다면, 오히려 병(病)이 있고 약(藥)이 있는 경우가 되어 더욱 귀한 사주가 된다.

破格成格 4

其間奇奇怪怪, 變幻無窮, 惟以理權衡之, 隨在觀理, 因時達化,
由他奇奇怪怪, 自有一種至當不易之論。觀命者毋眩而無主, 執而
不化也。

기기괴괴한 가운데 종잡을 수 없는 변화가 무궁하다. 오로지 이치로써 잘 헤아리고, 있는 곳에 따라 이치를 관찰하고 그리고 때에 따른 변화에 통달하라. 그러면 다른 간지와 관계에서 아무리 기기괴괴하게 변하더라도 한 가지의 지극히 합당하고 바뀌지 않는 이치가 본래부터 있었음을 알게 될 것이다. 사주명리를 보고자 하는 사람은 삿된 이론에 현혹되지 말아야 하고, 주관적이면 안 된다. 그리고 한 가지 이론에만 집착해서 변화를 무시하고 경화(硬化)되면 안 된다.

評解 성격이 되고 파격이 되는 것은 원국의 구조에만 있는 것이 아니다. 운의 흐름에 따라 시시(時時)로 변화한다. 대운에 의해 10년 간 성격이 될 수도 있고 파격이 될 수도 있다. 그리고 세운(歲運)에 의해 1년 간 성격이 될 수도 있고 파격이 될 수도 있다. 월운(月運)과 일운(日運) 또한 마찬가지다. 결국 용신과 격국의 성패는 변할 수 있다는 점을 논하고 있다. 용신의 변화는 앞에서 논했고, 이번 장에서는 격국의 성패를 논했다.『자평진전』의 이러한 관점 때문에 운의 변화에 따른 희기(喜忌)를 관찰하고 논할 수 있다.

14 論用神配氣候得失
용신의 기후 배합 득실을 논함

氣候得失 1

論命惟以月令用神爲主, 然亦須配氣候而互參之. 譬如英雄豪傑, 生得其時, 自然事半功倍; 遭時不順, 雖有奇才, 成功不易.

명(命)을 논할 때에는 오로지 월령(月令)의 용신을 위주로 해야 하지만, 또한 반드시 기후에 맞춰보아 <용신과 기후를> 상호 참작해야 한다. 비유컨대 영웅호걸이 때를 잘 만나서 태어나면 자연히 절반의 노력만으로도 곱절의 업적을 이루지만, 때를 잘못 만나면 아무리 기이한 재주가 있더라도 성공이 쉽진 않을 것이다.

評解 『자평진전』은 월령의 지장간으로 용신과 격국을 취하여 그것의 세기와 균형으로 격(格)의 성패(成敗)와 고저(高低)를 정하는 관법이다. 그런데 격국의 우열은 단순히 용신의 상태만 가지고 정하는 것이 아니고, 같은 용신과 격국이라도 계절의 힘을 얻었느냐 얻지 못했느냐에 따라 달라진다. 가령, 같은 재왕생관격(財旺生官格)이라도 계절의 힘을 얻었으면 더욱 좋은 격국이 된다. 반면에 용신격국이 성격되었더라도 계절의 힘을 얻지 못했을 때에는 대운에서라도 힘을 얻으면 비로소 그 운에서 발복한다. 그리고 일반적으로는 상합하지 않는 배합(금수상관격金水傷官格에

정관正官을 쓰는 경우 등)이 되더라도, 여름과 겨울같이 한열(寒熱)이 극한 경우에는 결국 용신보다도 조후(調候)를 우선하여 상신(相神)으로 취용한다. 즉 아무리 좋은 길신이라도 조후에 위배되면 무의미하고, 비록 흉신이라도 조후에 적합하면 길신처럼 작용한다.

氣候得失 2

_{시이인수우관} _{차위관인쌍전} _{무인불귀} _{이동목봉수} _{수투관성}
是以印綬遇官, 此謂官印雙全, 無人不貴。而冬木逢水, 雖透官星,
_{역난필귀} _{개금한이수익동} _{동수불능생목} _{기리연야} _{신인양왕}
亦難必貴, 蓋金寒而水益凍, 凍水不能生木, 其理然也。身印兩旺,
_{투식즉귀} _{범인격개연} _{이용지동목} _{우위수기} _{이동목봉화} _{불유}
透食則貴, 凡印格皆然; 而用之冬木, 尤爲秀氣, 以冬木逢火, 不惟
_{가이설신} _{이즉가이조후야}
可以洩身, 而卽可以調候也。

인수격에 정관이 있으면, 이른바 관인쌍전(官印雙全)으로 귀하지 않은 사람이 없다.

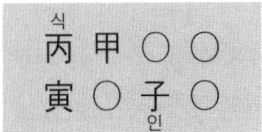

그러나 겨울의 木이 水를 만나면, 비록 관성인 金이 투출하더라도 꼭 귀하게 된다고 하기는 어렵다. 무릇 金은 차가워서 水를 더 얼도록 만들고 언 水로는 木을 생할 수 없으니 이치는 당연한 것이다.

신강하고 인성도 왕성한데 식신이 투출하면 귀하게 되는데, 대부분의 인수격이 다 그렇지만 겨울의 木이 식신을 쓰는 것은

14 용신의 기후 배합 득실을 논함

더욱 수기(秀氣)가 뛰어나다. 겨울의 木이 火를 만나는 것은 신강한 기운을 설할 뿐 아니라 기후까지 조절하기 때문이다.(예시 명조는 임의로 만든 것임)

評解(평해) 보통의 인수격은 관살을 상신으로 하여 관인상생(官印相生)이나 살인상생(煞印相生)이 되든가, 식상으로 설기하는 것이 일반적인 취용법이다. 그런데 아무리 정관을 상신으로 하는 것이 좋은 격국이라고 하더라도 겨울의 木일간에게 정관인 金은 얼어서 쓸 수가 없고, 오히려 식상인 火로 설기하는 편이 훨씬 좋다는 것이다. 이는 식상으로 설수(洩秀)하는 작용뿐 아니라 조후의 작용까지 있기 때문이다.

식		재	살
丙	甲	戊	庚
寅	寅	子	寅
	인		

「평주」에 예시된 것으로 청나라 때 상서(尙書)(장관급의 벼슬)를 지낸 사람의 명조라고 한다. 戊土 재성과 庚金 칠살은 지지에 뿌리가 없어 한신(閑神)으로서 쓸모가 없이 되었다. 시간(時干)의 식신 丙火가 청순하니 설수하는 동시에 조후 작용을 한다. 겨울의 木일간이 식신을 쓰면 수기(秀氣)가 빼어나다는 경우에 해당하는 사주다.

氣候得失(기후득실) 3

傷官見官(상관견관), 爲禍百端(위화백단); 而金水見之(이금수견지), 反爲秀氣(반위수기)。非官之不畏夫傷(비관지불외부상),

而調候爲急, 權而用之也。傷官帶煞, 隨時可用, 而用之冬金, 其秀百倍。

<정관이 상관에게 극을 받고 있는> 상관견관(傷官見官)은 재앙이 백 가지나 된다(많다).

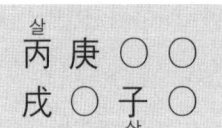

그러나 <겨울에 태어난 金인> 금수상관격(金水傷官格)은 도리어 정관인 火가 있어야만 기세(氣勢)가 수려하다. 정관이 상하는 것을 두려워하지 않는 것은 아니지만 조후가 시급하므로 임시 변통으로 정관인 火를 쓰는 것이다.

<상관격에 칠살을 쓰는> 상관대살격(傷官帶煞格)은 수시(隨時)로 쓰이지만, 겨울의 金인 금수상관격이 칠살인 火를 쓰는 것은 수기(秀氣)가 백배나 뛰어나다.(※ 夫: 여기서는 잇는 말에 불과한 허사虛辭다 ※ 權: 임기응변으로) (예시 명조는 임의로 만든 것임)

評解 보통의 상관격에 정관이 있으면 그 자체로 상관견관 파격이다. 하지만 겨울의 金일간은 상관격임에도 불구하고 정관인 火가 필요하다. 이는 격국 용신보다 조후가 우선인 경우다. 다만, 이런 경우에도 정관과 상관이 바로 인접하여 정관이 손상당하는 것은 피해야 한다. 즉 정관이 투출하면 상관은 투출하지 말아야 하며, 상관이 투출하면 정관은 지지에만 있고 투출하지 말아야 한다.

14 용신의 기후 배합 득실을 논함 223

그리고 상관격에 칠살이 있으면, 상관대살격으로 좋은 격국이 된다. 그런데 겨울의 금수상관격에 칠살이 있으면 상관제살(傷官制煞)의 작용뿐만 아니라, 조후의 작용까지 하므로 그야말로 금상첨화의 격국이 된다.

```
  인   살   재
 戊 庚 丙 甲
 寅 辰 子 申
          상
```

「평주」에 나오는 황당(黃堂)(태수) 벼슬을 한 사람의 명조. 금수상관격에 칠살 丙火가 시지 寅에 근을 두고 투출(透出)하였으며 옆에서 재성 甲木이 생하니 강하다. 시간(時干)의 인성 戊土가 일지 辰에 근을 두고 투출하여 일간을 생하니 일간 역시 강하다. 겨울의 금수상관격에 칠살이 있는 상관대살격에 조후까지 겸비한 귀격 사주다.

```
  재   살   인
 甲 庚 丙 己
 申 辰 子 酉
          상
```

또 다른 예시는 역시 겨울의 금수상관격에 칠살 丙火와 재성 甲木이 투출했다. 그러나 木火의 뿌리가 없으니 재(財)와 살(煞)이 미약하다. 조금은 부유할지라도 귀할 수는 없다.

氣候得失 4
기 후 득 실

傷官佩印, 隨時可用; 而用之夏木, 其秀百倍, 火濟水, 水濟火也.
상관패인 수시가용   이용지하목 기수백배 화제수 수제화야

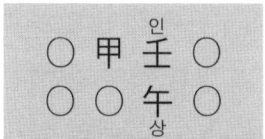

<상관격에 인성을 쓰는> 상관패인격(傷官佩印格)은 수시로 쓰이지만, 여름의 木이 인수 水를 쓰는 것은 수기(秀氣)가 백배나 뛰어나다. 이는 火로써 水를 구제하고, 水로써 火를 구제하는 수화기

제(水火旣濟)의 조화로 인한 것이다.(예시 명조는 임의로 만든 것임)

評解 보통의 상관격은,

o 칠살이 있어서 상관으로 칠살을 극제하든가(이이제이以夷制夷),
o 인성으로 상관을 극제하든가(상관패인傷官佩印),
o 재성이 있어 상관을 재성으로 화(化)하든가 하는 세 가지 방법으로 상관을 제어한다.

이 중에서 상관패인격은 상관의 번뜩이고 튀는 성향을 인성으로 제어하고 조절함을 말한다. 따라서 이 격의 주인공은 연구, 교육, 상담 등에 자질을 지니게 된다. 특히 여름의 목화상관격(木火傷官格)이 인성인 水를 쓰게 되면 뛰어난 자질을 지니게 된다.

상	인	살	
丁	甲	壬	庚
卯	辰	午	辰
		상	

「평주」에 예시된 것으로 청나라 때 관찰사를 지낸 사람의 명조다. 午월의 甲木 일간이 상관 丁火까지 투출해서 설기가 심하다. 그러나 시지에 양인 卯가 있고, 일지와 연지에 2개의 辰이 있어 뿌리가 튼튼하고 인성 壬水가 바로 옆에서 생신(生身)하니 일간 역시 강하다. 인성인 壬水는 2개의 辰에 근(根)을 두고 칠살 庚金이 생조하니 인수 역시 강하다. 일간이 강하면서 식상(食傷)의 설수가 빼어나고 인성인 水로 조후를 이루었으니 귀격 사주다.

상	살	재	
丁	甲	庚	己
卯	寅	午	卯
		상	

또 다른 예시는 역시 午월의 甲木 일간이 상관 丁火가 빼어나고, 일간 역시 강하다. 그러니 인성의 생조가 없어도 상관의 설기를 감당할 수 있다. 재성 己土는 왕성한 木에 극제되어 칠살을

생조하기 힘들고, 칠살 庚金을 상관으로 제살하고 있으니 상관대살 격 성격이다. 다만, 여름의 木일간이 인성인 水가 없으니 귀하게 되기는 어렵다. 즉 성격이 되었으면서도 조후가 부족하여 귀를 누릴 수 없는 경우의 예다.

氣候得失 5
_{기 후 득 실}

傷官用財, 本爲貴格; 而用之冬水, 卽使小富, 亦多不貴, 凍水不能
_{상관용재   본위귀격   이용지동수   즉사소부   역다불귀   동수불능}

生木也。
_{생 목 야}

<상관격에 재성을 쓰는> 상관용재격(傷官用財格)은 본래 귀격

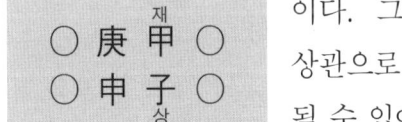

이다. 그러나 <金일간이> 겨울의 水를 상관으로 쓰는 사주는 혹시 작은 부자는 될 수 있어도 대체로 귀하지는 못하는데, 겨울의 얼어 있는 水로는 재성인 木을 생조할 수 없기 때문이다.

評解 _{평 해} 원문은 금수상관격(金水傷官格)을 이어서 설명한 것이다. 상관격에 재성을 상신으로 하는 상관용재격(傷官用財格)은 원래 좋은 격국이다. 그러나 겨울의 금수상관격은 원국이 얼어붙어 있으니 재성인 木이 자랄 수가 없다. 그래서 반드시 火가 필요하다. 火가 없으면 운에서 火가 들어올 때 비로소 발복할 수 있다. 그러나 이미 원국이 작으니 큰 부자는 될 수 없다. 이 대목에서 짚고 넘어갈 것이 있다. 자평이나 『난강망』(欄江網)을

공부한 후, 흔히 겨울의 金일간인 금수식상격(金水食傷格)에 관살인 火가 없으면 하찮은 격국으로 치부해버리고 만다. 그러나 『자평진전』에 분명히 쓰여 있다. 작은 부자는 될지 몰라도 귀하게 되지는 못한다고 …… 이 말을 뒤집어 생각해 보면 고귀한 신분은 될 수 없지만 결코 빈천한 사람은 아니라는 것이다. 겨울에는 조후를 위해서 우선적으로 火가 필요하다. 특히 일간이 金이면 조후의 측면에 더해서, 火가 관살이 되므로 火가 없으면 귀(貴)를 누리기 어렵다. 하지만 비록 火가 없더라도 재성인 木만 있으면 가난하지는 않다는 말이다. 물론 운에서라도 火를 만나야 국이 온난해져서 재성인 木이 자랄 수 있다. 그리고 만약 겨울의 水일간인 녹겁격(祿劫格)의 사주에서 식상인 木과 재성인 火가 있다면 부귀할 수 있다. 이것 역시 조후를 우선하는 이치다.

식		재	상
乙	癸	丙	甲
卯	亥	子	子
		녹	

「평주」에 예시된 명조다. 子월의 癸水 일간인 녹겁격에 재성 丙火가 용신인 녹겁용재격(祿劫用財格)이다. 상신인 甲木과 乙木이 있다. 丙火는 사주를 따뜻하게 하고 甲, 乙木은 丙火를 생하니 식상생재(食傷生財)의 구조로 명리쌍전(名利雙全)했다고 한다.

재		식	살
丙	癸	乙	己
辰	亥	亥	未
		겁	

왕대섭(汪大燮)이라는 사람의 명조다. 월겁격에 재성 丙火가 용신이고 식신 乙木이 상신이다. 칠살 己土가 있으나 亥未가 회국(會局)하고 乙木이 극거하니 식신제살(食神制煞)까지 겸하고 있다. 식신이 제살하면서 생재하니 귀격 사주다.

氣候得失 6
기 후 득 실

傷官用財, 卽爲秀氣; 而用之夏木, 貴而不甚秀, 燥土不甚靈秀也.
상 관 용 재   즉 위 수 기   이 용 지 하 목   귀 이 불 심 수   조 토 불 심 령 수 야

丙	甲	己재	己
寅	寅	巳식	未

<상관격에 재성을 쓰는> 상관용재격(傷官用財格)은 곧 <빼어난> 수기(秀氣)가 된다. 그러나 여름철의 木이 土를 재성으로 쓰는 사주는 귀하게 되어도(주로 무인武人) 그리 빼어나지는 못하니, 조열(燥熱)한 土는 그다지 영험(靈驗)하지도 빼어나지도 않기 때문이다.(식신격 편에 나오는 황 도독의 명조다. 상관격은 아니지만 본 문장의 뜻에 적합하여 인용했음)

評解 여름의 목화상관격(木火傷官格)은 인성이 있어서 조후를 맞추는 것이 최상이다. 그러나 인성인 水가 없어도 재성인 土가 있으면 왕성한 화기(火氣)를 설(洩)할 수는 있으니 어느 정도 격은 갖춘 것이 된다. 다만, 조후를 맞추지 못했으니 크게 발달하지는 못한다.

己재	甲	丁상	戊재
巳	寅	巳식	戌

「평주」에 예시된 명조다. 火가 왕(旺)하여 木이 타버릴 지경이다. 인성인 水가 없으니 재성인 土로 화기(火氣)를 설(洩)해야 한다. 원문에 예를 든 황 도독의 명조와는 다르게 이 사주는 일간의 뿌리가 일지밖에는 없고 식상과 재가 너무 왕하다. 황 도독의 사주보다 격이 현저히 떨어진다.

氣候得失 7
기후득실

春木逢火, 則爲木火通明, 而夏木不作此論; 秋金遇水, 則爲金水
춘목봉화   즉위목화통명   이하목부작차론   추금우수   즉위금수

相涵, 而冬金不作此論。氣有衰旺, 取用不同也。春木逢火, 木火通
상함   이동금부작차론   기유쇠왕   취용부동야   춘목봉화   목화통

明, 不利見官; 而秋金遇水, 金水相涵, 見官無礙。假如庚生申月,
명   불리견관   이추금우수   금수상함   견관무애   가여경생신월

而支中或子或辰, 會成水局, 天干透丁, 以爲官星, 只要壬癸不透
이지중혹자혹진   회성수국   천간투정   이위관성   지요임계불투

露干頭, 便爲貴格; 與食神傷官喜見官之說同論, 亦調候之道也。
로간두   변위귀격   여식신상관희견관지설동론   역조후지도야

봄의 木일간이 火를 만나면 목화통명(木火通明)이 된다.

그러나 여름의 木은 그렇게 논하지 않는다.(비목화통명非木火通明)

가을의 金일간이 水를 만나면 금수상함(金水相涵)이 된다.

그러나 겨울의 金은 그렇게 논하지 않는다.(비금수상함非金水相涵)

기(氣)에는 쇠함과 왕함이 있어 용신을 취함에도 같지는 않다. 이를테면 봄의 木이 火를 보면 목화통명인데, 이때는 관(官)을 보면 불리하다.(丙辛합 몰관沒官)

```
관
丁 庚 ○ ○
○ 子 申 ○
  辰 가을
申子(辰) 식신 水국
```

그러나 가을의 金이 水를 보면 금수상함인데, 이때는 관을 보아도 장애가 되지 않는다. 예를 들어 庚일간이 申월에 생하고 지지에 子나 辰이 있어 申子辰 식신 수국(水局)을 이루고 천간에 丁이 투출하면 이는 정관이 된다. 이때 단지 壬이나 癸가 투출해서 정관 丁을 상하게 하지만 않는다면 곧 귀격이 된다. 이것은 <겨울의> 金일간인 식신상관격은 정관인 火를 보는 것을 기뻐한다는 이론과 같은 것으로, 역시 조후의 이치다.(위 예시 명조는 임의로 만든 것임)

評解 봄의 木일간은 격이 녹겁격이나 양인격이다. 즉 월령이 겁재이니 자체로 신강하다. 일반적인 녹겁격이나 양인격에는 관살과 재를 용신으로 하는 것이 상격(上格)이다. 그러나 봄의 木일간만큼은 재관보다 식상인 火로 설기하는 것이 더 빼어나다. 왜냐하면 일간은 왕하고, 식상이 되는 火가 봄에 생하여 진신(眞神)이 되기 때문이다. 이를 이름하여 목화통명(木火通明)이라고 한다. 그러나 여름의 木일간은 식상격이다. 이때는 인성인 水로서 조후를 맞추는 것이 급선무다. 일간이 월령에 설기되어 일간이 약하니 인성의 도움이 필요할 뿐 아니라, 水火의 조절을 위해서도 인성인 水가 반드시 필요하다. 이것은 목화통명이라고 하지 않는다.

 가을의 金일간은 녹겁격이나 양인격이다. 월령이 겁재이니 자체로 신강하다. 재관살을 용신으로 하는 것이 일반적이지만, 봄의 木일간처럼 식상인 水로 설기하는 것이 더 빼어나다. 역시 일간이 왕하고 식상인 水가 가을에 생하여 진신이 되기 때문이다. 이를 이름하여 금수상함(金水相涵)이라고 한다. 그러나 겨울의 金일간은 식상격이다. 이때는 관살인 火로서 조후를 맞추는 것이 급선무다. 계절이 한랭하여 金이 水로 설기가 원활하지 않으니 원국을 따뜻하게 하는 것이 우선이다. 상관견관이 파격이 되는 것의 예외적 적용이다. 이것은 가을의 金일간에도 적용할 수 있으니, 金水가 동류(同類)(크게 보아 木火는 양陽, 金水는 음陰이다)로 한습(寒濕)하기 때문에 조후가 중요하기 때문이다.

氣候得失 8

食神雖逢正印, 亦謂奪食, 而夏木火盛, 輕用之亦秀而貴, 與木火
傷官喜見水同論, 亦調候之謂也.

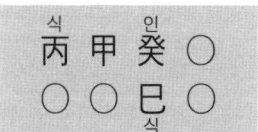

식신은 편인이 아니라 정인을 만나더라도 역시 탈식(인극식印剋食)이 되지만, 여름의 木은 화기(火氣)가 왕성하므로 인성인 水를 가볍게 쓴다면 또한 빼어나고 귀하게 될 수 있다. 이는 목화상관격(木火傷官格)은 水를 보는 것을 좋아한다는 이론과 같은 것이니, 이 역시 조후의 이치를 말하는 것이다.

評解 상관은 인성으로 극하는 것이 좋지만, 식신은 길신이므로 인성이 극하면 원래는 좋지 않다. 목화상관격은 인성으로

상관을 극하는 것이 상관패인격도 성격되고 조후도 맞추어지니 당연히 좋다. 반면에 목화식신격(木火食神格)은 길신의 격이니 격만 따지면 인성으로 극하는 것을 탈식(奪食)(식신을 극함)이라고 하여 꺼린다. 그러나 여름의 木일간은 상관격이든 식신격이든 따지지 않고 조후(調候)가 우선이니 인성인 水가 있는 것이 좋다. 다만, 식신은 길신이니 인성이 중(重)하지 않고 경(輕)해야 식신의 길한 작용은 살리면서 수화기제(水火旣濟)의 공도 살릴 수 있다.

氣候得失 9

此類甚多, 不能悉述, 在學者引伸觸類, 神而明之而已。

이런 유형은 아주 많아서 모두 다 기술할 수는 없다. 배움에 있는 사람들은 유형별로 잘 분류하고[觸類] 응용을 잘 한다면[引伸] 귀신처럼 밝혀낼 수 있을 것이다.

15 論^논相^상神^신緊^긴要^요
   상신의 긴요함을 논함

相^상神^신 1

月^월令^령旣^기得^득用^용神^신,則別^{즉별}位^위亦^역必^필有^유相^상,若^약君^군之^지有^유相^상,輔^보我^아用^용神^신者^자是^시也^야.
如^여官^관逢^봉財^재生^생,則^즉官^관爲^위用^용,財^재爲^위相^상;財^재旺^왕生^생官^관,則^즉財^재爲^위用^용,官^관爲^위相^상;
煞^살逢^봉食^식制^제,則^즉煞^살爲^위用^용,食^식爲^위相^상.然^연此^차乃^내一^일定^정之^지法^법,非^비通^통變^변之^지妙^묘.要^요而^이
言^언之^지,凡^범全^전局^국之^지格^격,賴^뢰此^차一^일字^자而^이成^성者^자,均^균謂^위之^지相^상也^야.

월령(月令)에는 본래부터 용신(用神)이 주어져 있고, 다른 자리에는 반드시 상신(相神)이 있기 마련이다. 이는 마치 군주에게 재상이 있는 것과 같으니 상신이란 일간인 나의 용신을 보좌해주는 것이다.

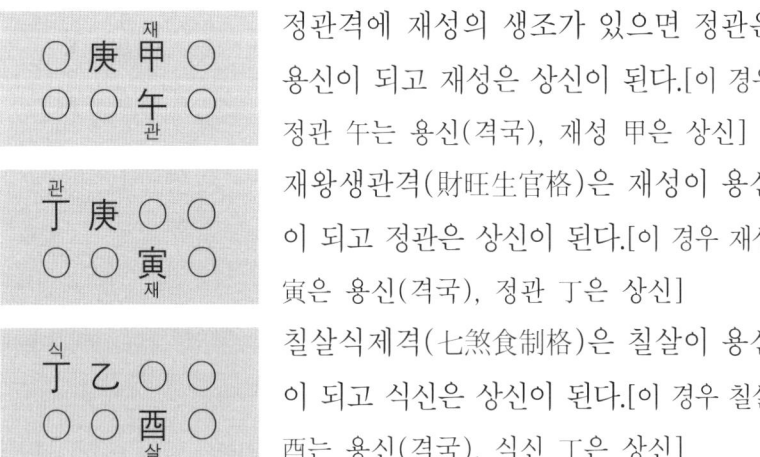

정관격에 재성의 생조가 있으면 정관은 용신이 되고 재성은 상신이 된다.[이 경우 정관 午는 용신(격국), 재성 甲은 상신]

재왕생관격(財旺生官格)은 재성이 용신이 되고 정관은 상신이 된다.[이 경우 재성 寅은 용신(격국), 정관 丁은 상신]

칠살식제격(七煞食制格)은 칠살이 용신이 되고 식신은 상신이 된다.[이 경우 칠살 酉는 용신(격국), 식신 丁은 상신]

이것은 일정(一定)한 법칙이지, 그때그때 상황에 따라 변통(變通)하는 묘용(妙用)을 말하는 것이 아니다. 요점을 말하자면, 모든 사주의 격국은 어느 한 글자에 의해서 성격이 되는데, 이 한 글자를 모두 상신이라고 부른다.(※ 均: 모두) (위 예시 명조는 임의로 만든 것임)

評解 용신(用神)이란 월령을 기준으로 하여 찾는 것이고, 상신(相神)은 용신을 보좌하는 것이다. 여기서 '상'(相)은 '도울 상 또는 따를 상'으로서 보조자 또는 시중드는 사람이란 뜻이다. 임금에게 재상이 있는 것과 같다.

용신(격국)이 4길신 재·관·인·식(財官印食)이면, 상신은 용신을 돕는 기능을 하는 것이어야 한다. 즉 용신을 생조하거나 용신을 손상하는 기신을 극하여 용신을 보호하거나 용신을 설기하는 역할을 한다. 용신(격국)이 4흉신 살·상·겁·인(煞傷劫印) 중에서 칠살격과 상관격의 상신은 용신을 억제하는 기능을 하는 것이어야 한다. 즉 용신을 극제하거나 용신을 돕는 기신을 극하든가 용신을 설기하는 역할을 해야 한다. 흉신 중 녹겁격과 양인격은 격국과 용신이 다르니, 녹겁격과 양인격의 상신은 4길신에서와 같이 용신을 돕는 역할을 해야 한다.(녹겁격에서 칠살을 용신으로 할 때에는 칠살을 극제하는 상신을 취해야 한다)

相神 2

傷用神甚於傷身, 傷相甚於傷用。如甲用酉官, 透丁逢壬, 則合傷存官以成格者, 全賴壬之相; 戊用子財, 透甲並己, 則合煞存財以成格者, 全賴己之相; 乙用酉煞, 年丁月癸, 時上逢戊, 則合去癸印以使丁得制煞者, 全賴戊之相。

용신(用神)이 손상되는 것이 본신인 일간이 손상되는 것보다 더 심각하고, 상신(相神)이 손상되는 것이 용신이 손상되는 것보다 더 심각하다.

甲일간이 정관 酉를 용신으로 하는 정관격이다. 상관 丁이 투출하여 정관을 손상하고 있는데 인수 壬도 같이 투출했다. 丁壬 합으로 상관 丁은 합거당하고 정관 酉는 보호되어 정관격이 성격된다. 이는 전적으로 인수 壬의 역할에 의지한 것인데, 이런 경우 壬이 상신이다.

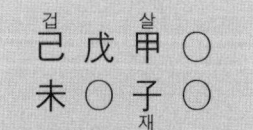

戊일간이 子를 용신으로 하는 재격에 칠살 甲이 투출하면 재생살(財生煞)이 되어 파격인데, 겁재 己도 같이 투출하면 甲己합으로 칠살 甲이 합거당하고 재성 子만 남게 되어 정재격이 성격된다. 이는 전적으로 겁재 己의 역할에 의지한 것인데, 이런 경우의 己가 상신이다.[이 경우는 己만 있어도 재격에 겁재가 있어 파격인데, 재격에 있어 흉신인 칠살(甲)과 겁재(己)가 동시에 합거되었으니 더욱 좋아졌다고 할 수 있다]

15 상신의 긴요함을 논함

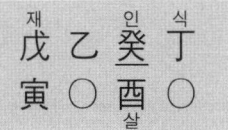

乙일간이 칠살 酉를 용신으로 하는 칠살격이다. 연간에 식신 丁이 투출해서 칠살 酉를 극제하여 칠살식제(七煞食制)로 성격되었다. 그런데 월간에 편인 癸가 투출해서 식신 丁을 극하면 칠살식제격(七煞食制格) 파격이다. 이때 시간에 재성 戊가 투출하면 편인 癸를 戊癸합으로 합거하고 식신 丁으로 하여금 칠살 酉를 제지하도록 할 수 있다. 이는 전적으로 재성 戊의 역할에 의지한 것인데, 이런 경우의 戊를 상신이라고 한다.(丁년의 酉월은 己酉월이니 癸酉월은 오류이다. 단지 상신의 역할을 학습하기 위한 것으로 여기면 될 듯하다. 또 시간의 戊土는 일간 乙木을 뛰어넘어서 癸水를 합거하기란 쉽지 않다. 이 역시 식신을 극하는 인성 癸水를 제거해야 된다는 의미만 새기면 될 듯하다)

評解 용신은 사주가 있으면 자연적으로 있다. 그러한 용신이 제대로 자기 역할을 하기 위해서는 상신의 보좌가 거의 절대적이다. 결국 상신이 건전한지, 그렇지 않은지에 따라 격국의 성패(成敗)와 고저(高低)가 갈린다고 해도 틀리지 않는다.

상신이 건전한지, 그렇지 않은지는 원국의 구조뿐 아니라 운에 의해서도 희기가 달라진다. 운이 좋고 나쁘고는 운의 간지가 상신에게 어떻게 작용하느냐에 따라 달라진다고 봐도 될 것이다. 상신이 건전해야 용신이 건전해지고 용신이 건전해야 사주가 좋아진다.

相神 3

^{계생해월} ^{투병위재} ^{재봉월겁} ^{이묘미래회} ^{즉화수위목이전겁}
癸生亥月, 透丙爲財, 財逢月劫, 而卯未來會, 則化水爲木而轉劫
^{이생재자} ^{전뢰어묘미지상} ^{경생신월} ^{투계설기} ^{불통월령이금}
以生財者, 全賴於卯未之相。庚生申月, 透癸洩氣, 不通月令而金
^{기불심령} ^{자진회국} ^{즉화금위수이성금수상함자} ^{전뢰어자진지}
氣不甚靈, 子辰會局, 則化金爲水而成金水相涵者, 全賴於子辰之
^상 ^{여차지류} ^{개상신지긴요야}
相。如此之類, 皆相神之緊要也。

```
  재
丙 癸 ○ ○
辰 卯 亥 未
    겁
亥卯未 식상 木국
```

癸일간이 亥월에 생하고 丙이 투출하면 월겁격에 재성을 용신으로 하게 되는데, 재성 丙이 월지인 겁재 亥에게 극을 당하니 파격이다. 그러나 지지(地支)에 卯나 未가 있으면 亥卯未 목국(木局)을 이루니, 곧 겁재인 水(亥)가 木으로 변한 것으로 겁재가 식상으로 변하여 재(財)를 생하니 상관생재격(傷官生財格)이 성격된다. 이는 전적으로 卯나 未의 역할에 의지한 것인데, 이런 경우의 卯나 未를 상신(相神)이라고 한다.

```
        상
○ 庚 庚 癸
○ 子 申 ○
  辰
申子(辰) 식상 水국
```

庚일간이 申월에 생하고 상관 癸水가 투출하여 왕한 일간을 설기한다고는 하지만, 癸가 월령 申에 통근(通根)하지 못하여 금기(金氣)를 설하는 것이 신통치 못하다. 이럴 때 지지에 子나 辰이 있어 申子辰 수국(水局)을 이루면 비견 金이 水로 변하여 금수상함격(金水相涵格)으로 성격된다. 이는 전적으로 子나 辰의 역할에 의한 것으로 이런 경우의 子나 辰을 상신이라고 한다.[申의 지장간에는 壬水가 있으니(음간이라 비록 12운성상 사지死地이지만) 癸가 통근하지 못한다고 보기는 어렵고, 가을의 왕한 금기金氣를 설洩하기에는 부족하던 것이 지지의 회국會局으로 설기가 원활해진다고 보면 좋을 듯하다] 이런 유형이 모두 상신의 중요함을 말한 것이다.

評解 지지(地支)의 회합으로 인한 격국의 변화를 설명하고 있다. 녹겁격은 먼저 관살로 겁재인 월령을 극제하는 것이 최선이다. 그러나 관살이 없으면 재성을 용신으로 한다. 단, 월령이 겁재이니 재성을 보호하기 위해서는 식상이 반드시 필요하다. 이런 경우 겁재인 월령이 회합 때문에 식상으로 변한다면 격국이 겁재격에서 식상격으로 바뀐 것이 된다. 그것뿐만 아니라 식상격에 재성이 있어 식상생재격(食傷生財格)이 되어 두 번에 걸쳐서 격국의 등급이 상승한 것과 같은 효과가 있다.

相神 4

相神無破, 貴格已成; 相神有傷, 立敗其格。如甲用酉官, 透丁逢癸印, 制傷以護官矣, 而又逢戊, 癸合戊而不制丁, 癸水之相傷矣。丁用酉財, 透癸逢己, 食制煞以生財矣, 而又透甲, 己合甲而不制癸, 己土之相傷矣。是皆有情而化無情、有用而成無用之格也。

상신이 파괴되지 않으면 귀격을 이미 이룬 것이고, 상신에 손상됨이 있으면 곧 파격이다.(※ 立: 곧, 바로)

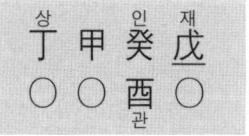
甲일간이 酉월에 생하여 정관 酉를 용신으로 하는 정관격인데, 상관 丁이 투출하여 정관 酉를 손상하고 있을 때 인수 癸가 투출하여 상관 丁을 제압하여 정관 酉를 보호하면 정관격이 성격이다. 그러나 재성 戊까지 투출해서 인수 癸를 戊癸합으로 합거해 버리면 인수 癸는 상관 丁을 제압할 수 없게 된다. 이런 경우가 상신인 癸가 손상을 입게 되어 정관격 자체가 파격이 되는 경우다.(사주 구조상 酉월의 甲일간이 천간에 戊, 丁, 癸 3자가 다 투출할 수는 없으나 학습을 위한 것으로만 참고하기 바란다. 다만, 연간이 戊가 아니고 己라면 이 대목에서 해설하는 내용에 어느 정도 부합한다고 볼 수 있다)

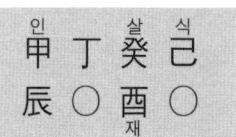
丁일간이 酉월에 생하여 酉를 용신으로 하는 재격일 때, 칠살 癸가 투출하면 재생살(財生煞)이 되어 파격이다. <거기에다> 식신 己도 투출하면 식신 己로 칠살 癸를 제압하고 재성인 酉만 생하게 되어 식신제살격(食神制煞格) 및 재대식신격(財帶食神格)으로 성격이다. 그러나 인수 甲도 투출하면 甲己합으로 식신 己가 합거되어 칠살 癸를 제지할 수가 없게 된다. 이런 경우가 상신인 식신 己가 손상되어 재격 자체가 파격이 되는 경우다. 이상은 모두 유정한 것이 변하여 무정하게 되고, 용신(격국)이 이루어졌다가 상신의 손상 때문에 쓸모없는 격으로 변하게 된 경우들이다.

| 評解 | 원문은 성중유패(成中有敗)를 말함인데, 성중유패에는 반드시 기신(忌神)이 있다. 기신이 있는데 구응(救應)의 신이 없는 것이 파격이다. 혹시 구응의 신이 있어도 파괴되었다면 역시 파격이다. 이런 것이 상신이 손상된 경우다. 위의 첫째 경우는, 정관격에 상관은 기신인데 상관을 극제할 인성이 있으면 인성이 상신이고 구응의 신이다. 그런데 다시 재성이 있어서 인성을 극제하면 구응의 신이 파괴된 것으로 파격이다. 위의 둘째 경우는, 재격에 칠살이 있으면 기신으로 파격이다. 칠살을 극제할 식신이 있으면 식신이 구응의 신으로 상신이다. 그런데 다시 인성이 있어서 식신을 극제나 합거하면 구응의 신이 파괴된 것으로 파격이 된다.

相神 5

凡八字排定, 必有一種議論, 一種作用, 一種棄取, 隨地換形, 難以虛擬, 學命者其可忽諸?

무릇 사주팔자를 간명하는 순서는, 반드시 먼저 어떤 종류의 용신격국인지를 살펴보아야 한다. 다음에는 어떤 종류의 작용이 (간지의 형충회합刑沖會合 등) 있는지를 살펴야 한다. 또 그 다음에는 어떤 것을 버리고 어떤 것을 취해야 하는지를 살펴야 한다. 하지만 그러한 것들이 사주 구조의 처한 상황에 따라 형상이 바뀌니 허황된 추측으로는 간명하기가 어렵다. 사주명리를 배우는 사람

이라면 어찌 이런 것들을 소홀히 할 수 있겠는가?(※ 諸: 어조사로서 '저'로 읽힌다)

16 論雜氣如何取用
잡기의 취용법을 논함

雜氣取用 1

四墓者, 衝氣也, 何以謂之雜氣? 以其所藏者多, 用神不一, 故謂之雜氣也。如辰本藏戊, 而又爲水庫, 爲乙餘氣, 三者俱有, 於何取用? 然而甚易也, 透干會支, 取其淸者用之, 雜而不雜也。

4묘(墓: 辰戌丑未)는 충기(衝氣)인데 어찌하여 이를 잡기(雜氣)라고 하는가? 그 이유는 그 안에 소장된 것(지장간)이 많아서 용신이 하나가 아니므로 잡기라고 부르는 것이다. 예를 들어 辰은 본기(本氣)로서 戊를 소장하고 있다. 또 水의 고(庫)가 되고 乙이 있으니 木의 여기(餘氣)도 된다. 이 세 개가 다 구비되어 있으니, 어떤 것으로 용신을 취할 것인가? 그러나 오히려 매우 쉽다. 천간에 투출한 것이나 지지에서 회합한 것 중에서 청(淸)한 것을 취하여 용신으로 삼으니, 잡(雜)한 것 같지만 실제는 잡하지 않다.

評解 12지지(地支) 중에서 4정(正)인 子午卯酉에는 오행(五行)이 하나만 들어 있어 전기(專氣)이므로 순수(純粹)하다. 4생(生)인 寅申巳亥와 4고(庫)인 辰戌丑未에는 각각 오행이 3개씩 들어 있다. 그런데 유독 辰戌丑未만 잡기(雜氣)라고 한다. 4생(生)이나 4고(庫)나 土가 들어 있는 것은 같다. 하지만 나머지 2개는 다르다.

○ 4생(生)인 寅申巳亥에 있는 2개의 오행은, 寅에는 丙甲, 巳에는 庚丙, 申에는 壬庚, 亥에는 甲壬이다. 그중 하나는 녹지(祿地)이고, 하나는 그 녹(祿)에서 생을 받고 있는 오행으로 상생하는 관계다.(巳중 庚과 丙은 극이지만, 庚金이 巳에서 생하고 있다) 반면에,

○ 4고(庫)인 辰戌丑未에는, 하나는 이번 계절의 여기(餘氣)고, 하나는 지난 계절의 잔재를 핵(核)으로 보관하고 있다.[辰(乙癸), 未(丁乙), 戌(辛丁), 丑(癸辛)] 그런 이유로 4생지(生地)에는 모두 양간으로 들어 있고, 4고지(庫地)에는 모두 음간으로 들어 있다.

○ 4생지에서 지장간이 투출하면 해당 오행인 양간이 투출해야지만 용신으로 인정받는다. 또 戊土는 申이나 亥에서 투출해도 용신으로 인정받지 못하니 용신으로 취급하는 것이 적다. 반면에,

○ 4고지에서 지장간(地藏干)이 투출하면 해당 지장간과 음양이 달라도 오행만 같으면 용신으로 인정받는다. 그러므로 1개의 지지에서 용신으로 취할 수 있는 것이 무려 6개나 된다. 예를 들자면, 甲木 일간이 辰월에 생하면 辰중에는 乙癸戊가 있는데, 이중에서 甲乙이 투출하면 잡기월겁격(雜氣月劫格)이고, 壬·癸가 투출하면 잡기인수격(雜氣印綬格)이고, 戊·己가 투출하면

재격이다.(戊·己는 土로서 본기이니 잡기라기보다 그냥 재격이다) 이러한 이유로 辰·戌·丑·未월의 격국을 잡기격(雜氣格)이라고 부른다.

이렇듯 辰戌丑未가 잡기로서 용신으로 취할 수 있는 것이 많지만, 그것들을 다 취하지는 않는다. 다만, 천간에 투출한 것만 취하고 그중에서도 청(淸)한 것들만 취하니 복잡할 것이 없다. 물론 지지의 회합으로 변한 것도 용신으로 취하지만 이것은 다른 월에서도 같다.

雜氣取用 2

何謂透干? 如甲生辰月, 透戊則用偏財, 透癸則用正印, 透乙則用月劫是也。何謂會支? 如甲生辰月, 逢申與子會局, 則用水印是也。一透則一用, 兼透則兼用; 透而又會, 則透與會並用。其合而有情者吉, 其合而無情者則不吉。

무엇을 투간(透干)이라고 하는가?

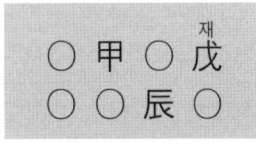

甲일간이 辰월에 생하여 지장간 중에서 戊가 투출(透出)하면 편재 戊를 용신으로 하여 재격이 된다.

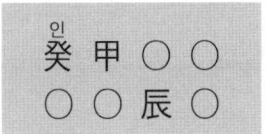

<甲일간이 辰월에 생하여> 지장간 중에서 癸가 투출하면 정인 癸를 용신으로 하여 잡기인수격(雜氣印綬格)이 된다.

<甲일간이 辰월에 생하여> 지장간 중에서 乙이 투출하면 겁재 乙을 용신으로 하여 잡기월겁격(雜氣月劫格)이 된다.

무엇을 회지(會支)라고 하는가?

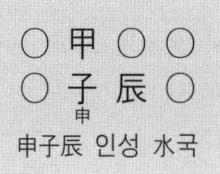
甲일간이 辰월에 생하고 지지에 申이나 子가 있어 申子辰 수국(水局)을 이루면 水를 용신으로 하여 인수격(印綬格)이 된다.

지장간 중에서 하나만 투출하면 그 하나를 용신(격국)으로 하고, 다른 것이 겸하여 투출하면 겸하여 용신(격국)으로 한다. 투간했는데 지지에서 회합까지 한다면 투간한 것과 회합한 것을 겸용한다. 겸용하는 것들끼리 맞추어 배합이 유정하면 길하고, 배합이 무정하면 불길하다.

評解 투간(透干)이란 지장간이 천간에 투출한 것을 말한다. 하나만 투출하면 하나를 용신으로 취하고, 둘 이상이 투출하면 모두 취하여 겸격으로 한다. 회합(會合)은 지지의 회합을 말하는데, 반드시 월령의 회합을 말한다. 연일시(年日時)끼리 회합은, 작용력은 있지만 격국과는 무관하다. 격국이 변하는 회합은 삼합(三合)만이며, 육합(六合)은 격국을 변화시키지 못한다. 다만, 월령이 충(沖)이나 형(刑)으로 격국이 파괴되는 것을 보호해 주는 역할 정도만 한다. 투간도 하고 회합도 하면 두 가지를 모두 취한다.

雜氣取用 3
_{잡기취용}

何謂有情? 順而相成者是也。如甲生辰月, 透癸爲印, 而又會子會
申以成局, 印綬之格, 淸而不雜, 是透干與會支, 合而有情也。又如
丙生辰月, 透癸爲官, 而又逢乙以爲印, 官與印相生, 而印又能去
辰中暗土以淸官, 是兩干並透, 合而有情也。又如甲生丑月, 辛透
爲官, 或巳酉會成金局, 而又透己財以生官, 是兩干並透, 與會支
合而有情也。

무엇을 유정(有情)하다고 하는가? 겸용하는 용신 간에 순응(順應)하고 서로 도와서 격을 이루는 것을 말한다.

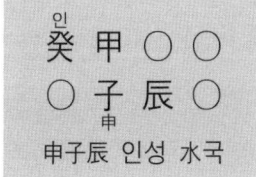

甲일간이 辰월에 생하고 인성 癸가 투출하면 잡기인수격(雜氣印綬格)인데, 또 지지에 子나 申이 있으면 수국(水局)을 이룸으로써 인수격이 청(淸)해져 잡(雜)하지 않다. 이는 투간한 것과 지지에서 회합한 것끼리 배합이 유정함을 이른다.

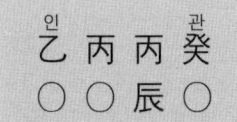

또 丙일간이 辰월에 생하고 정관 癸가 투출하면 잡기정관격(雜氣正官格)인데, 또 정인 乙이 투출하면 잡기인수격도 된다.(겸격) 정관과 인수가 상생하고, 또 인수인 乙은 辰중에 암장(暗藏)되어 있는 식신 戊土를 극제하여 정관 癸를 보호하여 청(淸)하게 한다. 이것이 지장간에서 함께 투출한 2개 용신간의 배합이 유정한 것이다.

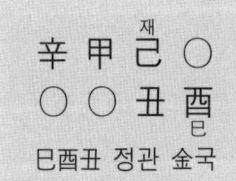

또 甲일간이 丑월에 생하고 정관 辛이 투출하면 잡기정관격인데, 혹 지지에 巳나 酉가 있어 금국(金局)을 이루고 또 재성 己가 투출해서 관(官)을 생하면, 이것이 함께 투출한 2개 천간 및 지지의 회합까지 서로 배합이 유정(有情)한 것이다.

評解 유정(有情)이란 상호 작용이 상생이든 상극이든 유리한 결과를 가져오는 것을 말한다. 즉 희신(喜神)끼리는 상생하는 것이 좋고, 기신(忌神)은 상극하는 것이 좋다. 그런데 여기서 주의할 것은 투간한 것과 지지에서 회합한 것 간에 유정하더라도, 사주 원국 전체에 그것이 반드시 좋은 결과만 만들지 않는다는 것이다. 그것은 사주 전체를 보면서 다시 판단해야 한다.

그리고 잡기격에서 주의할 것은 辰에서 壬水나 癸水가 투출하여 그것을 용신으로 취할 때 辰중 戊土가 투출한 壬·癸水를 암암리에 극하고자 한다. 이때 천간에 甲이나 乙이 있어 지장간의 戊土를 극(剋)해 주어야 투출한 壬·癸水가 청(淸)해진다.

雜氣取用 4

何謂無情? 逆而相背者是也。如壬生未月, 透己爲官, 而地支會亥卯以成傷官之局, 是透官與會支, 合而無情者也。又如甲生辰月,

16 잡기의 취용법을 논함

<ruby>透<rt>투</rt></ruby><ruby>戊<rt>무</rt></ruby><ruby>爲<rt>위</rt></ruby><ruby>財<rt>재</rt></ruby>, <ruby>又<rt>우</rt></ruby><ruby>或<rt>혹</rt></ruby><ruby>透<rt>투</rt></ruby><ruby>壬<rt>임</rt></ruby><ruby>癸<rt>계</rt></ruby><ruby>以<rt>이</rt></ruby><ruby>爲<rt>위</rt></ruby><ruby>印<rt>인</rt></ruby>; <ruby>透<rt>투</rt></ruby><ruby>癸<rt>계</rt></ruby><ruby>則<rt>즉</rt></ruby><ruby>戊<rt>무</rt></ruby><ruby>癸<rt>계</rt></ruby><ruby>作<rt>작</rt></ruby><ruby>合<rt>합</rt></ruby>, <ruby>財<rt>재</rt></ruby><ruby>印<rt>인</rt></ruby><ruby>兩<rt>량</rt></ruby><ruby>失<rt>실</rt></ruby>, <ruby>透<rt>투</rt></ruby><ruby>壬<rt>임</rt></ruby>
<ruby>則<rt>즉</rt></ruby><ruby>財<rt>재</rt></ruby><ruby>印<rt>인</rt></ruby><ruby>兩<rt>량</rt></ruby><ruby>傷<rt>상</rt></ruby>, <ruby>又<rt>우</rt></ruby><ruby>以<rt>이</rt></ruby><ruby>貪<rt>탐</rt></ruby><ruby>財<rt>재</rt></ruby><ruby>壞<rt>괴</rt></ruby><ruby>印<rt>인</rt></ruby>, <ruby>是<rt>시</rt></ruby><ruby>兩<rt>량</rt></ruby><ruby>干<rt>간</rt></ruby><ruby>並<rt>병</rt></ruby><ruby>透<rt>투</rt></ruby>, <ruby>合<rt>합</rt></ruby><ruby>而<rt>이</rt></ruby><ruby>無<rt>무</rt></ruby><ruby>情<rt>정</rt></ruby><ruby>也<rt>야</rt></ruby>. <ruby>又<rt>우</rt></ruby><ruby>如<rt>여</rt></ruby><ruby>甲<rt>갑</rt></ruby><ruby>生<rt>생</rt></ruby>
<ruby>戌<rt>술</rt></ruby><ruby>月<rt>월</rt></ruby>, <ruby>透<rt>투</rt></ruby><ruby>辛<rt>신</rt></ruby><ruby>爲<rt>위</rt></ruby><ruby>官<rt>관</rt></ruby>, <ruby>而<rt>이</rt></ruby><ruby>又<rt>우</rt></ruby><ruby>透<rt>투</rt></ruby><ruby>丁<rt>정</rt></ruby><ruby>以<rt>이</rt></ruby><ruby>傷<rt>상</rt></ruby><ruby>官<rt>관</rt></ruby>, <ruby>月<rt>월</rt></ruby><ruby>支<rt>지</rt></ruby><ruby>又<rt>우</rt></ruby><ruby>會<rt>회</rt></ruby><ruby>寅<rt>인</rt></ruby><ruby>會<rt>회</rt></ruby><ruby>午<rt>오</rt></ruby><ruby>以<rt>이</rt></ruby><ruby>成<rt>성</rt></ruby><ruby>傷<rt>상</rt></ruby><ruby>官<rt>관</rt></ruby><ruby>之<rt>지</rt></ruby><ruby>局<rt>국</rt></ruby>,
<ruby>是<rt>시</rt></ruby><ruby>兩<rt>량</rt></ruby><ruby>干<rt>간</rt></ruby><ruby>並<rt>병</rt></ruby><ruby>透<rt>투</rt></ruby>, <ruby>與<rt>여</rt></ruby><ruby>會<rt>회</rt></ruby><ruby>支<rt>지</rt></ruby><ruby>合<rt>합</rt></ruby><ruby>而<rt>이</rt></ruby><ruby>無<rt>무</rt></ruby><ruby>情<rt>정</rt></ruby><ruby>也<rt>야</rt></ruby>.

무엇을 무정(無情)이라고 하는가? 용신 간에 거역하며 서로 격국을 거스리는 것을 말한다.

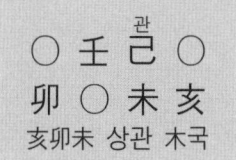

壬일간이 未월에 생하고 정관 己가 투출하면 정관격인데, 지지에 亥나 卯가 있으면 亥卯未 상관 목국(木局)을 이루어 상관견관으로 파격(破格)이 된다. 이것이 투간한 정관과 지지에서 회합한 상관국(傷官局)의 배합이 무정한 것이다.

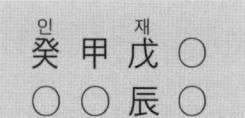

甲일간이 辰월에 생하고 戊가 투출하면 재격인데, 또 壬이나 癸가 투출하면 잡기 인수격이 된다.(겸격) 그러나 癸가 투출하면 戊癸가 합하여 재성과 인성 둘 다 잃게 되고,

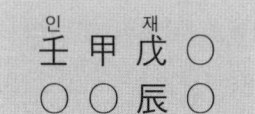

壬이 투출하면 재성인 戊土가 인성인 壬水를 극제하여 재(財)와 인(印) 둘 다 상하게 되거나 재(財)를 탐하다가 인수를 파괴하게 된다. 이것들이 지장간에서 2개가 함께 투출했지만 배합이 무정한 것이다.(재성 戊土가 일간 甲木을 넘어서 시간의 인성 壬·癸水를 극하기 어렵다. 다만, 같은 월령에서 투출했지만 배합이 무정한 경우의 학습을 위한 것이라고만 이해하자)

甲일간이 戌월에 생하고 정관 辛이 투출하면 잡기정관격(雜氣正官格)인데, 또 상관 丁이 투출하면 잡기상관격(雜氣傷官格)도 된다. 또 지지에 寅이나 午가 있어 寅午戌회합 상관 화국(火局)을 이루어 정관 辛을 극하면, 이는 지장간에서 투출한 2개 천간과 지지에서 회합한 것의 배합이 무정(無情)한 것이다.

評解 여기서 말하는 무정(無情)이란 유정(有情)에 반대되는 것으로 용신을 겸하는 것끼리 관계가 적절하지 못한 것을 말한다. 이것 역시 투간한 것과 회합한 것의 관계만 가지고 무정하다고 했을 뿐이지, 사주 전체에서 보면 그렇지 않을 수도 있다.

예를 들어 위의 첫째 예시 경우는 잡기정관격에 지지에서 상관국을 이루어 상관견관으로 무정하고 파격인 듯하지만,

이 경우는 위의 첫째 예시 명조처럼 지지의 회합은 같지만 연지와 시지가 바뀌면서 실제로는 인성 辛金이 시간(時干)에 투출하여 지지의 상관 목국(木局)을 억제하면서 관인상생을 이루어 패중유성(敗中有成)이 되는 경우도 있다. 따라서 사주 전체를 보면서 판단해야 한다.

雜氣取用 5
_{잡기취용}

又有有情而卒成無情者, 何也? 如甲生辰月, 逢壬爲印, 而又逢丙,
印綬本喜洩身爲秀, 似成格矣, 而火能生土, 似又助辰中之戊; 印格
不淸, 是必壬干透而支又會申會子, 則透丙亦無所礙. 又有甲生辰
月, 透壬爲印, 雖不露丙而支逢戌位, 戌與辰沖, 二者爲朋沖而土動,
干頭之壬難通月令, 印格不成, 是皆有情而卒無情, 富而不貴者也.

또 유정했다가 결국 무정하게 되는 것이 있는데, 어떤 것인가?

```
  인   식
  壬 甲 丙 ○
  ○ ○ 辰 ○
```

甲일간이 辰월에 생하고 壬이 투출하면 잡기인수격이다. 여기에 또다시 식신 丙을 만나면, <辰월이 아니라면> 본래는 인수격에 식신으로 왕기(旺氣)를 설(洩)하여 수기(秀氣)가 되므로 격을 이룬 것 같다. 하지만 火는 <아래의> 土를 생할 수 있어서 마치 丙이 辰중 戊土를 생조하는 것과 같으니 인수격이 청(淸)하지 않게 된다.

```
  인   식
  壬 甲 丙 ○
  ○ 子 辰 申
  申子辰 인성 水국
```

이럴 때 반드시 壬水가 투출하고 지지에 申이나 子가 있어 申子辰 수국(水局)을 이루어야만 투출한 丙火가 장애되지 않는다.

```
  인
  壬 甲 ○ ○
  ○ 戌 辰 ○
  辰戌충
```

甲일간이 辰월에 생하고 壬이 투출하면 잡기인수격인데, 비록 丙이 투출하지 않더라도 지지에 戌이 있어 戌과 월령 辰이 충을 하면 둘은 붕충(朋沖)으로 土가 동하게 되고, 이 때문에 투간한 인수 壬은 월령 辰중 水에 통근하기 어려우니 인수격은 성격되지 않는다.

이것들이 모두 유정했다가 결국 무정하게 되는 것으로 부자는 될 수 있더라도 귀하게 되지는 못한다.

評解 辰중에 戊土가 있어 투출한 壬·癸水가 청(淸)하지 못한 경우의 설명이다. 木이 투출해서 戊土를 극해 주든가, 회합으로 수국(水局)을 이루어 壬·癸水의 뿌리 역할을 충실히 해 줘야 된다는 설명이다. 아래의 해설은 붕충 때문에 지장간의 土가 동(動)하는 것을 말하고 있는데, 이런 경우 인성은 손상되더라도 재성은 손상되지 않으니 부(富)는 잃지 않는다.

雜氣取用 6

又有無情而終有情者, 何也? 如癸生辰月, 透戊爲官, 又有會申會子以成水局, 透干與會支相剋矣。然所剋者乃是劫財, 譬如月劫用官, 何傷之有? 又如丙生辰月, 透戊爲食, 而又透壬爲煞, 是兩干並透, 而相剋也。然所剋者乃是偏官, 譬如食神帶煞, 煞逢食制, 二者皆是美格, 其局愈貴。是皆無情而終爲有情也。

무정(無情)했다가 결국 유정(有情)하게 되는 것이 있는데 어떤 것인가?

16 잡기의 취용법을 논함 251

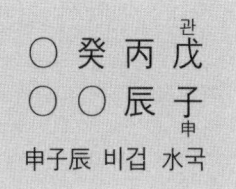

癸일간이 辰월에 생하고 戊가 투출하면 잡기정관격이다. 또 지지에 申이나 子가 있어 申子辰 비겁 수국(水局)을 이루면 투출한 정관 戊와 지지에서 회합한 비겁 수국(水局)이 상극한다. 그러나 극을 받는 것이 겁재로서, 이는 마치 월겁격에 정관을 용신으로 하는 것과 같으니 무슨 손상됨이 있겠는가?

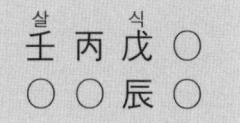

丙일간이 辰월에 생하고 戊가 투출하면 식신격인데, 또 壬이 투출하면 칠살이다. 이리되면 함께 투출한 간(干)끼리 상극하게 된다. 그러나 극을 받는 것이 편관이다. 이는 마치 식신격에 칠살이 있는 식신대살격(食神帶煞格)이거나 칠살격에 식신이 있는 칠살식제격(七煞食制格)과 같으니, 두 가지(식신대살격과 칠살식제격) 모두 좋은 격국으로 격국이 더욱 귀해졌다.
이 모두 무정했다가 결국 유정하게 된 것이다.

評解 무정에서 유정으로 변한다는 것은 패중유성(敗中有成)을 말하는데, 여기의 설명은 극하는 것이 결국 좋게 작용하는 것을 말하고 있다. 즉 극하여 기신을 제거하니 오히려 더 좋아진다는 것이다.

雜氣取用 7

如此之類, 不可勝數, 卽此爲例, 旁悟而已.

이런 유형은 셀 수 없이 많으나, 이것들을 예로 삼아서 널리 깨우치기를 바랄 뿐이다.

17 論墓庫刑沖之說
묘고의 형충설을 논함

墓庫刑沖 1

辰戌丑未, 最喜刑沖, 財官入庫不沖不發, 此說雖俗書盛稱之, 然子平先生造命, 無是說也。夫雜氣透干會支, 豈不甚美? 又何勞刑沖乎? 假如甲生辰月, 戊土透豈非偏財? 申子會豈非印綬? 若戊土不透, 卽辰戌相沖, 財格猶不甚淸也。至於透壬爲印, 辰戌相沖, 將以累印, 謂之沖開印庫可乎?

"辰戌丑未는 형충(刑沖)이 되는 것을 가장 좋아하고, 재와 관이 입고(入庫)했을 때 충을 하지 않으면 발복하지 못한다"는 설이 세속의 책들에서 자주 일컬어지고 있지만, 자평 선생(서자평徐子平)이 명리의 체계를 세우면서 그런 설을 말하지 않았다. 월령이 잡기인 경우 지장간 중에서 투출하든가, 지지에서 월령의 회합이 있으면 이 어찌 좋지 않겠는가? 그런데도 굳이 애써 형충이 되기를 바란다는 말인가?

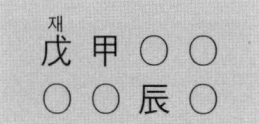

甲일간이 辰월에 생하고 戊土가 투출하면 이 어찌 편재격이 아니겠는가?

지지에서 월령이 申子辰 수국(水局)을 이루었다면 이 어찌 인수격이 아니겠는가?

만약 戊土는 투출하지 않고 지지에서 월령이 辰戌충 한다면 재격이 그다지 청(淸)하지 않게 된다.

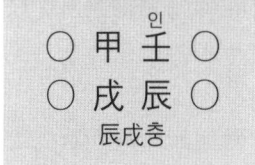

壬이 투출하면 잡기인수격이다. 하지만 지지에서 辰戌충이 있으면 장차 인수인 壬水가 손상을 입게 된다. 그런데도 인수의 고(庫)를 충하여 열어야 한다고 말할 수 있겠는가?

評解 4묘(墓)인 辰戌丑未의 월령을 가진 명조는 잡기격으로, 투간하거나 지지에서 회합한 것을 용신으로 취하면 될 뿐 다른 월령의 명조와 다를 바가 없다. 그리고 용신이 투출했을 경우, 4길신이면 순용(順用)하고 4흉신이면 역용(逆用)하면 그만이다. 형충(刑沖)으로 개고(開庫)해야 한다는 억지 논리를 갖다 붙일 필요가 없다.

墓庫刑沖 2

況四庫之中, 雖五行俱有, 而終以土爲主。土沖則靈, 金木水火,

豈能以四庫之冲而動乎? 故財官屬土, 冲則庫啓, 如甲用戊財而辰
戌冲, 壬用己官而丑未冲之類是也. 然終以戊己干頭爲淸用, 干旣
透, 卽不冲而亦得也. 至於財官爲水, 冲則反累, 如己生辰月, 壬透
爲財, 戌冲則劫動, 何益之有? 丁生辰月, 透壬爲官, 戌冲則傷官,
豈能無害? 其可謂之逢冲而壬水之財庫官庫開乎?

4고(庫)인 辰戌丑未 안(지장간)에는 비록 오행이 두루 갖추어져 있지만, 결국은 土가 위주다. 그래서 土는 충을 하면 영험하게 동(動)하지만, 金木水火가 어찌 4고의 충으로 동한다고 할 수 있겠는가? 그러므로 재와 관이 土에 해당된다면, 충으로써 고(庫)를 연다고도 할 수 있겠다.

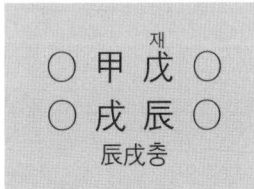

甲일간이 戊를 써서 재격이 되었는데 辰戌충이 되든가,

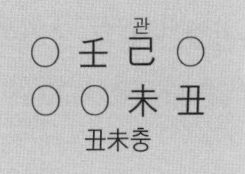

壬일간이 己를 써서 정관격이 되었는데 丑未충이 되는 경우의 유형이 그것이다.

그러나 결국 위의 경우도 戊, 己가 투간하여 용신(격국)이 청(淸)한 것일 뿐, 천간에 용신이 이미 투출하였으면 굳이 충을 하지 않더라도 역시 성격이 된다. 하지만 재와 관이 水에 해당될 때 4고의 충이 있다면, 오히려 충 때문에 재와 관이 손상을 입게 된다.

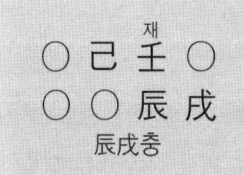

己일간이 辰월에 생하고 壬이 투출해서 잡기재격이 되었는데, 辰戌충이 되면 일간의 겁재인 戊土가 동하니 재성인 壬에게 무슨 이익이 있겠는가?

丁일간이 辰월에 생하고 壬이 투출하면 잡기정관격인데, 辰戌충이 되면 상관 戊土가 동하여 정관 壬水를 손상하는 상관견관이 된다. 이 어찌 해(害)가 없다고 하겠는가?

이것을 壬水를 재(財)로 쓸 때 재고(財庫)인 辰과 壬水를 관(官)으로 쓸 때 관고(官庫)인 辰을 충으로 열어서 좋아졌다고 말할 수 있겠는가?

評解 4고(庫)끼리 충은 붕충(朋沖)이라고 하는 바, 충이라고 하여 지지 자체가 파괴되는 것도 아니고, 지장간의 모든 것이 파괴되는 것도 아니다. 다만, 지장간들이 밖으로 나오면서 상극하는 것끼리만 극하는 것이다.

辰戌이 충을 하면 일단 둘 다 가지고 있는 土가 더 강해진다. 그래서 辰중 癸水를 용신으로 한다면 더욱 왕해진 戊土에 의해 용신이 손상을 입게 된다. 그리고 辰중 乙木을 용신으로 한다면 戌중 辛金이 乙木을 극상(剋傷)하니 용신이 손상당한다. 한편 戌중 丁火를 용신으로 한다면 辰중 癸水가 丁火를 극상하니 용신이 손상당한다. 하지만 이 경우 癸水 역시 戊土에 의해 극을 당하니 丁火의 손상이 그다지 크지는 않을 수도 있다. 반드시 고려할 것은 월령이 무엇이냐에(辰이냐 戌이냐) 따라 경중이 달라진다는 점이다.

그리고 辰이나 戌중 戊土를 용신으로 취한다면 辰戌충으로 戊土는 손상되지 않으니 용신이 피해를 입지 않고 오히려 더욱 왕해진다고 볼 수도 있다. 이런 이유로 묘고(墓庫)의 형충이 있어야 좋다는 속설은 土를 용신으로 취할 때에는 해당한다고 볼 수 있다. 여기서 주의할 것은 고지끼리 충이 있을 때 해당 지장간이 투출해 있어야 손상 유무를 말할 수 있는 것이지 투출하지 않았다면 이를 논할 이유가 없다.

丑未가 충을 하는 경우, 역시 丑중 癸水를 용신으로 하면 충동으로 왕해진 土에 의해 용신이 손상될 것이고, 丑중 辛金을 용신으로 하면 未중 丁火에 의해 손상될 것이고, 未중 丁火가 용신이면 丑중 癸水에 의해 손상될 것이고, 未중 乙木이 용신이면 丑중 辛金에 의해 손상될 것이다. 그리고 丑이나 未중 己土를 용신으로 하면 용신이 더 왕해진다고 볼 수 있다.

재관을 용신으로 할 때 형충을 일반적으로 꺼린다. 그러나 잡기에서 土가 투출하여 재관(財官)에 해당되고 4고(庫)가 충을 할 때에는 형충이 있어도 용신이 손상되지 않는다. 이는 월령이 형충이 되면 재관(특히, 정관)인 용신이 손상된다는 논리의 예외 사항이라고 할 것이다.

墓庫刑冲 3

今人不知此理, 甚有以出庫爲投庫。如丁生辰月, 壬官透干, 不以
爲庫內之壬, 干頭透出, 而反爲干頭之壬, 逢辰入庫, 求戌以冲土,
不顧其官之傷。更有可笑者, 月令本非四墓, 別有用神, 年日時中
一帶四墓, 便求刑冲; 日臨四庫, 不以爲身坐庫根, 而以爲身主入
庫, 求冲以解。種種謬論, 令人掩耳。

오늘날의 사람들은 이러한 이치를 모르고, 심지어 출고(出庫)를 투고(投庫)라고 잘못 알고 있다.

丁일간이 辰월에 생하고 정관 壬이 투간(透干)했다. 이것은 辰중에서 <癸의 형태인 질(質)로 저장되어 있던 수기(水氣)가> 壬이라는 형태의 기(氣)로 투출(透出)한 것이다. 그런데 그렇게 여기지 않고, 오히려 투간한 壬이 수고(水庫)인 辰을 만나 입고(入庫)되었다고 한다. 그래서 戌土로써 辰土를 충하여 壬水를 꺼내야 한다고 여긴다. 이는 土충으로 상관 戌土가 동(動)하여 정관인 壬水가 손상되는 것을 모르고 하는 소리다. 더욱 가소로운 것은 월령이 본래 4묘(墓: 辰戌丑未)가 아니고 다른 용신이 있는데도, 연일시 중에 하나라도 4묘가 있으면 곧바로 형충되기를 바란다.(※ 원문에는 '月'이 있지만 논리상 月을 삭제했다) 또 일주가 4고(庫: 辰戌丑未)에 임하면 일간이 좌하(坐下)에 통근하여 뿌리내렸다고 여기지 않고, 도리어 본신(本身) 일간이 입고되었다고 하면서 충으로 꺼내 구제해야 한다고 한다. 이런저런 잘못된 이론에는 사람들의 귀를 막아서 듣지 못하게 해야 한다.

評解 출고(出庫)는 고지(庫地)인 지지의 지장간에서 천간으로 투출한 것이니 투고(透庫)라고도 할 수 있겠다. 그리고 투고(投庫)는 고지인 지지 속으로 들어갔다는 의미이니 소위 입묘(入墓)를 말한다. 입묘가 되었으면 지장간에 갇혀 쓸 수 없으니 당연히 꺼내야 쓸 수 있을 것이다. 입묘되어 있는 오행을 꺼내어 쓰기 위해서는 형(刑)이나 충(沖)으로 열어야 한다는 것이 개고(開庫)라는 것인데, 『자평진전』은 이를 인정하지 않고, 다만 지장간에서 천간으로 투출하든가 지지에서 회합한 것만 인정한다. 지지에서 해당 오행의 고지가 있으면 해당 오행이 지지에서 뿌리를 얻은 것으로 볼 뿐이다. 오히려 충이나 형이 있으면 투출한 오행의 뿌리가 흔들려 용신이 손상되는 것으로 취급할 뿐이다. 그리고 용신은 월령에서만 찾는 것이다. 그러니 연지(年支), 일지(日支), 시지(時支)에 고지(庫地)가 있더라도 용신격국과는 무관하고, 형충이 있어도 해당 오행과 육친의 문제일 뿐이다.

墓庫刑沖 4

然亦有逢沖而發者, 何也? 如官最忌沖, 而癸生辰月, 透戊爲官, 與戌相沖, 不見破格; 四庫喜沖, 不爲不是。卻不知子午卯酉之類,

二者相仇, 乃沖剋之沖, 而四墓土自爲沖, 乃沖動之沖, 非沖剋之
沖也。然旣以土爲官, 何害於事乎?

그러나 또한 충이 있기 때문에 발달하는 경우도 있으니, 어떤 경우인가?

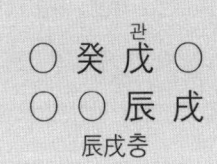

정관은 충을 최고로 꺼린다. 그러나 癸일간이 辰월에 생하고 戊가 투출(透出)하여 정관격이다. 이때는 辰戌충을 해도 파격(破格)이 되지 않는다. 이런 경우는 4고(庫: 辰戌丑未)가 충을 좋아한다는 설이 그런대로 맞다고 할 수 있겠다. 더군다나 子午충과 卯酉충은 양자끼리(子대午, 卯대酉) 서로 해치고자 하는 것으로 상대를 극하는 충이지만, 4묘(墓: 辰戌丑未)의 충은 土 자신들끼리 충으로써 동(動)하는 충이지 극하는 충이 아님을 알지 못하고 있다. 그러므로 土 자체가 정관으로 용신이 되었는데 충이 된들 무슨 해로운 일이 있겠는가?

評解 고지(庫地)에는 다른 오행들이 섞여 있지만 고지의 본기(本氣)는 土다. 고지끼리 충을 한다면 지장간의 다른 오행은 서로간의 생극(生剋)으로 손상될 수 있지만, 土는 같은 土끼리 충이니 서로 간에 극하지 않고 단지 동(動)하기만 할 뿐이다. 그러니 土가 용신이라면 용신이 손상되지 않고 오히려 더 왕성해진다. 더군다나 그것이 정관에 해당된다면, 길신인 정관이 더욱 왕성해졌으니 충 때문에 정관인 土가 더욱 왕성해져 격국이 더

좋아지는 결과가 된다.

墓庫刑沖 5

是故四墓不忌刑沖, 刑沖未必成格。其理甚明, 人自不察耳。

그러므로 4묘(墓: 辰戌丑未)가 월령일 때 형충을 꺼리지 않는 경우가 있을 수는 있다. <그렇지만> 형충이 반드시 있어야만 격이 이루어진다고 할 수는 없다. 이치가 이토록 분명한데 사람들이 스스로 잘 살피지 못하고 있을 따름이다.

|評解| 묘고(墓庫) 형충설의 논의에서 이번 절(節)의 내용이 가장 핵심이라고 할 수 있다.

18 論四吉神能破格
4길신이 격을 파괴할 수도 있음을 논함

吉神能破格 1

財官印食, 四吉神也; 然用之不當, 亦能破格.

재(財)·관(官)·인(印)·식(食)은 4길신(吉神)이다. 그렇다고 하나 그 쓰임이 적당하지 않다면, 길신일지언정 역시 격을 파괴하는 역할을 할 수도 있다.

[評解] 여기서 말하는 4길신은 격국 용신을 말하는 것이 아니고 십신으로서 길신을 말한다. 즉 재성, 정관, 정인, 식신을 말한다.

吉神能破格 2

如食神帶煞, 透財爲害, 財能破格也; 春木火旺, 見官則忌, 官能破格也; 煞逢食制, 透印無功, 印能破格也; 財旺生官, 露食則雜, 食能破格也.

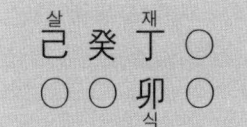

식신대살격(食神帶煞格)에 재(財)가 투출하면 해롭게 된다. 이 경우에는 재성이 길신이지만 격을 파괴하는 역할을 한다.

(식신제살食神制煞에서: 식신생재食神生財 → 재생살財生煞 → 살극신煞 剋身의 구조로 변함)

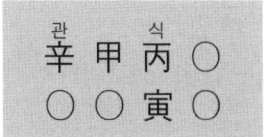
봄의 木일간에 火가 왕성하면 목화통명격(木火通明格)이다. 이때는 정관을 보는 것을 꺼린다. 이런 경우 정관이 길신이지만 격을 파괴하는 역할을 한다.(丙辛합)

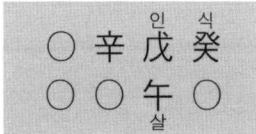
살봉식제격(煞逢食制格)에 인성이 투출하면 인성이 식신을 극하여 식신이 칠살을 제압하는 공을 없게 만든다. 이런 경우 인성이 길신이지만 격을 파괴하는 역할을 한다.

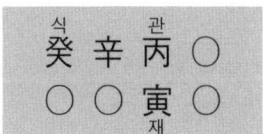
재왕생관격(財旺生官格)에 식신이 투출하면 정관이 식신에 손상되어 격이 잡(雜)하게 된다. 이런 경우 식신이 길신이지만 격을 파괴하는 역할을 한다.(위 예시 명조는 역해자가 임의로 만든 것임)

評解 길신들 간의 생극 때문에 좋은 작용은 사라지고, 나쁜 작용만 남아 격국이 파격됨을 설명하고 있다.

吉神能破格 3

是故官用食破, 印用財破。譬之用藥, 參苓芪朮, 本屬良材, 用之失宜, 亦能害人。

그러므로 정관이 용신이면 식신이 격을 파괴하고, 인성이 용신이면 재가 격을 파괴한다. <또 식신이 용신이면 인성이 격을 파괴한다.>(이것은 일반적인 원칙일 뿐 사주 구조에 따라 활간活看해야 한다) 약(藥)을 쓰는 것에 비유하자면 산삼, 복령, 황기, 백출이 본래 좋은 약재에 속하지만, 쓰임이 적절하지 못하면 오히려 사람을 해칠 수도 있는 것과 같다.

19 論四凶神能成格
4흉신이 격을 성립할 수도 있음을 논함

凶神成格 1

煞傷梟刃, 四凶神也; 然施之得宜, 亦能成格。如印綬根輕, 透煞爲助, 煞能成格也; 財逢比劫, 傷官可解, 傷能成格也; 食神帶煞, 靈梟得用, 梟能成格也; 財逢七煞, 刃可解厄, 刃能成格也。

살(煞)·상(傷)·효(梟)·인(刃)은 4흉신(凶神)이다. 그러나 흉신이라고 해도 그 쓰임에 적절함을 얻기만 하면, 4흉신에 의해 격이 성립될 수도 있다.

비	비	관	비
壬	壬	戊	壬
寅	辰	申	寅
	인		

인수가 뿌리가 약한 경우 칠살이 투출하면 칠살이 약한 인수를 생하게 된다. 이런 경우 칠살이 흉신이지만 격을 성격하는 역할을 한다.(인수격 편의 마 참정 명조. 인수근경印綬根輕은 아니지만 인수가 약한 경우에는 해당되어 인용했음)

재	비	비	상
戊	甲	甲	丁
○	○	辰	○

재격에 잡기녹겁격겸격

재격에 비겁이 있을 때 상관이 있으면 비겁을 통관시켜서 비겁이 재성을 극하는 것을 해소할 수가 있다. 이런 경우 상관이 흉신이지만, 격을 성격하는 역할을 한다.

(임의로 만든 명조. 재대상관財帶傷官 성격)

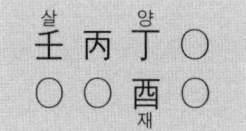

식신대살격에 효신(梟神, 편인)이 쓰임을 얻는다면 효신이 흉신이지만, 격을 성격하는 역할을 한다.(식신격 편에 나오는 상국공常國公의 명조임)

재격에 칠살이 있어 재생살(財生煞)로 파격일 때, 양인이 있어 칠살을 합살하면 양인합살(陽刃合煞) 때문에 재격이 성격이 된다. 양인이 흉신이지만 격을 성격하는 역할을 한다.(임의로 만든 명조. 양인은 지지를 말하는 것이지만 해설의 편의를 위해 겁재劫財를 사용하였음)

評解 4흉신이란 결국 용신의 흉신을 말하는 것이 아니고, 십신의 흉신을 말한다. 즉 칠살, 상관, 효신(편인), 양인을 말한다.

凶神成格 2

是故財不忌傷, 官不忌梟, 煞不忌刃, 如治國長鎗大戟, 本非美具, 而施之得宜, 可以戡亂。

그러므로 재성이 상관을 꺼려하지 않고, 정관이 효신(梟神)을 꺼려하지 않으며, 칠살이 양인을 꺼려하지 않는다. 이는 마치 나라를 다스리는 데 긴 창(※ 원본마다 鎗으로 또는 槍으로 표기하는데 뜻은 같음)이나 큰 칼과 같은 무기들이 본래 좋은 도구는 아니지만, 이것들을 적절히 활용하기만 한다면 나라의 난을 평정하는 데 쓰여지는 것과 같다.

評解 재성이 약하다면 식신이나 상관을 가리지 않고 생조를 받는 것이 좋고, 정관을 식상에게서 보호하기 위해서는 정인, 편인을 가리지 않고 인성의 보호가 필요하다. 그리고 칠살은 극제되어야 하니 양인이 있어 합살(合煞)한다면 일간 입장에서는 2개의 기신(忌神)이 합으로 함께 사라지게 되어 일거양득의 효과가 있다.

20 論生剋先後分吉凶
생극의 선후에 따라 길흉이 달라짐을 논함

生剋先後 1

月令用神, 配以四柱, 固有每字之生剋以分吉凶, 然有同此生剋,
而先後之間, 遂分吉凶者, 尤談命之奧也。

월령의 용신을 사주에 배합하여 보면 반드시 매 글자마다 생(生)·극(剋)하는 관계에 따라서 길흉이 나뉘게 되어 있다. 그러나 같은 생·극에도 글자 배치의 선후(先後)에 따라 길흉이 또다시 나뉜다. 이래서 명리가 더욱 오묘해진다고 말한다.

評解 선후(先後)는 연월일시(年月日時)를 말한다. 이것을 근묘화실(根苗花實)이라고도 한다. 기신과 희신이 사주에 같이 있더라도 선후에 따라 희기가 달라지는 것을 설명하고자 함이다. 이것은 대운의 흐름과는 다른 것으로 전체적인 운(運)의 시기를 나누어 보는 것이다. 이론에 따라 연월일시를 15년씩 나누기도 하고 20년씩 나누기도 하는데,『자평진전』에서 말하는 초운과 말운은 그렇게 몇 년씩으로 나누는 것은 아니고 그냥 크게 초운과 말운으로 말하고 있을 뿐이다.

시기를 나누어 보는 것은 간명(看命)하는 사람의 판단에 따를 수밖에 없다. 이번 장에서 설명하는 선후의 개념과 대운을 적절히 배합해서 본다면 더 정확한 간명이 될 수 있다.

生剋先後 2

如正官同是財傷並透, 而先後有殊。假如甲用酉官, 丁先戊後, 則以財爲解傷, 卽不能貴, 後運必有結局; 若戊先而丁在時, 則爲官遇財生, 而後因傷破, 卽使上運稍順, 終無結局, 子嗣亦難矣。

가령 정관격에 재성과 상관이 함께 투출한 경우에도 그것들의 선후 위치에 따라 차이가 발생한다.(※ 同是가 여기서는 "같은 ~라도"라는 의미인데, 문맥이 매끄럽지 못하여 의역하였음. 이하 같음)

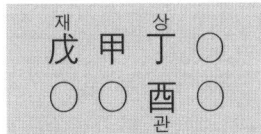

甲일간이 酉월에 생하여 정관격인데, 상관 丁이 앞에 있고 재성 戊가 뒤에 있다면, 뒤에 있는 재성 戊로써 상관 丁이 정관 酉를 손상하는 피해를 해소할 수 있다. 따라서 귀하게 되지는 못하더라도, 후반 운에는 재왕생관(財旺生官)의 격을 이루게 되어 어느 정도 성과는 거둘 수 있을 것이다.

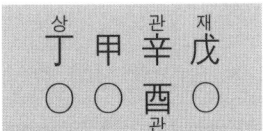

그러나 재성 戊가 앞에 있고 상관 丁이 뒤쪽인 시간(時干)에 있다면, 먼저는 정관이 재성의 생조를 받아서 좋지만 후반은 상관 丁에 의해 정관이 파손을 당한다. 따라서 초반 운에는 조금 순조로울지라도 결국에는 상관견관으로 격을 이루지 못하게 되니 결실이 없을 뿐 아니라 자식마저도 두기 어려울 것이다.

評解 정관격에 상관이 있으면 재(財)가 투출하여 상관을 재(財)로 화(化)하도록 하여 다시 재가 정관을 생함으로써 상관견관의 피해를 해소하든가, 인성으로 상관을 극제함으로써 정관을 보호하든가 해야 한다. 하지만 원국에 재나 인성이 있더라도 그것의 위치에 따라 정관이 구제되기도 하고 안 되기도 한다. 아래의 예들은 「평주」에 나와 있는 예를 들어서 해설한 것이다.

재왕생관(財旺生官)이다. 상관 丁火의 기가 재성 戊, 己土로 설기되니 정관을 손상하지 않는다. 상관과 재성의 위치가 바뀌면 다르다.

정관 辛金이 연간(年干)에 투출했으나 상관 丁火 역시 월상(月上)에 투출했다. 비록 재성 戊土가 시간(時干)에 투출하였지만 상관의 흉을 해소하지 못한다. 상관 丁火와 정관 辛金이 가까이 붙어 있기 때문이다.

상관 丁火가 비록 시간(時干)에 있지만 월령의 정관 酉(지장간중 辛金)를 손상하지 못한다. 정재 己土가 월상에 있어 화상(化傷)(상관의 기를 상관생재傷官生財로 설洩함)하고 인성 壬水가 상관을 합거하여 흉을 해소하기 때문이다.

丁火가 연(年)에 있고 壬水가 시(時)에 있어도 마찬가지다.

이상은 재성이 상관을 화(化)하여 정관을 생하는(또는 생하고자 하나 생하지 못하는) 구조의 예시들이다.

상관 丁火가 인성 癸水한테서 제지를 받아 정관을 손상하지 못한다. 만약 연간이 己土로 바뀐다면(비록 일간 甲木이 甲己합으로 막는다고는 하지만) 인성 癸水가 土극水로 파손되므로 丁火는 여전히 정관을 상하게 할 수 있다.

비록 인성 癸水가 있지만 상관 丁火가 여전히 정관을 손상한다. 왜냐하면 인성과 상관이 서로 떨어져 있기 때문이다. 정관이 상관에게 먼저 손상을 당하니 인성은 미처 정관을 구제할 겨를이 없다.

이상은 인성으로 상관을 극제하여 정관을 보호하는(또는 보호하고자 하나 보호하지 못하는) 경우의 예시들이었다.

生剋先後 3

印格同是貪財壞印, 而先後有殊。如甲用子印, 己先癸後, 卽使不富, 稍順晚境; 若癸先而己在時, 晚景亦悴矣。

인수격(印綬格)이 탐재괴인(貪財壞印)(재성財星이 인성印星을 파괴함)이 되어도, 재성과 인수의 선후(先後) 위치에 따라 차이가 있다.

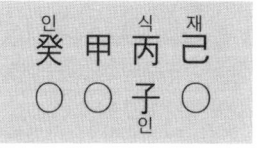
甲일간이 子월에 생하여 인수격인데, 재성 己가 앞에 있고 인성 癸가 뒤에 있으면, 부자는 되지 못하더라도 만년에 조금은 순조로울 것이다.

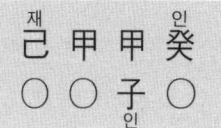
그런데 만약 인성 癸가 앞에 있고 재성 己가 뒤쪽인 시간에 있다면 말년까지도 초라할 것이다.(그러나 이러한 경우의 사주 구조라면 己가 甲에게 극제되어 실제로 그렇게 나쁜 사주는 아니라고 생각한다)

評解 인수격에 재성이 있다고 해서 무조건 나쁜 것은 아니다. 소위 탐재괴인(貪財壞印)은 인성이 경(輕)하고 재성이 중(重)할 때만 적용한다. 오히려 인수와 일간이 강왕(强旺)하다면, 재가 인성의 태과함을 덜어 주는 것이 좋은 작용을 할 때도 있다. 여기서 말하는 인수격에 재성이 있어 파격이 되는 것은 일반적 경우의 예시일 뿐이다.

그리고 원문의 예시에서 재성 己土가 일간인 甲木을 넘어서 인성 癸水를 극하기는 쉽지 않다. 만약 癸水가 투출하지 않고 월령에만 있다면 己土 재성이 인성 子(水)를 극하여 파격이 될 것이지만, 위의 예시는 인성이 쉽게 손상되지 않는다. 다만, 선후(先後)를 설명하기 위한 단순한 예시라고 보면 된다.

生剋先後 4

食神同是財梟並透, 而先後有殊。如壬用甲食, 庚先丙後, 晚運必亨, 格亦富而望貴; 若丙先而庚在時, 晚運必淡, 富貴兩空矣。

식신격(食神格)에서 재성과 효신(편인)이 같이 투출한 경우에도 재성과 효신의 선후에 따라 차이가 있다.

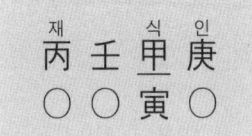 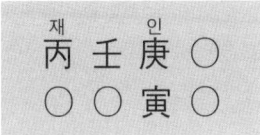

壬일간이 甲을 용신으로 하는 식신격인데, 편인 庚이 앞에 있고 재성 丙이 뒤에 있으면 만년에 반드시 형통할 것이다. <그리고> 격국 역시 식신생재격이 성격되어 부유하고 귀하게 되는 것을 바라볼 수도 있다.

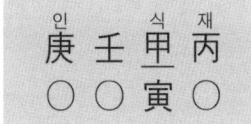 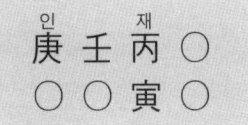

그러나 재성 丙이 앞에 있고 편인 庚이 뒤쪽인 시간(時干)에 있다면 말년에는 반드시 빈 껍데기만 남게 될 것이니, 초년의 부귀가 다 허무하리라.(앞쪽의 예시대로 천간이 배열되는 것은 성립할 수 없고, 단지 학습을 위한 예문으로 이해하면 됨)

評解 식상생재격(食傷生財格)의 경우, 효인(梟印)(편인이든 정인이든)이 탈식(奪食)하거나 상관을 제복(制伏)하고 있으면 효인이 병(病)이 된다. 그러나 효인이 앞에 있고 식상생재가 뒤에서 이루어진다면, 효인이 일간을 생하고 일간은 왕성한 기운

을 식상으로 설수(洩秀)하게 된다. 이렇게 되면 인왕용식상격(印旺用食傷格)과 같게 되니 부귀한 격국이 된다. 식상은 재성운으로 향하는 것을 좋아하는데, 재성이 효인을 제복하면서 식상을 보호하기 때문이다.

다음은 이런 사례를「평주」에 나오는 예시로써 해설한 것이다.

```
    식    살   인
 甲  壬  戊  庚
 辰  子  寅  申
           식
 甲 癸 壬 辛 庚 己
 申 未 午 巳 辰 卯
```

식신격에 효신이 탈식하고 있는데 재성이 없어서 구원해 주지 못하고 있다. 재성운으로 흐를 때 조금 좋을 수는 있지만 사주 원국에 재성이 없으니 큰 발전은 없다. 申 대운에 이르러 효신 庚金이 득지(得地)하니 더는 구원해 줄 방법이 없다. 이 사주는 재(財)가 없는 것이 병(病)이다. 만약 재성 丙火가 앞에 있고 편인 庚金이 시(時)에 있었다면, 초년에는 빼어나게 발달하다가도 결국은 다 빼앗기니 부귀가 공허하게 될 것이다.

```
    재   인   식
 己  乙  壬  丁
 卯  卯  寅  未
         겁
 戊 丁 丙 乙 甲 癸
 申 未 午 巳 辰 卯
```

어느 여인의 사주다. 녹겁격(祿劫格)으로 일주 乙木이 왕하다. 丁火로 설기하면 빼어나니 식신 丁火를 용신으로 삼을 수 있다.(이것이 성립하면 목화통명 木火通明이다) 그런데 壬水가 월상에 있으니 병이 되고, 壬水를 제압하는 己土가 약이 된다. 애석한 것은 丁壬이 합하여 木으로 화(化)하는 것이다. 壬水가 합거(合去)되어 水의 작용을 못하는 것까지는 좋았으나 丁火까지 합거되는 것은 좋지 않다. 용신 丁火가 연간(年干)에 있는데 손상을 입으니 한미한 가정에서 출생했다. 그런데 己土 약신이 시간(時干)에 있어 구원해 주니 남편을 도와 집안을 일으켰으며 자손으로 승계도 순조로왔다. 운이 남방으로 향하여 용신 丁火가 득지하니 복택이 오래도록 유지되었다. 이상은 서낙오의 설명이다.

그런데 녹겁격은 관살이 없으면 재를 용신으로 하고 식상으로 상신을 삼아 생조하는 것을 취한다. 물론 봄의 木일간은 녹겁격임에도 관살보다는 식상으로 설기하는 것을 더 좋게 보기는 한다. 하지만 이 사주는 식신이 합으로 묶여 제 역할을 못하니 원래 월겁격의 취용법대로 재성을 용신으로 하면 된다. 그러므로 시간의 己土 재성이 용신이고, 식신 丁火가 상신이다. 그런데 상신이 합으로 묶였다. 중년 이후 火 식상운으로 흐르면서 재성인 己土를 생하니 부(富)를 누릴 수 있었다.

生剋先後 5

七煞同是財食並透, 而先後大殊。如己生卯月, 癸先辛後, 則爲財以助用, 而後煞用食制, 不失大貴; 若辛先而癸在時, 則煞逢食制, 而財轉食黨煞, 非特不貴, 後運蕭索, 兼難永壽矣。

칠살격인데 재성과 식신이 함께 투출하는 경우에도 재성과 식신의 선후에 따라 차이가 많이 난다.

己일간이 卯월에 생하여 칠살격이다. 재성 癸가 앞에 있고 식신 辛이 뒤에 있으면, 초반에는 재성 癸가 용신인 칠살 卯를 도와 재생살(財生煞)의 해로움이 있지만, 후반에는 칠살 卯를 식신

辛이 극제하니 대귀(大貴)할 수 있을 것이다.

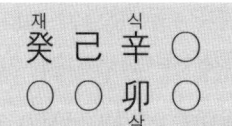
그러나 식신 辛이 앞에 있고 재성 癸가 뒤쪽인 시간(時干)에 있다면, 비록 칠살을 식신으로 제지한다고는 하지만 결국에는 재성 癸가 식신 辛의 기운을 설(洩)하여 칠살 卯를 생하게 된다. 이러면 귀하게 되지 못할 뿐 아니라, 말년에는 처량하고 수(壽)를 누리기도 어려울 것이다.(※ 非特: ~뿐만 아니라)

評解 평해 칠살격에서 식신으로 제살하는 경우에 재성이 투출하면, 식신이 재성을 생하고 재성이 칠살을 생하니 파격이다. 그러나 이것도 선후의 차이에 따라 파격과 성격이 달라질 것이다. 원문에서 위의 첫째 예시를 대귀하다고 했는데, 인생 후반부에 어느 정도 부귀를 누릴 수는 있겠지만, 기신이 완전히 제거되지 않았으니 대귀하기는 쉽지 않을 것이다.

　다음은 칠살식제격(七煞食制格)의 성격, 파격의 예를 「평주」의 예시를 들어 해설한 것이다.

식		살	재
辛	己	乙	癸
未	○	卯	○
		살	

비록 재성 癸水가 왕성한 칠살 乙木을 생조하지만, 시간(時干)에 식신이 있어 제살하니 부귀를 잃지는 않을 것이다.

식		재	재
辛	己	癸	壬
未	○	卯	○
		살	

재성이 앞에 있고 식신이 뒤에 있는 것은 앞의 예와 같다. 하지만 이 경우는 식신 辛金이 재성 癸水를 생하느라 칠살 卯(지장간 중 乙木)를 극하지 못하고 있다. 식신생재하고 다시 재생살(財生

煞)하여 재와 살이 무리를 이루니 파격이다.

식신이 앞에 있고 재가 뒤에 있는 격국은 완전히 다르다. 아래의 예를 보자.

인성 丙火가 식신 辛金을 합거하고 酉(金)는 재성 水를 생하여 칠살과 편당하는데도 구응(救應)의 신이 없다.

이상은 칠살식제의 선후에 따른 차이를 해설한 것이고, 다음은 칠살을 인수로 화살(化煞)하는 것을 해설한 것이다.

칠살격에 식신은 없고 인성만 있다. 편인 丁火로 칠살을 화살한다. 연간(年干)에 재성 癸水가 있으나 시간(時干)의 丁火와 는 거리도 멀고, 바로 옆에 있는 칠살 乙木을 생하느라 丁火를 극하지 않으니, 상신인 편인이 손상되지 않는다. 비록 칠살이 강력하지만 편인으로 칠살을 화살할 수 있다.

丁년 癸卯월이라면 癸水가 丁火를 극상하면서 칠살을 도우니 흉하다.

또는 甲·己년의 丁卯월에 癸酉시라면 역시 재성 癸水가 인성 丁火를 극상하면서 칠살을 도우니 흉하게 된다.(이 경우 재성 癸水가 일간 己土를 넘어서 丁火를 극하기는 쉽지 않다)

生剋先後 6

他如此類, 可以例推, 然猶吉凶之易見者也。至丙生甲寅月、年癸時戊, 官能生印, 而不怕戊合; 戊能洩身爲秀, 而不得越甲以合癸, 大貴之格也。假使年月戊癸而時甲, 或年甲而月癸時戊, 則戊無所隔而合癸, 格大破矣。

다른 것도 이런 유형과 같으니 이런 식으로 유추하여 살펴보면 의외로 길흉을 쉽게 알 수 있을 것이다.

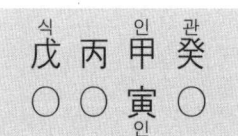

丙일간이 甲寅月에 생하고 연간에 정관 癸水, 시간에 식신 戊土가 투출했다. 정관 癸는 인수 甲을 생하므로 戊癸로 합거되는 것이 두렵지 않다. 도리어 식신 戊는 왕성한 일간 기운을 설(洩)하는 수기(秀氣)가 될 뿐, 식신 戊가 자기를 극하는 인성 甲을 넘어서 정관 癸를 합거할 수 없다. 대귀한 격이다.

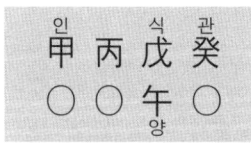

그런데, 가령 연월에 戊와 癸가 붙어 있고 시간에 甲이 있거나,

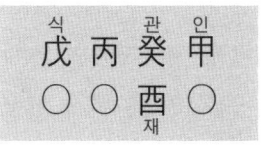

연간에 甲이 있고 월간에 癸, 시간에 戊가 있다면 戊를 가로막는 것이 없으니, 정관 癸가 식신 戊에 합거되어 격은 파격이 된다.

評解 어느 격국에서든 정관이 투출하면 정관은 보호되어야

한다. 위의 첫째 예시는 인성이 식상에게서 정관을 보호하는 경우다. 위의 둘째, 셋째 예시는 인성이 있더라도 식신과 정관이 붙어 있어 정관이 보호받지 못하고 합거되는 경우로 파격이다.

그런데 식신과 정관이 붙어 있어서 정관이 합거되어도 성격이 되는 경우가 있는데 아래의 예시다.

칠살격에 정관이 혼잡되어 있는 관살혼잡의 구조다. 식신 戊土가 정관을 합거하고 격용인 칠살을 남기니 격이 청(淸)해졌다.

生剋先後 7

丙生辛酉, 年癸時己, 傷因財間; 傷之無力, 間有小貴。假如癸己並而中無辛隔, 格盡破矣。

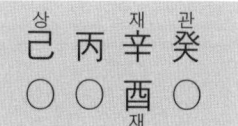

丙일간이 辛酉월에 생하여 재격인데, 연간에 정관 癸水, 시간에 상관 己土가 있다면 상관과 정관 사이를 재성이 떨어뜨려 놓아서, 상관이 정관을 손상하는 힘이 떨어지므로 작은 귀(貴)는 누릴 수 있다.

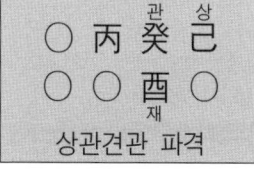

만약 정관 癸와 상관 己가 함께 투출하고 중간에 재성 辛이 가로막지 않는다면, 상관견관으로 격은 완전히 파격이 된다.

280 제2부 용신의 적용과 변화

評解 이것 역시 재격이지만, 결국은 투출한 정관이 보호받느냐 보호받지 못하느냐에 따라 성격이냐 파격이냐를 논한 것이다.

生剋先後 8

辛生申月, 年壬月戊, 時上丙官, 不愁隔戊之壬, 格亦許貴。假使年
丙月壬而時戊, 或年戊月丙而時壬, 則壬能剋丙, 無望其貴矣。

|관| |인|상|
|丙|辛|戊|壬|
|○|○|申|○|

辛일간이 申월에 생하고 연간에 상관 壬, 월간에 인성 戊가 있고, 시간에 정관 丙이 있다면, 상관 壬水가 인성 戊에 가로막혀 있어서 상관 壬이 정관 丙을 상하게 하는 것을 걱정하지 않아도 되니, 이 격 역시 귀할 수 있다.

|인| |상|관|
|戊|辛|壬|丙|
|○|○|辰|○|

그러나 만약 연간에 정관 丙, 월간에 상관 壬이 있고, 시간에 인성 戊가 있거나,

|상| |관|인|
|壬|辛|丙|戊|
|○|○|辰|○|

혹은 연간에 인성 戊, 월간에 정관 丙이 있고, 시간에 상관 壬이 있다면, 상관 壬은 능히 정관 丙을 극할 수 있으니 귀하게 되기를 바랄 수 없다.

評解 이것도 선후에 따라 정관이 보호가 되느냐 안 되느냐를

논한 것이다.

生剋先後 9
_{생극선후}

如此之類, 不可勝數, 其中吉凶似難猝喩。然細思其故, 理甚顯然, 特難爲淺者道耳。

이런 유형은 셀 수 없이 많아서 그중의 길흉을 어느 날 문득 깨닫기는 어려울 것이다. 그러나 그러한 원인을 자세히 고찰해 보면 이치가 매우 분명하게 드러나는 것이 당연하지만, 학문의 깊이가 얕은 자가 깨닫기에는 어렵다고 말해 줄 뿐이다.(※ 道: 말하다)

評解 사주 원국에 희기신(喜忌神)이 있더라도, 위치와 선후에 따라 길흉이 달라진다는 점을 유념하고 간명해야 한다.

21 論星辰無關格局
　　성신은 격국과 무관함을 논함

星辰 1

八字格局, 專以月令配四柱, 至於星辰好歹, 旣不能爲生剋之用, 又何以操成敗之權? 況於局有礙, 卽財官美物, 尙不能濟, 何論吉星; 於局有用, 卽七煞傷官, 何謂凶神乎? 是以格局旣成, 卽使滿盤孤辰八煞, 何損其貴; 格局旣破, 卽使滿盤天德貴人, 何以爲功? 今人不知輕重, 見是吉星, 遂致拋卻用神, 不管四柱, 妄論貴賤, 謬談禍福, 甚可笑也。

사주팔자의 격국은 오로지 월령을 사주에 맞추어 결정하는 것이다. 성신(星辰)(신살)은 좋은 것이건 나쁜 것이건 상관없이 원래가 <오행으로서> 생극작용의 역할을 할 수 있는 것이 아닌데, 하물며 무엇으로 격국의 성패(成敗)에 영향을 미칠 수 있다는 말인가?(※ 好歹: 좋건 나쁘건) 더군다나 격국에 장애가 있다면 아무리 재격이나 관격 같은 좋은 격국이라 할지라도 어떻게 구제할 방법이 없다. 그런 형국에 좋은 신살이 있나 없나를 따져본들 무엇하겠으며, 격국에 유용하기만 하면 칠살·상관 같은 것이라고 이를 어찌 흉신이라고만 부를 수 있단 말인가? 격국이 이미 성격되었다면, 사주 내에 고진(孤辰)('고신'으로 읽기도 한다)이나 팔살

(八煞) 같은 흉한 신살들이 즐비하다 한들 어찌 그 격의 귀함이 손상되겠는가? 격국이 이미 파격되었다면, 사주 내에 천덕귀인 (天德貴人)이 가득하다 한들 무슨 공이 있겠는가? 요즘 사람들은 어떤 것이 중요하고 어떤 것이 덜 중요한가를 알지도 못하면서, 그저 사주 내에 길한 신살이 보이기만 하면 용신을 저버리고 사주의 구조는 살피지도 않은 채, 망령되이 귀천(貴賤)을 논하고 엉터리로 화복(禍福)을 말하니 심히 가소로운 일이다.

評解 자평법(子平法)은 오성술(五星術)에서 연유한 것이라고 한다. 그리하여 오성술에서 쓰던 용어들이 자평법에서 그대로 사용되고 있다. 성신(星辰), 즉 신살류(神煞類) 역시 오성술에서 기인한 것이 많다고 한다. 오성술은 육임(六壬), 육효(六爻), 기문둔갑(奇門遁甲), 풍수(風水), 자미두수(紫微斗數), 관상(觀相) 등 역학 전반에 영향을 많이 주었는데, 상호 혼용해서 쓰는 것들이 상당히 많다.

  자평법이 처음에는 연간(年干)을 위주로 하여 간명하다가 명나라 이후에 일간 위주로 간명하는 논법으로 변경되었다. 그 뒤 점차 10간 12지간의 생극제화(生剋制化)를 위주로 간명하고 신살(神煞)은 배제하는 식으로 발전했다. 그리하여 오늘날에는 격국에 거의 영향을 미치지 않는 신살은 배제하고 오행의 생극제화(生剋制化)로만 간명하는 것으로 정착되었다.

星辰 2

況書中所云祿貴, 往往指正官而言, 不是祿堂貴人。如正財得傷貴
爲奇, 傷貴者, 傷官也; 傷官乃生財之具, 正財得之, 所以爲奇,
若指貴人, 則傷貴爲何物乎? 又若因得祿而避位, 得祿者, 得官也;
運得官鄕, 宜乎進爵, 然如財用傷官食神, 運透官則格雜; 正官官
露, 運又遇官則重; 凡此之類, 只可避位也。若作祿堂, 不獨無是
理, 抑且得祿避位, 文法上下不相顧。古人作書, 何至不通若是!

게다가 옛 책에 언급되는 녹귀(祿貴)란 왕왕 정관을 지칭하는 것일 뿐, 녹당귀인(祿堂貴人)이 아니다. 그리고 정재가 상귀(傷貴)를 얻으면 좋다고 하는데, 상귀란 상관을 말하는 것이다. 상관은 재성을 생하는 도구니, 정재가 상관을 얻으면 그 때문에 좋아진다는 뜻이다. 만약 상귀가 <녹당>귀인을 가리킨다면, 그럼 상귀는 도대체 어떤 물건이라는 말인가? 또 녹(祿)을 얻으면 지위에서 물러난다는 말이 있는데, 여기서 득록(得祿)했다는 말은 정관을 얻었다는 말이다. 운에서 정관을 만나면 의당 승진해야 하지만, 만약 재격에 상관, 식신을 쓰는 사주가 운에서 정관이 투출하면 격이 잡(雜)하게 된다.(상관생재격에서 상관견관으로, 운에서 파격) <그리고> 정관격에 관이 이미 투출해 있는데, 운에서 또 정관을 만나면 중관(重官)이 되니, 이런 경우는 지위에서 물러날 수밖에 없다.(※ 只可: ~만 된다, ~할 수밖에 없다) 만약에 득록을 녹당귀인이라고 한다면 이러한 이치는 없을 뿐 아니라, 녹(녹당귀인)을 얻었는데 지위에서 물러난다는 말이 되니 문법적으로 서로 앞뒤가 맞지 않는다. 고인(古人)들이 책을 지음에 어찌 이리 통하지도 않게 글을 썼겠는가?

評解 오성술의 용어가 자평법에서 그대로 사용되고 있으니 분별을 잘하라는 설명이다. 녹(祿)은 정관인데 신살로는 녹당귀인을 의미하기도 한다. 마(馬)는 재성이고, 덕(德)은 인수를 말한다. 천주(天廚)와 수성(壽星)은 식신이다. 당시(옛날)에 알아보기 편하도록 오성술 중 성신의 이름을 빌어다 쓴 것뿐인데, 후세 사람들이 그 연고를 알지 못한 채 잘못 해석하여 사용하고 있다.

자평법에서는 일원(日元)의 수요(需要)에 적합하면 어느 것이든 귀(貴)한 것이 되며, 일원의 수요에 맞지 않으면 귀하지 않은 것이다. 그러니 상귀(傷貴)라는 것도 재격에 희신(상신)이 되므로 귀(貴)를 붙인 것일 뿐이고, 만약 정관격이라면 상관에 귀를 붙일 수는 없을 것이다. "녹을 얻으면 지위에서 물러난다"는 문장에서 녹은 일반적으로 알고 있는 일주(日主)의 건록을 말하는 것이 아니고 정관을 말한다. 즉 정관이 원국에 있는데 운에서 또 들어와서 중관이 되는 것을 말한다. 만약 원국에 관성이 중첩되어 있는데 운에서 일주의 건록을 만나 일원이 강해지면, 그때 오히려 일원의 녹을 만남으로써 진급할 수 있다. 결국 일원의 수요에 합치되면 귀한 것이지, 신살의 좋고 나쁨은 화복(禍福)과 아무 상관이 없다.

星辰 3

又若女命, 有云貴衆則舞裙歌扇。貴衆者, 官衆也; 女以官爲夫,
正夫豈可疊出乎? 一女衆夫, 舞裙歌扇, 理固然也。若作貴人, 乃是
天星, 並非夫主, 何礙於衆, 而必爲娼妓乎?

또 만약 여자 사주에 "귀(貴)가 무리지으면 치마를 들추면서 춤을 추고, 부채를 들고 노래하는 기생이 된다"라는 말이 있다. 귀(貴)가 중(衆)하다는 말은 관(官)이 중(衆)하다는 말이다. 여자는 관(官)으로써 남편을 삼는데, 어찌 남편이 중첩해서 나올 수가 있다는 말인가? 한 여자가 남편이 많다는 것은 춤추고 노래 부르는 기생이 된다는 말이니, 그 이치가 당연하다고 하겠다. 그런데 만약 귀(貴)를 정관이 아니고 귀인(貴人)이라고 한다면, 귀인은 단지 성신(星辰)일 뿐이고 남편을 말하는 것이 아니다. 그러니 귀(貴)가 중(衆)하다고 한들 무슨 지장이 있겠으며, 또 어찌 반드시 창기(娼妓)가 된다고 하겠는가?

評解 여기서 말하는 귀(貴)는 정관이다. 따라서 귀중(貴衆)이란 정관이 많은 것을 말한다. 귀(貴)라고 하여 귀인(貴人)을 뜻하는 것이 아님을 강조하여 설명하고 있다. 그러니 귀(貴)가 많아서 좋다는 뜻이 아니고 정관이 많다는 말이다. 이러면 중관으로 파격이 되어 하천(下賤)한 격국이 된다.

星辰 4

然星辰命書, 亦有談及, 不善看書者執之也。如貴人頭上帶財官, 門充馳馬, 蓋財官如人美貌, 貴人如人衣腹; 貌之美者, 衣腹美則愈顯; 其實財官成格, 卽非貴人頭上, 怕不門充馳馬! 又如論女命云無煞帶二德, 受兩國之封, 蓋言婦命無凶煞, 格局淸貴, 又帶二德, 必受榮封。若專主二德, 則何不竟云帶二德受兩國之封, 而必先曰無煞乎? 若云命逢險格, 柱有二德, 逢凶有救, 可免於危, 則亦有之, 然終無關於格局之貴賤也。

그러나 성신(星辰)은 명리 서적에서도 언급되고 있지만, 책의 내용을 제대로 간파하지 못하는 사람들은 잘못 이해한 내용에만 집착한다. 예를 들어 "귀인의 머리 위에 재·관이 있으면 문안에 재물을 실은 말들이 가득 찰 것이다"라는 말이 있는데, 무릇 재관은 사람으로 말하자면 잘생긴 용모와 같은 것이고, 귀인은 사람이 옷을 입는 것과 같으니, 잘생긴 사람이 멋진 옷을 입으면 더욱 두드러질 것이다. 그런데 실제로 재관격이 성격되었다면, 귀인이 두상(頭上)(천간)에 없더라도 문안에 재물을 실은 말들이 가득 차지 않을까 걱정할 필요가 있겠는가! 또 여자의 사주를 논하면서 "살(煞)이 없고 이덕(二德)이 있으면, 두 나라에서 봉작을 받는다"고 했다. 이 말은 무릇 부인의 사주에 흉살이 없고 격국이 청귀(淸貴)하면서 이덕을 갖추고 있으면 반드시 영예롭게 봉작을 받는다는 것을 말한다. 그런데 만약 이 말이 오로지 이덕만을 나타내는 것이었다면, "이덕이 있으면 두 나라의 책봉을 받는다"고 말하지 않고, 어째서 굳이 살(煞)이 없어야 한다는 말을 먼저 했다는 말인가? 만약 "명조가 험한 격국이라도, 사주 내에 이덕이 있으면 흉한 일을 만났을 때 구제되어 위험을 면할 수 있다"고 말한다면, 또한 그런 경우도 있을 수는 있겠다. 하지만 결국 그러한 성신은 격국의 귀천과는 무관한 것이다.

評解 원문에서 말하는 귀인(貴人)은 천을귀인(天乙貴人)이고, 이덕(二德)은 천덕귀인(天德貴人)과 월덕귀인(月德貴人)이다. 살(煞)은 흉살, 즉 기신(忌神)을 이르는 것이지 반드시 칠살을 가리키는 것이 아니다.(경우에 따라 칠살일 때도 있다)

『자평진전』에서는 성신이 격국의 성패와 무관하므로 거의 무시하고, 『적천수』에서도 거의 취급하지 않는다. 물론 격국의 성패와 고저에는 영향을 미치지 않는다 하더라도, 인간의 삶이라는 것이 드러나는 부귀빈천만으로는 설명할 수 없는 복잡다단한 면이 참으로 많다는 점도 인식하여 주었으면 한다. 이러한 것들을 엿보기에는 성신, 즉 신살류의 사용이 도움이 될 때도 있고, 그러한 연고로 오랜 기간 사용되고 있는 이유가 될 것이다. 실제 간명에서 많이 사용되는 신살류들이 더러 있으나, 본서는 『자평진전』을 번역하고 해석한 책이기에 여기서는 제외한다.

2 2 論外格用舍
외격의 쓰임과 쓰이지 않음을 논함

外格 1

八字用神旣專主月令, 何以又有外格乎? 外格者, 蓋因月令無用, 權而用之, 故曰外格也。

팔자의 용신은 본래 전적으로 월령이 주(主)가 되는 것인데, 어찌하여 또다시 외격(外格)이라는 것이 있다는 말인가? 외격은 대체로 월령에 용신이 없을 경우, 임시 방편으로 사용하는 것이므로 외격이라고 부른다.

評解 『자평진전』은 월령을 중심으로 하여 용신을 취하고 격국을 정한다. 이것을 정격(正格)이라고 하며 8가지가 있으므로 8정격(正格)이라고 한다. 그리고 외격이란 정격 이외의 것을 말한다. 즉 기세(氣勢)가 온통 한 쪽으로 치우쳐 있으므로 일반적인 논리로 용신을 취하지 못한다. 그래서 정상적인 방법 밖에서 용신을 취하게 되고, 이런 이유로 외격이라고 부른다.

外格 2

如春木、冬水、土生四季之類, 日與月同, 難以作用, 類象、屬象、衝財、會祿、刑合、遙迎、井欄、朝陽諸格, 皆可用也。若月令自有用神, 豈可別(另)尋外格? 又或春木冬水, 干頭已有財官七煞, 而棄之以就外格, 亦太謬矣。是故干頭有財, 何用衝財? 干頭有官, 何用合祿? 書云提綱有用提綱重, 又曰有官莫尋格局, 不易之論也。

예를 들어 봄의 木일간, 겨울의 水일간, 4계절의 土일간은 일간과 월령이 같은 오행이므로 용신으로 삼기 어렵다. 그래서 유상(類象)·속상(屬象)·충재(衝財)·회록(會祿)·형합(刑合)·요영(遙迎)·정란(井欄)·조양(朝陽) 등 여러 격이 모두 쓰인다. 하지만 월령 자체에서 용신을 구할 수 있다면 구태여 별도로 외격을 찾을 필요가 있겠는가?(판본마다 別을 쓰기도 하고 另을 쓰기도 했는데 의미는 같다) <일간과 월령이 동일한> 봄의 木일간이나 겨울의 水일간이라도 이미 재(財)·관(官)·칠살(七煞)이 투출해 있다면, 다른 격을 취하기 위하여 그것들을 버리는 것은 아주 크게 잘못하는 것이다. 그러므로 천간에 재성이 투출해 있는데도 어찌 충재(衝財)를 쓰려고 하고, 정관이 투출해 있는 데도 어찌 합록(合祿)을 쓰려고 한단 말인가? 고서에 이르기를 "제강(월령)에 용신이 있으면 제강을 중요시하라(다른 격을 찾지 말라)"고 했고, 또 말하기를 "관성이 있으면 다른 격국을 찾지 말라"고 했으니, 이는 바꿀 수 없는 논리다.

|평해 評解| 봄의 木일간이나 겨울의 水일간 등은 일간과 월령의 오행이 동일하여 월령에서 용신을 취하지 못한다. 따라서 별도의 간지(干支)의 재(財)·관(官)·식(食) 중에서 취하여 용신으로 삼을 뿐 기준이 되는 것은 역시 월령이다. 그러므로 격국은 월령을 그대로 써서 녹겁격이나 양인격이라 하고 용신만 별도로 취할 뿐이다. 그러니 사주 내에 재·관·식이 있으면 그것을 취하여 용신으로 삼으면 되는 것이지 별다른 방법으로 용신을 억지로 구할 필요가 없다는 설명이다.

외격은 반드시 사주의 기상(氣象)이 어느 한 쪽으로 치우쳐 있어야만 한다. 가령 봄의 木일간이 지지에 寅卯辰이나 亥卯未로 연결되어 있으면서 사주 내에 일주를 억제할 십성이 없는 경우를 말한다. 이러한 유형으로 일행득기격(一行得氣格), 기명종재격(棄命從財格), 기명종살격(棄命從煞格), 합화격(合化格), 양신성상격(兩神成象格) 등이 있는데, 이것들이 유상(類象), 속상(屬象)의 일종이다. 외격이 비록 상궤(常軌)는 아니더라도 나름대로 한 편의 의의는 있을 것이다. 다만, 오행의 정리(正理)에 부합해야만 비로소 취할 수 있다. 서낙오는 「평주」에서 도충격(倒沖格), 형합격(刑合格), 요영격(遙迎格), 조양격(朝陽格) 등은 오행의 이치에 통하지 못하므로 믿을 수 없는 이론이라 하였고, 정란차격(井欄叉格) 역시 식상격일 뿐이라고 하면서 이런 별격들을 모두 무시하고 있다. 심효첨 역시 같은 견해다.

"제강(월령)에 용신이 있으면 월령을 중요시하라"는 말은 용신은 월령에서 찾는 것을 중히 여기라는 말이다. "관성이 있으면 다른 격국을 찾지 말라"는 말은 사주 내에 일간을 부억(扶抑)하는 것이 있으면 별도의 격국을 찾지 말라는 뜻이다. 이는 용신을 찾는 데 있어 바꿀 수 없는 정법(正法)이다.

外格 3
외격

然所謂月令無用者, 原是月令本無用神, 而今人不知, 往往以財被
연소위월령무용자   원시월령본무용신   이금인부지   왕왕이재피

劫、官被傷之類, 用神已破, 皆以爲月令無取, 而棄之以就外格, 則
겁 관피상지류   용신이파 개이위월령무취   이기지이취외격   즉

謬之又謬矣。
류지우류의

소위 월령무용(月令無用)이란 원래 월령에 근본적으로 용신이 없다는 말인데, 요즘 사람들은 이 뜻을 제대로 알지 못한다. 이따금 '용신인 재(財)가 겁재에게 극을 당하거나, 용신인 정관이 상관에게 손상당하는' 등의 유형을, 용신이 이미 파괴되어 월령에서 용신을 취하지 못하는 것으로 여기기도 한다. 그러면서 월령을 버리고 외격을 취하니 잘못되고도 또 잘못된 것이다.

> 評解 월령에 용신이 없어서 외격을 취하는 것과 파격은 엄연히 서로 다른 것임을 설명하고 있다. 월령에 용신이 있다면, 그것이 손상되었든 손상되지 않았든 이미 용신과 격국은 정해진 것이다. 따라서 용신의 상태에 따라, 또는 운에 의한 격국의 변화에 따라 정해진 운명을 살아가게 된다. 그러므로 용신이 파손되었다고 하여 억지로 별도의 용신을 취해서는 안 된다.

2 3 論宮分用神配六親
각 궁에 용신과 육친을 배합함을 논함

六親 1

人有六親, 配之八字, 亦存於命。

사람에게는 육친(六親)이 있는데, 이를 사주팔자에 배합해 보면 역시 명조 내에 있다.

評解 「평주」의 설명에 의하면, 육친(六親)(부父·모母·형兄·제弟·처妻·자子)의 명칭은 유래가 매우 오래되었다고 한다. 한(漢)나라 때 경초(京焦)(경방京房과 초연수焦延壽)의 설괘(說卦)에서 "나를 극하는 것을 관귀(官鬼)"로 삼았고, "내가 극하는 것을 처재(妻財)"로 삼았고, "나를 생하는 것을 부모(父母)"로 삼았고, "내가 생하는 것을 자손(子孫)"으로 삼았으며 그리고 "동기(同氣)를 형제"라고 했다. 이것들과 본인을 합쳐 육친이 된다. 명리에서 육친을 배합하는 것은 실제로 여기에서 나온 것으로 명칭은 다를지라도 이치는 하나다. 육친으로 이것(형兄, 손孫, 재財, 관官, 부父)을 쓰는 것은 육임이나 육효 등의 점술에서는 그대로 사용하고 있고, 명리에서는 부친(재財)과 자식(관官)이 다르고, 나머지 육친도 조금씩 차이가 있다. 하지만 근원은 같은 것임을 말하고 있다.

六親 2

**其由宮分配之者, 則年月日時, 自上而下, 祖父妻子, 亦自上而下。
以地相配, 適得其宜, 不易之位也。**

궁(宮)을 나누어 육친을 배합하여 보면, 연(年)·월(月)·일(日)·시(時)가 위에서 아래로 순서대로 되어 있듯이, 조상·부모·부처(夫妻)·자식 또한 위에서 아래로 순서대로 배정되어 있다. 연월일시의 자리와 육친의 배합이 서로 잘 맞아서 적절함을 얻었으니, 바꿀 수 없는 위치 배열이다.(※ 地: 지지가 아니고 자리, 지위를 말한다)

評解 궁(宮)은 자리다. 바로 지지(地支)를 말하기도 하고 간지(干支) 전체를 말하기도 한다.

○ 연(年)은 조상궁인데, 간지를 나누어 연간(年干)을 조부(祖父), 연지(年支)는 조모(祖母)로 보기도 한다.
○ 월(月)은 부모궁인데, 월간(月干)을 부친, 월지를 모친으로 나누어 보기도 한다.
○ 일간(日干)은 나 본인이니, 일지(日支)는 남녀 공히 배우자 자리다.
○ 시(時)는 자식궁으로, 시간(時干)은 아들, 시지(時支)는 딸로 나누어 보기도 한다.

이렇듯 간지를 남녀로 나누는 것은 상황에 따른 것이지 정해진 것은 아니다. 어쨌든 연월일시를 순서대로 조상, 부모, 배우자,

자식으로 보는 것은 실제 간명에서 상당히 유용한데, 근묘화실(根苗花實)의 이론과도 부합한다.

六親 3

其^기由^유用^용神^신配^배之^지者^자, 則^즉正^정印^인爲^위母^모, 身^신所^소自^자出^출, 取^취其^기生^생我^아也^야。若^약偏^편財^재受^수我^아剋^극制^제, 何^하反^반爲^위父^부? 偏^편財^재者^자, 母^모之^지正^정夫^부也^야, 正^정印^인爲^위母^모, 則^즉偏^편財^재爲^위父^부矣^의。正^정財^재爲^위妻^처, 受^수我^아剋^극制^제, 夫^부爲^위妻^처綱^강, 妻^처則^즉從^종夫^부。若^약官^관煞^살則^즉剋^극制^제乎^호我^아, 何^하以^이反^반爲^위子^자女^녀也^야? 官^관煞^살者^자, 財^재所^소生^생也^야, 財^재爲^위妻^처妾^첩, 則^즉官^관煞^살爲^위子^자女^녀矣^의。至^지於^어比^비肩^견爲^위兄^형弟^제, 又^우理^리之^지顯^현然^연者^자。

용신으로 육친에 배합하여 보면, 정인(正印)은 모친으로 일간 자신이 나온 곳이니, 나를 생하여 주는 것으로 취한다. 편재(偏財)란 나의 극제를 받는 것인데, 어찌하여 도리어 부친에 해당된다는 말인가? 편재는 모친의 남편이기 때문에, 정인이 모친이니 곧 편재가 부친에 해당된다. 정재(正財)는 처가 되니 나의 극제를 받는 것으로, 남편은 처의 벼리(뼈대, 통치)가 되고 처는 남편을 따라야 하는 것이다. 관살(官煞)은 나를 극제하는 것인데도 어찌하여 도리어 자녀가 된다는 말인가? 관살이란 것은 재(財)에게서 나온 것으로, 재는 처첩이 되니 관살은 곧 자녀가 된다. 비견(比肩)은 형제가 되는데 이치가 당연하다.

評解 궁으로 육친을 배정하는 것과 별도로 십신으로 육친을

배정하는 것을 설명하고 있다. 먼저 나 일간을 기준으로 모친인 인성이 있고, 인성의 배필이 되는 재성이 부친이 되는 것이고, 남자 기준으로 내 배우자인 재성이 있고, 재성이 생하는 관살이 자식이 되는 것을 설명하고 있다.

『적천수』는 경방(京房)의 설괘(說卦)대로 인성을 부모로 보고, 식상을 남녀 공히 자녀로 보고 있다. 또『난강망(궁통보감窮通寶鑑)』은 십신과 무관하게 용신(격국 용신이 아니고, 조후 용신)이 자식이고, 용신을 생하는 것을 처(妻)로 보기도 한다. 하지만 명리 일반론에서는 원문에서 논한 대로 인성이 모친이고, 재성이 부친과 처이고, 관살이 자식이고 남편이며, 식상이 여자에게 자식이 된다.

이러한 십신별 육친과 궁별 육친을 배합하여 간명하면 육친의 판단이 잘 들어맞는다. 그러니 십신별 육친이나 궁별 육친 중 어느 한 쪽에만 집착하여 간명하면 안 되고, 육친과 궁을 서로 잘 조화하여 간명해야 한다. 그 해설은 다음 편 「논처자」(論妻子)에 있다.

六親 4

其間有無得力, 或吉或凶, 則以四柱所存或年月或日時, 財、官、傷、刃, 係是何物, 然後以六親配之用神。局中作何喜忌, 參而配之, 可以了然矣。

그런 중에 해당 육친의 득력 유무와 혹은 해당 육친이 길한가

23 각 궁에 용신과 육친을 배합함을 논함

흉한가는, 바로 사주 내의 연월일시 어느 자리에 재(財)·관(官)·상(傷)·인(刃) 중 어떤 십신이 있는지를 보고, 그런 연후에 육친을 용신(해당 십신)과 배합해 보면 알 수 있다. 격국 내에서 어떻게 희(喜)와 기(忌)로 작용하는지를 살펴보고 맞추어보면 일목요연하게 알 수 있을 것이다.

評解(평해) 사주가 배열되면, 십신 중에서 재(財)·관(官)·인(印)·식(食) 등이 각각의 자리에 배정될 것이다. 그중에는 희신도 있고 기신도 있다. 만약 연지에 기신이 있다면, 그것의 십신이 원래 길신에 해당되더라도 그 사주에서는 기신이므로 명주(命主)는 조상복이 박할 것이다. 가령 인수격에 기신인 재성이 연지에 있다면, 박한 조상복이 재(財)와 관련된 것이다. 혹은 재격에 상관(傷官)이 시간(時干)에 투출해 있다면, 원래 상관이 흉신이지만 이런 구조에서는 상신이 되는 상관이 시간(時干)에 있으니 자식복이 있다고 하겠다. 남자에게 자식은 관살인데, 관살을 극하는 상관이 시간에 있어서 자식성(子息星)인 관살을 극하니 자식복이 없다고 하면 안 된다. 그러므로 육친을 살필 때 육친궁(六親宮)과 육친성(六親星)을 같이 살펴야 한다.

24 論妻子
　　 처와 자식을 논함

妻子 1

大凡命中吉凶, 於人愈近, 其驗益靈。富貴貧賤, 本身之事無論矣; 至於六親, 妻以配身, 子爲後嗣, 亦是切身之事。故看命者, 妻財子祿, 四事並論。自此之外, 惟父母身所自出, 亦自有驗。所以提綱得力, 或年干有用, 皆主父母雙全得力。至於祖宗兄弟, 不甚驗矣。

대체로 명(命)중의 길흉은 보다 가까운 사람일수록 증험함이 더욱 신통하게 잘 맞는다. 부귀빈천이야 본인의 일이니 말할 필요도 없고, 육친에서 처는 나와 짝하는 것이고, 자식은 후사를 잇는 것이므로 <배우자와 자식은> 역시 나와 밀접한 관계가 있다. 그러므로 명(命)을 볼 때에는 처와 재성, 자식과 관록, 이 네 가지 일은 함께 논해야 한다.[※ 著: ~면(접속사), 사람] 이 밖에, 다만 부모는 내가 나온 자리이므로 또한 자연히 증험됨이 있다. 제강인 월령에서 득력(得力)하거나 연간에 용신(격국 용신이 아니고 격국에 유용한 글자)이 있으면 이 두 경우 모두, 주로 부모 두 분이 다 온전하고 부모에게서 조력을 얻을 수 있게 된다. 조상과 형제에 관해서는 그다지 잘 증험되지 않는다.

> **評解** 사주 내에서 육친 보는 것을 다루고 있는데, 본인과 관계가 깊을수록 증험이 잘되는 것을 말하고 있다. 이러한 연유로 남편의 사주로 아내의 길흉을 볼 수도 있고, 자식의 길흉도 볼 수 있다. 부모에 관해 볼 때 형제가 많은 경우 아무래도 장남한테서 더 잘 증험될 것이다. 형제간에는 각자 세대 독립하기 전에는 어느 정도 들어맞지만, 각자 독립하고 나면 각기 다른 기운이 섞여서 그런지 시간이 지날수록 증험률이 떨어진다. 하지만 정확한 사주 분석을 위해서는 개개인의 사주를 보고 간명해야 할 것이고, 부부를 같이 보거나 자식 사주를 곁들여 본다면 적중률은 더욱 높아질 것이다.

妻子 2

以妻論之, 坐下財官, 妻當賢貴; 然亦有坐財官而妻不利, 逢傷刃而妻反吉者, 何也? 此蓋月令用神, 配成喜忌。如妻宮坐財, 吉也, 而印格逢之, 反爲不美。妻宮坐官, 吉也, 而傷官逢之, 豈能順意? 妻坐傷官, 凶也; 而財格逢之, 可以生財, 煞格逢之, 可以制煞, 反主妻能內助。妻坐陽刃, 凶也; 而或財官煞傷等格, 四柱已成格局, 而日主無氣, 全憑日刃幫身, 則妻必能相夫。其理不可執一。

처(妻)를 논한다면, 좌하(坐下)인 일지에 재·관이 있으면 처는 당연히 현숙하고 귀하다. 그러나 일지에 재·관이 있을지라도 처덕이 불리한 경우도 있고, 일지에 상관이나 양인을 만나도 처덕이 오히려 길한 경우도 있으니 이는 어쩐 일인가? 이것은 모두 월령 용신(격국)에 맞추어 보아 그 희(喜)·기(忌)가 결정되기 때문이다.

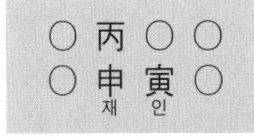

처궁인 일지에 재(財)가 있으면 길(吉)하지만, 인수격인데 재(財)를 만나면 도리어 불미스러운 것이 된다.

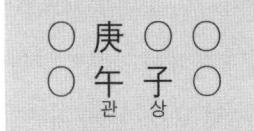

처궁인 일지에 정관이 있으면 길(吉)하지만, 상관격인데 정관을 만나면 어찌 뜻하는 대로 순조로울 수가 있겠는가?

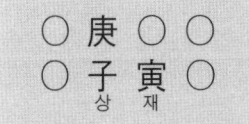

처궁인 일지에 상관이 있으면 흉(凶)하지만, 재격인데 상관을 만나면 상관이 재(財)를 생하고,

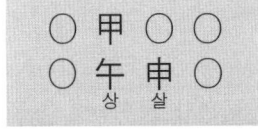

칠살격인데 상관을 만나면 상관이 칠살을 극제하니 도리어 처가 내조를 잘하게 된다.

처궁인 일지에 양인이 있으면 흉하다. 그런데 재격·정관격·칠살격·상관격 등의 격국으로 성격되었더라도, 일간이 무기(無氣)하면 전적으로 일지에 있는 양인의 도움에 의지하게 된다. 즉 처는 당연히 남편을 도울 수 있다는 것이다. 그러므로 한 가지 이론에만 집착해서는 안 된다.(이상 예시 명조는 임의로 만든 것임)

評解 평해 기본적인 4길신과 4흉신만 따져서 길흉을 논하지 않는

다. 사주의 구조에 따라 4길신이라도 기신(忌神)이 되면 흉한 작용을 하는 것이고, 4흉신이라도 희신(喜神)이 되면 길한 작용을 한다고 설명하고 있다. 즉 재(財)나 관(官)이 기본적으로 좋은 것이지만, 인수격에 재는 흉신이고, 상관격에 정관이 있으면 그 자체로 파격이 된다. 만약 그러한 십신이 배우자궁인 일지에 있다면 배우자 덕이 좋을 리가 없다.

한편, 상관이나 양인이 기본적으로 흉신이지만 재격에 상관이 있거나 칠살격에 상관이 있으면 희신의 역할을 하고, 신약하여 일간이 극설(剋洩)을 견디기 어려울 때 양인이 있다면 희신의 역할을 한다. 만약 그러한 십신이 일지에 있다면 배우자 덕이 좋다.

결국 배우자 덕이 좋은가 나쁜가는 일지에 4길신이 있는가 4흉신이 있는가에 달려 있지 않고, 일지에 있는 십신이 사주 구조에서 희신인가 기신인가에 달려 있다는 설명이다.

妻子 3

既看妻宮, 又看妻星; 妻星者, 干頭之財也。妻透而成局, 若官格透財、印多逢財、食傷透財, 爲用之類; 卽坐下無用, 亦主內助。妻透而破格, 若印輕財露、食神傷官透煞逢財之類; 卽坐下有用, 亦防刑剋。又有妻透成格, 或妻宮有用而坐下刑沖, 未免得美妻而難偕老。又若妻星兩透, 偏正雜出, 何一夫而多妻? 亦防刑剋之道也。

처궁(妻宮)을 살폈으면 또 처성(妻星)도 살펴야 한다. 처성이란 천간(天干)에 투출한 재성(財星)을 말한다. 처성인 재성이 투출하여 격국이 이루어지는 경우가 있는데,

```
관격투재
    재
○ 乙 戊 ○
○ ○ 申 ○
       관
```

예를 들어 정관격에 재성이 투출하든가,

```
   인다봉재
 인   재   인
辛 壬 丙 辛
亥 申 申 酉
      인
인수격 편의 왕 시랑
```

인성이 많은데 재성이 투출하든가,

```
식상투재
    재
○ 乙 戊 ○
○ ○ 巳 ○
       상
```

식상격에 재성이 투출하든가 하여 재성이 용신(상신)이 되는 유형은 좌하(坐下)인 일지에 용신(상신)이 없더라도 역시 대체로 처의 내조가 있게 된다.

```
   인경재로
       재
丙 乙 己 ○
戌 ○ 亥 ○
       인
```

처성인 재성이 투출하여 격국이 파격이 되는 경우도 있는데, 예를 들어 인성이 경미한데 재가 투출하든가,

```
 식신상관투살봉재
 살   재
戌 壬 丙 ○
○ ○ 寅 ○
       식
```

식신상관격에 칠살이 투출하여 식상으로 제살하고 있는데, 재성이 투출하여 식상생재(食傷生財) → 재생살(財生煞)하는 유형 등은, 비록 좌하인 일지에 용신(상

신)이 있더라도 처로 인한 형극을 조심해야 한다.

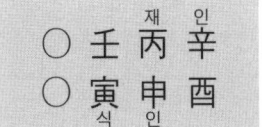
또 처성인 재성이 투출하여 성격이 되거나 처궁에 길신이 있어도, 좌하인 일지가 형충이 되면 좋은 처를 만나더라도 해로하기는 어렵다.(인수격 편에 나오는 왕 시랑의 명조에서 일지를 바꾸고, 시주는 생략해서 임의로 만들어 보았음)

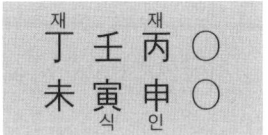
또 만약 처성인 재성이 2개가 투출해서 정재와 편재로 혼잡하다면, 어찌 한 남편에 여러 명의 처가 있단 말인가? 이 역시 형극을 방비해야 한다.(이 역시 인수격 편에 나오는 왕 시랑의 명조를 변경해서 임의로 만들어 보았음)(상기 예시 명조들은 임의로 만든 것임)

評解 배우자 운을 보는 것이 배우자 궁인 일지를 살피는 것뿐만 아니라, 처에 해당하는 재성을 보아 판단하는 것임을 설명하고 있다. 배우자궁에 상신이 없더라도 처에 해당하는 재성이 사주 내에서 희신에 해당하면 처덕이 좋고, 재성이 기신에 해당하면 처덕이 없다. 곤명(坤命)(여자 명)의 경우에는 관살이 희신이냐 기신이냐에 따라 남편 덕의 유무를 살필 수 있다.

실제로 배우자에 해당하는 십성은 희신인데, 배우자궁에 있는 십신은 기신인 경우도 있을 수 있고, 반대로 배우자궁에 있는 십신은 희신인데, 배우자의 십신(재성, 관성)은 기신인 경우도 있을 것이다. 물론 둘 다 좋거나 둘 다 나쁠 수도 있다. 둘 다

좋거나 나쁜 경우는 간명하기가 쉽다. 그런데 궁과 십성 중에서 하나는 좋고, 하나는 나쁜 경우가 문제다. 실제 간명에서 보면, 배우자궁인 일지를 보고 배우자의 덕(德)을 판단할 수 있고, 배우자 십성을 보고는 배우자의 질(質)을 판단할 수 있는 것 같다.

예를 들자면, 재성이 충으로 파손되었다면 처의 질(質)이 상격은 아닐 것이다. 그런데 신약한 사주 일지에 양인이나 비겁이 있어 일간의 뿌리가 되어 준다면 배우자 덕은 있다고 볼 수 있다. 그러나 이것 또한 일반적인 해설이므로 사주의 구조에 따라 면밀히 살펴야 한다.

妻子(처자) 4

至於子息(지어자식), 其看宮分與看子星所透喜忌(기간궁분여간자성소투희기), 理與論妻略同(리여론처약동)。但看子息(단간자식), 長生沐浴之歌(장생목욕지가), 亦當熟讀(역당숙독), 如長生四子中旬半(여장생사자중순반)、沐浴一雙保吉詳(목욕일쌍보길상), 冠帶臨官三子位(관대임관삼자위)、旺中五子自成行(왕중오자자성행)、衰中二子病中一(쇠중이자병중일)、死中至老沒兒郎(사중지로몰아랑), 除非養取他人子(제비양취타인자)、入墓之時命夭亡(입묘지시명요망)、受氣爲絶一個子(수기위절일개자)、胎中頭産養姑娘(태중두산양고낭)、養中三子只留一(양중삼자지류일);男女宮中子細詳是也(남녀궁중자세상시야)。

자식을 보는 방법은 자식궁인 시주(時柱)와 투출한 자식성의 희·기를 보는데, 그 원리는 처를 보는 방법과 거의 같다. 단, 자식을 보는 법에는 장생, 목욕 등의 가결(歌訣)이 있으니 이 또한 숙독해야 한다. 예를 들어 "장생(長生)은 아들이 4명인데 <월령이> 중순 이후면 2명이고, 목욕(沐浴)은 2명인데 잘(길상 吉祥하게) 키울 수 있고, 관대(冠帶)와 임관(臨官)은 아들 3명이며,(※ 位: 명名, 분) 제왕(帝旺)은 자식 5명이 모두 스스로 성취를 이룰 것이고,(※ 成行: 성사되다, 실현되다) 쇠(衰)는 아들이 2명, 병(病)은 아들이 1명이고, 사(死)는 늙어서까지 아들이 없어서 남의 자식을 양자로 들일 수밖에 없고, 입묘(入墓)는 자식이 요절하고, <그 전의 기(氣)와는 단절지고> 새로운 기를 받게 되는 절(絶)은 아들이 1명이고, 태(胎)는 첫 딸을 낳아 기르고,(※ 頭産: 첫 출산 ※ 姑娘: 처녀, 아가씨) 양(養)은 아들 3명 중에 단지 1명만 남게 되니, 남녀궁(자식궁)을 자세히 살펴야 한다"고 한 것이 이 가결이다.

評解 자녀에 해당하는 십성인 관살과 자녀궁인 시지의 배합으로 자녀 수를 보는 법을 논한 것이 12운성(運星) 가결이다. 일리는 있지만 반드시 맞는 것은 아니다.

사주에 정관이 있으면 정관이 자식인데, 이때에는 재성이 있어서 정관을 생하고 있는가를 보아서 자식 덕을 살핀다. 칠살이 있으면 식상이 있어 제살(制煞)이 제대로 되고 있는가를 보아서 자식 덕을 살피는 것이다. 그리고 신약한 사주라면 인성이 있어야 자식이 있다. 비록 관살이 없더라도 재성만 있어도 재성은 관살을 생하는 것이므로 자식이 있게 된다. 그리고 조후를 살펴서 한난조습(寒暖燥濕)이 조화를 이루어야 자식이 있지, 너무 조열(燥熱)

하거나 한랭(寒冷)하면 자식을 두기 어렵다.

결국 ① 사주의 중화(中和)를 먼저 살피고, ② 자식성인 십성의 희기를 따지고, ③ 자식궁에 있는 십성의 희기를 따진 다음에야 ④ 12운성 가결이 의미가 있다.

妻子 5

然長生論法, 用陽而不用陰。如甲乙日只用庚金長生, 巳酉丑順數之局, 而不用辛金逆數之子申辰。雖書有官爲女、煞爲男之說, 然終不可以甲用庚男而用陽局, 乙用辛男而用陰局。蓋木爲日主, 不問甲乙, 總以庚爲男、辛爲女, 其理自然, 拘於官煞, 其能驗乎?

그런데 장생 등 12운성 가결 논법은 양간(陽干)으로 보는 것이지 음간(陰干)으로 보는 것은 아니다. 예를 들어 甲, 乙일간은 단지 양간인 庚金의 장생·제왕·묘지의 순서인 巳酉丑 순행(順行) 금국(金局)의 12운성을 사용하는 것이지, 음간인 辛金의 장생·제왕·묘지의 순서인 子申辰 역행 금국(金局)의 12운성을 사용하지는 않는다. 비록 고서(古書)에 "정관은 딸이고 칠살은 아들"이라는 설이 있지만, 그렇다고 甲은 庚 칠살을 아들로 삼으니 巳酉丑의 양(陽) 금국(金局)을 쓰고, 乙은 칠살 辛을 아들로 삼으니 子申辰의 음(陰) 금국(金局)을 쓰는 것은 불가하다. 무릇 木이 일주(日主)가 되면 甲乙을 따지지 않고, 통틀어 양간인 庚金을 아들로, 음간인 辛金은 딸로 삼는 것이 자연의 이치다. <그런데> 정관인

24 처와 자식을 논함

지 칠살인지 하는 십성에만 매달린다면 어찌 증험함이 있겠는가?

評解 12운성법의 양순음역(陽順陰逆)에서 『자평진전』은 기본적으로 음양을 모두 인정하고 있는 편이다. 그러나 유독 자식 판별에는 음간의 12운성법을 채용하지 않고, 양간의 12운성법만 채용하고 있다. 즉 자식 수를 볼 때 양간의 12운성법만을 사용하고 있다. 또 자식의 성별을 구분할 때 일주가 양간이든 음간이든 상관없이 아들은 양간에 해당하는 관살로, 딸은 음간에 해당하는 관살로 정하고 있다. 즉 정관이나 칠살을 구분하는 것이 아니고 단순히 양간이냐 음간이냐만 따진다. 이는 음양의 기본적 속성인, 양은 남자고 음은 여자라는 점을 중히 여기는 논리 같다.

妻子 6

所以八字到手, 要看子息, 先看時支。如甲乙生日, 其時果係庚金何宮; 或生旺、或死絶, 其多寡已有定數, 然後以時干子星配之。如財格而時干透食、官格而時干透財之類, 皆謂時干有用; 即使時逢死絶, 亦主子貴, 但不甚繁耳。若又逢生旺, 則麟兒繞膝, 豈可量乎? 若時干不好, 子透破局, 即逢生旺, 難爲子息; 若又死絶, 無所望矣。此論妻子之大略也。

그러므로 입수된 사주팔자를 가지고 자식을 보고자 한다면, 먼저 시지(時支)를 보아야 한다. 예를 들어 甲, 乙일에 생하였으면 시지가 과연 관살인 庚金에게 12운성으로 어떤 궁에 해당되는지, 생·왕(生旺)인지, 사·절(死絕)인지 살펴보면 자식이 많고 적은지, 이미 정해진 숫자가 있다. 그런 연후에 시간(時干)에 투출한 천간인 자식성을 격국의 구조에 맞추어 본다.

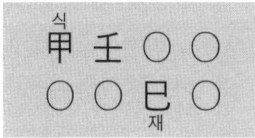
예를 들어 재격인데 시간(時干)에 식신이 투출하거나,

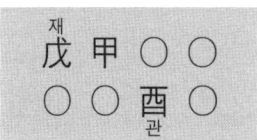
정관격인데 시간에 재성이 투출하는 유형은 모두 시간이 쓸모 있는 것(상신)이다.

이리되면 비록 시지(時支)가 관살에게 사지(死地)나 절지(絕地)에 해당되더라도, 자식은 귀(貴)하게 될 것이다. 단지, 자식은 많지 않다. 만약 시간에 <상신이 있으면서> 시지가 관살에게 생왕의 자리에도 해당된다면 기린아(麒麟兒)(훌륭한 자식)가 슬하에 즐비할 것이니, 어찌 그 수를 헤아릴 수 있겠는가? 그러나 만약 시간에 기신이 있거나 시간에 투출한 자식성이 격국을 파괴하면, 설사 시지에서 관살이 생지나 왕지를 만나더라도 자식이 있다 한들 자식 노릇을 하기 어려울 것이다. 이런 데다가(시간에 기신이 있거나 시간에 투출한 자식성이 격국을 파괴하는 데다가) 관살이 사지나 절지에 해당되기까지 한다면 자식이 있기를 기대하기 어렵다. 이상은 처와 자식을 보는 방법의 대략을 논한 것이다.(상기 예시 명조들은 임의로 만든 것임)

> **評解** 시간(時干)은 자식의 질(質)을 보는 것이고, 시지(時支)는 자식의 양(量)을 본다는 것이 『자평진전』의 자식 보는 법의 요점이다. 즉 시간에 사주 구조의 희신이 있으면 자식이 사회적으로 성공할 것이고, 기신이 있다면 자식이 별 볼 일 없다는 것이다. 시지가 자식성인 관살이 힘을 얻는 12운성이면, 즉 생지, 관대지, 녹지, 왕지 등이면 자식의 수가 많을 것이다. 반대로 병, 사, 묘, 절지 등이면 자식이 없거나 단명할 것이다. 그 밖의 욕, 쇠, 태, 양지 등이면 보통의 기운이라고 할 것이다. 시간에 희신이 있으면서 시지까지 관살의 생·왕지 등이면 성공한 자식들로 집안이 붐빌 것이고, 시간에 기신이 있으면서 시지까지 관살의 사절지 등이면 변변치 못한 자식이 하나 있든가, 아예 자식을 두기 어렵다는 설명이다.

　이상 처자(妻子) 보는 방법만 논했지만, 부모나 형제 등도 같은 방법으로 유추하여 볼 수 있다. 부모는 월주를 보아 월주에 희신이 있으면 부모 덕이 있을 것이고, 월주에 기신이 있으면 부모 덕이 박할 것이다. 그리고 모친은 인성이 희신인가 기신인가를 살피면 될 것이고, 부친은 재성이 희신인가 기신인가를 살피면 된다. 조부모는 먼저 연주에 있는 십신의 희기를 살펴야 한다. 친가(親家)의 경우, 조부는 인성에 해당하는 십신이니 인성의 희기가 조부 덕의 유무가 될 것이고, 조모는 식상이니 식상의 희기가 조모 덕의 유무가 될 것이다.

　이런 식으로 육친의 십신과 육친궁을 같이 살피면 해당 육친과의 관계를 살필 수 있다. 다만, 처자나 부모까지는 연관이 깊으니 잘 들어맞지만, 관계가 멀어질수록 적중도는 아무래도 떨어질 수밖에 없다.

25 論行運
행운(行運)을 논함

行運 1

論運與看命無二法也。看命以四柱干支, 配月令之喜忌; 而取運則又以運之干支, 配八字之喜忌。故運中每運行一字, 卽必以此一字, 配命中干支而統觀之, 爲喜爲忌, 吉凶判然矣。

운(運)을 보는 법과 명(命)을 보는 법은 다르지 않다. 명을 보는 것은 사주팔자의 간지(干支)를 월령의 희기(喜忌)에 맞추어 보는 것이고, 운을 보는 것은 운에서 오는 간지를 사주팔자의 희기에 맞추어 보는 것이다. 그러므로 대운(大運)에는 매 10년마다 각각 운행하는 한 글자(간지)가 있는데 <또는 각 대운 중에서 매년 맞이하는 세운의 간지가 있는데>, 이 한 글자(간지)를 명(命)의 간지에 맞추어 보아 전체적으로 살펴보면 어떤 때는 희(喜)가 되고, 또 어떤 때는 기(忌)가 된다. 이로써 길흉이 분명하게 드러난다.

評解 사람의 사주팔자를 운명이라고 한다. 여기서 명(命)은 선천적으로 타고나 바꿀 수 없는 것으로 사주팔자인 8자를 말한다. 그리고 운(運)이라는 것은 사주팔자가 겪으면서 지나가야

할 길과 같은 것이다.

① 운(運)이라는 것을 10년 단위로 나누어서 보는데 이것을 대운(大運)이라고 한다. 그리고 소운(小運)이라는 것도 있는데, 첫째 대운이 적용되기 전 몇 년간을 소운이라고 한다. 사주 간명에서는 잘 사용하지 않는다. 1년 운은 세운(歲運) 또는 연운(年運)이라고 하며, 1개월 운은 월운(月運), 하루 운은 일운(日運)이고, 한 시진(時辰) 운은 시운(時運)이다. 연운과 월운 등은 모든 사람에게 같은 간지로 오니 각자의 사주팔자에 따라 작용하는 방식만 다를 뿐, 간지는 전세계 사람이 다 똑같이 맞이한다.

그러나 대운은 각자 개인마다 다르다. 대운은 월주(月柱)를 기준으로 하여 순행(順行) 또는 역행(逆行)하는 것을 취한다. 월에 오는 간지가 60가지이고 남녀로 구분해도 120개이니 120명에 한 명 꼴로 같은 대운을 가지게 된다. 하지만 이것도 월의 간지만 따져서 계산한 것이고, 사람의 팔자가 1,036,800가지[=60년×12월×60일(30일이지만 60갑자가 돌기 때문에 이렇게 배정된다)×12시진×2(남녀)]이기 때문에 그 수만큼의 다른 운명을 겪게 된다.

② 대운이 월을 기준으로 정해지는 이유는, 월이 계절의 기운(氣運)으로서 사주의 제강(提綱)이 되기 때문이다. 양간(陽干)의 해에 태어난 남자와 음간(陰干)의 해에 태어난 여자는 순행하고, 반대의 경우는 역행한다. 그 이유로 남자는 양이니 양간의 해에 태어나는 것이 음양의 기본 기운에 순행하는 것이고, 여자는

음이니 음간의 해에 태어나는 것이 음양의 기본 기운에 순행하는 까닭이다. 그래서 양간 해의 건명(乾命)(남자 명)과 음간 해의 곤명(坤命)(여자 명)은 순행하고, 음간 해의 건명과 양간 해의 곤명은 역행한다. 즉 월주의 60갑자(甲子)가 순행하기도 하고 역행하기도 한다.

 월의 간지는 절입일(節入日)을 기준으로 변하는데, 역행하는 사주는 잉태된 시점을 향해서 거꾸로 거슬러 올라가는 것이고, 순행하는 사주는 출생 시점부터 한 달씩 앞으로 나아가는 것이다. 역행하는 사주는 출생 시점부터 잉태 시점까지 기운을 거꾸로 거슬러서 배정되는 간지가 대운을 형성하고, 순행하는 경우는 출생 시점부터 거치게 되는 매월의 기운을 따라서 배정되는 간지가 대운을 형성한다. 역행하는 사주는 엄마 뱃속에 있던 기간 동안의 매월의 간지가 갖고 있는 기운이 그 사람의 10년 운을 지배한다. 순행하는 사주는 출생 후 유아기인 1년 안에 맞이하는 매월의 간지가 갖고 있는 기운이 그 사람의 10년 운을 지배한다.

 양(陽)은 모여서 앞으로 나아가고, 음(陰)은 흩어져서 물러나는 성정이 있는데, 순(順)하는 것은 양이고 역(逆)하는 것은 음이니, 월의 간지의 흐름도 그렇게 된다.

③ 한 간지의 대운이 각 10년을 관장한다. 이를 각각 천간 5년, 지지 5년으로 나누어 보기도 하는데, 천간이 10년 중 상반기를, 지지가 10년 중 하반기를 지배하는 것이 맞는 측면도 있다. 그러나 60갑자는 천간과 지지의 조합으로 이루어졌으니 서로 분리해서 볼 수는 없고, 상호 관계하에서 대운을 살펴야 한다. 예를 들어

庚寅과 庚申은 같은 庚金이라도 운의 작용이 전혀 다르다. 庚午와 庚子 또한 전혀 다를 것이다. 대운은 지지의 방향이 더욱 중요하고, 천간과 지지의 생극관계에도 영향을 받으니 각 5년씩 나누어 본다는 단순 논리에만 얽매이지 말아야 한다.

④ 그리고 대운의 수는 절입일을 기준으로 태어난 날짜까지 날짜 수를 세어서 3으로 나누어 몫으로 대운수를 정한다. 즉 한 달은 30일이고 3으로 나누니 1에서 10까지의 숫자가 나오게 된다.

대운수를 가지고 태어난 날짜를 어느 정도는 유추할 수 있다. 즉 대운수가 절기를 기준으로 하기 때문이고, 한 절기는 한 달 30일이고 대운수는 10이 최대치이니, 대운수를 보면 3일 이내의 날짜는 알 수 있다. 대운수가 10이나 1이면, 절입일과 가까운 날이든가 반대로 먼 날짜에 태어났을 것이다. 가령, 양간의 남자 명과 음간의 여자 명이 대운수가 10이라면 순행하는 것이니 다음 절입일까지 약 27일에서 30일이 남아있다는 것이고, 대운수가 1이라면 다음 절입일까지 3일 이내라는 것을 알 수 있다.

음간의 남자 명과 양간의 여자 명이 똑같이 대운수가 10이라면 역행하는 것이니 다음 절입일이 3일 안에 있다는 것이고, 대운수가 1이라면 다음 절입일까지 약 27일 이상이 남았다는 것이다. 이런 식으로 대운수를 가지고 전 절입일과 다음 절입일을 어느 정도 유추해낼 수 있다. 이것은 특히 계절의 기운을 감안하여 사주를 간명할 때 필요한 항목이기도 하다.

또 몫을 제외한 나머지까지 계산하면 연 단위뿐 아니라 월 단위, 심지어 일 단위까지 대운의 변화시점을 구할 수 있다. 그렇지만 계산 방법이 복잡하므로 시중에 나와 있는 애플리케이션(application)을 사용하면 쉽게 대운수와 대운의 변화일까지 구할 수 있다.

行運 2

何爲喜? 命中所喜之神, 我得而助之者是也。如官用印以制傷, 而運助印; 財生官而身輕, 而運助身; 印帶財以爲忌, 而運劫財; 食帶煞以成格, 身輕而運逢印, 煞重而運助食; 傷官佩印, 而運行官煞; 陽刃用官, 而運助財鄕; 月劫用財, 而運行傷食。如此之類, 皆美運也。

어떤 것을 희(喜)라고 하는가? 명국(命局)에는 희신이 되는 것이 있는데, 운에서 희신을 얻거나 희신을 돕는 글자를 얻게 되는 것을 말한다. 예를 들어 정관격에 인성을 써서 상관을 극제하는 구조일 때 운에서 인성을 돕는 글자가 들어오는 경우, 재격에 재성이 정관을 생하여 <비겁한테서 재성을 보호하는> 구조이지만 일간 본신이 약할 때 운에서 일간을 돕는 글자가 들어오는 경우, 인수격에 재성을 꺼리는 구조(재극인財剋印)일 때 운에서 겁재가 들어와서 재성을 극제하여 인성을 보호하는 경우, 식신격에 칠살이 있어서 식신대살(食神帶煞)로 성격이 되었지만 일간이 약할 때 운에서 인성을 만나는 경우나 <식신격에 칠살이 있어서 식신대살로 성격이 되었지만> 칠살이 중(重)할 때 운에서 식신을 돕는 글자가 오는 경우, 상관격에 인성으로 상관을 극제하는 상관패인격(傷官佩印格)일 때 운에서 관살운이 와서 인성을 돕는 경우, 양인격에 정관을 용신으로 하는 구조일 때 운에서 재성운이 와서 정관을 돕는 경우 <그리고> 월겁격에 재성을 용신으로 하는 구조일 때 운에서 식상의 글자가 들어와서 재성을 생하는 경우, 이런 유형은 모두 좋은 운이다.

> **評解** 희(喜)라는 것은 상신(相神)이나 상신을 돕는 것을 말한다.

○ 정관용인격(正官用印格)에서는 정관은 용신이고 인성이 상신이다. 운에서 인성이나 인성을 돕는 관살이 오는 것이 희다. 다만, 관살은 천간이 아닌 지지로 와야 관살혼잡(官煞混雜)이나 중관(重官)이 되지 않는다.
○ 재왕생관격(財旺生官格)은 재성이 용신이고 정관이 상신이다. 그런데 일간이 약하면 재관을 견디지 못하니 일단 파격이다. 그런 경우 운에서 일간을 돕는 인성이나 비겁이 들어오는 것이 희다.
○ 인수대재격(印綬帶財格)은 인성이 용신이고 재성은 용신을 극하니 기신이다.(인성이 과할 경우에는 재성을 쓰기도 한다) 운에서 기신인 재성을 극하는 비겁이 들어오는 것이 희(喜)다.
○ 식신대살격(食神帶煞格)은 식신이 용신이고 칠살이 상신이다. 자체로 성격이지만, 일간이 약하다면 극설교가(剋洩交加)로

파격이 되기 쉽다. 이런 경우 운에서 인성이 들어오면 인성이 칠살을 화(化)하면서 일간을 생조하고, 식신은 일간을 설기하는 방식으로 바뀐다. 이른바 기식취살(棄食就煞)의 구조가 되니 이것이 희다. 식신제살격(食神制煞格)에서 칠살이 강하다면 이 역시 파격이 되기 쉽다. 이런 경우 식신을 돕는 식상이나 비겁이 들어오면 이것이 희다.

○ 상관패인격(傷官佩印格)은 상관이 용신이고 인성이 상신이다. 운에서 관살이 들어와서 인성을 돕는 것이 희다.
○ 양인용관격(陽刃用官格)은 양인이 격(格)이고 정관이 용신이다. 정관을 돕는 재성이 상신이 된다. 운에서 재성이 들어와서 정관을 생조하는 것이 희다.
○ 월겁용재격(月劫用財格)은 비겁인 월겁이 격이고, 재성이 용신이다. 비겁을 화(化)하여 재성을 돕는 식상이 상신이다. 운에서 식상이 들어와서 재성을 생조하는 것이 희다.

이상이 희(喜)인 경우의 예다.

行運 3

何謂忌? 命中所忌, 我逆而施之者是也. 如正官無印, 而運行傷; 財不透食, 而運行煞; 印綬用官, 而運合官; 食神帶煞, 而運行財; 七煞食制, 而運逢梟; 傷官佩印, 而運行財; 陽刃用煞, 而運逢食; 建祿用官, 而運逢傷. 如此之類, 皆敗運也.

어떤 것을 기(忌)라고 하는가? 명국(命局)에는 기신(忌神)이 되는 것이 있는데, 운 자체가 거스리는 것(기신)이 되든가, 기신을 돕는 운의 글자가 들어오는 것을 말한다. 예를 들어 정관격에 인성이 없는데, 운에서 상관이 들어와서 정관을 극상하는 경우, 재격에 식신이 투출하지 않았는데 운에서 칠살이 와서 식신의 제살함은 없고 재생살(財生煞)로 파격이 되는 경우, 인수격에 정관을 용신으로 하는데 운에서 정관을 합하는 글자가 오는 경우, 식신격에 칠살이 있어 식신대살로 성격되었는데 운이 재성으로 행하여 식신생재(食神生財) → 재생살(財生煞)로 파격이 되는 경우, 칠살격에 식신이 제살하여 성격되었는데 운에서 효신(편인)을 만나 효신탈식(梟神奪食)으로 파격이 되는 경우, 상관격에 인성이 있어 상관패인으로 성격되었는데 운이 재성운으로 행하여 재극인으로 파격이 되는 경우, 양인격에 칠살을 용신으로 하여(양인합살陽刃合煞로: 정확히는 칠살이 양인을 합함) 성격이 될 때 운에서 식신을 만나 식신제살로 파격이 되는 경우 <그리고> 건록격(建祿格)에 정관을 용신으로 할 때 운에서 상관을 만나 정관이 손상되는 경우, 이런 유형은 모두 파격이 되는 운이다.

評解 평해 기(忌)라는 것은 용신과 상신을 극상하여 격국을 파괴하는 십신과 그것을 도와주는 것을 말한다.

o 정관격에는 상관이 기신이다. 원국에 식상을 막아줄 상신인 인성이 없는 상태에서 식상운이 오는 것을 기(忌)라고 한다.

○ 재격에 칠살은 재생살(財生煞)하고 살극신(煞剋身)하여 칠살이 기신이다. 원국에 칠살을 극제할 식신이 없는 상태에서 운에서 칠살이 오는 것을 기(忌)라고 한다.
○ 인수용관(印綬用官)은 용신이 인성이고 상신은 정관이다. 운에서 상신인 정관을 합하는 식신이 오는 것을 기(忌)라고 한다. 예를 들어 子월 甲일간이 정관 辛이 상신인데, 운에서 식신 丙이 와서 정관 辛을 합거하든가, 卯월의 丙일간이 정관 癸가 상신인데 운에서 식신 戊가 와서 정관 癸를 합하는 것을 기(忌)라고 한다.
○ 식신대살(食神帶煞)은 식신이 용신이고 칠살은 상신이다. 운에서 상신인 칠살을 생하는 재성이 들어오면, 식신이 칠살을 제살하는 것이 아니고 재성을 생하게 된다. 또 재성이 칠살을 생하고 왕해진 칠살이 일간을 극하니 이것을 기(忌)라고 한다.
○ 칠살식제(七煞食制)는 칠살이 용신이고 식신이 상신이다. 운에서 인성이 들어오면 상신이 되는 식신을 극상하여 칠살이 왕해져서 일간을 극하니 이를 기(忌)라고 한다. 다만, 일간이 약하여 극설교가가 되어 있는 상태에서 인성운이 오는 것은 기식취살(棄食就煞)의 구조가 되어 인성이 칠살을 화살(化煞)하여 일간을 생하게 된다. 이런 경우에는 희(喜)가 될 수도 있다.
○ 상관패인(傷官佩印)은 상관이 용신이고 상관을 극하는 인성이 상신이다. 운에서 인성을 극하는 재성이 오면 상관의 흉성(凶性)을 제복할 수 없으니 이것이 기(忌)다. 다만, 상관이 미약하고 인성이 태과할 경우에는 재성이 인성을 극제하여 상관을 살리고, 상관생재의 구조로 화(化)할 수도 있다. 이런 경우에는

희(喜)가 될 수도 있다.
○ 양인용살(陽刃用煞)은 격은 양인격이고 용신은 칠살이다. 양인은 내 재물을 겁탈하는 도적이고, 칠살은 나를 극하는 흉포한 존재다. 두 흉신을 서로 합하여 제거하니 이이제이(以夷制夷)의 상황이다. 그런데 운에서 식신이 오면 칠살이 극제되고 양인의 흉만 남는다. 이것을 기(忌)라고 한다.
○ 건록용관(建祿用官)은 격은 비견인 건록이고, 용신은 정관이다. 건록은 양인만큼 무서운 존재는 아니다. 하지만 일간의 재물을 겁탈하는 것은 같으니 정관으로 극제해야 한다. 그런데 운에서 정관을 손상하는 상관이 오면 비겁을 극제할 정관이 사라진다. 이것이 기(忌)다. 만약 원국에 재성이 있다면 상관을 화하여 재성을 생하도록 하고, 재성이 다시 정관을 생하니 무난하게 넘어갈 수 있을 것이다.

이상이 기(忌)인 경우의 예다.

行運 4

其有似喜而實忌者, 何也? 如官逢印運, 而本命有合; 印逢官運, 而本命用煞之類是也。

희신처럼 보이지만 실상은 기신인 경우가 있는데, 어떤 경우인가? 정관격에 인성운을 만나면 본래는 희신이 되지만 원국 내에 희신인 인성을 합하는 글자가 있거나, 인수격에 정관운을 만나면 본래는 희신이 되지만 원국 내에 칠살이 또 있어 관살혼잡이 되는 경우 등이 바로 그런 경우다.

評解 기본적으로는 희신인데 사주 구조에 따라 해당 십신이 기신처럼 작용할 때도 있음을 설명하고 있다.

정관격에 인성은 원래 희신이다. 정관에게 가장 해(害)가 되는 상관을 극제하여 정관을 보호하기 때문이다. 그런데 원국에 재성이 있어 정관을 생하고 있는 상태에서 그 재성을 합하는 십신이 인성에 해당한다면, 정관에게 반드시 있어야 되는 재성과 인성이 동시에 사라지니 희신이 기신으로 바뀌는 것이다.

예를 들어 甲일간이 정관 辛이 용신이고 재성 戊가 상신으로 정관용재격(正官用財格) 성격이다. 운에서 인성 癸가 들어오면 재성과 인성이 戊癸합으로 같이 사라지니, 정관 辛은 재(財)와 인(印)의 보필이 없는 고관무보(孤官無輔)의 형국이 되고 만다.

인수격에 정관은 기본적으로 희신이다. 하지만 원국에 이미 정관이 있다면 운에서 오는 정관은 중관이 된다. 또 칠살이 있어서 살인상생격이었는데, 운에서 정관이 오면 관살혼잡이 되어 파격이 될 것이다.

行運 5

有似忌而實喜者, 何也? 如官逢傷運, 而命透印; 財行煞運, 而命透食之類是也.

기신처럼 보이지만 실상은 희신인 경우가 있는데, 어떤 경우인가? 정관격에 상관운을 만나면 본래는 기신이지만 원국에 인성이 이미 투출해 있어서 상관을 극제하거나, 재격에 칠살운으로 행하면 본래는 재생살(財生煞)로 기신이지만 원국에 이미 식신이 투출해 있어서 식신이 제살하는 경우 등이 바로 그런 경우다.

評解 기본적으로는 기신이지만 해당 십신이 사주 구조에 따라 희신처럼 작용하는 것을 설명하고 있다.

정관격에 상관은 언제나 기신이다. 그런데 원국에 이미 인성이 있다면 운에서 오는 상관을 인성이 극제하니 정관은 보호된다. 그것뿐만 아니라 인성이 비로소 쓸모를 얻게 되는 것과 같으니 인성의 속성이 해당 운에서 발휘하게 된다.

재격에 칠살 역시 언제나 기신이다. 그러나 원국에 이미 식신이 있다면, 운에서 오는 칠살을 식신이 극제하니 재생살(財生煞), 살극신(煞剋身)의 피해가 없을 뿐만 아니라, 식신이 칠살을 극제하는 속성의 기질이 해당 운에서 발휘될 수 있다.

그러나 해당 격국과 용신을 바로 극상(剋傷)하는 운의 글자는 아무리 원국에 그것을 막아줄 자(字)가 있더라도 좋은 운이라고 단정적으로 보기는 어렵다. 다만, 기신의 폐해 없이 무난히 넘어갈 수 있다고 보는 정도가 더 타당하다. 또 기신을 막아줄 상신의 자(字)가 어디에 있느냐에 따라 상황은 달라진다. 즉 상신이 용신과 인접하여 바로 보호하고 있든가, 앞쪽인 연월(年月)에 있어서 운에서 오는 기신의 자(字)를 곧바로 막아준다면, 기신으로 인한 피해가 적을 것이다. 만약 뒤쪽인 시(時)에 있다면 기신이 이미 용신이나 상신을 극하고 난 뒤에 시간의 상신이 작용력을 발휘하게 될 것이니, 사주 명국은 기신으로 인한 피해를 어느 정도는 감수해야 한다. 이러한 것이 근묘화실(根苗花實)을 적용하는 방법이다.

行運 6

又有行干而不行支者, 何也? 如丙生子月亥年, 逢丙丁則幫身, 逢巳午則相沖是也。

또 천간으로 오는 것은 좋지만, 지지로 오는 것이 좋지 않은 경우가 있는데, 어떤 경우인가?(※ 行: 좋다, ~해도 좋다)

```
○ 丙 ○ ○  ← 丙丁:길
○ ○ 子 亥  ← 巳午:흉
     관 살
```

丙일간이 亥년 子월에 생하여 정관격이지만 신약한 경우, 천간으로 오는 丙, 丁운은 일간을 돕는 운으로 좋다. 그러나 지지로 오는 巳, 午운은 원국과 운이 상충(相沖)하여 좋지 않다. 이런 경우가 그렇다.

| 평해 | 월령에서 용신이 투출하지 않고 월지 자체가 격국 용신이 되면 월령을 건드리면 안 된다. 그러니 운에서 월령을 충(沖)하는 자가 들어오면 흉하다. 비록 일간이 약하여 인성과 비겁의 운을 기다린다고는 하지만, 격용(格用)이 되는 월령을 건드리면 격이 파괴되므로 좋지 않다. 원문에서는 천간으로 오는 비겁은 좋고 지지로 오는 비겁은 충하니 좋지 않다고 했다. 그런데 이런 경우 가장 좋은 운은 인성인 木운으로, 즉 관살을 화(化)하여 일간을 생하니 가장 좋다.

行運 7

又有行支而不行干者, 何也? 如甲生酉月, 辛金透而官猶弱, 逢申
酉則官植根, 逢庚辛則混煞重官之類是也。

또 지지로 오는 것은 좋지만 천간으로 오는 것은 좋지 않으니, 어떤 경우인가?

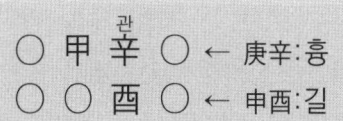

甲일간이 酉월에 생하고 辛金이 투출하여 정관격이지만 정관이 미약할 때, 지지로 오는 申, 酉운은 정관 辛의 뿌리가 되어 좋다. 하지만 천간으로 오는 庚, 辛운은 관살혼잡(官煞混雜)이 되거나 중관(重官)이 되어 좋지 않다. 이런 경우가 그렇다.

> **評解** 사주에 정관이 투출하면 정관은 보호되어야 하고 혼잡이 되면 안 된다. 정관이 비록 약하다고 하더라도 정관은 잡(雜)하지 않아야 하기에 관살이 또 오면 그 자체로 흉이다. 즉 정관이 약해서 돕고자 한다면, 재성이 와서 생조하든가, 지지로 와서 정관의 뿌리가 되어 주어야 한다. 천간으로 오는 것은 잡해지니 흉하다. 다른 십신들도 잡하면 좋지 않은데, 특히 정관은 잡한 것 자체가 파격이니 극히 꺼린다.

行運 8

又有干同一類而不兩行者, 何也? 如丁生亥月, 而年透壬官, 逢丙 則幫身, 逢丁則合官之類是也。

또 천간에 동일한 오행이라도 양간과 음간 둘 다 좋은 것은 아니니, 어떤 경우인가?

```
○ 丁 ○ 壬(관)   ← 丙:길/丁:흉(합관)
○ ○ 亥 ○
```

丁일간이 亥월에 생하고 연간에 壬이 투출하여 정관격인데 신약하다면, 운에서 丙이 오는 것은 일간을 도와서 좋다. 하지만 丁이 오는 것은 정관 壬을 합하여 좋지 않다. 바로 이런 경우다.

> **評解** 원문의 예에서 丙火는 겁재로 약한 일간을 돕고 정관인

壬水를 손상하지 않으니 길하다. 그런데 비견인 丁火는 정관인 壬水를 일간 대신 먼저 합해버리니 일간 입장에서는 정관을 빼앗긴 것이다. 만약 여자 명이라면 자기의 자매나 친구에게 남편을 빼앗긴 것이다.

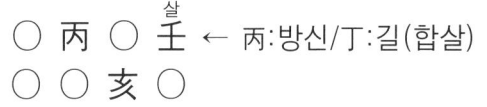

이와는 반대의 경우로, 丙일간이 壬水가 투출하여 칠살격이라면 비견인 丙火가 운에서 온다고 해도 일간을 도와주기는 하지만 칠살을 극제하지는 못한다. 그런데 겁재인 丁火가 운에서 오면 칠살인 壬水를 합거하니 이런 경우의 丁火는 합살위권(合殺爲權)이다. 이 두 경우를 보더라도 오행이 같다고 같은 작용을 하는 것이 아니고, 음양에 따라 합하고 극하는 작용이 각각 다르므로 사주 내에서 길흉이 다르게 작용함을 알 수 있다.

行運 9

又有支同一類而不兩行者, 何也? 如戊生卯月丑年, 逢申則自坐長生, 逢酉則會丑以傷官之類是也。

또 지지에 동일한 유형일지라도 둘 다 좋은 것은 아닌데, 어떤 경우인가?

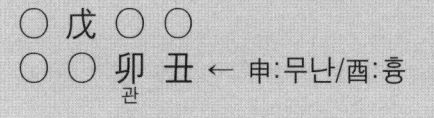

戊일간이 丑년 卯월에 생하여 정관격인데, 운에서 申이 오면 申은 자

체로 壬水의 장생지(長生地)이므로 申중 壬水가 정관 卯를 생하여 무난하다. 하지만 운에서 酉가 오면 연지의 丑과 酉丑 금국(金局)으로 회(會, 합)를 하여 정관 卯를 극상하여 파격이 되어 좋지 않다. 바로 이런 경우다.

評解 지지에는 지장간이 있으므로 서로 합과 충에 의하여 오행의 변화를 일으킬 뿐 아니라, 지장간끼리 암합(暗合)과 암충(暗沖) 때문에 작용이 복잡다단하다.

 그리고 지지는 운에서 지장간의 자(字)가 투출하든가, 회합 등의 작용이 있어야만 비로소 동(動)하여 쓸모를 갖게 된다. 원문의 예는 월령이 정관으로 정관격이고, 연지의 丑은 한신(閑神)으로 가만히 있는데, 운에서 酉가 오면 酉丑이 합을 하여 비로소 丑이 酉丑 합 금(合金)으로 동(動)하여 월령의 정관 卯를 극하여 정관격이 파격됨을 설명하고 있다. 이 경우는 卯酉충이 아니고, 酉丑합으로 금국(金局)을 이루어 동하는 것으로 단순한 卯酉충과는 다르다.

 운에서 온 申은 丑과는 아무런 합충관계가 없고, 다만, 申중에는 壬水가 있으므로 金극木만 있는 것이 아니고 金생水, 水생木으로 정관을 극상하지 않는다는 설명이다.

```
○ 戊 ○ ○
○ ○ 卯 子   ← 申:무난/酉:흉
      관
```

또 예를 들자면, 戊일간이 卯월의 정관격인데, 운에서 申이 오면 申子가 수국(水局)을 이루어 정관을 생조하니 무난하다. 그런데 酉가 오면 卯酉충으로 정관이 파괴된다. 酉와 子는 金生水가 쉽지 않다.

```
○ 丁 ○ ○
○ ○ 酉 ○   ← 午:흉/巳:무난
     관
```

酉월의 丁火인 재격 사주에서 운에서 비견인 午가 오면 火극金으로 재성을 겁탈하니 흉하다. 그러나 겁재인 巳는 巳酉합으로 재성인 금국(金局)을 이루니 오히려 좋다.

이렇듯 지지로 같은 오행의 자(字)가 오더라도 음양에 따라 생극과 합충이 다르다. 따라서 작용이 각각 다르게 나타난다.

行運 10

又有同是相沖而分緩急者, 何也? 沖年月則急, 沖日時則緩也.

또 똑같은 상충(相沖)이지만 충의 작용력이 빠르게 나타나는 것과 좀 완만하게 나타나는 것의 구분이 있으니, 어떤 경우인가? 연지(年支)와 월지(月支)의 충은 작용력이 빠르게 나타나고, 일지(日支)와 시지(時支)의 충은 완만하게 나타난다.

[評解] 이 부분의 설명은 조금 모호하다. 연월지(年月支)의 충은 빠르고 일시지(日時支)의 충이 완만하다는 것은 근묘화실(根苗花實)의 원리에 따라 나타나는 작용을 말하는 것 같다.

사주팔자 자체가 시간의 흐름이요 공간의 배치다. ① 시간의 흐름으로 보자면 크게는 인생의 초중장말(初中長末)을 말하고,

1년으로 보자면 춘하추동을 말한다. 가령, 연운에 의해 지지의 충이 발생한다고 본다면, 충하는 자가 연지에 있으면 연초인 1사분기에 해당 사안이 발생할 것이고, 월지는 2사분기에, 일지는 3사분기에, 시지는 4사분기에 해당 사안이 발생할 것이다. 그러니 연월은 충이 빠르고 일시는 충이 늦다고 하는 것이다. ② 공간적인 측면에서 보자면, 연지, 월지의 충은 국가, 사회적인 내용과 관련되거나 조상, 부모와 관련된 사안의 일이 발생하고, 일지의 충은 본인과 배우자와 관계된 사안이거나 거주지의 이동 등과 관련되고, 시지의 충은 자식 관련 일이나 부하 직원, 가게나 사업장과 관련된 사안의 일이 발생할 것이다.

무엇보다도, 월지는 사주의 제강으로 격국 용신의 기준이 된다. 따라서 월지의 충이 가장 중하고, 나머지의 충들은 월지에 비해 비교적 경하다. 또 왕지(旺地)인 子午卯酉의 충이냐, 생지(生地)인 寅申巳亥의 충이냐, 묘지(墓地)인 辰戌丑未의 충이냐에 따라 사안의 심각성과 경중의 차이가 다르게 나타난다.

行運 11

又有同是相沖而分輕重者, 何也? 運本美而逢沖則輕, 運旣忌而又沖則重也。

또 똑같은 상충이지만 충의 작용력에 경(輕)·중(重)이 있으니, 어째서 그러한가? 운이 본래 좋은 것이면 충을 만나도 가볍고, 운이 이미 좋지 않은 데다 충까지 만나면 가중된다.

評解 같은 충이라도 충을 당하는 것이 희신이냐, 기신이냐에 따라 희기가 다르게 나타난다. 충을 맞는 것이 기신이라면 사주는 오히려 좋아지는 것이고, 충을 맞는 것이 희신이라면 충의 흉함이 더욱 크게 나타난다.

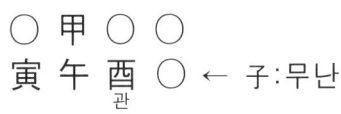

예를 들어 甲일간이 酉월에 생하면 정관격이다. 그런데 지지에서 寅午가 회국(會局)으로 상관국을 이루면 상관 火가 동하여 정관 酉를 극하니 정관격 파격이다. 이런 경우, 운에서 인성 子가 오면 子가 午를 충으로 극거하여 정관 酉를 보호하니, 해당 운 동안 정관격이 성격되어 호운(好運)을 누리게 된다.

반대의 예를 들어 乙일간이 酉월에 생하여 칠살격이다. 연지에 식신 午가 있어 칠살을 극거하여 식신이 칠살을 제살하고 있다.(물론 지지의 午만 가지고 火가 동動한다고 보기 어려워 식신제살로 논하기 어렵고, 寅午나 午戌회국이 있어야 하지만 해설의 편의를 위하여 생략했다) 운에서 인성인 子가 오면, 子가 午를 충으로 극거하여 칠살 酉가 극제되지 못하고 살아나서, 일간이 극을 당하니 흉한 운이 된다.

이상의 예들은 단순한 비교 설명만 한 것이다. 실제 판단은 사주 내의 다른 자(字)들과 관계를 고려해서 해야 한다.

行運 12

又有逢沖而不沖, 何也? 如甲用酉官, 行卯則沖; 而本命巳酉相會, 則沖無力; 年支亥未, 則卯逢年會而不沖月官之類是也。

또 충을 만나도 충이 되지 않는 것이 있는데, 어떤 경우인가?

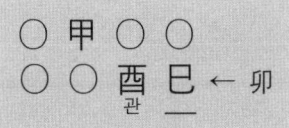

甲일간이 酉월에 생하여 정관격인데, 운이 卯로 행하면 卯酉충을 한다. 그런데 원국에 이미 巳酉가 회(합)를 하고 있다면, 卯酉충이 무력해진다.

연지에 亥나 未가 있으면 운에서 卯를 만나도, 연지와 亥卯未 삼합을 하므로 월의 정관 酉를 충하지 않는다. 바로 이런 경우다.

評解 원문의 예시 중 亥나 未가 있는 경우의 예시는 「행운 9」에서 설명하는 내용과 상충되는 바, 「행운 9」에서는 酉丑 금국(金局) 삼합으로 동(動)하여 酉丑 금국(金局)이 卯를 충한다고 하고 있고, 여기서는 亥卯未 삼합 때문에 卯酉가 충을 하지 않는다고 한다. 월령의 용신이 극을 당하는 충(水극火, 金극木)은 흉하게 보고, 반대의 경우는 흉하게 보지 않는 것 같다. 즉 卯酉충이라도 월지가 卯이면 酉(金)가 卯(木)를 충거하여 격이 파괴되고, 반대로 월지가 酉면 卯(木)가 酉(金)를 충하더라도 격이 파괴되지 않는다고 보는 것 같다. 결국 어느 정도는 물질적인 개념이 사용되

는 것 같다. 더 자세한 것은 연구가 필요하다고 하겠다.

行運 13

又有一沖而得兩沖者, 何也? 如乙用申官, 兩申並而不沖一寅, 運
又逢寅, 則運與本命, 合成二寅, 以沖二申之類是也。

또 하나의 충이 생기는 것 때문에 또 다른 충이 발생하기도 하는데, 어떤 경우인가? 乙일간이 申월에 생하여 정관격인데, 申이 2개 있으면 하나 있는 寅과는 충하지 않는다.

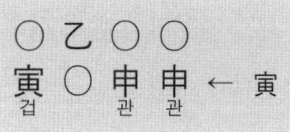

그런데 운에서 또 寅을 만나면 운과 본명(本命)을 합하여 寅이 2개가 되고, 이 때문에 2개의 申과 서로 충을 한다. 바로 이런 경우다.

評解 2개의 申이 1개의 寅을 충하지 못한다는 설(說)을 무조건 받아들이기는 어렵다. 다만, 충하는 것이 2대 1일 경우에 완전한 충은 아니었다가, 운에서 하나가 더 들어오면 충이 완전하게 이루어진다는 정도로 받아들이는 것이 더 타당할 듯하다.

行運 14

此皆取運之要法, 其備細則於各格取運章詳之。

이상은 운을 보는 방법의 요점을 말한 것이다. 이 내용들을 각각의 격국 취운장(取運章)에서 세세하게 갖추어 상세히 설명할 것이다.

26 論行運成格變格
행운(行運) 때문에 성격되고 변격됨을 논함

行運成格變格 1

命之格局, 成於八字, 然配之以運, 亦有成格變格之權。其成格變格, 較之喜忌禍福尤重。

명(命)의 격국은 사주 여덟 글자로 이루어진다. 그러나 사주팔자에 운을 배합해 보면 <운에서 오는 글자가 격을> 성격하기도 하고, 변격하기도 하는 <임시의> 권한을 갖는다. 이러한 운에 의한 성격과 변격(變格)의 작용은, 운에 의한 희기(喜忌)와 화복(禍福)을 따지는 것보다 더욱 중요하다.

評解 『자평진전』은 사주의 간명에 있어 격국의 성립에 따라 사주의 좋고 나쁨을 구분한다. 격국이라는 것이 원국 자체에서 성격되는 것도 있고, 파격인 것도 있다. 반면에 원국에서 파격이었던 것이 운의 간지에 의해 성격되기도 하고, 성격되었던 것이 파격이 되기도 한다. 운에 의한 성격과 파격에 따라 그 운 동안의 희기가 달라지게 된다.

26 행운(行運) 때문에 성격되고 변격됨을 논함   335

行運成格變格 2
행운성격변격

何爲成格? 本命用神, 成而未全, 從而就之者是也。如丁生辰月,
하위성격 본명용신 성이미전 종이취지자시야   여정생진월

透壬爲官, 而運逢申子以會之; 乙生辰月, 或申或子會印成局, 而
투임위관   이운봉신자이회지   을생진월   혹신혹자회인성국 이

運逢壬癸以透之。如此之類, 皆成格也。
운봉임계이투지   여차지류   개성격야

무엇이 운에 의해서 성격이 되는 것인가? 본명에 용신이 있으나 격국이 온전하지는 못한데, <운에서 오는 글자를> 따르고 좇아서 성격이 되는 경우를 말한다.

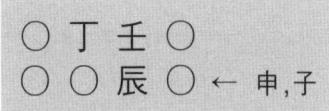

丁일간이 辰월에 생하여 정관 壬이 투출했는데, 운에서 申이나 子를 만나서 申子辰 수국(水局) 삼합으로 정관격이 온전해진다.

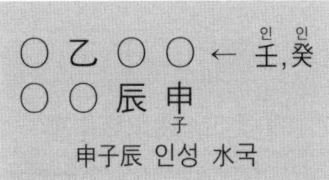

乙일간이 辰월에 생하고 지지에 申이나 子가 있어 인성 수국(水局)을 이루고 있는데, 운에서 인성 壬이나 癸가 투출하는 경우다.

이런 유형이 모두 운에 의해 성격되는 경우다.

評解
평해

辰, 戌, 丑, 未월인 잡기격은 지장간에서 투출한 것이나, 지지의 회합에 의해 성립되는 것을 격국 용신으로 취한다.

o 위의 첫째 예시인, 辰월 丁火 일간은 투출한 壬水가 용신인 정관격이다. 壬水가 辰중 癸水에 근을 내리고는 있지만, 辰중에는 壬水를 설기하는 乙木도 있고 壬水를 극하는 戊土도 있다.

336 제2부 용신의 적용과 변화

또 연운(年運)에서라도 戌을 만나면, 辰戌충으로 정관 壬水의 뿌리가 흔들린다. 그래서 용신이 청(淸)하다고 보기는 어렵다. 그런데 운에서 申이나 子가 와서 辰이 회합으로 수국(水局)을 이루면 투출한 정관 壬水는 강력한 뿌리를 얻는 것이 되니 비로소 정관이 청해진다.

ㅇ 위의 둘째 예시는 반대의 경우로, 辰월 乙木이 지지가 申辰이 화합하여 인성 수국(水局)을 이루었다고는 하지만, 인수격이 완전히 되었다고 보기 어렵다. 또 격국을 이루었다고 하더라도 천간에 투출하지 않았으니 격국 용신으로서 자격이 부족하다고 할 수 있다. 그런데 운에서 壬이나 癸가 투출하면 비로소 용신이 투청(透淸)한 것이 되어 인수격이 성격된다.

行運成格變格 3

何爲變格? 如丁生辰月, 透壬爲官, 而運又逢戌, 透出辰中傷官。壬生戌月, 丁己並透, 而支又會寅會午, 作財旺生官矣; 而運逢戌土, 透出戌中七煞。壬生亥月, 透己爲用, 作建祿用官矣; 而運逢卯未, 會亥成木, 又化建祿爲傷。如此之類, 皆變格也。

무엇을 운에 의해서 격이 변한다고 하는가?

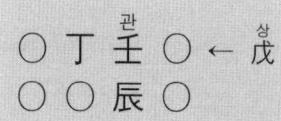

丁일간이 辰월에 생하고 壬이 투출하여 정관격인데, 운에서 戌를 만나면 월령 辰중 戊 상관이 투출하여 상관격으

로 변한다.

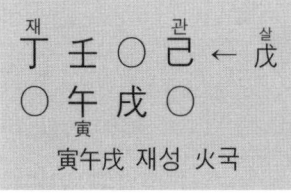

壬일간이 戌월에 생하여 정재 丁과 정관 己가 투출하고, 지지에 寅이나 午가 있어 삼합 재성 화국(火局)을 이루면, 재왕생관격(財旺生官格)으로 성격이다. 그런데 운에서 戊土를 또 만나면, 월령 戌중 칠살 戊가 투출하여 칠살격으로 변한다.

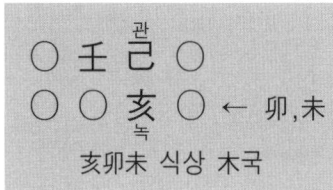

壬일간이 亥월에 생하여 건록격인데 정관 己가 투출하면, 건록용관격(建祿用官格)으로 성격이다. 그러나 운에서 卯나 未를 만나면, 亥卯未 식상 木으로 회국(會局)하여 건록격(建祿格)이 상관격으로 변한다.

이런 유형들이 모두 운에 의해서 변격이 되는 경우다.

評解 운에 의한 격국의 변화를 설명하고 있다.

○ 맨 위의 예시인, 辰월 丁火가 壬水를 용신으로 하는 잡기정관격(雜氣正官格) 사주가 운에서 戊를 만나면, 辰중의 본기인 戊가 투출한 것과 마찬가지가 된다. 따라서 격국이 상관격 본격(本格)으로 격국이 변하게 된다. 그렇게 되면 상관격에 정관이 있는 형국이 되어 상관견관(傷官見官)으로 그 운 동안은 파격이다. 이런 경우 원국에 상관 戊土를 극제(剋制)할 甲木이나 합거(合去)할 癸水가 없다면 구제할 방도가 없다.

338 제2부 용신의 적용과 변화

○ 중간의 예시는 戌월의 壬水 일간이 戌중에서 재성 丁火와 정관 己土가 투출하여 재왕생관격 성격이 되었다. 그런데 운에서 또다시 칠살 戊土가 투출하면, 정관 己土와 칠살 戊土가 함께 투출한 것이 되어 관살혼잡으로 그 운 동안은 파격이다. 이 경우 역시 戊土를 극제할 甲木이나 합거할 癸水가 없다면 구제할 방도가 없다.

○ 맨 아래의 예시는 亥월 壬水가 정관 己土가 투출하여 건록격에 정관 己土가 용신이다. 그런데 운에서 卯나 未를 만나 목국(木局)을 이루면 식상격으로 격국이 변하게 된다. 그리되면 상관격에 정관이 있는 것이 되어 그 운 동안은 상관견관으로 파격이다. 이런 경우 식상 목국(木局)을 극하는 庚·辛, 申·酉가 원국에 없으면 구제할 방도가 없다.

行運成格變格 4

然亦有逢成格而不喜者, 何也? 如壬生午月, 運透己官, 而本命有甲之類是也。

그런데 운에 의해 성격이 되었지만 좋지 않은 경우도 있다. 어떤 경우인가?

壬일간이 午월에 생하여 재격인데, 운에서 정관 己가 오면 재생관으로(午중 己土가 투출하면, 재격이 정관격으로 변하고, 재격과 정관격을 겸한다고 볼 수 있다) 성격된다. 그러나 본명에

26 행운(行運) 때문에 성격되고 변격됨을 논함   339

식신 甲이 있다면 甲이 정관 己를 합하여 재관격(財官格)이 성립되지 않는다.

評解 하나씩 별도로 있을 때에는 좋지만, 같이 있으면 나쁜 것으로 변하는 경우의 설명이다. 재격은 정관을 생하여 겁재에게서 재를 보호하든가, 식상의 생조를 받아 역시 비겁에게서 재가 보호되는 것이 재격의 기본 공식이다. 즉 재격은 식상과 정관이 희신이다. 그런데 이 두 가지가 함께 있으면, 식상이 정관을 극하든가 아니면 합하여 정관의 기능을 상실하게 되니 흉하게 변하는 것이다.

行運成格變格 5

又有逢變格而不忌者, 何也? 如丁生辰月, 透壬用官, 逢戊而命有甲; 壬生亥月, 透己用官, 運逢卯未, 而命有庚辛之類是也。

또 운에 의해 변격이 되었지만 꺼리지 않는 경우도 있다. 어떤 경우인가?

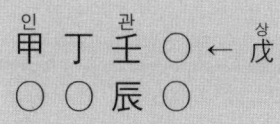

丁일간이 辰월에 생하고 壬이 투출해서 정관격인데, 운에서 戊가 오면 상관격으로 변하지만(상관견관 파격), 본명에 인성 甲이 있으면 상관 戊를 극하여 정관격(정확히는 잡기관인격 雜氣官印格)이 유지된다.

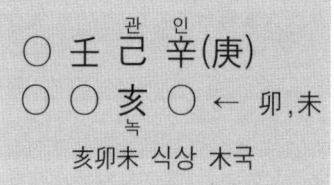

壬일간이 亥월에 생하고 己가 투출하여 건록용관격인데, 운에서 卯나 未가 와서 亥卯未 목국(木局)으로 회국하여 상관격으로 변하려고 한다.(상관견관 파격) 하지만 본명에 庚, 辛이 있는 경우, 건록용관격이 유지되니 이런 유형 등을 말한다.

評解 사주 내에 격국 용신을 보호할 상신이 이미 있을 경우, 운에서 기신을 만나더라도 흉하지 않은 것을 설명하고 있다.

사주 내에 정관이 있으면, 재성이나 인성으로 식상에게서 정관을 보호해야 한다. 그런데 이미 원국에 상신이 되는 인성이 있다면, 운에서 식상이 오더라도 인성이 식상을 극하여 정관을 보호하니 격국이 파괴되지 않고 보존된다.

行運成格變格 6

成格變格, 關係甚大, 取運者其細詳之。

성격과 변격은 운과 관계가 매우 크므로, 운을 볼 때 이것을 상세히 보아야 한다.

27 論喜忌干支有別
희기(喜忌)는 천간과 지지가 다름을 논함

喜忌干支有別 1

命中喜忌, 雖支干俱有, 而干主天, 動而有爲, 支主地, 靜以待用;
且干主一而支藏多, 爲福爲禍, 安得不殊?

명(命) 중의 희기(喜忌)가 비록 지지(地支)와 천간(天干)에 다 있다고 하더라도, 천간은 주로 하늘을 주관하니 동(動)하고 행함이 있으나, 지지는 주로 땅을 주관하니 정(靜)하고 쓰이기를 기다리고 있다. 또 천간은 오로지 하나만을 주관하지만, 지지는 지장간에 많은 것을 저장하고 있다. 따라서 어떤 지장간은 복(福)이 되기도 하고, 어떤 지장간은 화(禍)가 되기도 하니, 천간과 지지가 어찌 다르지 않겠는가?

評解 천간은 이미 드러나 있는 것이요, 잠시도 쉬지 않고 끊임없이 동(動)하면서 무언가를 계속 행하고 있는 것으로 양(陽)이고 기(氣)다. 반면에 지지는 지장간에 천간을 내포하여 투출한 천간의 뿌리가 되어 주고, 앞으로 때가 되면 투출하여 쓰여지기를 기다리면서 대기하고 있는 장소로서 음(陰)이요 질(質)이다.

그래서 지지는 안에 있던 지장간이 투출(透出)하든가 회합(會

合)으로 작동되어야만 비로소 동(動)하고 행(行)하게 된다. 이러한 이유로 천간은 투출한 자체로서 쓰임과 의의가 있다. 똑같은 십간(十干)이라도 1개만 투출할 때와 2개 이상이 투출할 때가 다른 것이고, 똑같은 오행이라도 음양에 따라 작용이 다르게 나타난다.

　반면에 지지는 지지에 같은 자(字)가 중복해 있더라도 그것을 잡(雜)하다 논하지 않으며, 투출한 천간의 뿌리가 중(重)한 것으로만 본다. 한편 1개의 지지에도 각기 다른 오행이 내재되어 있으니, 지지의 회합이나 지장간의 투출에 따라 어떤 때는 좋게 작용하기도 하고 또 어떤 때는 나쁜 작용을 하기도 한다. 이러한 것이 천간과 지지의 다른 점이다.

喜忌干支有別 2

譬如甲用酉官, 逢庚辛則官煞雜, 而申酉不作此例。申亦辛之旺地,
辛坐申酉, 如府官又掌道印也。逢二辛則官犯重, 而二酉不作此例。
辛坐二酉, 如一府而攝二郡也, 透丁則傷官, 而逢午不作此例。丁動
而午靜, 且丁己並藏, 焉知其爲財也?

비유하자면, 甲일간이 酉월에 생하여 정관격이 될 때,

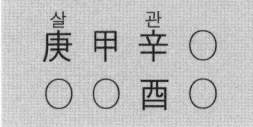

천간에 칠살 庚과 정관 辛이 같이 투출하면 관살혼잡이지만,

27 희기(喜忌)는 천간과 지지가 다름을 논함 343

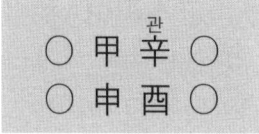
지지에 申과 酉가 같이 있을 때는 관살혼잡으로 논하지 않는다.

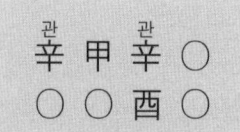
申 또한 정관 辛의 왕지(旺地)니, 辛이 지지에 申과 酉를 동시에 두고 있으면, 부(府)의 장관이 도(道)의 인장(印章)(임명권)까지 장악한 것과 같다.

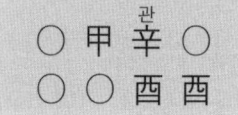
천간에 정관 辛이 2개가 있으면 중관을 범한 것이지만,

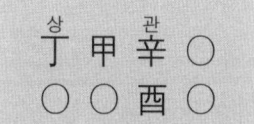
그러나 지지에 酉가 2개 있으면 중관으로 논하지 않는다. 정관 辛이 지지에 2개의 酉를 두는 것은 하나의 부(府)에서 두 곳의 군(郡)을 다스리는 것과 같다.

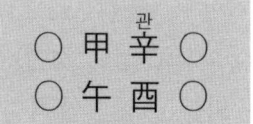
辛을 쓰는 정관격에 천간에 丁이 있으면 상관이지만,

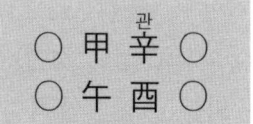
지지에 있는 午는 상관으로 논하지 않는다. 천간의 丁은 동(動)하고 지지의 午는 정(靜)하다. 또 午중에는 丁과 己를 같이 저장하고 있으니, 己는 재성으로서 정관 辛을 생하는 면도 있음을 어찌 알겠는가?

> **評解** 다른 십신들도 마찬가지이지만, 특히 정관은 혼잡을 극히 꺼린다. 같은 정관이라도 천간에 둘 이상이 투출하면 중관이라 하고, 정관이 있는데 칠살이 또 투출하면 관살혼잡이라 하여 그 자체로 모두 파격이다. 하지만 지지에 있는 관살은 아무리 많아도 중관이나 혼잡이라고 하지 않는다. 지지는 지장간에 다른 오행을 저장하고 있고 회합으로 늘 변할 수 있는 것이기에 그 자체의 십신만으로 논할 수 없기 때문이다. 예를 들어 甲일간에 庚金은 칠살이다. 그리고 지지의 申 역시 본기(本氣)로는 庚金 칠살이다. 하지만 申중의 지장간에서 壬水가 투출하거나 申子辰 수국(水局)을 이루면 칠살에서 인수로 변하기 때문이다.

원문에 예시되지 않은 다른 상황을 논하자면, 월령에서 본기가 투출하지 않으면 그 자체가 격국이 된다. 예를 들어 甲일간이 酉월에 생하고 辛金이 투출하지 않아도 그 자체로 정관격(正官格)이다.

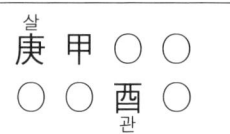

그런데 辛金이 투출하지 않은 상태에서 칠살인 庚金이 투출하면 천간에는 칠살만 투출하고 정관이 투출하지 않아서 관살혼잡이 아닌 것 같다. 그렇지만 격국은 월령을 중심으로 잡는 것이니, 이런 경우는 정관격에 칠살이 투출한 것이 되어 관살혼잡이다.

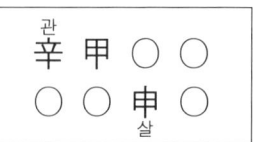

반대의 경우인 申월 甲木에 辛金이 투출하면 칠살격에 정관이 투출한 것이 되어 이 또한 관살혼잡이다.

원문 마지막 내용에, 甲일간에 있어 午의 본기는 상관이지만

27 희기(喜忌)는 천간과 지지가 다름을 논함

午중에는 己土 재성이 들어 있어서 午중 丁火가 己土를 생하고 己土가 다시 정관 辛金을 생하는 것을 설명하고 있다. 눈여겨 볼 대목이다. 지지(地支)는 지장간이 투출(透出)하든가 회합을 해야 쓰임을 가지게 되고 작용하는 것이지만, 형충(刑沖)은 그 자체로 이미 동(動)한 것이 되니 격을 파괴할 수 있다.

정관격의 예를 들면 巳월의 辛金 일간이 천간에 丙이 투출하지 않아도 자체로 정관격이다. 그런데 일지에 상관 亥가 있으면 巳亥가 충을 하여 정관격이 파격된다.

재격의 예를 들자면, 午월의 壬水 일간이 천간에 丁이 투출하지 않아도 자체로 재격이다. 그런데 일지에 양인인 子가 있으면 子午가 충을 하여 정재격 파격이다.

喜忌干支有別 3

然亦有支而能作禍福者, 何也? 如甲用酉官, 逢午本未能傷, 而又遇寅遇戌, 不隔二位, 二者合而火動, 亦能傷矣. 卽此反觀, 如甲生申月, 午不制煞, 會寅會戌, 二者淸局而火動, 亦能制煞矣. 然必會而有動, 是正與干有別也. 卽此一端, 餘者可知.

그러나 지지(地支)도 화(禍)와 복(福)을 일으키기도 하는데, 어떤 경우인가?

```
○ 甲 ○ ○
寅 午 酉 ○
  戌    관
寅午戌 식상 火局
```

甲일간이 酉월에 생하여 정관격인데, 지지에 午만 있으면 본래는 정관을 손상하지 않는다. 그러나 또다시 寅이나 戌이 있고 두 자리가 회국하는 것을 가로막지만 않는다면, 2개가 합해서 화국(火局)을 이루어 火가 동하니 정관을 손상할 수 있다.

또 이것을 반대로 본다면, 甲일간이 申월에 생하여 칠살격이다. 지지에 午만 있으면 칠살을 극제할 수가 없지만 寅이나 戌이 있으면 확실하게 회국을 하여 火가 동하니, 칠살을 극제할 수 있다.

그러나 지지는 반드시 회합이 있어야 동함이 있으니, 이것이 바로 천간과 지지가 다름이 있는 것이다. 이런 하나의 단서로 나머지도 능히 알 수 있다.

評解 이 내용은 이미 해설을 다 했다. 지지는 회합이나 형충이 있어야만 동한다는 내용이다.

28 論支中喜忌逢運透淸
지지의 희기가 운을 만나 작용함을 논함

支中喜忌 1

支中喜忌, 固與干有別矣; 而運逢透淸, 則靜而待用者, 正得其用, 而喜忌之驗, 於此乃見。何謂透淸? 如甲用酉官, 逢辰未卽爲財, 而運透戊; 逢午未卽爲傷, 而運透丁之類是也。

지지(地支)의 희기(喜忌)는 천간의 희기에 비해 확실하게 다르다. 그러나 운(運)에서 청(淸)하게(지중支中에 타 오행과 섞여 있어 잡雜한 상태로 있던 것이 투출하여 청淸해진 것임) 투출하면, 정(靜)한 상태로 쓰임을 기다리던 것(지장간)이 비로소 쓰임을 얻어, 희기의 증험을 여기에 나타내는 것이다. 무엇을 투출해서 청해졌다고 하는가?

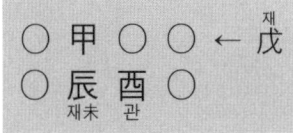

甲일간이 酉를 용신으로 하는 정관격이다. 지지에 辰이나 未가 있으면 財이기는 하지만,(지장간에 재財에 해당하는 것을 가지고 있긴 하지만) 운에서 戊가 투출할 때 비로소 재(財)로 작용한다.

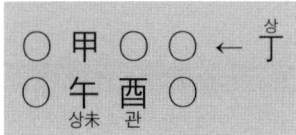

또 이 경우 지지에 午나 未가 있으면 상관이긴 하지만, 운에서 丁이 투출해야지 비로소 상관으로 작용을 한다. 이

런 경우를 투청(透淸)이라고 말한다.

評解 지지는 지장간에 두세 개의 지장간을 보유하고 있다가 운에서 그중에서 어떤 것이 인출(引出)되면 비로소 쓰임을 얻게 된다. 지지끼리 형충(刑沖)이나 회합(會合) 역시 지지를 동(動)하게 만든다.

원문 중 첫째 예시는 辰이나 未가 원국에 있지만 그것이 동하지 않았기에 재성으로서 작용을 제대로 못하고 있다. 그러다가 운에서 戊가 투출함으로써 비로소 재(財)로서 기능을 발휘하여 정관을 생조하는 것을 말하고 있다.

둘째 예시는 午나 未가 지장간에 丁火라는 상관을 내포하고 있으나 동하지 않았으므로 정관을 손상하지 않고 있다. 하지만 운에서 丁火가 투출하여 상관으로서 기능을 발휘함으로써 정관을 손상하는 것을 설명하고 있다. 여기에서 지지의 未는 잡기로서 지중(支中)의 丁이 투출하면 甲에게는 상관이 되고, 지장간 중의 己가 戊나 己의 형태로 투출하면 재(財)가 된다.(잡기雜氣이므로 오행만 같으면 투간을 인정함) 辰 역시 戊나 己 중에 어떤 것이 투출해도 마찬가지다.

支中喜忌 2

若命與運二支會局, 亦作淸論。如甲用酉官, 本命有午, 而運逢寅

28 지지의 희기가 운을 만나 작용함을 논함   349

戌之類; 然在年則重, 在日次之, 至於時生於午, 而運逢寅戌會局,
則緩而不急矣。雖格之成敗高低, 八字已有定論, 與命中原有者不
同, 而此五年中, 亦能爲其禍福。若月令之物, 而運中透淸, 則與命
中原有者不甚相縣, 卽前篇所謂行運成格變格是也。

만약 원국에 있던 지지와 운에서 오는 지지가 회국을 해도 역시
청해졌다고 논할 수 있다. 甲일간이 酉를 용신으로 하는 정관격이
고, 본명에 午가 있을 때 운에서 寅이나 戌을 만나면 비로소 화국
(火局)을 이루어 상관으로 작용하게 되는 이런 경우다.

그런데 午가 연(年)에 있으면 상관
의 작용이 중(重)하고,

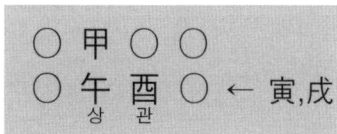

일지(日支)에 있으면 그 다음이며,

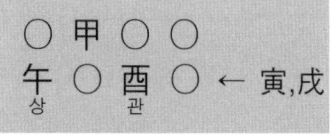

午시에 생하여 시지(時支)에 午가
있는 경우라면 비록 운에서 寅이나
戌을 만나 상관 火로 회국을 하더라
도 상관의 작용력이 급박하지 않고 완만하다.

격국의 성패(成敗)와 고저(高低)가 사주팔자 원국에서 이미 결정
되어 있고, <운에서 오는 글자가> 원국 내에 있는 것과 같지는
않다. 그래도 대운의 상하 간지 각 5년이라는 기간 동안에 오는
것 때문에 화(禍)가 되기도 하고 복(福)이 되기도 한다.(실제

간명에서는 대운을 간지 각 5년으로 나누기도 하지만, 통으로 10년을 보기도 한다) 만약 월령의 지장간 안에 있던 글자가 운에서 투출하여 청(淸)하게 되면, 이것은 원국에서 원래부터 투출해 있던 것과 서로 크게 차이가 나지 않는다. 이는 전편에서 말한 바 있는, 행운(行運)에 의해 성격이 되고 변격이 되는 것이 바로 이 내용이다.

評解 지장간이 투출하지 않더라도 지지의 회합만으로 투청(透淸)한 것과 같은 효과가 나타남을 설명하고 있다. 단지, 회합은 지장간에 있던 것이 투간한 것과 다르게 지지 두 글자 간 회합 때문에 동(動)한 것이다. 따라서 어느 자리에 있는 것과 회합하냐에 따라 그 작용력과 범위가 다름을 설명하고 있다.

 지지의 각 위치는 궁(宮)으로서 시간과 공간의 표상이 되는 것인데, 월지(月支)의 회합은 격 자체를 바꾸어버리니 가장 강력하다. 그 외에 연일시지(年日時支)는 시간과 공간에 있어 차이가 있다.

 연지(年支)는 운의 글자가 가장 먼저 만나는 곳으로 시기나 영향력 면에서 가장 강력하다. 일지(日支)로 가면 순차(順次)로도 늦어지고 범위에서도 줄어든다. 시지(時支)는 더욱 느리고 작용의 범위도 작다.

 지지의 회합과는 다르게 지장간에 있던 자(字)가 운에서 투출하면 그 작용력은 원래 원국에 있었던 것과 같은 효과가 있다. 월령에서 투출하는 것이야 격국 자체를 변격시켜버리니 말할 것도 없다. 이 말을 뒤집어 생각해 보면, 사주 원국에 원래 없던 자(字)는 원국의 자(字)와 합이나 생극에 의한 작용이 발휘되지 않는 한, 운에서 만나더도 원국에 원래 있던 자(字)가 운에서 오는 것만큼 강력한 효과가 나타나지 않는다는 점이다. 예를 들어 신약한 사주가 운에서 인성이 와서 일간을 돕는 경우, 지장간에라도 있던 인성의 자(字)가 운에서 오는 경우와 지장간에서조차 없던 인성의 자(字)가 운에서 오는 것은 그 영향력이 다르다. 이런 구분은 실제 간명에서 차이를 드러낸다.

支中喜忌 3

故凡一八字到手, 必須逐干逐支, 上下統看。支爲干之生地, 干爲支之發用。如命中有一甲字, 則統觀四支, 有寅亥卯未等字否, 有一字, 皆甲木之根也。有一亥字, 則統觀四干, 有壬甲二字否。有壬則亥爲壬祿, 以壬水用; 有甲則亥爲甲長生, 以甲木用; 有壬甲俱全, 則一以祿爲根、一以長生爲根, 二者並用。取運亦用此述, 將本命八字, 逐干逐支配之而已。

그러므로 무릇 사주팔자 하나가 입수되면, 천간과 지지를 하나하나 살피기도 하고, 상하를 통으로 전체를 보기도 해야 한다. 지지는 천간의 생지(生地)고, 천간은 지지의 발용(發用)(지장간의 쓰임이 드러나는)이 된다.(※ 逐: 하나하나, 차례대로) 가령, 명(命) 중에 甲이라는 간(干)이 있다면, 연월일시 4지지에 寅亥卯未와 같은 글자가 있는지를 전체적으로 살펴서, 그중에 한 글자라도 있으면 모두 甲木의 뿌리가 된다. 또는 명 중에 亥라는 글자가 있으면 연월일시의 4천간을 통으로 살펴서, 壬이나 甲이라는 글자가 있는지를 본다. 壬이 있으면 亥는 壬의 건록이니, 亥는 壬에 의해서 水로 쓰여진 것이다. 그리고 甲이 있으면 亥는 甲의 장생지이니, 亥는 甲에 의해서 木으로 쓰여진 것이다. 壬과 甲이 모두 있다면 亥가 한편으로는 壬水의 녹지(綠地)로서 근(根)이 되고, 한편으로는 甲木의 장생지로서 근이 된다. 이로써 亥는 壬에 의한 水로서 쓰임과 甲에 의한 木으로서 쓰임이라는 두 가지를 함께 가지게 된다.(亥중의 또 다른 장간 戊는 발용發用으로 인정하지 않음을 눈여겨 보기 바람) 운에서도 이 방법을 사용하는 것으로, 본명의 팔자에 있는 천간과 지지의 글자 하나하나를 운에서 오는 글자와 배합해서 보는 것일 뿐이다.

評解 천간과 지지의 상호 연관을 한 마디로 설명하고 있다. 천간은 지지가 있기 때문에 기(氣)와 세(勢)를 얻는 것이고, 지지는 천간이 있기 때문에 쓰임을 얻는 것이다. 이것은 원국뿐만 아니라 운에서도 똑같이 적용된다.

1개의 지지의 장간에서 2개 이상의 천간이 투출하면 각각의 천간이 쓰임을 얻는 것은 당연하다. 하지만 여기에는 반드시 고려해야 할 사항이 있다. 즉 비록 투간했더라도 다른 천간에 의해 극제되든가 합거되어버리면, 그 지장간은 쓸모를 잃게 되고 남아 있는 지장간만 쓸모를 갖게 된다는 점이다. 그러니 반드시 사주 전국을 살펴야지 하나의 논리에만 집착해서는 안 된다.

29 論時說拘泥格局
잘못된 격국에 얽매임을 논함

拘泥格局 1

八字用神專憑月令, 月無用神, 始尋格局。月令、本也; 外格、末也。
今人不知輕重, 拘泥格局, 執假失眞。

사주팔자의 용신(격국)은 전적으로 월령에 의거하고, 월령에 용신이 없을 경우라야 비로소 외격(外格)을 찾는다. 월령이 근본이고 외격은 말단이다. 요즘 사람들은 그러한 경중(輕重)을 모르고, 외격에만 얽매어 가짜를 고집하여 진짜를 잃고 있다.

拘泥格局 2

故戊生甲寅之月, 時上庚申, 不以爲明煞有制, 而以爲專食之格, 逢甲減福。

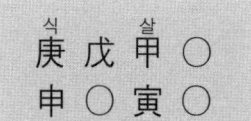

戊일간이 甲寅월에 생하고 시주(時柱)가 庚申이면, 칠살격에 식신으로 제(制)하는 칠살식제격(七煞食制格)이 분명하다. 그런데 그렇게 여기지 않고, 전식합록격(專食合祿格)이라고 <잘못> 여기면서 甲이 있어 복이 줄었다고 한다.

> **評解** 전식격(專食格)은 시주의 庚申이 일간 戊의 정관이 되는 乙卯를 암합(暗合)으로 끌어온다고 하는 외격이다. 원문의 예시 명조는 칠살격에 식신이 제살하고 있으니, 칠살식제격(七煞食制格)으로 준수한 격국을 이루었다. 굳이 허자(虛字)로 정관을 불러올 이유가 없다.

拘泥格局3

丙生子月, 時逢巳祿, 不以爲正官之格, 歸祿幫身, 而以爲日祿歸時, 逢官破局。

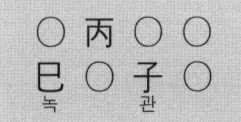

丙일간이 子월에 생하고 시지(時支)에 건록인 巳를 만나면, 정관격에 녹지(祿地)를 만나 일간을 돕는 것이 된다. 그런데도 그렇게 여기지 않고, 이를 일록귀시격(日祿貴時格)이라고 <잘못> 여기면서 정관을 만나 파격이 되었다고 한다.

> **評解** 丙火의 녹은 巳다. 원문의 예시는 子월의 丙火 일간으로 정관격이다. 기본적으로 일간이 약한데 시지 巳에 근을 두고 정관을 감당하니 성격의 소지가 있다. 이렇게 월령을 기준으로 하는 격국과의 관계에서 나머지 간지를 비교 판단하면 되는 것이지, 일록귀시(日祿貴時)니 하는 외격의 명칭을 끌어다 쓸 이유가

없다.

拘泥格局 4

辛日透丙, 時遇戊子, 不以爲辛日得官逢印, 而以爲朝陽之格, 因丙無成。

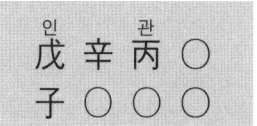

辛일간에 丙이 투출하고 시주(時柱)에 戊子를 만나면, 辛일간이 정관을 얻고 인성을 만나 관인상생격이 된다. 그런데 그렇게 여기지 않고, 조양격(朝陽格)이라고 <잘못> 여기면서 정관인 丙이 있어서 조양격을 이루지 못했다고 한다.

評解 辛金 일간이 戊子시에 생하면 子가 巳를 암합(暗合)해 와서 巳중 정관 丙을 용신으로 하는 것이 조양격(朝陽格)이다. 조양격이라 함은 子가 巳를 불러오는 현상뿐만 아니라, 불러온 巳에서 戊와 丙이 녹을 같이한다는 조건이 필요하다.(뒤의 잡격편에 상세히 해설되어 있다) 조양격을 취하는 이유는 사주 내에 없는 관살을 불러오고자 하는 것이다. 원문의 예시에서는 이미 월간(月干)에 정관인 丙火가 있으니, 억지로 조양격이라는 별격의 형식을 취하여 정관을 불러올 필요가 없다. 이런 경우는 丙火 정관이 용신에 戊土 인성이 상신인 구조로 정관용인격(正官用印格) 성격이다.

拘泥格局 5

財逢時煞, 不以爲生煞功身, 而以爲時上偏官。

재격인 사주에 시간(時干)에 칠살이 있으면, 재(財)한테서 생조받은 칠살이 본신인 일간을 공격하여 파격이다. 그런데도 그렇게 여기지 않고, 오히려 이를 시상편관격(時上偏官格, 시상일위귀격時上一位貴格)이라고 <잘못> 여기며 좋다고 한다.

評解 칠살은 기본적으로 나를 극하는 것이 강력하다. 나의 겁재에게는 정관이 되니, 상대적으로 나에게는 흉포한 살성(殺性)을 발휘하는 것이다. 하지만 이러한 칠살의 흉성이 제어만 된다면, 정관보다 훨씬 격국이 뛰어나게 된다. 결국, 칠살이란 것이 제어가 되면 아주 훌륭한 격국이 되지만, 제어가 되지 않고 나 일간을 바로 극상하면 피해가 아주 크다.

위의 예시는 임의로 만들어 본 것인데, 이런 경우에 壬水 칠살을 극제할 戊土 식신이 있든가, 칠살을 화살(化煞)한 인성 甲, 乙木이 있으면 이 사주는 식신제살(食神制煞)이나 살인상생의 귀격 사주가 된다. 그러나 식신이나 인성이 없이 칠살의 극제를 그대로 받는다면 파격 사주로서 사람됨이 흉포하든가 신체에 이상이 있을 수 있다.

丙火와 壬水가 같이 있으면 강휘상영(江輝相映)이라고 하여 상당히 좋게 여긴다. 그리고 계절별 십간의 희기를 중심으로 사주를 간명하는『난강망(궁통보감)』에서는 丙火 일간의 경우 亥월만 제외하고는 壬水가 1년 내내 용신이다.『난강망』에서 丙火 일간에게 壬水를 용신으로 취하는 것은 丙火와 壬水라는 두 천간의 상호 관계에서 작용을 논하는 것이지, 칠살이라는 흉성의 제어가 없는 상태에서 丙火 일간이 壬水를 보기만 하면 무조건 좋다는 게 아니다. 얼핏보면『난강망』의 관점과 대치되는 것 같지만, 말하고자 하는 의미는 결국 같은 것이기에 일부러 시상편관격의 예시에 丙火 일간에 壬水를 취하여 해설했다.

拘泥格局 6

^{계생사월} ^{시우갑인} ^{불이위암관수파} ^{이이위형합성격}
癸生巳月, 時遇甲寅, 不以爲暗官受破, 而以爲刑合成格。

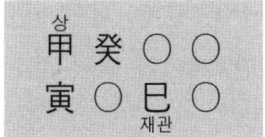

癸일간이 巳월에 생하고 시주(時柱)에 甲寅이 있으면, 월령 巳중에 암장된 정관인 戊土가 상관인 甲木에 의해 파손된다. 그런데도 그렇게 여기지 않고, 이를 형합격(刑合格)으로 성격되었다고 <잘못> 여긴다.

評解 癸일간이 甲寅시에 생하면 寅이 巳를 형(刑)으로 암합해 와서 巳중 정관 戊를 용신으로 하는 것이 형합격(刑合格)이다. 『자평진전』에서는 유독 壬水 일간과 癸水 일간의 경우에만 재성인 巳午에 내장되어 있는 戊土와 己土 관살을 중요하게 여긴

29 잘못된 격국에 얽매임을 논함

다른 일간들은 巳중 戊土와 午중 己土를 그리 중요하게 여기진 않는데, 이는 『자평진전』의 시각이 관살을 중히 여기는 데에서 기인한 것 같다.

원문의 예시는 그냥 단순하게 재격에 상관이 투출하여 상관생재하고 있다고 보는 것이 더 타당할 것 같다. 재성이 용신이고 상관이 상신이어서 재대상관격(財帶傷官格)이 성격되었는데, 굳이 寅이 巳를 형하여 와서 巳중 戊土 정관을 불러온다든가, 투출하지도 않은 월지 巳중 戊土 정관이 상관 甲木에게 극상되어 정관격이 파격되었다든가 하는 억지 논리를 갖다붙일 이유가 없다. 巳, 午월의 壬·癸 일간에서 지장간의 戊·己土 관성을 중요하게 여기는 이유는 「제3부 격국의 분석과 취운」 재격 편에서 다시 다루고 있다.

拘泥格局 7

癸生冬月, 酉日亥時, 透戊坐戌, 不以爲月劫建祿, 用官通根, 而以爲拱戌之格, 塡實不利。辛日坐丑, 寅年、亥月、卯時, 不以爲正財之格, 而以爲塡實拱貴。

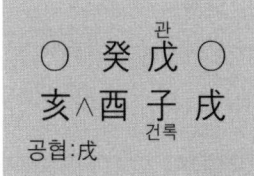

겨울에 생한 癸일간이 酉일 亥시면서 정관 戊가 투출하고 지지에 戌이 있으면, 건록격에 용신인 정관이 지지에 통근(通根)한 것이다. 그런데도 그렇게 여기지 않고, 공술격(拱戌格)이라고 <잘못> 여기면서 戌이 전실(塡實)(메움, 채

움)되어 불리하다고 한다.

辛辛○○
卯∧丑亥寅
공협:寅

辛일간이 일지에 丑을 두고 寅년 亥월 卯시면, 이는 <상관격이 합 때문에> 재격으로 된 것이다.(천간의 辛金 때문에 지지에서 재성 목국木局이 성립되기는 쉽지 않다) 그런데도 그렇게 여기지 않고, 이를 공귀격(拱貴格)으로 <잘못> 여겨서 공협(拱夾)된 귀(貴)가 전실이 되어 <나쁘다고> 한다.

評解 공귀협록격(拱貴夾祿格)은 주중(柱中)에 정관이나 귀인이 없고, 붙어 있는 두 지지가 한 자리를 건너뛰어 연결되어 있을 때, 그 사이에 있는 허자(虛字)를 끌어다가 정관이나 귀인이 있는 것으로 보는 것이다.

위의 첫째 예시는 酉와 亥 사이의 빈 자리에 戌이 공협(拱夾)되었다고 보고, 공협된 戌중 정관 戊를 용신으로 하여 공술격(拱戌格)으로 여긴다는 말이다. 그런데 이미 정관인 戊土가 지지에 근(根)을 두고 투출했으니 건록용관격(建祿用官格)으로 성격이다. 굳이 허자인 戌에서 정관을 끌어올 이유가 없다.

위의 둘째 예시는 丑과 卯 사이의 빈 자리에 寅이 공협되었는데, 이 寅은 辛에게는 천을귀인(天乙貴人)이다. 이 명조는 월지 亥가 용신인 상관격에 재성이 상신으로 있는 상관생재격이 성격되었다. 그런데 굳이 격국과도 무관한 귀인을 억지로 끌어와서 쓸 이유가 없다.

拘泥格局 8

乙逢寅月, 時遇丙子, 不以爲木火通明, 而以爲格成鼠貴.

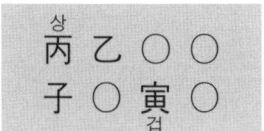

乙일간이 寅월에 생하고 시주에 丙子를 만나면 목화통명(木火通明)인데, 그렇게 여기지 않고 서귀격(鼠貴格)이 성격되었다고 <잘못> 여긴다.

評解 乙일간이 丙子시면, ① 丙의 녹이 되는 巳가 申을 형으로 암합하여 오고 이 申中 庚을 乙의 정관으로 삼는다는 이론과 ② 子가 巳를 압합하여 부르고 불려온 巳가 申을 형합하여 불러서 申中 庚을 乙의 정관 용신으로 삼는다는 이론이 육을서귀격(六乙鼠貴格)이다.

원문의 예시는, 봄의 木일간은 왕성한 기운을 식상으로 설(洩)하는 것이 가장 좋은데, 이를 목화통명(木火通明)이라 하여 귀하게 여긴다. 그러므로 굳이 없는 정관을 허자로 불러다가 쓸 이유가 없다.

拘泥格局 9

如此謬論, 百無一是, 此皆由不知命理, 妄爲評斷也.

이러한 잘못된 이론들은 백에 하나도 맞는 것이 없다. 이 모두가 명(命)의 이치를 모르는 데서 말미암은 것으로 함부로 평가하고 판단한 탓이다.

30 論時說以訛傳訛
학설이 와전됨을 논함

訛傳 1

八字本有定理, 理之不明, 遂生異端, 妄言妄聽, 牢不可破。如論干支, 則不知陰陽之理, 而以俗書體象歌訣爲確論; 論格局, 則不知專尋月令, 而以拘泥外格爲活變; 論生剋, 則不察喜忌, 而以傷旺扶弱爲定法; 論行運, 則不問同中有異, 而以干支相類爲一例。

사주팔자에는 본래부터 정해진 이치가 있는데, 그 이치를 명확하게 깨닫지 못함으로 해서 이단(異端)이 생겨난다. <그리고> 그것을 함부로 말하고 헛된 것을 듣게 되어 오류에 굳어버리면 깰 수가 없게 된다. 예를 들어 간지를 논한다고 하면서 음양의 이치도 모른 채, 속서(俗書)의 체상가결(體象歌訣)을 확실한 논리로 여긴다. <그리고> 격국을 논한다고 하면서 격국은 전적으로 월령에서 찾아야 한다는 것도 모른 채, 외격에만 얽매이면서 그것을 활변(活變)(융통성 있는 통변)이라고 여긴다. 생극(生剋)을 논한다고 하면서 희기(喜忌)는 살피지도 않은 채, 왕(旺)한 것은 덜어내고, 약(弱)한 것은 도와주는 것을 정해진 법칙처럼 여긴다. <그리고> 운(運)을 논한다고 하면서 같은 듯하면서도 다름이 있는데(오행이 같아도 음간 양간이 다르고, 천간에서와 지지에서의 작용이 다르다) 이를 따지지도 않고, 천간이든 지지든 오행만 같으면 같은 작용을 하는 한 가지 예(例)로 삼아버린다.

評解 "팔자에는 본래부터 정해진 이치가 있다"고 하는 것은 다름 아닌 오행의 생극제화(生剋制化)의 바른 이치를 말한다.

　음양과 간지의 기본에 충실하면서 월령을 중심으로 하는 격국으로 사주를 논해야지 외격에 치우치면 안 된다. 그리고 생극의 희기는 기본 격국의 체계하에서 판단해야지, 강약(强弱)만 따져서 억부(抑扶)를 맞추는 것을 중화(中和)로 오해하면 안 된다. 또 운의 간지도 단순히 오행이 같다고 음양의 차이를 무시하고 희기를 같이 본다든가, 천간과 지지를 구분하지 않고 같이 논한다든가 하면 오류가 끝이 없을 것이다.

訛傳 2

究其緣由, 一則書中用字輕重, 不知其意, 而謬生偏見; 一則以俗書無知妄作, 誤會其說, 而深入迷途; 一則論命取運, 偶然湊合, 而遂以已(己)見爲不易; 一則以古人命式, 亦有誤收, 卽收之不誤, 又以己意入外格, 尤爲害人不淺。

그렇게 된 연유를 따져보면, 하나 - 책에 쓰여진 글자마다 각각의 경중(輕重)이 있는데, 그 의미를 잘 알지 못하는 오류 때문에 편견이 생기게 되었고, 하나 - 속서(俗書)라는 것은 잘 알지도 못하면서 함부로 지어진 것으로 명리의 학설을 잘못 이해하도록 하여 그릇된 길로 더 깊이 빠져들게 만들었고, 하나 — 명(命)을 논하고 운(運)을 취함에 우연히 맞아떨어진 것을 이미 드러난 학설(자기의 견해나 학설)(판본마다 다르지만 둘 다 쓸 수 있을 것 같다)로 여기면서 바꾸지 않는 것이고, 하나 — 옛 사람들의 사주 명식(명조)이 잘못 입수(기록)되었거나, 설령 잘못 기록된 것이 아닌 데도 자기 마음대로 외격에 포함시켜버리니, 이것이 사람들에게 더욱 피해를 끼치는 것이 적지 않다.

評解 예로부터 명리학이 전달되는 과정에서 잘못 전달되거나, 이해를 하지 못하여 왜곡되어 전달된 것도 있다는 설명이다. 가령 오성학(五星學)에서는 연(年) 위주로 성신(星辰)과 납음(納音)을 써서 격국을 잡았다. 그런데 이를 잘못 이해하거나 자기의 학식을 뽐내고자, 일(日)을 위주로 하는 자평학에다 성신과 납음을 끌어다 쓰니, 결국 자기도 스스로 속고 세상도 속이는 결과가 되었다고 한다.

訛傳 3

如壬申、癸丑、己丑、甲戌, 本雜氣財旺生官也; 而以爲乙亥時, 作時上偏官論, 豈知旺財生煞, 將救死之不暇, 於何取貴? 此類甚多, 皆誤收格局也。如己未、壬申、戊子、庚申, 本食神生財也; 而棄卻月令, 以爲戊日庚申合祿之格, 豈知本身自有財食, 豈不甚美? 又何勞以庚合乙, 求局外之官乎? 此類甚多, 皆硬入外格也。
_{하 로 이 경 합 을　구 국 외 지 관 호　　차 류 심 다　　개 경 입 외 격 야}

|甲|己|癸|壬|
|戌|丑|丑|申|

예를 들어 壬申, 癸丑, 己丑, 甲戌로 된 명조는 본래 잡기재왕생관격(雜氣財旺生官格)이다.

|乙|己|癸|壬|
|亥|丑|丑|申|

그런데 상기 명조를 乙亥시(時)라고 여기면서 시상편관일위귀격(時上偏官一位貴格)이라고 잘못 주장한다. 이리되면 왕한 재성이 칠살 乙을 생하여 일간인 본신은 장차 죽음에서 구제될 겨를조차 없다는 것을 어찌 알겠으며, 이러한데 어떻게 귀(貴)를 취할 수 있겠는가? 이런 유형은 아주 많은데, 모두 격국을 <외격으로> 잘못 받아들인 것이다.

|庚|戊|壬|己|
|申|子|申|未|

예를 들어 己未, 壬申, 戊子, 庚申으로 된 명조는 본래 식신생재격이다. 그런데도 월령의 용신을 버리고선, 戊일간에 庚申시라는 것만 보고는 합록격(合祿格)(庚이 乙을 암합해 와서 일간 戊의 정관으로 하여 용신을 취하는 외격)이라고 여기니, 본신(=원국) 자체에 재(財)와 식신(食神)이 있음을 어찌 알겠으며, 이 자체로써 이 어찌 매우 아름답지 않다는 말인가? 그런데도 또다시 무슨 이유로 庚으로 乙을 암합함으로써, 굳이 원국 밖에서 정관을 불러오고자 수고할 필요가 있겠는가?

이런 유형은 매우 많은데, 모두 억지로 외격에 포함시켜서 생긴 오류다.

評解 억지 외격(外格)의 오류를 지적하고 있다.

```
  관  일  재  재
  甲  己  癸  壬
  戌  丑  丑  申
```

맨 위에 예시된 壬申생의 명조는 월령의 잡기 丑에서 壬, 癸가 투출하여 잡기재격(雜氣財格)이고, 정관 甲이 투출하여 재성인 壬, 癸의 생조를 받고 있는 재왕생관격 성격이다. 겨울이라 조후가 시급한데, 시지(時支) 戌중 丁火가 미약하지만 조후를 맞추고 있다. 火운이 오면 사주에 한기(寒氣)가 가시면서 발복(發福)할 수 있다.

```
  살  일  재  재
  乙  己  癸  壬
  亥  丑  丑  申
```

그런데 시(時)가 乙亥시로 바뀌면, 시간(時干)에 칠살이 투출하여 일간을 극한다는 흉의뿐만 아니고, 얼어버린 水가 정관이든 칠살이든 어찌 木을 자라게 할 수 있겠는가? 정관, 칠살이라는 십성의 성정을 논하기 전에 조후가 안 맞았으니 쓸모없는 격의 사주다. 그런데 시상일위귀격(時上一位貴格)이라니 억지 논리일 뿐이다.

```
  식  일  재  겁
  庚  戊  壬  己
  申  子  申  未
```

맨 아래에 예시된 己未생의 명조는 식신격 편에 나오는 사 각로(謝閣老)(閣老: 승상의 높임말)의 명조다. 월령 申에서 식신 庚金과 재성 壬水가 같이 투출했다. 식신과 재성이 동근(同根)으로 유정하고 유력하니 식신생재격 중에서도 아주 좋은 격국이다. 연(年)의 겁재 己未는 재성 壬水를 탈재(奪財)하기보다는 극설(일간이 식신에게 설기되고 재성을 극함)로 약해질 수 있는 일간을 돕는 역할을 하고 있다. 이토록 격국이 훌륭하게 성격되었는데도 억지로 형합격(刑合格)이라는 외격으로 정관을 굳이 끌어올 이유가 없다.

訛傳 4
<small>와 전</small>

<small>인구중무정견   찰리부정   도차류론   기능무혹   하황근일귀격불</small>
人苟中無定見, 察理不精, 睹此謬論, 豈能無或? 何況近日貴格不
<small>가해자   역왕왕유지호   기지행술지인   필이귀명위지귀   혹장풍</small>
可解者, 亦往往有之乎? 豈知行術之人, 必以貴命爲指歸, 或將風
<small>문위실거   혹탐기생일   이즉이기의가지생시   류조귀격   기인지</small>
聞爲實據, 或探其生日, 而卽以己意加之生時, 謬造貴格。其人之
<small>팔자   시다미확   즉피본신   역불자지   약간명자불구기본   이도이</small>
八字, 時多未確, 卽彼本身, 亦不自知。若看命者不究其本, 而徒以
<small>피기부귀   천취기설이상종   무혹호종신무해일의</small>
彼旣富貴, 遷就其說以相從, 無或乎終身無解日矣.

만약 사람이 정견(定見)이 없다면 이론을 살필 때 정밀하지 못하니, 이러한 잘못된 이론들을 본다면, 어찌 미혹(迷惑)되지 않을 수 있겠는가? 하물며 요즘 귀격(貴格)을 해석하지 못하는 이론들이 왕왕 있는데 어찌하여 그런가? <잘못된> 이론을 배워서 술법을 행하는 술사들이 귀명(貴命)을 귀록(歸祿)을 가리키는 것으로 여기거나, 풍문으로 들은 것을 실제 근거한 것으로 여기거나, <풍문으로 들은 사주의> 생일을 찾아서 곧 자기의 의견으로 생시(生時)를 첨가하여 귀격이라고 잘못 날조한다는 것을 어찌 알겠는가? 사람의 팔자에는 시(時)가 확실하지 않은 것들이 많고, 설령 본인 자신 역시 잘 모르기도 한다. 만약 명(命)을 보고자 하는 사람들이 이러한 근본을 연구하지 않고, 단지 이미 부귀를 이루었다는 사실만 가지고 <그 사실에다 맞추기 위해> 학설을 멋대로 바꿔가며 따른다면 평생토록 명리의 이치를 깨닫지 못할 것에 추호의 의심도 없다.

제3부
格局의 分析과 取運

3 1 論正官
정관격을 논함

正官 1

官以剋身, 雖與七煞有別, 終受彼制, 何以切忌刑沖破害, 尊之若是乎? 豈知人生天地間, 必無矯焉自尊之理, 雖貴極天子, 亦有天祖臨之。正官者分所當尊, 如在國有君、在家有親, 刑沖破害, 以下犯上, 烏乎可乎?

정관(正官)이 본신인 일간을 극하는 것에서 비록 칠살과는 차이가 있다고 하더라도, 결국은 내가 극제를 받는 것이다. 그런데 어찌하여 형충파해 당하는 것을 절대로 꺼릴 정도만큼이나 정관을 그처럼 존귀한 것으로 여긴다는 말인가? 사람이 천지지간에 태어나 만물의 영장이지만 자존지리(自尊之理)(혼자만 잘났다고 우쭐댐)를 바로잡지 않으면 안 된다는 것을 어찌 알겠으며, 비록 극귀한 천자라고 한들 역시 하늘과 조상이 내려다 보고 있다는 것을 어찌 알겠는가?(※ 矯: 바로잡다) 정관이라는 것은 마땅히 존중받아야 할 자리에 있는 것이 마치 나라에는 임금이 있고, 집에는 부친이 있는 것과 같다. 이런 정관을 형충파해하는 것은 아래가 위를 범하는 것과 같으니 이 어찌 옳다고 할 수 있겠는가?

正官 2

以刑沖破害爲忌,則以生之護之爲喜矣。存其喜而去其忌則貴,而貴之中又有高低者,何也? 以財印並透者論之,兩不相礙,其貴也大。如薛相公命,甲申、壬申、乙巳、戊寅,壬印戊財,以乙隔之,水與土不相礙,故爲大貴。若壬戌、丁未、戊申、乙卯,雜氣正官,透干會支,最爲貴格; 而壬財丁印,二者相合,仍以孤官無輔論,所以不上七品。

정관은 형충파해(刑沖破害)를 꺼리고, <재성이> 자신을 생해주고, <인성이 식상을 극제함으로써> 자신을 보호해 주는 것을 기뻐한다. 기뻐하는 것(희신: 재성, 인성)은 존치시키고, 꺼리는 것(기신: 상관 등)은 제거한다면 곧 귀격(貴格)이다. 그런데 귀격 중 또 고(高)·저(低)가 있으니, 어떤 경우인가? 정관격에서 재(財)와 인수(印綬)가 함께 투출한 것을 논하자면, 재(財)와 인(印) 두 가지가 서로 장애가 되지 않는다면 귀함이 아주 큰 것이다.

| 戊 | 乙 | 壬 | 甲 |
| 寅 | 巳 | 申 | 申 |

예를 들어 설 상공(薛相公)의 명조는 甲申, 壬申, 乙巳, 戊寅인데, 이 명조에는 인수 壬과 재성 戊가 있고, 일간인 乙이 이 둘을 이격(離隔)하고 있어서 水와 土가 서로 장애가 되지 않는다. 그러므로 대귀격(大貴格)이다.

| 乙 | 戊 | 丁 | 壬 |
| 卯 | 申 | 未 | 戌 |

壬戌, 丁未, 戊申, 乙卯의 명조는 잡기정관격(雜氣正官格)인데, 未중에서 정관 乙이 투출했다. 또 卯와 未가 회합하여 목국(木

局)을 이루어 정관 乙의 근(根)이 되어 주는 것 같아서 최고의 귀격처럼 보인다. 하지만 재성 壬과 인수 丁이 투출한 것까지는 좋았는데, 이 둘이 서로 합해서 사라져버리니 고관무보(孤官無輔)로 논하게 된다. 그런 이유로 벼슬이 7품 이상 오르지 못했다.

評解 평해 설 상공(相公)(승상丞相, 정승의 존칭)의 명조는 정관격

재		인	
戊	乙	壬	甲
寅	巳	申	申
		관	

에 인수와 재성이 동시에 투출하여 자칫 재극인(財剋印)되어 정관에게 꼭 필요한 재와 인이 동시에 사라져서 고관무보가 되어 정관격의 파격처럼 보인다. 그러나 戊土 재성은 일간에게 극을 당하고 지지 寅의 극제를 받고 있어 인성 壬水를 극할 수 없으니 관인상생의 격이 성격되었다. 다만, 정관격에서 가장 꺼리는 형(刑)이 있다. 그것도 寅巳申이 다 모여서 삼형(三刑)이 되고 있다. 이것 때문에 정관격 파격이다.

「평주」(評註)에서 서낙오는 寅巳申 삼형을, 삼형 때문에 귀기(貴氣)가 손상되고 풍파가 많았을 것이라는 정도로 넘어가고 격은 그대로 귀격으로 설명하고 있다. 그렇게 보는 것은 논리에 좀 어긋나는 면이 있다. 정관격이 월령에 충형(沖刑)을 맞으면 그 자체로 파격이다. 그 충형을 다른 글자가 잡아 주어야만 성격이 된다. 이 사주가 월령에 형(刑)이 있는데도 상공의 자리까지 오를 수 있었던 이유가 있다. 이 사주가 월령 기준으로 정관격이지만 실제로 申중에서 壬水가 투출하여 인수격으로 변하였고, 인수격에서는 충형 때문에 격이 손상된다고 보지 않고, 다만 격이

파괴되지만 않으면 된다. 만약 월지에 辰戌충이 있었다면 辰戌충으로 월지가 흔들리고 辰과 戌중 戊土가 투출하여 壬水를 극하니, 아무리 甲, 乙이 戊土를 극한다고 하더라도 인성인 壬水가 손상되어 격이 많이 떨어졌을 것이다.

이 사주는 재성 戊土가 인수 壬을 극하고자 한다. 하지만 일간 乙木이 있음으로 해서 보호되어 인수격에 정관이 있는 인수용관격(印綬用官格)으로 성격되어, 壬이 용신인 인수격에 상신은 월지 申중 정관 庚이다. 다만, 격 자체가 정관격은 아니지만 寅巳申 삼형 때문에 정관이 손상되는 것은 있으니 삶에 굴곡은 많았을 것이다. 그리고 寅巳申 삼형의 좋은 면으로는 형(刑)의 의미에 걸맞는 생살여탈권(生殺與奪權)을 가지는 막강한 권력을 휘둘렀을 것이다.

```
  관    인  재
  乙 戊 丁 壬
  卯 申 未 戌
         잡기
  卯未 관성 木국
```

7품 벼슬의 명조는 월령 未에서 정관 乙과 인수 丁이 동시에 투출했다. 이것만 보면 같은 월령에서 관인(官印)이 투출하여 아주 유정하고 유력한 격국의 사주가 될 뻔했다. 그런데 재성인 壬水가 투출해서 정관격에 꼭 필요한 재(財)와 인(印)이 동시에 사라져버리니, 좋은 것을 투출시켜놓고는 같이 사라져버려 처음부터 없었던 것보다도 더 못한 형국이 되어버렸다. 결국 고관무보의 사주가 되어버렸다.

지지의 卯未회합은 일지에 申이 있어서 완전히 회합이 되지는 못한다. 오히려 戌未가 형(刑)이 되어 정관격에 월령이 형(刑)을 맞은 형국이다. 이 사주 역시 형과 관련된 일에 종사했을 가능성이 크다. 투출한 乙을 용신으로 하는 잡기정관격에 상신은 인성

丁과 재성 壬이지만 합거되어 파격까지는 아니더라도 고관무보의 중하격(中下格) 사주가 되었다.

正官 3
_{정관}

若財印不以兩用, 則單用印不若單用財; 以印能護官, 亦能洩官,
_{약재인불이량용   즉단용인불약단용재   이인능호관   역능설관}

而財生官也。若化官爲印而透財, 則又爲甚秀, 大貴之格也。如金
_{이재생관야   약화관위인이투재   즉우위심수   대귀지격야   여김}

狀元命, 乙卯、丁亥、丁未、庚戌, 此並用財印, 無傷官而不雜煞, 所
_{장원명   을묘 정해 정미 경술   차병용재인   무상관이부잡살   소}

謂去其忌而存其喜者也。
_{위거기기이존기희자야}

만약 정관격인데 재(財)와 인(印) 둘을 함께 사용할 수 없다면, 인성만을 쓰게 되는 것이 재성만 쓰게 되는 사주보다 못하다. 인성은 <식상을 극제하여> 정관을 보호하기도 하지만 정관을 설기하기도 하는데, 재성은 바로 정관을 생해 주기 때문이다. 만약 인성이 있어서 정관을 설기하여 인성으로 화(化)하고 있는 구조에 재성이 투출해 있다면 아주 빼어나게 되어 대귀격이 된다.

庚	丁	丁	乙
戌	未	亥	卯

예를 들어 김 장원(金狀元)의 명조는 乙卯, 丁亥, 丁未, 庚戌인데, 이것은 재(財)와 인(印)을 함께 쓰는 사주다. 상관이 없고 칠살도 섞이지 않았으니, 소위 꺼리는 것은 제거하고 기뻐하는 것은 존치시킨 사주다.

評解 _{평해} 김 장원(狀元)(장원급제)의 명조에서 지지의 亥卯未

```
재        인
庚 丁 丁 乙
戌 未 亥 卯
      관
```

목국(木局)은 시간(時干)의 庚金이 극제하여 성립하지 않는다. 따라서 그대로 정관격이다. 그래도 이 사주는 인수가 왕하고, 일간 역시 戌未에 근(根)을 두고 비견이 돕고 인성이 왕하게 일간을 도우니 인성과 일간이 둘 다 아주 왕하다. 월지 정관 亥는 자기 계절임에도 인성으로 설기가 너무 심하다. 관인상생이 좋다고 하지만 이런 경우 정관이 인성으로 설기되는 것이 너무 과(過)하다. 그것을 시간(時干)에 庚金이 투출하여 지지의 목국(木局) 회합을 극하여 인수격으로 변격을 못하게 하고, 연간의 乙도 극하면서 월령 정관 亥(壬)를 생조하고 있다. 월령 亥중 壬水를 용신으로 하는 정관격에 상신(相神)은 재성 庚과 인수 乙이다.

正官 4

然而遇傷在於佩印, 混煞貴乎取淸。如宣參國命, 己卯、辛未、壬寅、辛亥, 未中己官透干, 用淸; 支會木局, 兩辛解之, 是遇傷而佩印也。李參政命, 庚寅、乙酉、甲子、戊辰, 甲用酉官, 庚金混雜; 乙以合之, 合煞留官, 是雜煞而取淸也。

정관격에 상관이 있으면 인성의 유무(有無)에 성패가 달려 있고, 칠살이 섞여 있을 때에는 청(淸)한 것을 취하면(관살혼잡이 해소되면) 귀하게 된다.

辛	壬	辛	己
亥	寅	未	卯

예를 들어 선 참국(宣參國)의 명조는 己卯, 辛未, 壬寅, 辛亥인데, 未중 정관 己가 투간하여 용신이 청(淸)해졌다.(고지庫地인 未중에 다른 오행과 섞여져 잡雜하던 것이 투간하여 청淸해졌다) 지지에서 亥卯未 木상관국을 이루고자 하나, 천간의 2개의 辛金이 이를 해소하니, 이것이 상관을 만났으나 인성을 차고 있어서 성격이 된 경우다.

戊	甲	乙	庚
辰	子	酉	寅

이 참정(李參政)의 명조는 庚寅, 乙酉, 甲子, 戊辰이다. <이 명조는> 甲일간이 酉를 정관으로 하는 정관격인데 庚金 칠살이 혼잡되어 있다. <그런데> 겁재 乙이 庚과 합하니 합살하고 정관을 남기게 되었다. 이것이 관살혼잡이던 것이 청(淸)해진 경우다.

평해 評解 정관격이 가장 꺼리는 것은 상관이 있어서 정관을 바로 극하여 상관견관이 되는 것과, 칠살이 같이 투출해서 관살혼잡이 되는 것이다. 상관이 있어도 인성이 있으면 인성이 상관을 극거(剋去)하여 정관을 보호하니 정관격은 성격이 된다. 원래 정관이 가장 좋아하는 것은 정관을 생하면서 도와주는 재성이지만, 상관이라는 병(病)이 있을 때는 그 병을 당장 제거해 줄 인성이 더 필요하다. 그리고 사주에 정관과 상관이 동시에 있으면, 일간에게는 정관의 극과 상관의 설기가 동시에 있게 되어 신약해질 우려도 있다. 이럴 때 재성으로 상관을 설기하여 정관을 생하는 구조보다는 인성으로 상관을 극제하고 일간을 생해 주는 구조가 더 선순환

(善循環)이다.

　그리고 정관격에 칠살이 같이 투출하면 관살혼잡으로 파격인데, 이럴 때 칠살을 합거나 극거하면 혼잡이 해소되어 그 자체로 성격(成格)이 된다. 이런 경우 칠살을 남기고 정관을 제거하더라도 성격이 된다. 즉 이 경우 정관은 길신이니 보호해야 하고 칠살은 흉신이니 제거해야 한다는 논리보다도, 잡(雜)한 것에서 하나를 제거하여 청(淸)하게 하는 것이 더 우선이다. 물론 격이 정관이니 정관을 남기고 칠살을 제거하는 것이 더 귀해질 것이다. 뒷 편에 나올 칠살격에서도 관살혼잡이 되면, 역시 혼잡을 해소하기만 하면 성격이 된다. 물론 칠살격에서는 칠살을 남기고 정관을 제거하는 것이 더 귀해질 것이다.

인		인	관
辛	壬	辛	己
亥	寅	未	卯
		관	

亥卯未 상관 木국 해소

　선 참국(參國)(종2품의 벼슬)의 명조는 未에서 己土가 투출하여 정관격이다. 지지에서 亥卯未가 회합하여 목국(木局) 식상으로 화(化)하여 정관 己土를 극하려고 한다. 그런데 월간(月干)과 시간(時干)에 인성 辛金이 투출해서 지지 회합을 못하게 하여 정관 己土를 보호하면서 또 식상으로 설기가 심한 일간 壬水를 생해 주고 있다.

　정관격에서 식상(食傷)이 관(官)을 손상하려고 하는 것을 인성으로 식상을 제복하고 관인상생으로 다시 일간을 생하고 있다. 상관제복(傷官制伏)과 관인(官印)의 특성을 동시에 가지는 교육자 명조가 이런 구조가 될 수 있겠다. 未에서 투출한 己를 용신으로 하는 정관격에 상신은 인성 辛으로 정관패인격(正官佩印格) 성격이다.

재	겁살		
戊	甲	乙	庚
辰	子	酉	寅
		관	

이 참정(參政)(부재상급 벼슬)의 명조는 정관격에 칠살이 투출하여 관살혼잡이다. 또 겁재도 투출하여 재성을 탐하고 있다. 이 둘의 기신(忌神)이 서로 乙庚으로 합하여 동시에 사라지니 칠살이라는 적과 겁재라는 도둑을 동시에 제거한 것이 되었다. 겁재의 제거로 온전하게 남은 시간(時干)의 재성 戊土로 월령인 정관 酉를 생하니 정관이 더 청하고 강력해졌다. 寅과 辰에 근이 있고 子, 辰의 생조를 받는 일간도 강하고 정관도 강하니 귀격 사주다. 월령 酉중 辛이 용신인 정관격에 상신은 겁재 乙이고, 시간(時干)의 재성 戊土가 정관을 생하는 정관용재격(正官用財格) 성격이다.

正官 5

至於官格透傷用印者, 又忌見財, 以財能去印, 未能生官, 而適以護傷故也。然亦有逢財而反大貴者, 如范太傅命, 丁丑、壬寅、己巳、丙寅, 支具巳丑, 會金傷官, 丙丁解之, 透壬豈非破格? 卻不知丙丁並透, 用一而足, 以丁合壬而財去, 以丙制傷而官清, 無情而愈有情。此正造化之妙, 變幻無窮, 焉得不貴?

정관격에 상관이 투출하여 인수를 쓰는 사주에 또 재성이 보이는 것은 꺼린다. 이는 재성이 먼저 인성을 제거함으로써, 정관을 생하지는 않고 오히려 <인성을 제거함으로써> 마침내 상관을 보호하는 역할만 하게 되기 때문이다. 그러나 재성을 만났는데도 오히려 대귀하게 되는 경우도 있다.

丙	己	壬	丁
寅	巳	寅	丑

예를 들어 범 태부(范太傅)의 명조로 丁丑, 壬寅, 己巳, 丙寅인데, <이 명조는> 지지에서 巳丑으로 상관 금국(金局)을 이루고자하나 천간의 인성 丙, 丁이 이를 해소한다. 그런데 재성 壬이 투출하여 파격이 되는 것은 아닌가? 丙, 丁이 같이 투출했으나 하나만 써도 족하니, 丁이 壬과 합하여 재성을 합거함으로써 남아있는 인성 丙火로 하여금 상관 금국(金局)을 극제하도록 했다. 이로써 정관이 청(淸)해졌으니, 무정하던 것이 더욱 유정하게 되었다는 것을 모르기 때문이다. 이것이 바로 조화의 절묘함으로, 변화가 무궁하니 어찌 귀하지 않을 수 있겠는가?

평해 評解 범 태부(太傅)(태자의 사부師傅. 정1품)의 사주는 월령으

	인	재	인
丙	己	壬	丁
寅	巳	寅	丑
		관	

巳丑 상관 金局 해소

로는 정관격이지만 실제로는 寅에서 丙火가 투출하여 인수격으로 변격되었고, 재성 壬水가 극제하고자하나 丁이 합을 하여 해소되니 인수격 성격이다. 결국 寅에서 투출한 丙火가 용신인 인수격에 상신은 丁이고 寅중 정관 甲木이 인성을 생조하는 인수용관격 성격에 巳丑 상관 금국(金局)으로(丙, 丁의 극제로 완전한 금국金局을 이루지는 못하지만, 巳丑의 회합 작용은 있다) 신강한 기운을 설(洩)하는 인용식상격(印用食傷格)도 겸하게 되니 대귀한 사주가 되었다.

正官 6
<small>정관</small>

<small>지약지지형충　회합가해　이견전편　불필재술　이이후제격　역불</small>
至若地支刑沖, 會合可解, 已見前篇, 不必再述, 而以後諸格, 亦不
<small>담급의</small>
談及矣。

만약 지지에 형충이 있지만 회합으로 해소할 수 있는 것은 이미 전편(前篇)에서 보였고 다시 기술할 필요는 없을 것 같다. 이후에 나오는 모든 격국에서도 이러한 내용은 언급하지 않을 것이다.

31-1 論正官取運
정관격의 취운을 논함

正官取運 1

取運之道, 一八字則有一八字之論, 其理甚精, 其法甚活, 只可大略言之。變化在人, 不可泥也。

취운(取運)(운 보는 법)에 있어, 팔자 하나가 있으면 해당 팔자에 맞는 각각의 취운 이론이 있다. 그 이론은 매우 정밀하고 그 활용법은 매우 유동적이니, 다만 그것의 대략만 말할 수 있을 것이다. 사람들마다 <각자 다른> 변화가 있는 것이니, 어느 한 가지 이론에만 얽매여서는 안 된다.

正官取運 2

如正官取運, 卽以正官所統之格分而配之。正官而用財印, 身稍輕則取助身, 官稍輕則取助官。若官露而, 不可逢合、不可雜煞、不可重官; 與地支刑沖, 不問所就何局, 皆不利也。

예를 들어 정관격의 운(運)을 취할 때, 정관이 격(格)을 통솔하는 방법에 따라 구분하여 배합한다. 정관격에 재성과 인수를 쓰는 정관용재인격(正官用財印格)의 사주에서, 일간이 조금 경(輕)하다면 일간을 돕는 운을 취하고, 정관이 조금 경(輕)하다면 정관을 돕는 운을 취한다. 만약 정관이 투출해 있는데, 천간으로 ① 정관이 합이 되는 운이나(정관합거合去, 몰관沒官) ② 칠살이 섞이는 운이나(관살혼잡) ③ 정관이 중복이 되는 운이나(중관重官), 지지에서 형충이 되는 운(월령 정관 기반羈絆)은, 어느 격국인가를 따질 것도 없이 모두 불리하다.

평해 評解 정관용재인격(正官用財印格)의 사주로서 설 상공의 사주다. 인수 壬과 재성 戊를 쓰고 있는데, '일간이 조금 경(輕)하니 일간을 돕는 운이 좋다'에 해당한다. 그러나 실제로 월지 申에서 壬水가 투출하여 인수격으로 변격되었다. 그러니 운을 볼 때는

```
재        인
戊  乙  壬  甲
寅  巳  申  申
           관

戊 丁 丙 乙 甲 癸
寅 丑 子 亥 戌 酉
```

격인 인수 壬과 상신인 정관 申을 중심으로 논해야 한다. 일단 신약하니 인수와 방신(幇神) 운이 좋다.

癸酉운은 천간으로는 인수이니 좋고, 지지의 酉는 칠살이지만 일지 巳와 합을 하고 재성 戊를 설기시켜 다시 인수에 설기되어 일간을 도우니 좋다. 甲戌, 乙亥운은 인수를 극하려고 하는 시간(時干)의 재성 戊土를 극하고 본신을 도우니 또 길하다. 戌운은 재성 戊의 근이기도 하지만 먼저 왕한 2개의 申에게 설기되니 무난하다. 丙子의 丙은 인수 壬水에게 극을 받으니 무난하다. 子는 인수운이고 왕한 申을 설기하니 좋다. 丁丑의 丁운은 격용인 인수 壬을 합거하여 격이 파격이 되니 흉하다. 丑은 巳丑으로

합하여 일간이 더욱 약해진다. 戊寅운의 戊는 격용(格用)인 인수 壬水를 바로 극하고, 지지의 寅은 2개의 申과 더불어 2개의 寅이 되어 寅申충형이 일어나니, 원래의 격용이었으며 변한 격의 상신이 되는 정관 申을 충형하니 대흉하다.

그리고 관살혼잡은 정관격에서는 당연히 나쁘고, 정관이 용신이 아닌 다른 격국에서도 모두 흉하다.

正官取運 3

正官用財, 運喜印綬身旺之地, 切忌食傷。若身旺而財輕官弱, 卽仍取財官運可也。

정관이 재성을 상신으로 쓰는 정관용재격(正官用財格) 사주는 인수운이나 신왕 운으로 가는 것이 좋고, 식상운은 절대로 꺼린다. 신왕한데 재성이 경(輕)하고 정관이 약(弱)하다면, 곧 재·관운이 좋다.

評解 정관용재격의 사주에서 신약한 경우에는 당연히 인성운과 비겁운이 좋다. 단, 재성이 투출하여 정관을 돕는 상신 역할을 하고 있다면, 비겁은 재(財)를 극제하므로 천간이 아니고 지지로 운이 와야 좋다. 식상운은 약한 일간을 더 설기할 뿐 아니라 정관을 바로 극상하니 아주 꺼린다. 같은 정관용재격이지만 신왕한 경우에는 경(輕)한 재(財)와 관(官)을 돕는 운이 오는 것이 좋다. 단, 이때도 원국에 정관이 투출한 상태에서 천간으로 또다시

오는 정관은 중관이 되고 칠살은 관살혼잡이 되니 좋지 않다.

正官取運 4

正官佩印, 運喜財鄕, 傷食反吉。若官重身輕而佩印, 則身旺爲宜, 不必財運也。

정관이 인성을 상신으로 쓰는 정관패인격(正官佩印格) 사주는 재성운이 좋고, 식상운도 오히려 길하다. 만약 정관이 중(重)하고 일간이 경(輕)한데 인성이 있다면, 신왕 운이 좋고 재운은 필요치 않다.

評解 정관격에 인성이 있으면, 인성이 식상에게서 정관을 보호하기도 하지만 정관을 설기하기도 한다. 그러니 정관을 생조해 주는 재성운이 좋다.(단, 재성운이 천간으로 온다면, 상신이 되는 인성을 극제하거나 합거하여 파격이 되어 흉할 수 있으므로 원국의 상황을 고려해야 한다) 그리고 인성이 보호막을 해 주니 식상운이 와도 정관이 다치지 않는다. 그것뿐만 아니라 정관이 인성을 생하고 다시 인성이 일간을 생하여 왕해진 일간을 식상으로 설기할 수 있으니 식상운도 좋은 것이 된다.

財		印	
庚	丁	丁	乙
戌	未	亥	卯
		官	

辛	壬	癸	甲	乙	丙
巳	午	未	申	酉	戌

김 장원의 명조인데, 월령의 정관이 삼합으로 인수 목국(木局)을 이루고(庚金이 목국木局 회합을 극제하여 완전한 인성국을 이루지는 못하지만, 亥卯未 삼자가 다 모였으니 목국木局의 형성이 강한 편이

다) 乙木이 투출하니 신왕하고 인수가 중(重)하다. 재(財)를 써서 인수를 덜어주는 것이 좋다. 시(時)에 재성 庚이 있지만 戌중 辛金만으로는 근(根)이 약하다. 초년 乙酉, 甲申운은 지지가 재운으로 庚金의 뿌리가 되고, 甲과 乙은 뿌리가 없으니 좋은 운이다. 다만, 乙酉의 乙운은 이 사주의 상신(相神)이고 요처(要處)인 재성 庚金을 합으로 묶으니 답답하였을 것이다. 그래도 지지가 酉이니 피해가 크지는 않았을 것이다. 癸未운 이후는 운이 남방으로 향하니 일원이 태왕(太旺)해지고, 壬, 癸 관살은 재성 庚을 설기하여 인성 乙을 도우니 좋지 않다.

만약 일간이 약하면 일간을 돕는 운이 좋다. 재운은 중(重)한 정관을 더 강하게 만들고, 그나마 일간을 도와 주고 있는 인성마저 재극인(財剋印)으로 파하니 좋지 않다.

正官取運 5

正官帶傷食而用印制, 運喜官旺印旺之鄕, 財運切忌。若印綬疊出, 財運亦無害矣。

정관격에 식상이 있지만 인성이 이를 제어하는 정관대식상용인격(正官帶食傷用印格)의 사주는, 관(官)이 왕해지는 운과 인성이 왕해지는 운의 방향이 좋고 재운은 절대로 꺼린다. 만약 인수가 중첩해서 투출했다면 재운 역시 해롭지는 않다.

31-1 정관격의 취운을 논함

評解 정관격에 최대 기신인 식상이 원국에 있으니 관을 왕하게 하는 운과 식상을 극제하는 인성운이 좋다. 재운은 원국에서 식상을 극제함으로써 정관을 보호하고 있는 인성을 재극인(財剋印)으로 극하여, 식상으로 하여금 정관을 손상시킬 수 있도록 하니 흉하다.

```
辛 壬 辛 己
(인)(인)(관)
亥 寅 未 卯
        (관)
乙 丙 丁 戊 己 庚
丑 寅 卯 辰 巳 午
```

선 참국의 명조인데, 정관격에 지지에서 亥卯未 목국(木局)을 이루어 상관이 중(重)하다고 할 수 있다. 그러나 인수인 2개의 천간 辛金이 이를 해소하니, 이것이 상관을 만났으나 인성이 이를 극제하고 있는 정관대식상용인격 사주로 이런 경우에 해당한다. 己巳, 戊辰 대운 20년간은 관왕운(官旺運)으로 辛金 인수를 생조하니 최길운이었다. 그렇지만 丁운 이후는 재운으로 인수를 파(破)하니 좋지 않았을 것이다.

 인성이 정관격의 기신인 상관을 극제한다고 하지만 인성이 중(重)하다면, 정관 입장에서는 식상에게 극을 당하고, 인성에게 설기를 당하여 극설교가(剋洩交加)가 되어, 인성이 오히려 기신이 되어버린다. 이럴 경우에는 재성운이 와서 인성을 극제하고 식상을 설기하여 정관을 돕는 것이 좋다.

正官取運 6

正官而帶煞, 傷食反爲不礙。其命中用劫合煞, 則財運可行, 傷食可行, 身旺印綬亦可行, 只不可復露七煞。若命用傷官合煞, 則傷食與財俱可行, 而不宜逢印矣。

정관격에 칠살이 섞여 있는 관살혼잡(官煞混雜)일 경우에 식상은 도리어 나쁘지 않다. 명중(命中)에 겁재가 있어 칠살을 합하는 사주는 재운도 가능하고 식상운도 가능하다. 신왕(身旺) 운과 인수운도 가능하지만, 단지 칠살이 또 투출하는 운은 불가하다. 만약 명중(命中)에 상관을 써서 칠살을 합살(合煞)하는 사주는 식상운과 재성운이 모두 가능하나, 인성운을 만나는 것은 불가하다.

評解 혼잡된 관·살 중에 하나를 제거하여 청(淸)하게 하니 식상운은 나쁘지 않지만, 이왕이면 본 격국인 정관은 남기고 칠살을 제거하는 것이 더 좋다.

관살혼잡에서 일간이 양간(甲)일 경우, 겁재(乙)로써 칠살(庚)을 합거하게 된다. 이런 경우 재운(戊)은 혼잡이 해소되고 청(淸)하게 남은 정관(酉)을 생하니 좋고, 식상운(丙, 丁)은 칠살을 극제함으로써 상신이 되는 겁재를 보호하는 역할을 하게 되니 좋고, 신왕 운과 인성운은 상신이 되는 겁재를 도와주기 때문에 좋다. 다만, 칠살운이 오면 도로 관살혼잡이 되어 파격이 된다.

戊	甲	乙^겁	庚^살
辰	子	酉^관	寅
辛 庚 己 戊 丁 丙
卯 寅 丑 子 亥 戌

이 참정의 명조로 甲일간이 酉를 정관으로 하는 정관격인데, 庚金 칠살이 혼잡되어 있다. 겁재 乙이 庚과 합하니 합살하고 정관을 남기게 되었다. 丙戌, 丁 식상운, 亥, 子, 丑 인수운, 戊, 己 재운 모두 행하여 이룰 수 있는 운이다. 다만, 庚운만은 칠살을 거듭 보아 격국이 혼잡해지니 결코 좋은 운이 아니다.

관살혼잡에서 음간(陰干)인 일간(乙)은 상관(丙)으로 칠살(辛)을 합거하게 된다. 이런 경우에 식상운은 상신인 상관을 바로 돕는 운이니 좋고, 재성운은 인성을 극제함으로써 상신인 상관을 보호하게 되니 좋다. 인성운은 합살하는 상신인 상관을 극제하여 도로 관살혼잡이 되도록 하니 좋지 않다.

正官取運 7

此皆大略言之, 其八字各有議論。運中每遇一字, 各有講究, 隨時取用, 不可言形。凡格皆然, 不獨正官也。

이상은 모두 대략을 말한 것이고, 팔자마다 제각각의 의론(議論)이 따로 있다. 운(運) 중의 매 한 글자마다 각각 강구(講究)할 것이 따로 있고, 때에 따라 쓰임이 따로 있으니 말로는 다 형용하기가 불가하다. 모든 격국이 다 그러하며 정관격만 그런 것은 아니다.

評解 이상 정관격을 살펴보았다. 정관은 자체가 격국이든 다른 격국에서 투출한 것이든 항상 가장 먼저 보호되어야 한다. 그러니 정관을 보호하는 재성과 인성의 유무(有無)에 따라 격의 고저(高低)가 결정된다. 그러나 아무리 좋고 보호해야 하는 정관이지만, 2개 이상 투출하면 중관이니 하나를 제거해야 한다. 또 칠살과 같이 있으면 관살혼잡이라 하여 역시 둘 중 하나를 제거해야만 격국이 청(淸)해지고 성격(成格)이 된다.

관살혼잡의 경우, 정관과 칠살이라는 희기(喜忌)를 따지기보다는 혼잡을 해소하는 것이 우선이다. 결국 정관은 잡(雜)하지 않고 청(淸)한 상태에서 보호받아야 한다는 것이 정관격을 다루는 논법의 핵심이다.

32 論財
論재
재격을 논함

財格 1
재격

財爲我剋, 使用之物也, 以能生官, 所以爲美。爲財帛、爲妻妾、爲
재위아극 사용지물야 이능생관 소이위미 위재백 위처첩 위
才能、爲驛馬, 皆財類也。
재능 위역마 개재류야

재(財)는 내가 극을 하는 것이고 사용하는 물건으로 정관을 생할 수 있으니 좋은 것이다. 재백(財帛)이 되고, 처첩(妻妾)이 되고, 재능(才能)이 되고, 역마(驛馬)가 되는데, 이 모두 재(財)의 종류다.

評解 재성은 정관을 직접 생할 뿐 아니라, 정관을 극상(剋傷)하는 식상(食傷)을 화(化)하여 정관을 보호한다. 그래서 정재(正財)와 편재(偏財)를 구분하지 않고 길신(吉神)의 격으로 보고 순용(順用)하는 구조를 취한다.

財格 2
재격

財喜根深, 不宜太露, 然透一位以淸用, 格所最喜, 不爲之露。卽非
재희근심 불의태로 연투일위이청용 격소최희 불위지로 즉비
月令用神, 若寅透乙, 卯透甲之類, 一位亦不爲過, 太多則露矣。然
월령용신 약인투을 묘투갑지류 일위역불위과 태다즉로의 연

而財旺生官, 露亦不忌, 蓋露以防劫, 生官則劫退; 譬如府庫錢糧,
有官守護, 即使露白, 誰敢劫之? 如葛參政命, 壬申、壬子、戊午、乙
卯, 豈非財露? 惟其生官, 所以不忌也。

재(財)는 뿌리가 깊은 것을 좋아하고 지나치게 노출되는 것은
꺼린다. 그러나 재가 하나만 투출하면 청(淸)하게 쓸 수 있으니
격(格)에 있어 가장 기뻐하는 것이다. 이는 노출된 것으로 보지
않는다.(2개 이상 투출하면 잡스러워진다)

설령, 월령의 용신이 아닌, 예를 들어
寅월인데 乙이 투출하든가,

卯월인데 甲이 투출하는 것 등은 하나만
투출한 것이지 태과한 것으로 여기지 않
고, 천간에 2개 이상 투출하면 태다한 것으
로, 그런 것이 바로 노출이다. 그러나 재왕생관격(財旺生官格)에
서는 재가 노출되어도 꺼리지 않는다. 대개 재가 노출이 되면
겁재의 겁탈을 막아야 하는데, <재왕생관격은> 재가 정관을
생하고 정관이 겁재를 격퇴하게 된다. 마치 관청 창고에 있는
돈과 곡식을 관리가 보호하는 것과 같으니, 설령 훤히 드러내놓고
있더라도 누가 감히 겁탈할 수 있겠는가?

예를 들어 壬申, 壬子, 戊午, 乙卯는 갈 참정
(葛參政)의 명조인데, 이를 어찌 재가 노
출되지 않았다고 할 수 있겠는가? 다만,
재(財)가 관성(官星)을 생하고 있으니 꺼리는 바가 되지 않는

것이다.

評解 재성 역시 정관과 마찬가지로 정재와 편재가 혼잡되어 있는 것을 꺼린다. 그리고 정관이 중복되어 있는 중관만큼 심각하지는 않지만, 재성 역시 중복해서 투출해 있으면 노출이 심한 것으로 기피한다. 다만, 정관이 함께 투출해 있다면, 재성이 중복해서 투출하여 노출이 과하다 하더라도 정관이 비겁에게서 재성을 보호해 주니 크게 염려할 바는 아니다. 오히려 투출한 정관이 왕한 재성의 생조로 강해지니 재왕생관의 귀격 사주가 될 수 있다. 그러나 정관이 투출하지 않은 상태에서 재성이 과하게 노출되면 탈재(奪財)가 심하게 되어 자칫 재다신약(財多身弱)이나 군겁쟁재(群劫爭財)의 파격 명조가 될 수도 있다. 따라서 재성이 중한 경우에는 반드시 정관이 재성을 보호하고 있는가를 살펴야 한다.

관		재	재
乙	戊	壬	壬
卯	午	子	申
		재	

갈 참정의 사주는 재(財)가 왕(旺)하고, 재(財)의 생조를 받고 있는 정관 역시 왕하다. 일간은 약한 편인데, 일지에 양인(陽刃)인 午를 두어 신약은 면했다. 申子가 수국(水局)으로 합하여 子午충이 면해져 양인 午는 일간의 의지처가 될 수 있다. 월령을 중심으로 본다면, 子중 癸水를 용신으로 하는 재격에 상신은 정관 乙이다. 그러나 재성은 정·편(正·偏)을 가리지 않고 투출한 것을 위주로 본다는 관점에서는, 子에 기반을 두고 투출한 壬水를 용신 격국으로 할 수도 있다. 이 사주는 壬水가 중복 투출해서 크게

상관이 없지만, 만약 재성 壬水가 1개만 투출했다면 투출한 재성 壬水가 손상되면 안 된다. 이렇듯 월지와 정·편이 다른 재성이 투출하면, 기본 격용인 월지뿐 아니라 투출한 재성의 향배도 고려해서 간명해야 한다.

財格 3 (재격)

財格之貴局不一, 有財旺生官者, 身强而不透傷官, 不混七煞, 貴格也。

재격(財格)에 있어 귀한 격국이 한 가지만은 아니다. <먼저> 왕한 재성으로 정관을 생하는 재왕생관격(財旺生官格)이 있다. 이 격은 신강하면서 상관이 투출하지 않고 칠살과 섞이지 않으면 귀격이 된다.

評解(평해) 재왕생관격(財旺生官格)은 재격이지만 정관이 투출했으니 정관을 기준으로 희기를 따져야 한다. 즉 상관이 투출하면 상관견관이고, 칠살과 섞이면 관살혼잡이다.

財格 4 (재격)

有財用食生者, 身强而不露官, 略帶一位比劫, 益覺有情, 如壬寅、壬寅、庚辰、辛巳, 楊侍郞之命是也。透官身弱, 則格壞矣。

재격에 식상이 있는 재용식생격(財用食生格)의 사주가 신강하면서 정관이 투출하지 않고, 대략 1개의 비겁이 있다면 유정(有情)함을 더욱 드러낼 것이다(더 유정해진다).

辛	庚	壬	壬
巳	辰	寅	寅

예를 들어 壬寅, 壬寅, 庚辰, 辛巳로 된 양시랑(楊侍郞)의 명조가 그렇다. <만약> 정관이 투출하고 신약하다면 격이 무너지는 것이다.

評解 양 시랑(侍郞)(오늘날의 차관급)의 사주는 재격에 식

겁		식	식
辛	庚	壬	壬
巳	辰	寅	寅
	재		

신이 있어서 식신생재(食神生財)하는 구조다. 만약 정관이 또 있으면 식신이 재를 생하는 것이 아니고 정관을 손상하게 되어 파격이 된다. 비겁이 하나 있어서 좋은 이유는, 식상으로 설기되고 재성이 왕해지면 일간이 상대적으로 약해지는데, 비겁이 그런 일간을 돕기 때문이다. 寅중 甲木을 용신으로 하는 재격에 상신은 식신 壬이다.

財格 5

有財格佩印者, 蓋孤財不貴, 佩印幇身, 卽以取貴, 如乙未、甲申、丙申、庚寅, 曾參政之命是也。然財印不宜相並。如乙未、己卯、庚寅、辛巳, 乙與己兩不相能, 卽有好處, 小富而已。

재격에 인성(印星)을 차고 있으면 재격패인(財格佩印)이다. 대체로 외로운 재(財)는 귀할 수가 없는데, 인성이 있어서 일간을 돕는다면 귀하게 될 수 있다.

```
庚 丙 甲 乙
寅 申 申 未
```

예를 들어 乙未, 甲申, 丙申, 庚寅으로 된 증 참정(曾參政)의 명조가 그렇다. 그러나 재(財)와 인성이 나란히 붙어 있는 것은 좋지 않다.

```
辛 庚 己 乙
巳 寅 卯 未
```

예를 들어 乙未, 己卯, 庚寅, 辛巳의 명조가 그렇다. 이 명조는 재성인 乙과 인성인 己가 서로 사이가 좋지 않으니,(재는 인성을 극한다) 비록 한때 좋은 자리에 있었다 하더라도 작은 부자에 불과하다.

評解 식상의 생조가 없거나 정관의 보호가 없으면 외로운 재(財)로서 비겁의 겁탈에 무방비 상태가 된다. 그리고 재성이 너무 강하면 재다신약으로 오히려 가난한데, 이럴 때 인성의 도움이 있으면 부귀할 수 있다.

```
  재    인 인
  庚 丙 甲 乙
  寅 申 申 未
            재
```

증 참정의 명조는 지지에 申이 2개가 있지만 이것은 투출한 庚金의 튼실한 근(根)일 뿐이지 중복이나 노출이 아니다. 재(財)에 비해 일간이 약한 편인데, 시지(時支) 寅과 연지(年支) 未에 뿌리를 두고 인성 甲, 乙이 투출해서 일간을 도우니 귀격이 되었다. 월지 申에서 투출한 재성 庚이 용신인 재격에 상신은 인성 甲,

乙木이다.

```
    인  재
辛 庚 己 乙
巳 寅 卯 未
       재
```

작은 부자의 명조는 卯未가 목국(木局)으로 합하려고 한다. 거기에 寅까지 있는 상태에서 왕한 지지에 근(根)을 두고 乙이 투출하여 재(財)가 강하다. 시간(時干)에 겁재 辛이 투출하여 卯未회국을 못하게 하고 일간을 돕지만 辛金 자체가 巳에 좌(坐)하여 약하다. 인성 己가 투출하여 일간을 도와야 하는데 좌하(坐下)가 전부 木이고, 바로 옆에서 乙木이 극하니 인성 또한 약하다. 결국 왕한 재성에 비해 일간이 그것을 감당할 만한 기력이 부족하니 작은 부자에 불과한 것이다. 월령 卯에서 투출한 乙이 용신인 재격에 상신은 己인데 재극인(財剋印)으로 손상되었고, 비겁 辛에 의해 조금은 보호되는 양상이다. 무엇보다 이 사주는 한 점 수기(水氣)가 없어 건조하다.

財格 6

有用食而兼用印者, 食與印兩不相礙, 或有暗官而去食護官, 皆貴格也。如吳榜眼命, 庚戌、戊子、戊子、丙辰, 庚與丙隔兩戊而不相剋, 是食與印不相礙也。如平江伯命, 壬辰、乙巳、癸巳、辛酉, 雖食印相剋, 而卻存巳中戊官, 是去食護官也。反是則減福矣。

식신과 인성을 겸해서 쓰는 사주인데 식신과 인성이 서로 장애가 되지 않거나, 정관이 암장되어 있을 때 <인성이> 식신을 제거하고 정관을 보호하면 모두 귀격이다.

예를 들어 오 방안(吳榜眼)의 명조로 庚戌, 戊子, 戊子, 丙辰인데, 식신 庚과 인성 丙이 2개의 戊에 의해 떨어져 있어 상극(相剋)하지 않는다. 이것이 식신과 인성이 서로 장애가 되지 않는 것이다.

예를 들어 평강백(平江伯)이란 인물의 명조로 壬辰, 乙巳, 癸巳, 辛酉다. 이 명조는 비록 식신(乙木)과 인성(辛金)이 상극하고 있지만, 오히려 巳중 戊土 정관이 있는 상태에서 <정관을 상하게 하는> 식신 乙을 제거하고 정관 戊土를 보호한 것이 되었다. 반대의 경우였다면 복이 줄어들었을 것이다.

評解 오 방안(榜眼)(과거科擧의 2등 합격자)의 명조다. 인성 丙火는 일간 戊土를 생하고 戊土는 식신 庚金을 생하고 庚金은 격용인 월지 子중 癸水를 생하여 주류무체(周流無滯)로 흐르고 있다. 子중 癸水를 용신으로 하는 재격에 상신은 인성 丙과 식신 庚이다.

※『자평진전』은 정관을 특별한 존재로 여기고 있다. 특히 壬·癸水 일간이 巳·午월에 생한 경우, 巳중 戊土나 午중 己土를 정관으로 하여 정관격처럼 보아 희기(喜忌)를 정하고자 한다. 이렇게 논하

는 이유는 먼저 土는 火와 12운성을 같이한다는 것이다. 즉 戊土는 巳에서 건록이고, 己土는 午에서 건록이다. 그런데도 유독 壬·癸水 일간에서만 巳중 戊土, 午중 己土를 따지는 이유는 전통적으로 정관을 중요시하는 기본 관념과 맥을 같이 하는 것 같다. 그런데 하나하나 따져보면 반드시 그런 것도 아닌데, 즉 월령이 巳, 午가 되면,

○ 甲·乙일간에게는 식상이고 조열(燥熱)하니, 지장간의 土보다는 조후를 위하여 인성인 水를 더 중요시하게 되고,
○ 丙·丁일간에게는 월겁이거나 양인이니, 이 역시 관살에 해당하는 水를 더 중요시하게 될 것이고,
○ 戊·己일간에게는 인성이고(戊土에게 午는 양인이 되기도 한다) 조열하니, 역시 재성에 해당하는 水를 중요시하게 되고,
○ 庚·辛일간에게는 월의 본기(本氣) 자체가 관살이니, 굳이 여기(餘氣)나 중기(中氣)인 戊己를 인출해서 쓸 필요가 없다. 그런데,
○ 壬·癸일간에게는 그 자체로 재성이고, 재(財)는 자연적으로 관살을 생하게 되니, 역시 관살이 자체적으로 왕성해지는 결과가 나타난다.

이렇게 하나하나 따져보면 巳, 午월의 壬·癸일간이 투출하지도 않은 지장간의 戊·己 관살을 중요하게 보는 나름의 합당한 이유가 있음을 알 수 있다. 그러니 『자평진전』은 정관을 무조건적으로 중요하게 여긴다고 하면서 약간 폄하하는 듯한 평가는 하지 말아야 하겠다.

```
辛 癸 乙 壬
酉 巳 巳 辰
인 식   재관
```

이런 관점으로 보자면, 평강백(平江伯) (명나라 3대 황제 영락대제를 도와 평강후平江侯에 봉해진 진선陳瑄, 1365~1433)의 명조는 巳중 戊土가 투출하지는 않았지만 戊土 정관을 중심으로 간명해야 한다. 그러면 정관을 극하는 식신 乙이 기신이 되고, 기신인 식신 乙을 제거하는 인성 辛金이 길신이 된다. 격은 巳중 丙火를 용신으로 하는 재격에 상신은 巳중 정관 戊土를 보호하는 인성 辛金이다.

결국 이런 간명법은 비록 투출하지는 않았지만, 巳중 정관 戊土를 중심으로 하여 재왕생관격(財旺生官格)이 성격된 것처럼 여기는 논법이다.

財格 7

有財用傷官者, 財不甚旺而比强, 略露一位傷官以化之, 如甲子、辛未、辛酉、壬辰, 甲透未庫, 逢辛爲劫, 壬以化劫生財, 汪學士命是也。財旺無劫而透傷, 反爲不利; 蓋傷官本非美物, 財輕透劫, 不得已而用之。旺而露傷, 何苦用彼? 徒使財遇傷而死生官之具, 安望富貴乎?

재격에 상관을 쓰는 재용상관격(財用傷官格)의 사주가 있다. 재(財)가 아주 왕(旺)하지는 않으면서 비겁이 강할 때, 대략 상관이 하나 투출하면 비겁을 설기하여 상관을 생하도록 한다.

壬	辛	辛	甲
辰	酉	未	子

예를 들어 甲子, 辛未, 辛酉, 壬辰의 명조다. 이 명조는 재성 甲이 월지 未에서 투출하여 잡기재격(雜氣財格)인데, 辛金을 만나니 이것이 겁재(엄밀하게 말하면 비견이지만, 탈재奪財의 의미로 겁재라고 통칭한 것이다)다. 이 겁재를 상관 壬水가 투출하여 겁재를 변화시켜(겁재가 상관을 생하고) 재성을 생하도록 하니, <이> 왕 학사(汪學士)의 명조가 바로 이런 것이다.

재(財)가 왕(旺)하고 비겁이 없는데 상관이 투출하면 도리어 불리하다. 무릇 상관이란 본래 좋은 것이 아니어서, 재(財)가 경(輕)하거나 비겁이 투출한 경우에 부득이 사용하는 것이다. 재(財)가 왕(旺)한데 상관이 투출하면 무엇이 안타까워서 상관을 쓰겠는가? 재격에 상관을 만나면 정관을 생하는 도구로서 역할을 못하니, 어찌 부귀를 바랄 수 있겠는가?

評解 왕 학사(學士)(한림원, 홍문관 등의 학자)의 명조는 일간

	상		재
壬	辛	辛	甲
辰	酉	未	子
		잡기	

이 강하고 재성은 일간에 비하면 약한 편이다. 상관인 壬水가 투출하여 왕한 금기(金氣)를 설하여 다시 재성인 甲木을 생하니 좋다. 잡기(雜氣) 未에서 투출한 甲이 용신인 잡기재격(雜氣財格)에, 상신은 상관 壬이다. 金水상관(辛金과 壬水 관계는 물상적物象的 십간론에서 도세주옥淘洗珠玉이라고 함)이라 총명하였을 것이고, 甲木이 소토(疎土)하니 또한 좋다.

상관이 재성을 생하는 것이기는 하지만, 반대로 정관을 상하게

하는 흉한 작용이 더욱 크다. 그러므로 상관을 쓰는 것은 비겁이 왕하고 재성이 약한 경우에 한정지어야 하고, 재성이 이미 왕하면 상관이 필요 없다. 이럴 때는 오히려 일간 기운만 빼앗아 가는 도기(盜氣)가 되어, 재다신약이나 상관견관의 폐해만 있을 따름이다.

財格 8
(재 격)

有財帶七煞者, 或合煞存財, 或制煞生財, 皆貴格也。如毛狀元命,
(유재대칠살자) (혹합살존재) (혹제살생재) (개귀격야) (여모장원명)

乙酉、庚辰、甲午、戊辰, 合煞存財也。李御史命, 庚辰、戊子、戊寅、
(을유) (경진) (갑오) (무진) (합살존재야) (이어사명) (경진) (무자) (무인)

甲寅, 制煞生財也。
(갑인) (제살생재야)

재격에 칠살을 쓰는 재대칠살격(財帶七煞格)이 있다. 혹 칠살을 합하고 재(財)는 남기거나 칠살을 제거하고 재를 남기면 모두 귀격이다.

| 戊 | 甲 | 庚 | 乙 |
| 辰 | 午 | 辰 | 酉 |

예를 들어 모 장원(毛狀元)의 명조가 乙酉, 庚辰, 甲午, 戊辰인데, 칠살(庚金)을 합하고(乙庚합) 재(戊土)를 남겼다.

| 甲 | 戊 | 戊 | 庚 |
| 寅 | 寅 | 子 | 辰 |

그리고 이 어사(李御史)의 명조는 庚辰, 戊子, 戊寅, 甲寅인데 제살(制煞)하면서 재를 생하고 있다.

評解
(평해)

재격에 칠살이 있으면 재성은 관살을 생하는 것이니, 격용(格用)인 재가 칠살을 생하게 되고, 생조를 받아 강해진 칠살이 일간인 본신을 극제하니 위험하다. 이럴 경우에는 칠살을 합하거나 제거하여 재성만 남겨야 한다.

```
재   살   겁
戊  甲  庚  乙
辰  午  辰  酉
         재
```

모 장원의 명조는 월지 辰에서 겁재 乙과 재성 戊가 투출했다. 乙은 庚과 합하였고 戊만 남는다. 辰에서 투출한 戊를 용신으로 하는 재격에 상신은 칠살 庚을 합거하는 입장에서는 乙이 되고, 재성 戊를 겁탈하는 겁재를 합거하는 입장에서는 庚이 된다. 이 사주는 일간인 甲木은 2개의 辰에 뿌리를 내리고 辰중 癸水가 있어 조후도 된다. 칠살인 庚金은 지지의 酉에 뿌리를 두고 庚金 입장에서 인성인 토기(土氣)가 왕하니,(土의 매금埋金 작용은 일단 배제함) 비록 봄에서 여름으로 넘어가는 시기지만 칠살 庚金은 약하지 않다. 일지의 午는 상관으로 午중 丁火는 바야흐로 봄에서 여름으로 넘어가는 시기니 비록 투출하지는 못했지만 왕하다. 일간과 칠살이 같이 왕한 상태에서 상관인 午중 丁火가 제살하니 丁火의 쓰임이 크다고 하겠다. 이 대목은 서낙오가 「평주」에서 밝힌 견해다. 그러나 지지는 회합이 있어야 동(動)하고 작용하는 것인데, 午가 회합이 없으니 동하지 않았다. 따라서 午중 상관 丁火로 칠살 庚金을 제살하지 못한다. 그러나 비록 午가 늘 작동하지 않는다 하더라도, 언제든지 동하여 제살하면서 동시에 재성 戊土를 생하는 두 가지 역할을 할 수 있다. 그런 점을 감안하면 일지 午가 희신인 것만은 확실하다고 하겠다. 결국 이 사주는 재격에 두 개의 기신인 칠살과 겁재가 합거되고 재성만 청(淸)하게 남았다. 거기다가 상관으로 제살하고 생재할 수 있으니 귀격의 사주가 되었다.

살		비	식
甲	戊	戊	庚
寅	寅	子	辰
		재	

이 어사(御史)(감찰 관리. 정3품)의 명조를 서낙오는 「평주」에서 일간 戊土와 칠살 甲木이 둘 다 왕한 신살양왕(身煞兩旺)이라고 했다. 비록 겨울이지만 일간은 연지 辰에 근(根)이 있고 2개의 寅에 생지이면서 寅중 丙火의 생조를 받고 寅중 戊土에 근(根)이 있으니 왕하다 볼 수 있다. 또 칠살 甲木은 2개의 寅에 녹을 두고 子辰 수국(水局)의 생을 받으니 아주 강하다. 월령의 재성 또한 자기의 계절이고 子辰 수국(水局)에 연간 식신 庚의 생을 받으니 왕하다. 결국 일간과 재살(財煞)이 모두 왕하다. 그리고 일간부터 土金水木으로 상생하여 기(氣)가 유통하니 흐름이 좋다. 왕성한 칠살 甲木을 식신 庚으로 제복하고 다시 식신 庚金이 격용인 재성 子(水)를 생조하고 왕한 일간 戊土가 이 모두 향유할 수 있으니 귀격 사주다. 월지 子중 癸水를 용신으로 하는 재격에, 상신은 칠살 甲木을 제거하면서 재성 子를 생조하는 식신 庚金이다.

財格 9

有財用煞印者, 黨煞爲忌, 印以化之, 格成富局, 若冬土逢之亦貴
格。如趙侍郎命, 乙丑、丁亥、己亥、乙亥, 化煞而卽以解凍, 又不露
財以雜(破)其印, 所以貴也。若財用煞印而印獨, 財煞並透, 非特
不貴, 亦不富也。

32 재격을 논함

재격에 칠살과 인성을 함께 쓰는 재용살인격(財用煞印格)이 있다. 재성이 칠살을 돕는 것은 꺼리지만, 인성이 칠살을 설기하여 화(化)하면, 격은 부국(富局)을 이룬다. 만약 겨울의 土일간이라면 또한 귀하기까지 하다.

|乙|己|丁|乙|
|亥|亥|亥|丑|

예를 들어 조 시랑의 명조가 그러한데, 乙丑, 丁亥, 己亥, 乙亥로 된 명조로 인성이 화살(化煞)하면서 해동(解凍)까지 한다.
또 재성이 투출하지 않아 인성을 파(破)하지 않으니 그런 이유로 귀하게 되었다.(원문에는 雜으로 나와 있으나 破로 해야 의미가 더 명확해진다. 서낙오 역시 「평주」에서 破로 해석하고 있다)
만약 재격에 칠살과 인성을 함께 쓰는 재용칠살격(財用七煞格)에서 인성이 하나만 있는데, 재와 칠살이 함께 투출한다면 귀하지 못할 뿐 아니라 부자도 되지 못한다.(위의 사주에서 재성[水]까지 투출하는 경우를 말한다)

評解 조 시랑의 명조는 맹동지절(孟冬之節)(초겨울)에, 지지

살	인	살	
乙	己	丁	乙
亥	亥	亥	丑
			재

에 재성인 亥가 3개나 있으니 재(財)가 왕하다. 이러한 재의 생을 받는 칠살 乙도 강왕하다. 일간인 己土가 극을 심하게 받아 위험할 지경이다. 월간에 인성 丁火가 투출하여 왕성한 칠살 乙木을 설기시켜 일간을 생하고 있다. 만약 丁火가 없었다면 아무리 수기(水氣)가 왕하다 하더라도 언 水로는 木을 생하지 못하니 乙木도 얼어서 쓸모가 없었을 것이다. 만약 재성인 壬, 癸水가

투출해서 인성인 丁火를 합하거나 극제했더라면 완전 파격이 되었을 것이다. 재성인 水는 지지에만 있고 인성인 丁火가 천간에 투출해서 조후도 해결되고 일간도 생을 받으니 귀한 사주가 되었다. 亥중 壬水를 용신으로 하는 재격에 상신은 인성 丁火다.

　이 사주는 재성과 칠살에 비해 일간이 너무 약하다. 연지에 있는 丑은 습토(濕土)로 土의 근으로서 역할을 하기 어렵고, 亥·子·丑 방합(方合)으로 거의 水에 가깝다. 인성 丁火가 칠살 乙木을 화살(化煞)하여 일간을 생조한다고 하지만 丁火가 지지에 뿌리가 없다. 운이 火운으로 가서 인성 丁火를 도와야 하는데, 중장년의 지지의 火운이 천간에는 재성인 壬, 癸가 온다. 즉 癸未와 壬午다. 비록 지지에서 丁火를 돕는다고 하지만, 천간으로 재성이 와서 인성을 극하니 좋은 운이 없다. 이 사주로 시랑(차관급)의 위치까지 갔다는 것이 의심스럽다. 실전에서 막상 이런 사주를 그 정도 고위직이라고 판단하기가 쉽지 않을 것 같다.

　이러한 의구심이 드는 반면에, 이 사주의 핵심은 약한 己土 일간을 돕는 인성 丁火가 건전한가 아닌가에 있다. 재성이 비록 왕하지만 지지에만 있으니 인성을 극할 수 없고 칠살을 생하기만 한다. 또 지장간에 水만 내포하고 있는 子와는 다르게 亥중에는 甲木이 장생(長生)하고 있다. 재성의 생조로 왕성해진 칠살 乙木이 인성을 생하니 이 사주의 기운이 모두 丁火로 집중된다. 인성 丁火가 왕해지면 약했던 일간 己土도 다시 왕해져서 강왕한 재와 살을 감당할 수 있으니, 고귀한 격국의 사주가 될 수도 있지 않나 생각해 본다. 또 운에서 맞게 되는 壬, 癸 재성운은 양쪽에 투출한 칠살 乙木이 재성을 설기하여 다시 인성을 생하는 구조가

되니 무난히 넘어갈 수 있었을 것이다.(壬운은 취운 편에서 다시 해설하고 있다)

財格 10

至於壬生午月、癸生巳月, 單透財而亦貴, 以月令有暗官也。如丙寅、癸巳、癸未、壬戌, 林尙書命是也。又壬生巳月, 單透財而亦貴, 以其透丙藏戊, 棄煞就財, 美者存而憎者棄也。如丙辰、癸巳、壬戌、壬寅, 王太僕命是也。

壬일간이 午월에 생하거나 癸일간이 巳월에 생하면 재(財)만 홀로 투출해도 역시 귀하게 된다. 이는 월령에 암장된 정관이 있는 이유다.

壬	癸	癸	丙
戌	未	巳	寅

예를 들어 임 상서(林尙書)의 명조가 그러한데, 丙寅, 癸巳, 癸未, 壬戌의 명조가 그것이다.

또 壬일간이 巳월에 생하고 재만 단독으로 투출해도 역시 귀하다. 이는 재성인 丙火는 투출하고 칠살인 戊土는 암장된 때문이니 칠살을 버리고 재를 취하는 것으로, 좋은 것을 남기고 나쁜 것을 버리는 것이다.

壬	壬	癸	丙
寅	戌	巳	辰

예를 들어 왕 태복(王太僕)의 명조가 그러한데, 丙辰, 癸巳, 壬戌, 壬寅의 명조가 그것이다.

評解 평강백의 사주에서 해설했듯이 『자평진전』은 유독 壬·癸水 일간만 巳, 午월에 생하면 巳중 戊와 午중 己를 반드시 고려한다.

재
壬 癸 癸 丙
戌 未 巳 寅
재관

임 상서(尙書)(6조曹의 장관)의 사주가 귀하게 된 이유는 巳에서 재성 丙이 투출하여 巳중 정관 戊土를 생조하고, 왕해진 戊土가 천간에 중중한 비겁의 탈재(奪財)를 막고 있어 재성 丙이 보호되기 때문이다. 재성과 정관이 서로 보호하고 생조하니 재왕생관격(財旺生官格)이 성격된 것과 같다. 巳에서 투출한 丙火를 용신으로 하는 재격에 상신은 巳중 정관 戊다.

재
壬 壬 癸 丙
寅 戌 巳 辰
재

왕 태복(太僕)(차마車馬 담당 관리. 장관급)의 사주 역시 임 상서의 사주와 마찬가지로 巳에서 재성 丙이 투출했다. 암장되어 재성의 생조를 받는 戊土는 정관이 아니고 칠살이다. 칠살은 제거되어야 하는데 묘하게도 월간의 겁재 癸와 戊癸합으로 합거(合去)되었다. 즉 칠살과 겁재라는 2개의 기신이 동시에 제거되어 좋다.(위의 임 상서의 경우에는 癸가 둘이라 쟁합爭合이 되어 정관 戊가 합거되지 않는다) 巳에서 투출한 丙火를 용신으로 하는 재격에 상신은 칠살 戊土를 합거하는 겁재 癸水다.

이 두 명조 모두 재격인데 일간이 약하다. 아래의 왕 태복의 명조는 일간이 연지 辰중 癸水에 그나마 근(根)이 있지만 위의 임 상서의 명조는 근(根) 자체가 없다. 둘 다 천간에 함께 투출한 비겁에게 기댈 수밖에 없다. 임 상서의 명조는 재왕생관으로,

왕 태복의 명조는 칠살과 겁재의 합거로 격용인 재(財)가 보호되어 성격되었으니, 운에서 일간을 생조하는 운이 오기를 기다려야 한다. 午, 未 대운 이후 申, 酉, 戌 인성운과 亥, 子, 丑 방신(幇身) 운이 와서 약한 일간을 도우니 귀하게 될 수 있었다.

만약 이 두 개의 명조가 巳·午월의 壬·癸水 일간이 아니라서 월령의 巳중 戊土를 인정하지 않는다면, 丙이 용신인 재격에 식상 寅을 상신으로 하는 재용식생격(財用食生格)이다. 그러면 식상생재하여 부자는 될 수 있어도 재생관으로 연결이 되지 않으니 <또는 상관으로 정관을 극하니> 그다지 귀하게 되지 못했을 것이다. 그런데 이 둘은 월령을 득한 관살 戊土가 겁재들을 제복하면서 재성을 보호하고, 보호받은 재성이 <상관의 기운을 설(洩)하면서> 다시 관살을 생하는 구조가 되어 귀히 될 수 있었다.(칠살과 겁재가 합거된 왕 태복의 사주도 맥락은 같다)

財格 11

至於劫刃太重, 棄財就煞, 如一尙書命, 丙辰、丙申、丙午、壬辰, 此 變之又變者也。

비겁이나 양인이 매우 중(重)하다면, 재(財)를 버리고 살(煞)을 따른다.

壬	丙	丙	丙
辰	午	申	辰

예를 들어 어느 상서의 명조가 그러한데, 丙辰, 丙申, 丙午, 壬辰의 명조가 그것이다. 이는 변하고 또 변하는 경우다.

評解 어느 상서의 명조는 원래 재격이었지만 월지 申에서 壬水가 투출하고 申辰이 수국(水局)을 이루니 재격이 칠살격으로 변했다. 재격으로 놓고 본다면 재성인 申(庚金) 하나를

살	비	비	
壬	丙	丙	丙
辰	午	申	辰
	양인	재	

두고 비겁인 丙火들이 투출하여 다투는 형국인데, 이를 壬水 칠살이 일간 이외의 다른 丙火를 극하여 재성 申을 보호하는 모습이다. 변화된 칠살격으로 본다면 칠살격에 양인인 午가 있으니 살봉인(煞格逢刃)이 성격되었으며 비겁까지 있어 나를 도우니 좋다. 일지에 양인 午가 없었다면, <혹 寅이나 戌이 있다 하더라도> 천간의 비겁만 가지고는 상서의 지위까지 가지 못했을 것이다.

　이 명조는 살인격(煞刃格)이 성격되었으며 일간도 왕하고 재와 칠살이 모두 왕하니 귀하게 되었다. 이런 정도면 전쟁에 나가면 장수요, 조정에 들어오면 재상이 된다는 출장입상(出將入相)의 격이라고 할 수 있다. 申에서 투출한 壬을 용신으로 하는 칠살격에 상신은 양인 午와 비겁 丙이다.

32-1 論財取運
재격의 취운을 논함

財格取運 1

財格取運, 卽以財格所就之局, 分而配之。其財旺生官者, 運喜身
旺印綬, 不利七煞傷官 ; 若生官而復透印, 傷官之地, 不甚有害。
至於生官而帶食破局, 則運喜印綬, 而逢煞反吉矣。

재격의 사주에서 운을 보는 방법은 재격이 국(局)을 이룬 것에 따라서 구분하여 맞추어 보는 것이다. 재왕생관격(財旺生官格)은 신왕(비겁) 운과 인수운이 좋고, 칠살운과 상관운은 불리하다. 만약 정관을 생하고 있는데, 또다시 인성이 투출해 있으면 상관운으로 가도 심하게 해롭지는 않다. 정관을 생조하는데 식상이 있어서 격을 파괴하고 있다면, 인수운이 좋고 또다시 칠살을 만나도 오히려 길하다.

評解 재성이 격이고 다시 정관을 생하는 구조이므로 일간이 약해지기 쉽다. 일간이 약하므로 비겁운과 인성운이 길하다. 원래의 격은 재격이지만 정관이 투출하면 정관을 중심으로 희기(喜忌)를 논하는 것인데,(이것은 어느 격에서나 같다) 상관운은 정관을 상하게 하므로 흉하고, 칠살운은 이미 투출한 정관과 관살혼잡이 되므로 흉하다.

재격은 아무리 신약해도 격 자체인 재성을 극제하는 비겁운은 싫어한다. 그러나 재왕생관격은 정관이 있어서 비겁이 오더라도 정관으로 비겁을 막을 수 있고, 일간은 힘을 얻을 수 있으므로 좋다. 또 인성이 이미 국(局) 내에 투출해 있다면 정관을 극하는 상관이 오더라도 인성이 상관을 극하여 정관을 보호하므로 무난하다. 단, 좋다고 볼 수도 없다.

관		재	재
乙	戊	壬	壬
卯	午	子	申
		재	

戊	丁	丙	乙	甲	癸
午	巳	辰	卯	寅	丑

갈 참정의 명조인데, 월지 子중 癸水가 용신인 재격에 정관 乙이 상신이다. 즉 상신인 정관의 희기를 가지고 운을 논해야 한다. 甲운은 칠살로서 관살혼잡 운으로 좋지 않고, 寅운은 일지와 寅午 인성 화국(火局)을 이루어 조후를 맞추어 일간을 도우니 길하다. 乙卯 대운 중 乙운은 중관(重官)의 해(害)가 있었을 것이고, 卯운은 정관 乙의 근(根)으로 작용하는 것이지 중관이 아니니 길하다.

서낙오는 「평주」에서 乙卯 대운 10년간을 관(官)이 왕해지기는 하지만 장애는 없다고 했다. 기본적으로 천간으로 오는 관운과 지지, 즉 관의 뿌리로 오는 운은 구분해서 보는 것이 맞다. 그런데 이 경우 간지가 동일하니 하나로 묶어서 보아도 무리는 없을 것 같다.

그 이후의 丙辰, 丁巳, 戊午, 己未 대운 모두 길하다. 그러나 실제 간명에 있어 비견운은 일간을 도와서 좋은데, 겁재운은 일간을 도우면서도 탈재(奪財)의 현상은 있는 것 같다. 즉 己未 대운은 복잡다단했을 거라고 추론한다.(생존해 있었다면 ……)

정관이 있는 데 식상이 있고 이를 막아줄 인수가 없다면 이미 파격이다. 이런 경우 운에서 인수운이 온다면, 그 운 동안은 원국의 기신인 식상을 극제하므로 운의 기간 동안은 성격이 될 수 있다. 그리고 운에서 칠살이 온다면, 이는 마치 원국 자체가 관살혼잡인 것을, 식상으로 하나를 제거하여 정관을 청(淸)하게 하는 것과 같은 효과가 있으므로 좋아진다. 그러나 이러한 두 경우, 모두 원국이 이미 파격이므로 해당 운 동안만 성격이 된다. 따라서 「재격」 원문에 예시된 명조들처럼 귀하게 될 수는 없고, 그 기간 동안만 호운(好運)을 맞이하는 것이다. 그리고 그 운의 시기가 지나면 다시 파격이 된다.

財格取運 2

財用食生, 財食重而身輕, 則喜助身; 財食輕而身重, 則仍行財食。
煞運不忌, 官印反晦矣。

재격에 식신의 생조가 있는 재용식생격(財用食生格)에서, 재와 식신은 중(重)한데 일간이 경(輕)하다면 일간을 돕는 운이 좋고, 재와 식신은 경한데 일간이 중하다면 재운과 식신운이 좋다. 칠살운도 꺼리지 않지만 정관운과 인수운이 오히려 암울하다.

評解 재용식생격(財用食生格)은 재격에 식신(혹은 상관)이 있어 재(財)를 생하는 구조다. 재와 일간의 경중을 비교하여 운의 희기를 나누면 된다. 칠살운을 꺼리지 않는 이유는 원국에

이미 식신이 있으므로 칠살이 극제되어 재생살(財生煞)의 흉의가 반감된다. 그래서 꺼리지 않는다. 그리고 정관은 원국에 있거나 운에서 오거나 어느 경우에든 늘 보호받아야 한다. 그런데 원국에 인수가 없는 상태에서 정관이 운에서 온다면 식상에 의해 극상을 받기 때문에 정관운을 꺼린다. 인성운이 좋지 않은 이유는 인성은 식신을 바로 극제하기 때문이다. 재용식생격에 중요한 상신인 식신이 파괴되면 격이 바로 파격이 되므로 인성운을 꺼린다.

겁	식	식	
辛	庚	壬	壬
巳	辰	寅	寅
			재
戊	丁	丙	乙	甲	癸
申	未	午	巳	辰	卯

양 시랑의 명조다. 재격에 식신이 투출하여 재를 생하는 재용식생격이다. 서낙오는 「평주」에서 이 사주를 일간과 재식(財食)이 균형을 이루어 식상운과 재운이 다 길하다 보고 있다. 곧 甲辰, 乙巳운이 길하고, 丁 정관운과 戊 인성운이 나쁘다고 보고 있다. 그 관점을 그대로 따른다면, 일간이 힘이 있으니 식재운(食財運)을 충분히 감당할 수 있다. 丙은 칠살인데 식신 壬이 극제하니 무난하고, 丁은 정관으로 식신 壬과 합거하고자 하니 좋지 않다고 하는데, 壬水가 2개라서 합이 되는지는 다시 따져봐야 한다. 어쨌든 정관이 운에서 들어와서 합거되니 좋지는 않을 것이다. 인성 戊는 상신이 되는 壬水를 바로 극하니 흉하게 본 것이다. 그리고 申운은 격용인 재성 寅을 충극하고 寅巳申 형살이 되니 흉하다. 그러나 이 사주를 식재(食財)에 견주어 일간이 약한 사주로 본다면, 운이 계속 재관으로 흐르니 격 자체가 무너지지는 않는다. 하지만 재와 관을 자신이 향유하기에는 다소 무리가 있지 않나 싶기도 하다.

財格取運 3

財格佩印, 運喜官鄉, 身弱逢之, 最喜印旺.

재격에 인성이 있는 재격패인격(財格佩印格) 사주는 관운(官運)을 좋아한다. 일간이 약하다면 왕한 인성운을 좋아한다.

評解 재성은 기본적으로 인성을 극하는 것이니 재격에서 인성을 쓰고자 한다면 먼저 재(財)와 인성이 떨어져 있어야 쓸모가 있다. 관운이 좋은 것은 재와 인성의 기본적인 상극을 관이 중간에 들어와서 재생관(財生官) → 관생인(官生印)으로 소통시켜 주니 좋은 것이다. 또 신약할 때 인성운이 좋은 것은 당연하다.

```
  재   인   인
  庚   丙   甲   乙
  寅   申   申   未
              재
  戊 己 庚 辛 壬 癸
  寅 卯 辰 巳 午 未
```

증 참정의 명조다. 월지 申의 본기인 庚金이 투출하였고 재성이 일간에 비해 강하다. 인성인 甲, 乙이 지지의 寅, 未에 근(根)을 내리고 투출하여 일간을 생조하니 재(財)와 일간이 균형을 이루었다. 그래도 일간이 재(財)에 비해 약한 편이니 천간의 庚金을 직접 타격하는 천간의 비겁운이 아닌 지지의 비겁운과 일간을 생조하는 인성운이 좋다. 그리고 관운은 왕성한 재(財) 기운을 설(洩)하여 인성을 생하도록 하고, 다시 인성이 일간을 생하도록 하여 재와 인성의 통관 역할을 하니 좋다고 보는 것이다.

그래서 壬, 癸 관살운은 일간을 극하는 것이 아니고 왕한 재성 金을 설기하여 다시 인성 甲, 乙木을 도와 일간을 돕도록 하니 길운이고, 지지의 巳, 午, 未운은 방신하는 운이니 좋다. 그리고 寅, 卯, 辰으로 인성의 뿌리가 되는 운이 오니 좋다. 중간의 庚, 辛 재운은 재가 너무 왕해져서 무리가 되지만 지지가 火木으로 흐르니 크게 영향을 미치지는 못했을 것이다. 그리고 戊, 己 식상운은 일간을 설기하고 재를 생하니 좋지 않지만 투출한 甲, 乙이 극제하고 지지가 木의 방향이라 무난했을 것이다.

財格取運 4

財用食印, 財輕則喜財食, 身輕則喜比印, 官運亦礙, 煞反不忌也.

재격에서 식신과 인성을 쓰는 재용식인격(財用食印格)의 사주는, 재가 경(輕)하면 재운과 식신운을 좋아하고, 일간이 경하면 비겁운과 인수운을 좋아한다. 정관운은 장애가 있지만 칠살운은 반대로 꺼리지 않는다.

評解 재용식인격(財用食印格)은 재를 생하는 식신과 일간을 생하는 인성이 상극하니 위치를 반드시 잘 살펴야 한다. 재와 일간을 비교하여 약한 것을 돕는 운이 좋은 것은 당연하다.

관살은 구분이 있는데 정관은 항상 보호되어야 하는 것이다. 원국에 이미 식신이 있는 상태에서 정관이 운에서 오면 식신의 극을 받게 되니 흉하고, 칠살운이 오면 흉한 것을 식신으로 극제하니 오히려 길하게 작용한다.

32-1 재격의 취운을 논함

인   식
丙 戊 戊 庚
辰 子 子 戌
재
甲 癸 壬 辛 庚 己
午 巳 辰 卯 寅 丑

오 방안의 명조인데, 식신 庚과 인성 丙이 2개의 戊에 의해 떨어져 있어 상극하지 않는다. 식신과 인성이 서로 장애가 되지 않으니 재격에 식신과 인성을 같이 쓰는 구조다. 재성은 월령이라 원래 강한데 庚金 식신의 생조까지 받으니 더욱 강하다. 일간은 식신 庚金에 설기되니 비록 지지에 辰, 戌이 있고 천간에 비견까지 있지만 약하다. 인성인 丙火가 생조하고 조후를 해야 한다. 丙火도 지지에 근(根)이라고는 연지 戌중 丁火밖에 없다. 그러므로 조후도 되고 일간을 돕기도 하는 火를 돕는 것이 필요하다. 운이 천간으로는 金水로 흐르니 마땅치 않지만 지지로는 초운(初運)만 빼고는 木火로 흐른다. 지지의 寅, 卯 木운은 관살로서 인성 丙火를 생조하고 또 격용인 재성을 비겁 土들에게서 보호하니 좋다. 단, 辛운은 상신인 丙火를 합거해버리니 흉하다. 壬辰운은 이 사주의 요점이라고 할 수 있는 인성 丙火를 바로 극하고, 子辰 수국(水局) 합을 하여(원국에 子가 둘이고 辰이 하나라 합을 못하고 있다가 운에서 짝이 맞춰져서 子辰 수국水局이 둘 다 된다) 재(財)가 더욱 왕해지고, 丙火의 유일한 근인 戌과 辰戌 沖을 하니 아주 흉한 운이다. 이 壬辰운만 지나가면 巳, 午, 未 화방운(火方運)이 오는데 말이다 …… (서낙오는 壬辰운에 생명까지 위험할 거라고 평했다)

인   식
辛 癸 乙 壬
酉 巳 巳 辰
재관
辛 庚 己 戊 丁 丙
亥 戌 酉 申 未 午

평강백의 명조다. 재격에 식신과 인성이 함께 투출한 재용식인격(財用食印格)인데, 자평의 독특한 관법으로 癸水 일간이 巳월에 생하여 巳 중 戊土 정관을 귀하게 쓰고자 한다. 만약 戊土가

투출했다면 식신 乙의 극을 받아서(辛金의 보호를 받지만) 오히려 잡(雜)해졌을 것이다. 투출하지 않고 암장된 것이 오히려 좋다. 그냥 단순하게 보더라도 재성이 강하니 일간이 인수의 생조 운과 방신 운을 필요로 한다. 3대운부터 申, 酉, 戌 금방(金方)과 亥, 子, 丑 수방(水方)으로 흐르니 좋다.

　초운인 丙운은 재운이고 인성 辛金을 합거하여 나쁠 것같지만 한신(閑神)인 연간의 壬水가 극을 하니 흉할 정도는 아니다. 지지의 午는 辰에 설기되어 무난하다. 丁未의 丁운은 이 사주의 요처인 인성 辛金을 극해서 흉할 것 같지만 한신인 연간의 겁재 壬水가 丁壬으로 합거하니 복잡한 사건들은 있을지라도 무난하게 지나갈 것이다. 未운은 화방(火方)이지만 辛酉에 설기되어 인성을 생하니 무난하다. 戊申의 戊운은 월지 巳에서 戊土가 투출하여 정관격으로 변격되었다. 식신 乙이 극하려고 하지만 인성 辛金이 있어 보호되고 겁재 壬水를 극제하니 정관격 성격에 재성까지 보호하니 좋다. 己酉의 己운은 재격에 칠살운이 오지만 칠살이 일간을 극하는 것이 아니고 인성 辛金을 생하니 오히려 살인상생으로 좋다. 단, 지지의 酉운은 월지의 巳와 巳酉 금국(金局)으로 화하여 인수격으로 변할 수 있다. 연지의 辰이 먼저 합하여 변격(變格)을 막고 있지만 세운(歲運)에서 辰이 사라진다면 巳酉합으로 재격에서 인수격으로 변할 수도 있다. 그래도 격 자체가 무너지거나 하는 것은 아니니 무난하다. 庚운은 巳에서 庚이 투출하여 바로 인수격으로 변하고자 하지만 월간의 乙이 합하니 인수격으로의 변격은 불발이고, 다만 식신 乙을 합거하여 巳중 정관 戊土가 더 잘 보호된다. 戌운이 辰戌충을 하지만 격에는 크게 영향을 미치지 않으니 변동 사항만 있을 뿐 무난한 운이다. 辛운은 인수운이니 좋다. 단, 지지의 亥운은 겁재로서, 격용인 巳와 충을 하니 재격이 파격된다. 정관격과는 다르게 충으로 격이 무너지지는 않지만, 재격은 아무리 신약하더라도 겁재가 직접 재성을 충극하는 것은 좋지 않다. 巳가 둘이라서 무난할 것 같지만 이럴 경우 일지 巳는 시지 酉와 합을 하고 격인 월지의 巳가 巳亥충으로 재(財)가 손상된다.

결국 이 사주는 丙午 초운을 빼고는 말년의 亥운 전까지는 거의 다 좋다. 기본적으로는 재격에 실질적으로는 정관이 보호되는 '암재관격'(暗財官格)에 巳월의 癸水 일간이 뿌리가 튼실한 인성 辛金의 생조를 받으니 아주 귀한 격이다.

財格取運 5

財帶傷官, 財運則亨, 煞運不利, 運行官印, 未見其美矣。

재격에 상관을 쓰는 재대상관격(財帶傷官格)의 사주는 재운은 당연히 좋고, 칠살운은 불리하고, 정관과 인성운으로 행하면 좋은 일을 본 적이 없다.

評解 재격에 상관을 쓴다는 말은 기본적으로 재성이 약하다는 말이다. 일간이 강하고 재성이 약하니 일간을 설기하여 재성을 생조하는 구조다. 그러니 재운은 당연히 좋다. 재격에 식신을

쓸 때는 칠살운이 오히려 좋다. 하지만 상관을 쓸 때는 좋지 않다. 그 이유로 식신은 칠살의 칠살이라 바로 칠살을 극하여 제거하므로 좋지만, 상관은 칠살에게 정관이 되므로 극제가 약하다. 그래서 상관이 재성을 생하고 재성이 칠살을 다시 생하는 상황이 생기니 좋지 않은 것이다. 또 상관과 칠살이 합을 해버리면, 격국인 재성 입장에서는 약해서 상관의 생조를 받고 있다가 생조가 없어진 상황(격의 요처인 상신이 사라짐)이 된다. 이른바 고재(孤財)가 되어 좋지 않은 것이다.(예를 들어 乙일간이 상관 丙으로 재성 戊를 생하는 구조일 때, 운에서 칠살 辛이 들어오면 丙辛합으로 상관 丙이 합거됨) 정관운은 정관이 원국에 있는 상관의 극을 바로 받게 되니(상관견관) 좋지 않은 것은 당연하고, 인성운은 재대상관격에서 상신인 상관을 인성이 바로 극하게 되니 좋지 않은 것이다.

그러나 만약 재대상관격(財帶傷官格)이지만 일간이 약하다면 인성운이 좋을 수도 있다.

상			재
壬	辛	辛	甲
辰	酉	未	子
		잡기	

丁	丙	乙	甲	癸	壬
丑	子	亥	戌	酉	申

왕 학사의 명조다. 이 사주는 재성 甲이 월지 未에서 투출하여 잡기재격(雜氣財格)인데, 월간에서 辛金을 만나니 비겁과 재(財)를 다투고 있다. 그런 상황에서 상관 壬이 투출해서 월간의 비겁 辛을 설기하여 상관을 생하도록 하고 있다. 비겁을 설기하여 왕해진 상관 壬이 다시 재성을 생하는 구조로, 재격에 상관을 쓰는 재대상관격(財帶傷官格)의 사주다. 재(財)보다 비겁이 강하다. 그러므로 재운과 식상운이 좋다.

壬申, 癸酉운은 천간이 식상운으로 재성을 생하니 좋고, 지지의 金은 비겁이라기보다 식상의 근(根)으로 작용하고 지지의 子와 합하거나 설기되니 무난하다. 甲戌, 乙亥운은 바로 재운이니 당연히 호운이다. 다만, 戌운은 이 사주의 상신인 상관 壬의 좌하인 辰과 辰戌충을 하여 근이 흔들리니 좋지 않은 일이 있었을 것이다. (단, 辰酉합으로 잡고 있어서 충이 심하지는 않다) 丙子운 중 丙은 정관인데, 辛金과 합하려 하고 상관인 壬水에게 극을 당하는 소위 상관견관이니 좋지 않다. 지지의 子운은 식신이니 무난하다. 丁丑의 丁운은 이 사주의 요처인 상관 壬을 합거하니 아주 흉하다.(격 자체인 재성 甲이 소위 고재고재孤財가 되었다) 이 운을 넘겨도 다음 운들이 戊寅, 己卯운이다. 戊, 己 인성운은 상관 壬을 바로 극하면서 강한 일간을 도울 뿐 아니라, 己는 격용인 재성 甲을 합거하니 매우 흉하다. 또 그 다음은 흉운인 비겁의 庚辰, 辛巳운이 기다리고 있다.(만약 생존해 있다면 ……)

財格取運 6

財帶七煞, 不論合煞制煞, 運喜食傷身旺之方.

재격에 칠살을 쓰는 재대칠살격(財帶七煞格)의 사주는 합살(合煞)이든 제살(制煞)이든 불문하고, 식상운과 신왕한 방향의 운을 좋아한다.

> **評解 평해** 칠살은 합살이든 제살이든, 어떤 방식으로 하든 제거되어야 한다. 칠살을 제거하기 위해서는 식신이나 상관이 있어야 한다. 그리되면 구조상 일간이 약해질 수밖에 없다. 그러니 신왕한 운이 가장 좋다. 그러나 독을 제거하기 위해서는 일단 약이 필요하니 칠살을 잡는 식상운 또한 좋다. 그리고 사주 내에 식상이 없다면 인성이 와서 칠살을 설기해도 좋다.(사주 내에 식상이 있다면 인성이 약이 되는 식상을 극하니 좋지 않다)

```
  재    살   겁
  戊   甲   庚   乙
  辰   午   辰   酉
                재
  甲 乙 丙 丁 戊 己
  戌 亥 子 丑 寅 卯
```

모 장원의 명조다. 월지 辰에서 戊가 투출하여 재격인데 칠살 庚金이 투출했다. 겁재 乙木이 칠살 庚金을 합거하고 재(財)인 戊土만 남았다고 『자평진전』에서는 논하고 있다. 그런데 서낙오는 「평주」에서 乙庚합으로 칠살이 사라진게 아니고 乙庚 합금(合金)으로 오히려 칠살이 더 강해졌다고 한다. 辰월이고 토기(土氣)가 왕하고 지지에서 辰酉합을 하고 있으니 일리 있는 말이다. 이렇듯 재와 칠살이 강하지만 일간도 2개의 辰에 근(根)이 있으니 아주 약하지는 않고 충분히 감당할 만하다. 단, 운에서는 방신(幇身) 운이 좋다. 일단 칠살이 강하므로 제살(制煞)이 핵심이니, 이 사주의 요처는 일지 午중 상관인 丁火다. 운에서도 이 午는 건드리지 않는 게 좋다. 천간으로는 식상이 와서 칠살을 바로 극하든가, 아니면 인수가 와서 칠살을 화(化)하든가 하면 둘 다 무난하고 비겁운도 좋다. 지지로는 비겁이나 식상이 좋고, 인수운 중 특히 子는 午와 충을 하니 좋지 않다. 寅, 卯운은 일간을 방신하니 좋고 丙, 丁 식상운은 칠살을 극하니 아주 좋다. 丙子운 중 子운은 이 사주의 요처인 午와 충을 하니 흉하다. 辰이 있어 합으로 막아 충을 완화한다지만, 辰이 둘이라 합도 잘 이루어지지 않는다. 설령 합이 된다 해도 충을 완전히 막지는 못한다. 乙亥의 乙운은 겁재운으로 격용인 재성 戊土를 탈재하니 좋지 않다. 亥와 甲운은 재성에 비해 약한 일간을 도우니 좋다. 즉 亥와 甲은 방신 운이니 좋다. 그리고 다음에 오는 戌운은 午戌합으로 식상 화기(火 氣)로 화하니 좋다.

財格取運 7

財用煞印, 印旺最宜, 逢財必忌; 傷食之方, 亦任意矣。

재격에 칠살과 인성을 쓰는 재용살인격(財用煞印格)의 사주는 왕한 인성운이 제일 좋고, 재(財)를 다시 보는 것은 반드시 꺼리며, 식상(食傷)의 방향은 상황에 따라 다르다.

評解 재용살인격(財用煞印格)은 일단 신약할 확률이 아주 높다. 그러니 인성이 왕해지는 운이 좋고, 재운은 이 구조의 요처인 인성을 재극인(財剋印)으로 극하니 당연히 흉하다. 식상운이 상황에 따라 다른 것은 식상이 기본적으로 칠살을 극하니 일단 좋다. 그러나 식신이 사주의 요처인 인성을 합거한다면 흉하게 된다. 그런 경우는 일간이 음간일 때 있을 수 있는 상황이다.

예를 들어 乙일간의 인성 壬으로 칠살 辛금을 화살(化煞)하고 있는데 운에서 식신 丁이 온다면 丁이 辛금을 극하기보다는 丁壬이 합을 먼저 한다.(이런 현상을 탐합망극貪合忘剋이라고 한다) 그리되면 칠살 辛금이 일간을 바로 극하러 오니 아주 흉하게 된다. 그러나 상관 丙이 온다면 칠살 辛금과 합을 하니, 식상의 기본 성향은 같지만 음양에 따라 작용이 이렇게 다른 것이다.

```
    살  인  살
    乙  己  丁  乙
    亥  亥  亥  丑
                 재
    辛 壬 癸 甲 乙 丙
    巳 午 未 申 酉 戌
```

조 시랑의 명조다. 기본적으로 재(財)가 왕하고 왕한 재의 생조를 받는 칠살 역시 왕하다. 일간 己土 입장에서는 왕한 칠살을 화살해 줄 뿐만 아니라 조후를 위해서도 인성인 화기(火氣)가 절실하다. 인성인 丁火가 투출하여 이 역할을 해 주고 있다. 다만, 丁火 입장에서 지지에 근(根)이 없는 것이 아쉽다. 그나마 재성인 수기(水氣)가 천간에 투출하지 않아서 인성인 丁火가 보호되니 좋고, 운에서 도와주기를 바란다. 丙戌운은 당연히 길운이고, 甲, 乙은 관살이라 관살혼잡에 관살이 중하여 흉할 듯하다. 하지만 지지가 申, 酉로 근이 없어서 甲, 乙의 힘이 약하다. 다만, 丁火를 생하는 역할만 할 따름이니 길운은 아니더라도 흉운도 아니다. 지지 申, 酉도 왕한 재성 수기(水氣)에 설기되고 다시 칠살을 생하게 되고 원국에서 이미 칠살이 인성으로 화살되는 구조이니 무난하다. 癸水 재운은 인성 丁火를 극하니 좋지 않다. 다만, 천간의 2개의 乙에 설기되어 다시 丁火를 생하니 그나마 넘길 수는 있을 것이다. 未는 인성 丁火와 일간 己土의 근이 되니 좋다.

다만, 丑未충이 있으니 번거로움은 있을 것이다. 壬운은 월령 亥에서 투출하여 丁과 바로 합을 하니, 이 사주의 요처인 인성 丁火가 사라지게 된다. 또 왕한 목기(木氣)를 따라 丁壬 합목(合木)도 가능해서 칠살이 더욱 강해지니 아주 흉한 운이 된다. 바로 재(財)는 반드시 꺼린다는 말에 해당한다.

 이상 재격을 알아보았는데, 재성이 격국 용신일 때는 어떠한 경우에도 직접적으로 재성을 극하면 안 된다. 특히 비견보다도 겁재를 만나면 아무리 신약한 사주라고 하더라도 흉하다. 이것이 신강, 신약만 가지고 억부(抑扶)로 용신을 잡는 방법과 다른 점이다.

3 3 論印綬
인수격을 논함

印綬 1

印綬, 喜其生身, 正偏同爲美格; 故財與印不分偏正, 同爲一格而
論之。印綬之格局亦不一, 有印而透官者, 正官不獨取其生印, 而
卽可以爲用, 與用煞者不同。故身旺印强, 不愁太過, 只要官星淸
純, 如丙寅、戊戌、辛酉、戊子, 張參政之命是也。

인수(印綬)는 일간을 생하니 희신(喜神)으로 정인과 편인 둘 다 좋은 격이다. 그러므로 재성과 인수는 정(正)·편(偏)을 나누지 않고 동일한 격으로 논한다. 인수의 격국 역시 한 가지만 있는 것이 아니다. 인수격에 정관이 투출한 것이 있는데, 정관은 인성을 생하는 것(상신)으로만 취하는 것이 아니고, 곧바로 용신(격용)으로 취할 수도 있다. 칠살을 <상신으로> 쓰는 경우와는 이런 점에서 다르다. 그러므로 일간이 왕성하고 인성 또한 강해도 태과한 것을 걱정하지 않고, 다만 정관이 청순하기만을 바랄 뿐이다.

戊	辛	戊	丙
子	酉	戌	寅

예를 들어 장 참정(張參政)의 명조가 그러한데, 丙寅, 戊戌, 辛酉, 戊子의 명조가 그것이다.

평해
評解

　재격과 더불어 인수격만은 정·편으로 나누지 않고 하나로 취급하면서 일단 좋은 격국으로 분류하고 있다.

　재(財)는 격국에서든 십신으로든 정·편을 모두 길신으로 취급한다. 인수도 격국에서 정·편을 모두 좋은 격으로 보지만, 십신에서는 정·편을 나누어 본다. 즉 편인은 식신을 극상(剋傷)(탈식)하는 효신이라 하면서 흉신으로 본다는 차이가 있다. 인수격 역시 격용은 인수이지만 상신은 다른 것이 있기 마련이다. 관살이 있어서 인수를 생하는 구조일 때, 정관이나 칠살이 인수를 생하는 것은 같지만, 이 둘을 구분해서 설명하고 있다. 칠살은 인성으로 설기되어 일간을 생하는 측면도 있는 반면, 일간과 인성이 왕하다면 굳이 칠살이 인성을 생할 필요는 없는 것이다. 이럴 때 칠살이 있다면, 칠살은 인성으로 화(化)하는 것이 아니고 일간을 바로 극하는 칠살 본연의 역할만 하게 되므로 파격이 될 수도 있다. 그러나 정관은 인성의 왕쇠 유무와 상관없이(인성을 생하는 작용 이 외에) 늘 정관 본연의 임무, 즉 일간 이외의 비겁을 제어함으로써 재성을 보호하는 역할을 한다. 그러므로 정관은 잡(雜)하지 않게 있기만 하면 그 자체로 성격이 된다.

인		인	관
戊	辛	戊	丙
子	酉	戌	寅
		잡기	재

위의 장 참정 명조가 그러한데, 인성이 왕하고 일간 또한 근(根)도 있고 약하지 않다. 정관 丙이 있어 인성인 戊土가 더 강해지는 측면도 있지만, 丙火는 좌하(坐下)의 재(財)를 보호하는 다른 작용도 한다. 그리고 어느 격에서든 정관이 투출하면 정관을 위주로 희기를 따진다. 이 사주는 戌에서 戊土와 丙火가

같이 투출해서, 인성 戊와 정관 丙을 용신으로 하는 인수격(印綬格)과 잡기정관격겸격(雜氣正官格兼格)에 상신 역시 정관 丙이다. 서낙오는「평주」에서 이 사주는 시지(時支)에 있는 子에 의해 사주가 윤습해져 辛金이 물러지지 않아 소위 윤토생금(潤土生金)하여 좋아졌다고 한다. 이 사주의 요처는 정관 丙이 아니라 식신 子(癸水)라고 말하고 있다. 격용을 논할 때가 아니고 실제 사주를 간명할 때는 반드시 고려해야 될 부분이다.

 이 사주를 자세히 분석해 보면, 일간인 辛金은 인성인 土가 중(重)하여 매금(埋金)의 소지가 있다. 그러나 일지에 근(根, 酉)이 있으므로 버틸 수 있다. 정관인 丙火 역시 丙火 입장에서 식신에 해당하는 戊土가 중하여 설기가 심하고 소위 매광(埋光)이 되고 있다. 甲木으로 소토하면서 정관인 丙火를 보호해야 한다. 그런데 木에 해당하는 연지(年支)의 寅은 寅戌회합으로 火로 변하고 있어 木의 역할을 하지 못하니 아쉽다. 비록 寅戌 화국(火局)으로 소토할 木이 사라지기는 했지만, 정관인 丙火가 매광이 될 뻔 한 상황에서 寅戌회합으로 丙火의 튼실한 뿌리가 되어 주었다. 이는 정관의 역량을 강화하는 좋은 점도 있다고 볼 수 있겠다.

印綬 2

然亦有帶傷食而貴者, 즉여주상서명 **則如朱尙書命, 丙戌、戊戌、辛未、壬辰, 壬 爲戊制, 不傷官也。又如臨淮侯命, 乙亥、己卯、丁酉、壬寅, 己爲乙**

制, 己不礙官也。
　　　　제 기불애관야

그런데 인수격에 <정관이 투출한 상태에서> 식상이 있는데도 귀하게 되는 사주가 있다.

```
壬 辛 戊 丙
辰 未 戌 戌
```

예를 들어 주 상서(朱尙書)의 명조가 그렇다. 이 명조는 丙戌, 戊戌, 辛未, 壬辰인데, 상관 壬水가 인수 戊土에 의해 극제되니 정관 丙을 손상하지 못한다.

```
壬 丁 己 乙
寅 酉 卯 亥
```

또 임 회후(臨淮侯)의 명조가 그렇다. 이 명조는 乙亥, 己卯, 丁酉, 壬寅인데, 식신 己土가 인수 乙木에 의해 제지(制止)되니 己土는 정관 壬水에게 장애가 되지 않는다.

評解
평해

```
상       인 관
壬 辛 戊 丙
辰 未 戌 戌
      잡기
```

주 상서의 명조는 戌에서 인수 戊土와 정관 丙이 투출해서 인수격에 잡기정관격겸격이다. 상관 壬水가 투출해서 정관 丙을 극하고자 하는 것을 인수 戊가 제어하고 있다. 그러므로 상신은 인수 戊다. 이건 격국을 분석하기 위한 틀일 뿐이고, 실제로 이 사주는 土가 너무 왕하여 소위 토다매금(土多埋金)이 되는 형국이다. 甲木의 소토가 아쉽다. 시간(時干)의 상관 壬水가 정관 丙의 입장에서는 기신(忌神)이겠으나 이 사주의 왕한 기운을 설(洩)하는 데에는 최대의 요처다. 바로 왕기를 설수(洩秀)하는 것이다. 辰은 壬水의 근(根)이 될 뿐 아니라 사주의 건조함을 해소해 주어 좋다.

```
관  식  인
壬 丁 己 乙
寅 酉 卯 亥
   인
```

임 회후(淮侯)(회淮나라의 제후諸侯)의 명조는 亥卯가 회국(會局)하고 寅이 있는 상태에서 천간에 乙木이 투출하여 인수가 왕하다. 정관 壬水를 식신 己土가 극하려는 것을 왕한 인성 乙木이 극제하여 정관을 보호하고 있다. 乙木을 용신으로 하는 인수격에 상신은 정관 壬水다. 식신 己가 기신이고 식신을 극제하는 인수 乙木이 희신이다. 실제로 이 사주는 인수인 木이 너무 강해서 정관 壬水의 설기가 너무 심하다. 일지의 酉가 월간 己土의 생을 받으면서 왕한 목기(木氣)를 견제하고 있다. 거기에다 설기가 심한 정관 壬水를 생조하는 역할까지 겸하고 있다. 즉 이 사주의 요처는 일지 酉(金)에 있다고 볼 수 있다.

印綬 3

_{유인이용상식자} _{신강인왕} _{공기태과} _{설신이위수기} _{여무술을}
有印而用傷食者, 身强印旺, 恐其太過, 洩身以爲秀氣。如戊戌、乙
_{묘 병오 기해} _{리장원명시야} _{약인천신경} _{이용층층상식} _{즉한빈}
卯、丙午、己亥, 李狀元命是也。若印淺身輕, 而用層層傷食, 則寒貧
_{지국의}
之局矣。

인수격에 식상을 쓰는 인용상식격(印用傷食格)의 사주는 신강하고 인수가 왕하면 너무 태과할까 염려스럽다. 이럴 때에는 일간을 설기하는 것이 수기(秀氣)가 된다.

```
己 丙 乙 戊
亥 午 卯 戌
```

예를 들어 이 장원(李狀元)의 명조가 그러한데, 戊戌, 乙卯, 丙午, 己亥의 명조가 그것이다.

만일 인수가 약하고 일간도 약한데 식상이 겹겹이 있으면 빈한(貧寒)한 사람이다.

評解 일간과 인수가 둘 다 강하다면 왕한 기운을 식상으로 설기하는 것이 필요하다. 이럴 때 식상이 있어 설기하게 되면 빼어나게 된다.

```
상  인  식
己 丙 乙 戊
亥 午 卯 戌
   인
```

이 장원의 명조는 지지의 亥卯가 회합하여 인수 목국(木局)을 이루고 午戌이 회합하여 화국(火局)을 이루니 인성 木과 일간 [火]이 모두 강하다. 연간의 戊土는 乙木에게 극을 당하니 쓸 수가 없고 시간의 己土 상관이 설기하는 희신이다. 乙木이 용신인 인수격에 시간(時干)의 상관 己土가 설기하는 상신이다.

만약 일간도 약하고 인수도 약한데 식상만 중중하다면, 설기가 과다하므로 식상의 속성대로 잡기(雜技)에만 능하고 실속없이 일만 잡다하게 많은 빈한한 사람이다.

印綬 4

有用偏官者, 偏官本非美物, 藉其生印, 不得已而用之。故必身重印輕, 或身輕印重, 有所不足, 始爲有情。如茅狀元命, 己巳、癸酉、癸未、庚申, 此身輕印重也。馬參政命, 壬寅、戊申、壬辰、壬寅, 此身重印輕也。若身印並重而用七煞, 非孤則貧矣。

인수격에 편관을 쓰는 사주가 있는데, 편관이 본래 좋은 것이 아니다. 하지만 편관에 기대어 인수가 생조를 받으니 부득이 편관을 쓰는 것이다. 그러므로 일간이 중(重)하고 인수가 경(輕)하거나, 일간이 경하고 인수가 중한 경우 등, 뭔가 부족한 것이 있는 경우에만 비로소 편관의 생조가 유정해지는 것이다.

|庚|癸|癸|己|
|申|未|酉|巳|

예를 들어 모 장원(茅狀元)의 명조가 그러한데, 己巳, 癸酉, 癸未, 庚申의 명조로 이것은 일간이 경하고 인성은 중한 경우다.

|壬|壬|戊|壬|
|寅|辰|申|寅|

<그리고> 마 참정(馬參政) 명조인데, 壬寅, 戊申, 壬辰, 壬寅의 명조로 이것은 일간이 중하고 인성은 경한 경우다.

만약 일간과 인성이 모두 중한데 칠살을 써야 한다면 고독하지 않으면 가난하다.

評解 (평해) 이 구절은 칠살이 비록 인수를 생하기는 하지만 칠살이 기본적으로 흉한 것이므로, 아무 때나 쓸 수 있는 것이 아니라 부득이한 경우에 한정적으로 써야 한다고 말하고 있다.

인	비	살	
庚	癸	癸	己
申	未	酉	巳
		인	

모 장원의 명조는 일간 癸水가 근이 없고, 인성은 巳酉합 금국(金局)에 庚申까지 있어 매우 강하다. 칠살 己土도 일지 未에 근이 있고 연지 巳의 생을 받으니 왕하다. 강한 칠살 己土가 왕성한 인성 金으로 설기되고 왕성한 인성이 일간을 생하니 일간이 능히 감당할 수 있다. 즉 격은 인수격이만 실제 작용은 왕한 칠살을

인성으로 화(化)한 살인상생의 구조처럼 되니 귀한 격이다. 월지 酉 및 巳酉회국의 金이 용신인 인수격에 상신은 칠살 己土다.

```
 비  살  비
 壬 壬 戊 壬
 寅 辰 申 寅
    인
```

마 참정의 명조는 일간 壬水가 辰과 申에 뿌리가 있고, 申辰 수국(水局)까지 하고 천간에 비겁이 중중하니 일간이 왕하다. 반면에 인성인 申은 申辰 수국(水局)에 壬水들에게 설기되어 비록 자기 계절이지만 약해지고 있다. 월간의 칠살 戊土가 4지(支)에 근을 두고 투출하여 인성 申을 생하고 비겁들을 극제하니 귀격이다. 월지 申(庚)이 용신인 인수격에 칠살 戊土가 상신이다. (申에서 壬이 투출했으나 戊土에게 극제되니 녹겁격으로 변격은 불성립한다)

　일간과 인성이 모두 중하다면, 이는 신태왕(身太旺)하여 답답한 구조다. 여기에 다시 칠살까지 있다면 인성이 더욱 왕해지고, 다시 일간이 더욱 왕해지니 흉해진다. 그리고 칠살이 아무리 극제해야 하는 것이지만 인성이 너무 왕하면 칠살의 설기가 과해지니 제살태과(制煞太過)와 같은 것이 된다. 이리되면 마치 정관이 손상되는 것과 같은 무절제한 성향으로 나타난다. 그리고 모든 기운이 일간으로 집중되니 자기밖에 모르는 독불장군이 되어버려 대인관계가 좋지 않아 주위에 사람이 없다. 또 왕성한 비겁의 성향으로 재(財)가 극제를 받게 되니 가난하게 된다.

印綬(인수) 5

有用煞而兼帶傷食者(유용살이겸대상식자), **則用煞而有制**(즉용살이유제), **生身而有洩**(생신이유설), **不論身旺印重**(불론신왕인중), **皆爲貴格**(개위귀격). **如乙丑**(여을축)**、辛巳**(신사)**、己巳**(기사)**、庚午**(경오), **孫布政命是也**(손포정명시야).

인수격에 칠살을 쓰는데 식상이 같이 있는 사주가 있다. 칠살을 쓰고자 하지만 식상에게 제지가 되고, 인성이 일간을 생조하고 다시 식상으로 설기하는 구조가 된다. 신왕하든 인성이 중하든 따질 필요 없이 모두 귀격이 된다.

庚	己	辛	乙
午	巳	巳	丑

예를 들어 乙丑, 辛巳, 己巳, 庚午로 된 손 포정(孫布政)의 명조가 그렇다.

評解(평해) 칠살의 처리 방식을 논하고 있다. 인수격이니 칠살을 인수로 화(化)하는 방법이 제1의 순위다. 그러나 식상과 같이 있을 경우에는 인수로 화(化)할 필요 없이 바로 식상으로 제살하는 것을 우선으로 한다. 이리되면 식상이 제살과 설기라는 두 가지 역할을 하게 되니 식상의 십성이 잘 발휘된다. 하지만 이 방법은 일간 입장에서는 칠살에게 극제되고 식상으로 설기되는 이른바 극설교가(剋洩交加)의 형태이니, 반드시 일간이든 인성이든 왕해서 이런 구조를 감당할 수 있어야 한다.

상	식	살	
庚	己	辛	乙
午	巳	巳	丑
인			

손 포정(布政)(성省의 장관)의 사주는 巳에서 庚金이 투출하였고 巳丑 金회국을 하여 상관격으로 변격이 된 듯하다. 하지

만 지지에 인성 火 방국이 있고 연간의 乙이 생하여 화기(火氣)가 강하니 金 상관격으로의 변격이 어렵다. 그러니 그냥 원국 그대로 巳중 丙火가 용신인 인수격이고, 칠살 乙木을 제거하는 식신 辛金과 왕한 일간을 설기하는 상관 庚金이 상신이다.

印綬 6

有印多而用財者, 印重身强, 透財以抑太過, 權而用之, 只要根深, 無妨財破。如辛酉、丙申、壬申、辛亥, 汪侍郞命是也。若印輕財重, 又無劫財以救, 則爲貪財破印, 貧賤之局也。

인수격에 인성이 많아서 재를 쓰는 사주가 있다. 인성이 중(重)하고 일간이 강할 때 재(財)가 투출하여 인성의 태과함을 극제하는 것인데, 이는 임시 방편으로 쓰는 것이다. 다만, 인성이 뿌리가 깊어야 재(財)가 파극을 하더라도 견딜 수 있다.

| 辛 | 壬 | 丙 | 辛 |
| 亥 | 申 | 申 | 酉 |

예를 들어 辛酉, 丙申, 壬申, 辛亥로 된 왕시랑(汪侍郞)의 명조가 그렇다.

만약 인수가 경(輕)하고 재가 중(重)한 경우 겁재가 인성을 재에게서 구해 주지 않으면, 곧 재를 탐하여 인수를 파하는 것이 되어 빈천한 격국이 된다.

評解 인성은 본래 길신이라 역용(逆用)하지 않고 순용(順用)

하는 것이 원칙이다. 그러나 인성이 과(過)하다면 과유불급(過猶不及)이라, 부득이 이를 극제해야 하니 재성으로 인성을 극제하는 것이다. 그러나 이것 역시 임시 방편일 뿐이니 인성이 뿌리가 깊어 재(財)의 극제를 무난히 감내할 수 있는 것이 전제 조건이다.

	인	재	인
	辛	壬	丙	辛
	亥	申	申	酉
		인		

왕 시랑의 명조는 한눈에 봐도 인성 金이 중중(重重)하다. 그러니 자연적으로 일간 역시 강해졌다. 재성 火로 왕한 金을 억제해야만 한다. 월간에 재성 丙火가 떠서 왕성한 인성 金을 억제하고 또 습한 사주에 조후까지 겸하니 아주 좋은 길신이다. 다만, 丙辛합으로 丙火의 역할에 한계가 생긴다. 운에서 丙火를 도우면 좋다. 다행히 역운(逆運)이니 火木으로 운이 흘러 丙火가 丙辛합이되 합화(合化)가 되지 않고 재극인(財剋印)의 역할을 충실히 할 수 있다. 申중 庚金이 용신인 인수격에 재성 丙火가 상신이다.

 인수격인데 인수가 경(輕)하다면 인수를 생하는 관살이 필요하다. 그런데 오히려 약한 인수를 극제하는 재성이 있다면 격(格)이 파격이 될 것이다. 이때는 기신이 되는 재성을 극제하는 겁재가 인성을 구하는 수호신이 된다. 그렇지 않으면 탐재파인(貪財破印), 즉 흔히 말하는 탐재괴인(貪財壞印)이 되어 빈천해진다는 말이다.

印綬 7

卽或印重財輕而兼露傷食, 財與食相生, 輕而不輕, 卽可就富, 亦
不貴矣。然亦有帶食而貴者, 何也? 如庚寅、乙酉、癸亥、丙辰, 此
牛監簿命; 乙合庚而不生癸, 所以爲貴。若合財存食, 又可類推矣,
如己未、甲戌、辛未、癸巳, 此合財存食之貴也。

혹시 인성이 중(重)하고 재성이 경(輕)한데 식상(食傷)이 투출하면, 재(財)와 식상이 상생하므로 경(輕)하되 경(輕)하지 않은 것이 되어 곧 부(富)를 이룰 수 있다. 하지만 역시 귀(貴)하게 되지는 않는다. 그런데 식신이 있는데도 귀하게 된 사람이 있으니 어떤 경우인가?

丙	癸	乙	庚
辰	亥	酉	寅

예를 들어 庚寅, 乙酉, 癸亥, 丙辰의 우 감부(牛監簿)의 명조가 그러한데, 乙이 庚을 합하여 庚金이 癸水를 생조하지 못하니 귀하게 되었다.

癸	辛	甲	己
巳	未	戌	未

만약 재(財)를 합하여 식신을 남기는 경우도 이와 같이 유추할 수 있다. 己未, 甲戌, 辛未, 癸巳의 명조가 바로 재(財)를 합하고 식신을 남겨서 귀하게 된 경우다.

評解 약한 재성과 식상이 상생하면, 재성이 인성을 극하여 식상을 보호하고, 식상이 재성을 생조하는 구조가 된다. 이리되면

인성이 중하여 기본적으로 일간이 강한 상태에서 재성이 왕성해져 부자가 된다. 그러나 "부자는 되더라도 귀하게 되지 못한다"는 말은 기본적으로 관인(官印)과 식재(食財)는 서로 극하는 상대로 순용하는 격국인 인수격에서 임시 방편으로 쓰는 식재(食財)로는 부자는 되더라도 귀격은 되기 어렵다는 것이다. 그러나 이런 관점도 예전의 신분제 사회에는 맞을지 몰라도 현재 자본주의 구조에서도 맞는지는 상황에 따라 살펴봐야 한다.

재	식	인	
丙	癸	乙	庚
辰	亥	酉	寅
		인	

우 감부(監簿)(문서 기록 6품 관리. 주부主簿)의 사주는 인수도 중하고 일간도 왕하다. 식신 乙이 월간에 투출하고 재성 丙이 시간에 투출하여 상생하니 식신생재(食神生財)가 되고 있다. 또 재성 丙火는 연지의 寅에 근(根)을 두고 寅亥합으로 끌어오고, 酉亥 중간에 戌이 협(夾)되어 또 근이 되니 재성이 결코 가볍지 않다. 乙庚이 합되어 일간 癸水를 생하지 못하여 귀하게 된다는 말은 좀 억지인 듯하고, 격(格)인 월지 인수 酉는 그대로 두고 음양이 다른 별개의 인수인 庚金을 乙庚합으로 합거하여 인수격이 청(淸)해진 것이 더 타당성이 있어 보인다. 그리고 乙 역시 亥와 寅에 근이 있으니 쉽게 乙庚합으로 金으로 변하는지는 따져볼 일이다. 어떤 식으로 보든 이 사주가 일단 신강하고 재(財)도 강하니 부자가 될 수 있겠다. 또 인성이 과(過)하고 잡(雜)할 수 있는 것을 乙庚합으로 청(淸)해졌으니 어느 정도의 귀(貴)도 누릴 수 있었다고 보인다.(이 사주가 입수入手 당시에는 6품 벼슬이었지만 나중에는 더 오르지 않았을까 짐작해 본다) 酉중 辛金이 용신인 인수격에 상신은 식신 乙木과 재성 丙火다. 그리고 이 사주의

요처 역시 재성 丙火다.(丙火는 습한 사주의 조후도 조절해 주고 있다)

식 재 인
癸 辛 甲 己
巳 未 戌 未
인

己未생 사주는 인성이 과다하다. 인성이라도 土는 조금 다르니 오히려 자식인 金을 묻어버릴 수 있다. 甲木의 소토가 절대적으로 필요하다. 월간에 재성 甲木이 투출했다. 원문에서는 甲木이 인성인 己土를 합거하여 귀(貴)해졌다고 했는데, 왕성한 일간의 기(氣)를 시간(時干)의 癸水로 설기한다는 측면만 보면 일리 있는 말이다. 하지만 甲木이 지지에도 즐비한 土들을 소토할 수 있는 것을 己土에 합거되어 역할이 한정된 것으로 볼 수도 있다. 전반적으로 조열하니 조후의 역할까지 하는 시간의 식신 癸水의 역할이 크고 이를 보호하는 재성 甲木도 소중하다고 하겠다. 월지 戌中 戊土가 용신인 인수격에(연간年干의 인성 己土가 월지 戌에서 투출했지만 甲己합으로 합거되니 용신의 지위를 잃었다) 상신은 재성 甲木과 식신 癸水다. 그리고 이 사주의 요처 역시 시간(時干)의 식신 癸水다.

印綬 8
인 수

우 유 인 이 겸 투 관 살 자   혹 합 살   혹 유 제   개 위 귀 격   여 신 해 경 자 갑
又有印而兼透官煞者, 或合煞、或有制, 皆爲貴格。如辛亥、庚子、甲
진 을 해   차 합 살 류 관 야   임 자 계 묘 병 자 기 해   차 관 살 유 제 야
辰、乙亥, 此合煞留官也; 壬子、癸卯、丙子、己亥, 此官煞有制也。

인수격에 관살이 혼잡하여 투출한 경우가 있다. 혹 합살(合煞)을 하든, 제지하든 모두 귀격(貴格)이 된다.

```
乙 甲 庚 辛
亥 辰 子 亥
```

```
己 丙 癸 壬
亥 子 卯 子
```

예를 들어 辛亥, 庚子, 甲辰, 乙亥의 명조인데, 이 사주는 합살유관(合煞留官)이 된 것이다.

<그리고> 壬子, 癸卯, 丙子, 己亥의 명조인데, 이 사주는 관살이 제복(制伏)되었다.

評解 어느 격국을 막론하고 정관과 칠살이 함께 있는 관살혼잡이든, 정관이 겹쳐 있는 중관(重官)이든, 칠살이 겹쳐 있는 중살(重煞)이든지, 관(官)과 살(煞) 둘 중에 하나만 제거 또는 합거되면 잡(雜)한 것이 청(淸)해진 결과가 되므로 사주가 좋아진다. 즉 정관은 좋고 칠살은 나쁘다는 기본 개념보다, 잡한 것이 청해지는 것이 우선이다. 이렇게 되면 귀격이 된다는 설명이다.

```
  겁  살 관
乙 甲 庚 辛
亥 辰 子 亥
        인
```

辛亥생 사주는 기본적으로 인수격에 칠살 庚과 정관 辛이 동시에 투출하여 관살혼잡이다. 시간(時干)의 겁재 乙이 乙庚합으로 합살하고 정관만 남기니 정관이 청(淸)해졌다. 그래서 귀격이라는 말인데, 격만 가지고는 말이 된다. 그런데 이 책에서도 논하는 것이지만 격 이전에 조후가 먼저다. 한겨울의 甲木 일간이 일점 화기(火氣)가 없어 생의(生意)가 없다. 그리고 왕성한 수기(水氣)를 제어해 줄 토기(土氣)도 없다. 이 사주는 이 책에서 늘 밝히는 직위 또한 없다. 귀격이라고 보기에 무리가 있어 보인다. 격으로는 월지 子중 癸水가 용신인 인수격에 겁재 乙이 상신이다.

상	관	살
己	丙 癸	壬
亥	子 卯	子
	인	

壬子생 사주 역시 인수격에 정관 癸와 칠살 壬이 투출했다. 시간(時干)의 상관 己土가 근접한 정관 癸水를 먼저 극제하고 칠살 壬水를 남겨서 관살혼잡이 해소되었다.(관살혼잡이 해소되는 것이 우선이니 칠살이 남더라도 흉한 것이 아니다) 그래서 귀격의 사주라고 한다. 이 사주 역시 격은 성립되었지만 지지의 卯(木)가 과다한 수기(水氣)에 쌓여 소위 수다목부(水多木浮)다. 비록 자기의 계절이지만 습한 木으로는 일간을 생하기 어렵다. 그리고 근도 없는 己土로는 왕성한 수기(水氣)를 제어하기 어렵다.(戊土라면 모를까……) 결국 이 사주 역시 격은 성립되었지만 귀격이라고 논하기는 어려울 듯하다. 다만, 亥卯가 합하여 목국(木局)이 더욱 왕해지고, 일간 丙火 자신이 조후를 하고 있으니, 당대에 발복한 사주라고 유추해볼 수도 있겠다. 월지 卯(乙)가 용신인 인수격에 상신은 상관 己土다.

印綬 9

至於化印爲劫, 棄之以就財官, 如趙知府命, 丙午、庚寅、丙午、癸巳, 則變之又變者矣。

인수가 변하여 비겁으로 변하는 화인위겁(化印爲劫)의 경우에는 인수를 버리고 재관(財官)을 따른다.

癸	丙	庚	丙
巳	午	寅	午

예를 들어 丙午, 庚寅, 丙午, 癸巳로 된 조지부(趙知府)의 명조가 그렇다. 변하고

또 변하는 경우다.

評解 뒷 편에 나오겠지만 일간과 월령이 같은 경우를 녹겁격(祿劫格)이라고 한다. 일간과 월령이 같으면 상생상극의 작용이 일어나지 않으므로 별도의 용신을 잡아서 격국을 정한다. 즉 재(財)와 관(官)을 취해서 용신으로 한다.

인성은 비겁과 합하여 비겁으로 화(化)할 수 있다. 월지 인성에서 인성 본기가 투출하지 않은 상태에서 지지끼리 회합하여 비겁으로 화(化)하든가, 월령에서 본기인 인성이 아니라 비겁이 투출하면 인수격이 비겁격으로 변한다. 이런 경우의 취용법을 말하고 있는 것이다. 즉 월겁격이란, 격은 그대로 월겁격으로 하면서 여타의 격국처럼 용신이 바로 격국이 되는 것이 아니고, 용신을 따로 정하는 것을 말한다.

```
 관  재 비
癸 丙 庚 丙
巳 午 寅 午
        인
寅午 비겁 火국
```

조 지부(知府)(군군의 장관)의 명조는 월령 寅에서 丙이 투출하였고, 지지에서 寅午회국을 하니 두 가지 경우가 모두 해당이 된다. 즉 인수격에서 월겁격으로 변격된 것이다. 정관이 투출했으니 癸水를 용신으로 먼저 취하고 정관 癸水를 생하는 재성 庚이 상신이다. 즉 격국은 월겁격에 용신은 정관 癸水, 상신은 재성 庚金이다. 그러나 이 사주 역시 격은 성립되었으나, 사주가 조열하고 정관 癸水의 근이 없는 것이 아쉽다. 庚金이 巳중 庚金에 근을 하고 그 위에서 癸水가 적셔주는 절묘함은 있다. 일지가 子, 辰, 申 중 하나였다면 더 귀하게 됐을 것이다.

印綬 10

更有印透七煞, 而劫財以存煞印, 亦有貴格, 如庚戌、戊子、甲戌、
乙亥, 是也。然此格畢竟難看, 宜細詳之。

또 인수격에 칠살이 투출한 경우, 겁재로서 <재성을 극제하고>
칠살과 인수를 남기면 역시 귀격이 된다.

|乙|甲|戊|庚|
|亥|戌|子|戌|

예를 들어 庚戌, 戊子, 甲戌, 乙亥의 명조가
그렇다. 이런 경우 분간하기가 어려우니
의당 자세히 살펴봐야 할 것이다.

評解 인수격에 칠살이 있으면 살인상생이 최우선이요, 다른
방법으로는 식상으로 극제하는 방법이 있다. 어떤 방법으로든
칠살을 처리해야 하는데, 칠살이 투출한 상태에서 재성까지 투출
하면, 재성이 인성을 극하게 되고, 칠살은 화살(化煞)할 곳이
사라지게 되므로 바로 일간을 극하게 된다. 그리되면 파격이다.
이럴 때 겁재가 같이 투출해서 재성을 극제하면 인성이 다시
보존되고, 칠살은 인성으로 화살하게 되므로 성격이 된다.

|겁| |재|살|
乙	甲	戊	庚
亥	戌	子	戌
		인	

이 명조가 그러한데, 인수격에 칠살 庚金
이 투출했다. 인성 子(水)에게로 金生水
하면서 화살(化煞)하고 있는데, 일지와

연지에 근을 두고 戊土가 투출해서 인성 子(水)를 극하고 있다. 그리되면 화살하지 못하는 칠살 庚金이 일간을 바로 극하게 되어 파격이다. 그런데 시간(時干)에 겁재 乙이 투출하여 재성 戊土를 극제함으로써 인성 子(水)를 보호하고, 다시 칠살 庚金이 인성을 생하는 구조가 되니 성격이다.

  이 사주는 겨울의 甲木 일간이 戊土가 있고 戌중에 丁火가 있어 조후도 되고 격도 성격되었으니 귀격 사주다. 월지 子(癸)가 용신인 인수격에 상신은 겁재 乙과 칠살 庚이다.

33-1 論印綬取運
인수격의 취운을 논함

印綬取運 1

印格取運, 卽以印格所成之局, 分而配之. 其印綬用官者, 官露印重, 財運反吉, 傷食之方, 亦爲最利.

인수격(印綬格)에서 운(運)을 보는 방법은, 인수격이 격국을 이루는 바에 따라 구분하여 맞추어 보는 것이다. 인수격에 정관(正官)을 쓰는 경우, 정관이 노출되어 있고 인성(印星)이 중(重)하면, 재(財)운이 오히려 길(吉)하고 식상(食傷) 방향의 운 역시 가장 이롭다.

評解 인수격(印綬格)은 기본적으로 일간(日干)이 강하다. 거기에 정관(正官)이 투출(透出)하여 인성(印星)을 생(生)하고 있고, 인성 자체도 중(重)하다면 결과적으로 일간이 더욱 강하다. 재(財)가 와서 왕성한 인성을 극(剋)하여 조절하고 한편으론 정관을 생함으로써 일간을 극(剋)하여 조절하면 좋다. 식상운(食傷運)은 왕성한 인성이 있으니 정관을 손상할 수 없다. 다만, 왕성한 일간을 설기(洩氣)하는 기능만 하니 가장 좋은 운(運)이 된다.

장 참정의 명조다. 인수가 중(重)하고 정관 丙이 투출했다. 재성인 木이 와서 중한 인성 土를 조절하는 운과 왕한 일간을 설기하는 식상 水운이 좋다. 마침 이 사주는 시지(時支)에 식신 子(水)가 있어 원국에서 이미 좋은 배합이다. 초운부터 6운까지가 水木의 방향이다. 장장 55년 이상이 호운이다. 다만, 중간에 辛운은 정관인 丙火를 합거하니 흉하다. 壬, 癸운은 정관 丙火를 극하기 전에 인성 戊土들에 의해 극거되거나 합거되어 정관 丙火에 손상을 입히지 못하고, 단지 왕한 일간을 설기하니 좋다. 천간으로는 약간씩 희비가 엇갈리지만, 기본적으로 대운의 방향이 식상과 재(財)인 수목방(水木方)으로 흐르니 좋은 사주에 좋은 운을 타고난 사주다.

```
  인     인  관
  戊 辛 戊 丙
  子 酉 戌 寅
         잡기 재
  甲癸壬辛庚己
  辰卯寅丑子亥
```

印綬取運 2

若用官而並帶傷食, 運喜官旺印綬之鄕, 傷食爲害, 逢煞不忌矣。

인수격에 정관을 쓰는데 식상이 있는 경우, 정관이 왕해지는 운과 인수 방향의 운이 좋다. 식상운은 해롭고 칠살운은 꺼리지 않는다.

評解 정관은 어느 격에서든 최우선적으로 보호되어야 한다. 인수격에 정관이 있는 경우에 식상이 있다면 식상이 정관을 해(害)

하려고 한다. 이런 이유로 정관을 왕하게 하는 운, 즉 재성운과 정관의 근이 되는 지지로 오는 관살운이 좋다. 인수운은 격국인 인수를 왕하게 하고 기신(정관에게 있어)인 식신을 극거하니 좋다. 식상운은 정관을 바로 해(害)하니 당연히 꺼린다. 칠살운은 원국에서 식상의 타깃이 정관이던 것이 운에서 칠살이 들어오면 식상의 타깃이 정관에서 칠살로 바뀌게 된다. 그러면 결과적으로 관살혼잡을 해소하는 것과 같은 효과가 생기니 꺼리지 않는 것이다.

상		인	관
壬	辛	戊	丙
辰	未	戌	戌
		잡기	
甲	癸	壬	辛	庚	己
辰	卯	寅	丑	子	亥

주(朱) 상서의 명조다. 인수격에 정관 丙이 투출했는데 상관 壬水가 시간에 투출해 있다. 장 참정의 사주와 다른 것은 장 참정의 사주는 식신 子(水)가 시지에 있고 일지 酉(金)의 생조를 받고 있어서 인성 戊土에게서 직접적인 극을 받지 않는다. 그것뿐만 아니라 지지에 있으니 천간의 丙火를 극하지도 않고, 다만 왕기(旺氣)를 설(洩)하는 역할만 하고 있을 뿐이다. 그런데 주 상서의 명조는 상관 壬水가 시간에 투출하여 정관 丙火를 언제든지 극할 수 있다. 실질적으로 이 사주는 土가 너무 중(重)하여 일간 辛金을 생하기는커녕 묻어버리는 형국이다. 오히려 시간의 壬水가 왕기를 설수(洩秀)하는 희신의 역할을 하고 있다. 다만, 壬水마저 토기(土氣)에 막혀 흐름이 답답한 상황이다.(상관 壬水가 희신이라고 한 것은 정관 丙火를 손상하지 않는 범위 내에서 왕기를 설洩하는 역할을 말하는 것이지 상관 자체가 희신이라는 말은 아니다) 운에서 재성인 木이 와서 왕한 土를 소토해 주는 것이 무엇보다 필요하다. 寅, 卯, 甲운에 왕한 土를 제압하고 상관 壬水를 설기하여 정관

丙火를 생조하니 최상의 운이다.

관 식 인
壬 丁 己 乙
寅 酉 卯 亥
인
癸 甲 乙 丙 丁 戊
酉 戌 亥 子 丑 寅

임 회후의 명조인데, 亥卯가 회국하고 寅이 있는 상태에서 천간에 乙木이 투출하여 인수가 왕하다. 정관 壬水를 식신 己土가 극하려는 것을 왕한 인성 乙木이 극제하여 정관을 보호하고 있다. 인성으로 식상을 제거한다는 것은 주 상서의 사주와 유사하다. 다만, 주 상서의 사주는 식상운이 오더라도 인성으로 회극(回剋)할 수 있으나 임 회후의 사주는 인성과 정관이 멀리 있어서 식상운이 올 때 정관을 보호해 주기가 쉽지 않다. 다행히 초운 戊만 빼고는 천간으로 상관운이 오지 않는다. 丁운이 정관을 두고 일간과 다투니 좋지 않았을 것이다. 그 후로는 정관의 근이 되는 子, 亥운과 식신을 회극하는 인성 乙, 甲운이니 아주 좋다.

印綬取運 3

<small>인 수 이 용 상 식   재 운 반 길   상 식 역 리   약 행 관 운   반 견 기 재   살 운 즉</small>
印綬而用傷食, 財運反吉, 傷食亦利; 若行官運, 反見其災; 煞運則
<small>반 능 위 복 의</small>
反能爲福矣。

인수격에 식상을 쓰는 경우, 재운이 오히려 길하고 식상운 역시 이롭다. 정관운에는 반대로 재앙을 보게 되고, 칠살운은 오히려 복이 된다.

<small>평 해</small>
評解 인수격에 식상을 쓴다는 말은 인수가 왕하고 일간이

강하다는 말이다. 왕한 일간을 식상으로 설기하는 구조인데, 인성이 너무 왕하면 식상이 억제되어 설기가 원활하지 못할 수 있다. 이럴 때 운에서 재성운이 와서 인성을 극제하여 식상의 설기를 돕는다면 사주의 흐름이 좋아질 것이다. 식상운은 바로 설기하는 운이니 당연히 좋다. 정관운은 설기를 해야 할 식상이 정관을 손상하는 역할을 하니 정관도 손상되고 설기도 안 되니 불길하다. 칠살운은 칠살이 인성으로 화살(化煞)되는 것이 아니고 식상에게 극제되므로, 식상의 쓰임이 설기뿐만 아니라 제살까지 담당하게 되어 오히려 복이 된다고 한 것이다.

```
  상   인   식
 己 丙 乙 戊
 亥 午 卯 戌
        인
辛 庚 己 戊 丁 丙
酉 申 未 午 巳 辰
```

이 장원의 명조다. 乙木 인성이 지지에서 亥卯 목국(木局)을 이루고 녹에 좌(坐)하니 인성이 왕하다. 일간도 좌하(坐下)에 양인 午를 두고 午戌회국까지 있으니 일간 역시 왕하다. 戊, 己 식상이 午戌에 근을 두고 투출하니 식상 戊, 己가 설기하는 상신이다. 결국 이 사주는 인성과 일간이 왕한 상태에서 식상으로 설기 역시 아주 잘 되고 있는 사주다. 인수격에 식상을 쓰는 구조의 사주이니 식상운과 재운이 길하다. 정관운이 재앙이 있다 했는데, 만약 정관 癸운이 온다면 연간의 戊와 합을 해서 정관이 오히려 비겁인 火로 화(化)하니 흉하다. 칠살 壬은 2개의 식상에 회극되니 오히려 좋다. 그런데 실제로 이 사주는 관살운이 말년에나 온다. 이론적으로만 살펴볼 뿐이다. 초년의 비겁 火운은 원래 강한 일간이 더 강해져서 답답한 면도 있지만, 왕한 인성 木 기운을 빼내서 다시 식상 土로 수기(秀氣)를 설(洩)하니 무난하다. 중년의 戊午, 己未 식상운이 인생 최대의 호운(好運)이다. 장년의 庚申, 辛酉가 재운이니 원문이나 「평주」의 설명대로라면 길운이다. 그런데 이 사주는 인성이 그렇게까지 중(重)하다고 볼 수 없다. 그러니 인수를 직접 타격하는 운을 길운이라고 보기 어렵다. 즉 庚申의 庚운은 투출한 인성 乙木을 합으로 묶으니 답답한 운세다. 그리고 辛酉의 酉운은 <비록 亥卯 木局이 있어 완화되긴 하지만> 격용의 뿌리인 월지 卯를 충하니 번잡한 운이다.

印綬取運 4

印用七煞, 運喜傷食; 身旺之方, 亦爲美地; 一見財鄕, 其凶立至.
인수격에 칠살을 쓰는 경우, 식상운이 좋고 신왕한 운도 좋다. 재운을 보면 흉함이 바로 나타난다.

評解 칠살은 어떤 식으로든 처리되어야 하는데, 인수격에 칠살이 있으면 기본적으로 인수가 칠살을 화살(化煞)하고 있는 구조다. 이런 경우, 운에서 식상이 오면 인수로 화살하던 형식에서 식상으로 제살하는 구조로 바뀌게 되니 좋다. 그리고 신왕한 운은 비겁으로 재성에게서 인성을 보호하니 좋고, 양간(陽干)의 경우에는 겁재가 칠살을 합거하니 칠살을 바로 처리하는 상황이 된다. 재운은 격(格)인 인성을 극하면서 칠살을 생조하여 결과적으로 칠살이 일간을 극하도록 만드니 흉하다.

33-1 인수격의 취운을 논함

```
  인   비  살
  庚   癸  癸  己
  申   未  酉  巳
          인
  丁 戊 己 庚 辛 壬
  卯 辰 巳 午 未 申
```

모(茅) 장원의 명조인데 일간 癸水는 근이 없고, 인성은 巳酉합 금국(金局)에 庚申까지 있어 매우 강하다. 즉 일간은 경(輕)하고 인성은 중(重)한 형태다. 칠살 己土도 일지 未에 근이 있고 연지 巳의 생을 받으니 왕하다. 강한 칠살 己土가 왕성한 인성 金으로 설기되고 왕한 인성이 일간을 생조하는 구조다. 비겁운은 경한 일간을 도와서 칠살의 극을 나눠받으니 좋다. 식상인 木운은 칠살을 회극하면서 중한 인성의 생조로 왕해지려는 일간을 설기하는 운이 되니 제일 좋다. 재운[火]은 칠살을 돕고 인성을 극제하니 흉하다. 관살운은 왕한 인성이 화살하니 오히려 무난하다. 庚, 辛은 인수운으로 칠살을 화살하니 좋고, 戊운이 관살혼잡이지만 비겁 癸水가 있어 정관을 합거하고 칠살만 남기니 오히려 좋다. 己운이 중살(重煞)이지만 이 역시 비겁 癸水가 대신 극을 받아 주고 인성 庚金이 화살하니 좋다. 丁운이 재운인데 인성 庚金을 극하면서 칠살 己土를 생조하니 흉하다. 지지 巳, 午의 火 재운은 지지의 인성 金을 극하지만 이 사주에서 화살하고 있는 庚金에는 해(害)가 없으니 무탈하다.

```
  비   살  비
  壬   壬  戊  壬
  寅   辰  申  寅
          인
  甲 癸 壬 辛 庚 己
  寅 丑 子 亥 戌 酉
```

마 참정의 명조인데, 일간 壬水는 辰과 申에 뿌리가 있고, 申辰 수국(水局)까지 하고 천간에 비겁이 중중(重重)하니 일간이 왕하다. 반면에 인성인 申은 申辰 수국(水局)에 壬水들에게 설기되어 비록 자기 계절이지만 약해지고 있다. 즉 인수는 경(輕)하고 일간은 중(重)하다. 칠살 戊土로 인성 申을 생조하여 성격이 되었다. 일간이 왕하니 식상으로 설기하는 것이 가장 좋은데 원국에 이미 식신 寅이 있으니 좋다. 그것뿐만 아니라 신왕한 운인 비겁운이 와도 식신이 받아 주니 무난하다. 酉, 庚, 辛 인성운은 왕한 일간에게 설기가 심한 인성을 돕는 운으로 칠살 戊土를 원활히 화살하니 좋다. 亥, 子, 壬, 癸 비겁운은 왕한 일간을 더 왕하게 만들지만 2개의 寅으로 설기할 수 있으니 무난하다. 甲寅, 乙卯 식상운이 왕한 일간을 설기하면서 칠살 戊土를 바로 극제하는 최상의 호운이다. 가장 꺼리는 재성 火운이 없으니 인생 전반에 장애가 없다.

印綬取運 5

若用煞而兼帶傷食, 運喜身旺印綬之方, 傷食亦美; 逢官, 遇財, 皆不吉也。

인수격에 칠살을 쓰는데 식상이 같이 있는 경우, 신왕 운과 인수운을 좋아하고 식상운도 좋다. 정관운을 만나거나 재운을 만나는 것은 모두 불리하다.

評解 인수격에 칠살이 있으면, 칠살을 인수가 화살하는 구조가 된다. 식상운은 인성으로 화살(化煞)하던 구조에서 식상이 제살(制煞)하는 구조로 되니, 인성이 일간을 생조하여 일간이

33-1 인수격의 취운을 논함

왕해진 상태에서 식상이 칠살을 극제하니 좋다. 신왕 운, 즉 비겁운은 재성에게서 인성을 보호하고 칠살의 극제를 나눠가지니 좋다. 또 양(陽) 일간(甲)의 경우 겁재(乙)는 칠살(庚)과 합을 하여 칠살을 합거하니 더욱 좋다. 인수운은 화살하는 주체인 인성을 강화하니 좋고, 정관운은 관살혼잡의 구조가 되어 흉하다. 재성운은 인성을 극하면서 칠살을 생하니 흉하다.

```
  상    식  살
  庚   己  辛  乙
  午   巳  巳  丑
          인
  乙 丙 丁 戊 己 庚
  亥 子 丑 寅 卯 辰
```

손 포정의 명조다. 인수격에 칠살과 식상이 같이 있다. 천간의 운이 상관 庚, 비겁 己·戊, 인성 丁·丙으로 흐르니 무난하다. 가장 꺼리는 정관운은 말년의 甲운이다. 지지의 寅, 卯 관살운은 인성 화기(火氣)에 설기되어 일간을 강화하니 무탈하다. 丑운은 비견이고 巳丑합을 하니 비견이 식상으로 화(化)하는 운이고, 子는 丑과 합을 하니 재성의 역할(재생살財生煞, 재극인財剋印)에 제한이 있다. 乙亥의 亥 재성운은 비록 巳가 둘이라서 완화는 되지만 격용인 인성 巳와 충을 하니 좋지 않다. 그리고 이 사주는 조열한 편이라 이 사주의 요처는 연지(年支)의 습토(濕土) 丑에 있다.[巳巳가 도충倒沖해서 亥를 끌어다 쓰는 이런 것은 여기서는 제외하자. 이런 논법을 인용하더라도 亥운에 도충한 것이 전실塡實(메움, 채움)되어 흉하다]

印綬取運 6

印綬遇財, 運喜劫地, 官印亦亨, 財鄕則忌.

인수격에 재성이 있는 경우, 비겁운이 좋고 관운과 인수운 역시 형통하지만 재운은 꺼린다.

評解 인수격에 재성이 있는 경우는 두 가지로 나누어 보아야 한다.

1) 먼저 인수가 경(輕)하고 재가 중(重)하면 탐재괴인(貪財壞印)이 되어 파격이다. 이런 경우에는 기신인 재성을 극제할 비겁운이 좋다. 관운은 재성의 기운을 설(洩)하여 인성을 생조하므로, 재극인(財剋印)에서 재생관(財生官), 관생인(官生印)으로 화(化)하니 좋다. 인수운이야 격국 자체가 강화되니 좋은 것이다. 재운(財運)은 기신인 재성이 운에서마저 오는 것이니 흉하다.

```
   재    재 재
 丁 癸 丁 丙
 巳 未 酉 午
       인
 癸 壬 辛 庚 己 戊
 卯 寅 丑 子 亥 戌
```

임의로 만든 명조다. 인수격에 재성이 중(重)하고 인성의 극제됨이 심하다. 비겁운과 인성운, 관살운이 좋다. 관살운은 왕성한 재성을 설기해서 인성을 생조하기 때문이다. 사주에 비해 운의 흐름이 좋다. 寅, 卯 식상운은 꺼린다. 특히 말년의 卯운은 하나밖에 없는 월지의 인성을 충하니 대흉하다.(언제나 6운은 월지와 충을 한다. 하지만 이런 구조는 피해의 정도가 더 심각하다)

2) 반대의 경우로 인성이 중(重)하여 재(財)를 쓰는 경우는 재가

왕성한 인성을 덜어주는 것이다. 이런 경우에는 재운과 식상운이 좋다.

```
   인   재 인
   辛 壬 丙 辛
   亥 申 申 酉
        인
   庚辛壬癸甲乙
   寅卯辰巳午未
```

왕 시랑의 명조다. 인수격에 인성이 중(重)하고 일간이 강한데 재(財)가 투출하여 인성의 태과함을 극제한다. 즉 재운과 식상운이 좋다. 乙未, 甲午운은 식상운과 재운이니 호운이다. 癸巳의 癸는 통근하지 못하고 재성 丙火가 巳에 녹을 얻으니 호운이다. 壬辰운은 재성 丙火를 바로 극하고 丙火가 辰에 설기되어 빛을 잃으니 대흉한 운이다. 이 운만 넘기면 寅, 卯 식상운이 오니 좋다.

印綬取運 7

印格而官煞競透, 運喜食神傷官; 印旺身旺, 行之亦利。若再透官煞, 行財運, 立見其災矣。

인수격에 관살이 모두 투출한 경우, 식상운이 좋고 인왕(印旺)운과 신왕(身旺) 운 역시 이롭다. 그러나 관살이 다시 투출하거나 재운을 만나면 즉시 재앙을 만나게 된다.

評解 관살은 인수로 화살하면 되는데 혼잡이 되어 있으면, 식상으로 하나를 해결해야 한다. 그러니 식상운은 당연히 좋다. 인수운이야 화살(化煞)의 주체이고 격용이니 당연히 좋고, 비겁운 역시 일간을 도와서 관살의 극을 나눠가지니 좋다. 운에서

관살이 또 오는 것은 일간에게 극제가 더 심해지니 흉한 것이고, 재운 역시 인성을 극제하면서 관살을 도우니 흉하다.

```
  겁  살  관
  乙  甲  庚  辛
  亥  辰  子  亥
        인
  甲 乙 丙 丁 戊 己
  午 未 申 酉 戌 亥
```

인수격 편에서 예시된 명조다. 칠살 庚과 정관 辛이 동시에 투출하여 관살혼잡인데 시간의 겁재 乙이 乙庚합으로 합살하고 정관만 남기니 정관이 청(淸)해졌다. 겨울의 木은 火가 꼭 필요한데 없다. 격은 성격되었지만 조후가 해결이 안 되어 아쉬움이 많은 명조다. 겨울의 木은 수기(水氣)를 제어할 재성 土도 필요하지만, 이런 경우는 수기(水氣)를 제어하는 역할보다 관살을 생조하는 흉의가 먼저이니 좋지 않다. 그래서 戊戌 대운은 흉하다. 丙, 丁 식상운은 관살을 극제하는 의미보다 조후를 맞추면서 왕한 일간을 설기하는 측면이 훨씬 좋다. 甲, 乙 비겁운은 관살혼잡의 폐해를 나눠가지니 좋다. 지지의 申, 酉는 관살운이지만 지지의 왕한 수기(水氣)에 설기되니 관살의 피해보다 한기(寒氣)가 더해지는 피해가 있을 것이다. 未운은 조후가 맞추어져 좋고, 午운은 비록 월지와 충을 하지만 인성이 왕하니 별문제가 되지 않고 조후를 맞추는 좋은 면이 더 많다.

```
  상  관  살
  己  丙  癸  壬
  亥  子  卯  子
        인
  己 戊 丁 丙 乙 甲
  酉 申 未 午 巳 辰
```

이 사주 역시 인수격 편에서 예시된 명조다. 정관 癸와 칠살 壬이 투출했다. 시간(時干)의 상관 己土가 근접한 정관 癸水를 먼저 극제하고 칠살 壬水를 남겨서 관살혼잡이 해소되었다. 하지만 지지에 근 하나 없는 己土가 왕한 수기(水氣)를 억제하기는 무리다. 인수 木운이 와서 왕성한 관살 수기(水氣)를 흡수하여 일간을 생하든가 비겁으로 도와야 한다. 단, 천간의 木운은 상신인 상관 己土를 극상(剋傷)하니, 중한 관살을 화살(化煞)한다는 이점(利點)이 있지만 흉의도 같이 있으니 번잡한 운이다. 丙午, 丁未운 20년이 좋다. 戊, 己 식상으로 제살하는 운 또한 길하다. 이 사주도 원국보다 운의 흐름이 좋은 사주다.(「평주」에 대운이 잘못 기재되어 있어 정정했다)

印綬取運 8

印用食傷, 印輕者亦不利見財也.

인수격에 식상을 쓰는 경우, 인성이 경(輕)하다면 재성을 보는 것 또한 불리하다.

평해 인수격에 식상이 있는데 인성이 경(輕)하다면, 재성운에 식상의 생조를 받은 재성이 인성을 극하니 격이 파괴된다. 그러니 당연히 불리하다. 반대로 인수가 중(重)하다면 재운을 꺼리지 않는다.

```
재    식    인
丙    癸    乙    庚
辰    亥    酉    寅
              인
辛 庚 己 戊 丁 丙
卯 寅 丑 子 亥 戌
```

우 감부의 명조다. 인수도 중(重)하고 일간도 왕하다. 식신 乙木과 재성 丙火의 식신생재를 쓴다. 亥, 子, 丑 신왕운은 식신 乙木으로 설기되니 좋다. 寅, 卯 식신운은 바로 재성을 생하니 좋다.

卯는 일지에 亥가 있어 회합을 하고 월지도 辰酉로 합을 하니 卯酉충이 일어나지 않는다.(일어나더라도 미미하다) 戊, 己 관살운은 왕한 인성으로 설기되고 재성 丙火를 설기하니 좋을 것이 없다.

　인성이 경(輕)한 사주의 예시는 찾지 못했다.

　이상 인수격을 살펴보았는데, 인수격 역시 격용이 되는 인수를 바로 극제하는 것은 꺼린다. 정관이 투출하면 정관에게서 인성이 보호받는 측면도 있지만, 이런 경우에는 오히려 정관이 용신처럼 되어 정관이 중심이 된다. 인성이 중(重)하면 왕한 일간을 식상으로 설기하는 방식도 취하지만, 어지간해서 인성을 바로 극하는 재성을 취하지는 않는다. 다만 재격이나 정관격과 다르게, 인수격에서만큼은 인성이 태과한 경우에 한하여 재성으로 인성을 억제하는 방법을 쓴다. 단, 이 경우에도 재성이 지지에 근(根)이 없고 약해야 한다.

　결국 길신의 격국은 특이한 경우를 제외하고는 격용을 바로 극제하지 않는다는 점이 『자평진전』의 핵심이다.

3 4 論食神
식신격을 논함

食神 1

食神本屬洩氣, 以其能生正財, 所以喜之。故食神生財, 美格也。
財要有根, 不必偏正疊出, 如身强食旺而財透, 大貴之格。若丁未、
癸卯、癸亥、癸丑, 梁丞相之命是也; 己未、壬申、戊子、庚申, 謝閣
老之命是也。

식신(食神)은 본래 설기하는 것이고, 정재(正財)를 생할 수 있으니 좋은 것이다. 그러므로 식신생재격(食神生財格)은 좋은 격이다. 재(財)는 근(根)이 있어야 하고, 편재와 정재가 중복해서 투출할 필요는 없다. 신강하고 식신도 왕하고 재성이 투출하면 대귀(大貴)한 격이다.

癸	癸	癸	丁
丑	亥	卯	未

예를 들어 丁未, 癸卯, 癸亥, 癸丑으로 된 양 승상(梁丞相)의 명조가 그러하며,

庚	戊	壬	己
申	子	申	未

己未, 壬申, 戊子, 庚申의 사 각로(謝閣老) 명조도 그렇다.

評解 양 승상의 명조다. 일간은 일지 亥와 시지(時支) 丑중 癸水에 근(根)을 내리고 亥와 丑 사이에 공협된 子에 녹(祿)이 있고 천간에 비겁들까지 있으니 강하다. 식신 또한 월령을 중심으로 亥卯未 목국(木局)을 이루니 왕하다. 천간의 丁 재성 또한 연지 未에 근을 두고 왕성한 식신의 생조를 받으니 약하지 않다. 3癸水에 의해 군비쟁재(群比爭財)가 될 것 같지만 월령 중심의 강력한 식신 목국(木局)으로 설기되어 다시 재성을 생하니 오히려 비겁들이 일간 대신 설기를 해 주는 상황이 되어 좋다. 월지 卯를 중심으로 하는 3합 목국(木局)이 용신인 식신격에 상신은 丁火 재성이다.

사 각로의 명조다. 이 사주는 庚金 식신이 월령에서 투출하고 좌하에 근이 있으니 청순하고 왕성하다. 재성 壬水 또한 월령에서 투출하고 申子 수국(水局)을 이루니 청(淸)하고 왕성하다. 식신 庚과 재성 壬이 같은 월령에 근을 두고 투출하니 더욱 좋다. 일간이 약할 듯하지만 연지 未에 근을 두고 연간의 비겁 己가 왕성한 식신과 재성을 제어하는 역할을 하고 申중에도 근이 있으니,(지장간 중에서 戊土가 庚金에게 설기되지만 水土 동근同根으로 보면 申중에 있는 戊土의 기를 인정할 수도 있다) 왕성한 식신생재를 능히 감당할 수 있다. 申에서 庚, 壬이 같이 투출했으니 겸격이 될 듯하지만, 壬水는 바로 옆에서 己土의 극을 받고 있으니 庚金을 용신으로 하는 식신격에 재성 壬水는 상신이 되어 식신생재격 성격이다.

食神 2

藏食露傷, 主人性剛, 如丁亥、癸卯、癸卯、甲寅, 沈路分命是也。偏正疊出, 富貴不巨, 如甲午、丁卯、癸丑、丙辰, 龔知縣命是也。

식신은 지지에 감추고 상관이 투출하면 사람의 성격이 강하다.

|甲|癸|癸|丁|
|寅|卯|卯|亥|

예를 들어 丁亥, 癸卯, 癸卯, 甲寅으로 된 심 노분(沈路分)의 명조가 그렇다.

편재와 정재가 거듭 투출하면 부귀가 크지 않으니,

|丙|癸|丁|甲|
|辰|丑|卯|午|

예를 들어 甲午, 丁卯, 癸丑, 丙辰으로 된 공 지현(龔知縣)의 명조가 그렇다.

評解 심 노분(路分)(지방 군대 무장武將)의 사주는 먼저 일간

甲	癸	癸	丁
상	비	비	재
寅	卯	卯	亥
			식

이 연지 亥에 근이 있지만 그것마저 합하여 식신으로 화(化)하고 있다. 반면에 투출한 상관 甲木은 寅에 녹을 두고 2개의 卯가 양인이 되고 亥의 생조까지 받으니 식상이 아주 왕하다. 왕성한 식상의 생조를 받는 재성 丁火 또한 강해졌다. 즉 식상이 지나치게 왕하여 설기가 심한 반면, 인성이 없으니 제어가 잘 안 된다. 그래서 성정 또한 과격하게 된 것이지, 상관이 투출해서

그렇다고 단식 판단을 할 것은 아니다. 오히려 상관 甲은 재성 丁火를 생조하는 것으로 제복되었으니 상관의 역할은 충실히 다했다. 이 사주는 성격되었지만 일간이 약하니 운의 도움을 받아야 한다. 다행스럽게 2운부터 丑, 子, 亥 신왕 운과 戌, 酉, 申 인성운으로 흐르니 지방 군대 무장 정도까지 오를 수 있었다. 상관이 투출했지만 격용은 월지 卯(乙)이 용신인 식신격에 상신은 재성 丁이다. 즉, 격(格)은 식신격인데 투출은 상관이 했으니 식상혼잡(食傷混雜)으로 귀격은 아니다. 다만, 水木火 3기(氣)만으로 이루어져 청(淸)한 면은 있다.

```
  재   재  상
  丙   癸  丁  甲
  辰   丑  卯  午
              식
```

공 지현(知縣)(현의 장관. 현령縣令)의 사주는 丑과 辰에 근을 두어 심 노분의 사주보다 일간이 약하지 않다. 이 사주 역시 월령은 식신인데 상관이 투출하여 식상혼잡에, 재성까지 정·편이 혼잡하게 투출하여 재성혼잡까지 되어 격이 청순하지 못하다. 그래도 일간이 근이 있고, 식상과 재성이 왕성하니 식신생재격은 성격되었다. 월지 卯(乙)이 용신인 식신격에 재성 丙, 丁이 상신이다. 단, 식재(食財)에 비해 일간이 약하고, 식상과 재성이 혼잡되어 격국이 청순하지 못하니 귀격은 아니다.

食神 3

夏木用財, 火炎土燥, 貴多就武, 如己未、己巳、甲寅、丙寅, 黃都督之命是也。

여름의 木이 재(財)를 쓰는 경우, 火는 뜨겁고 土는 조열(燥熱)하니 귀하게 되더라도 무반(武班)으로 나가는 경우가 많다.

```
丙 甲 己 己
寅 寅 巳 未
```

예를 들어 己未, 己巳, 甲寅, 丙寅으로 된 황 도독(黃 都督)의 명조가 그렇다.

評解 여름에 태어난 木일간인 木火식신격은 기본적으로 인성인 水로써 조열함을 해결해야 한다.

```
식      재  재
丙 甲 己 己
寅 寅 巳 未
   식
```

그런데 황 도독(都督)(점령 지역 총사령관)의 명조처럼, 인성인 水가 없고 재성인 土를 쓰는 사주는 왕한 화기(火氣)를 土로 설(洩)하니 기운의 흐름은 순수하다. 즉 자칫 타버릴 수 있는 상황에서 왕성한 화기(火氣)를 土로 설하여 일간 甲木이 보호되는 상황이 된다. 다만, 음양이 한 쪽으로만 치우쳤으니 편고(偏枯)하고 중화(中和)의 도(道)는 잃었다. 그러므로 맹렬한 기질대로 무반(武班)으로 성공한 것이다. 木火식신격에 인성인 水가 있어 중화를 이룬다면 문관(文官)으로 출세할 수 있었을 것이다. 巳에서 투출한 丙이 용신인 식신격에 상신은 재성인 2개의 己土다.

食神 4

若不用財而就煞印, 最爲威權顯赫, 如辛卯、辛卯、癸酉、己未, 常國公命是也。若無印綬而單露偏官, 只要無財, 亦爲貴格, 如戊戌、壬戌、丙子、戊戌, 胡會元命是也。

식신격(食神格)에 재성을 쓰지 않고, 칠살과 인성을 쓰는 사주는 최고로 권위가 드러나게 된다.

```
己 癸 辛 辛
未 酉 卯 卯
```

예를 들어 辛卯, 辛卯, 癸酉, 己未로 된 상국공(常 國公)의 명조가 그렇다.

식신격에 인성이 없고 단독으로 칠살만 투출하면, 재(財)가 없어야 역시 귀격이 될 수 있다.

```
戊 丙 壬 戊
戌 子 戌 戌
```

예를 들어 戊戌, 壬戌, 丙子, 戊戌로 된 호회원(胡 會元)의 명조가 그렇다.

評解 상 국공(國公)(신하에게 주어지는 최고위 작위)의 사주는

```
己 癸 辛 辛
未 酉 卯 卯
    식
```

식신격에 칠살이 투출했다. 칠살은 어떤 식으로든 제복되어야 한다. 원래 식신격에서 칠살은 격용(格用)인 식신으로 제복되는 것이 기본인데, 이 사주는 인성이 투출하여 식신을 극제하고 있다. 그러니 식신제살(食神制煞)이 불가하고, 인성으로 화살(化煞)되어야 한다. 즉 己土 칠살을 인성 辛으로 화살하고, 일간의 왕기(旺氣)는 월령의 식신으로 설수(洩秀)하니 사주의 흐름이 원활하다. 칠살 己土는 未에 근을 내리고 인성 辛도 酉에 근이 있으며 칠살의 생조를 받아 왕하다. 일간 癸水 또한 왕한 인성의 생조를 받고, 식신 卯 역시 월령이면서 일간 癸水의 왕기를 설수하

니, 그야말로 주류무체(周流無滯)로 유통하고 있다. 권위의 상징인 칠살의 속성으로 권위가 혁혁한 대귀격의 사주다. 그런데 만약 이런 경우 재성이 있다면, 재성이 화살하는 인성을 극제하고 식신의 생조를 받아 다시 칠살을 생조하게 된다. 그리되면 칠살이 바로 일간을 치게 되므로 파격이 된다. 월령 卯(乙)이 용신인 식신격에 상신은 인성 辛과 칠살 己다.

```
 식   살   식
戊  丙  壬  戊
戌  子  戌  戌
         식
```

호 회원(會元)(회시會試의 장원급제자)의 사주는 식신격에 칠살이 투출하여 그야말로 식신제살격(食神制煞格)의 기본 구조다. 칠살 壬水가 양인인 子에 근(根)을 두어 약하지 않고, 식신은 세(勢)를 이루어 왕(旺)하다. 만약 지지에 子가 없었다면 제살태과(制煞太過)가 되어 별 볼 일 없는 사주가 된다. 문제는 식신과 칠살에 비하여 일간이 약하다는 것이다. 비록 3戌의 丁火에 근을 두고 있기는 하지만 왕한 식신으로 설기가 너무 심하다. 인성인 木의 소토가 절실하다. 다행히 대운이 2운부터 甲子, 乙丑, 丙寅, 丁卯의 木火로 흐르니 사주의 부족함을 운에서 채워 주고 있다. 戌에서 투출한 戊가 용신인 식신격에 상신은 칠살 壬이다.

食神 5

若金水食神而用煞, 貴而且秀, 如丁亥、壬子、辛巳、丁酉、舒尚書命是也。至於食神忌印, 夏火太炎而木焦, 透印不礙, 如丙午、癸巳、甲子、丙寅, 錢參政命是也。食神忌官, 金水不忌, 卽金水傷官可

^{견관지위}
見官之謂。

金水식신격에 칠살을 쓰면 귀하고 또 빼어나게 총명하다.

```
丁 辛 壬 丁
酉 巳 子 亥
```

예를 들어 丁亥, 壬子, 辛巳, 丁酉로 된 서상서(舒尙書)의 명조가 그렇다.

식신격에 인수는 꺼리는 것이지만, 여름의 火는 너무 뜨거워서 木이 타버린다. 이럴 때 인수인 水가 있어도 장애가 되지 않는다.

```
丙 甲 癸 丙
寅 子 巳 午
```

예를 들어 丙午, 癸巳, 甲子, 丙寅으로 된 전 참정(錢參政)의 명조가 그렇다.

식신격에서 정관은 꺼리지만 金水는 꺼리지 않으니, 즉 금수상관격(金水傷官格)은 정관을 봐도 된다는 말이다.

評解 金水식신격과 木火식신격은 일반적인 격국의 희기신(喜忌神)을 정하는 용법과는 다른 특이함을 인정한다. 그것은 바로 격국보다도 우선하는 조후의 작용 때문이다. 즉 아무리 金생水로 흐른다고 하더라도 겨울의 얼은 金이 水를 생할 수 없으니 따뜻하게 녹여주는 것이 먼저이고, 木생火 한다지만 火를 생조함이 지나쳐 木이 타버리고 말 지경이니 더위를 식혀 주어야 한다. 이 두 가지 경우는 격용을 거스리는 것이지만 부득이 쓰는 것이다.

```
  살    상   살
丁  辛  壬  丁
酉  巳  子  亥
  식
```

서 상서의 명조는 金水식신격에 칠살이 투출하여 식신제살격(食神制煞格)이 되었다. 그런데 칠살 丁이 2개가 투출하여 중살(重煞)이 되었다. 그리고 월령은 식신인데, 투출한 것은 상관인 壬水가 투출하여 식상혼잡으로 잡(雜)해졌다. 이러던 것이 상관 壬과 칠살 중 하나인 丁火가 서로 합하여 제거되니 격국이 청(淸)해졌고, 시간(時干)의 丁火 칠살 하나만 남아 월령의 식신 子로 극거하는 식신제살이 성격되었다. 그보다 더 좋은 것은 巳에 근을 두고 있는 왕성한 화기(火氣)의 丁火가 한냉한 격국을 온난하게 해 준다는 점이다. 일간 역시 酉에 근을 두고 巳酉합(천간 丁火 때문에 완전한 합은 안 되지만)으로 약하지 않다. 결국 격도 성격되고 조후까지 갖추었으니 귀격 사주다. 시간이 丁火가 아니고 정관 丙火였더라도 통상적인 식신격에 정관이 있어서 손상되는 것으로 논하지 않고 조후를 우선하니 길한 사주다. 子(癸)를 용신으로 하는 식신격에 상신은 칠살 丁이다.

식	인	식	
丙	甲	癸	丙
寅	子	巳	午
		식	

전 참정(參政)(부재상급 벼슬)의 사주는 식신격에 인성이 있어서 인성이 식신을 극하고 있다. 원래 순용하는 격국인 식신격에 인성이 있으면 파격이다. 하지만 여름의 木일간의 木火식신격은 조후의 문제 때문에 예외적으로 인성의 존재를 인정한다.(황도독의 사주처럼 인성인 水를 쓰지 않고 土로 화기火氣를 설하면 편고해져서 무관으로 나아간다고 「식신 3」에서 이미 해설했다) 월령 巳에 근을 두고 2개의 丙火 식신이 투출하니 설수가 빼어나다. 인성인 癸水가 지지의 子에 녹을 두고 투출하여 식신을 극제하면서 원국의 열기를 식혀 주니 인성의 역할이 아주 크다. 일간 역시 인성의 생조를 받으면서 시지(時支) 寅에 녹을 두고 있으니 水木火의 3기(氣)만으로 이루어진 청순한 귀격 사주다. 丙火가 용신인

식신격에 상신은 인성 癸水다.

 식신격이든 상관격이든 정관을 보면 파격이다. 그러나 겨울의 금일간인 금수식신 및 금수상관격(金水傷官格)에서는 정관, 편관을 따지지 않고 조후를 위해서 火를 필요로 한다. 다만, 천간에도 식상인 水가 같이 투출하면 다시 상관견관(傷官見官)이 되어 불리하다. 즉 식상인 水는 지지에 있고 관살인 火만 천간에 투출하든가, 아니면 지지에서 월지와 충이 되지 않는 상태에서 조후만 조절하면 된다. 또는 천간에 관살인 火가 2개 투출해서 하나가 제거되면 이 역시 성격이 된다. 그런데 丑월은 천간에 水가 투출하지 않으면 겨울이지만 금수식상격(金水食傷格)으로 보지 않고 그냥 인수격으로 보는 것이니 논법이 다르다. 이것은 未월의 木일간에 그대로 적용되니, 未월에 천간에 火가 투출하지 않으면 여름이지만 목화식상격(木火食傷格)이 아니고 그냥 재격일 뿐이다.

食神 6

至若單用食神, 作食神有氣, 有財運則富, 無財運則貧。

만약 단독으로 식신만 쓰는 경우, 식신이 유기(有氣)하고 재운(財運)으로 흐르면 부자가 되고, 재운으로 가지 않으면 가난하다.

【評解】 식신은 일간을 설기하는 것으로 결과적으로 일간 기운

을 빼앗는 것이지만, 재성을 생하니 좋은 것으로 간주한다. 그런데 좋은 역할을 할 재성이 없다면 일간 기운만 누설될 뿐 실익이 없다. 즉 식신만 있고 재성이 없다면 사람이 총명하고 재주는 좋지만, 결실을 거두지 못하는 사람이 되고 만다.

재성을 생하지 못하면 칠살이라도 있어서 제살(制煞)하여 칠살의 흉의를 제거하는 역할이라도 해야 일간 기운을 설(洩)하는 만큼의 보답을 하는 것이다. 그런데 만약 원국에 생조할 재성이 없다면 식신이 설기만 하고 쓸모가 없으니 가난하게 된다. 이런 경우 식신이 유기(有氣)(일간이 설기를 견딜 만큼 튼튼하고, 식신 또한 청순함)하고 운에서 생조할 재성을 만나면 비로소 부자가 될 수 있다.

식	식	비
庚	戊	庚戊
申	戌	申戌
		식

「평주」에 나오는 사주를 수정했다. 「평주」에는 월주(月柱)와 시주(時柱)가 辛酉로 되어 있어 상관격인데, 庚申으로 바꿔서 식신격으로 표기했다. 양신성상(兩神成象)(2개의 신신으로 상象을 이룸)으로 왕(旺)하고 청(淸)하니 재운으로 행할 때 부귀할 것이라고 되어 있다. 庚이 용신인 식신격에 상신은 申중 壬水다.

食神 7

更有印來奪食, 透財以解, 亦有富貴, 須就其全局之勢而斷之。至於食神而官煞競出, 亦可成局, 但不甚貴耳。

식신격(食神格)에 인수가 있어서 탈식(奪食)(식신을 극함)할 때 재성이 투출해서 이를 해소하면 역시 부귀해질 수 있다. 다만, 반드시 전국(全局)의 기세를 보고 나서 판단해야 한다. 식신격에 정관과 칠살이 같이 투출해도 격을 이룰 수 있는데, 다만 귀함이 크지는 않다.

評解 식신격에 인수가 있다는 말은 사주에 병(病)이 있다는 말이다. 이럴 때 병을 치료할 약(藥)이 있으면, 병이 없을 때보다 더 좋아질 수 있다. 이런 경우의 약은 인성을 극해서 식신을 보호할 재성이다. 보호받은 식신이 다시 재성을 생하니 부귀해질 수 있다. 식신격에 칠살 하나만 투출하여 제복된다면 당연히 성격되고 귀격이다.(「식신 4」에서 해설한 호 회원의 명조가 그렇다) 식신격에 정관이 투출하면 파격이다. 그런데 정관과 칠살이 함께 투출하면 식신이 칠살을 극제하고 정관을 남기게 되니 격은 성격된다. 다만, 이런 경우는 정관도 보호되어야 하는 십신이고 식신도 순용되어야 하는 십신인데, 결과적으로 둘이 한 격국 내에 있는 것이 되어 정관은 늘 불안하다. 결국 격(格)이 성격되었다 하더라도 정관의 좋은 역할과 식신의 좋은 역할 둘 다 제한을 받게 되니 크게 귀해지기가 어렵다. 즉 같은 관살혼잡이라도 격 자체가 정관격이거나 편관격일 때, 관살혼잡을 식상으로 하나를 처리하고 하나를 남기는 경우와 식신제살(食神制煞)이라는 것은 같지만 결과는 다르다. 격 자체가 관살일 때 정관이든 칠살이든 하나만 남겨서 청(淸)해지면 되는데, 그런 경우는 관살의 십성대로 권위를 누릴 수 있다.

食神 8
식신

更有食神合煞存財, 最爲貴格。
_{갱유식신합살존재   최위귀격}

식신격에서 칠살을 합거하고 재성을 남긴다면 최고의 귀격이 된다.

評解 식신격에서 칠살과 재성이 함께 있는 경우 칠살을 제거하고 재성만 남기면, 격용인 식신으로 칠살을 제복시켜 칠살의 권위를 내가 가지게 된다. 게다가 식신이 다시 재성을 생조하여 부를 취할 수 있는 것이니 부(富)와 귀(貴)를 겸전하는 대귀격의 사주가 된다. 칠살을 제복하는 방법 중에서 극거(剋去)보다 합거(合去)가 더욱 유정하다. 양(陽) 일간(甲)은 겁재(乙)가 칠살(庚)을, 음(陰) 일간(乙)은 상관(丙)이 칠살(辛)을 합거한다.

임의 명조

상		살	
甲	癸	己	○
○	○	卯	○
		식	

예를 들어 卯월 癸일간의 식신격인데, 상관 甲木이 투출하여 칠살 己土를 합거한다면, 칠살도 제복하고 식상혼잡도 해소가 된다. 이는 중한 병(病)을 신약(神藥)으로 낫게 한 결과가 되니 귀격 사주가 된다. 다른 경우인 극거는 억지로 제거하는 것이니, 격은 성격되지만 합거보다는 원만하지 못하다.

食神 9

至若食神透煞, 本忌見財, 而財先煞後, 食以間之, 而財不能黨煞,
亦可就貴。如劉提台命, 癸酉、辛酉、己卯、乙亥是也。其餘變化,
不能盡述, 類而推之可也。

식신격에 칠살이 투출한 경우에는 본래 재(財)를 보는 것을 꺼린다. 그러나 재가 앞에 있고 칠살이 뒤에 있는데, 식신이 그 중간에 끼어 있다면 재가 칠살을 편들지(생조하지) 못하니, 역시 귀(貴)를 이룰 수 있다.

乙	己	辛	癸
亥	卯	酉	酉

예를 들어 癸酉, 辛酉, 己卯, 乙亥로 된 유제태(劉提台)의 명조가 그렇다.

그 외 나머지 변화들은 모두 설명할 수 없으니, 종류별로 나누어 추론해 보면 알 수 있을 것이다.

評解 식신격에 칠살과 재성이 같이 있는 경우의 해결 방법이다. 「식신 8」에서는 칠살을 상관이나 겁재로 제거하고 재성을 남기는 방법을 말했다. 여기서는 둘 사이에 식신이 끼어서 둘을 가르고 식신이 한편으로는 칠살을 제거하고, 한편으로는 재성을 생하는 방법을 말하고 있다. 만약 칠살과 재성을 갈라놓지 못하면 재성이 바로 칠살을 생하게 된다. 즉 격용인 식신이 제살의 기능을 하지 못하고, 재성을 생조한다. 다시 재성이 칠살을 생조하여 칠살이 바로 일간을 극하니 흉하게 된다. 이런 것을 식신이 중간에

끼어 이 모두를 해소하니 귀하게 될 수 있는 것이다.

| 살   식 재 |
| 乙 己 辛 癸 |
| 亥 卯 酉 酉 |
| 식 |

유 제태(提台)(해군 제독)의 사주는 재성 癸와 칠살 乙이 같이 투출해 있다. 만약 중간에 식신 辛이 없다면 재성이 칠살을 생조하고, 생조받아 왕해진 칠살이 일간을 극하므로 흉했을 것이다. 그런데 중간에 식신 辛이 투출해서 둘 사이를 갈라놓아서, 식신이 칠살을 제살하고 다시 생재하고 있다. 만약 癸와 辛의 위치가 바뀌었다면(그럴 수는 없지만) 완전 파격이 될 것이다. 칠살 乙은 亥卯 목국(木局)까지 있어 칠살이 왕하고 식신 辛金 또한 왕하다. 일간이 상대적으로 약하니 거의 극설교가(剋洩交加)의 형상이고, 일간이 2개의 酉에서 생지(生地)(음간 12운성)를 얻었지만 근이 없으니 미약하다. 또 金木 상쟁(相爭)의 모습이다. 이를 전반적으로 해결하기 위해서는 火의 도움이 필요하다. 2운부터 己未, 戊午, 丁巳, 丙으로 흐르니 운의 흐름이 좋다. 즉 원국보다 운이 좋은 사주다. 辛金이 용신인 식신격에 상신 역시 辛金이다. (재성과 칠살이 둘 다 투출해서 상신으로 취할 수 없다. 운에서 하나가 제거되거나 합거된다면 남은 것이 상신이 될 수 있다)

34-1 論食神取運
식신격의 취운을 논함

食神取運 1

食神取運, 卽以食神所成之局, 分而配之。食神生財, 財食輕, 則行財食; 財食重, 則喜幫身。官煞之方, 俱爲不美。

식신격의 운을 보는 법은 식신격이 격국을 이룬 바에 따라 나누어서 맞추어 보아야 한다. 식신생재격에서, 재와 식신이 경(輕)하면 재운과 식신운으로 행해야 한다. 재와 식신이 중(重)하면 방신(幫身)하는 운을 좋아한다. 관살의 방향은 <정관이든 칠살이든> 모두 불리하다.(※ 원문에는 '財重食輕'으로 되어 있으나 '重' 자를 빼고 '財食經'으로 해야 다음의 대구와 맞고 논리가 맞다)

評解 식신생재의 격국은 일간이 강한지 약한지에 따라 운의 희기(喜忌)를 논해야 한다. 식신은 일간을 설기하는 것이고 재성은 내가 극하는 것이니, 식신생재의 좋은 작용도 일간이 힘이 있어야 취할 수 있다. 그러니 운을 볼 때 신강하다면 식재(食財)의 방향이 좋고, 신약하다면 방신하는 운이 좋다. 단, 비겁운은 재성이 천간에 있는 경우에는 재성을 바로 극하니 천간이 아닌 지지로 오는 것이 좋고, 식신이 천간에 있다면 비겁을 설기하여 재성을 생조할 수 있으니 무난하다.

34-1 식신격의 취운을 논함

```
비  비  재
癸  癸  丁
丑  亥  卯  未
            식
丁 戊 己 庚 辛 壬
酉 戌 亥 子 丑 寅
```

양 승상의 명조다. 일간은 일지 亥와 시지 丑중 癸水에 근을 내리고 亥와 丑 사이에 공협된 子에 녹이 있고 천간에 비겁들까지 있으니 강하다. 식신 또한 월령을 중심으로 亥卯未 목국(木局)을 이루니 왕하다. 천간의 丁火 재성 또한 연지 未에 근을 두고 왕성한 식신의 생조를 받으니 약하지 않다. 즉 식신격에 일간과 식재(食財)가 균형을 이루었다. 식재(食財)의 木火운도 좋고, 金水의 방신 운도 좋다. 균형을 이룬 것이 이렇게 좋은 것이다. 다만, 격이 식신생재격이니 관살운만은 꺼린다. 초운의 壬운은 재성인 丁火를 합거하니 좋지 않지만 지지가 木운이니 무난하다. 己亥 칠살운 역시 좋지 않지만, 이 역시 지지가 비겁운이고 목국(木局)으로 화(化)하니 무난하다. 다만, 戊戌운 10년은 정관운으로 격국에 대치되니 좌절이 있었을 것이다.

```
   식      재  겁
   庚  戊  壬  己
   申  子  申  未
          식
丙 丁 戊 己 庚 辛
寅 卯 辰 巳 午 未
```

사 각로의 명조다. 이 사주는 庚金 식신이 월령에서 투출하고 좌하에 근이 있으니 청(淸)하고 왕성하다. 재성 壬水 또한 월령에서 투출하고 申子 수국(水局)을 이루니 청(淸)하고 왕성하다. 일간인 戊土 역시 연지 未에 근이 있고 겁재 己土가 도우며 2개의 申인 사우(四隅)(네 모퉁이)에 기생(寄生)하니 일간도 약하지 않다. 위의 양 승상 명조처럼 일간과 식재가 균형을 이루었다. 다만, 오행의 생극작용상 일간의 설기가 좀 더 많은 편이니, 식재의 운보다는 방신의 운이 더 좋다. 초운(初運)부터 지지의 방향이 화방(火方)으로 향하고, 중운(中運)이 己巳, 戊辰 비겁운이니 최길운이다. 戊, 己가 비겁이라 재성 壬을 극거하여 흉할 듯하지만, 인성 庚金이 이를 보호하고 격 자체가 재격은 아니고 식신격이니 무방하다. 후운(後運)에 丙, 丁 인수운이니 전반적으로 운이 좋게 흐른다. 하지만 丁운은 재성 壬을 합거하니 비록 戊, 己가 丁火를 설기한다고 하지만 재(財)와 인성과 관련하여 좋지 않은 일이 있었을 것이다. 지지의 寅, 卯가 관살이지만 천간의 丙, 丁 인성 火로 설기되니 무난하다. 위 두 승상의 명조는 신강하고 식재 역시 왕성한 구조의 사주다. 아래에 소개하는 명조는 신약하고 식재가 더 왕한 구조의 사주다.

```
  상  비  재
  甲  癸  癸  丁
  寅  卯  卯  亥
      식
  丁  戊  己  庚  辛  壬
  酉  戌  亥  子  丑  寅
```

심 노분의 명조다. 이 사주는 일간이 연지 亥에 근이 있지만 그것마저 합이 되어 식신으로 화(化)하고 있다. 반면에 투출한 상관 甲木은 寅에 녹을 두고 2개의 卯가 양인이 되고 亥의 생조까지 받으니 식상이 아주 왕하다. 왕한 식신의 생조를 받는 재성은 저절로 왕해진다. 재성은 寅중 丙火에 근도 있다. 일간이 약하니 방신 운이 좋다. 다만, 천간으로 오는 겁재운은 재성을 바로 합거하므로 좋지 않다. 초운의 壬寅운만 빼고는 계속해서 인비(印比)운으로 흐르니 좋다. 戊戌 정관운은 상관견관이니 흉하다.

```
  재  재  상
  丙  癸  丁  甲
  辰  丑  卯  午
          식
  癸  壬  辛  庚  己  戊
  酉  申  未  午  巳  辰
```

공 지현(知縣)(현의 장관. 현령縣令)의 명조다. 이 사주는 丑과 辰에 근을 두어 심 노분의 사주보다는 일간이 약하지 않지만, 식재(食財)에 비해서는 그래도 일간이 약한 편이다. 그리고 식상보다 재성이 더 왕하다. 방신하는 운이 좋다. 이 사주는 정재와 편재가 혼잡하여 투출했으니 비겁운이 오히려 좋다. 혼잡한 재성 중 하나를 제거하여 재성을 청(淸)하게 만들기 때문이다. 庚, 辛 인성운이 좋고, 壬申운이 최고의 운이다. 壬은 비록 겁재이지만 혼잡한 재성 중 하나인 丁火를 합거하여 재성을 청(淸)하게 하면서 지지로 일간의 힘이 되니 최고의 운이다. 癸酉운도 재성 丁火를 충거하고 지지로 酉丑 금국(金局)으로 힘이 되니 버금가는 호운이다. 위의 심 노분의 사주는 신약하지만 격국은 水木火의 3기(氣)로만 이루어져 청순하다. 반면에 이 사주는 정·편재가 혼잡하니 상대적으로 잡(雜)하다.

食神取運 2 (식신취운)

食用煞印(식용살인), 運喜印旺(운희인왕), 切忌財鄕(절기재향)。身旺(신왕), 食傷亦爲福運(식상역위복운), 行官行煞(행관행살), 亦爲吉也(역위길야)。

식신격에 칠살과 인성을 쓰는 사주는 인성이 왕한 운이 좋고, 재성운은 절대로 꺼린다. 단, 신왕하다면 식상운 역시 복운(福運)이 될 것이고, 정관운이나 칠살운 또한 길하다.

評解(평해) 식신격이 칠살과 인수를 쓴다는 말은 월령(月令)인 식신(食神)의 제살(制煞)을 버리고 칠살과 인수를 쓴다는 것이다. 인수가 있어서 식신이 극을 받아 칠살을 바로 제복할 수 없으니, 칠살의 제복은 인수의 화살(化煞)에 맡기고, 식신은 설수(洩秀)

의 기능만을 하는 것으로 통상적으로 기식취살(棄食就煞)이라고 한다.

원래 『자평진전』의 격국론에서는 식신 같은 길신의 격국은 순용하는 것이 기본 논리라서 식신을 극하는 인성을 쓰지 않는 것이 원칙이다. 하지만 칠살은 제복되어야 하는 것이니, 우선 인성으로 화살하도록 하고 식신은 설수만 하는 방식으로 바꾼 것뿐이다. 즉 식신격에 인성을 쓰지 않는다는 기본 원칙보다 칠살의 제복을 우선시하는 까닭이다. 크게 보면 인성이 식신을 극한 것이 아니고 칠살의 화살만을 한 것이니 길신을 순용해야 한다는 대원칙은 지켜진 것이다.

이런 구조에서는 식신보다 인성이 중심이 되니 운의 희기는 인성을 중심으로 본다. 즉 인성운이 좋고, 인성을 극해서 화살(化煞)을 못하게 하고 칠살을 생조하는 재성운은 절대로 꺼린다. 만약 일간이 왕하다면 칠살의 제복은 인성이 하고 있으니 왕한 기운을 설(洩)할 수 있는 식신운도 좋을 것이고, 관살운은 인성이 받아주므로 길할 것이다. 다만, 천간으로 오는 관살운은 자칫 관살혼잡이나 중살(重煞)이 될 수 있으니 사주의 구조에 따라 다르다.

살		인	인
己	癸	辛	辛
未	酉	卯	卯
		식	

乙 丙 丁 戊 己 庚
酉 戌 亥 子 丑 寅

상 국공의 사주다. 이 사주는 식신격에 칠살과 인성이 투출했다. 칠살의 제복을 식신제살이 아닌 인성이 화살하여 살인상생을 하고 있다. 식신은 설수만을 한다. 인성이 중하지만 일간은 약한 편이다. 재운을 가장 꺼리고 인비운이 좋다. 관살운도 화살하니 좋다. 지지의 亥, 子, 丑 비겁운이 좋고, 戊, 己 관살운도 인성 辛이 2개가 있으니 무난하다. 丙戌운은 월·시지 卯未가 합하고 다시 卯戌이 합하며 간지가 모두 火의 재운이고 戌未 형(刑)까지 동(動)하니 10년이 좋지 않다.

食神取運 3

食神帶煞, 喜行印綬, 身旺, 食傷亦爲美運, 財則最忌。若食太重而 煞輕, 印運最利, 逢財反吉矣。

식신대살격(食神帶煞格)의 사주는 인성운이 좋다. 신왕하면 식상운 역시 좋고 재운은 가장 꺼린다. 만약 식신이 너무 중(重)하고 칠살이 경(輕)하면 인성운이 가장 이롭고 재성운도 오히려 길하다.

> **評解** 식신대살의 격국은 원국에 인성이 없이 식신으로 칠살을 제살하는 구조를 말한다. 이 경우는 3가지로 나누어 보아야 한다.

1) 일간이 약한 것이다. 신약한데 칠살이 나를 극하니 인성이 와서 칠살을 설기하여 나를 생하는 것이 가장 좋고 비겁운도 좋다.
2) 신왕하고 칠살도 강한 것이다. 내가 왕하니 식상으로 설기되는

것을 감당할 수 있다. 신왕한 기운을 설(洩)하고 나를 극하는 칠살을 제복하니 극귀(極貴)하게 된다. 다만, 재성운은 식신 기운을 빼앗아 칠살을 도우니 꺼린다.

3) 식신은 너무 강하고 칠살은 경(輕)해서 제살(制煞)함이 지나친 것이다. 소위 제살태과(制煞太過)다. 이런 구조가 되면 칠살 또한 관(官)이라 아무리 편관이지만 제복함이 지나치면 관과 관련된 사안, 즉 법과 질서를 반하는 사건·사고가 발생하기 쉽다. 여자 명(命)은 이런 운에 남편에게 흉사가 일어나기 쉽다. 제살태과(制煞太過)가 되면 강한 식신을 제거하여 약한 칠살을 돕고 다시 일간을 돕는 인성운이 가장 좋은 운이고, 재성운 역시 왕한 식신 기운을 빼내어 약한 칠살을 도우니 좋다. 즉 아무리 칠살 자체가 제복되어야 하는 존재임에도 제복이 지나치면 소위 과유불급(過猶不及)이라, 다시 회복시켜야 한다. 명리의 기본은 중화(中和)에 있다.

```
  식   살  식
  戊   丙  壬  戊
  戌   子  戌  戌
              식
  戊 丁 丙 乙 甲 癸
  辰 卯 寅 丑 子 亥
```

호 회원의 명조다. 식신이 태과하고 칠살이 경(輕)하여 그야말로 제살태과(制煞太過)다. 왕한 식신 土를 제거하여 칠살을 살리고 일간을 돕는 인성 木운이 가장 좋다. 甲, 乙 인성 木운이 최길이다. 지지의 寅, 卯도 좋다. 丙, 丁 방신 운도 좋다. 다만, 丁운이 비록 방신한다고는 하지만 칠살 壬이 바로 합거되어 진짜 제살태과(制煞太過)가 되니 길흉이 섞일 것이다. 亥, 子, 丑 관살운도 무난하다. 戊辰 식신운은 가장 꺼린다. 丙火는 태양과 같아서 어느 정도 뿌리만 있으면 水가 창궐해도 두려워하지 않고, 土가 아무리 많아도 자비를 베풀지만, 다만 土에 의해 태양의 빛이 가려지는 것을 두려워할 뿐이다. 木은 인성으로서 木生火 해서 좋은 것이 아니고, 태양을 가리는 土를 소토하여 태양 빛이 세상을 밝힐 수 있게 해 주니 좋은 것이다. 한갓 나무가 어찌 하늘의 태양에 불을 붙일 수 있겠는가?!

```
  살    식 재
  乙 己 辛 癸
  亥 卯 酉 酉
         식
  乙 丙 丁 戊 己 庚
  卯 辰 巳 午 未 申
```

유 제태의 명조다. 재성 癸와 칠살 乙 사이에 일간 己土와 식신 辛金이 있어서, 재생살(財生煞)이 될 수 없고 식신이 제살하고 있다. 그런데 신약하고 식신과 칠살이 왕하니 소위 극설교가다. 인성운과 비겁운이 와서 일간을 도와야 한다. 己未부터 40년간 인비(印比)운이니 제독의 지위까지 오를 수 있었다. 하지만 오해하지 말 것은 아무리 운이 좋다 한들 원국이 성격되지 않으면 절대로 귀해질 수 없다. 이 사주의 일간이 비록 약하지만 성격되었고, 己土는 음간(陰干)으로 酉에서 장생하니 비록 근은 없지만 견딜 수 있다.

食神取運 4

食神太旺而帶印, 運最利財, 食傷亦吉, 印則最忌, 官煞皆不吉也。

식신이 태왕(太旺)하고 인성이 있는 경우, 재성운이 최고로 좋고 식상운 역시 길하다. 인성운을 가장 꺼리고 관살운은 모두 불길하다.

> **評解** 식신격에 칠살이 없는데 인성이 있다는 것은 이미 격이 파격이라는 말이다. 왜냐하면 식신은 순용해야 하는 것인데, 인성이 극하기 때문이다. 앞 편의 「식신취운 3」에서는 원국에 인성이 없는 상태에서 식신이 태과하니 운에서 인성이 와서 중화한다는 말이니, 여기서 말하는 원국 자체에 식신을 극하는 인성이 있는 것과는 다른 말이다. 단순히 식신격에 인성이 있어서 격을 파괴하는 것과는 다르게, 식신이 태왕하여 이를 다스릴 수 있는 인성이 있는 것과는 차이가 있으니 당장 파격은 되지 않는다. 다만, 운에서 인성이 다시 들어온다면 드디어 파격이 된다. 그러니 인성운을 가장 꺼리고, 인성을 극제하면서 왕한 식신을 설기해 주는 재성운이 가장 좋다. 관살운은 인성을 도와 격용인 식신을 극하도록 만들 뿐 아니라, 정관의 경우에는 격용인 식신에게 손상되니 흉운이다. 비겁운은 태왕한 식신으로 설기가 심한 일간을 도우니 좋다. 식상운이 이치적으로는 격용인 식신을 극하는 인성에 맞서 격인 식신에 보탬이 되니 좋다고 하지만, 가뜩이나 약한 일간에게 보탬이 되는지는 사주의 구조에 따라 잘 살펴볼 일이다. 즉 운의 흐름으로는 좋지만 얻는 만큼 고통스럽거나, 감수해야 할 어떤 힘든 일을 겪는다든지 할 것이다.
>
> 여기서 짚고 넘어가야 할 점은, 신강, 신약으로 단순하면서도 애매모호하게 용신을 정하는 관법과는 다르게 『자평진전』의 격국론은 격용 자체를 거스리는 것을 꺼린다. 즉 신강, 신약보다는 격국의 순역(順逆)을 기준으로 희기(喜忌)를 논한다는 것이다. 즉 재관인식(財官印食)은 길한 격이니 순용(順用)해야 하고, 살

상겁인(煞傷劫刃)은 흉한 격이니 역용(逆用)해야 하는 것이다. 이 원칙의 예외는 한정되어 있으니,

1) 인수격에서 인성이 태왕할 때 재성으로(그것도 약한) 극제하는 방법과
2) 정관격에서 관살혼잡이나 중관이 될 때 식상이나 겁재로 하나를 제거하는 방법(이것은 제거라는 의미보다 잡雜한 것을 청淸하게 만든다는 의미가 더 크다)과
3) 여름의 木일간인 木火식신격에서 조열함을 식혀 주기 위해 水 인성을 쓰는 방법(이것은 격용보다 조후를 우선하기 때문이다)이 있다.

이 세 가지 경우 말고는(금수식신격金水食神格에서 火를 쓰는 경우는 정관인 火가 식신인 水를 극하지는 못하니 제외했다) 길신의 격을 거스리는 것을 극도로 꺼려한다. 결국『자평진전』의 관법은 길신의 격용이 아무리 태왕하더라도 그것을 극으로 제거하는 방법을 쓰지 않는다는 것이다.

食神取運 5

若食神帶印, 透財以解, 運喜財旺, 食傷亦吉, 印與官煞皆忌也.

식신격에 인수가 있는데 재성이 투출하여 이를 해소하는 경우, 재성이 왕(旺)해지는 운이 좋고 식상운 역시 길하다. 인성운과 관살운은 모두 꺼린다.

| 評解 | 식신격에 인수가 있는데 재성이 투출해서 이를 해소하는 경우는 「식신취운 4」에서 말하는 내용과는 다르다. 앞의 내용은 식상이 태왕한데 경미한 인성이 있어 왕한 식신을 누르지 못하면서 격만 파괴하고 있을 때, 재성운이 와서 왕성한 식상을 설기하면서 동시에 인성을 극제하는 방법을 말한 것이다. 여기서는 인수가 격용인 식신을 극제하고 있을 때, 이미 원국에 재성이 투출해서 인성을 제거하고 식신을 보호하고 있는 구조를 말하고 있다. 재성이 길신이니 당연히 재성운이 좋고, 식상운은 격인 식신을 돕고 길신인 재성을 생조하니 좋다. 관살운과 인성운은 기신인 인성을 도우니 모두 좋지 않다. 아래의 예시 명조들은 「식신취운 4」의 내용과 본 구절의 내용을 종합해서 해설한 것이다.

살		상	살
丁	辛	壬	丁
酉	巳	子	亥
		식	
丙 丁 戊 己 庚 辛
午 未 申 酉 戌 亥

서 상서의 명조다. 金水식신격에 칠살 丁火가 상신이다. 관살을 쓰는 것은 조후 때문이다. 관살을 쓰니 木火 재관운이 좋다. 인수인 土운과 비겁인 金운에는 무해무탈(無害無頉)하다. 丁未, 丙午 관살 火운이 조후상 좋지만, 관살혼잡은 좋지 않다.

식		인	식
丙	甲	癸	丙
寅	子	巳	午
			식
己 戊 丁 丙 乙 甲
亥 戌 酉 申 未 午

전 참정의 명조다. 木火식신격에 인수 癸水가 상신이다. 이 역시 조후 때문에 쓰는 것이다. 丙申, 丁酉운이 천간으로는 식신 火이지만 지지로는 金으로 인성인 癸水를 돕고 巳酉합 巳申합으로 화기(火氣)를 해소해 주고 申子 수국(水局)까지 하니 최길운이

다. 戊戌운은 인성 癸水를 파하니 흉하다.

 금수식신격(金水食神格)에 관살인 火를 쓰는 것과 木火식신격에 인성인 水를 쓰는 것이 모두 조후 때문임은 같지만 서로 차이점이 있다. 金水식신격에는 관살인 火가 없으면 얼어서 생의(生意)가 없어지니 안 된다. 하지만 木火식신격에는 인성인 水가 없어도 일간이 강하기만 하면 화기(火氣)를 인성인 水로 극제하지 않고 재성인 土로 설해도 귀해질 수 있다. 이것이 금수식상격(金水食傷格)과 목화식상격(木火食傷格)의 큰 차이점이다.

식		재	재
丙	甲	己	己
寅	寅	巳	未
		식	

癸甲乙丙丁戊
亥子丑寅卯辰

황 도독의 명조다. 木火식신격인데 인성인 水가 없고 재성인 土가 있다. 일간이 2개의 寅에 녹(祿)을 두어 강하다. 巳월이지만 식신인 火보다 재성인 土가 더 왕하다. 결국 왕성한 화기(火氣)를 土로 설하니 일간인 甲木이 타버리지 않고 견딜 수 있다. 그래도 여전히 한 쪽으로 치우쳐서 편고하니 문관이 아닌 무반으로 출세했다. 식재를 누르고 일간을 도와줄 인비운이 좋으니 乙丑, 甲子 癸亥, 壬의 35년간이 호운이다. 즉 사주가 격은 이루었지만 치우쳤는데, 운(運)에서 이를 중화해 주니 귀해질 수 있었다.

 이상 식신격을 살펴보았다. 식신격 역시 길신의 격으로 순용해야 한다. 재성을 생조하여 일간이 재(財)를 취하도록 하는 것이 가장 기본적인 구조이고, 다음은 칠살을 제살하여 칠살의 권위를 향유하는 것 역시 길한 구조다. 칠살을 제복함에 있어 직접 제살하는 방법도 있지만, 인성으로써 화살하고 식신은 일간의 왕기(旺氣)를 설하기만 하는 이른바 기식취살(棄食就煞)의 방법도 있다. 이런 구조의 사주는 대귀한 격국의 사주가 된다. 식신 역시 길신이니 격용인 식신을 직접 극하는 인수를 꺼리지만, 여름의 木火식신격만큼은 격국보다 조후가 우선이니 예외적으로 인성인 水로 식신을 억제하는 방법을 취한다. 겨울의 金水식신격에서도 식상과 정관이 같이 있으면 정관이 손상되어 안 된다는 기본 논리보다 우선적으로 조후를 위하여 관살에 해당하는 火를 사용한다. 이러한 면이 예외 같지만, 결국 가장 우선되는 것이 음양의 조화이고, 다음이 조후이고, 그 다음이 격국이라는 『자평진전』의 대원칙을 철저히 지키고 있다.

35 論偏官
편관격을 논함

偏官 1

煞以攻身, 似非美物, 而大貴之格, 多存七煞。蓋控制得宜, 煞爲我用, 如大英雄大豪傑, 似難駕馭, 而處之有方, 則驚天動地之功, 忽焉而就。此王侯將相所以多存七煞也。

칠살(七煞)은 나를 공격하는 것이라 좋지 않은 것으로 보이지만 대귀한 격에는 칠살격이 많다. 잘 제어해서 적절하게 되면 칠살을 내가 쓸 수 있게 된다. 이는 마치 대영웅, 대호걸은 다루기 어렵지만 그들을 다스릴 방책만 있다면, 경천동지할 공적을 단번에 이루는 것과 같다. 이것이 왕후장상들에게 칠살격이 많은 까닭이다.

評解 칠살은 일간 기준으로 나로부터 세어서 7째에 있는 천간이다.

일간	甲	乙	丙	丁	戊	己	庚	辛	壬	癸
칠살	庚	辛	壬	癸	甲	乙	丙	丁	戊	己
정관	辛	庚	癸	壬	乙	甲	丁	丙	己	戊

즉 甲은 庚, 乙은 辛, 丙은 壬, 丁은 癸, 戊는 甲, 己는 乙, 庚은 丙, 辛은 丁, 壬은 戊, 癸는 己다. 이중에서 충(沖)은 甲庚, 乙辛, 丙壬, 丁癸이고, 나머지는 그냥 극(剋)일 뿐이다. 다만, 격국에서는 모두 같이 보아 칠살, 즉 편관으로 다룬다. 정관이나 칠살이나 일간을 극하는 작용은 같다. 다만, 정관은 일간과 음양이 다르므로 서로 끌어당기고, 칠살은 음양이 같으므로 서로 거부한다. 즉 정관은 유정하고 칠살은 무정하다. 그래서 정관은 그대로 쓰려고 하고, 칠살은 너무 강하므로 힘을 빼어 쓰려고 하는 차이밖에 없다. 이런 이유로 정관은, 물론 사주 구조에 따라 다르겠지만 기본적으로 재성으로 생조하든가, 인성이 있어 관인상생으로 보호하든가 하는 구조를 원한다. 이는 모두 정관의 적(賊)인 식상에게서 정관을 보호하기 위한 조치다. 반면에 칠살은 너무 강하니, 쉽게 말하면 힘을 빼어 소위 순화(純化)하여 쓰고자 한다. 그 방법으로 식상을 써서 직접 타격하는 방법과 인성으로 화살(化煞)하는 살인상생의 방법을 쓴다. 물론 합살(合煞)하는 방법도 있다.

인성을 쓴다는 것은 같지만 근본 원인은 정반대다. 즉 정관은 식상에게서 보호하기 위해 인성을 쓰고, 칠살은 강력한 힘을 인성이 빼 다시 일간을 생하기 위해 쓴다. 이런 이유 때문에 칠살이 순화만 잘되고 사주 구조만 좋다면 가장 흉포한 것을 가장 잘 쓰는 결과가 되니 대귀한 격이 된다. 반대로 이것이 제어가 잘 안 되면, 결국 흉포한 칠살의 극을 일간이 바로 받게 되니 정반대의 사주가 된다. 그래서 칠살격의 사주가 삶이 팍팍한 경우가 많다.

偏官 2

七煞之格局亦不一, 煞用食制者, 上也; 煞旺食强而身健, 極爲貴格。如乙亥、乙酉、乙卯、丁丑, 極等之貴也。

칠살격 역시 한두 가지가 아니다. 칠살격에 식신의 제살을 쓰는 경우는 상격(上格)이다. 칠살이 왕하고 식신이 강하며 일간이 건왕(健旺)하면 극귀(極貴)한 격이 된다.

丁	乙	乙	乙
丑	卯	酉	亥

예를 들어 乙亥, 乙酉, 乙卯, 丁丑의 명조인데, 지극히 높은 등급의 극귀한 사주다.

評解

극등지귀(極等之貴)의 명조는 칠살이 酉丑으로 회합하

식	비	비	
丁	乙	乙	乙
丑	卯	酉	亥
		살	

여(丁火 때문에 완전한 합을 이루지 못하지만) 칠살이 왕성하고, 일간은 亥卯합에 비견들이 도우니 일간 또한 건왕하다. 식신 丁火 역시 亥卯합 목국(木局)에 비겁들의 설기를 받아 강하다. 다만, 유일하게 식신 丁火만 지지에 근이 없는 것이 아쉽다.(물론 월령 酉에서 장생지를 얻고는 있다) 火운이 와서 식신의 뿌리가 되어 준다면 대발할 것이다. 월령 酉(辛)가 용신인 칠살격에 상신은 식신 丁火다.

偏官 _{편관} 3

煞用食制, 不要露財透印, 以財能轉食生煞, 而印能去食護煞也。
然而財先食後, 財生煞而食以制之, 或印先食後, 食太旺而印制之,
格成大貴。如脫脫丞相命, 壬辰、甲辰、丙戌、戊戌, 辰中暗煞, 壬以
透之, 戊坐四支, 食太重, 而透甲印以損太過, 豈非貴格? 若煞强食
淺而印露, 則破局矣。

칠살격에 식신의 제살(制煞)을 쓰는 경우, 재성과 인성이 투출하지 않아야 한다. 재(財)는 식신을 설기하여 칠살을 생하고, 인수는 식신을 극거하여 칠살을 보호하기 때문이다. 그러나 재가 앞에 있고 식신이 뒤에 있으면 재가 생한 칠살을 식신이 제살할 수 있다. 혹시 인성이 앞에 있고 식신이 뒤에 있어도 식신이 태왕한 경우에는 인성이 이를 제지하니 대귀한 격을 이룰 수 있다.

戊	丙	甲	壬
戌	戌	辰	辰

예를 들어 壬辰, 甲辰, 丙戌, 戊戌로 된 탈탈승상(脫脫丞相)의 명조가 그러한데, 辰중 癸水가 壬으로 투출하여 칠살격이 되었다. 戊土가 4지(支)에 뿌리를 두고 투출하여 식신이 아주 중하다. 인성 甲木이 투출하여 식신의 태과함을 덜어내니 어찌 귀격이 아니겠는가? 만약 칠살이 강하고 식신이 미약한데 인성이 투출했다면 파국이 되고 만다.

評解 _{평해} "재(財)가 앞에 있고 식신이 뒤에 있으면 재가 생한

칠살을 식신이 제살할 수 있다"에 해당하는 내용이다. 「20 생극선후 5」에 나오는 설명이다.

己일간이 卯월에 생하여 칠살격인데, 재성 癸가 앞에 있고 식신 辛이 뒤에 있으면, 초반에는 재성 癸가 용신인 칠살 卯를 도와 재생살(財生煞)의 해로움이 있지만, 후반에는 칠살 卯를 식신 辛이 극제하니 대귀할 수 있을 것이다.

"인성이 앞에 있고 식신이 뒤에 있어도 식신이 태왕한 경우에는 인성이 이를 제지하니 대귀한 격을 이룰 수 있다"에 해당하는 예시는 원문에 있는 탈탈 승상(원元나라 마지막 황제 순제順帝 때의 정승)의 명조다.

탈탈 승상의 사주는 월령 辰중 乙癸戊가 다 투출했다. 癸水는 壬水로, 乙木은 甲木으로 형상만 변해서 나왔을 뿐이다. 즉 칠살 壬水, 인성 甲木, 식신 戊土가 전부 월령에 근을 두고 투출했으니 서로 동근(同根)으로 유정하며 3자가 다 청(淸)하고 강하다. 격(格)은 관살이 있으면 관살을 먼저 격으로 취하는 것이니, 壬水가 투출하여 칠살격에 식신 戊土로 제살하는 칠살식제격(七煞食制格)이었다. 그런데 식신이 태왕하여 제살이 태과하다. 이것을 인성인 甲木이 투출하여 제살태과(制煞太過)의 흉함을 제거하여 살인상생처럼 되었다. 결국 칠살식제와 살인상생의 좋은 점 두 가지를 다 갖춘 극등지귀(極等之貴)의 격국인 사주라 할 수 있다. 칠살 壬水를 용신으로 하는 잡기칠살격에 상신은 인성 甲木인 칠살용인격(七煞用印格) 성격이다.

偏官 4

有七煞用印者, 印能護煞, 本非所宜, 而煞印有情, 便爲貴格。如何
參政命, 丙寅、戊戌、壬戌、辛丑, 戊與辛同通月令, 是煞印有情也。

칠살격에 인성을 쓰는 경우가 있다. 인성은 칠살을 보호하니 본래 마땅한 것이 아니지만, 살인(煞印)이 유정(有情)하다면 곧 귀격이 된다.

| 辛 | 壬 | 戊 | 丙 |
| 丑 | 戌 | 戌 | 寅 |

예를 들어 丙寅, 戊戌, 壬戌, 辛丑으로 된 하 참정(何參政)의 명조가 그러한데, 戊와 辛이 월령(月令) 戌에 같이 통근(通根)한다. 이것이 살인(煞印)이 유정(有情)한 것이다.

評解

하 참정 사주 역시 탈탈 승상 명조처럼 월령 戌에서

인	살	재
辛	壬	戊	丙
丑	戌	戌	寅
잡기

3개가 다 투출했다. 丁만 丙으로 변하여 투출했을 뿐이다. 연간의 재성 丙이 칠살을 생하고 칠살 戊가 인성을 생하고 인성 辛이 일간을 생하니 칠살을 사이에 두고 재성과 인성이 극을 하지 않고 순차적으로 상생하여 기(氣)의 유통이 원활하다. 또 재살인(財煞印) 3자가 모두 월령에 근을 두니 유정하고 유력하다. 戊를 용신으로 하는 칠살격에 상신은 인성 辛金인 칠살용인격(七煞用印格) 성격이다.

偏官 5

亦有煞重身輕, 用食則身不能當, 不若轉而就印, 雖不通根月令,
<small>역유살중신경　용식즉신불능당　불약전이취인　수불통근월령</small>

亦爲無情而有情, 格亦許貴, 但不大耳。
<small>역위무정이유정　격역허귀　단불대이</small>

칠살이 중(重)하고 일간이 경(輕)하다면, 식신이 제살하는 것을 일간이 감당할 수 없으니, 식신의 제살에서 방식을 바꾸어 인성의 화살로 쓰임을 취하는 것이 낫다. 이런 경우, 비록 월령에 통근하지 못했다고 하더라도 무정(無情)한 것이 유정(有情)하게 된다. 격국 역시 귀하게 되지만, 단지 대귀격은 아니다.

評解 칠살격이 식신의 제살을 쓴다는 것 자체가 일간이 강하다는 전제다. 일간의 왕한 기운을 식신으로 설(洩)하면서, 동시에 식신이 칠살을 극거(剋去)하는 것이다. 결국 일간이 강하고, 식신으로 설수하고, 칠살이 극제되는 3박자를 다 갖추게 되니 대귀격의 사주가 된다. 그런데 칠살격에 일간이 약하면 당연히 식신의 설기를 감당할 수 없다. 칠살은 제복되어야 하고, 일간은 약하니 부득이 인성으로써 칠살을 설기하고 일간을 생하는 두 가지를 취한다. 인성으로 화살(化煞)하는 구조는 식신으로 칠살을 제복한 결과와 같다. 하지만 기본적으로 일간이 약하고 운에서 식신이 칠살을 제복하고자 할 때 인성이 식신을 제복하는 작용 때문에 그것이 불가하다. 그래서 식신으로 제살하는 구조보다 인성으로 화살하는 구조가 등급에서 조금 떨어진다. 하지만 이 방식 또한 칠살을 제복한 것은 같으니 식신으로 제살한 것보다는 못하지만

귀격은 된다.

```
        인  살
○ 癸 辛 己
○ 丑 未 酉
        살
```

인성으로 화살(化煞)하는 구조로 만든 임의 명조다. 월령 未에서 己土 칠살이 투출했다. 丑未충은 酉丑합으로 해소되었다. 일간의 근은 丑중 癸水밖에 없고 약하다. 辛金 인성이 연지 酉 및 酉丑합국에 근을 두고 투출해서 왕하다. 인성 辛金이 칠살 己土를 화살하여 일간을 생조하니 기(氣)의 유통이 원활하다. 만약 丑, 未가 바뀌었다면(구조상 그럴 수는 없지만) 월지가 丑이 되니, 같은 근을 두고 살인(煞印)이 투출하여 유정하고, 일간 역시 약하지 않으니 훨씬 귀하게 될 것이다. 己土가 용신인 칠살격에 상신은 인성 辛金이다.

偏官 6

有煞而用財者, 財以黨煞, 本非所喜, 而或食被印制, 不能伏煞, 而財以去印存食, 便爲貴格。如周丞相命, 戊戌、甲子、丁未、庚戌, 戊被甲制, 不能伏煞, 時透庚財, 卽以清食者生不足之煞。生煞卽以制煞, 兩得其用, 尤爲大貴。

칠살격에 재(財)를 쓰는 경우가 있다. 재(財)는 칠살을 생해주니 본래 좋은 것이 아니다. 그러나 혹시 식신이 인성의 극제를 받아서 칠살을 제복(制伏)할 수 없을 때는 재(財)를 써서 인성을 제거하고 식신을 살려내야 한다. 그러면 귀격이 된다.

```
庚 丁 甲 戊
戌 未 子 戌
```
예를 들어 戊戌, 甲子, 丁未, 庚戌로 주 승상(周丞相)의 명조다. 상관 戊가 인성 甲의 제지를 받고 있어 칠살을 제복할 수 없다. 시간(時干)에 재성 庚金이 투출해서 인성을 제거하니 식상이 청(淸)해지고 재(財)가 부족한 칠살 子(癸)를 생해 준다. 칠살을 생하면서 곧 제살까지 하니 두 가지 쓰임을 다 얻게 되어 더욱 대귀하게 되었다.

評解 칠살격에 재(財)를 쓰면 재생살(財生煞)로 파격이 되니 원칙적으로 쓰면 안 된다. 그러나 부득이한 경우에는 써야 된다. 즉 식신이 제살(制煞)하는데 인성이 있어 식신을 극파하면 식신을 살려내기 위해 재성으로 인성을 제거한다. 한편 칠살이 아무리 제복되어야 하는 것이라도 제살이 지나치면 도리어 살려내야 한다. 인성은 식상한테서 칠살을 보호하는 측면도 있지만 한편으로는 칠살을 설기하는 면도 있다. 그러니 칠살이 태약할 경우에는 부득이 재성으로 칠살을 생조하여 살려내야 한다. 이러한 경우는 몇 가지가 되는데 요점은 제살이 태과한 경우다.

```
재   인 상
庚 丁 甲 戊
戌 未 子 戌
     살
```
주 승상의 사주는 일간이 2개의 戌과 未중 丁火에 근이 있고 인성 甲木이 옆에서 생하니 약하지 않다. 비록 겨울이지만 3지에 근을 두고 투출한 식신 戊土가 칠살을 극하니 제살이 태과하다. 외로운 子(水)가 두상(頭上)의 甲木을 생조하니 설기까지 심하다. 결국 자기 계절임에도 칠살 子(癸)가 이 구조에서 제일 약하다.

이것을 시간(時干)에 庚金이 투출하여 칠살을 설기하는 인성 甲木을 제거하고, 왕한 토기(土氣)를 설하여 약한 칠살을 생조하니 그야말로 일거삼득이다. 칠살은 제복되는 것이 맞지만, 지나치면 안 되니 오히려 북돋아 살려서 강하게 만든 다음 다시 제복하는 묘용을 말하고 있다. 결국 시간(時干)의 庚金 하나 때문에 약한 칠살(子)이 강해지고 그것을 다시 상관 戊土가 제살하는 구조가 되었다. 칠살을 강하게 만든 다음 다시 제살하니, 중한 병(病)을 신약(神藥)으로 고치는 것과 같다. 그러므로 대귀한 격이 되었다. 庚金을 씀으로써 한신(閑神)이었던 甲木은 왕성한 土를 소토하여 庚金의 매금을 막아주는 역할을 하게 되니 기기묘묘한 변화라 아니할 수 없다. 그리고 소위 甲庚丁의 벽갑인정(劈甲引丁)까지 되고 있다. 월령 子(癸)가 용신인 칠살격에 상신은 재성 庚金이다.

偏官 7

又有身重煞輕, 煞又化印, 用神不淸, 而借財以淸格, 亦爲貴格。
如甲申、乙亥、丙戌、庚寅, 劉運使命是也。

또 일간이 중(重)하고 칠살이 경(輕)한데 인수가 칠살을 화살(化煞)하면, 용신인 칠살이 청(淸)하지 못하다. 이럴 때 재(財)에 의지해서 격(格)을 청(淸)하게 만들면 역시 귀격이 된다.

庚	丙	乙	甲
寅	戌	亥	申

예를 들어 甲申, 乙亥, 丙戌, 庚寅으로 된 유 운사(劉運使)의 명조가 그렇다.

| 評解 | 유 운사(運使)(세공품 관할 장관)의 사주는 亥월이지만

| 재   인   인 |
| 庚 丙 乙 甲 |
| 寅 戌 亥 申 |
| 살 |

2개의 인성 甲, 乙이 지지에 튼실한 근을 두고 투출하였고 寅戌이 회합하여 비겁으로 화(化)하니 일간이 왕하다. 반면 칠살인 亥(壬)는 자기 계절임에도 투간하지 못했고 연월의 甲, 乙로 설기가 심하다. 즉 칠살의 설기가 심하다. 시간(時干)의 재성 庚金이 연지(年支)에 근을 두고 투출하여 인성을 극제하면서 칠살 亥를 도와서 격을 좋게 만들고 있다. 그러나 유 운사의 사주는 칠살 亥에서 甲이 투출하여 인수격으로 변격되었다. 庚金이 있지만 乙庚으로 합하니 甲木 인수격으로 변격이 성립된다. 인수격으로 놓고 보면 인성이 정·편(正·偏)으로 혼잡하던 것이 재성 庚金이 인성 중 하나인 乙木을 합으로 제거하니 인수격이 청(淸)해졌다. 결국 본래대로 칠살격으로 보나, 변격된 인수격으로 보나, 재성 庚金이 이 사주를 청하게 만들고 있다. 칠살격으로 보면 亥(壬)이 용신인 칠살격에 칠살 亥(壬)를 생조하는 재성 庚金이 상신이고, 인수 변격으로 보면 亥에서 투출한 甲木이 용신인 인수격에 인성혼잡을 제거하는 재성 庚金이 상신이다.

偏官 8

更有雜氣七煞, 干頭不透財以淸用, 亦可取貴。

잡기칠살격(雜氣七煞格)은 천간(天干)에 재성이 투출하지 않으면 용신이 청(淸)해지니 역시 귀격이 될 수 있다.

評解 고지(庫地)인 辰戌丑未에서 투출했든, 월령의 본기가 칠살이든 상관없이 부득이한 경우가 아니면 재성으로 칠살을 생조하는 것을 꺼린다. 칠살은 제복하는 것이지 북돋우는 것이 아니기 때문이다.

비	살	비	
丙	丙	壬	丙
申	申	辰	戌
		잡기	

「평주」를 쓴 서낙오의 명조라고 한다. 辰에서 壬이 투출하여 잡기칠살격이다. 천간에 재성이 투출하지 않았으니 용신인 칠살은 청(淸)한 편이다. 그러나 일간이 연지 戌중 丁火에 근이 있지만 약하다. 인성으로 화살하면 귀격이 되었을 것이다. 辰중에 乙木이 있으나 공망(空亡)이라(일주 丙申 기준 辰巳 공망) 화살(化煞)하는 작용이 약해 귀격이 되지 못했다고 본인 스스로 평하고 있다. 申辰회합으로 잡고는 있지만 기본적으로 辰戌충이 있어 칠살의 좌하가 흔들리니 용신이 불안하다. 壬水가 용신인 잡기칠살격에 辰중 乙木 인성이 상신이다.

偏官 9

有煞而雜官者, 或去官, 或去煞, 取淸則貴。如岳統制命, 癸卯、丁巳、庚寅、庚辰, 去官留煞也。夫官爲貴氣, 去官何如去煞? 豈知月令偏官, 煞爲用而官非用, 各從其重。若官格雜煞而去官留煞, 不能

如是之淸矣。如沈郞中命, 丙子、甲午、辛亥、辛卯, 子沖午而剋煞,
是去煞留官也。

칠살격에 정관이 섞인 경우는 정관을 제거하거나 칠살을 제거하
거나 청(淸)한 것을 취하기만 하면 귀격이 된다.

|庚 庚 丁 癸|
|辰 寅 巳 卯|

예를 들어 癸卯, 丁巳, 庚寅, 庚辰으로 된 악 통제(岳統制)의 명조가 그러한데, 정관을 제거하고 칠살을 남겼다.

무릇 정관은 귀기(貴氣)인데, 정관을 제거하는 것이 어찌 칠살을
없애는 것보다 낫다는 말인가? 월령이 편관이라 칠살이 용신이
되는 것이지 정관이 용신이 되는 것이 아니니, 각 사주에서 그
중(重)한 것을 따라야 한다는 것을 어찌 알겠는가? 만약 정관격에
칠살이 섞였는데 정관을 제거하고 칠살을 남기면, 이와같이 격국
이 청(淸)해질 수는 없는 것이다.

|辛 辛 甲 丙|
|卯 亥 午 子|

예를 들어 丙子, 甲午, 辛亥, 辛卯로 된 심
낭중(沈郞中)의 명조가 그러한데, 子가
午를 충하여 칠살을 극하니 이것은 칠살을
제거하고 정관을 남긴 것이다.

評解 정관과 칠살이 둘 다 투출한 것을 관살혼잡이라고 한
다.(하나만 투출하더라도 월령이 관살일 때, 월령과 다른 관살이 투출해
도 마찬가지다) 이것은 비단 칠살격이나 정관격뿐만 아니라 모든
격국에서 다 볼 수 있다. 이런 경우에는 둘 중에 하나를 제거하고

하나만 남기면 혼잡이 해소된 것으로 그 자체만 가지고도 격국이 성격된다. 즉 정관은 귀하니 남기고 칠살은 흉하니 제거해야 한다는 기본 논리보다 상위의 논리다. 그런데 이왕이면 격국 자체의 용신을 남기고 격국 이외의 것을 제거하면 격이 더 청하고 귀해진다. 즉 정관격에서는 칠살을 제거하고 정관을 남기고, 칠살격에서는 정관을 제거하고 칠살을 남기는 것이 더 귀한 사주가 된다.

혼잡은 관살에서만 논하는 것이 아니라 모든 십성에 대비해서 볼 수 있다.
ㅇ 재성이 정·편으로 혼잡하면 재물을 향한 욕심만 과(過)하지 실제로 부(富)가 크지 못하고,
ㅇ 식상이 혼잡되면 직업 변동이 많고 성정(性情)이 괴팍하며,
ㅇ 인성이 혼잡되면 기질이 산만하고 학업과 문서상의 성취가 더디다.

이런 혼잡이 원국에서 해소가 되면 격(格)은 더 청(淸)하고 귀(貴)해진다. 즉 병(病)이 있고 약(藥)이 있어서, 그렇지 않은 경우보다 더 좋아진다. 그런데 원국에서는 해소가 안 되던 것이 운에서 하나가 제거되어 해소되면 그 대운 동안에 발전할 것이다. 다만, 원국 자체가 귀하지 않으니 정해진 국량(局量)만큼 말이다.

비		관	상
庚	庚	丁	癸
辰	寅	巳	卯
		살	

악 통제(統制)(군 사령관)의 사주는 상관 癸水가 정관 丁火를 제거하고 월령 巳중 칠살 丙火를 남겼다. 만약 巳 없이 丁, 癸만

있었으면 그야말로 상관견관, 위화백단(傷官見官, 爲禍百端)이다. 하지만 이 경우는 칠살격에 정관이 투출하여 혼잡된 것을, 정관을 제거하고 격국인 巳(丙)를 남기니 혼잡이 청(淸)해져서 귀해진 것이다. 그리고 이 사주는 일간이 巳에서 장생하고 비견이 시간(時干)에서 도우며 시지 辰이 습토이고,(엄밀한 의미에서 辰이 土는 아니다. 다만 본기가 戊土고 지장간에 癸水를 포함하고 있으니 사주의 조열함을 식혀준다는 의미에서 습토라고 하였다) 辰에 근을 둔 癸水가 정관 丁을 제거하여 관살혼잡을 해소할 뿐 아니라 조열함을 식혀 주니 아주 좋다. 巳중에서 비견 庚金이 투출하여 월겁격으로 변격된 것으로 볼 수 있으나 丁火가 극해서 변격은 어렵다. 癸水가 丁火를 극해서 변격이 다시 가능하다고 볼 수도 있는데, 국(局) 자체가 조열하니 丁火의 힘이 더 세다. 결국 이 사주는 비견 庚金의 도움과 辰의 습윤(濕潤)과 癸水의 조후로 사주가 중화를 이루었고, 사주의 병(病)인 관살혼잡이 해소되고 원래의 칠살을 그대로 남기니 귀격 사주가 되었다. 巳(丙)를 용신으로 하는 칠살격에 상신은 상관 癨水다.

비		재	관
辛	辛	甲	丙
卯	亥	午	子
		살	식

심 낭중(郎中)(상서나 시랑의 보좌역)의 사주는 격이 칠살인데 정관이 투출하여 역시 관살혼잡이 되었다. 식신인 子가 칠살 午를 충하여 칠살을 제거하고 정관 丙을 남겼다. 관살혼잡은 해소되었으나 격(格)인 칠살을 제거하고 격이 아닌 정관을 남겼다. 게다가 午월인데 진신(眞神)인 午(丁)를 제거하고 가신(假神)인 丙을 남겼다. 결국 격국이면서 진신인 것을 제거하고, 격국이 아니면서 가신인 것을 남겼으니 악 통제의 사주보다 격이 떨어진

다. 그뿐 아니라 일간이 지지에 근이 없어 약하다. 일간이 약하니 방신하는 운인 申, 酉, 戌운에서 그나마 운신할 수 있을 것이다. 월령 午(丁)이 용신인 칠살격에 상신은 식신 子(癸)다.

　원문에서 심낭중의 명조 예시 앞에 쓰여 있는 글귀(若官格雜煞而去官留煞)는 약살격잡관이거살유관(若煞格雜官而去煞留官)으로 바뀌어야 한다. 그러나 원문의 취지를 이해하는 데는 상관없다.

偏官 10

有煞無食制而用印當者, 如戊辰、甲寅、戊寅、戊午, 趙員外命是也.

칠살격에 식신의 제살함이 없으면 인성을 쓰는 것이 마땅한데, 예를 들어 戊辰, 甲寅, 戊寅, 戊午로 된 조원외(趙員外)의 명조가 그렇다.

| 戊 | 戊 | 甲 | 戊 |
| 午 | 寅 | 寅 | 辰 |

評解 칠살격은 식신으로 제살함이 특급(特級)이다. 그러나 식신이 없으면 인성으로 화살하는데 이는 차등(次等)이다.

戊(비)	戊	甲(살)	戊(비)
午	寅	寅	辰
		살	

조 원외(員外)(낭중郞中의 보좌역)의 사주는 일간 戊土가 2개의 寅에서 생지이고 근이 있으며, 辰에도 근이 있고, 시지(時支)의 午는 양인이며 비견이 투출하여 도우니 일간이 왕하다.

칠살 甲木 역시 2개의 寅에 녹을 두고 辰에 근과 인성이 있으니 칠살 역시 강왕하다. 즉 신살양왕(身煞兩旺)하다. 왕성한 칠살을 제거할 식신이 없고, 이 둘을 통관해 줄 인성 午(火)가 시지에 있다. 午는 寅과 회합하여 칠살을 화(化)하여 일간을 도우니 귀하게 되었다. 연지가 辰이 아니고 戌이었다면 조후에 문제가 있지만 이 사주는 조후도 해결되었다.(辰중 癸水의 극설이 심하니 조후가 부족한 면은 있다) 甲木이 용신인 칠살격에 상신은 인성 午(火)다.

偏官 11

至書有制煞不可太過之說, 雖亦有理, 然運行財印, 亦能發福, 不可執一也; 乃若棄命從煞, 則於外格詳之.

책에는, 제살(制煞)이 태과(太過)하면 안 된다는 학설이 있다. 비록 일리가 있지만 운이 재성운이나 인성운으로 행할 때 발복(發福)하는 경우도 있으니, 한 가지 이론에만 집착해서는 안 된다. 기명종살격(棄命從煞格) 사주는 외격(外格)에서 상세히 논할 것이다.

評解 칠살은 식신으로 제살하는 것이 제1 원칙이다. 그러나 그러한 제살이 지나치면 오히려 흉하다. 이런 구조의 사주라도 재운(財運)이나 인운(印運)이 오면, 재성은 식신을 설기하여 칠살을 도우니 좋고, 인성은 식신을 극제하여 칠살을 살리니 좋다.

그러나 어느 정도 발복(發福)할지는 사주의 구조를 잘 살펴서 논해야 한다.

35-1 論偏官取運
편관격의 취운을 논함

偏官取運 1

偏官取運, 卽以偏官所成之局, 分而配之。煞用食制, 煞重食輕則助食, 煞輕食重則助煞, 煞食均而日主根輕則助身。忌正官之混雜, 畏印綬之奪食。

편관격의 운을 보는 법은 편관격이 국(局)을 이룬 바에 따라서 나누어 맞추어 보는 것이다. 칠살격이 식신의 제복(制伏)을 쓰는 경우, 칠살이 중(重)하고 식신이 경(輕)하면 식신을 돕는 운이 와야 하고, 칠살이 경하고 식신이 중하면 칠살을 돕는 운이 와야 한다. 칠살과 식신이 균형을 이루었지만 일주(日主)의 근(根)이 경하면 일간을 돕는 운이 와야 한다. 정관운이 와서 혼잡되는 것을 꺼리고, 인수가 와서 <식신을> 탈식(奪食)하는 것을 두려워한다.

評解 칠살격에서 식신으로 제살하는 것은 칠살식제격(七煞食制格) 사주다. 칠살은 나를 극하는 것이고 식신은 나를 설기하는 것이니, 이 둘을 쓰기 위해서는 무엇보다 일간이 강한 것이 제일 중요하다. 일간이 강하면서 칠살과 식신이 모두 강하다면 극귀한 사주가 된다.

만약 일주(日主)가 약하다면 식신으로 제살하는 것은 버겁다. 이럴 때는 인수가 용신이 되어 칠살을 화살하여 일간을 생해야 하므로 먼저 인성이 있는지를 살펴야 한다. 만약 인성이 없다면 좋은 사주는 아니다.

일간이 강한 경우, 칠살이 중(重)하고 식신이 경(輕)하면 식상 운과 식상을 돕는 비겁운이 좋고, 칠살을 돕는 재성운이나 식상을 극하는 인수운은 좋지 않다. 정관운은 관살혼잡이 되니 역시 좋지 않다. 칠살이 경하고 식신이 중하다면 칠살을 돕는 재운을 좋아하고 정관운도 이때에는 꺼리지 않는다.(약한 칠살을 돕는다는 의미가 크지만, 관살혼잡이 식상으로 해소된 것과 같은 효과가 있다) 식신을 제거하여 칠살을 보호하는 인성운은 태과한 식신을 제거 하여 칠살을 보호하는 측면이 있지만, 약한 칠살을 설기하는 측면도 있으니, 인성운은 사주의 구조를 살펴서 따져봐야 할 것이다.

식	비	비	
丁	乙	乙	乙
丑	卯	酉	亥
		살	

己	庚	辛	壬	癸	甲
卯	辰	巳	午	未	申

이 명조는 지극히 높은 등급의 극귀한 사주다. 칠살격에 식신의 제살을 쓰는 경우는 상격(上格)이다. 칠살이 왕하 고 식신이 강하며 일간이 건왕하면 극 귀한 격이 된다. 일간과 칠살에 비하여 식신 丁火가 지지에 근이 없으니 남방 火운에 대발(大發)할 것이 다. 巳午未운에 식신이 득지하니 최길운이다. 다만, 壬운은 지지가 午라서 심각한 수준은 아니지만 식신 丁火를 바로 합거하니 좋지 않다. 巳운도 酉丑과 합하여 칠살이 더욱 강해지니 식신이 제살하 는 것이 부족하게 된다. 결국 이 사주는 극귀한 사주이고 운도

火운으로 흐르니 좋으면서도 계속 번거로운 사건이 있는 사주다.

偏官取運 2
편관취운

煞用印綬, 不利財鄕, 傷官爲美, 印綬身旺, 俱爲福地.
살용인수　불리재향　상관위미　인수신왕　구위복지

칠살격에 인수를 쓰는 사주는 재운이 불리하고, 상관운은 좋고, 인수운과 신왕 운은 모두 복받는 운이다.

評解
평해

칠살격에 인수를 쓰는 사주는 신약하므로 인수로 화살하여 약한 일간을 돕는 살인상생의 구조다. 인수를 극하는 재운을 가장 꺼린다. 상관운을 좋다고 했는데, 상관을 인성이 극하니 나쁠 것 까지야 없다. 하지만 인성으로 이미 화살하고 있는데, 또다시 상관이 와서 일간을 설기하고 칠살을 극제할 필요까지는 없다. 그러니 좋다고 하기에는 좀 그렇다. 인수운은 화살이 더 원활해지고, 비겁운 역시 약한 일간을 도와 칠살의 극제를 나눠가지니 좋은 운이 된다.

```
 식  인  살
 戊  丙  甲  壬
 戌  戌  辰  辰
            잡기
 庚 己 戊 丁 丙 乙
 戌 酉 申 未 午 巳
```

탈탈 승상의 명조다. 辰중 癸水가 壬으로 투출하여 칠살격이 되었다. 戊土가 4지에 뿌리를 두고 투출하여 식신이 아주 중하다. 인성 甲木이 투출하여 식신의 태과함을 덜어내며 일간을 생하고 있다. 인수운과 비겁운이 제일 좋고 관살운도 무난하다. 다만,

재성운이 제일 나쁘다. 乙巳, 丙午, 丁未운이 아주 좋다. 戊申운 이후로는 좋은 운이 없다.[중국 역대 인명사전에 보면 탈탈 승상은 1314년(甲寅년)에 출생하고 1355년(乙未년) 42세에 사망했다고 나온다. 여기서는 壬辰생으로 나오니 오류가 있지만 명식 분석만을 위한 것이니, 그대로 인정하고 자평(子平)의 내용을 따라 기술했다]

인		살	재
辛	壬	戊	丙
丑	戌	戌	寅
		잡기	
甲	癸	壬	辛	庚	己
辰	卯	寅	丑	子	亥

하 참정의 명조다. 신약하고 칠살이 왕하다. 시간(時干)의 인성 辛金이 화살하는 상신이다. 庚子, 辛丑운이 최길(最吉)이고, 壬寅, 癸卯, 甲辰운 또한 길하다. 인수인 辛金이 다치지만 않으면 되기 때문이다. 즉 상관인 木운이 약한 일간을 설기하기도 하지만, 병(病)이 되는 중(重)한 칠살을 극제하니 좋게 작용하는 것이다.

偏官取運 3

煞用傷官, 行運與食同。(食傷同類) 七煞用財, 其以財而去印存食者, 不利劫財, 傷食皆吉, 喜財怕印, 透煞亦順。

칠살격에 상관을 쓰는 사주는 식신을 쓰는 사주와 운이 같다.(식상食傷은 같은 부류다) 칠살격에 재성을 쓰는 사주는, 재성으로 인수를 제거하여 식신을 보존해야 하는 경우라면 비겁운이 불리하고, 식상운은 모두 길하다. 재운은 길하고 인수운은 두렵다. 칠살이 투출하는 운 역시 순조롭다.

35-1 편관격의 취운을 논함

評解 이 문구의 내용은, 일간이 강하면서 식신으로 칠살을 제살하는데, 인성이 있어 식신을 극제하여 제살을 방해하는 경우의 취운법이다. 즉 재성으로써 병이 되는 인성을 제거하여 다시 식신이 칠살을 제살할 수 있도록 하는 구조로 된 사주에서 취운법을 말한다.

재성이 상신이 되니 재성을 중심으로 운을 보면 된다. 즉 재성운은 당연히 좋고, 식상운은 상신인 재성을 생하니 좋고, 천간으로 오는 칠살운은 비겁에게서 재성을 보호하니 좋다. 비겁운은 상신인 재성을 극하니 불리하며, 인성운은 병(病)이 되는 기신이 다시 와서 식신을 극하므로 흉하다.

재	인	상	
庚	丁	甲	戊
戌	未	子	戌
		살	
庚	己	戊	丁	丙	乙
午	巳	辰	卯	寅	丑

주 승상의 명조다. 일간인 丁火는 戌未에 근이 있고 인성 甲木이 옆에서 도우니 강하다. 월령의 칠살 子(水)를 식신 戌土로 제살하려고 하는데, 인수 甲木이 이를 방해하고 있다. 시간(時干)에 재성 庚金이 투출해서 인수 甲木을 제거하고 칠살 子(水)를 생하고 다시 식신으로 제살하도록 하고 있다. 庚金은 또 왕한 식신 土를 설기하고 있다. 상신인 庚金을 중심으로 운을 논한다. 초년의 丙, 丁 비겁운이 庚金을 바로 극하니 좋지 않다. 戊辰, 己巳 식상운은 재성 庚金이 식상을 설기하니 흉하지는 않지만 土가 중(重)하니 부담스럽기는 하다. 庚, 辛 재성운이 제일 좋고, 壬, 癸 관살운도 무난하다.

偏官取運 4

<ruby>其<rt>기</rt></ruby><ruby>以<rt>이</rt></ruby><ruby>財<rt>재</rt></ruby><ruby>而<rt>이</rt></ruby><ruby>助<rt>조</rt></ruby><ruby>煞<rt>살</rt></ruby><ruby>不<rt>불</rt></ruby><ruby>及<rt>급</rt></ruby><ruby>者<rt>자</rt></ruby>, <ruby>財<rt>재</rt></ruby><ruby>已<rt>이</rt></ruby><ruby>足<rt>족</rt></ruby>, <ruby>則<rt>즉</rt></ruby><ruby>喜<rt>희</rt></ruby><ruby>食<rt>식</rt></ruby><ruby>印<rt>인</rt></ruby><ruby>與<rt>여</rt></ruby><ruby>幫<rt>방</rt></ruby><ruby>身<rt>신</rt></ruby>; <ruby>財<rt>재</rt></ruby><ruby>未<rt>미</rt></ruby><ruby>足<rt>족</rt></ruby>, <ruby>則<rt>즉</rt></ruby><ruby>喜<rt>희</rt></ruby><ruby>財<rt>재</rt></ruby><ruby>旺<rt>왕</rt></ruby><ruby>而<rt>이</rt></ruby><ruby>露<rt>로</rt></ruby><ruby>煞<rt>살</rt></ruby>。

재성으로 칠살의 부족함을 돕는 경우, 재가 이미 충분하다면 식신운과 인성운과 비겁운이 좋고, 재성이 부족하다면 재(財)가 왕해지는 운과 천간으로 투출하여 오는 칠살운이 좋다.

評解 재성으로 칠살의 부족함을 돕는다는 것은 재성이 약한 칠살을 자양(滋養)하는 것을 말한다. 재성이 상신이니 재성의 상태에 따라 운의 희기를 보아야 한다. 재성이 이미 왕하다면 재성의 생조를 받아 칠살이 도로 왕해질 수 있으니 칠살을 극제하여 균형을 맞출 식신운이 좋다. 칠살을 화살하여 일간을 생조해 줄 인성운이 좋으며, 왕한 재성을 극하여 일간을 도와 줄 비겁운이 좋다. 재성이 약하다면, 재운은 인성을 극제하여 칠살의 설기를 막으면서 칠살을 생조하니 당연히 좋고, 천간으로 오는 칠살운은 약한 칠살을 돕고 비겁에게서 재성을 보호하니 좋다.

```
  재    인    인
  庚    丙    乙    甲
  寅    戌    亥    申
              살
  辛 庚 己 戊 丁 丙
  巳 辰 卯 寅 丑 子
```

유 운사의 명조다. 寅戌이 회합하고 지지의 寅과 亥에 근을 두고 투출한 인수 甲, 乙木이 도우니 일간과 인성이 모두 왕하다. 칠살이 인성으로 설기가 심하다. 재성 庚金으로 약한 칠살을 도와야 한다. 이건 칠살격으로 놓고 보는 관점이고, 이 사주는 亥중 甲木이 투출하고 庚金의 극제를 乙庚합으로 막아주니 인수격으로 변격되었다. 인수가 중(重)하니 재성으로 인수의 태과를 덜어내는 것이 필요하다. 재성 庚金을 중심으로 운을 논한다. 초운의 비겁 丙, 丁운은 가장 좋지 않다. 다만, 지지가 子, 丑이니 그런대로 넘어갈 것이다. 戊, 己 식상운은 식상생재(食傷生財)가 되어 좋다. 다만, 지지의 寅, 卯가 인성을 더욱 강화하고 칠살을 설기하니 좋지 않다. 庚辰과 辛의 15년 간 재성운이 최길운이다. 巳운은 강한 일간을 돕고 형충합(刑沖合)이 다 이루어지니 파란곡절이 많았을 것이다.

偏官取運 5

煞帶正官, 不論去官留煞、去煞留官, 身輕則喜助身, 食輕則喜助食。莫去取淸之物, 無傷制煞之神。

칠살격에 정관이 있는 사주는 거관유살(去官留煞)이든 거살유관(去煞留官)이든 막론하고, 일간이 약하면 방신하는 운이 좋고, 식신이 경(輕)하면 식신을 돕는 운이 좋다. 사주를 청(淸)하게 해 주는 것을 제거하지 말아야 하고, 칠살을 제복하는 것을 손상하지 말아야 한다.

評解 관살혼잡이 된 사주는 정관이든 칠살이든 하나를 제거하여 혼잡이 해소되기만 하면 성격이 된다. 다만, 본(本) 격의

용신을 남기는 것이 더욱 귀하게 될 것이다. 즉 칠살격에서는 칠살을 남기고 정관을 제거하는 것이 더욱 좋다. 일간이 약하다면 비겁운이나 인성운으로 도와야 하고, 식상이 약하면 식상운이나 비겁운으로 식상을 돕는 것이 좋다. 사주를 청(淸)하게 하는 것을 제거하지 말아야 한다는 것은, 사주의 상신을 손상하는 운이 오면 다시 관살혼잡이 되므로 절대로 꺼린다는 말이다.

비		관	상
庚	庚	丁	癸
辰	寅	巳	卯
		살	

辛	壬	癸	甲	乙	丙
亥	子	丑	寅	卯	辰

악 통제의 명조다. 정관 丁火를 제거하고 칠살 巳중 丙火를 남겼다. 즉 거관유살(去官留煞)의 구조다. 木火 재관이 왕하고 사주를 청(淸)하게 하는 상신인 상관 癸水는 약하다. 일간은 월지 巳에서 생지이고, 시지에 인성 辰이 있고, 시간에 비견 庚이 도우니 보기보다 약하지 않다. 그러니 식상을 돕는 운이 좋다.

서낙오는 「평주」에서 이것을 거관유살로 논하지 않는다. 정관 丁火가 지지 巳중 丙火에 뿌리박고 투출한 것이지 관살혼잡이 아니라고 하고 있다. 결국 격이 칠살격이니 丁火는 정관이 아니고 巳중 丙火를 좇아서 칠살로 보아 상관 癸水가 정관이 아닌 칠살을 제거한 것이라고 보고 있다. 水와 火는 간지의 조합이 바뀌니 일리있는 견해다. 다만, 이것은 자평의 기본 논리에 어긋난다. 참고만 할 뿐이다. 일반적인 관점의 거관유살로 보나, 서낙오의 평대로 칠살을 제거하는 것으로 보나, 상관 癸水가 혼잡을 해소하는 상신이다. 乙卯, 甲寅 재운은 관살을 생조하니 길하지는 않지만 상신인 癸水를 손상하지는 않으니 무난하다. 癸丑, 壬子, 辛亥 대운이 상신인 상관 癸水가 득지하고 득세하니 최길운이다. 상신

癸水를 극하는 인성 戊, 己운이 장년까지 오지 않으니 좋다. 심 낭중의 명조다. 子가 午를 충하여 칠살을 극하니, 이것은 칠살을 제거하고 정관을 남긴 것이다. 이 사주는 격용인 칠살을 제거하고 격용이 아닌 정관을 남겼으니 위의 악 통제 사주보다

비		재	관
辛	辛	甲	丙
卯	亥	午	子
		살	
庚	己	戊	丁	丙	乙
子	亥	戌	酉	申	未

격이 떨어진다. 그보다도 일간이 매우 약하다. 거의 종격으로 볼 정도다. 하지만 식·재·관이 모두 왕하니 어느 하나를 좇아서 종격이 될 수도 없다. 이 사주는 재관에 비해 일간이 너무 약하니 재관의 유익함을 다 누리기 어렵다. 다행히 대운이 申, 酉 비겁운과 戊戌, 己 인성운으로 흐르니 원국의 부족함을 운에서 채우는 형국이다.

이 사주 역시 서낙오는 丙火가 월지 午에 뿌리를 두고 투출하여 丙이 정관이 아니고 칠살이라서 관살혼잡이 아니라고 한다. 이것 역시 칠살을 제거한 것이라고 본다. 이 또한 서낙오의 견해일 뿐이다. 어떤 식으로 보든 칠살을 제거하는 연지 子(癸)가 상신이다. 다만, 이 사주는 매우 신약하니 방신하는 운이 제일 좋다.

偏官取運 6
편관취운

煞無食制而用刃當煞, 煞輕刃重則喜助煞, 刃輕煞重則宜制伏。無食可奪, 印運何傷? 七煞旣純, 雜官不利。

칠살격에 식상의 제살(制煞)이 없고 양인(陽刃)으로 칠살을 감당

하게 하는 사주는, 칠살이 경(輕)하고 양인이 중(重)하면 칠살을 돕는 운이 좋고, 양인이 경하고 칠살이 중하다면 마땅히 칠살을 제복(制伏)하는 운이 좋다. 식신이 없으면 빼앗을 것이 없으니 인성운이 온다고 무엇을 손상하겠는가?(원국에 식신이 없으면 인성운이 와도 무방하며 인성으로 칠살을 화살한다) 칠살이 이미 순수하다면 정관운은 혼잡이 되므로 불리하다.

評解 평해 칠살격에 식상의 제살이 없으면 오직 신강함으로 칠살에 맞서야 하는데, 신강하려면 반드시 양인을 써야 한다. 칠살은 나를 바로 치러오는 적(賊)이고, 양인은 소중한 내 재물을 빼앗는 도둑이다. 이 둘이 서로 합하여 사라지니, 나는 그야말로 일거양득이다. 칠살이 약하고 양인이 강하면 칠살을 돕는 재운이나 관살운이 좋고, 양인이 약하고 칠살이 강하다면 제살하는 식상운이나 양인을 돕는 비겁운이나 인성운이 좋다. 정관운은 칠살이 경미하고 양인이 중하다면 좋지는 않지만 그래도 칠살을 돕기 위해서 쓸 수 있다. 이와는 달리 칠살이 강한데 다시 정관운이 오는 것은 관살혼잡의 폐해만 있을 뿐이다. 식상으로 식상제살(食傷制殺)하는 것이 아니니(식상이 없으니) 인성운이 와도 무난하다.

비	살	비	
戊	戊	甲	戊
午	寅	寅	辰
	살		

庚 己 戊 丁 丙 乙
申 未 午 巳 辰 卯

조 원외의 명조다. 신강하고 칠살도 왕하다. 午가 양인이기도 하지만, 寅午회국(會局)하고 월령에 있는 것이 아니니 여기서는 인성으로 보아 칠살과 일간의 통관용신(通關用神)이다. 일간과 칠살이 모두 순수하다. 일원(日元)이 왕하니 乙卯 정관운에 관살혼잡이 되긴 하지만 큰 폐해는 없었을 것이다. 일간에 비해 칠살이 더 왕한 편인데, 丙辰 이후로 온통 인성운과 비겁운이니 좋다. 庚申 식신운은 칠살의 왕기를 충극하여 좋지 않다.

  이상 편관격(칠살격)을 살펴보았다. 칠살은 일간인 나를 바로 극상하는 것으로 순화하여 사용해야 한다. 그 방법으로는 식상으로 제살하는 것이 제일이고, 인성으로 화살하는 것이 차상(次上)이다. 그러나 제살이 태과할 경우에는 재성으로 오히려 칠살을 도와야 한다.

  먼저 기술된 정관격, 재격, 인수격, 식신격의 4길신의 격국과는 다르게, 흉신의 격국인 칠살격은 격국 용신인 칠살이 중심이 아니다. 칠살을 제어하는 상신이 되는 십신이 건전한지 그렇지 않은지가 사주의 성격(成格)과 파격(破格)을 좌우하게 된다. 운의 희기 역시 상신에게 득(得)이 되는가, 해(害)가 되는가를 두고 판단하면 된다. 상신이 소위 일반적으로 기세론(氣勢論)에서 말하는 용신과 같은 존재다. 이 논리는 다음의 상관격이나 양인격에도 동일하게 적용된다.

36 論傷官
상관격을 논함

傷官 1

傷官雖非吉神, 實爲秀氣, 故文人學士, 多於傷官格內得之。而夏木見水, 冬金見火, 則又爲秀之尤秀者也。其中格局比他格多, 變化尤多, 在查其氣候, 量其强弱, 審其喜忌, 觀其純雜, 微之又微, 不可執也。

상관이 비록 길신은 아니지만 실제로는 수기(秀氣)다. 그러므로 문인(文人), 학사(學士)의 명조가 상관격에 많이 있다. 그리고 여름의 木이 水를 보고, 겨울의 金이 火를 보면 빼어난 중에서도 더욱 빼어난 사주가 된다. 격국 중에서도 다른 격에 비해 상관격은 종류가 많고 변화는 더욱 많다. 기후를 조사해야 하고, 강약을 측량해야 한다. 그리고 희기를 살펴야 하고, 순잡을 관찰해야 한다. 그것들을 하는 데 있어 정미롭고도 정미로와야 하니 한 가지 논리에만 집착해서는 안 된다.

評解 상관은 길신이 아니고 흉신으로 대접받는다. 왜냐하면 『자평진전』에서 최고로 존귀하게 대접받는 것이 정관인데, 상관은 정관에게 칠살이 되어 바로 극하는 십신이기 때문이다. 그런

관점에서 흉신으로 분류된다. 상관의 본질은 일간과 음양이 다르기 때문에 일간의 설기가 식신에 비하여 심하다. 즉 신약한 입장에서는 부담스러운 존재지만, 신강한 사주의 경우 관살로 극하는 것보다 식상 그중에서도 상관으로 설기하는 것이 훨씬 자연스럽고 기의 흐름도 원활하다. 그러니 신강하면서 상관으로 설수한다면 그야말로 기의 흐름이 원활하니 사람됨이 총명하고 재주가 많게 된다. 그래서 문인, 학사에게 이런 격이 많이 있다. 그러나 상관은 기본적으로 일간 기운을 심하게 설(洩)하면서 언제든지 정관을 극하는 흉한 작용을 할 수 있다. 그래서 이러한 속성이 잘 통제되어야 한다. 그 통제의 방법이,

○ 첫째, 재성을 생하도록 하여 일간 기운을 설(洩)한 만큼의 보답을 일간에게 해 주는 것이고,
○ 둘째, 칠살이 있어서 일간에게 제일 무서운 칠살을 상관으로 극하도록 하는 방법이고,
○ 셋째, 인성으로 상관을 극하여 순화하는 방법이다. 이렇게 상관을 잘 통제하게 된다면 상관의 설수 능력이 더욱 돋보이게 되어 빼어난 격국이 될 수 있다.

상관격은 기본적으로 木火상관, 火土상관, 土金상관, 金水상관, 水木상관의 다섯 종류가 나올 수 있는데, 이중에서도 木火상관과 金水상관은 동류(同類)(크게 보아 木火는 양陽, 金水는 음陰이다)의 기질이므로 훨씬 설기도 심하고 음양이 한 쪽으로 치우치게 된다. 즉 木火상관은 조열하게 되고, 金水상관은 한습하게 될 수 있다. 이러한 데에 여름의 木火상관에는 水가, 겨울의 金水상관에는

火가 있어 조후를 맞추면 설수의 뛰어남과 조후의 배합으로 인한 중화까지 갖추게 되어 빼어난 중에서도 빼어난 격국이 된다. 이런 조후의 배합은 木火식신격이나 金水식신격에도 마찬가지로 적용된다. 즉 식신은 길신이고 상관은 흉신이라는 논리보다 조후와 중화의 논리가 더 상위의 논리다.

傷官 2

故有傷官用財者, 蓋傷不利於官, 所以爲凶; 傷官生財, 則以傷官
_{고유상관용재자   개상불리어관   소이위흉   상관생재   즉이상관}
爲生生官之具, 轉凶爲吉, 故最利。只要身强而財有根, 便爲貴格,
_{위생생관지구   전흉위길   고최리   지요신강이재유근   변위귀격}
如壬午、己酉、戊午、庚申, 史春芳命也。
_{여임오 기유 무오 경신   사춘방명야}

상관격에 재(財)를 쓰는 사주가 있다. 무릇 상관이라는 것이 정관에게 불리하기 때문에 흉한 것으로 여긴다. 그런데 상관이 재성을 생하게 되면, 상관이 '정관을 생하는 도구(재성)'를 생하는 것이 되어 흉이 변하여 길이 된다. 그러므로 최고로 유리하게 된다. 다만, 신강하고 재가 근(根)이 있어야만 귀격이 되는데,

庚	戊	己	壬
申	午	酉	午

壬午, 己酉, 戊午, 庚申의 사 춘방(史春芳) 명조가 그렇다.

評解 상관격에 정관이 있으면 그 자체로 상관견관이 되어 파격이다. 하지만 재성이 있으면 상관이 재성을 생하고 재성이

다시 정관을 생하여 파국을 면할 수 있다. 다만, 상관과 정관의 위치가 적절해야 한다.

```
  관     겁 재
  乙 戊 己 壬
  卯 戌 酉 戌
        상
```

「평주」에 나오는 어느 시랑의 사주다. 토금상관격(土金傷官格)의 사주인데 시간(時干)에 정관 乙木이 투출하여 상관견관이 되는 것 같다. 그런데 연간에 재성 壬水가 투출해서 상관 酉가 재성 壬水를 생하고 재성 壬水가 다시 정관 乙木을 생하니, 상관이 결국 '정관을 생하는 도구(재성)'를 생하는 역할을 하고 있는 것이니 흉이 변하여 길이 되었다. 다만, 재성(壬)과 정관(乙)이 연간과 시간으로 떨어져 있어 재생관이 원활하지 못하다. 만약 둘이 가까이 붙어 있었다면(구조상 그럴 수는 없지만) 더 귀히 됐을 것이다. 격용은 월지 酉(辛)가 용신인 상관격에, 상신은 정관 乙木과 재성 壬水다.

상관용재격(傷官用財格)의 사주는, 상관의 흉성(凶性)을 제복하는 방법 중 첫째 방법으로, 상관이 재성을 생하는 자체만으로도 상관의 흉성이 제복되어 길하게 변한 것이다. 재성을 생하는 것은 식신이나 상관이나 같지만, 그 속성에는 많은 차이가 있다. 식신생재격은 근면 성실하고 보수적인 내실형의 스타일이라고 한다면, 상관생재격은 뛰어난 재능과 총명함을 지니고 속전속결하고 변화무쌍하며 스케일도 큰 반면, 다성다패(多成多敗)의 단점도 있다.

```
  식     겁 재
  庚 戊 己 壬
  申 午 酉 午
        상
```

사 춘방(春芳)(태자궁 소속 관리)의 사주는 토금상관격(土金傷官格)에 재성이 있어 상관생재격(傷官生財格)의 사주인데 정관을 보지 않았다. 일간의 양인에 해당하는 2개의 午 인성의 생조로 일간도 강하고 식상 또한 강하다. 신강하면서 상관으로 설수하고 다시 재성을 생하고 재성인 壬水는 시지 申中 壬水에 근이 있으니 귀격이다. 다만, 격은 상관인데 투출은 식신인 庚金이 했다. 즉 상관격에 식신이 투출하여 식상혼잡(食傷混雜)이다. 격의 순수함과 청함이 떨어진다. 식상혼잡으로 생각과 기량이 분산되어 노력만큼 결실이 따르지 않는 단점이 있다. 또 상관을 숨기고 식신이 투출했으니 겉으로는 순하고 부드러워 보이지만, 내면은 거칠고 고집스럽고 괴팍한 성향이 있을 수 있다. 월지 酉(辛)를 용신으로 하는 토금상관격에 상신(相神)은 재성 壬水다.

傷官 3

至於化傷爲財, 大爲秀氣, 如羅狀元命, 甲子、乙亥、辛未、戊子, 干頭之甲, 通根於亥, 然又會未成局, 化水爲木, 化之生財, 尤爲有情, 所以傷官生財。冬金不貴, 以凍水不能生木; 若乃連水化木, 不待於生, 安得不爲殿元乎?

상관(傷官)이 변화하여 재성(財星)이 되면 대단한 수기(秀氣)가 된다.

戊	辛	乙	甲
子	未	亥	子

예를 들어 甲子, 乙亥, 辛未, 戊子로 된 나장원(羅狀元)의 명조가 그러한데, 천간의

甲이 지지의 亥에 통근(通根)하고, 또 亥未가 회국하니 水가 변하여 木이 되었다. 상관이 변화한 것이 생재(生財)한 것이 되니 더욱 유정하게 되었다. 이는 상관생재가 된 까닭이다. 겨울의 金일간은 귀하지 못한데, 언 물로 나무를 생할 수 없기 때문이다. <그러나 이 사주는> 연결되어 있는 水가 木으로 화(化)해서 생조를 기다릴 필요가 없게 되었으니, 어찌 전시(展試)(궁궐에 들어가 황제 앞에서 보는 최종 시험 과정)에서 장원급제하지 못하겠는가?

評解 화상위재(化傷爲財)란 말 그대로 상관이 변화하여 재성이 되는 것을 말한다. 상관이 생재(生財)하면 상관의 흉성(凶性)을 제복하는 방법 중 가장 잘 쓰여진 것이다. 그런데 그냥 생재(生財) 정도가 아니라 회합(會合)으로 변해서 상관에서 재성으로 화(化)해 버리면, 격 자체가 상관격에서 재격으로 변해버리니 더욱 귀격이 된다.

삼합은 子午卯酉 4정(四正)의 자(字)가 없으면 완전한 성립이 어렵다. 그러나 천간에 子午卯酉의 본기가 투출해 있으면 4정의 자가 없이 생지와 묘지의 자만 있어도 회합이 된다. 즉 천간에 乙이 있으면 亥未만 있어도 목국(木局)이 이루어지고, 丁이 있으면 寅戌만 있어도 화국(火局)이 이루어지고, 辛이 있으면 巳丑만 있어도 금국(金局)이 이루어지고, 癸가 있으면 申辰만 있어도 수국(水局)이 이루어진다. 이를 소위 천간의 유인력(誘引力)이라고 이른다.

```
인  재 재
戊 辛 乙 甲
子 未 亥 子
      상
亥未 재성 木국
```

나 장원의 사주는 지지에 亥未가 회합하고 천간에 乙이 투출했으니 목국(木局)이 이루어졌다. 그야말로 상관이 재성으로 화(化)한 사주다. 겨울의 金일간은 그 자체로 金水상관이니 수기(秀氣)가 빼어나다. 다만, 조후해 줄 화기(火氣)가 없으면 생의(生意)가 없으니 귀격이 되지 못한다. 그런데 이 사주는 未중에 丁火가 있고 亥 상관이 아예 木재성으로 변해버렸으니 겨울의 언 물이 녹기를 기다릴 필요가 없어졌다. 이 사주는 월령이 亥 상관이라, 상관격에서 예시하고 있으나 격이 상관격에서 재격으로 변격되었다. 금수상관(金水傷官)의 수기(秀氣)와 재격의 이익을 둘 다 갖추게 된 사주다. 결국 이 사주는 재격에 일간이 약하고 수기(水氣)가 왕하니 시간의 戊土 인성을 써야 하는 구조가 되었다. 월지 亥에서 투출한 甲木을 용신으로 하는 재격에 상신은 인성 戊土인 재격패인격(財格佩印格) 성격이다.

傷官 4

至於財傷有情, 與化傷爲財者, 其秀氣不相上下, 如秦龍圖命, 己卯、丁丑、丙寅、庚寅, 己與庚同根月令是也。

재성(財星)과 상관(傷官)이 유정(有情)한 것과 상관(傷官)이 재성(財星)으로 화(化)한 것은 그 수기(秀氣)의 높낮이를 가릴 수 없이 다 좋다.

36 상관격을 논함

庚	丙	丁	己
寅	寅	丑	卯

己卯, 丁丑, 丙寅, 庚寅의 진 용도(秦龍圖) 명조가 그러한데, 己土와 庚金이 똑같이 월령에 통근하고 있다.(※ 相: 동사로서 관찰하다, 살피다, 판단하다의 의미)

評解 「상관 3」의 나 장원 사주는 월령이 상관에서 회합 때문에 재성으로 변해서 흉신인 상관이 길신인 재성으로 변화되었다. 결과적으로 일간에게 더욱 유리하게 작용하니 이런 것이 유정함의 한 일면이다. 유정함이란 한마디로 말하면 일간에게 유리하게 작용하는 것을 말한다. 즉 사주 내의 용신에게 지장을 주는 기신이 있더라도 상신이나 희신이 이를 잘 구응해 주든가, 아니면 투출한 용신들 간의 생극제화(生剋制化)가 일간에게 유리하게 작용하는 것을 말한다. 더 자세한 해설은 「12 논용신격국고저」(論用神格局高低)에 있다.

재		겁	상
庚	丙	丁	己
寅	寅	丑	卯
		잡기	

진 용도(龍圖)(어서御書 등을 보관하는 용도각龍圖閣의 학사學士)의 사주는 丙火 일간이 인성이 왕하고 겁재까지 도우니 신왕하다. 왕상한 기운을 월지 丑에서 투출한 상관 己土로 설기하고, 상관이 다시 시간(時干)의 庚金을 생하니 기(氣)의 유통이 아주 원활하다. 월령 丑중 癸辛己 중에서 己土가 투출하여 상관격에 지장간의 辛(陰, 質)金이 庚(陽, 氣)金으로 투출하니 재격을 겸하게 되었다. 상관과 재성이 모두 월령에 근을 두고 있으니 아주 유정하고 유력하다. 겁재 丁火가 탈재(奪財)할 것 같지만 바로

옆에서 상관 己土가 설기하고 있으니 재성 庚金은 오롯이 일간의 몫이다. 己土가 용신인 상관격에 상신은 재성 庚金이다.

傷官 5

有傷官佩印者, 印能制傷, 所以爲貴, 反要傷官旺、身稍弱, 始爲秀氣。如字羅平章命, 壬申、丙午、甲午、壬申, 傷官旺, 印根深, 身又弱, 又是夏木逢潤, 其秀百倍, 所以爲一品之貴。然印旺根深, 不必多見, 偏正疊出, 反爲不秀; 故傷輕身重而印綬多見, 貧窮之格也。

상관격에 인성을 쓰는 상관패인격(傷官佩印格)의 사주가 있다. 인성은 상관을 제압할 수 있기 때문에 귀격이 된다. 거기다 더 요구되는 것은 상관이 왕하고 일간이 약간 약해야 비로소 수기(秀氣)가 된다.

壬申, 丙午, 甲午, 壬申의 패라 평장(字羅平章) 명조가 그러한데, 상관이 왕하고 인성의 뿌리가 깊고 일간은 약하다. 또 여름의 木이 윤택함을 만났으니 빼어남이 백배나 더 좋으므로 1품의 귀격이 되었다.

그러나 인성이 왕하고 뿌리가 깊다면 많이 있을 필요가 없다. 정인과 편인이 중첩해서 투출하면 도리어 빼어나지 못하게 된다. 그러므로 상관이 경(輕)하고 일간이 중(重)한데 인수까지 많이 있으면 빈궁한 격이 된다.

36 상관격을 논함

評解 인수를 쓴다는 것은 신약함이 전제 조건이다. 일간이 약하고 상관으로 설기가 많은 것을 인성이 있어서 상관을 극제하고 일간을 돕게 되면 효용은 배가 될 것이다. 이러한 상관패인격에 다시 재성이 있게 되면 재성이 인성을 극하므로 도로 파격이 된다. 그러나 인성이 정·편으로 혼잡되거나 인성이 과다할 경우에는 재성으로 인성을 극제하는 것이 도움이 되니, 사주의 구조에 따라 구분해서 보아야 한다.

```
인   식  인
壬 甲 丙 壬
申 午 午 申
     상
```

패라 평장(平章)(종1품 벼슬)의 명조는 여름의 甲木일간이 지지에 근이 없고 약하며, 상관은 아주 왕하다. 바로 여름의 목화상관격(木火傷官格) 사주다. 여름의 목화상관격은 조후를 위해서 반드시 水가 필요한데,(土를 쓰는 경우도 있다) 인성인 壬水가 지지의 칠살 申중에 뿌리를 두고 투출하여 왕한 식상을 제압하면서 일간을 생조하고 있다.

 원문에서 설명한 대로 일간은 약하고 상관은 왕한 것을 인성으로 상관을 제압하면서 일간을 생하는 구조로 되어 있다. 거기다가 여름의 목화상관격을 水로 적셔주어 조후까지 갖추었으니 그야말로 대귀격의 사주다. 월령인 격(格)은 午 상관인데 식신인 丙火가 투출하여 이 사주도 식상혼잡이다. 그리고 인성이 정·편 혼잡은 아니지만 2개가 투출했다. 丙, 丁의 식상혼잡을 중(重)한 인성으로 극제하니 격이 청(淸)하게 되어 더욱 빼어나게 되었다. 월령 午(丁)가 용신인 상관격에 상신은 인성 壬水다.

```
  관    상 관
 癸 丙 己 癸
 巳 午 未 酉
        상
        관
```

「평주」에 나오는 어느 현령의 사주다. 화토상관격(火土傷官格)의 사주다. 화염토조(火炎土燥)하니 반드시 水로써 적셔주어야 한다. 2개의 癸水가 재성 酉의 생을 받으면서 투출하여 사주를 적셔주면서, 또 겁재들을 극하여 재성 酉를 보호하고 있다. 상관견관의 모습이지만 중관에서 하나를 해소한 것이 되어 오히려 청(淸)해졌다. 己土가 용신인 상관격에 상신은 재성 酉와 정관 癸水다. 원래 상관격에 정관이 있으면 바로 파격이지만 金水상관과 마찬가지로 여름의 火土상관 역시 조후를 위해 쓸 수 있다.

傷官 6

有傷官兼用財印者, 財印相剋, 本不並用, 只要干頭兩淸而不相礙; 又必生財者財太旺而帶印, 佩印者印太重而帶財, 調停中和, 遂爲貴格。如丁酉、己酉、戊子、壬子, 財太重而帶印, 而丁與壬隔以戊己, 兩不相礙, 且金水多而覺寒, 得火融和, 都統制命也。又如壬戌、己酉、戊午、丁巳, 印太重而帶財, 亦隔戊己, 而丁與壬不相礙, 一丞相命也。反是則財印不並用而不秀矣。

상관격에 재성과 인성을 겸용하는 사주가 있다. 재(財)와 인(印)은 상극하는 관계이므로 본래 함께 쓸 수 없다. 다만, 천간에서 재성과 인성이 청(淸)하면서 서로 장애가 되지 않는다면 같이 쓸 수 있다. 또 반드시 생재(生財)를 해야 하는 상관생재격에 재성이 태왕(太旺)한 데 인수가 있는 경우와 상관패인격에서 인성이 너무 중한데 재(財)가 있는 경우에는 조정하고 중화를 이룬 것이 되어 마침내 귀격이 된다.

```
壬 戊 己 丁
子 子 酉 酉
```

예를 들어 丁酉, 己酉, 戊子, 壬子로 된 도통제(都統制)의 명조는 재(財)가 너무 중(重)한데 인성을 차고 있다. 丁火와 壬水가 戊, 己土 때문에 이격(離隔)되어 재(財)와 인(印)이 서로 장애가 되지 않는다. 그리고 金水가 많아서 한랭한데 火를 얻어 융화되었다.

```
丁 戊 己 壬
巳 午 酉 戌
```

또 예를 들어 壬戌, 己酉, 戊午, 丁巳로 된 어느 승상의 명조다. 이 사주는 인성이 아주 중(重)한데 재(財)를 차고 있다. 역시 戊, 己土가 이격하고 있으니 丁火와 壬水가 서로 장애가 되지 않는다. 이와 반대가 되면(서로 장애가 되면) 재(財)와 인(印)을 함께 쓸 수 없으니 빼어나지 못하게 된다.

評解 상관격에 재성과 인성을 겸용한다고 하지만, 이는 격이 상관격이라 재성과 인성을 쓰는 구조가 되고 있을 뿐이다. 실질적 생극작용으로 보면 재격에 인성을 쓰고, 인수격에 재성을 쓰는 것과 같은 작용이다. 즉 재가 너무 왕하면 자칫 재다신약(財多身弱)과 같이 되니 약한 일간을 생조하기 위하여 인성을 쓰는 것이고, 인성이 너무 왕하면 재성으로 인성을 극제하여 사주의 균형을

맞추는 것이다.

```
재  겁  인
壬  戊  己  丁
子  子  酉  酉
           상
```

도통제(都統制)(군 총사령관)의 사주는 토금상관격(土金傷官格)이지만 실제로 재성이 너무 왕하여 재다신약이다. 그리고 金水가 너무 강하니 사주가 한습하다. 인성인 火로 따뜻하게 해줘야 하고 상관인 金을 제어하면서 약한 일간도 도와야 한다. 인성 丁火가 투출하여 그 역할을 하고 있다. 丁火가 비록 지지에 근은 없지만 2개의 酉에서 장생지(長生地)를 얻었으니 아주 약한 것은 아니다. 巳午未의 대운에 인성이 힘을 얻어서 대발(大發)했다. 酉(辛)를 용신으로 하는 상관격에 상신은 재성 壬水와 인성 丁火다.

```
인  겁  재
丁  戊  己  壬
巳  午  酉  戌
       상
```

어느 승상의 명조인 이 사주 역시 토금상관격에 재와 인이 둘 다 투출했다. 이 사주는 인성과 비겁이 왕하여 일간이 강하고 土가 메말랐다. 재성으로써 인성을 억제하면서 土를 적셔 주어야 한다. 월간의 己土가 재성 壬水를 극할 것 같지만 좌하인 월지 상관 酉에 설기되고 상관 酉는 다시 壬水를 생하는 순환 구조가 되고 있다. 亥, 子, 丑 재성운에 대발했다. 酉(辛)를 용신으로 하는 상관격에 상신은 재성 壬水와 인성 丁火다.

위 두 사주는 재(財)와 인(印)이 모두 천간에 투출했지만 서로 떨어져서 극하지 않으니 쓸모를 찾게 된 것이다. 만약 이 둘이 붙어 있다면 경우에 따라 다르게 보아야 한다. 먼저 인성이 중(重)하다면 재성을 써서 인성을 극제하는 쓸모가 있다. 그러나 재성이 중하면 인성으로 일간을 돕는 것보다 비겁으로 재성을 극제하면서 일간을 방신하는 것이 더 나을 것이다. 재와 인이 투출했으나 상극하고 있으면 사주가 청(淸)하지 못하고 격이 떨어지는 것이니 아무리 운이 좋은 방향으로 흐른다고 하더라도 크게 발전하지는 못할 것이다. 이런 것이 바로 순서와 위치의 배합에 따라 사주 격국의 고저(高低)가 달라지는 이유다.

傷官 7

有傷官用煞印者, 傷多身弱, 賴煞生印以幫身而制傷, 如己未、丙子、庚子、丙子, 蔡貴妃命也。煞因傷而有制, 兩得其宜, 只要無財, 便爲貴格, 如壬寅、丁未、丙寅、壬辰, 夏閣老命是也。

상관격에 칠살과 인성을 쓰는 사주가 있다. 상관이 많고 일간이 약하면 칠살이 생한 인성으로 일간을 돕고 상관을 제지해야 한다.

| 丙 | 庚 | 丙 | 己 |
| 子 | 子 | 子 | 未 |

예를 들어 己未, 丙子, 庚子, 丙子로 된 채귀비(蔡貴妃)의 명조가 그렇다.

칠살이 상관 때문에 제복이 되면 그 둘이 마땅함을 얻은 것이 된다. 단지, 재성이 없기만 하면 곧바로 귀격이 되는데,

| 壬 | 丙 | 丁 | 壬 |
| 辰 | 寅 | 未 | 寅 |

예를 들어 壬寅, 丁未, 丙寅, 壬辰으로 된 하 각로(夏閣老)의 명조 또한 그렇다.

> **評解** 상관격에 칠살이 있으면 상관대살격(傷官帶煞格)으로 상관이 칠살을 제살하는 구조가 되고, 상관격에 인성이 있으면 상관패인격으로 인성이 상관을 제지하는 구조가 된다. 그런데 상관격에 칠살과 인성, 이 둘이 모두 있으면 상관은 인성의 극제 때문에 칠살을 제복할 수 없게 된다. 제살할 수 없으니 인성으로 화살하게 되고, 칠살의 생조를 받은 인성이 일간을 생하게 된다. 그리고 인성의 생조로 왕해진 일간 기운을 다시 상관으로 설기하는 구조가 된다.

```
  살   살   인
  丙   庚   丙   己
  子   子   子   未
              상
```

채 귀비(貴妃)(황후皇后 바로 밑의 왕비王妃)의 명조는 『자평진전』에 유일하게 나오는 여(女) 명조다. 일간 庚金이 뿌리가 없고 상관 子(水)가 3개나 있어 설기가 심하다. 인성 己土가 未에 근을 두고 투출하여 왕성한 상관을 극하면서 일간을 생하고 있다. 겨울의 金水상관은 火의 온난함이 필수인데 丙火가 투출하여 따뜻하게 하면서 인성 己土를 생하고 있다. 丙火가 없었다면 己土만으로 왕성한 수기(水氣)를 제어하기도 어려울 뿐 아니라 金水상관의 빼어남은커녕 한랭하고 보잘 것 없는 사주가 되었을 것이다. 또 재성인 木이 있었다면 인성인 己土가 합거나 극거되어 상관의 설기와 칠살의 극만 있는 극설교가(剋洩交加)의 빈천한 격국이 되었을 것이다. 칠살 丙火가 2개나 투출해서 중살(重煞)이지만 상관 또한 너무 왕하여 중살의 폐해보다는 조후의 좋은 작용이 더 크다고 하겠다. 월지 子(癸)가 용신인 상관격에 상신은 인성 己土와 칠살 丙火다.

살 겁 살
壬 丙 丁 壬
辰 寅 未 寅
인 상 인

하 각로의 사주는 일간 丙火가 강하다. 여름의 火土상관으로 조열하니 水의 윤택함이 필요하다. 월지 未에서 겁재 丁火가 투출하여 월겁격으로 변격될 것 같았으나, 壬水가 같이 투출해서 丁壬으로 합거되니 도로 상관격으로 환원되었다. 칠살 壬水가 2개나 투출하여 중살(重煞)인데, 하나는 겁재와 합하여 사라지니 두 흉신인 칠살과 겁재가 다 사라진 것이 되어 오히려 더 좋아졌다. 상관격에 시간(時干)에 칠살이 있으니 원래는 상관으로 칠살을 제살하면 되지만, 인성인 2개의 寅한테서 극을 받아 상관 未가 약해져 제살하기가 어렵다. 상관제살(傷官制煞) 대신 인성으로 칠살을 화살(化煞)하는 것을 택하고, 상관은 왕성한 일간을 설기하는 역할을 한다. 칠살을 화살하는 인성이 상신이지만 여름의 火土상관이니 조후상 水가 최대 희신으로 亥, 子, 丑 북방 水운에 대발했다. 만약 이 사주가 인수만 있고 칠살이 없었다면 하찮은 사주가 되었을 것이다. 그리고 재성인 金이 있었다면 칠살을 생하고 인성을 극하여 빈천지국이 되었을 것이다. 월지 未(己)가 용신인 상관격에 상신은 칠살 壬과 인성 寅중 甲木이다.

傷官 8

有傷官用官者, 他格不用, 金水獨宜, 然要財印爲輔, 不可傷官並透。如戊申、甲子、庚午、丁丑, 藏癸露丁, 戊甲爲輔, 官又得祿, 所以爲丞相之格。若孤官無輔, 或官傷並透, 則發福不大矣。

상관격에 정관을 쓰는 상관용관격(傷官用官格)의 사주가 있다. 다른 상관격에서는 정관을 쓰지 못하지만, 금수상관격(金水傷官格)만은 유일하게 쓸 수 있다. 그러나 이때에도 재(財)와 인(印)이 정관을 보필하는 것이 필요하며, 정관과 상관이 같이 천간에 투출해서는 안 된다.

```
丁 庚 甲 戊
丑 午 子 申
```

예를 들어 戊申, 甲子, 庚午, 丁丑의 명조인데, 이 사주는 상관 癸水가 월령 子의 지장간에 암장(暗藏)되어 있고 정관인 丁火는 투출했다. 인성인 戊土와 재성인 甲木이 정관을 보필하고 있고 정관 丁火도 지지에서 녹(祿)을 얻었으니 승상의 격국이 되었다. 만약 재(財)와 인(印)의 보필이 없는 고관무보(孤官無輔)였거나 정관과 상관이 같이 투출했다면 발복(發福)이 크지는 못했을 것이다.

評解 상관격에 정관이 있으면 그 자체로 상관견관(傷官見官)이 되어 파격(破格)이다. 다만, 겨울의 金水상관만은 조후가 시급하니 관성인 火를 우선 필요로 한다. 그러나 이때에도 역시 정관은 언제나 보호되어야 하므로 제1 조건은 상관과 같이 투출해서 정관을 극상(剋傷)하지 않는 것이고, 다음으로는 정관을 보필할 재(財)와 인(印)이 있음을 요한다. 만약 정관이 아니고 칠살로써 조후를 한다면, 이는 상관이 제살(制煞)하는 구조에 조후까지 해 주니 다른 상관제살(傷官制煞)의 격국보다도 더 좋은 구조가 된다.

관   재 인
丁 庚 甲 戊
丑 午 子 申
상

어느 승상의 사주는 일간 庚金이 연지 申에 득록(得祿)하고 인수의 생을 받고 있으니 일간이 약하지 않다. 상관격에 일간이 왕하면서 정관을 쓰는 구조이니 재성으로 정관을 보필할 수 있다. 만약 신약하다면 인성으로 정관을 보호하면서 일간을 생해야 한다. 이 사주는 인성 戊土도 투출했으나 재성 甲木과 붙어서 甲木의 극을 받고 있으므로 인성을 쓸 수는 없고 재성으로 정관을 생하면서 보호해야 한다.(단, 운에서 재성 甲이 합거나 극거될 때 인성 戊土가 월지 상관 子를 제압하여 정관 丁을 보호하는 역할을 하게 될 것이다) 정관 丁이 일지 午에 녹(祿)을 두었는데, 子午충을 申子회합으로 해소하고 있다. 결국 이 사주는 겨울의 금수상관에 정관 丁火가 투출하여 따뜻하게 해 주고 있고, 재성 甲木이 왕성한 상관 기운을 설(洩)하면서 정관을 생조하고 있다. 이렇듯 여덟 글자가 모두 최상의 쓰임을 가지게 되어 승상의 지위에 이르는 격국이 되었다. 그리고 소위 甲庚丁 벽갑인정(劈甲引丁)의 구조다. 월지 子(癸)를 용신으로 하는 상관격에 상신은 정관 丁火다.

傷官 9

若冬金用官, 而又化傷爲財, 則尤爲極秀極貴。如丙申、己亥、辛未、己亥, 鄭丞相命是也。

겨울의 금일간이 정관을 쓰는데, 상관이 변하여 재(財)가 되는 사주라면 또한 극히 수기(秀氣)가 빼어나고 극히 귀하게 된다.

```
己 辛 己 丙
亥 未 亥 申
```

예를 들어 丙申, 己亥, 辛未, 己亥로 된 정승상(鄭丞相)의 명조가 그렇다.

評解 화상위재(化傷爲財)는 「상관 3」에서 설명했듯이 그 자체로 상관의 수기(秀氣)와 재성의 유익함을 다 취하는 최상의 구조다.

```
  인  인  관
己 辛 己 丙
亥 未 亥 申
    상
亥未 재성 木국
```

그런데 정 승상의 사주는 겨울의 금수상관격에 정관이 투출하여 조후를 맞추고 있고, 인성이 투출하여 정관을 보호하는 구조다. 亥未가 회합하여 목국(木局)을 이루고자 하나 亥가 둘이라 쟁합(爭合)하는 구조이고, 중심 글자인 卯가 없고 천간에서 유인해 줄 乙이 없으니 완전한 목국(木局)을 이루었다고 보기 어렵다. 물론 亥중에 甲木이 있고 언제든지 卯만 오면 목국(木局)을 이루니 정관 丙火를 생하면서 보호하는 구조는 되어 있다. 결국 이 사주는 원문의 내용처럼 화상위재로 논하기는 어렵고 그냥 겨울의 금수상관격에 정관이 투출하여 조후를 하고 있으며 이를 인성이 보호하는 구조로 봄이 타당하겠다. 인성 己土가 일지 未에 근을 두고 2개나 투출해서 실질적으로는 정관 丙火의 설기가 심하다고 볼 수 있다. 일간 辛金은 연지 申이 방신(幫身)하고 未에 좌(坐)하고 2개의 인성 己土가 생하니 약하지 않다. 완전하지는 않지만 亥未의 회합과 亥와 未중에 암장된 재성이 정관을 생하는 것이 최대의 희신이다. 3운부터 운이 木火로 흐르고 5운, 6운에 甲, 乙이 투청(透淸)하니 대귀해졌다. 월지 亥(壬)를 용신으로 하는 상관격에 상신은 정관 丙火다.

傷官 10

然亦有非金水而見官, 何也? 化傷爲財, 傷非其傷, 作財旺生官而
不作傷官見官, 如甲子、壬申、己亥、辛未, 章丞相命也。

그런데 금수상관격(金水傷官格)이 아니면서 정관을 보는 경우도 있으니 어떤 경우인가? 상관이 변하여 재성이 되면 상관은 더는 정관을 상하게 하는 것이 아니니, 재왕생관(財旺生官)으로 여겨야지 상관견관으로 여겨서는 안 된다.

```
辛 己 壬 甲
未 亥 申 子
```

예를 들어 甲子, 壬申, 己亥, 辛未로 된 장승상(章丞相)의 명조가 그렇다.

評解 월령이 상관이더라도 타 지지와 회합하여 재성으로 변하든가, 월령의 지장간에서 상관 대신 재성이 투출한다면 이미 상관이 변하여 재성이 되었으니, 정관이 투출해도 이를 상관견관으로 보지 않고 재왕생관으로 본다는 말은 지당한 논리다.

```
    식   재 관
辛 己 壬 甲
未 亥 申 子
       상
申子 재성 水局
```

장 승상의 사주는 원래 토금상관격(土金傷官格)인데, 월령 申이 子와 회합하여 수국(水局)으로 변하였고, 申중에서 壬水가 투출하여 천간과 지지가 모두 재성으로 변했다. 여기에 정관 甲木이 투출했으니 이는 상관견관이 아니고 재왕생관격이 되었다. 재성인 壬水는 당연히 왕성하고, 정관 甲木 역시 亥와 未에 근이 있고, 왕성한 재성의 생조를 받으니 강왕(强旺)하다. 거기다가 식신 辛金까지 지지에 근을 두고 투출해서 식재관(食財官)이 모두 왕하다. 다만, 일간이 시지(時支) 未에 근이 있기는 하지만 약한 편이다. 서낙오는 일간이 왕하다고 했으나 그렇다고는 할 수 없겠다. 다만, 음간은 양간과는 다르게 신왕하지 않더라도, 지지에 근만 있으면 재관을 감당할 수 있으니 이 사주는 지지에 일간의 근이 있고 재관(財官)이 청(淸)하고 왕(旺)하니 대귀한 격국이 되었다. 월지 申에서 투출한 壬水가 용신인 재격에 상신은 정관 甲木이다.

傷官 11

至於傷官而官煞並透, 只要干頭取淸, 金水得之亦貴; 不然, 則空結構而已。

상관격에 관살(官煞)이 모두 투출하여 혼잡한 사주는 천간에서 청(淸)해지기만 하면 금수상관격에서도 귀하게 되고, 그렇지 않으면 공허한 구조가 될 뿐이다.

評解 금수상관격에서는 관살이 있어야 좋다. 그러나 관살이 혼잡하여 투출했다면 그중에서 하나를 제거해야 한다. 금수상관

격이 아무리 조후 때문에 火인 관살을 원한다고 하지만 정관과 칠살이 혼잡하여 투출했는데 이를 해소하지 못한다면 관살혼잡의 탁기(濁氣)가 제거되지 않았으니 귀격이 되지 못한다. 청(淸)하게 된다는 것은 관살뿐 아니라, 다른 십신의 혼잡에서도 적용한다. 즉 어느 십신이든 정·편이 혼잡하게 투출하면 둘 중 하나를 극제나 합거로 제거하여 혼잡을 해소하는 것을 말한다.

36-1 論傷官取運
상관격의 취운을 논함

傷官取運 1

傷官取運, 卽以傷官所成之局, 分而配之。傷官用財, 財旺身輕, 則利印比; 身强財淺, 則喜財運, 傷官亦宜。

상관격(傷官格)에서 운(運)을 보는 법은 상관격이 이루어진 바에 따라 나누어 맞춰보는 것이다. 상관격에 재(財)를 쓰는 경우, 재(財)가 왕(旺)하고 일간이 약(弱)하면 인비(印比)가 이롭고, 신강(身强)하고 재(財)가 약(弱)하면 재운이 좋고 상관운 역시 좋다.

> **評解** 상관생재격(傷官生財格)은 상관격 가운데 가장 좋은 격국이다. 다만, 기본적으로 상관(傷官)으로 설기(洩氣)되고 다시 재(財)가 생조를 받으므로 일간이 약한 경우가 많다. 심하면 재다신약(財多身弱)처럼 될 수도 있다. 이렇듯 재(財)가 왕하고 일간이 약하다면 인성으로 상관을 억제하면서 일간을 생하든가, 비겁으로 바로 일간을 방신(幫身)하는 것이 필요하다. 반대로 일간이 강하고 재가 약하다면 당연히 재를 돕는 재운과 상관운이 좋다.

36-1 상관격의 취운을 논함

```
  식   겁 재
  庚 戊 己 壬
  申 午 酉 午
       상
  乙 甲 癸 壬 辛 庚
  卯 寅 丑 子 亥 戌
```

사 춘방의 사주는 토금상관격(土金傷官格)에 재성 壬水가 투출하였고 식신 庚金이 투출하여 재성을 생하고 있다. 일간이 양인이 되는 2개의 午 인성의 생조와 비겁이 돕고 있어 강하다. 재성은 비록 시지 申중 壬水에 근이 있지만 거리가 멀고 바로 옆에서 己土가 극제하는 것도 부담스럽다.(己土가 좌하坐下의 酉와 庚申으로 설기되긴 하지만) 사 춘방의 사주는 상관생재격인데, 일간이 강하고 재가 약할 때는, 재운과 식상운이 좋다는 원문의 내용과 부합한다. 辛亥, 壬子, 癸丑운 30년 간 화려한 삶을 누렸다고 한다. 이 사주를 戊일간이 庚申시에 생했으니 합록격(合祿格)으로 볼 수도 있으나, 재가 이미 투출했는데 굳이 정관을 허자(虛字)로 불러오는 전식합록격(專食合祿格)으로 간명할 필요가 없다. 자세한 것은 뒤의 잡격(雜格) 편에 해설되어 있다.

```
  인   재 재
  戊 辛 乙 甲
  子 未 亥 子
       상
  亥未 재성 木국
  辛 庚 己 戊 丁 丙
  巳 辰 卯 寅 丑 子
```

나 장원의 사주다. 금수상관격은 원래 火 관살을 좋아한다. 이 사주는 亥월이라 그렇게 한랭하다고는 할 수 없고, 未중에 丁火가 있어서 어느 정도는 조후가 해소되었다. 또 亥未가 회합하고 천간에 乙이 있으니 상관이 변하여 재가 되었다. 금수상관격이 변하여 재격이 되었고 연, 시지의 2개의 식신 子(水)가 재를 생하는 식신생재의 격국이 되었다. 그러나 재가 너무 왕하고 일간이 약하니, 인비(印比)운을 바란다. 丙, 丁 관살운은 왕한 재성을 설기하여 인성 戊土를 생하여 결국 일간을 도우며 원국을 따뜻하게 해 주니 좋다. 지지의 子, 丑은 좋지 않다. 戊寅, 己卯운은 천간으로는 인성운이지만 지지가 재성이라 궁극적으로는 재왕을 더 부추기니 좋지 않다. 庚辰, 辛 15년간의 비겁운이 가장 좋다. 하지만 이것도 만약 원국에 재성이 甲, 乙로 혼잡해서 투출하지 않고 하나만 투출했더라면 좋다고 말하기는 어려웠을 것이다. 庚辰, 辛운이 좋은 것은 약한 일간을 도와서라기보다, 재성이 甲, 乙의 정·편 혼잡이던 것에서 하나를 제거하여 청(淸)하게 해 주기 때문이다.

재		겁	상
庚	丙	丁	己
寅	寅	丑	卯
		잡기	
辛	壬	癸	甲	乙	丙
未	申	酉	戌	亥	子

진 용도의 사주는 화토상관격(火土傷官格)에 월령 丑에서 상관 己土와 재성 庚金이 같이 투출하여 상관과 재성이 유정하다. 이 사주는 신왕하고 재성이 약하니 재성을 돕는 운을 바란다. 酉, 申, 辛 재성운이 길하다. 壬운은 재성 庚金을 설기하는 측면도 있으나, 그보다는 칠살(壬)과 겁재(丁)가 합하여 사라지니 좋다. 癸 정관운은 비록 일간이 왕하니 크게 꺼리지는 않는다고 하더라도 상관견관의 폐해는 겪었을 것이다. 즉 酉운부터 辛운까지 20년간이 최길 운이다.

傷官取運 2

傷官佩印, 運行官煞爲宜, 印運亦吉, 傷食不礙, 財地則凶.

상관패인격(傷官佩印格)의 사주는 관살운이 좋고, 인성운 역시

36-1 상관격의 취운을 논함

길하다. 식상운은 꺼리지 않으나 재운은 흉하다.

評解 상관격에 인수를 쓰는 경우는 ① 상관으로 설기가 심해서 일간이 약할 때 상관을 제거하고 일간을 돕기 위해 쓰고, ② 여름의 木일간은 약하지 않더라도 조후를 위해 水 인성을 쓴다.

상관격에 인수를 쓸 경우, 인성을 중심으로 운의 희기를 논한다. 즉 인성을 생하는 관살운과 인성운이 좋고, 식상운은 인성이 극제할 수 있으니 무난하다. 다만, 재운은 상신인 인성을 바로 극하니 흉하다.

```
   인    식   인
   壬   甲   丙   壬
   申   午   午   申
              상
   壬 辛 庚 己 戊 丁
   子 亥 戌 酉 申 未
```

패라 평장의 사주는 여름의 木일간이면서 상관이 왕하고 일간이 약하다. 인성 壬水로 왕한 상관을 극제하면서 일간을 돕고 있다. 인성이 약한 일간을 도우면서 조후를 조절하니 인성의 역할이 크다. 인성을 생조하는 관살운이 좋으니 申, 酉, 庚, 辛 대운이 길하다. 戊申, 己酉운이 천간으로는 재성이라 인성을 극하니 좋지 않지만, 지지가 관살이라 천간의 재성을 설기하여 인성을 도우니 전체적으로는 길운이다. 庚戌운은 반대로 천간으로는 칠살이라 인성을 생하니 좋지만 지지에서 午戌 화국(火局)으로 상관이 더욱 왕해지니 좋지 않다. 패라 평장은 庚戌 대운 乙巳년(1365년) 34세의 나이에 사망했는데, 대운의 칠살 庚金이 인성 壬水를 생하고 있던 것을 세운인 乙이 乙庚으로 합하여 庚金을 무력화(無力化)하고, 지지에서 午戌 화국(火局)에 세운의 巳까지 火로서 인성 壬水의 뿌리인 申과 巳申형이 일어나면서 申을 火극金으로 무력화하니 사주가 너무 조열해져서 사망한 것이 아닌가 추측해 본다.(원대元代의 패라첩목아孛羅帖木兒로 추정되어 그런 가정하에 사망 시기의 운을 풀이했다)

傷官取運 3

傷官而兼用財印, 其財多而帶印者, 運喜助印, 印多而帶財者, 運喜助財。

상관격에 재(財)와 인(印)을 병용하는 경우, 재가 많은데 인성이 있는 사주는 인성을 돕는 운이 좋고, 인성이 많은데 재가 있는 사주는 재를 돕는 운이 좋다.

評解 재(財)와 인(印)은 상극하니 원래 같이 쓸 수 없다. 그러나 서로 이격되어 장애가 되지 않는다면 쓸 수 있다. 상관격에 재와 인을 겸용한다는 것은, 재격에 인성을 쓰는 것이나 인수격에 재를 쓰는 것과 그 이치는 같다. 상관격에 재가 있으면 상관의 기(氣)가 재에 설기되어 중심이 재가 되기 때문이다.

상관격에 재인(財印)을 겸용하는 경우, 재가 왕하다면 인성이 극제되니 인성을 돕는 관살운과 인성운이 좋고, 재성을 극해서 인성을 보호하는 비겁운도 좋다. 반대로 인성이 왕하다면 재성을 돕는 식상운과 재운이 좋다.

```
  재  겁  인
  壬 戊 己 丁
  子 子 酉 酉
       상
  癸 甲 乙 丙 丁 戊
  卯 辰 巳 午 未 申
```

도통제의 사주는 토금상관격(土金傷官格)에 재와 인이 투출했다. 戊, 己로 이격되어 재가 인을 극하지 못한다. 일단 사주가 재다신약이다. 인성으로 일간을 도우면서 한습(寒濕)한 원국을 데워줄 火가 필요하다. 인성 丁火가 두 가지 역할을 하고 있다. 丁未, 丙午 인수운은 당연히 좋고, 乙巳, 甲 관살운은 왕성한 재성을 설기하여 인성을 생조하니 좋다. 또 아무리 겁재가 일간을 돕는다고 하지만 재를 놓고 다툼은 있는데 甲, 乙 관살운에 겁재를 제거하니 좋다.

```
  인  겁  재
  丁 戊 己 壬
  巳 午 酉 戌
       상
  乙 甲 癸 壬 辛 庚
  卯 寅 丑 子 亥 戌
```

어느 승상의 사주는 토금상관격에 재와 인이 투출하고 戊, 己로 이격된 것이 위 도통제의 사주와 같다. 그러나 이 사주는 일간이 강하고 반대로 재가 약하다. 재를 돕는 운이 좋다. 庚戌부터 戌 5년만 빼고 癸丑까지 35년이 좋다. 甲寅, 乙卯 대운이 재성 壬水를 설기하고 인성을 도와서 좋지 않았다고 한다. 하지만 甲운 만큼은 바로 옆에서 재성을 극제하고 있는 겁재 己土를 합거하니 좋았지 않았을까 추론해 본다.

傷官取運 4

傷官而用煞印, 印運最利, 傷食亦亨, 雜官非吉, 逢財卽危.

상관격에 살인(煞印)을 쓰는 경우, 인성운이 가장 좋고 식상운 역시 형통하고, 정관운은 관살혼잡으로 좋지 않고 재운을 만나면 위태롭다.

評解 상관격에 살인(煞印)을 함께 쓰는 경우는 인성의 극제 때문에 상관으로 제살(制煞)을 할 수 없고 인성으로 화살(化煞)하게 된다. 대신에 상관은 인성의 생조를 받은 일간을 설기하는 역할을 한다. 인성이 상신(相神)이 되니 인성의 희기(喜忌)를 중심으로 운을 살핀다. 그러므로 인성운이 가장 좋고, 식상운은 인성으로 제복(制伏)할 수 있으니 무난하다. 정관운은 관살혼잡이 되니 당연히 좋지 않고, 재운에는 상신인 인성을 극하니 흉하다.

| 살   살   인 |
| 丙 庚 丙 己 |
| 子 子 子 未 |
| 상 |

채 귀비의 사주는 겨울의 금수상관격에 칠살 丙火와 인성 己土가 투출했다. 일간인 庚金은 설기가 심하여 약하다. 인성으로 상관을 극제하면서 일간을 부신(扶身)해야 한다. 인성을 돕는 관살운과 인성운이 좋다. 비겁운도 무난하다.

| 살   살   인 |
| 丙 庚 丙 己 |
| 子 子 子 未 |
| 상 |
| 庚 辛 壬 癸 甲 乙 |
| 午 未 申 酉 戌 亥 |
| 「평주」의 대운 오기(남자 명) |

「평주」에서는 대운을 남자 명으로 놓고 서술하여 전혀 다른 운로(運路)로 해설하고 있다. 「평주」는 "유년(流年)운 乙亥가 인성을 파하니 비록 출신은

좋았으나 어린 시절 반드시 외롭고 힘들었을 것이다. 甲은 己土와 합하여 재성이 인성으로 화하고 戌은 지지가 인수이니, 甲戌운 10년이 가장 좋았다. 癸, 壬 식상운은 인성 己土가 회극(回剋)하니 장애가 없었고, 申, 酉운은 방신하니 행(行)할 수 있는(그런대로 무난한) 운이다. 관살이 혼잡한 운은 인성의 화함이 있어 무난했다. 재성운은 인성을 파하니 반드시 위험하다"고 잘못 평하고 있다.

```
   살    살   인
  丙   庚   丙   己
  子   子   子   未
                 상
  壬 辛 庚 己 戊 丁
  午 巳 辰 卯 寅 丑
```

여자 명의 대운으로 새로 사주를 평해보자. 丁丑운은 천간(天干)의 정관 丁은 비록 인수인 己土를 생(生)한다고 하지만 관살혼잡(官煞混雜)이고, 지지(地支)의 丑은 인성이지만 이 사주의 상신(相神)이고 요처(要處)인 인성 己土의 좌하(坐下)인 未와 丑未충을 하니 丁丑운 자체가 좋지 않다. 戊寅, 己卯운은 천간으로는 인성으로 약한 일간을 도우니 좋지만 지지의 재성이 인성을 극하니 좋지 않다. 寅은 왕(旺)한 상관 子(水)를 설기하여 칠살 丙火를 생하는 면이 있으니 일면 좋은 면도 있으나, 卯는 연지(年支)와 회합(會合)하여 목국(木局)으로 변하여 상신인 인성 己土를 극하니 좋지 않다. 庚辰과 辛巳는 비겁으로 일간을 방신(幫身)하니 좋고 巳는 조후(調候)에도 도움이 된다. 壬午운은 천간이 식신으로 己土 인성이 회극(回剋)하니 무난하고, 지지의 午는 午未로 합하여 子午충은 해소되고, 조후를 도우면서 인성을 생하니 좋다.

살   겁   살
壬 丙 丁 壬
辰 寅 未 寅
인   상   인
癸 壬 辛 庚 己 戊
丑 子 亥 戌 酉 申

하 각로의 사주는 여름의 화토상관격(火土傷官格)에 칠살과 인수가 모두 있고, 일간도 강하다. 겁재와 중살(重煞) 중에 하나가 합거되니 아주 좋다. 시간(時干)의 壬水로 건조한 원국을 적셔 주고 있는데 좌하에 수고(水庫)인 辰이 있어 壬水의 근이 되면서 국(局) 자체를 윤습하게 만들고 있다. 상관격이지만 칠살을 상관으로 제살하는 것이 아니고 왕성한 2개의 寅 인성으로 화살(化煞)하는 구조가 되었다. 칠살 壬을 중심으로 운의 희기를 본다. 申, 酉, 庚 재운과 辛亥, 壬子의 재(財)와 칠살운이 길운이다. 癸 정관운은 관살혼잡으로 좋지 않다. 신왕하니 비겁운은 좋지 않고 제살하는 식상운도 좋지 않다.

傷官取運 5

傷官帶煞, 喜印忌財, 然傷重煞輕, 運喜印而財亦吉。惟七煞根重, 則運喜傷食, 印綬身旺亦吉, 而逢財爲凶矣。

상관대살격(傷官帶煞格)의 사주는 인수운이 좋고 재운을 꺼린다. 그러나 상관은 중(重)하고 칠살이 경(輕)하다면 인수운도 좋고 재운 역시 길하다. 다만, 칠살의 근이 중(重)하면 식상운을 좋아하고 인수운과 신왕 운 역시 길하다. 그러나 재운을 만나는 것은 흉하다.

36-1 상관격의 취운을 논함

評解 상관대살격은 칠살과 상관이라는 두 흉신의 제거에 초점을 맞추고 보아야 한다. 인수운은 칠살을 화살(化煞)할 수 있고 상관도 극제할 수 있으니 어느 경우에도 좋다. 그러나 재성운은 상황에 따라 구분해서 보아야 한다. 칠살은 약한데 상관이 중(重)하여 제살이 심하다면, 재성으로 상관을 설기하여 칠살을 도와야 한다. 인성운이야 두 가지를 다 할 수 있으니 좋다. 칠살이 왕하다면 제살을 위해 식상이 와서 돕는 것이 좋고, 인수운은 왕한 칠살을 화살하니 좋고, 비겁운은 칠살의 극제 때문에 약해진 일간을 방신하니 좋다. 그러나 재운은 상관을 설기하면서 칠살을 생하여 가뜩이나 왕한 칠살을 더 강하게 만드니 흉하다.

```
  상   식  재
  己  丙  戊  辛
  亥  辰  戌  卯
  살      잡기
  壬 癸 甲 乙 丙 丁
  辰 巳 午 未 申 酉
```

「평주」에 예시된 명조다. 월지 戌에서 戊, 己가 다 투출해서 火土 식상혼잡이면서 식상이 많다. 연간의 재성 辛이 시지의 칠살을 돕는다고는 하지만 칠살 亥가 외롭다. 아무리 제살한다지만 제살태과(制煞太過)다. 인수 木으로 왕성한 식상 土를 소토하든가, 재성 金으로 칠살을 생조해야 한다. 칠살운은 바로 칠살을 방신하니 좋다. 申운에 土를 설기하여 칠살을 도우니 좋다. 乙未운은 천간에 乙이 있고 지지에서 亥卯未가 회합하여 인성 목국(木局)을 이루어 土를 제거하고 칠살을 보호하니 과거에 급제하고 연달아 승진했다고 한다. 甲午 대운에 甲己합으로 土로 화하여 상관으로 변하는데, 그 대운의 己巳년에 칠살 亥를 충거하여 사망했다고 한다. 「평주」에는 이렇게 설명되어 있는데, 과연 甲己

합土한 것이 원인인지는 다시 따져봐야 한다. 甲木은 인성이니 소토의 작용이 분명히 있다. 만약 甲午가 아니고 甲子나 甲申이었다면 이 대운에 오히려 좋았을 것이다.

역해자(譯解者)의 견해로는 甲己 합土가 문제가 아니고 다음과 같은 이유가 있다고 생각한다. 대운 甲午의 지지 午는 월령의 戌과 午戌로 회합하여 식상이 더 왕해진다. 세운의 己巳는 ① 천간으로는 상관이라 상관이 더 왕해지고 ② 지지로는 巳亥충으로 상신을 충거하면서, ③ 소토하고 있는 대운의 甲木을 세운의 己土가 합거한다. 결과적으로 상신인 칠살 亥를 보호할 방법이 없이 제살이 태과하여 사망하지 않았나 짐작해 본다.

그러나 이런 풀이 역시 시지의 칠살 亥를 상신으로 놓고 보았을 때의 관법일 뿐이다. 그런데 이 사주는 월지 戌에서 식상 戌, 己와 재성 辛이 같이 투출했다. 식상 戌, 己가 용신인 상관격(식상혼잡)에 재성 辛金이 상신이다. 식상 혼잡이면서 흉신인 상관이 주(主)가 되니 식상 土를 누르면서 일간을 돕는 인성 木운과 土를 설기하는 재성 金운이 좋다. 초년의 재성 申, 酉운과 인성 乙未운(未는 亥卯未 木국으로 인성운이다)이 좋다. 甲午에서 인성 甲木은 좋은데, 午는 午戌 비겁 火국에 식상 土만 왕해지고 상신 辛金이 무력해지니 좋지 않다.

```
  살    상
丙 庚 乙 癸
子 寅 丑 酉
   상    잡기

己 庚 辛 壬 癸 甲
未 申 酉 戌 亥 子
```

역시 「평주」에 나오는 근대의 절강성 장이었던 장재양의 사주다. 월령 丑에서 癸水가 투출하여 겨울의 금수상관격이 되었다. 칠살 丙火가 조후하고 있는데 칠살이 일지 寅에 뿌리내리고 乙

木이 도우니 칠살이 왕하다. 상관으로 제살하는 구조를 취한다. 癸亥부터 己未운까지 식상운과 비겁운 그리고 인성운 모두 좋다. 辛酉, 庚申 비겁운이 가장 좋았다고 한다. 「평주」의 설명이다. 그런데 辛운은 이 사주의 상신이면서 조후를 하고 있는 丙火를 합거한다. 아무리 칠살은 극제하여 쓰는 것이라 하지만 겨울의 金水 상관격에서 칠살을 바로 합거하는 것은 좋지 않다. 해당 운 동안 관(官)과 관련해서 좋지 않은 일이 발생할 수 있다. 칠살을 돕는 재운과 칠살운은 좋지 않다.

傷官取運 6

傷官用官, 運喜財印, 不利食傷。若局中官露而財印兩旺, 則比劫
傷官, 未始非吉矣。

상관용관격(傷官用官格)의 사주는 재성운과 인성운이 좋고 식상운은 불리하다. 만약 원국에 정관이 노출되었지만 재(財)와 인(印)이 왕하다면, 비겁과 상관이 반드시 나쁜 것은 아니다.(※ 未始: 반드시 ~ 한 것은 아니다)

評解 원래 상관격에는 정관을 쓸 수 없다. 상관이 정관을 바로 극하여 상관견관으로 파격이 되기 때문이다. 다만, 겨울의 금수상관격과 여름의 화토상관격만은 조후를 위하여 정관을 쓴다. 이 경우에도 정관이 다치지 않도록 위치가 적절해야 하고,

재(財)와 인(印)으로 정관을 보호해 주는 것을 요한다. 재운은 상관을 설기하여 정관을 생하니 좋고, 인성운은 상관을 극제하여 정관을 보호하니 좋다. 식상운은 정관을 극상하니 불리하다. 이렇듯 정관을 보호하는 운은 좋아하고 정관을 다치게 하는 운은 꺼리지만, 원국 자체에 재와 인이 왕성하다면,

○ 원래 비겁은 재를 극하는 것이지만 재가 너무 왕하면 자칫 재다신약(財多身弱)이 될 수 있으니 비겁으로써 일간의 방신이 필요하고,

○ 식상운은 정관을 극하기 전에 왕한 인성이 회극하므로 정관을 극하는 것이 아니고, 왕한 인성의 생조로 강해진 일간을 설기하는 역할을 하니 반드시 나쁜 것은 아니다.

관		재	인
丁	庚	甲	戊
丑	午	子	申
		상	
庚 己 戊 丁 丙 乙
午 巳 辰 卯 寅 丑

본 편에 예시된 어느 승상의 사주는 겨울의 금수상관격이다. 정관 丁火가 午에 녹(祿)을 두고 투출하여 조후를 조절하고 있다. 상관생재(傷官生財), 재생관(財生官)의 구조다. 정관을 보호하는 재운과 인성운이 가장 좋다. 丙운은 칠살로 관살혼잡이니 좋지 않고, 그 이후로 寅, 丁卯 재관운과 戊辰, 己巳 인수운 그리고 庚午 방신 운은 모두 좋다.

식		재	관
辛	己	壬	甲
未	亥	申	子
		상	
申子 재성 水국
戊 丁 丙 乙 甲 癸
寅 丑 子 亥 戌 酉

장 승상의 사주는 원래 상관격이었는데, 申子회국하고 壬水가 투출하여 재격으로 변했다. 정관이 투출했으나 상관견관이 아니고 재왕생관격(財旺生官格)이 된 것이다. 원국에 재가 이미

왕하니 비겁운이 나쁘지 않다는 말에 해당한다.(정관이 투출하여 재를 보호하고 있으니 비겁이 와도 재가 보호되어 나쁘지 않다는 것이 더 적절한 표현이다) 일간을 방신하는 비겁운과 인성운이 좋다. 丙, 丁, 戊의 인성, 비겁운이 좋다. 丁운이 재성 壬을 합하여 좋지 않을 듯 하다. 그러나 이 사주는 재격이지만 정관이 투출하여 재왕생관격이 되었으니 재성 보다 정관을 위주로 운을 본다. 즉 丁壬이 합을 하지만 정관 甲에는 손상이 없고 약한 일간을 도우니 좋은 운이다. 戊운은 겁재운이지만 정관 甲木이 극거(剋去)하고 약한 일간을 도우니 오히려 좋다.

인		인	관
己	辛	己	丙
亥	未	亥	申
	상		

乙 甲 癸 壬 辛 庚
巳 辰 卯 寅 丑 子

정 승상의 사주는 금수상관격에 정관 丙火가 투출하여 조후가 되고 있다. 亥未 재성 목국(木局)은 불성립이지만 未와 2개의 亥중 木이 정관을 생하고 있다. 일간이 강하고 인성이 왕하니, 식상운이 좋을 것까지야 없지만 식상운이 오더라도 2개의 인성 己土가 식상을 회극하여 정관을 보호할 수는 있다. 壬寅, 癸卯운이 천간으로 식상이지만 2개의 己土 인성이 회극하면서 지지 재성이 식상을 설기하여 정관을 생하니 무난하다. 甲辰, 乙巳 재성운과 丙午 정관운이 길운이다.

이상 상관격을 살펴보았다. 상관격 역시 편관격과 마찬가지로 흉신의 격으로 역용(逆用)하는 방법을 취한다. 즉 격국 용신인 상관의 흉성을 어떻게 제복하는가가 관건이다. 제복의 방법을 상신(相神)별로 구분해 보면, ① 재성이 있어서 상관이 생재(生

財)하도록 하든가, ② 인성으로 상관을 극제(剋制)하든가, ③칠살이 있어 상관이 제살(制煞)하도록 하든가 하는 방식을 취한다. 결국 상관격의 성패(成敗)와 운의 희기(喜忌)는 격국 용신인 상관이 아니라, 상신이 되는 재성, 인성, 칠살 등을 중심으로 살핀다.

37 論陽刃
   양인격을 논함

陽刃 1

陽刃者, 劫我正財之神, 乃正財之七煞也。祿前一位, 惟五陽有之,
故爲陽刃。不曰劫而曰刃, 劫之甚也。刃宜伏制, 官煞皆宜, 財印相
隨, 尤爲貴顯。夫正官而財印相隨美矣, 七煞得之, 夫乃甚乎? 豈知
他格以煞能傷身, 故喜制伏, 忌財印; 陽刃用之, 則賴以制刃, 不怕
傷身, 故反喜財印, 忌制伏也。

양인(陽刃)이란 나의 정재를 겁탈하는 것으로 정재에게 칠살이 된다. 녹(祿)에서 앞으로 한 번 더 나아간 것으로 오직 甲丙戊庚壬의 다섯 양간(陽干)에게만 있기 때문에 양인(陽刃)이라고 한다. 겁재라고 하지 않고 양인이라고 하는 이유는 겁탈하는 정도가 겁재보다 더 심하기 때문이다. 양인은 당연히 제복되어야 하는 것이니 관살이 모두 마땅하다. 관살을 재(財)와 인(印)이 뒤따르며 보호하면 더욱 귀함이 두드러지게 된다. 무릇 정관은 재(財)와 인(印)으로 보필하는 것이 좋지만, 칠살도 재와 인을 얻어야 하는 것은 무엇 때문인가? 다른 격국에서는 칠살이 나를 극하는 것이니 제복하는 것을 좋아하여 재와 인으로 보필하는 것을 꺼리지만, 양인격에서 칠살을 얻으면(쓰게 되면), 그 때문에 양인을 제복하게 되니 일간을 상(傷)하게 하는 것을 두려워하지 않는다. 그러므로 오히려 재와 인수로 보필하는 것을 좋아하고, 칠살이 제복되는 것을 꺼린다.

評解 양인은 12운성(運星)으로 제왕지(帝旺地)를 말한다. 즉 건록에서 하나 더 전진한 것으로 왕성함이 정도를 넘어 지나치게 과한 것이다. 그리고 5양간에만 해당하니 지지에서 4正의 자(字)인 子午卯酉다. 5음간에도 제왕지에 해당하는 글자가 있지만 이것을 양인이라고 하지 않는다. 5음간에게 있어 녹(祿) 전(前) 1위는 寅申巳亥가 해당하는데, 이는 생지이고 생지의 지장간에는 여기와 중기에 다른 오행을 포함하고 있다. 그러므로 양인에서 말하고자 하는 극강(極强)함과는 거리가 있으니 음간의 제왕지인 寅申巳亥는 양인으로 보지 않는다.

　시중에 나와 있는 명리 서적들이 양인살을 논하면서, 양간은 건록지(建祿地)에서 앞으로 1위인 제왕지를 양인이라고 하고, 음간은 건록지에서 뒤로 1위인 관대지를 양인이라고 표기하고 있다. 그러되면 음간의 양인은 乙은 辰, 丁과 己는 未, 辛은 戌, 癸는 丑이 양인이 된다. 이렇게 도표로 표시해서 나와 있다. 이 논리는 양(陽)은 모여서[聚] 앞으로 나아가는 것이고[進], 음(陰)은 흩어져서[散] 뒤로 물러나는 것이라는[退], 음과 양의 기본 속성을 취한 것 같아 일면 논리가 있어 보인다. 하지만 『자평진전』에서 말하는 양인은 그런 논의가 아니다.

　『자평진전』에서 격을 분류할 때 기준점이 월령인데, 일간과 월령이 오행이 같으면 기본적으로 비겁격이다. 굳이 구분하자면 하나는 건록격(비견)이고, 하나는 겁재격(劫財格)이다. 그런데 겁재격 중에서 유독 양간의 겁재격만 따로 양인격이라고 분류해서 하나의 격국으로 정하고 있다. 여기에는 엄연히 다른 이유가 있다. 이를 도표로 표기하면 다음과 같다.

건록격

일간	甲	乙	丙	丁	戊	己	庚	辛	壬	癸
월지	寅	卯	巳	午	辰戌	丑未	申	酉	亥	子

위 도표에서 보듯이 건록격은 자기의 비견이면서 12운성상 건록지에 해당한다. 다만, 戊己는 12운성을 丙丁과 같이 하니 자기의 비견에 해당하는 자리와 건록지가 다르다. 자평에서 격국은 월령과 일간의 생극작용에 따라 구분한 것이니, 12운성상의 건록지가 우선이 아니라 비견에 해당하는 월령이 건록격이다. 아쉽게도 『자평진전』에는 건록격과 겁재격에서 戊己 일간이 예시되지 않고 있다.

겁재격

일간	甲	乙	丙	丁	戊	己	庚	辛	壬	癸
월지	卯	寅	午	巳	丑未午	辰戌	酉	申	子	亥
	양인		양인		양인		양인		양인	

겁재격은 자기의 겁재에 해당하는 글자가 월령이면 바로 겁재격

이다. 겁재는 음간이나 양간이나 모두 12운성상 제왕지에 해당한다.(건록격과 마찬가지로 戊己는 겁재가 제왕지에 해당하지 않는다) 그런데 같은 제왕지이지만 차이가 있으니, 음간(己 제외)의 겁재는 모두 4생(生)의 자(字)다. 즉 지장간에 다른 오행과 섞여 있고 삼합을 하면 중심인 4정(正)의 자에 해당하는 오행으로 변화한다. 그만큼 순수하지도 강력하지도 않다. 양간은, 자기의 제왕지에 해당하는 子午卯酉가 4정(正)의 자리로 12지지 중에서 지장간에 오롯이 자기의 오행만을 내장하고 있다. 즉 순일한 기운으로만 이루어졌다.

이것이 윗글에서 말한 음간의 양인이라고 했던 辰戌丑未와는 기본적으로 다른 점이다. 辰戌丑未는 잡기(雜氣)로서 그 안에는 그야말로 다른 오행들과 잡하게 섞여 있어서 순수함과는 거리가 멀다. 그러므로 음간에 있어 녹지의 1위 뒤인 관대지(冠帶地)를 양인이라고 하는 것은 오류에 불과하다. 이렇듯 양간의 겁재이면서 제왕지인 4정(正)의 자를 굳이 양인이라고 한 이유가 있다. 인(刃)은 칼날을 뜻하는 글자다. 즉 칼처럼 날카롭고 무섭다는 뜻이다. 또 양간에만 해당해서 양인(陽刃)이라고 한다. 고서에서는 양인(羊刃)이라고 표기하기도 하는데, 이는 천제(天祭)를 지낼 때 양(羊)을 희생물로 올리기 위해 예리한 칼로 양을 죽이는 것에서 인용한 것이다. 한편 양(羊)이라는 동물이 음보다는 양기가 강한 동물이라고 한다.

지지의 12자 중 4정(正)에 해당하는 子午卯酉 4자는 다시 말하지만 그야말로 순수한 오행으로만 이루어져 있고, 방위에서도 정방위(正方位)에 위치해 있다. 결국 木火金水 4행(行)의 기(氣)

가 지지에서 질(質)로 순도 높게 밀집해 있는 것이 바로 子午卯酉 4자다. 木火金水의 기(氣)인 양간 甲丙(戊)庚壬의 입장에서는 지지의 순도 높은 질(質)인 子午卯酉가 단순한 겁재 정도가 아니라 대적하기 어려운 무시무시한 존재다. 이러한 이유로 양간인 일간에게 칼날과 같은 무서운 존재라 하여 양인(陽刃)이라고 명명하는 것이다. 또 주의할 것은 양인의 자가 월지(月支)가 아니라 연일시지(年日時支)에 있어도 양인이라고 하면서 흔히 일인(日刃)이니 시인(時刃)이니 하는데 그만큼 강력하다는 뜻이다. 자평에서 말하는 양인은 격국을 말하는 것으로, 월령이 양인에 해당하는 것을 말한다. 그러나 실제로 양간의 겁재에 해당하는 천간도 양인처럼 취급해서 말할 때도 있으니, 그것 역시 그만큼 강력하다는 의미다.

戊가 丙과 같이 12운성을 같이하므로 午월에 생한 戊일간도 양인격이라고 하는데, 여기에는 정밀한 이유가 따로 있다. 午중에 丙己丁이 있고, 戊에게 己는 겁재에 해당하니 양간에게 겁재는 양인이라는 논리에 적합하다. 그런데 戊일간 입장에서 丑과 未에는 중기 정도가 아니라, 본기로 己인 겁재가 들어 있다. 그런 논리라면 오히려 丑월과 未월도 양인격이 되어야 하지만, 이는 단순히 겁재격일 뿐이다. 결국 丑과 未에도 겁재 己土가 들어 있지만, 이런 경우는 양인격이라고 하지 않고 그냥 겁재격이라고 한다. 이유인즉 丑중에는 癸辛己가 들어 있어 상황에 따라 달라지기 때문이다. 亥子丑 방합을 하면 수국(水局)이 되고 巳酉丑 삼합을 하면 금국(金局)이 되니 본기가 己土라고 하지만 己土 입장에서 설기가 심하여 土의 기운과 土로서 가지는 작용이 미흡하다. 그리고 未중에는 丁乙己가 들어있는데, 巳午未 방합을 하면 火국이 되고, 亥卯未 삼합을 하면 木국이 되어 土가 木의 극을 받는다. 그런데 午중에는 丙己丁이 들어 있고, 방합을 하든 삼합을 하든 언제나 화국(火局)이 된다. 그렇기 때문에 지장간의 己土가 늘 생조를 받게 되고 따라서 己土가 가장 왕하다. 결국 午는 지장간에 겁재인 己土를 가장 왕하고 순수하게 가지고 있고, 子午卯酉 4정(正)의 순수함과 강력함까지 갖추고 있기 때문에 戊일간에게 양인이 된다고 해야 정확한 표현이 된다.

여기서 土의 논의를 좀 더 해 보자. 12지지 중에 지장간에 土를 내포하고 있는 지지는 다음과 같다. 먼저 4생지(生地)인 寅申巳亥는 모두 여기(餘氣)로 戊土를 내장하고 있다.

	寅	申	巳	亥
여기	戊	戊	戊	戊
중기	丙	壬	庚	甲
본기	甲	庚	丙	壬

○ 寅중 戊土는 甲에게 극을 당하지만 丙火의 생을 받으니 상황에 따라 유력해질 수 있다.
○ 申중 戊土는 庚金으로 설기되고 壬水를 극하느라 힘이 소진되어 戊土로서 역량이 부족하다.(水土 동근同根으로 戊土의 근이 있다고 볼 때도 있다)
○ 巳중 戊土는 庚金으로 설기되지만 丙火가 庚金을 극하면서 戊土를 생하니 가장 유력하다.

○ 亥중 戊土는 甲에게 극을 당하고 壬水를 극하느라 극설이 심하니 가장 무력하다.

다음은 4고지(庫地)인 辰戌丑未인데 모두 본기(本氣)로 土를 내장하고 있다.

	辰	戌	丑	未
여기	乙	辛	癸	丁
중기	癸	丁	辛	乙
본기	戊	戊	己	己

○ 辰중 戊土는 乙木에게 극을 당하고 癸水를 극하느라 힘이 소진되고 있다. 거기다가 癸水와 戊土가 암합까지 하려고 하니, 소위 대목지토(帶木之土)라 하여 木을 생하게 하는 土의 역할에 충실하다.
○ 戌중 戊土는 辛金에 설기되지만 丁火가 辛金을 극하면서 戊土를 생하니 土로서 역량이 유력하다.
○ 丑중 己土는 辛金에 설기되고 癸水를 극하느라고 土로서 역량이 무력하다.
○ 未중 己土는 乙木에게 극을 당하나 丁火가 乙木을 설기하여 己土를 생조하니 土로서 역량이 유력하다.

다음으로 4왕지인 子午卯酉 중에는 유일하게 午중에만 己土가 있다.

	午	
여기	丙	중기로 있는 己土는 설기나 극을 받는 것이 하나도 없이 여기와 본기인 丙과 丁의 생조를 받아 아주 왕성하다. 즉 어느 지장간의 土보다도 가장 왕성하고 유력하다.
중기	己	
본기	丁	

이상 12지지에 내장되어 있는 土를 하나하나 비교해 보았다. 辰戌丑未가 비록 본기가 土라고 하지만, 누설됨이 없으면서 잡(雜)하지 않게 청(淸)하면서도 가장 유력한 것이 午중 己土라는 것을 알 수 있다. 이러한 이유가 5양간의 겁재를 양인으로 한다는 논의에서 丑이나 未가 아니라 午를 戊土 일간의 양인으로 하는 까닭이다.

이상 양인을 해설했듯이 격인 월령이 양인이면 그만큼 강력한 것이니 반드시 관살로 제거하는 것을 필요로 한다. 그리고 이때 원래 일간에게 무서운 존재였던 칠살마저도 양인을 제거하기 위해 쓸 정도로 강력하다. 이러한 이유로 양인격은 다음 편에 나오는 건록격이나 비겁격과 다른 점이 있다. 즉 특별한 경우를 제외하고 양인격은 월지가 양인이라는 것만 가지고도 다른 비겁이나 인성(印星)의 도움 없이, 아무리 왕한 재관(財官)이라도 능히 감당한다.

이렇듯 강력한 것이 양인이니, 양인격인 사람들은 대체로 성정이 매우 강하다. 좋게 말하면 자아와 주체성이 강하고 나쁘게 말하면 냉정하고 이기적이다. 그리고 부모궁인 월지가 겁재이면서 양인이니 대체로 부모 덕이 좋지 않은 경향이 많다. 하지만 강력한 만큼 격국이 잘 이루어지면 검찰, 경찰, 군인, 의료 등으로 출세하는 사람이 많이 나온다.

陽刃 2

陽刃用官, 透刃不慮; 陽刃露煞, 透刃無成。蓋官能制刃, 透而不爲害; 刃能合煞, 則有何功? 如丙生午月, 透壬制刃而又露丁, 丁與壬合, 則七煞有貪合忘剋之意, 如何制刃? 故無功也。

양인격에 정관을 쓰는 양인용관(陽刃用官)의 경우에는 양인(겁재)이 천간에 노출하는 것을 염려하지 않는다. 그러나 양인격에 투출한 칠살을 쓰는 양인노살(陽刃露煞)의 경우에는 양인(겁재)이 천간에 투출하면 격국이 성립되지 않는다. 무릇 정관은 양인(겁재)을 제압할 수 있으니 양인이 투출해도 해롭지 않다. 그러나 양인(겁재)은 칠살을 합거하니 어찌 공을 이루겠는가?

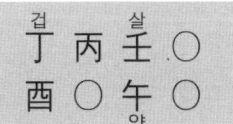

예를 들어 丙일간이 午월에 생하여 양인격일 때, 칠살 壬이 투출하여 양인을 제복하고 있는데, 또다시 겁재 丁火가 투출하면 丁과 壬이 합하여 탐합망극(貪合忘剋)(합을 탐하여 극을 잊어버림)이 된다. 그러므로 칠살로 양인을 합거하는 공이 이루어질 수 없다.

評解 천간에 투출한 겁재는 엄밀하게 말하면 양인이 아니다. 그러나 월령의 양인을 칠살이 합으로 제거하는 양인노살격(陽刃露煞格)의 경우, 천간에 겁재가 투출하면 칠살이 먼저 천간의 겁재와 합을 한다. 이는 칠살이 월령인 양인을 합으로 제거하는 역할을 망각하게 되는 것이다. 결과적으로 천간에 투출한 겁재가

마치 월령에 있는 양인 말고 별도의 양인이 천간에 더 있는 것과 같이 작용하게 된다. 그래서 천간의 겁재를 또 하나의 양인처럼 취급하여 설명하고 있다.

예를 들어 卯월생 甲일간의 칠살 庚이 겁재 乙에게 합거되어 월령의 양인 卯를 합거하지 못하고,

午월생 丙일간의 칠살 壬이 겁재 丁에게 합거되어 월령의 양인 午를 합거하지 못하고,

酉월생 庚일간의 칠살 丙이 겁재 辛에게 합거되어 월령의 양인 酉를 합거하지 못하고,

子월생 壬일간의 칠살 戊가 겁재 癸에게 합거되어 월령의 양인 子를 합거하지 못한다.

　양인격이 아닐 때는 칠살과 겁재 두 기신이 합으로 동시에 제거되니 좋은 작용을 한다. 하지만 양인격은 월령의 최강적(最强賊) 양인을 다른 강적인 칠살로 제거해야 하는 것이다. 그런데 천간의 겁재가 칠살을 먼저 합거하면, 월령의 양인은 그대로 존재하여 양인의 흉의가 여전히 남아있으니 그 자체가 파격이다.
　이런 칠살과 다르게 정관은 천간에 겁재가 투출하더라도 두려워하지 않는다. 정관은 겁재에게 칠살이 되어 겁재를 바로 극하기 때문이다.

예를 들어 卯월 甲일간의 겁재 乙을 정관 辛이 극거하면서 월령의 양인 卯도 극하고,

午월 丙일간의 겁재 丁을 정관 癸가 극거하면서 월령의 양인 午도 극하고,

酉월 庚일간의 겁재 辛을 정관 丁이 극거하면서 월령의 양인 酉도 극하고,

子월 壬일간의 겁재 癸를 정관 己가 극거하면서 월령의 양인 子도 극한다.

그래서 양인격에 정관을 쓰는 양인용관격(陽刃用官格)에는 천간의 겁재를 두려워하지 않고 성격(成格)된다.

양인격은 월령이 일간과 오행이 같아 생극(生剋)작용이 일어나지 않으므로, 월령 자체를 용신으로 취할 수 없고 다른 십신을 용신으로 취한다. 그중에서도 관살을 우선적으로 취하는데, 이상은 그 용법을 해설한 것이다. 양인격 외에 뒷 편에 나오는 건록격, 월겁격도 일간과 월령이 동일한 오행이다. 따라서 격은 그대로 월령으로 잡지만, 용신은 별도의 용신을 취한다. 그중에서도 관살이 우선 순위다.

陽刃 3

_{연동시관살제인} _{이격역유고저} _{여관살로이근심} _{기귀야대} _관
然同是官煞制刃, 而格亦有高低, 如官煞露而根深, 其貴也大; 官
_{살장이불로} _{혹로이근천} _{기귀야소} _{약기유 병자 임인 병오} _관
煞藏而不露, 或露而根淺, 其貴也小。若己酉、丙子、壬寅、丙午, 官
_{투유력} _{왕재생지} _{승상명야} _{우신축 갑오 병신 임진} _{투살근}
透有力, 旺財生之, 丞相命也。又辛丑、甲午、丙申、壬辰, 透煞根
_천 _{재인조지} _{역승상명야}
淺, 財印助之, 亦丞相命也。

그러나 똑같이 관살로 양인을 제복하는 경우에도 격국에 고저(高低)가 있으니, 관살이 투출하고 뿌리가 깊다면 귀함도 크다. 관살이 암장되고 투출하지 않거나, 투출했어도 뿌리가 얕다면 귀함이 작다.

丙	壬	丙	己
午	寅	子	酉

예를 들어 己酉, 丙子, 壬寅, 丙午로 된 명조로, 정관이 투출하고 유력하며 왕한 재(財)가 정관을 생하고 있는 어느 승상의 명조다.

壬	丙	甲	辛
辰	申	午	丑

또 辛丑, 甲午, 丙申, 壬辰으로 된 명조로, 칠살이 투출하고 뿌리가 얕은데 재(財)와 인(印)이 보호하고 있는 역시 승상의 명조다.

評解 양인격은 정관이나 칠살로 양인을 제복하는 것이 우선이다. 관살을 용신으로 삼았으니 용신의 유력함에 따라 격의 고저(高低)가 달라지는 것은 당연하다 하겠다. 그중에서도 지지에 근을 두고 천간에 투출한 것이 최상이라 할 것이다.

37 양인격을 논함

```
 재  　  재  관
丙  壬  丙  己
午  寅  子  酉
    　  양
```

원문의 위에 예시된 어느 승상(己酉생)의 명조는 양인격에 정관 己土를 쓰는 양인용관격(陽刃用官格)의 사주다. 己土가 시지(時支) 午에 녹이 있고, 寅午 화국(火局)과 2개의 재성 丙火의 생조까지 받으니 아주 왕하여 양인 子를 충분히 다스릴 수 있다. 양인 子가 상대적으로 약한데, 바로 옆에서 인성 酉가 양인을 생하면서 보호하고 있다. 양인과 일간이 왕하고 재관 또한 왕하니 대귀한 격의 사주가 되었다. 월령 子가 격인 양인격에 용신은 정관 己土고, 상신은 재성 丙火다.

```
 살  　  인  재
壬  丙  甲  辛
辰  申  午  丑
    　  양
```

원문의 아래에 예시된 어느 승상(辛丑생)의 명조는 양인격에 칠살 壬水를 쓰는 양인용살격(陽刃用煞格, 양인노살격陽刃露煞格)의 사주다. 원문에 칠살 壬水의 뿌리가 얕다고 했는데, 壬水가 직접 통근(通根)할 비겁 亥子가 없으니 그렇게 말한 것 같다. 하지만 실제로 申辰 수국(水局)과 丑중에도 癸水가 있어서 뿌리가 약하지 않다. 그리고 辛金 재성까지 투출해서 도우니 칠살이 왕하다. 일간과 양인 역시 인성 甲木이 투출하여 생하고 있으니 약하지 않다. 이 사주 역시 일간과 양인이 왕하고 재성과 칠살 또한 왕하니 대귀격의 사주다. 월령 午가 격인 양인격에 용신은 칠살 壬水고, 상신은 재성 辛金과 인성 甲木이다.

```
 식  　  재  　
壬  庚  乙  庚
午  午  酉  午
        관  양
```

"관살이 암장되고 투출하지 않으면 귀(貴)가 작다"라는 말이 다 옳지만 않다는 예시로 「평주」에서 청나라 화신(和珅)(건륭제乾隆帝의 총신寵臣이며 대탐관大貪官임)의 명조를 들고 있다. 이 명조는 화신의 명조인데, 양인격에 관살이 투출하지 않았고 정관이 지지에 암장되어 있다. 정관이 투출하지 않았으나 왕한 편이다. 재성 乙木의 생조까지 더해지면 정관이 너무 왕해질 수 있는데 乙庚합으로 묶여 정관을 생하지 못하고 있다. 거기에 식신 壬水가 투출하여 왕한 정관을 억제하고 있다. 양인격에 비록 관살이 투출하지 않고 지지에만 있지만 사주 원국이 조화를 이루었으니 신하들 중 최고의 자리에 올랐다. 또 황제와 사돈이 되었으며 재산은 측정할 수 없을 만큼 많았다고 한다. 월령 酉가 격인 양인격에 용신은 정관 午(丁)고, 상신은 식신 壬水다. 이상은

식신		재	
壬	庚	乙	庚
午	子	酉	午
		양	

「평주」에 기재되어 있는 내용이고 다른 기록에는 일주가 庚子로 나와 있다. 즉 庚午, 乙酉, 庚子, 壬午다. 이 명조는 양인격에 재성 乙木을 용신으로 하고 식신 壬水를 상신으로 하여 사주를 풀이하기도 한다. 하지만 재성을 용신으로 본다면 재성 하나를 두고 연간의 비견 庚과 쟁합(爭合)을 한다. 그리고 재성 乙木이 지지에 뿌리가 없다. 그러나 ① 乙木이 연·시지의 午에서 생지(生地)(음간 12운성)를 얻었고, ② 거기에다 만약 연간 庚과의 쟁합에서 일간이 승리한다면, 식신생재가 원활하니 대부(大富)가 될 수도 있겠다.

陽刃 4

然亦有官煞制刃帶傷食而貴者, 何也? 或是印護, 或是煞太重而裁

損之, 官煞輕(競)而取淸之. 如穆同知命, 甲午、癸酉、庚寅、戊寅,
癸水傷寅午之官, 而戊以合之, 所謂印護也. 如賈平章命, 甲寅、庚
午、戊申、甲寅, 煞兩透而根太重, 食以制之, 所謂裁損也. 如丙戌、
丁酉、庚申、壬午, 官煞競出, 而壬合丁官, 煞純而不雜. 況陽刃之
格, 利於留煞, 所謂取淸也.

그러나 또한 관살로 양인을 제복하고 있을 때, 식상이 있어도
귀하게 되는 경우가 있는데 어떤 경우인가? 그 이유는, 인성이
보호하고 있거나 칠살이 태중(太重)한 것을 식상이 극제하여
덜어내거나, 관살이 혼잡하여 투출한 것을 식상으로 하나를 제압
해서 경(輕)하게 하여 청(淸)한 것을 취하게 하기 때문이다.(원문
에도 輕으로 되어 있고 이대로 번역해도 무리는 없다. 그러나 아래
丙戌생의 명조 해석에도 競으로 표기되어 있고, 독자들의 좀 더 명확한
이해를 위하여 競 자를 괄호 안에 표기했다)

戊庚癸甲
寅寅酉午

예를 들어 목 동지(穆同知)의 명조가 그러
한데, 甲午, 癸酉, 庚寅, 戊寅으로 된 명조로
상관 癸水가 寅午의 정관을 손상하려는
것을 인성 戊土가 癸水를 합하니 소위 인성이 정관을 보호하는
것이다.

甲戊庚甲
寅申午寅

예를 들어 가 평장(賈平章)의 명조가 그러
한데 甲寅, 庚午, 戊申, 甲寅으로 된 명조로,
칠살이 2개가 투출하고 뿌리가 매우 중
(重)한 것을 식상으로 칠살을 극제하니 소위 제재(制裁)하고

덜어내는 것이다.

```
壬 庚 丁 丙
午 申 酉 戌
```

예를 들어 丙戌, 丁酉, 庚申, 壬午의 명조가 있는데, 이 사주는 관살이 혼잡하여 투출했으나 식신 壬水가 정관 丁火를 합거하니 칠살 丙이 순수하고 잡하지 않다. 더군다나 양인격은 칠살을 남기는 것이 유리하니 소위 청(淸)함을 취한 것이다.

評解 평해 양인격에 관살을 쓰는데 식상이 있으면, 식상은 관살을 극하니 원래는 파격이다. 그러나 원문에서 설명하듯이,

○ 원국에 인성이 있어서 식상을 회극하여 정관을 보호하든가,
○ 칠살이 태과한 것을 식상으로 제어하든가,
○ 관살혼잡을 식상으로 합거하거나 극거하여 해소한다면,
  병이 있고 약이 있는 것이니 오히려 좋아진다.

```
  인     상 재
戊 庚 癸 甲
寅 寅 酉 午
       양
寅午 정관 火국
```

목 동지(同知)(지부知府 보좌역. 정5품)의 사주는 양인격에 정관이 투출하지 않고 지지에서 寅午가 火로 회국하여 양인 酉를 극제하고 있다. 그런데 상관 癸水가 투출하여 寅午 화국(火局)을 방해하고 있다. 이것을 인성 戊土가 戊癸 합으로 상관 癸水를 합거하여 정관을 보호하고 있다. 이로써 양인격에 정관을 쓰는 양인용관격(陽刃用官格)이 성격되었다. 다만, 아쉬운 것은 양인격에 정관을 쓰는데 정관이 투출하지 않고 지지에 있다는 점이다. 게다가 寅이 둘이고 午와 寅이 떨어져

있어 寅午 화국(火局)이 제대로 이루어지지 않고 있다. 만약 연지의 午가 일지나 시지에 있다면, 寅午 화국(火局)이 원활히 이루어지고 사주의 격이 더 좋아졌을 것이다. 월지 酉가 격인 양인격에 정관 寅午 화국(火局)이 용신이며 상신은 인성 戊土다.

```
  살   식   살
  甲  戊  庚  甲
  寅  申  午  寅
           양
  寅午 인성 火국
```

가 평장의 명조는 戊일간이 午월에 생하여 양인격이다. 그런데 이 사주는 寅午회국(會局)하여 火 인성으로 변하니 그냥 인수격이 되어버렸다. 寅午회국의 인수격에 4지에는 戊土의 뿌리가 있어 일간이 왕하며, 칠살 甲木이 지지에 강한 뿌리를 두고 투출하니 칠살 또한 왕하다. 이것을 식신 庚金이 투출하여 칠살을 제어하고 있고 지지에서 寅申충으로 왕한 칠살의 뿌리를 흔드니 그야말로 신살(身煞)(일간과 칠살)이 균형을 이루는 신살양정(身煞兩停)의 사주가 되었다. 대귀격의 사주다. 寅午회국의 인성 火가 용신인 인수격에 상신은 칠살 甲木과 식신 庚金이다.

```
  식   관   살
  壬  庚  丁  丙
  午  申  酉  戌
           양
```

丙戌생의 명조는 양인격에 관살 丙, 丁이 혼잡하여 투출한 것을 식신 壬이 투출하여 丁壬합으로 합관(合官)하고 유살(留煞)했다. 남은 칠살 丙火가 양인 酉를 합거하니 결과적으로는 양인노살격처럼 되었다. 지지가 申酉戌 방합으로 금국(金局)이 왕하고 더불어서 식신 壬水도 강해졌으며, 강한 식신으로 병(病)인 관살 혼잡을 해소하고 있다. 비록 거리가 멀지만 午戌이 회합하여 상대적으로 약한 칠살 丙火의 뿌리가 되고 있으니 사주가 청(淸)하고 순수하다. 월지 酉가 격인 양인격에 용신은 칠살 丙火고 상신은 식신 壬水다.

```
  살    관  겁
  丙 庚 丁 辛
  子 午 酉 卯
        양
```

관살이 혼잡하여 투출하고 혼잡이 해소되지 않아도 귀(貴)하게 된 명조로 청나라 건륭황제의 사주가 「평주」에 예시되어 있다. 이 명조를 분석해 보자. 건륭(乾隆) 황제의 명조는 양인격에 정관 丁과 칠살 丙이 혼잡하게 투출하였고, 지지가 4정(正)의 자인 子午卯酉다. 이 사주는 병(病)이 중한데 이것들을 다 해결하고 있으니 대귀의 격이다.

○ 관살혼잡이 해소되지 않았으니 첫째 병이다. 양인격에 겁재 辛이 투출했으니 둘째 병이다. 양인격에 관살을 써야 하는데 관살의 뿌리가 되는 일지 午가 子午충으로 흔들리니 셋째 병이다. 그런데 이 병들이 서로의 작용으로 모두 해소가 된다.

○ 첫째 병이 되는 관살혼잡과 둘째 병인 겁재가 투출한 것이 칠살 丙과 겁재 辛이 丙辛합으로 같이 사라지니, 관살혼잡과 겁재가 투출한 것이 상쇄된다. 결과적으로 양인격에 정관(丁)을 쓰는 양인용관격처럼 되었다.

○ 丙, 丁 2개가 투출하여 관살이 왕하면서 잡(雜)한데(丙辛합으로 해소되긴 하지만), 지지에서 午가 뿌리가 되어 관살이 더 왕해지려고 한다. 이것을 子午충으로 관살의 뿌리를 약하게 만들면서, 午가 양인 酉 바로 옆에서 양인을 극하는 작용을 못하게 하고 있다. 결국 관살의 뿌리를 충한 것이 병이 아니라 오히려 약이 되었다.

○ 또 재성 卯가 정관의 뿌리인 午를 木생火로 생하려는 것을 酉가 卯를 충하여 정관이면서 관살의 뿌리인 午를 생하지 못하게 한다. 마침내 지지의 전충(全沖)이 병이 아니라 오히려 약으로

작용하고 있다. 그야말로 4주 8자 하나하나가 병이면서 약이 되는 기기묘묘한 작용을 하고 있다. 이러한 사주의 구조 덕분인지 중국 역사상 가장 위대한 황제로 칭송받고 있다. 월령 酉가 격인 양인격에 용신은 정관 丁이고 상신은 상관 子다.

陽刃 5

其於丙生午月, 內藏己土, 可以剋水, 尤宜帶財佩印。若戊生午月, 干透丙丁, 支會火局, 則化刃爲印, 或官或煞, 透則去刃存印, 其格愈淸。倘或財煞並透露, 則犯去印存煞之忌, 不作生煞制煞之例, 富貴兩空矣。

丙일간이 午월에 생하면, 午중에는 己土가 내장되어 있어 水를 극할 수 있으니 재(財, 金)나 인수(印綬, 木)가 있어야 좋다. 戊일간이 午월에 생하고 丙이나 丁이 투출하거나, 지지(地支)가 화국(火局)을 이루면, 곧 양인격이 변하여 인수격이 된 것이다. 이때 정관이나 칠살이 투출하여 양인을 제거하고 인성을 남기면 격국이 더욱 청(淸)해진다. 만약 재성과 칠살이 함께 투출하면, 재성이 인성을 제거하고 칠살만을 남겨서 꺼리는 바다. 이는 생살(生煞)이나 제살(制煞)로 볼 수 있는 예가 아니므로 부(富)와 귀(貴)가 모두 공허하다.

評解 丙일간이 午월에 생하여 水 관살로 양인을 제어하는

경우, 午중에는 己土가 내장되어 있어 水가 土극水를 받게 된다. 이때 인성인 木으로 午중 己土를 제압하든가, 재성인 金으로 土생金, 金생水로 己土를 설기해야 격이 청(淸)해진다는 것이다.

```
  살    인
  壬 丙 甲 丙
  辰 申 午 寅
          양
```

「평주」에 예시된 명조다. 양인격에 칠살 壬水가 투출했다. 申辰이 회합하고 통근하니 양인도 왕하고 칠살도 왕하다. 인성 甲木이 지지 寅에 근을 두고 투출하여 午중 상관 己土를 제압하여 칠살 壬水를 보호하면서 일간을 생하고 있다. 재(財)인 申은 지지에 있고 인성인 甲木은 천간에 있으니 서로 장애가 되지 않는다. 병형(兵刑)의 생살여탈권(生殺與奪權)을 쥐었다고 한다. 만약 寅과 申의 자리가 바뀌었다면, 양인만 왕하고 칠살은 강하지 못하니 귀격 사주가 되지 못했을 것이다. 월지 午가 격인 양인격에, 용신은 칠살 壬水고, 상신은 인성 甲木과 재성 申이다.

```
  살   식 살
  甲 戊 庚 甲
  寅 寅 午 寅
         양
  寅午 인성 火국
```

午월의 戊일간이 인수격으로 변한 것으로 「평주」에 예시된 명조다. 戊일간이 午월에 생하여 원래는 양인격이다. 칠살 甲木이 3개의 寅록(祿)에 근을 두고 투출하여 아주 왕하다. 식신 庚金이 투출했으나 식신의 뿌리가 없고 약하므로 제살을 하지 못한다. 지지에서 寅午 화국(火局)으로 인성으로 화(化)하니 살인상생의 구조가 되어 부귀하고 명리쌍전(名利雙全)했다고 한다. 午중 양인인 己土를 칠살 甲木으로 제거하고 寅午 화국(火局)의 인수만 남겨두어 국(局)이 중화(中和)를 이루었다. 재성인 水가 있었다면 인성을 극제하고 칠살을 생조하니 파격이 되었을 것이다. 하지만 이 사주는 조열(燥熱)한 것이

흠이다. 원국에 丑이나 辰이 하나라도 있었으면 하는 아쉬움이 있다. 寅午 화국(火局)이 용신인 인수격에 상신은 칠살 甲木이다.

陽刃 6
양인

갱약양인용재 격소불희 연재근심이용상식 이전인생재 수불비
更若陽刃用財, 格所不喜, 然財根深而用傷食, 以轉刃生財, 雖不比
건록월겁 가이취귀 역가취부 불연 즉인여재상박 불성국의
建祿月劫, 可以取貴, 亦可就富。不然, 則刃與財相搏, 不成局矣。

만약 양인격에 재(財)를 쓰게 되면 격국이 좋지 않다. 그러나 재가 뿌리가 깊고 식상을 쓴다면, 양인을 돌려서 재성을 생하게 하니 비록 건록월겁격에 비할 바는 아니지만 귀(貴)를 취할 수 있고, 부(富) 또한 취할 수 있다. 그렇지 않으면(식상이 없으면) 양인과 재성이 서로 싸우니 격국이 성립되지 않는다.

評解 양인은 겁재 중에서 가장 강력한 것으로 내 재물을 겁탈하는 힘이 막강하다. 반드시 관살로 제지(制止)해야만 한다. 그런데 관살이 없이 재성만 있다면 양인과 재성이 대치하는 형국이 되고 재성은 양인에게 그대로 겁탈되고 만다. 이럴 때 식상으로 양인을 설기시켜서 재성을 생하게 하면 부귀를 취할 수 있으니, 이 경우 식상은 소위 통관용신(通關用神)이 된다. 하지만 이런 경우에도 재성이 지지에 뿌리가 있어야만 양인에게서 내 재성을 지켜 내 것으로 할 수 있다.

인	재	식
辛	壬	丙 甲
亥	寅	子 申
		양

「평주」에 예시된 명조다. 일간과 양인이 강하다. 이를 제지할 관살은 없고 재성 丙이 일지(日支) 寅에 근을 두고 투출했다. 식신 甲이 寅과 亥에 근을 두고 투출하여 재성 丙을 생하니 식재(食財) 역시 왕하다. 부자 사주라고 한다. 그런데 시간(時干)에 인성 辛金이 투출해서 이 사주의 용신이면서 조후를 맞추고 있는 재성 丙火를 합거하려 하고 있다. 결국 재성 丙火는 늘 불안하다. 말년에 재산 관리를 잘 해야 할 것이다. 월지 子가 격인 양인격에 용신은 재성 丙火고 상신은 식신 甲木이다.

37-1 論陽刃取運
양인격의 취운을 논함

陽刃取運 1

陽刃用官, 則運喜助官; 然命中官星根深, 則印綬比劫之方, 反爲美運, 但不喜傷食合官耳。

양인용관격(陽刃用官格)의 경우에는 정관을 돕는 운이 좋다. 그러나 원국에 정관의 뿌리가 깊다면 인수운와 비겁운이 오히려 좋다. 단, 식상운은 정관을 합거하므로 좋지 않다.

評解 양인격은 기본적으로 일간이 왕하다. 그러니 관살로 제지하거나 식상으로 설기하는 운이 좋다. 양인격은 관살로 제지하는 게 기본 구조이니 격에 따라 정관을 쓸 때는 정관을 중심으로, 칠살을 쓸 때는 칠살을 중심으로 운을 논한다. 관살이 없이 재성을 쓰면서 식상으로 통관하고 있을 때는 식상과 재성을 중심으로 운을 논한다.

정관을 쓰는 양인용관격의 경우는 정관을 돕는 재성운과 관살운이 좋다. 다만, 관살은 천간이 아니라 지지로 와야지, 천간으로 오는 관살운은 관살혼잡이 되어 좋지 않다. 그러나 정관이 양인보다 강하다면, 오히려 일간을 돕는 비겁운과 인성운이 좋다. 식상운은 상신이 되는 정관을 합거하므로 나쁘다.

```
  재   재 관
  丙 壬 丙 己
  午 寅 子 酉
     양
  庚辛壬癸甲乙
  午未申酉戌亥
```

원문에 예시된 어느 승상의 명조다. 재가 왕하면서 정관 己土를 생하고 있다. 양인격이지만 재와 관이 더 왕하다. 그나마 己酉로 관인상생이 되면서 다시 인성이 양인과 일원(日元)을 생하니 일간이 재관(財官)을 능히 감당할 만하다. 양인용관격에 정관이 뿌리가 깊다면 인수운과 비겁운이 좋다는 설명에 부합한다. 초운 甲, 乙 식상운은 용신인 정관 己土를 합거하거나 극거하니 흉하다. 癸酉, 壬申 인비운과 辛未 관인운이 좋다. 원국이 좋고 대운이 30년 간 좋으니 대귀한 격국의 사주가 되었다.

```
  인    상 재
  戊 庚 癸 甲
  寅 寅 酉 午
     양
  寅午 정관 火국
  己戊丁丙乙甲
  卯寅丑子亥戌
```

목 동지의 사주다. 양인격에 정관 寅午 화국(火局)을 용신으로 하는데, 상관 癸水가 투출하여 파격이 되는 것을 인성 戊土가 투출하여 상관 癸를 합거하니 양인용관격 성격이다. 寅午 화국(火局)에 왕한 재성이 관을 생하고 있으니 이 사주 역시 일간보다 정관이 왕하여 인성운과 비겁운이 좋다. 초운 甲, 乙 재성운은 상신인 인성 戊土를 극하니 좋지 않다. 丙, 丁 관살운은 상관이 회극하고 인성으로 설기되니 무난하다. 子운은 정관인 午를 충하니 흉하다. 丑, 戌, 己 인성운은 길운이다.

陽刃取運 2

陽刃用煞, 煞不甚旺, 則運喜助煞; 煞若太重, 則運喜身旺印綬, 傷食亦不爲忌。

양인용살격(陽刃用煞格)의 경우, 칠살이 강하지 않다면 칠살을 돕는 운을 좋아한다. 칠살이 매우 중(重)하다면 신왕 운과 인수운이 좋다. 식상운 역시 꺼리지 않는다.

評解 양인격에 칠살을 쓰는 것이나 정관을 쓰는 것이나 기본은 비슷하다. 칠살이 약하면 칠살을 돕는 재성운이나 관살운이 좋고, 칠살이 강하다면 비겁운과 인성운이 좋다. 다만, 식상운은 정관을 쓸 때와 다르니, 정관은 언제나 보호해야 하므로 식상운을 꺼리지만, 칠살이 왕할 때는 식상으로 극제해도 무방하다.

```
  살      인  재
  壬  丙  甲  辛
  辰  申  午  丑
          양
  戊 己 庚 辛 壬 癸
  子 丑 寅 卯 辰 巳
```

본 편에서 거론된 어느 승상의 명조다. 양인격에 칠살이 투출했는데 칠살의 뿌리가 깊고 왕(旺)하다. 왕한 칠살을 인성으로 화살(化煞)하는 것이 좋다. 또 비겁으로 재성을 극제하여 칠살을 생하는 것을 막으면서 인성을 보호하는 것이 좋다. 칠살이 중(重)하면 인수운과 비겁운이 좋다는 설명에 부합한다. 초운 壬, 癸는 관살운이니 좋지 않지만, 인성 甲木이 관살을 화살하니 견딜 만하다. 寅, 卯가 인성운이라 좋은데 천간의 庚, 辛 재성이 칠살 壬水를 생하니 좋지 않을 듯하다. 다만, 庚, 辛이 절각(截脚)(지지에 근이 없음)되었고 庚, 辛이 壬水를 생해도 壬水가 월간의 甲木 인성을 생하니 무난하다. 己丑, 戊 식상운은 칠살 壬水를 극제하면서 甲木 인수에게 회극을 당하니 무난하고, 子운은 양인 午를 충하니 좋지 않다.

```
   살  식  살
   甲 戊 庚 甲
   寅 申 午 寅
        양
   寅午 인성 火국
   丙 乙 甲 癸 壬 辛
   子 亥 戌 酉 申 未
```

가 평장의 명조다. 양인격이었는데 인수격으로 화(化)하고 칠살이 왕하니 살인상생의 격이 되었다. 칠살이 왕하지만 식신 庚金으로 제살하고 지지에서 寅申으로 충하니 칠살은 완화되었고 일간이 더 왕한 편이다. 午월에 木火가 성하니 사주가 조열하기도 하다. 재성인 水로서 사주를 윤택하게 하면서 칠살을 돕는 운이 좋다. 壬申, 癸酉 식재운(食財運)이 가장 좋았다고 한다. 子운은 격용인 인수 午를 충거하니 좋은 운이 아니다.

陽刃取運 3 (양인취운)

陽刃而官煞並出, 不論去官去煞, 運喜制伏, 身旺亦利, 財地官鄉 反爲不吉也。
(양인이관살병출, 불론거관거살, 운희제복, 신왕역리, 재지관향 반위불길야)

양인격에 관살이 함께 투출한 경우, 거관(去官)이든 거살(去煞)이든 어느 하나를 제복하는 운이 좋다. 신왕 운 역시 유리하고 재운과 관살운은 도리어 불길하다.

37-1 양인격의 취운을 논함

評解 평해 관살혼잡은 어느 격에서든 혼잡을 해소하는 그 자체로 성격(成格)된다. 관살혼잡을 해소해 주는 식상운이 좋고, 관살혼잡으로 약해진 일간을 돕는 비겁운과 인성운이 좋고, 관살을 돕는 재운과 관살운은 좋지 않다.

```
    식     관  살
    壬 庚 丁 丙
    午 申 酉 戌
         양
    癸 壬 辛 庚 己 戊
    卯 寅 丑 子 亥 戌
```

본 편에 예시된 명조다. 양인격에 정관과 칠살이 같이 투출했다. 식신 壬이 투출하여 丁壬합으로 합관유살(合官留煞)하고 있다. 칠살 丙火만 남았는데 丙火가 午戌회국에 뿌리를 두어 왕하다. 대운이 칠살을 제복하는 식상 水운으로 흐르니 좋다. 식상을 돕는 비겁운 역시 좋다. 인성인 戊, 己운은 관살혼잡을 해소하는 상신인 식신 壬水를 극거하니 불길하다. 만약 식신 壬水가 투출하지 않았다면 관살을 화살하는 戊, 己 인성운에 좋았을 것이다. 亥운부터 壬, 癸운까지 길운이다.

이상 양인격을 살펴보았다. 양인은 양간(陽干)의 겁재로서 탈재(奪財)를 극심하게 하니 관살로 제압하는 것이 상책이다. 관살 없이 재만 있을 때에는 반드시 식상이 있어야 한다. 양인격 역시 흉신의 격국이므로 상신이 되는 십신을 중심으로 성격되었는가, 되지 않았는가와 운의 희기를 논한다. 다만, 다른 격국과 차이가 있다면, 양인격은 칠살을 흉하게 다루지 않고 양인을 제압하는 최고의 길신으로 본다는 점이다.

38 論建祿月劫
건록격과 월겁격을 논함

祿劫 1

建祿者, 月建逢祿堂也, 祿卽是劫。或以祿堂透出, 卽可依以爲用者非也。故建祿與月劫, 可同一格, 不必另分, 皆以透干會支, 別取財官煞食爲用。

건록(建祿)이란, 월건(月建)이 일간의 녹당(祿堂)에 해당하는 것을 만나는 것으로, 녹(祿)은 곧 비겁이다. 혹 녹당이 천간에 투출해도 그것으로 용신을 삼을 수 없다. 건록격(建祿格)과 월겁격(月劫格)은 동일한 격이 될 수 있으니 굳이 따로 구분할 필요는 없다. 둘 다 투간(透干)한 것이나 지지에서 회합(會合)한 것들 중에서 재성, 관살, 식상을 별도로 취하여 용신으로 삼는다.

評解 녹(祿)이란 12운성상 건록(建祿)을 말한다.

일간	甲	乙	丙	丁	戊	己	庚	辛	壬	癸
건록	寅	卯	巳	午	辰戌	丑未	申	酉	亥	子

○ 甲의 寅, 乙의 卯, 丙의 巳, 丁의 午, 庚의 申, 辛의 酉, 壬의 亥, 癸의 子를 말한다. 戊와 己는 丙丁과 12운성을 같이하므로

戊의 녹은 巳고 己의 녹은 午이지만, 이것을 건록격이라고 하지 않고 그냥 인수격일 뿐이다. 즉 戊는 辰戌이, 己는 丑未가 건록이다.
○ 월겁이란 일간의 겁재를 말한다. 그중 양간의 겁재는 양인격으로 따로이 분류하고, 음간의 겁재만을 월겁격이라고 한다.

일간	甲	乙	丙	丁	戊	己	庚	辛	壬	癸
월겁	-	寅	-	巳	丑未	辰戌	-	申	-	亥

즉 乙의 寅, 丁의 巳, 辛의 申, 癸의 亥다. 戊는 양간이지만 丑未 겁재가 월겁이고 午를 따로이 양인이라고 이미 해설했다. 己는 辰戌이 월겁이다.
○ 건록격이든 월겁격이든 월령의 지장간 중에서 다른 오행이 투출하거나 지지의 합으로 다른 오행으로 변하지 않았다면, 비겁이 투출을 했건 안 했건 상관없이 그냥 월지(月支)의 정기(正氣) 그대로 건록격과 월겁격으로 논한다.
○ 건록격이든 월겁격이든 일간과 월령의 오행이 동일하므로 서로 생극제화(生剋制化)가 일어나지 않는다. 그래서 격은 월지 그대로 건록격과 월겁격으로 취하지만, 용신은 별도로 찾는다.
○ 용신은 관살이 최우선이며, 다음으로 재성과 식상으로 용신을 취한다. 인성은 월령을 생하는 작용만 하므로 용신으로 취하지 않는다. 결국 일간과 월령의 오행이 같아서 서로 생극제화를 하지 않으므로 별도의 십신을 원국 내에서 찾아 용신으로 취할 뿐, 다음 편에 나올 잡격처럼 밖에서 따로이 용신을 불러오는

것은 아니다.

o 월령이 녹(祿)이면 건록(建祿)이라 하고, 일지가 녹이면 전록(專祿)이고, 시지가 녹이면 귀록(歸祿)이고, 연지가 녹이면 세록(歲祿)이라고 한다. 그냥 용어 정도만 알아두자.

祿劫 2

祿格用官, 干頭透出爲奇, 又要財印相隨, 不可孤官無輔。有用官而印護者, 如庚戌、戊子、癸酉、癸亥, 金丞相命是也。有用官而財助者, 如丁酉、丙午、丁巳、壬寅, 李知府命是也。

건록격에 정관을 쓰는 녹격용관(祿格用官)의 경우, 정관이 투출하면 뛰어난 사주가 된다. 거기에 재(財)와 인(印)이 정관을 돕는 것이 필요하고 고관무보(孤官無輔)가 되면 안 된다.

癸 癸 戊 庚
亥 酉 子 戌

정관을 쓰는데 인수가 이를 보호하고 있는 경우가 있다. 예를 들어 庚戌, 戊子, 癸酉, 癸亥의 명조인데, 이는 김 승상(金丞相)의 명조다.

壬 丁 丙 丁
寅 巳 午 酉

정관을 쓰는데 재성이 이를 돕고 있는 경우가 있다. 예를 들어 丁酉, 丙午, 丁巳, 壬寅의 명조인데, 이는 이 지부(李知府)의 명조다.

38 건록격과 월겁격을 논함

評解 건록격에서 제1 용신은 정관이다. 어느 격국에서든 정관을 쓸 때에는 재(財)와 인(印)으로 정관을 보호해야지 그렇지 않으면 고관무보가 되어 격이 낮아진다.

```
  비   관   인
  癸  癸  戊  庚
  亥  酉  子  戌
       녹
```

김 승상의 명조는 건록격에 정관 戊土가 연지 戌에 뿌리를 두고 투출했다. 戊癸합을 하지만 합화(合化)는 되지 않고, 시간(時干)의 癸水가 아니라 일간인 내가 먼저 합을 하니 더욱 좋다. 亥중에 상관 甲木이 언제든지 준동할 수 있는데, 인수인 연간의 庚金과 일지의 酉가 이를 제어하면서 정관 戊土를 보호하고 있으니 귀격 사주다. 겨울의 水일간이 木을 생하는 구조에서는 반드시 火가 있어 조후를 맞추어야 하지만, 이 사주처럼 土 관성을 쓸 때에는 조후에 크게 영향을 받지 않는다. 그리고 연지의 戌중에 丁火가 있으니 기본적인 조후는 이루어졌다. 월령 子가 격인 건록격에 용신은 정관 戊土고, 상신은 인수 庚金이다.

```
  관   겁   비
  壬  丁  丙  丁
  寅  巳  午  酉
       녹
  巳酉 재성 金국
```

이 지부(知府)(군郡의 장관)의 명조는 건록격에 정관 壬水가 투출했다. 그러나 壬水가 지지에 근이 없고 정관을 생조해 줄 재성인 酉는 연지에 있어 너무 멀다. 그것을 일지의 巳가 巳酉로 끌어와서 정관 壬水를 생조하고 있다. 이 사주 역시 丁壬합을 하지만 합화(合化)는 되지 않고, 연간의 丁火가 있으나 떨어져 있어 쟁합(爭合)이 아니고 나 일간의 차지다. 천간에 火세(勢)가 강하여 巳酉 금국(金局)이 어렵지만 壬水가 제어하여 어느 정도는 된다고 볼 수 있다. 즉 재성과 정관이 서로 보호하고 있다. 운에서 金水를 만나면 대발할 것이다. 월령 午가 격인 건록격에 용신은 정관 壬水고, 상신은 재성 酉(巳酉 금국金局)다.

祿劫 3 (녹겁)

有官而兼帶財印者, 所謂身強値三奇, 尤爲貴氣。三奇者, 財官印
也, 只要以官隔之, 使財印兩不相傷, 其格便大, 如庚午、戊子、癸
卯、丁巳, 王少師命是也。

정관이 있는데 재(財)와 인(印)이 겸하여 있으면, 소위 신강치삼기(身強値三奇)라 하여 더욱 귀한 격으로 여긴다. 삼기(三奇)란 재관인(財官印)을 말하는데, 다만 정관이 재와 인을 이격(離隔)시켜서 재(財)와 인(印)이 서로 손상하지 않아야만 격이 곧 대격(大格)이 된다.

|丁|癸|戊|庚|
|巳|卯|子|午|

예를 들어 庚午, 戊子, 癸卯, 丁巳로 된 왕소사(王少師)의 명조가 그렇다.

評解(평해) 재(財)와 인(印)은 상극하므로(財극印) 원래 재인(財印)을 같이 쓸 수 없다. 그러나 중간에 정관이 있어 이격하면, 재는 관을 생하고 관은 다시 인을 생하는 구조가 되어 상생하니 재와 인을 같이 쓸 수 있다.

신강치삼기(身强値三奇)란 일간이 강하면서 재관인(財官印)의 3길신이 다 있다는 뜻이다. 재성은 정관을 생하니 좋고, 인성은 식상에게서 정관을 보호하니 좋다. 재관인 삼기(三奇)가 있더라도 지지에 근이 있느냐 없느냐에 따라 격의 고저가 달라진다. 소위 천부지재(天覆地載)라, 천간에서는 덮어 주고 지지에서는 실어 주어야 완전한 삼기격(三奇格)이 된다.

```
  재 관 인
  丁 癸 戊 庚
  巳 卯 子 午
        녹
```

왕 소사(少師)(태자태사太子太師의 보좌역)의 명조는 건록격에 인수 庚金이 생하니 일간이 왕(旺)하다. 정관 戊土와 인수 庚金이 시지 巳에 통근하여 투출하였고, 재성 丁火 역시 연지 午에 통근하여 투출했다. 재성 丁火와 인성 庚金이 정관 戊土에 의해 이격되었고 거리가 멀어서 상극하지 않으면서, 재생관(財生官) → 관생인(官生印) → 인생신(印生身)으로 기(氣)의 유통이 원활하여 재관인(財官印) 3자가 모두 유용하게 되었으니, 신강치삼기의 전형이라 할 만하다. 월령 子가 격인 건록격에 용신은 정관 戊土고, 상신은 재성 丁火와 인성 庚金이다.

祿劫 4

祿劫用財, 須帶食傷, 蓋月令爲劫而以財作用, 二者相剋, 必以傷食化之, 始可轉劫生財, 如甲子、丙子、癸丑、(丙辰), 張都統命是也。

녹겁격(祿劫格)이 재성을 쓰는 경우에는 반드시 식상이 있어야 한다. 대개 월령이 비겁이면서 재를 용신으로 하는 경우, <월령의> 비겁과 재성이 상극하므로 반드시 식상으로 비겁을 화(化)해야 비로소 비겁을 돌려 재성을 생할 수 있다.

```
丙 癸 丙 甲
辰 丑 子 子
```

예를 들어 甲子, 丙子, 癸丑, 丙辰으로 된 장 도통(張都統)의 사주가 그렇다.(원문에 壬辰시로 나와 있다. 이는 시두법상 틀린 것으로 壬이 오려면 壬戌이나 壬子시가 되고, 辰시가 되려면 丙辰시가 되어야 한다. 「평주」의 취운 편에서도 丙辰시로 해석했고 사주의 격을 보아도 丙辰시가 맞는 것 같다)

評解 녹겁격이란 월령이 비겁인데, 비겁은 내 재(財)를 탈재(奪財)하는 것이니 관살로 극제하든가 식상으로 설기하는 것이 제일 좋은 방법이다. 그러나 원국에 관살 없이 재성만 있으면 월령이 비겁이니 탈재가 심하다. 이런 경우 반드시 식상으로 월령의 비겁을 설기하여 재성을 생조하도록 해야 한다. 이런 점은 양인격도 마찬가지다.

```
  재    재 상
丙   癸   丙 甲
辰   丑   子 子
          녹
```

장 도통의 명조는 겨울의 癸水 일간으로 사주가 전체적으로 한랭하다. 재성 丙火가 투출했으나 왕한 수기(水氣)인 비겁에 의해 탈재가 심하다. 왕한 수기(水氣)를 설(洩)하면서 재성인 火를 생조할 木이 필요하다. 언 水로는 木을 생할 수 없고, 얼어 죽은 木으로는 火를 생할 수 없다. 丙火 2개가 투출해서 왕한 수기(水氣)를 녹여서 木을 생하도록 하고, 살아난 木이 다시 火를 생하니 좋다. 지지의 丑, 辰이 얼면 木이 뿌리를 내릴 수 없는데, 녹아서 土의 역할을 할 수 있고 辰중 乙木이 甲木의 뿌리 역할을 할 수 있다. 결국 재와 식상인 木火가 서로 보호하면서 상생하는 구조가 되어 좋은 사주가 되었다.

원문의 잘못된 명조처럼 壬辰시가 되었다면, 아무리 甲木이 水를 설기하여 丙火를 보호한다 하더라도, 왕한 수기(水氣) 때문에 귀격이 되지는 못했을 것이다. 월령의 子가 격인 건록격에 용신은 丙火 재성이고 상신은 甲木 상관이다.

祿劫 5

至於化劫爲財, 與化劫爲生, 尤爲秀氣。如己未、己巳、丁未、辛丑, 丑與巳會, 卽以劫財之火爲金局之財, 安得不爲大貴? 所謂化劫爲財也。如高尙書命, 庚子、甲申、庚子、甲申, 卽以劫財之金, 化爲生財之水, 所謂化劫爲生也。

비겁이 재(財)로 변하는 화겁위재(化劫爲財)가 되거나 비겁이 식상으로 변하는 화겁위생(化劫爲生)이 되면 더욱 빼어나게 된다.

| 辛 | 丁 | 己 | 己 |
| 丑 | 未 | 巳 | 未 |

예를 들어 己未, 己巳, 丁未, 辛丑의 이 사주는 丑과 巳가 회합하여 비겁인 火가 재성인 금국(金局)을 이루니, 어찌 대귀하지 않을 수 있겠는가? 이것이 소위 화겁위재(化劫爲財)다.

예를 들어 庚子, 甲申, 庚子, 甲申으로 된 고 상서(高尙書)의 명조도 그러한데, 겁재인 金이 재성을 생하는 식상 水로 변했다. 이것이 소위 화겁위생(化劫爲生)이다.

|甲 庚 甲 庚|
|申 子 申 子|

評解 녹겁격은 월령이 비겁이니 기본적으로 귀격의 구조는 아니다. 월령이 회합을 하거나 지장간에서 다른 십신이 투출하든지 하면 녹겁격이 다른 격으로 변하게 된다. 하지만 이 경우도 무조건 좋게 변하는 것은 아니고 사주의 구조에 따라 달라진다. 가령 월령인 비겁이 식상으로 변하면 왕성한 기운을 설(洩)하여 재성을 생할 수 있으니 대체로 좋다. 그런데 원국에 이미 정관이 투출해 있다면, 도리어 상관견관(傷官見官)으로 파격이 될 수도 있다. 이러한 예외적인 경우를 제외하면 녹겁격이 다른 격으로 변하는 것은 비겁이 다른 십신으로 변한 자체만으로도 좋아진 것으로 볼 수 있다.

재		식	식
辛	丁	己	己
丑	未	巳	未
		겁	
巳丑 재성 金국			

己未생의 명조인 이 사주는 기본적으로 월겁격에 재성 辛金이 투출하였고 이를 식신 己土가 생조하고 있다. 그러던 것이 천간에 辛金이 투출한 상태에서 巳丑이 회합하여 비겁 火가 재성 금국(金局)으로 변하니 이것이 바로 화겁위재(化劫爲財)다. 월이 비겁이고 未에 근이 있으니 일간 丁火가 약하지는 않지만, 토기(土氣)가 왕하고 비겁이 회합하여 재성으로 화(化)하니 설기가 많은 편이다. 인성인 木으로 왕토(旺

土)를 소토하면서 일간을 돕는 것이 좋다.「평주」에서는 丙寅, 丁卯 인비운(印比運)에 귀하게 되었다고 하는데, 이는 다시 따져 볼 일이다.(재성이 용신이거나 상신일 때에는 재성을 바로 극상(剋傷)하는 비겁운은 좋지 않다) 취운 편에서 다시 논한다. 원래의 월겁격에서 巳丑회합과 辛金의 투출로 재격으로 변격되었다. 용신은 巳丑 금국(金局)에 기반(基盤)한 재성 辛金이고, 상신은 식신 己土다.

```
   재   재 비
  甲 庚 甲 庚
  申 子 申 子
        녹
   申子 식상 水국
```

고 상서의 명조다. 이 사주 역시 기본적으로 건록격에 재성 甲木이 투출하였고 이를 상관 子가 생하는 구조다. 그러던 것이 申 子가 회합하여 비견이 식상으로 화(化)하니 이것이 화겁위생(化劫爲生)이다. 왕성한 비겁의 금기(金氣)가 모두 申子 수국(水局)으로 설기되고, 다시 재성 甲木을 생하는 식신생재격의 귀격 사주가 되었다. 金水木의 3기(氣)로만 이루어진 청순한 격국이다. 얼핏보면 수기(水氣)가 왕하여 재성인 甲木이 수다목부(水多木浮)가 되는 것처럼 보인다. 만약 월령이 申이 아니고 子였다면 그랬을 것이다. 그러나 월령이 申이니 申子 수국(水局)은 비겁이 식상으로 화(化)하여 재성을 생하는 작용을 할 뿐 전국(全局)이 水로 변해서 木이 떠내려가지는 않는다. 계절도 초가을이라 춥지도 않으니 木에게 火가 꼭 필요하지도 않다. 그래도 재성 甲木이 지지에 근이 없는 것은 사실이니, 재성의 십신과 관련하여 부족한 면은 있을 수 있겠다. 하지만 그것 때문에 격국에 하자가 있다고 보이지는 않는다. 甲木이 수다목부가 되지 않는다는 것을 강조하기 위해서, ① 2개의 申중 지장간에 있는 戊土를 인정한다든가, ② 2개의 申子가 삼합의 남은 한 글자인 辰을 각각 허자로 불러와서 辰중 戊土로 제수(制水)하고 辰중 乙木에 뿌리를 내리고 있다든가, ③ 2개의 庚子가 납음으로 벽상토(壁上土)이니 제수(制水)를 하고 있다든가 하는, 자평의 격국론 이외의 간명법을 쓰기도 한다. 하지만 이런 간명법은 자칫 견강부회의 소지가 있다. 申子 수국(水局)이 있어 건록격에서 식상격으로 변한 것 같지만, 庚金이 투출했으니 격은 그대로 월겁격이다. 용신은 재성 甲木이고, 상신은 子를 중심으로 한 申子 식상 수국(水局)이다.

祿劫 6

祿劫用煞, 必須制伏, 如婁參政命, 丁巳、壬子、癸卯、己未, 壬合丁財以去其黨煞, 卯未會局以制伏是也。

녹겁용살격(祿劫用煞格)의 경우에는 반드시 칠살을 제복(制伏)해야 하는데,

```
己 癸 壬 丁
未 卯 子 巳
```

예를 들어 丁巳, 壬子, 癸卯, 己未로 된 누참정(婁參政)의 명조가 그렇다. 겁재 壬이 재성 丁을 합거하여 칠살을 생하지 못하도록 하면서, 지지에서 卯와 未가 木으로 회국(會局)하여 칠살을 제복하고 있음이 이것이다.

評解 녹겁격이나 양인격이나 기본적으로 같은 점은 일간과 월령이 오행이 같아서 생극제화(生剋制化)가 일어나지 않으므

로, 월령 이외의 다른 용신을 취한다는 것이다. 그러나 다른 점도 있으니 양인격은 양인이라는 자체가 극강한 흉신이므로 정관이나 칠살을 가리지 않고 양인을 처단하는 것이 최우선이다.

그런데 녹겁격은 단지 월령에서 용신을 취하지 못할 뿐, 흉포한 칠살을 써야 될 만큼 극강(極强)한 것은 아니다. 그리고 양간에게 칠살은 양간의 겁재인 양인과 합을 한다. 즉 일간인 나를 극하기 전에 겁재인 양인과 먼저 합을 하니, 그야말로 두 흉신인 칠살과 겁재가 일거에 사라져 일거양득이다. 예를 들어 卯월의 甲일간에게 칠살 庚金은 일간인 甲木을 극하기 전에 양인인 월령 卯를 합하는 것이다.(卯중 乙과 乙庚합)

그런데 양 일간과 음 일간의 비견인 건록격이나 음 일간의 겁재인 월겁격에서는 칠살이 격인 월령과 합을 하는 것이 아니고 일간인 나를 바로 극한다. 예를 들어 건록격인 寅월의 甲일간에게 칠살 庚金이나 卯월의 乙일간에게 칠살 辛金이나 월겁격인 寅월의 乙일간에게 칠살 辛金과 같은 경우다. 이런 경우 양인격의 칠살과는 다르게 칠살이 월령의 비겁을 극하는 것이 아니고 일간인 나를 바로 극하러 온다. 그러니 보통의 격에서 칠살이 있을 때의 처리법과 같이 처리하면 된다. 즉 사주 구조에 따라 식상으로 제살(制煞)하든가, 인성으로 화살(化煞)하면 된다. 그리고 상황에 따라 제살이 태과하면 칠살을 생조하는 경우도 있을 수 있다.

```
     살  겁재
  己 癸 壬 丁
  未 卯 子 巳
          녹
  卯未 식상 木국
```

누 참정의 명조는 건록격에 칠살 己土가 투출하였고 재성 丁火마저 투출하여 자칫 재생살(財生煞)의 구조가 될 뻔했다. 그런데 겁재 壬水가 투출하여 丁壬합으로 재성을 합거하니 칠살을 생하지 못한다. 그래도 칠살은 남아있는데, 지지에서 卯未가 회합하여 식상 목국(木局)으로 칠살을 극제하여 일간을 보호하고 있다. 연지의 巳는 거리가 멀고 水들에 막혀 있어 칠살 己土를 생하기는 어렵고 조후의 작용만을 하여 사주를 따뜻하게 해 주고 있으니, 木과 土가 다 쓸모 있게 되었다. 월령 子가 격인 건록격에 용신은 칠살 己土며, 상신은 卯未 식상 목국(木局)이다.

祿劫 7

至用煞而又帶財, 本爲不美, 然能去煞存財, 又成貴格。戊辰、癸亥、壬午、丙午, 合煞存財, 遠內閣命是也。

칠살을 쓰는데 또다시 재가 있으면 본래는 좋지 않다. 그러나 칠살을 제거하고 재(財)를 남긴다면 이 또한 귀격이 된다.

```
丙 壬 癸 戊
午 午 亥 辰
```

예를 들어 戊辰, 癸亥, 壬午, 丙午로 된 원내각(遠內閣)의 명조가 그러한데, 칠살을 합거하고 재성을 남겼다.

評解 녹겁격(祿劫格)에 칠살이 있으면 제거해야 한다는 것은 앞에서 설명했다. 하물며 재성까지 있으면 재생살(財生煞)이 되니 설상가상이다. 그런데 이런 경우 칠살을 제거하고 재성만 남기면 귀격이 된다는 말인데, 칠살이 투출했을 때 이를 식상이나

겁재로 합거하여 처리한다면 그 자체만 가지고도 흉한 것을 제거 했으니 그만큼 좋아지는 것은 사실이다. 그런데 그리되면 녹겁격에 재성을 쓰는 것이 되어, 재성이 월령인 비겁에게 탈재(奪財)되는 현상은 해결되지 못했다는 결점이 남아있다. 그러므로 식상으로 월령을 설기하여 재성을 생하든가, 정관이 있어 비겁을 극제하면서 재성을 보호하든가 해야 한다.

재	겁	살	
丙	壬	癸	戊
午	午	亥	辰
		녹	

원 내각(內閣)(재상宰相. 현재의 장관)의 명조는 건록격에 칠살 戊土가 투출하였고 재성 丙火마저 투출했다. 재생살(財生煞)의 구조다. 그러던 것이 겁재 癸水가 투출하여 戊癸합으로 흉신인 칠살과 겁재가 동시에 사라졌다. 원문에서는 이로써 귀격 사주가 되었다고 설명하고 있다. 그러나 그리되면 재성 丙火는 지지에 있는 2개의 午의 도움으로 왕하지만, 월령의 비견 亥 또한 왕하니 비겁과 재성이 대치하는 형국이다. 그런데 午중에는 丁火와 己土가 있으니, 결국 이 사주는 재와 관을 쓰는 구조가 된 것으로 칠살 戊土를 합거하고, 정관 己土를 남긴 합살유관(合煞留官)이 된 것이다. 이상은 「평주」에 기술된 서낙오의 설명이다.

이 해석도 일리는 있다. 그런데 굳이 월령에 있는 것도 아니고 투출한 것도 아닌데, 午중에서 己土를 꺼내서 재생관의 구조를 만들어야 하는지는 의문이고, 그리되면 午가 둘이니 己도 둘이라서 중관(重官)이라는 결함이 여전히 남아있다. 그보다는 단순하게 월령 亥중 甲木으로 재성 丙火를 생하는 식신생재의 구조로 설명하는 게 더 쉽고 깔끔하지 않을까 싶다. 월령 亥가 격인 건록격이다. 용신이 칠살 戊土고, 상신은 겁재 癸水였던 것에서

戊癸합 때문에 용신은 재성 丙火가 되고, 상신은 亥중 甲木으로 변했다.

祿劫 8

其祿劫之格, 無財官而用傷食, 洩其太過, 亦爲秀氣。唯春木秋金, 用之則貴; 蓋木逢火則明, 金生水則靈。如張狀元命, 甲子、丙寅、甲子、丙寅, 木火通明也; 又癸卯、庚申、庚子、庚辰, 金水相涵也。

녹겁격(祿劫格)에 재관(財官)이 없을 때 식상을 써서 일간의 태과함을 설기하면 이 역시 수기(秀氣)가 된다. 오직 봄의 木일간과 가을의 金일간이 식상의 설기를 쓰면 귀하게 된다. 무릇 木이 火를 만나면 통명(通明)하게 되고, 金이 水를 생하면 영묘(靈妙)해진다.

丙	甲	丙	甲
寅	子	寅	子

예를 들어 甲子, 丙寅, 甲子, 丙寅으로 된 장 장원(張狀元)의 명조가 목화통명(木火通明)이다.

庚	庚	庚	癸
辰	子	申	卯

또 癸卯, 庚申, 庚子, 庚辰으로 된 이 명조가 금수상함(金水相涵)이다.

評解 녹겁격(祿劫格)은 재관(財官)을 쓰는 것이 우선이다. 그러나 재관이 없으면 식상으로 신왕한 기운을 설(洩)해야 한다.

식상을 쓰는 사주가 재운을 만나면 식상생재(食傷生財)하여 대발(大發)하게 된다. 칠살운 역시 식상이 쓰임을 얻어 좋지만, 정관운만은 기피한다. 상관견관(傷官見官)으로 파격(破格)이기 때문이다.

식상을 쓰는 구조 중에서 봄의 木일간이 火를 쓰는 것과 가을의 金일간이 水를 쓰는 것은 동류(同類)(크게 보아 木火는 양陽, 金水는 음陰이다)의 기(氣)로 유통하는 것이 되어 다른 오행이 식상을 쓰는 것보다 훨씬 뛰어나게 된다.

식		식	비
丙	甲	丙	甲
寅	子	寅	子
		녹	

장 장원의 명조는 봄의 甲木 일간이 식신 丙火가 투출하여 목화통명(木火通明)이 되었다. 지지(地支) 子중에 癸水가 있어 식신 丙火를 손상하지 않으면서, 설기가 심한 甲木 일간을 생조하니 중화(中和)가 잘 이루어진 사주다. 월령 寅이 격인 건록격(建祿格)이라고 볼 수도 있으나, 寅에서 甲木과 丙火가 같이 투출했으니 건록격과 식신격의 겸격(兼格)이라고 볼 수도 있다. 월령 寅이 격인 건록격에, 용신은 식신 丙火고, 상신은 비겁 甲木과 인성 子다.

비	비	상	
庚	庚	庚	癸
辰	子	申	卯
		녹	
申子辰 식상 水국			

癸卯생의 명조는 가을의 金일간이 상관 癸水가 투출하고 지지에서 申子辰 수국(水局)을 이루니 금수상함격(金水相涵格)이다. 연지에 재성 卯가 있으니 건록격에 재성을 쓰는데, 식상으로 생조하는 구조이면서 월의 비겁이 회합하여 식상으로 화(化)한 화겁위생(化劫爲生)으로 보아도 좋을 듯하다. 잡격 편에서 나오겠지만, 申월의 庚金 일간이 지지에

申子辰 수국(水局)을 이루었으니 정란차격(井欄叉格)도 된다. 이 사주는 왕한 金水 기운을 재성 木으로 설(洩)해야 되는데 연지의 卯가 상대적으로 약하다. 재성인 木이 오는 乙卯, 甲寅운에 대발했다고 한다. 월령 申에서 비겁 庚金이 투출했으니 녹겁격에, 용신은 재성 卯이고 상신은 상관 癸水와 申子辰 식상 수국(水局)이다.

祿劫 9

更有祿劫而官煞競出, 必取淸方爲貴格。如一平章命, 辛丑、庚寅、甲辰、乙亥, 合煞留官也; 如辛亥、庚寅、甲申、丙寅, 制煞留官也。

녹겁격에 관살이 함께 투출한 사주는 반드시 혼잡을 제거하여 청(淸)한 것을 취해야 비로소 귀격이 될 수 있다.

| 乙 甲 庚 辛 |
| 亥 辰 寅 丑 |

예를 들어 辛丑, 庚寅, 甲辰, 乙亥로 된 어느 평장의 명조가 그러한데, 합살하고 정관을 남겼다.

| 丙 甲 庚 辛 |
| 寅 申 寅 亥 |

예를 들어 辛亥, 庚寅, 甲申, 丙寅으로 된 명조가 그러한데, 제살하고 정관을 남겼다.

評解 어느 격국을 막론하고 관살이 혼잡된 것은 모두 꺼린다. 정관이나 칠살을 가릴 것 없이 둘 중 하나만 제거되면, 혼잡이

해소된 자체만으로 성격된다. 물론 격 자체가 정관격이거나 칠살격일 때, 본격은 남기고 본격 이외는 제거하는 것이 등급이 더 높은 사주가 된다. 그러나 녹겁격에서는 정관과 칠살을 구분할 필요가 없다.

겁		살	관
乙	甲	庚	辛
亥	辰	寅	丑
		녹	

어느 평장의 명조는 건록격에 관살이 혼잡하여 투출한 것을 겁재 乙木이 乙庚합으로 칠살 庚金을 합거하고 정관 辛金만 남겨 사주가 청해졌다. 일간이 왕하고, 정관 辛金 역시 재성 辰과 丑의 생조를 받아서 강하니 귀격 사주다. 월령 寅이 격인 건록격에 용신은 정관 辛金이고, 상신은 겁재 乙木과 재성 辰, 丑이다.

식		살	관
丙	甲	庚	辛
寅	申	寅	亥
		녹	

辛亥생의 명조 역시 건록격에 관살혼잡이 되었다. 식신 丙火가 투출하여 가까이 있는 칠살 庚金을 극거하고 멀리 있는 정관 辛金을 남겨 제살유관(制煞留官)이 되었다고 원문에서 설명하고 있다. 그런데 합할 것이 있으면, 극하는 것을 잊어버린다고 하여 탐합망극(貪合忘剋)이라고 한다. 이 사주 역시 식신 丙火가 정관 辛金을 합하고 칠살 庚金을 남긴 합관유살(合官留煞)로 보아야 하지 않나 싶다.

이 사주는 일간이 왕하고 살아남은 칠살 庚金 또한 일지 申에 뿌리를 두고 지지의 申이 왕한 일간의 뿌리인 2개의 寅을 충하여 약하게 만든다. 따라서 신살(身煞)이 균형을 이루는 귀격 사주라고 할 수 있겠다. 월령의 寅이 격인 건록격에 용신은 칠살 庚金이고 상신은 식신 丙火다.

祿劫 10

^당倘^혹或^량兩^관官^경競^출出, ^역亦^수須^제制^복伏, ^소所^위謂^쟁爭^정正^관官^불不^가可^무無^상傷^야也。

만약 정관이 2개가 투출하면, 이것 또한 하나를 제복해야 한다. 이것이 소위 정관이 다툴 때 상관이 없으면 안 된다는 것이다.

評解 정관이 비록 존귀하지만 2개가 천간에 투출하면 중관이라고 하여 좋지 않게 보고 있다. 관살혼잡만큼 흉하지는 않지만 격이 탁해지기 때문이다. 이는 관성뿐만 아니고 어느 십신이라도 마찬가지다. 다만, 정관은 더욱 꺼리니 반드시 둘 중 1개가 제거되어야 한다. 정관을 제거하는 방법은 식상으로 합거나 극거하는 것이니 중관일 때에는 식상이 있어야 한다.

^관壬	丁	^관壬	^재庚
寅	卯	午	寅
		^녹	

「평주」에서 중관을 해소하지 않아도 부자가 된 사주를 예시로 들고 있다. 건록격에 정관 壬水가 2개 투출했으나 지지에 뿌리가 없다. 재관운에 엄청난 부(富)를 이루었다고 하면서, 귀(貴)하지는 못했으나 부자는 되었으니, 중관이라고 반드시 중관을 해소해야 하는 것은 아니라고 「평주」에서 설명하고 있다. 이 사주는 한 여름의 丁火 일간이 인성까지 많아서 상당히 조열하다. 이것을 정관인 壬水가 2개 투출하여 1개는 월령 午을 합거하면서 조후를 맞추고 있고, 나머지 1개 역시 조후를 하면서 나의 정관이 되고 있다. 재성 庚金이 정관 壬水를 생하고자 하나, 재관이 모두 뿌리가 없어 서로 의지하고 있지만 힘이 미약하다. 대운이 申·酉·戌, 亥·子·

丑 재관운으로 흐르니 억만금을 벌어 크게 부자가 될 수 있었을 것이다. 그러나 정관의 중탁(重濁)(중첩하여 무겁고 탁함)은 해소하지 못했으니, 귀하기는 어려운 것이고 탁부(濁富)일 뿐이다. 월령의 午가 격인 건록격에, 용신은 정관 壬水고, 상신은 재성 庚金이다.

祿劫 11

若夫用官而孤官無輔, 格局更小, 難於取貴, 若透傷食便爲破格.
然亦有官傷並透而貴者, 何也? 如己酉、乙亥、壬戌、庚子, 庚合乙
而去傷存官, 王總兵命也.

만약 정관을 쓰는데, 고관무보면 격국이 작아서 귀(貴)를 취하기 어렵다. 만약 식상이 투출하면 당연히 파격이 된다. 그러나 정관과 상관이 같이 투출해도 귀(貴)하게 되는 사주가 있으니 어떤 경우인가?

庚	壬	乙	己
子	戌	亥	酉

예를 들어 己酉, 乙亥, 壬戌, 庚子로 된 왕총병(王總兵)의 명조가 그러한데, 庚金이 상관 乙을 합거하여 정관 己土를 남겼다.

評解 어느 격에서든 정관을 쓰려면 재(財)와 인(印)으로 정관을 보호해야 한다. 즉 재성으로 생조하든가, 인성으로 식상에게서 정관을 보호해야 한다. 그렇지 않으면 고관무보라 하여 격국이

작다. 거기에 상관까지 있으면 상관견관으로 파격이다. 그러나 이럴 경우 인성이 원국에 이미 있다면 인성이 상관을 극하니 정관은 보호받게 되고, 오히려 상관이 없을 때보다 사주가 더 귀하게 될 수 있다. 병이 있는데 약으로 치료한 것이 이런 경우다.

인		상관	
庚	壬	乙	己
子	戌	亥	酉
		녹	

왕 총병(總兵)(지방 진수鎭守의 장수將帥)의 명조는 건록격에 정관 己土가 투출했는데, 상관 乙木이 투출하여 정관을 극하고 있다. 시간(時干)에 인성 庚金이 투출하여 상관 乙木을 乙庚합으로 합거하고 정관 己土를 남겨 격국이 청(淸)해졌다. 연간의 정관 己土만으로 왕성한 수기(水氣)를 제어하기 벅차고 사주가 한습(寒濕)한데, 일지의 戌이 己土의 뿌리가 되어 제방 역할을 하면서, 戌중에 丁火가 있어서 사주를 따뜻하게 하고 있으니 사주가 중화를 이루었다. 월령 亥가 격인 건록격에 용신은 정관 己土고, 상신은 인성 庚金이다.

祿劫 12

用財而不透傷食, 便難於發端, 然干頭透一位而不雜, 地支根多, 亦可取富, 但不貴耳。

재(財)를 쓰는데 식상(食傷)이 투출하지 않으면 처음에는 발달하기 어렵다. 그러나 재성이 천간에 하나만 투출해서 혼잡하지 않고 지지에 뿌리가 많다면 역시 부(富)를 취할 수 있다. 다만, 귀(貴)하게 되지 못한다.

38 건록격과 월겁격을 논함

評解 녹겁격에 재(財)를 쓰는데 식상이 없으면, 월령의 비겁이 재성을 탈재(奪財)하게 된다. 그러니 원칙적으로는 식상이 있어서 비겁과 재성을 소통해야 한다. 그런데 식상이 투출하지 않아도 재성이 지지에 뿌리가 있다면, 운의 도움으로 부자가 될 수 있다. 다만, 전제 조건은 재성이 하나만 투출하여 혼잡하지 않아서 한 곳으로 집중되어야 하고, 지지에 근이 있어 재성이 쉽게 탈재되는 현상에서 버틸 수 있어야 한다. 이런 경우 부자는 되더라도 귀하게 되지 못한다고 한 것은, 원국에 식상의 도움 없이 재성이 홀로 있다가 운의 도움으로 재성이 힘을 얻는 형국 때문이다. 즉 식상운에 생재(生財)하든가 재성운에 도움을 받든가 하면 재성은 유기(有氣)해질 수 있다. 그러나 재생관(財生官)으로 연결되기는 어려운 구조가 된다. 결국 재성의 유기함이 관(官)의 생조로 이어지지 못하니 귀하게 되기는 어렵다고 설명하고 있는 것 같다.

비	인	재
癸	癸	辛	丁
亥	亥	亥	丑
		겁	

「평주」에 예시된 명조다. 월겁격에 비겁이 왕하고 재성 丁火가 홀로 투출해 있다. 亥중에 상관 甲木이 있으나 습목(濕木)이라 丁火를 생할 수 없다. 남방 火운인 丁未, 丙午, 乙巳운에 부귀했다고 한다. 청대의 어느 관찰사의 명조라고 한다. 월령 亥가 격인 월겁격에 용신은 재성 丁火고 상신은 亥중 甲木이다. 이 사주는 외격으로 비천녹마격(飛天祿馬格)이기도 하다.

祿劫 13

用官煞重而無制伏, 運行制伏, 亦可發財, 但不可官煞太重, 致令身危也。
_{용관살중이무제복   운행제복   역가발재   단불가관살태중   치령   신위야}

관살을 쓰는데 관살이 중(重)하고 제복이 안 된 경우, 운에서 제복을 하면 역시 발재(發財)할 수 있다. 다만, 관살이 너무 중(重)하면 안 되니 신상에 위험이 이를 수 있기 때문이다.

評解 관살이 중한데 식상으로 제복하지 못하거나 인성으로 화살하지 못하면 이미 파격이다. 운에서 관살을 제복하면 그 운 동안 일시적으로 성격이 되니 발복할 수 있다. 그러나 그 운이 지나가면 다시 파격이 되어 패(敗)한다. 그나마도 원국에서 어느 정도 가능성이 있을 때의 말이지, 관살이 너무 중하면 요절하거나 신상에 장애가 있을 수 있다.

```
癸 甲 庚 辛
(인) (살) (관)
酉 申 寅 丑
         (녹)
   酉丑 金국
```

녹겁격에 관살이 혼잡하면서 중(重)한 사주를 임의로 만들어 보았다. 寅月 甲일간의 건록격인데, 관살이 酉丑 금국(金局)과 일지 申에 뿌리를 두고 투출하여 관살이 혼잡하면서 중(重)하다. 관살을 제복할 식상은 없고 시간에 투출한 인성 癸水의 화살(化煞)에 의지할 수 밖에 없다. 남자 사주로 가정할 때 己丑, 戊子 대운에 상신인 癸水가 극거나 합거되니 매우 위험하다. 그 시기만 지나가면 丁亥, 丙戌 대운에 관살혼잡을 해소해 주니 어느 정도 운신할 수 있을 것이다. 월령

38 건록격과 월겁격을 논함 605

寅이 격인 건록격에 용신은 관살 庚, 辛이고, 상신은 인성 癸水다.

38-1 論建祿月劫取運
녹겁격의 취운을 논함

祿劫取運 1

祿劫取運, 卽以祿劫所成之局, 分而配之。祿劫用官, 印護者喜財, 怕官星之逢合, 畏七煞之相乘, 傷食不能爲害, 劫比未卽爲凶。

녹겁격(祿劫格)의 운을 보는 법은 녹겁격이 이루어진 바에 따라 구분하여 맞추어 보는 것이다. 녹겁격에 정관을 쓰는 사주에서 인성으로 보호하는 경우 재성운은 좋으나 정관을 합하는 운을 두려워하며, 칠살이 혼잡하는 운을 꺼리며, 식상운은 해롭지 않고, 비겁운 역시 흉하지 않다.

評解 녹겁격은 일간과 월령의 오행이 같으므로 월령이 아닌 다른 곳에서 용신을 취(取)한다. 재관식상(財官食傷) 중에서 용신을 취했으니, 운을 볼 때도 취한 용신을 위주로 운의 희기를 보면 된다. 정관이 용신이면, 어느 격국에서든 언제나 재성과 인성의 유무를 먼저 살펴서 정관이 보호되고 있는가를 따져야 한다. 녹겁격에 정관을 용신으로 하는데 여기에 인성이 있으면 인성이 상신이다. 이리되면 인성이 식상에게서 정관을 보호하면서 다시 정관을 설기하여 일간을 생조하게 된다. 그래서 대체적으로 일간이 왕하다. 이런 경우,

○ 재성운은 정관을 생하여 정관을 왕하게 하니 좋고,
○ 칠살운은 관살혼잡이 되니 나쁘다.

 원문에 정관을 합하는 운은 나쁘다고 하면서 식상운과 비겁운은 꺼리지 않는다고 했는데, 이것은 구분해서 논해야지 그냥 문장으로만 보면 이해가 잘 되지 않을 것이다.
○ 정관을 합하는 운은 정관이 용신이니 당연히 나쁘다. 그런데 정관을 합하는 십신은 다른게 아니고, 양간(陽干)에게는 식신이고 음간(陰干)에게는 비겁이다. 예를 들어 甲일간의 정관인 辛金을 합하는 것은 식신 丙火고, 乙일간의 정관 庚金을 합하는 것은 비견 乙이다.
○ 식상운이 해롭지 않은 것은 인성이 식상을 극해 무방하다는 말이고,
○ 비겁운이 흉하지 않다는 것은 정관이 이를 극제하니 무방하다는 말인데, 이것 역시 구분해야 한다.

 위의 문장을 합해서 논해 보면,
○ 식상운은 인성이 막아 주니 기본적으로는 괜찮지만, 정관을 바로 합하는 양 일간의 식신운, 예를 들어 甲일간이 정관 辛金을 쓸 때의 식신 丙火운은 두려워하고,(하지만 상관 丁火운은 정관과 합하지 않은 상태에서 인성 壬, 癸水가 막아주니 좋은 운은 아니지만 무방하다고 할 수 있다)
○ 비겁운은 정관이 막아 주니 흉하지 않지만, 역시 정관을 합하는 음 일간의 비견운, 예를 들어 乙일간이 정관 庚金을 쓸 때의

비견 乙木운은 꺼린다.(하지만 겁재 甲木운은 약한 일간을 도와주니 좋은 운이다)

```
 비    관    인
癸 癸 戊 庚
亥 酉 子 戌
    녹
甲 癸 壬 辛 庚 己
午 巳 辰 卯 寅 丑
```

김 승상의 명조다. 건록격에 정관 戊土가 연지 戌에 근을 두고 투출했고, 인수 庚金이 투출해서 정관을 보호하고 있다. 庚金은 운이 식상으로 흐를 때 식상에게서 정관을 보호하는 역할을 할 것이다. 庚寅, 辛卯운은 천간으로는 인성이고, 지지로는 식상이니 그냥 평범하다. 壬辰운은 겁재운이니 역시 평범하다. 癸巳 이후 巳午未 남방 火운에 사주가 따뜻해지고 재(財)가 관(官)을 생하니 만년(晩年)에 뜻을 이루었다고 한다.

祿劫取運 2

재 생 희 인   의 관 성 지 식 근   외 상 식 지 상 모   봉 재 유 견 기 공   잡 살 기
財生喜印, 宜官星之植根, 畏傷食之相侮, 逢財愈見其功, 雜煞豈
능 무 애
能無礙。

<녹겁용관격(祿劫用官格)에> 재성의 생조가 있다면 인성운이 좋고, 정관이 뿌리를 내리는 운을 좋아한다. 반면, 식상이 정관을 업신여기는 운을 두려워한다. <그러니> 재성을 만나면 더욱 공(功)이 드러난다. 하지만 칠살이 혼잡되면 어찌 장애가 없겠는가?

| 평해 |
| 評解 |

녹겁격에 정관을 쓰는데 재(財)가 이를 생조하고 있다면 인성운이 좋다는 말은, 재가 정관을 생하고 있으면 정관은 왕해지고 일간은 상대적으로 약해지니 인성운이 좋다는 말이다. 정관이 용신(用神)이니 천간으로 오는 정관은 중관이 되어서 좋지 않고, 지지에서 정관의 뿌리가 되는 운은 좋다. 식상운은 인성의 보호가 없다면 정관을 손상하니 두려운 운이고, 재성운이야 정관을 생하니 당연히 좋다. 칠살운은 관살혼잡이니 좋지 않다.

```
  관  겁 비
  壬 丁 丙 丁
  寅 巳 午 酉
           녹
   巳酉 재성 金국
  庚 辛 壬 癸 甲 乙
  子 丑 寅 卯 辰 巳
```

이 지부의 명조다. 녹겁격에 정관이 투출했으나 지지에 근이 없고 재성도 너무 멀다. 巳酉로 회합하여 끌어와서 정관 壬水를 생조하고 있다. 시지(時支)에 있는 인성 寅은 일간이 왕하고 조열하니 필요 없을 듯하지만, 식상[土]에게서 정관을 보호하는 기능을 하고 있다. 일간에 비해 재관(財官)이 약하니 재관운인 辛丑, 庚子운이 가장 좋고, 己亥운도 괜찮다. 戊戌운은 상관 戊土가 정관을 바로 극하니 대흉하다.

```
    재  관  인
    丁 癸 戊 庚
    巳 卯 子 午
           녹
  甲 癸 壬 辛 庚 己
  午 巳 辰 卯 寅 丑
```

왕 소사의 명조다. 재관인(財官印) 삼기격(三奇格)의 귀격 사주다. 정관 戊土를 재(財)와 인(印)이 좌우에서 보필하고 있으니 어떤 운이 오더라도 손상되지 않을 것이다. 특히 재관운이 가장 좋고 인수운도 좋다. 식상운과 비겁운은 무난하지만 길운이라고 할 수는 없다.

祿劫取運 3

祿劫用財而帶傷食, 財食重則喜印綬, 而不忌比肩; 財食輕則宜助財, 而不喜印比。逢煞無傷, 遇官非福。

녹겁격에 재를 쓰는데 식상이 있는 경우, 재(財)와 식(食)이 중(重)하면 인수운을 좋아하고 비견운도 꺼리지 않는다. 재와 식이 경(輕)하면 마땅히 재를 돕는 운이 좋고, 인수와 비겁운을 좋아하지 않는다. 칠살을 만나도 손상됨이 없으나 정관을 만나면 복이 되지 않는다.

評解 녹겁격에 재(財)만 있으면 탈재(奪財)가 심하니 안 되고, 반드시 식상으로 생조해야 한다. 재(財)와 식(食)이 중(重)하면 일간이 약해지니 중(重)한 식상을 억제하면서 일간을 생조해 주는 인성운을 좋아하고, 비겁운은 일간을 도우니 좋다. 하지만 천간으로 오는 비겁운은 식상이 천간에 투출해 있어 비겁을 설기해 줄 때만 가능하고, 그렇지 않으면 이 역시 탈재가 되니 좋지 않다. 재(財)와 식(食)이 경(輕)하다면 일간이 강하다는 말이니 재와 식상운이 좋고, 일간을 돕는 인성운과 비겁운은 좋지 않다. 칠살운은 식상이 회극하니 무방하지만 정관운은 상관견관으로 흉하다.

38-1 녹겁격의 취운을 논함

```
  재   재 상
 丙 癸 丙 甲
 辰 丑 子 午
        녹
 壬辛庚己戊丁
 午巳辰卯寅丑
```

장 도통의 명조다. 건록격에 재(財)를 쓰는데, 식상이 투출하여 생조하고 있으나 재성 丙火와 식신 甲木이 모두 지지에 근이 없고 미약하다. 그런데 재(財)와 식(食)이 상생하면서 서로 보호하여 단점을 보완하고 있다. 그래도 일간에 비해 미약하니 식상운과 재운이 좋다. 戊寅, 己卯운이 식상의 지지이니 가장 길했고, 巳, 午 재운이 좋다. 다만, 천간으로 겁재와 인수의 운이니 반길반흉(半吉半凶)이다. 그래도 재성 丙이 2개가 투출해 있으니 비겁운이 오든가, 辛운에 丙辛합으로 재성을 합거해도 크게 흉하지는 않다. 甲寅, 乙卯, 丙辰, 丁巳 이런 식으로 운이 흘렀으면 훨씬 좋았을 것이다.

```
  재        식
 辛 丁 己 己
 丑 未 巳 未
           겁
 巳丑 재성 金국
 癸甲乙丙丁戊
 亥子丑寅卯辰
```

己未생의 명조다. 월겁격에 재(財)를 쓰는데, 巳丑이 공합(拱合)하여 금국(金局)으로 화(化)하고 있고, 식신이 투출해서 생조하고 있다. 이 사주는 장 도통의 사주하고는 다르게 식(食)과 재(財)가 모두 지지에 근이 있다. 일간 역시 근이 있어 약하지 않다. 다만, 土가 많아 설기가 많은 편이니, 인수 木으로 식신인 土를 억제하는 것이 필요하다. 일간에 비해 식재(食財)가 더 왕한 편이니 인수운과 비겁운이 좋다. 丙寅, 丁卯 20년이 가장 좋았다고 「평주」에서 설명하고 있다.

지지의 寅, 卯 인성이 식신을 억제하면서 일간을 생하고 丙, 丁이 일간을 돕는 것은 맞다. 그러나 이 사주의 용신인 재성

辛金 입장에서는 합하고 극하는 丙, 丁이 두렵다. 연월의 식신 己土가 丙, 丁을 설기한다고는 하지만, 겁재인 丙火는 재성 辛金과 바로 합하니 두렵다. 丙 대운에 좋았는지 의심스럽다. 甲, 乙운에 식신 己土를 극해서 좋지 않았고, 子와 癸운은 칠살운이라 좋지 않다고 「평주」에서 설명하고 있는데, 재성인 辛金을 생조하는 상신이 己土긴 하지만, 이 사주는 식상이 많은 게 병이라 인성으로 소토하는 게 약이다. 인수운이 좋다고 하면서 甲, 乙운이 좋지 않았다고 하는 것은 앞뒤가 맞지 않다. 용신은 손상되면 안 되지만, 상신은 사주의 구조에 따라 얼마든지 억제할 수 있다. 역해자의 견해로 丙寅, 丁卯운보다 乙, 甲운이 더 길했을 것이라 생각된다. (己土가 둘이나 투출해서 甲, 乙이 극한다고 하더라도 하나는 남아있다) 子와 癸亥 칠살운은 식신이 회극하니 오히려 좋고, 다음에 오는 壬 정관운은 정관이 식신 己土에 극제되니 흉했을 것이다.

祿劫取運 4

祿劫用煞以食制, 食重煞輕, 則運宜助煞; 食輕煞重, 則運喜助食.

녹겁격에 칠살을 쓰는데 식상이 있는 경우, 식상이 중(重)하고 칠살이 경(輕)하면 칠살을 돕는 운이 좋고, 식상이 경(輕)하고 칠살이 중(重)하다면 식상을 돕는 운이 좋다.

評解 녹겁격에서 칠살을 쓰는데 식상이 있는 경우가 있다.

이는 식상으로 제살하는 것으로, 편관격에서 식신을 쓰는 구조와 같다.

　식상이 중(重)하고 칠살이 경(輕)하면 제살태과(制煞太過)가 되므로 칠살을 돕는 재성운과 칠살을 식상에게서 보호하는 인성운이 좋다. 또 식상이 경(輕)하고 칠살이 중(重)하다면 제살(制煞)을 원활히 하기 위해 식상운과 식상을 생조하는 비겁운이 좋다.

祿劫取運 5
_{녹 겁 취 운}

若用煞而帶財, 命中合煞存財, 則傷食爲宜, 財運不忌, 透官無慮,
_{약 용 살 이 대 재　명 중 합 살 존 재　즉 상 식 위 의　재 운 불 기　투 관 무 려}

身旺亦亨。若命中合財存煞, 而用食制, 煞輕則助煞, 食輕則助食
_{신 왕 역 형　약 명 중 합 재 존 살　이 용 식 제　살 경 즉 조 살　식 경 즉 조 식}

而已。
_{이 이}

만약 칠살이 용신이고 여기에 재성까지 있어 재생살이 되고 있을 때, 원국에서 합살하고 재(財)를 남기면 식상운이 좋고 재운도 꺼리지 않는다. 정관이 투출하는 운도 염려할 것이 없고, 신왕운 역시 형통하다. 만약 명(命) 중에서 재를 합거하고 칠살을 남겼다면 식상으로 제살해야 한다. 이때 칠살이 경(輕)하다면 칠살을 돕는 운이 좋고, 식상이 경(輕)하다면 식상을 돕는 운이 좋다.

評解 녹겁격에 칠살을 쓰는데 재(財)가 있다면, 재생살(財生煞)이 되므로 원래는 꺼린다. 그러나 칠살이 제거되거나 재가

제거되면, 사주가 청(淸)해져 좋아진다.

◎ 칠살이 합거되고 재성이 남은 사주는 더는 칠살로 논하지 않고, 녹겁격에 재를 쓰는 것으로 논하니 식상으로 재(財)를 생조해 주어야 한다.
○ 그러니 재를 생하는 식상운이 좋고,
○ 이미 칠살이 사라졌으니 용신이 되는 재운 역시 좋다.
○ 정관운은 원국에 칠살이 없어졌으니 관살혼잡으로 논하지 않고 재생관이 되어 무난하다.
○ 재와 칠살이 있으면 대체적으로 일간이 약해지니 일간을 돕는 인성운과 비겁운 역시 무난하다. 하지만 항상 천간으로 오는 비겁운은 식상이 재성의 탈재(奪財)를 막아주는지 잘 살펴야 한다.

```
  재  겁  살
 丙  壬  癸  戊
 午  午  亥  辰
        녹
 己 戊 丁 丙 乙 甲
 巳 辰 卯 寅 丑 子
```

원 내각의 명조다. 건록격에 재와 칠살이 투출했는데, 칠살을 합거하고 재만 남겼으니 더는 칠살로 논하지 않고 재로 논한다. 건록격에 재를 쓸 때에는 반드시 식상으로 통관해야 탈재가 되지 않는 것인데, 월령 亥중에 甲木이 있어 식신생재를 하니 아주 좋다. 재운과 식상운이 좋으며, 재관으로 일간이 약해졌으니 인성운과 재성을 손상하지 않는 한도에서 비겁운도 좋다. 丙寅, 丁卯 식재운이 최길이고, 戊辰 칠살운은 불리하고, 己巳 정관운은 관살혼잡이 아니고 재생관이 되니 무난하다.

◎ 재성이 합거되고 칠살이 남은 사주라면 재생살(財生煞)의 구조는 사라졌지만, 칠살은 여전히 남아있으니 반드시 식상으로

제살해야 한다.
- ㅇ 칠살이 경(輕)하다면 제살태과(制煞太過)가 되므로 칠살을 돕는 재운과 지지로 오는 관살운도 좋다. 인성운도 식상에게서 칠살을 보호하니 좋을 수 있다.
- ㅇ 칠살이 중(重)하고 식상이 경(輕)하다면 제살(制煞)을 위하여 식상운과 식상을 돕는 비겁운이 좋다.

```
    살  겁  재
己 癸 壬 丁
未 卯 子 巳
       녹
卯未 식상 木국
丙 丁 戊 己 庚 辛
午 未 申 酉 戌 亥
```

누 참정의 명조다. 건록격에 재와 칠살이 같이 투출했는데, 재가 합거되고 칠살만 남았다. 지지의 卯未가 회합하여 식상 목국(木局)이 되어 칠살 己土를 제살하니 사주가 청(淸)해졌다. 이 사주는 칠살과 식상의 경중을 따지기보다 식상도 왕하고 칠살도 왕한 편이라, 일간을 돕는 신왕 운이 가장 좋다. 그중에서도 특히 왕한 식상을 제어하면서 칠살을 설기하여 일간을 생하는 인성운이 가장 좋다. 辛亥부터 戊申까지 신왕 운이니 대체로 좋지만, 酉, 申의 인성지가 가장 좋다. 다만, 천간으로 戊 정관운은 관살혼잡이라 좋지 않지만 지지의 申으로 설기되니 흉이 크지는 않았을 것이다. 이후의 丁未, 丙午 재운은 일간을 더 약하게 하면서 칠살을 도우니 좋지 않다.

녹겁취운
祿劫取運 6

록겁이용상식 재운최의 살역불기 행인비길 투관불미 약명중
祿劫而用傷食, 財運最宜, 煞亦不忌, 行印非吉, 透官不美。若命中

^{상 식 태 중} ^{즉 재 운 고 리} ^{이 인 역 불 기 의}
傷食太重, 則財運固利, 而印亦不忌矣。

녹겁격에서 식상을 쓰는 경우에는 재운이 제일 좋고, 칠살운 역시 꺼리지 않지만, 인성운은 좋지 않고 정관이 투출하는 운도 좋지 않다. 만약 명중(命中)에 식상이 매우 중(重)하다면, 재운은 당연히 유리하고 인수운 역시 꺼리지 않는다.

評解 녹겁격에 재관(財官)이 없으면 식상을 써서 설기하는 구조를 취한다. 식상은 왕성한 일간 기운을 빼내는 순작용이 있어 좋은 것이기는 하지만, 결과는 반드시 재성이 있어야 얻어진다. 그러니 식상을 쓸 때에는 재성운이 최길이다. 칠살운은 식상으로 회극할 수 있으니 꺼리지 않지만, 정관운은 식상에게 정관이 손상되니 흉하다. 인성운은 사주의 용신인 식상을 손상하므로 흉하다. 그러나 식상이 태왕하다면 일간이 약해지니 식상을 극제하면서 일간을 돕는 인성운이 좋고, 태왕한 식상 기운을 설하는 재운 역시 좋다.

```
  식    식   비
 丙 甲 丙 甲
 寅 子 寅 子
      록
 壬 辛 庚 己 戊 丁
 申 未 午 巳 辰 卯
```

장 장원의 명조다. 월령인 건록에서 甲木과 丙火가 동시에 투출했다. 식신이 아주 유정하고 유력하다. 子 인성이 지지에서 일간을 생조하고 있으니 사주가 중화를 이루고 청순한 귀격 사주다.

대운이 재(財)와 식(食)으로 흐르니 장원급제하고 계속해서 천하에 명성을 날렸다고 한다. 庚午운까지는 칠살 庚金은 식신 丙火로 회극하고 지지 역시 식상이니 계속 좋지만, 辛未운은 식신 丙火를 합거하니 운세가 막히기 시작하고, 壬申운부터는 인성운으로 식신 丙火를 극하여 목화통명의 귀기(貴氣)가 손상되니 좋지 않다. 하지만 이 사주는 식신 丙火가 2개라서 흉함이 그리 심하지는 않았을 것이다.

```
  비    비   상
 庚   庚   庚   癸
 辰   子   申   卯
              녹
  申子辰 식신 水局
  甲 乙 丙 丁 戊 己
  寅 卯 辰 巳 午 未
```

癸卯생의 명조다. 건록격인데 월지가 申子辰 식상 수국(水局)으로 화(化)하고, 癸水까지 투출했으니 식상이 태왕하다. 재성으로 식상을 설기하는 것이 좋고, 왕한 식상 때문에 약해지는 일간을 돕는 운인 인수운과 비겁운이 좋다. 金水 기운에 반(反)하는 관살운은 좋지 않다. 丙, 丁, 巳, 午의 火 관살운은 꺼린다. 辰운 이후 乙卯, 甲寅운에 대발했다고 한다.

祿劫取運 7

祿劫而官煞並出, 不論合煞留官、存官制煞, 運喜傷食, 比肩亦宜, 印綬未爲良圖, 財官亦非福運。

녹겁격에 관살이 같이 투출했다면 합살유관(合煞留官)이든 존관제살(存官制煞)이든 따지지 않고, 식상운이 좋고, 비견운 역시 좋다. 인수운은 좋은 운이 아니고, 재관운 역시 복(福) 운이 아니다.

評解 관살혼잡은 어느 격국에서든 하나를 제거하면 좋아진다.

○ 식상운은 관살을 합거나 극거하여 혼잡을 해소하니 좋다. 원국에서 혼잡이 해소되지 않았을 때에는 말할 것도 없지만, 원국에서 혼잡이 해소되었더라도 정관, 칠살을 구분하지 않고 식상운을 좋아한다. 하지만 정관이 홀로 투출해 있는 상태에서는 상관을 꺼리니 구분해야 한다.
○ 비겁운은 일간을 도우면서 역시 관살혼잡을 해소하니 좋다. 예를 들어 양간(甲)의 겁재(乙)는 칠살(庚)을 합거하고, 음간(乙)의 비견(乙)은 정관(庚)을 합거한다.
○ 인성운은 관살혼잡을 해소하는 식상을 제거하여 관살을 보호하니 흉하다.
○ 재성운은 관살을 생하니 역시 나쁘고,
○ 관살운은 혼잡이 더 심해지니 당연히 좋지 않다.

겁		살	관
乙	甲	庚	辛
亥	辰	寅	丑
		녹	
甲	乙	丙	丁 戊 己
申	酉	戌	亥 子 丑

어느 평장의 명조다. 합살유관이 되었다. 戊, 己 재성운은 관살을 도우니 좋지 않다. 丁亥, 丙戌 식상운이 최길운이다. 그 이후로 酉, 申의 관살 지가 오니 흉하다.

식		살	관
丙	甲	庚	辛
寅	申	寅	亥
녹			
甲	乙	丙	丁 戊 己
申	酉	戌	亥 子 丑

辛亥생의 명조다. 제살유관이라고 소개하고 있으나 합관유살(合官留煞)도 같이 하고 있는 모습이다. 상기 명조와 대운이 같다. 이 사주 역시 丁亥, 丙戌운이 가장 좋고 그 이후로는 별로 좋지 않다.

왕 총병의 명조다. 상관견관이 乙庚합으로 해소되어 정관이 보존되었다. 辛未, 庚午운에 천간의 인성은 식상을 제거하면서 정관을 보호하고, 지지의 재(財)는 정관을 생조하니 좋다. 전반적으로 운이 인성지와 재성지로 흐르니 정관이 보호되어 대체로 양호한 대운의 흐름이다.

```
  인        상관
 庚 壬 乙 己
 子 戌 亥 酉
        녹
 己 庚 辛 壬 癸 甲
 巳 午 未 申 酉 戌
```

 이상 건록격과 월겁격을 살펴보았다. 녹겁격은 양인격과 마찬가지로 일간과 월령의 오행이 같아 생극 작용이 일어나지 않으므로, 격은 월령 그대로 녹겁격으로 한다. 하지만 용신은 관살이나 식재(食財) 중에서 취한다.
○ 용신이 정관이 되면, 정관격과 같이 정관을 용신으로 하고 순용하는 구조의 격국에 맞는 상신을 취하여 정관을 보호하는 것에 중점을 두고 논명하면 되고,
○ 용신이 칠살이 되면, 편관격과 같이 칠살을 용신으로 하고 역용(逆用)하는 구조의 격국에 맞는 상신을 취하여 칠살을 억제하는 것에 중점을 두고 논명하면 되고,
○ 용신이 식상이 되면, 식상을 용신으로 하고 식상생재(食傷生財)나 식상제살(食傷制煞)의 구조에 맞는 상신을 취하여 논명하면 되고,
○ 용신이 재성이 되면, 재격과 같이 재성을 용신으로 하고 월령에게서 재성을 보호하기 위하여 식상을 상신으로 하여 재성을 생조해야 한다.

○ 인성은 월령의 득기(得氣)로 강해진 일간을 생하기만 하므로 용신으로 취하지 않는다.

39 論雜格
잡격을 논함

雜格 1

雜格者, 月令無用, 取外格而用之; 其格甚多, 故謂之雜。大約要干
頭無官無煞, 方成外格; 如有官煞, 則自有官煞爲用, 無勞外格矣。
若透財尚可取格, 然財根深, 或財透兩位, 則亦以財爲重, 不取外
格也。

잡격(雜格)이란 월령에 용신이 없어서 외격(外格)을 취하여 쓰는 것인데, 그 격의 종류가 아주 많으므로 잡격이라고 부른다. 크게 요약하면 천간(天干)에 관살이 없어야 비로소 잡격이 성격된다. 만약 관살이 있으면 자연히 관살을 용신으로 삼으면 되는 것이지, 굳이 힘들여서 외격을 찾을 필요가 없다. 만약 재(財)가 투출해도 격을 취할 수 있는데, 재가 뿌리가 깊거나 재가 두 곳에 투출하면, 역시 재를 귀중히 여겨서 외격을 취하지 않는다.

【評解】 『자평진전』에서는 격국과 용신을 오로지 월령에서 취한다.

일간과 월령의 오행이 같은 건록격, 월겁격, 양인격 이 세 가지만 격국과 용신이 다를 뿐 나머지 격국은 격국이 즉 용신이다.

녹겁격과 양인격의 경우, 격국은 그대로 월령으로 취하고 용신은 재관식상(財官食傷) 중 사주 내에서 별도로 취한다. 나머지 격국들은 월령에서 투출한 것이나 월령의 회합으로 변한 것 또는 월령의 본기 자체가 격국이 되면서 용신이 된다. 이것들은 결국 월령을 기준으로 한다는 대전제하에서 용신을 취하는 것으로 정격(正格)이라고 한다. 이러한 방법으로 용신을 취하지 못하는 것들을 통틀어 잡격이라고 하고 종류는 상당히 많다.

그리고 잡격으로 보이더라도 사주 내에 재와 관살이 있으면 그것을 용신으로 취하면 된다. 굳이 특별한 방법을 써 가면서 별도로 용신을 취하고, 특이한 명칭으로 부를 필요가 없다고 원문에서 말하고 있다. 원문에서 재(財)가 2개 이상 투출해야지 재를 용신으로 취한다는 말은 원국이 비겁으로만 이루어져서 전왕격(專旺格)으로 보일 때의 격국 취용법을 말하는 것 같다. 즉 재성이 하나만 있고 무기(無氣)하다면 재를 용신으로 취하기 어려우니 그냥 전왕격으로 하고, 재가 둘 이상 투출하면 재를 용신으로 취한다는 설명 같다.

雜格 2

試以諸格論之, 有取五行一方秀氣者, 取甲乙全亥卯未、寅卯辰, 又生春月之類, 本是一派劫財, 以五行各得其全體, 所以成格, 喜印露而體純。如癸亥、乙卯、乙未、壬午, 吳相公命是也。運亦喜印綬

^{비겁지향} ^{재식역길} ^{관살즉기의}
比劫之鄕, 財食亦吉, 官煞則忌矣.

여러 잡격을 살펴서 논해 보겠다. 오행 중에서 어느 일방의 수기(秀氣)만 취하는 경우가 있다. 甲乙木이 亥卯未나 寅卯辰이 온전하면서 또 봄에 태어난 경우로 본래 한 무리의 겁재인데, 사주 전체가 한가지 오행만으로 되어 격을 이루는 것이다. 인수가 투출하거나 사주의 체(體)가 순수한 것을 좋아한다.

| 壬 乙 乙 癸 |
| 午 未 卯 亥 |

예를 들어 癸亥, 乙卯, 乙未, 壬午로 된 오상공(吳相公)의 명조가 그러한데, 운 역시 인수운이나 비겁운이 좋고, 재운과 식상운도 길하다. 관살운은 꺼린다.

評解 어느 한 방향의 수기(秀氣)를 취하는 것을 설명하고 있다. 한 쪽으로 치우쳤으니 일기격(一氣格), 종왕격(從旺格), 전왕격(專旺格)이라고 부른다. 종류는 오행이니 5가지다. 즉 木의 곡직격(曲直格), 火의 염상격(炎上格), 土의 가색격(稼穡格), 金의 종혁격(從革格), 水의 윤하격(潤下格)의 5종류가 있다. 이러한 일기격의 사주는 한 쪽으로 치우침이 심한 것이니, 이를 조정하여 균형을 맞추는 보통의 정격(正格) 용법과는 다르다. 즉 재관(財官)으로 사주의 균형을 맞추는 것이 아니고, 기세(氣勢)를 그대로 따르는 방법을 취한다. 그러므로 전왕(專旺)한 오행을 중심으로 인수운과 식상운이 가장 좋고, 사주 내에 식상이 있다면 재운도 좋다. 다만, 전왕한 기운을 반(反)하는 관살운은 아주 꺼린다.

『자평진전』의 원 체계에는 잡격(雜格)의 취운(取運) 편이 없다.

다만, 서낙오는 「평주」를 통해서 본 편을 평(評)하면서 해당 명조의 취운을 논한다. 그리고 별도의 부론(附論) 편을 두었다. 본서 역시 별도의 취운 편을 두지 않고 『자평진전』의 원 체계대로 기술한다. 즉 본 편에 해당하는 이 부분에서 해당 명조의 취운까지 같이 논한다. 그리고 「평주」의 부론 편에서 필요한 부분만 참고했다.

```
  인    비    인
  壬    乙    乙    癸
  午    未    卯    亥
     식         녹
  亥卯未 비견 木局
  己 庚 辛 壬 癸 甲
  酉 戌 亥 子 丑 寅
```

오 상공의 명조는 원래 건록격인데, 용신으로 취할 재(財)와 관살(官煞)이 없다.(일지의 재성 未는 삼합으로 목국木局이 되었다) 시지(時支)에 식신이 있어 식신을 용신으로 취하여 목화통명이 될 수도 있다. 그런데 위에서 인성 壬水가 억제하니 식신으로 설기가 용이하지 않다. 지지에서 목국(木局)이 완전히 이루어지고 인수의 생조까지 있으니 곡직격인 일기격이다. 그러나 식신이 미흡하지만 설기하는 작용은 있다고 볼 수 있다.

왕한 목기(木氣)를 거스리지 않고 순(順)하는 水木火운이 좋고, 식신이 있으니 재운 역시 무난하다. 다만, 金 관살운은 크게 꺼린다. 甲寅운부터 庚戌운까지 왕목(旺木)을 거스리지 않는 무난한 운이다. 子운은 비록 木에 설기된다고 하지만, 이 사주의 숨통이라고 할 수 있는 시지 午를 충하니 좋지 않은 운이다. 辛亥, 庚戌이 비록 천간으로 관살이 들어오지만, 辛亥는 지지로 설기되고 壬, 癸 인수가 관살을 설기하니 무난하고, 庚戌운은 午戌회합까지 있어 오히려 좋다. 己酉운은 왕목의 중심인 월지 卯를 충하니 대흉하다.

```
겁 겁 인
乙 甲 乙 癸
亥 寅 卯 卯
       양
己 庚 辛 壬 癸 甲
酉 戌 亥 子 丑 寅
```

「평주」에 예시된 명조다. 이 사주는 원래 양인격이다. 그런데 양인을 극제하거나 설기할 재관이 없다. 비겁과 인성만으로 이루어졌고, 봄에 생했으니 순수한 곡직격이다. 위의 오 상공 명조보다 더 순수한 일기격(一氣格)으로 귀격의 사주다. 대운도 위의 사주와 같으니 취운 해설은 생략한다. 다만, 이 사주는 식신 午가 없으니 子운에도 탈이 없다.

```
     인   인 비
甲 丙 甲 丙
午 午 午 午
       양
庚 己 戊 丁 丙 乙
子 亥 戌 酉 申 未
```

「평주」에 예시된 명조다. 이 사주도 원래 양인격인데 재관이 없고 인수와 비겁만으로 이루어졌고, 한여름이니 순수한 염상격으로 귀격의 사주다. 申, 酉 재운은 내가 극하니 길운은 아니지만 그런대로 무난하다. 午중 己土가 통관 기능을 하는 이유도 있다. 戊戌 식신운이 가장 좋다. 己亥운도 亥중에 甲木이 있으니 무난하다. 庚子운은 왕한 火의 결정체인 午를 子가 충하니 대흉하다. 이렇듯 한 쪽으로 치우친 사주들이 귀하게 되기도 하지만 치명적인 결점도 가지고 있다.

雜格 3

유종화취격자   요화출지물   득시승령   사지국전   여정임화목
有從化取格者, 要化出之物, 得時乘令, 四支局全。如丁壬化木,

지지전해묘미 인묘진 이우생어춘월 방위대귀 부즉 해미지월
地支全亥卯未、寅卯辰, 而又生於春月, 方爲大貴。否則, 亥未之月

亦是木地, 次等之貴, 如甲戌、丁卯、壬寅、甲辰, 一品貴格命也。運
喜所化之物, 與所化之印綬, 財傷亦可, 不利官煞。

　종화격(從化格)이 있는데, 화출(化出)한 것이 반드시 득시(得時)하고 승령(乘令)해야 하고 4지지의 국(局)이 온전해야 한다. 예를 들어 丁壬합으로 木으로 되는 경우, 지지에 亥卯未나 寅卯辰이 온전하고 또 봄에 생해야 비로소 대귀(大貴)해진다. 그렇지 않고 亥未의 월이면 역시 목지(木地)이기는 하나 <득시하지 못했으니> 차등(次等) 귀격이다.

　예를 들어 甲戌, 丁卯, 壬寅, 甲辰으로 된 1품(一品) 귀격 사주인데, 운(運)은 화(化)한 오행의 운과 화(化)한 오행의 인수

甲	壬	丁	甲
辰	寅	卯	戌

운을 좋아하고, 재와 식상운도 가능하다. 관살운은 불리하다.

評解 화(化)한다는 것은 기명종격(棄命從格)하고는 다르다. 기명종격은 사주 내에서 일간을 제외한 다른 오행으로 기운이 편중되어, 일간인 나를 버리고 그것을 따른다는 것이다. 기명종살(棄命從煞)이나 기명종재(棄命從財)가 그 예다.

　합화(合化)한다는 것은 일간의 천간 합 때문에 오행이 변하는 것이다. 이에는 5가지가 있는데, 甲己합 화토격(化土格), 乙庚합 화금격(化金格), 丙辛합 화수격(化水格), 丁壬합 화목격(化木格), 戊癸합 화화격(化火格)의 5종류다. 그러나 일간이 합 때문에 다른 오행으로 변하게 되려면, 반드시 전제 조건이 있으니 변하게 될

오행이 득시해야 하고 승령해야 한다. 즉 월령을 득해야 하는 것이다. 다시 말해 丁壬화목격은 寅, 卯월에 생해야 하고, 갑기화토격은 辰, 戌, 丑, 未월에 생해야 한다. 만약 丁壬화목격이 未월에 생하면 未중에 丁火가 있어 화목(化木)이 되기 어렵다. 그러나 戊癸 화화(化火)는 戌, 未월에 생해도 化火가 될 수 있는데, 戌未가 모두 火土여서 화화(化火)가 될 수 있기 때문이다. 이상 「평주」의 설명인데 그 중에서 戌, 未월의 戊癸 化火는 이견이 있을 수 있다. 그리고 지지에 삼방(三方)이나 삼합(三合)이 온전해야 한다고 하는데, 그러면 좋지만 그렇지 않더라도 기세가 순수하게 이루어지기만 하면 된다.

　종화(從化)가 이루어지면 화(化)한 오행을 중심으로 운을 보아야 하니 화한 오행이나 화한 오행의 인수운이 좋고, 식상과 재운도 좋다. 다만, 화한 오행의 관살운은 꺼린다. 화한 것도 강약을 구별하여 약한 것은 돕고 강한 것은 설해야 좋으니, 사주 구조에 따라 운의 희기는 조금씩 다를 수 있다.

식		재	식
甲	壬	丁	甲
辰	寅	卯	戌

丁壬합 화목(化木)
寅卯辰 木국
癸 壬 辛 庚 己 戊
酉 申 未 午 巳 辰

1품 귀격의 사주다. 정임합목(丁壬合木)하고 卯월에 寅卯辰이 완전하고, 화목(化木)의 원신(原神)인 甲木까지 투출하여 완전한 화목(化木) 종화격(從化格)이다. 화(化)한 오행인 木을 중심으로 운을 논한다. 비겁인 木운과 인수인 水운이 좋고, 식상인 火운도 좋다. 화(化)한 오행인 木의 관살이 되는 金운만은 꺼린다. 대운이 巳, 午, 未의 식상으로 흐르니 좋다. 庚午의 庚이 관살이지만 절각(截脚)(지지에 근이 없음)이 되어 있고, 午戌회합하여 식상 火로 되니 무난하고, 辛未는 지지의 未가 卯未회합 목국(木局)이 되니 역시 무난하다. 壬申운은 지지가 관살이지만 천간의 壬水에게 설기되고 인수가 다시 木을 생하는 구조가 되어 역시 무난하다. 癸酉운도 壬申운과 구조는 비슷하지만, 酉운은 비록 辰酉 육합(六合)으로 조금은 면한다고 하더라도, 화목격(化木格)의 중심인 월지(月支) 卯를 충(沖)하니 좋지 않다.

雜格 4

有倒沖成格者, 以四柱無財官而對面以沖之; 要支中字多, 方沖得動。譬如以弱主邀强賓, 主不衆則賓不從。如戊午、戊午、戊午、戊午, 是沖子財也; 甲寅、庚午、丙午、甲午, 是沖子官也。運忌塡實, 餘俱可行。

도충(倒沖)으로 성격되는 경우가 있다. 사주에 재(財)와 관(官)이 없으나 충(沖)으로 맞이하는 것으로, 지지에 글자가 많아야 비로소 충으로 동(動)함을 얻을 수 있다. 비유하자면 약한 주인이 강한 손님을 맞이할 때 주인에게 무리가 많지 않으면 손님이 따르지 않는 것과 같다.

戊	戊	戊	戊
午	午	午	午

예를 들어 戊午, 戊午, 戊午, 戊午로 된 명조인데, 子 재성을 충하여 부른다.

|甲|丙|庚|甲|
|午|午|午|寅|

<또> 甲寅, 庚午, 丙午, 甲午로 된 명조인데, 子 정관을 충하여 부른다.

운에서 충하여 부른 글자가 전실(塡實)(메움, 채움)되는 것을 꺼린다. 다른 운은 무방하다.

評解 도충(倒沖)은 사주 내에 없는 글자를 반대되는 글자들이 모여서 충으로 불러온다는 이론이다. 이것의 이론적 근거는 "음이 극에 이르면 양이 생하고(음극양생陰極陽生), 양이 극에 이르면 음이 생한다(양극음생陽極陰生)"는 역(易)의 기본 논리에 근거를 두고 있다. 결국 한 쪽으로 치우칠 때 반대의 기운이 반발력으로 생기는 것이니, 반드시 같은 자가 둘 이상이 있어야 생기는 현상이다. 그러나 이미 원국에 도충으로 부르고자 하는 오행이 있다면, 도충 작용은 일어나지 않는다. 재와 관을 중요시하는 고대의 음양가들이 사주 내에 재와 관이 없을 때 이러한 도충의 원리를 이용하여 재와 관을 끌어와서 사주의 격을 갖춘 것이 도충격이라고 보면 된다. 도충격 역시 기세가 한 쪽으로 치우친 것이니 기세에 반하는 오행의 대운이 오면 아주 흉하다. 이것은 도충하여 끌어다가 쓴 자(字)가 운에서 들어오는 것과 같으니 이를 전실(塡實)이라고 한다. 전실(塡實)이란 '메울 전, 열매(내용) 실'의 자의(字義)대로 도충하여 불러들인 허자(虛字)가 운에서 채워지는 것을 말한다.

비	비	비	
戊	戊	戊	戊
午	午	午 양	午

甲 癸 壬 辛 庚 己
子 亥 戌 酉 申 未

戊午생의 명조다. 삼국지에 나오는 관운장의 사주라고 한다. 양인격에 재와 관이 없어 용신이 원국에 없다. 午를 인성으로 보면 火土로 편중된 종강격이라고 볼 수도 있겠다. 그래도 재관식(財官食)이 없으니 어차피 용신이 없다. 원문에 특별한 설명 없이 子를 도충했다는 말만 있다. 왕(旺)한 午가 재성 子를 도충하여 용신으로 삼는 것이다. 용신인 子는 도충하여 불러왔는데, 재성을 생하는 상신인 金이 없다. 庚申, 辛酉 식상 金운이 화려한 시기다. 壬戌, 癸亥가 비록 왕한 화기(火氣)에 반(反)하지만, 壬戌의 戌은 火土이니 무난하고, 癸亥 역시 戊癸합하고 亥중에 甲木이 있어 굴곡은 있겠지만 무난하다. 甲子운은 도충한 재성 子가 전실되기도 하지만, 왕한 화기(火氣) 午를 충하니 대흉하고 천간의 甲木 역시 왕한 土가 반발하니 흉하다.

중국 인명사전을 보면 관운장이 162년(壬寅년)에 출생하고 220년(庚子년)에 사망한 것으로 나와 있다. 여기서 제시된 戊午년은 178년인데, 유비 현덕이 161년(辛丑)생임을 감안할 때 162년(壬寅생)이 맞는 것 같다. 다만, 이 사주대로 간명하자면 甲子 대운(또는 癸亥 대운) 庚子년이 왕한 화기(火氣)를 충할 뿐 아니라, 도충한 재성 子가 대운과 세운에서도 전실되어 대흉한 해이니 사망한 것이 아닌가 추론해 본다.

「평주」의 설명은 도충격으로 설명하기보다 양신성상격(兩神成象格)에 종왕격으로 보고, 왕기(旺氣)를 순(順)하게 설(洩)하는 金운은 길운으로, 왕기를 역(逆)하는 水운은 흉하게 보고 있다. 결과는 같다.

甲寅생의 명조다. 이 사주 역시 원래 양인격이다. 관은 없지만 재성인 庚金은 있으니 재성을 용신으로 취할 수도 있다. 그렇게 보면 양인격에 재성을 쓰는데 식상의 생재가 없으니 파격이다. 재성 庚金이 너무 무력하니 용신으로 취할 수 없고, 午가 도충하여 정관 子를 불러와 정관을 쓰는 도충격으로 볼 수 있다. 그리되면 앞에 예시한 관운장 사주와 마찬가지로 정관 子를 생하는 재성 金운이 가장 좋다. 나머지 운은 그런대로 무난하지만, 허자가 전실되는 子운은 대흉하다.「평주」에서는 이 사주를 염상격으로 보아 왕성한 화기(火氣)를 좇아서 운을 논하고 있다. 土로 설기하는 운이 가장 좋은 것이다. 甲戌운이 가장 좋다. 子운에 흉한 것은 앞의 사주와 같다.

앞의 두 사주 중에서 戊午생인 관운장의 사주는 잡(雜)한 것이 하나도 없고 청순한 귀격의 사주다. 다만 너무 한 쪽으로 치우쳤으니, 대귀하지만 삶의 고초는 엄청났을 것이다.

雜格 5

有朝陽成格者, 戊去朝丙, 辛日得官, 以丙戊同祿於巳, 卽以引汲之意。要干頭無木火, 方成其格, 蓋有火則無待於朝, 有木財觸戊之怒, 而不爲我朝。如戊辰、辛酉、辛酉、戊子, 張知縣命是也。運喜土金水, 木運平平, 火則忌矣。

조양격(朝陽格)이 있다. 辛일간이 <戊子시에 태어나면> 戊土가 가서 태양 丙火를 알현하여 정관을 얻는다는 것으로, 丙과 戊는 巳에서 녹을 공유하고 있으니 이로써 정관을 끌어올린다는 것이다. 천간에 木火의 재관(財官)이 없어야 비로소 조양격이 성격된다. 火가 이미 있으면 태양이 뜨기를 기다릴 필요가 없고, 木 재성이 있으면 戊土를 극하여 노하게 하니 戊土가 일간인 나를 위하여 태양을 알현하지 않는다.

```
戊 辛 辛 戊
子 酉 酉 辰
```

예를 들어 戊辰, 辛酉, 辛酉, 戊子로 된 장지현(張知縣)의 명조가 그러한데, 운은 土金水운이 좋고, 木운은 평범하나 火운은 꺼린다.

評解 6辛일이 子시, 즉 戊子시에 생하면 육음조양격(六陰朝陽格)이라고 한다. 그중에서도 辛巳일과 辛未일은 제외하니 실제로 辛丑, 辛卯, 辛酉, 辛亥 4일만 해당한다. 子가 巳를 요합(遙合)하는 子巳 요합과 작용이 비슷하다. 조양격은 子가 巳를 불러오는데, 巳는 戊와 丙이 녹(祿)을 같이하므로 戊가 같은 뿌리를 쓰는 태양 丙을 맞는다는 의미에서 조양격이라 부르는 것뿐이다.(子가 巳를 불러오는 원리는 子중 癸水와 巳중 戊土가 戊癸합한다는 원리다. 뒤에 나올 자요사격子遙巳格에서 설명한다)

「평주」에서 서낙오는 조양격을 비난하면서, 나머지 음간인 乙丁己癸에는 왜 아침 해가 없냐고 하면서 조양격을 부정하고 있다. 그런데 乙은 丙子시니 시간(時干)이 이미 丙火고, 丁은 庚子시인데 일간 자체가 火고, 己는 甲子시고, 癸는 壬子시니, 시간의 甲과 壬은 불러오고자 하는 丙과 녹(祿)을 같이 하지 않는다. 오로지 辛일간만 戊子시가 되어 시간의 戊와 불러올 丙이 巳에서 녹을 같이하게 된다. 이러한 이유로 辛일간을 제외한 나머지 4음간은 조양격이 성립하지 않는다. 그러니 辛일간에만 아침 해[朝陽]가 있고 나머지 4음간에는 없다는 이유만으로 조양격 자체를 부정할 이유는 없어 보인다. 그러므로 조양격이라 함은 子가 巳를 불러오는 현상뿐 아니라, 불러온 巳에서 戊와 丙이 녹을 같이한다는 조건이 필요한 것이다. 또 사주 내에 없는 관살을 불러오고자 선택한 용법인데, 원국에 이미 관살 火가 있으면 필요 없는 것이니, 辛巳일과 辛未일은 당연히 제외된다.

　조양격은 辛일간이 원국에 없는 관살(그중에서도 정관 丙)을, 子와 戊를 통해서 불러온 巳중에서 취하고자 하는 것이다. 그러니 원국에 火 관살이 이미 있다면 허자인 火를 굳이 불러올 필요가 없다. 그리고 木이 있으면 戊가 손상되어 丙을 알현할 수 없으니 조양격이 불성립한다.

	인	비	인
	戊	辛	辛	戊
	子	酉	酉	辰
	식		녹	

丁 丙 乙 甲 癸 壬
卯 寅 丑 子 亥 戌

장 지현(知縣)(현縣의 장관長官. 현령縣 令)의 명조로(『연해자평』에도 기록되어 있다) 원래는 건록격인데, 인수와 비견으로 되어 있어 강왕하다. 그런데 건록격에 용신인 재와 관이 없다. 시지(時支)의 식신 子를 용신으로 취할 수 있는데, 간두에서 戊土가 극하고 있어 용신으로 취하기에 약하다고 볼 수도 있다. 그래도 戊土는 왕한 金으로 설기되고, 왕한 金은 다시 子 식신으로 설기되니 식신 子를 용신으로 취하여, 건록격에 식신이 용신인 정격으로 보아도 전혀 문제될 것이 없다. 土金水운이 길하고 火운을 꺼린다고 원문에 나와 있는데, 식신을 용신으로 취한 정격의 논법에서도 맞고, 土金의 강왕격(强旺格)으로 보아도 취운이 맞다. 식신을 용신으로 하는데 원국에 재가 없으면, 재운에 대발한다고 했다. 그리고 전왕격(專旺格)에서도 원국에 식신이 있으면 재운에 대발한다고 되어 있는데, 재운인 木운의 설명이 없는 점이 아쉽다.

辛酉일주가 원국에 관살 火가 없고, 戊土를 극할 木이 없으니 조양격이 된다. 조양격으로 보아도 정관 丙을 子巳 요합으로 허자로 불러오는 것이니, 戊子를 손상하지 않아야 하고 운에서 火가 전실되는 것을 꺼린다. 乙丑까지는 좋지만 丙寅, 丁卯운이 흉하다. 甲子운과 乙丑운은 비록 木이라 戊土를 극하여 흉할 듯하지만 戊가 둘이고, 지지가 水운이라 별로 문제될 것이 없다.

雜格 6
잡격

有合祿成格者, 命無官星, 借干支以合之。戊日庚申, 以庚合乙, 因其主而得其偶; 如己未、戊辰、戊辰、庚申, 蜀王命是也。癸日庚申, 以申合巳, 因其主而得其朋; 如己酉、(辛未)、癸未、庚申, 趙丞相命是也。運亦忌填實, 不利官煞, 更不宜以火剋金, 使彼受制而不能合, 餘則吉矣。

합록격(合祿格)이 있다. 명중(命中)에 관성이 없으면 간지에서 합하여 오는 것을 빌려서 쓰는 것이다. 戊일간이 庚申시에 태어나면, 庚金이 乙木을 합하여 오고, 이 때문에 일주는 정관이라는 짝을 얻는 것이다.

|庚|戊|戊|己|
|申|辰|辰|未|

예를 들어 己未, 戊辰, 戊辰, 庚申으로 된 촉왕(蜀王)의 명조다.

癸일간이 庚申시에 태어나면 申이 巳를 합하여 오고 일주는 그 때문에 巳중 戊土 정관 벗을 얻는다는 것이다.

|庚|癸|辛|己|
|申|未|未|酉|

예를 들어 己酉, 辛未, 癸未, 庚申으로 된 조 승상(趙丞相)의 명조다.(원문에는 癸未월로 되어 있는데, 월두법月頭法상 잘못되었다. 辛未월이 되든가 癸酉월이 되어야 한다. 「평주」에서 운을 논할 때 辛未월로 보았고, 癸酉월이 되면 합하여 오는 戊土를 두고 쟁합하여 합록격이 불성립하므로 辛未월로 수정했다) 운은 역시 전실되는 운을 꺼리며, 관살운도 불리하다. 火운이 와서 金을 극하는 것은 좋지 않은데, 金이 극을 받으면 巳를 합하여 올 수 없기 때문이다. 나머지 운은 길하다.

評解 합록(合祿)이란 녹을 합으로 불러온다는 말인데, 녹은 정관을 말한다. 戊일간이 庚申시가 되면, 庚金이 乙木을 합으로 불러오는데, 乙木은 戊일간의 정관이 된다. 이 역시 원국에 없는 관살을 불러오는 것이니, 당연히 원국에 관살인 木과 庚申을 극하는 火가 없어야 성격이 된다.

```
 식    비 겁
 庚 戊 戊 己
 申 辰 辰 未
    녹
 壬 癸 甲 乙 丙 丁
 戌 亥 子 丑 寅 卯
```

촉왕(蜀王)의 명조라고 한다. 戊일간이 원국에 재관(財官)이 없고 庚申시에 생했으니 합록격이 맞긴하다. 그런데 辰월의 戊일간이 식신 庚申이 있으니 건록격에 식신을 용신으로 하는 정격으로 보는 게 오히려 타당하다. 굳이 없는 허자를 불러들일 이유가 없다. 결국 戊일간이 庚申시에 생하면 식신을 기본적으로 가지고 있으니 따로이 용신을 취하는 것이 무의미하다.

 합록격으로 보면 火운과 관살인 木운이 나쁘고 나머지는 괜찮다. 정격인 건록격에 식신을 용신으로 보면, 식신 金을 중심으로 운을 보면 되니까 金水운이 가장 좋다. 특히 식신을 쓰는데 재성이 원국에 없으면 재성운에 대발하게 되니 재성 水운이 최길운이다. 土운도 金에 설기되니 무난하다. 인성인 火운은 용신인 金을 극하면서 일간을 왕(旺)하게만 하니 흉하다. 丑운부터 운신(運身)하기 시작해서 甲子, 癸亥, 壬戌 재성운에 대발했다고 한다. 특히 甲子운은 천간에서는 두 흉신인 칠살 甲木과 겁재 己土가 합거되고,(庚金으로 甲木을 극하는 식신제살도 된다) 지지에서는 申子辰 재성 수국(水局)을 이루니 아주 좋은 운이다.

```
    인    인 살
 庚 癸 辛 己
 申 未 未 酉
          살
 乙 丙 丁 戊 己 庚
 丑 寅 卯 辰 巳 午
```

조 승상의 명조다. 癸水 일간이 庚申시에 생하고 원국에 巳가 없으니 합록격이 맞긴하다. 지지의 申이 巳를 육합으로 불러와서 巳중 戊土 정관을 용신으로 한다는 말인데, 이 사주는 이미 월령 未에서 己土 칠살이 투출하여 칠살격에 인성 辛金이 지지의 申,

酉에 근을 두고 투출하니 살인상생의 귀격 사주다. 굳이 없는 허자 정관을 불러들일 이유가 없다. 만약 합록으로 巳를 불러와서 巳중 정관 戊土를 취용한다면, 칠살과 정관이 함께있는 관살혼잡의 탁한 사주가 되어 귀격의 사주와는 거리가 멀다.

지금까지는 『자평진전』과 「평주」에 나온 설명이다. 그런데 『연해자평』에는 조 승상의 사주를 다르게 표기하고 있어 소개한다. 이 사주는 관살이 투출하지 않았으니, 申이 巳를 육합으로 불러와서 巳중 戊土 정관을 용신으로 취하는 합록격의 사주가 맞을 수 있다. 이 사주 역시 癸水 일간이 未월에 생했으니 기본적으로 칠살격이다. 그런데 월령 未에서 식신 乙木이 투출하니 식신격으로 변격되든가, 식신제살격(食神制煞格)이 될 수 있다. 그러나 금기(金氣)가 강하여 변격이나 식신제살이 쉽지 않다. 庚申 인성으로 화살하고 식신으로 설기하는 구조의 사주로 보는 게 더 타당하다. 살인상생이 원활하고 식신의 설기 또한 잘 되고 있으니 귀격의 사주다. 그러니 이 명조 역시 굳이 허자로 정관을 불러올 필요가 없다. 巳, 午 재성운에 칠살을 생조하면서 인성 庚金의 뿌리를 손상하니 좋지 않다. 庚辰 인성운에 몸을 일으켜서 戊寅, 己卯 관살과 식상운에 관살혼잡이 되면서 식상제살이 되니 번잡하면서도 귀(貴)는 잃지 않을 수 있다. 丁丑운과 丙子운이 인성을 극하니 흉하지만 지지가 水운이라 이 역시 번잡하지만 대흉은 아니다. 조 승상의 사주는 『자평진전』에 연간 또는 월간이 잘못

기재되어 있고, 마침『연해자평』의 합록격 편에 출생 연도가 다른 조 승상의 명조가 있어 비교 차원에서 기술했다.

雜格 7
_{잡 격}

_{유 기 명 종 재 자   사 주 개 재 이 신 무 기   사 이 종 지   격 성 대 귀   약 투 인 즉}
有棄命從財者, 四柱皆財而身無氣, 捨而從之, 格成大貴。若透印則

_{신 뢰 인 생 이 부 종   유 관 살 즉 역 무 종 재 겸 종 살 지 리   기 격 불 성   여 경}
身賴印生而不從, 有官煞則亦無從財兼從煞之理, 其格不成. 如庚

_{신   을 유 병 신   기 축   왕 십 만 명 시 야   운 희 상 식 재 향   불 의 신 왕}
申、乙酉、丙申、(己丑), 王十萬命是也; 運喜傷食財鄕, 不宜身旺。

_{유 기 명 종 살 자   사 주 개 살   이 일 주 무 근   사 이 종 지   격 성 대 귀   약 유}
有棄命從煞者, 四柱皆煞, 而日主無根, 捨而從之, 格成大貴。若有

_{상 식   즉 살 수 제 이 부 종   유 인 즉 인 이 화 살 이 부 종   여 을 유   을 유   을}
傷食, 則煞受制而不從, 有印則印以化煞而不從. 如乙酉、乙酉、乙

_{유   갑 신   리 시 랑 명 시 야   운 희 재 관   불 의 신 왕   식 상 즉 우 기 의}
酉、甲申, 李侍郎命是也; 運喜財官, 不宜身旺, 食傷則尤忌矣。

기명종재격(棄命從財格)이 있다. 사주가 모두 재(財)로 되어 있고 일간이 무기(無氣)하면 자기를 버리고 재를 좇는 것인데, 격이 이루어지면 대귀(大貴)하게 된다. 만약 천간에 인성이 투출하면 일간이 인성의 생조에 기대어 종하지 않으려 하고, 관살이 있으면 종재(從財)와 종살(從煞)을 겸하는 이치는 없는 것이니 종재격(從財格)이 성립하지 않는다.

```
己 丙 乙 庚
丑 申 酉 申
```

예를 들어 庚申, 乙酉, 丙申, 己丑으로 된 왕 십만(王十萬)의 명조가 종재격인데, <운은> 식상운과 재운을 좋아하고 신왕운은 좋지 않다.(원문에 乙丑시로 되어 있는데 시두법時頭法상 옳지 않다. 乙未시가 되든가 己丑시가 맞다.「평주」에서 운을 논할 때 己丑시

로 보았고, 乙未시가 되면 일간에게 인성이 있고 지지에 근이 있어 종재가 되지 않으니 己丑시로 수정한다)

기명종살격(棄命從煞格)이 있다. 사주가 모두 관살로만 이루어져 있고, 일주(日主)가 뿌리가 없으므로 자기를 버리고 관살을 따르는 것인데, 격이 이루어지면 대귀하다. 만약 식상이 있으면 칠살이 극을 받아서 종살격(從煞格)이 이루어지지 않고, 인수가 있으면 인수가 칠살을 화살(化煞)하므로 종살격이 안 된다.

|甲|乙|乙|乙|
|申|酉|酉|酉|

예를 들어 乙酉, 乙酉, 乙酉, 甲申으로 된 이 시랑(李侍郞)의 명조가 종살격인데, <운은> 재관운이 좋고 신왕 운은 좋지 않고 식상운은 더욱 꺼린다.

評解 종재나 종살이나 이치는 같다. 기세(氣勢)가 한 쪽으로 치우쳐 왕하고 일간이 뿌리가 없으면, 자기를 버리고 부득이 왕세(旺勢)를 좇아가는 것이다. 비겁이나 인성이 있으면 기댈 곳이 있으니 종하지 않으려고 한다. 하지만 비겁이나 인성이 있더라도 지지에 근(根)이 없으면 종(從)하는 데 문제가 되지 않는다. 종재나 종살은 자기를 버리고 재(財)나 살(煞)을 따르는 것이니 재나 살 중심으로 운을 논한다. 그리고 살이 아니고 정관을 좇는다고 해도 종관격(從官格)이라 하지 않고 종살격(從煞格)이라고 한다. 정관도 많으면 일간을 극하는 것이 칠살과 같이 강력하기 때문이다.

그리고 종재격에 칠살이 섞여 있으면 재가 설기되어 좋은 격국은 아니다. 종재격은 재를 극하는 비겁운을 가장 꺼린다. 그러나 만약 원국에 식상이 있다면 식상이 비겁을 설기하여 생재(生財)할 수 있으니, 길운은 아니더라도 파격에까지 이르지는 않는다. 식상운과 재운이 가장 좋고, 관살운은 재성을 설기하는 면은 있지만 왕기(旺氣)를 설(洩)하니 나쁘지는 않다. 비겁운과 인수운은 전반적으로 나쁘다.

```
 상   인   재
 己   丙   乙   庚
 丑   申   酉   申
              재
 辛 庚 己 戊 丁 丙
 卯 寅 丑 子 亥 戌
```

왕 십만의 명조다. 인성인 乙木이 있으나 지지에 근이 없고, 乙庚합으로 金으로 변하니 인수가 아니다. 만약 乙庚합이 없어서 乙이 합거되지 않고 살아있다면, 丙火는 양간이라 종재를 하지 않았을 것이다.(양간종기부종세陽干從氣不從勢) 일간 역시 근이 하나도 없다. 기명종재격(棄命從財格) 성격이다. 재성 金을 거스리지 않는 土金水운이 좋다. 丙戌, 丁亥는 천간이 비겁이지만, 지지가 식(食)과 살(煞)이니 무방하다. 戊子, 己丑, 庚운까지 계속 식재(食財)로만 운이 흐른다. 庚寅, 辛卯운도 지지에 인성이 있지만 천간에서 극하니 아주 흉하지는 않다. 지지의 왕한 재성 금기(金氣)를 극상(剋傷)하는 비겁 火지가 말년까지 오지 않으니 대부(大富)의 사주다. 卯운이 재성 금국(金局)의 중심인 월지 酉를 충하니 흉하다. 하지만 간두(干頭)에서 辛金이 누르고 있고 지지에 申은 지장간에 壬水가 있고, 申중 庚金과 卯중 乙木이 乙庚 암합하여 충극을 완화하니 酉만 있을 때와 다르게 심하게 충이 일어나지 않는다.

종살격은 재운과 관살운이 가장 좋고, 인수운은 관살을 설기하여 일간을 생하니 좋지 않고, 비겁운 역시 좋을 것은 없다. 식상운은 종하는 관살을 충극하니 가장 꺼리는 운이다.

```
    겁  비 비
 甲 乙 乙 乙
 申 酉 酉 酉
    살
 己 庚 辛 壬 癸 甲
 卯 辰 巳 午 未 申
```

이 시랑의 명조다. 일간이 뿌리가 없고 천간이 온통 비겁 일색이지만 모두 근이 없다. 부득이 나를 버리고 칠살을 좇는다. 음간은 양간과 다르게 기를 좇지 않고 세를 좇으니,(음간종세무정의陰干從勢無情宜) 비겁이 중중해도 지지에 뿌리가 없으면 종한다. 양간이라면 기가 있으면 종하지 않는다.(양간종기부종세陽干從氣不從勢)

칠살인 金을 중심으로 운을 논한다. 土金水운이 좋다. 壬午, 辛巳운의 식상 巳, 午가 칠살을 극하지만, 간두에서 水가 억제하니 극이 심하지는 않다. 다만, 천간은 인수이니 화살하여 일간을 생하려 하고, 지지는 식상이니 제살하려고 하니 상당히 번난한 운으로 보인다. 庚辰운은 상당히 좋다. 己卯의 卯운이 칠살 왕金을 충하니 흉하다.

종재와 종살 이외에 식상을 따르는 종아격(從兒格)과, 인성이 왕하여 인성을 따르는 종강격(從强格)이 있는데 원리는 다 똑같다.

雜格 8
_{잡 격}

_{유 정 란 성 격 자   경 금 생 삼 칠 월   방 용 차 격   이 신 자 진 충 인 오 술   재}
有井欄成格者, 庚金生三七月, 方用此格。以申子辰沖寅午戌, 財
_{관 인 수   합 이 충 지   약 투 병 정   유 사 오   이 현 유 재 관   이 무 대 어 충}
官印綬, 合而沖之。若透丙丁, 有巳午, 以現有財官, 而無待於沖,
_{내 비 정 란 지 격 의   여 무 자 경 신 경 신 경 진   곽 통 제 명 야   운 희 재}
乃非井欄之格矣。如戊子、庚申、庚申、庚辰, 郭統制命也。運喜財,
_{불 리 전 실   여 역 길 야}
不利塡實, 餘亦吉也。

정란차격(井欄叉格)이 있다. 庚金 일간이 3월(辰월), 7월(申월)에 생하면 정란차격이 된다. 申子辰이 寅午戌을 충하여 오니, 재관인(財官印)을 삼합으로 충하여 오는 것이다. 만약 丙, 丁이 투출했거나 巳, 午가 있으면 재관이 나타나 있는 것으로, 충을 기다릴 필요가 없으니 정란차격이 아니다.

庚	庚	庚	戊
辰	申	申	子

예를 들어 戊子, 庚申, 庚申, 庚辰으로 된 곽 통제(郭統制)의 명조가 정란차격인데, 재운을 좋아하고 전실이 되는 운은 불리하다. 나머지 운은 길하다.

評解 다음은 『연해자평』에 실린 정란차격의 설명이다. "이 격은 庚申, 庚子, 庚辰의 3처(處)를 말한다. 사주 중에 申子辰 3위(位)(3字)는 온전해야 하지만, 반드시 庚 자 3개가 다 필요한 것은 아니다. 만약 3庚이 있으면 더욱 절묘하다. 庚일간이 申년에 태어나고 월과 시에 戊子나 戊辰이 있어도 무방하다. 다만, 지지에 申子辰을 전부 얻어야 한다. 정란(井欄)은 '우물 정(井) 자에

난간 란(欄) 자'다. 우물 안에 물이 쌓이는 것과 같으니 정란격이라고 한다. 이 격이 되면 의(義)를 숭상하고 지모(智謀)가 많다. 게다가 인격 또한 단아하고 장엄하며 용모도 수려하나, 음락(淫樂)을 즐긴다."

申子辰이 온전하면 반대되는 寅午戌을 충으로 불러와 허자로 재관인을 모두 얻는다는 이론인데, 이것 역시 도충격과 마찬가지로 음극양생(陰極陽生), 양극음생(陽極陰生) 원리에 근거하고 있다. 원국에 없는 관살을 허자로 불러오는 것이니, 관살인 丙, 丁, 巳, 午가 이미 원국에 있다면 이 격은 성립하지 않는다.

```
    비    비   인
    庚    庚   庚   戊
    辰    申   申   子
          녹
    丙 乙 甲 癸 壬 辛
    寅 丑 子 亥 戌 酉
```

곽 통제(統制)(군 사령관)의 명조다. 庚申 일주가 申子辰이 온전하니 정란차격이다. 허자로 火 관살을 불러와서 용신으로 삼는 것이니 운에서 관살이 전실되면 안 된다. 다행히 이 사주는 말년까지 火운이 오지 않는다.

그런데 이 사주는 굳이 외격으로 볼 필요가 없다. 기본적으로 건록격인데 월령이 申子辰 수국(水局)을 이루니 식상으로 변하여 금수상관격(金水傷官格)에 소위 화겁위생격(化劫爲生格)이다. 연간에 戊土가 있어 수국(水局)을 방해하는 듯하지만 금기(金氣)가 워낙 강해서 戊土는 金으로 설기되고 金은 다시 水로 설기되니 화겁위생 성격이다. 원국에 식상만 있고 재성이 없으니 木 재운이 가장 좋고 다음으로 水 식상운이 좋다. 金 비겁운은 식상에 설기되니 무난하다. 식상을 극하는 土 인성운은 좋지 않고, 火 관살운은 왕한 식상 기운을 거스리니 가장 좋지 않다. 이것은 정란차격으로 놓고 볼 때 火 관살이 전실되는 운이 나쁜 것과 같은 결과다. 결국 굳이 정관을 용신으로 삼고자 정란차격이라는 외격을 사용할 필요는 없고, 원국에 있는 격과 용신을 사용해도 사주가 깔끔하게 풀이된다. 왕성한 金일간이 水로 설수(洩秀)하니 수기(秀氣)가 얼마나 빼어나고 사람됨이 얼마나 총명하겠는가!!

```
   비   비  인
   庚   庚  庚  戊
   辰   申  申  申
        록
   丙 乙 甲 癸 壬 辛
   寅 丑 子 亥 戌 酉
```

곽 통제의 사주가 『연해자평』에서는 다음과 같이 연지가 子에서 申으로 바뀌어 있다. 정란차격의 원리에는 『자평진전』에 실린 것이 申子辰이 온전하니 더 적합하다. 이 사주는 전왕격(專旺格)이고 土金水의 운이 좋다고 보면 되겠다. 앞 사주보다 답답한 면이 있고 격도 떨어진다.

잡 격
雜格 9

유형합성격자   계일갑인시   인형사이득재관   격여합록상사   단
有刑合成格者, 癸日甲寅時, 寅刑巳而得財官, 格與合祿相似, 但
합록즉희이합지   이형합즉경이치지야   명유경신   즉목피충극이
合祿則喜以合之, 而刑合則硬以致之也。命有庚申, 則木被沖剋而
불능형; 유무기자   즉현투관살이무대어형   비차격의   여을미
不能刑; 有戊己字, 則現透官煞而無待於刑, 非此格矣。如乙未、
계미   계묘 갑인   십이절도사명시야   운기전실   불리금향   여
(癸未)、癸卯、甲寅, 十二節度使命是也。運忌塡實, 不利金鄕, 餘
즉길의
則吉矣。

형합격(刑合格)이 있다. 癸일간이 甲寅시에 나면 寅이 巳를 형(刑)하여 와서 재와 관을(巳중 정관 戊와 재성 丙) 얻는 것이다.

격이 합록격(合祿格)과 비슷하지만, 합록격은 기쁘게 합하여 오는 것이고, 형합격은 형으로 강제로 오도록 하는 것이 다르다. 명중(命中)에 庚申이 있으면, 木이 충극을 당하여 형을 할 수가 없고, 戊·己土가 있으면 이미 관살이 투출해 있어 형을 기다릴 필요가 없다. 그런 경우는 형합격이 아니다.

|甲|癸|癸|乙|
|寅|卯|未|未|

예를 들어 乙未, 癸未, 癸卯, 甲寅으로 된 12절도사(節度使)의 명조가 형합격인데, 전실되는 운을 꺼리고 金운이 불리하다. 나머지 운은 길하다.(원문에 癸卯월로 되어 있으나 월두법상 옳지 않다. 己卯월이나 癸未월이 맞다. 己卯월이 되면 칠살 己土가 이미 투출했으니 형합격이 성립되지 않는다. 그래서 癸未월로 수정한다)

評解 6癸일이 甲寅시에 생하면 형합격에 해당한다고 하는데,「평주」는 癸亥, 癸卯, 癸酉의 세 일주(日柱)로 한정짓고 있다. 형합격 역시 원국에 없는 관살을 허자로 끌어오기 위한 임시 방편일 뿐이다. 그 방법으로 형합이라는 방법을 쓰는 것이다. 寅이 巳를 형(刑)으로 동(動)하게 하여 巳를 불러와서 巳중 戊土 정관을 용신으로 쓴다는 논리이니, 원국에 이미 戊, 己 관살이 있거나 형(刑)을 해야 할 甲寅을 손상하는 庚申이 있다면 당연히 형합격은 불성립한다.

『연해자평』에서는 癸巳일에 태어난 사람이 甲寅시가 되면 참된 형합격이 된다고 나와 있다. 허자로 불러들일 巳가 이미 있는데 참된 형합격이라고 하니, 허자로 부를 필요가 없이 이미 형합이 이루어져서 그렇게 말했는지는 모르겠다. 하지만 외격의 기본 논리인 원국에 없는 재관을 충이나 형이나 합으로 끌어온다는 기본 논리와 맞지 않으니 받아들이기 어렵다. 즉 癸일이 甲寅시에 생했어도 원국에 이미 巳가 있으면 그냥 재관을 용신으로 취하면 되지 굳이 허자를 부르는 형합격으로 논할 필요가 없다. 또 음수 (陰水, 癸水)가 寅시를 만나면 격이 정(正)하고 청(淸)하다고 쓰여 있는데, 그것은 水木상관으로 설수하는 것이니 어느 정도 일리 있다고 보인다.

상	비	식	
甲	癸	癸	乙
寅	卯	未	未

丁 戊 己 庚 辛 壬
丑 寅 卯 辰 巳 午

12절도사(節度使)(국경 지방의 장관)의 명조다. 癸卯 일주가 未월이라 칠살격이었지만 未중에서 乙木이 투출하고 卯未가 회합하니 칠살을 쓸 수가 없다. 원국에 관살도 없고, 庚申도 없고 巳도 없으니 형합격 성격이다. 그런데 그냥 쉽게 보아도 癸水 일간이 근(根)도 없고 사주가 온통 식상 木으로만 되어 있으니 종아격(從兒格)이다. 굳이 형합격으로 정관을 불러들일 이유 없이 식상격(食傷格)으로 논한다. 식상운과 재운이 가장 좋다. 대운이 火木으로 흐르니 아주 좋다. 辛운은 절각(截脚)에, 지지가 火니 아무 문제가 없고, 다만 庚辰운은 비록 乙木이 庚金을 합으로 묶지만 번거로움은 많았을 것이다. 그 이후의 己卯, 戊寅은 식상의 지(地)로 흐르니 좋다. 다만, 戊운은 식상 위주의 종아격에 정관이 투출하니 상관견관의 폐해는 겪여야 할 것이다. 이는 형합격에서 전실되는 운을 꺼리는 것과 동일한 결과다.(巳중 戊토를 쓰는 것이니까

戊운이 전실되는 것과 같은 작용이다)

앞의 사주가 『연해자평』에서는 일지가 卯에서 亥로 바뀌어 있다.

```
 상    비    식
甲 癸 癸 乙
寅 亥 未 未
丁 戊 己 庚 辛 壬
丑 寅 卯 辰 巳 午
```

이 사주는 일지에 근이 있어 종아격이 성격되는지는 실제 이 사람의 운로와 맞춰보아야 할 듯하다. 寅亥가 합하고 亥未에 乙木까지 투출했으니 종아격 성격은 될 듯하지만, 실제 간명에서 보면 미약한 근에 의지하면서 인수운이 오기를 기다는 경우도 종종 있기 때문이다. 종아격 성격이 된다면 위의 사주와 비슷한 인생을 살았을 것이다. 아니라면 대운에 인수운이 없으니 너무 힘들다. (庚辰, 辛巳 인성운이 있지만, 대운의 흐름이 火木이다)

雜格 10

有遙合成格者, 巳與丑會, 本同一局, 丑多則會巳而辛丑得官, 亦合祿之意也。如辛丑、辛丑、辛丑、庚寅, 章統制命是也。若命中有子字, 則丑與子合而不遙; 有丙丁戊己, 則辛癸之官煞已透, 而無待於遙, 另有取用, 非此格矣。至於甲子遙巳, 轉輾求合, 似覺無情, 此格可廢。因羅御史命, 聊復存之。爲甲申、甲戌、甲子、甲子, 羅御史命是也。

요합격(遙合格)이 있다. 巳와 丑이 회합하면 본래는 같은 국(局)이다. 丑이 많아서 巳를 회합하여 오면 辛丑 일주가 정관을 얻게 되는데, 역시 합록과 같은 뜻이다.

```
庚 辛 辛 辛
寅 丑 丑 丑
```

예를 들어 辛丑, 辛丑, 辛丑, 庚寅으로 된 장 통제(章統制)의 명조가 그러한데, 만약 명중(命中)에 子가 있으면 子와 丑이 합을 하여 巳를 요합(遙合)할 수 없다. 丙, 丁이나 戊, 己가 있으면 辛·癸일간에게 관살이 이미 투출해 있는 것으로, 요합을 기다릴 필요 없이 별도의 용신을 취하니, 이러면 요합격(遙合格)이 아니다.

甲子 일주가 巳를 요합하는 것은 이리 구르고 저리 돌리며 합을 구하는 것으로 축요사격(丑遙巳格)과 비슷한 것 같지만 무정(無情)하니 이런 자요사격(子遙巳格)은 폐기해야 한다.

```
甲 甲 甲 甲
子 子 戌 申
```

다만 나 어사(羅御史)의 명조 때문에 자요사격을 잠시 존치시킨다. 나 어사의 명조는 甲申, 甲戌, 甲子, 甲子로 되어 있다.

> **評解** 축요사격(丑遙巳格)은 辛丑일과 癸丑일 2일만 해당된다. 주(柱) 중에 丑이 많으면, 丑중 辛癸가 巳중 丙戊를 요합해와 정관이 생긴다는 이론이다. 원국에 申이나 酉가 있으면 巳를 주중으로 합하여 오니 좋다. 子가 있다면 丑이 子丑합으로 묶여 巳를 불러올 수가 없다. 또한 巳가 있으면 당연히 축요사격은 성립하지 않는다. 그리고 辛일간인데 丙, 丁이 있거나, 癸일간인데

戊, 己가 있다면, 원국에 이미 관살이 있으니 외격인 축요사격을 적용할 이유가 없다.

```
  겁    비  비
 庚 辛 辛 辛
 寅 丑 丑 丑
   인
 乙 丙 丁 戊 己 庚
 未 申 酉 戌 亥 子
```

장 통제의 명조다. 辛丑 일주가 주(柱) 중에 丑이 많고, 子와 巳가 없으며 관살인 丙, 丁이 없으니 축요사격 성격이다. 전실되는 운을 꺼릴 뿐 나머지 운은 모두 좋다. 즉 왕기(旺氣)에 반(反)하는 木운과 허자가 전실되는 火운이 나쁘다.

이 사주는 잡기(雜氣) 丑에서 비겁인 庚, 辛이 투출하여 월겁격이다. 그런데 월겁격에서 용신으로 취할 재(財)와 관(官)이 없다. 그래서 土金 위주의 종강격으로 보고 사주를 논한다. 土金水운이 좋고, 火운도 인성에 설기되면서 조후를 조절하니 무난하다. 土金에 반하는 재성 木운만 꺼린다. 이상이 「평주」의 취운 편에 나오는 설명이다.

관살인 火운은 「평주」에서는 나쁘다고 했지만, 인성인 丑이 많고 조후를 위해서 火운이 그리 나쁘지는 않다. 그런데 이 설명을 따르자니 시지(時支)의 재성 寅이 걸린다. 왕(旺) 金에 눌려서 용신으로 취용하지 못한다고 하는데, 무릇 녹겁격에서 재성을 용신으로 취할 때는 반드시 식상이 생조해야 한다. 이 사주는 식상 水가 드러나지는 않았지만 丑중에 癸水가 있으니 식상이 분명히 있다. 있을 뿐만 아니라 겨울철이고 丑이 3개나 있으니 많다. 결국 잡기건록격(雜氣建祿格)에 용신은 재성 寅이고 상신은 丑중 식신 癸水다. 겨울에는 무슨 일간이든지 조후를 위해서 반드시 火가 필요한데, 미흡하지만 寅중에 丙火가 있으니 조후도 이루어지고 있다. 오히려 辛金이 많은데 丙火가 투출해서 辛金에 합거되는 것보다는 훨씬 낫다. 재성 寅을 생조하는 운이 좋다. 庚子, 己亥운은 재성을 생하니 좋다. 戊戌운은 寅戌이 공합(拱合)하여 사주를 따뜻하게 해 주니 역시 좋다. 丁酉운은 酉丑으로 합하고 천간에서 火가 金을 극하니 재성 寅이 크게 상하지는 않는다. 丙申운이 비록 寅申충을 하지만 이 역시 천간에서 丙火가 억제하고 申중에는 壬水가 들어 있어 같은 金木 상쟁이라도 卯酉충과는 다르게 그다지 심각하지는 않다. 이후의 乙未, 甲午의 재운은 용신인 재성운이니 좋을 듯하다. 하지만 비겁이 중중(重重)할 때 재성이 지지에 암장되어 있는 것과 천간에 노출되어 비겁들에게 탈재의 대상이 되는 것은 다르다. 즉 용신이 재성이긴 하지만 이 사주처럼 원국에, 그것도 천간에 비겁이 중중할 때에는 천간으로 오는 재성운은 군겁쟁재(群劫爭財)가 되어 오히려 좋지 않다.

지금까지 정격인 월겁격에 재성을 용신으로 하는 정격으로 풀이한 것과 전왕격(專旺格)으로 풀이한 것이나 이론과 풀이는 다르지만 결과는 같다. 그러니 굳이 외격인 축요사격으로 허자(虛字)를 끌어들이면서까지 용신을 취할 필요가 있는가 싶다. 외격은 도저히 정격으로 풀이가 안 될 때 한해서 적용하는 것이 옳을 것이다.

자요사격(子遙巳格)은 甲子일 甲子시에 취하는데, 子중 癸水가 巳중 戊土와 요합한다. 巳중에는 戊土와 丙火가 같이 있으니 戊土가 한집에 있는 丙火를 동(動)하게 하고, 丙火는 辛金을 합으로 끌어오니, 辛金이 甲木 일간에 정관이 된다는 이론이다. 주(柱)중에 없는 정관을 끌어오기 위해 굴려도 너무 굴렸다.

39 잡격을 논함

비	비	비	
甲	甲	甲	甲
子	子	戌	申
		재	

庚	己	戊	丁	丙	乙
辰	卯	寅	丑	子	亥

나 어사의 명조다. 이 사주는 재격에 칠살과 인성이 있는 사주다. 칠살 申은 인성 子와 합하고 설기되어 칠살이 인성국(印星局)을 이루니 더 좋다. 지지에 수기(水氣)가 많아 습하고 재성이 약하니 戌중 丁火가 상신이다. 운에서 식상으로 일간과 재성을 통관하면서 사주의 습기를 제거하면 좋다. 丙子, 丁丑운이 火운이지만 수기(水氣)가 많고 용신인 戌과 丑戌형을 하니 반흉반길(半凶半吉)이다. 戊寅운에 寅戌이 공합하여 비견 寅이 식상 화국(火局)으로 되어 천간의 재성 戊土를 생하니 좋다. 여기서도 군겁쟁재가 될 듯하지만, 木이 土를 극하는 것은 金木 상쟁(相爭)과 水火 상쟁과는 다르다. 己卯운도 卯戌火에 재운이니 좋다.(卯戌합은 육합으로 격국에 영향을 미치지는 않지만, 겁재 卯가 탈재하는 기능을 제한한다) 庚辰운이 왕(旺)木을 극제하여 재성 土를 보호하는 것은 좋은데, 辰戌충으로 용신인 재성 戌이 흔들린다. 그러나 申子辰 수국(水局)으로 합하니 충이 완화된다. 설령 辰戌충이 되더라도 土충은 붕충(朋沖)이라 土는 손상되지 않고 동하기만 하니 재성 土를 쓰는 사주에서는 오히려 더 길운이 된다. 재성 戌(戊)을 용신으로 하는 재격에 상신은 申子 인성 수국(水局)과 戌중 상관 丁火다.

雜格 11

若夫拱祿、拱貴、趨乾、歸祿、夾戌、鼠貴、騎龍、日貴、日德、福祿、魁罡、食神時墓、兩干不雜、干支一氣、五行具足之類，一切無理之格，概置勿取。即古人格內，亦有成式，總之意爲牽就，硬填入格，百無一似(是)，徒誤後學而已。乃若天地雙飛，雖富貴亦自有格，不全賴此，而亦能增重其格；即用神不甚有用，偶有依以爲用，亦成美格。然而有用神不吉，即以爲凶，不可執也。

공록격(拱祿格), 공귀격(拱貴格), 추건격(趨乾格), 귀록격(歸祿格), 협술격(夾戌格), 서귀격(鼠貴格), 기룡격(騎龍格), 일귀격(日貴格), 일덕격(日德格), 복록격(福祿格), 괴강격(魁罡格), 식신시묘격(食神時墓格), 양간부잡격(兩干不雜格), 간지일기격(干支一氣格) 그리고 오행구족격(五行具足格) 등이 있는데, 모두 이치가 없는 격이니 취할 것이 못 된다. 고인이 만든 격국 역시 법식은 있겠지만, 전체적으로 말하면 끌어다 붙이고 억지로 끼워 맞춘 격이니 백에 하나도 맞는 것이 없다. 다만 후학들을 그르칠 뿐이다.(※ 원문마다 似 또는 是로 되어 있는데 의미는 같다) 만약 천지쌍비격(天地雙飛格)이 비록 부귀하더라도 그것은 자연스레 격국 안의 구조에 있는 것이지, 전적으로 천지쌍비라는 외격에 의존한 것이 아니다. 그러므로 역시 월령을 기준으로 하는 격국을 더욱 중요시해야 한다. 비록 용신이 그다지 유용하지 않을지라도 용신이 의지처를 만나 쓰임이 생기면 역시 좋은 격을 이룰 수 있다. 그러나 용신에 불길함이 있으면 곧 흉이 되는 것이니, 한

가지만 고집해서는 안 된다.

> **評解** 『자평진전』을 지은 심효첨과 그것의 「평주」를 쓴 서낙오는 잡격을 거의 인정하지 않는다. 잡격이란 것이 월령에서 용신을 찾을 수 없을 때 한해 부득이 사용하는 것이지, 주(柱) 중에 용신이 있는데도 그것을 두고서 억지로 재와 관을 쓰기 위한 잡격은 무의미하다는 것이다. 두 사람이 잡격을 인정하는 경우는 기세가 한 쪽으로 치우쳐서 그 기세를 따를 수밖에 없는 종격(從格)과 일기격(一氣格), 화격(化格) 정도뿐이다. 그 이외에 억지로 허자인 재와 관을 끌어들이는 외격들은 거의 인정하지 않고 있다. 실제로 사주 구조를 보아도 정격으로 다 분석할 수 있는 것들이다. 특히 특수격들은 식상이 있는데도, 그것을 무시하고 굳이 재관을 억지로 끌어오려고 한다. 재와 관, 특히 정관을 중요시하는 고대 신분제 사회의 영향이 아닌가 싶다. 결론적으로 격국과 용신은 월령을 중심으로 찾는 것이며, 식재관(食財官)이 있는데도 그것을 무시하고 별도로 재관을 불러들이는 잡격들은 일단 접어둔 다음, 정격으로 분석하고 그것이 안 되는 특별한 경우에만 잡격을 취하는 것이 옳다.

雜格 12

기 어 상 관 상 진　　위 시 상 진　　불 의 견 관　　필 진 력 이 상 지　　사 지 무 지 용
其於傷官傷盡, 謂是傷盡, 不宜見官, 必盡力以傷之, 使之無地容

身, 更行傷運, 便能富貴; 不知官有何罪, 而惡之如此。況見官而傷, 則以官非美物, 而傷以制之, 又何傷官之謂凶神, 而見官之爲禍百端乎? 予用是述以歷試, 但有貧賤, 並無富貴, 未輕信也。近亦見有大貴者, 不知何故; 然要之極賤者多, 不得不觀其人物以衡之。

상관상진(傷官傷盡)에서 상진(傷盡)이란 상관이 정관을 보는 것이 마땅하지 않으니, 반드시 힘을 다해서 정관을 상하도록 하라는 뜻이다. 정관을 의지할 곳이 전혀 없도록 만들고, 거기에 운마저 상관운으로 향하면 부귀할 수 있다는 것이다. 정관이 무슨 죄가 있어서 이토록 미워하는지 그 이유를 모르겠다. 하물며 정관을 보면 손상해야 한다고 하는 말은 정관이 좋은 것이 아니라서 상관으로 제지해야 한다는 것인데, 상관을 흉신이라고 하면서 상관이 정관을 보면 재앙이 백 가지나 된다는 말은 또 무슨 말이란 말인가? 내가 이 방법을 써서 두루 시험해 보았는데, 빈천한 사주만 있을 뿐, 부귀한 사주는 전혀 없었으니 상관상진의 이론을 경솔하게 믿으면 안 된다. 근래 상관상진 사주로 대귀한 사람을 보았는데 그 이유를 알지 못하겠다. 그러나 극히 천한 사람들이 많으니, 부득불 인물됨을 보고 평가하지 않으면 안 된다.

評解 어느 격국이든 용신과 상반되는 십신은 기본적으로 꺼린다. 즉 상관은 정관을 꺼리고 정관은 상관을 꺼린다. 인수는 재성을 꺼리고 재성은 비겁을 꺼린다. 그러니 상관격에 정관을 꺼린다는 말은 지당하다. 그런데 여기서 말하는 상관상진(傷官傷

盡)은 상관격에 정관이 있으면, 보통의 방법대로 상관을 억제하면서 정관을 보호하는 인성을 쓰거나 상관을 설기하여 정관을 생하는 재성을 써서 상관에게서 정관을 보호한다는 논리가 아니다. 아예 정관을 철저하게 멸하여 상관견관의 폐해 자체를 없애버린다는 말이다. 일반 상식적 논리와 정반대되는 것이니, 이것이 성립되기 어려울 뿐 아니라 성립이 되더라도 대부분 상관의 나쁜 작용만 노출되어 빈천한 사주가 많다는 말이다. 그런데 만약 이 격이 완벽하게 성립된다면, 거꾸로 경천동지할 업적을 세우는 대영웅이 탄생할 수도 있겠다. 기본 체제와 격식을 추구하는 정관을 무너뜨리고 파괴와 창조 그리고 혁신을 추구하는 상관의 특성이 최대로 발휘된다면 말이다.

비	관	상	
丁	丁	壬	戊
未	丑	戌	辰
		잡기	
己 戊 丁 丙 乙 甲 癸						
巳 辰 卯 寅 丑 子 亥						

중국 명나라 태조 주원장(朱元璋, 1328~1398)의 명조라고 한다. 戌에서 戊土가 투출하고 丁火도 투출했다. 상관격이다. 정관 壬水가 있으니 상관견관 파격이다. 정격의 논리대로 한다면, 왕한 상관을 설기하여 정관을 생하는 재성 金운이 가장 좋다. 그런데 운에서 金운은 없다. 다음으로 왕한 土를 소토하여 정관을 보호하면서 설기가 심한 일간을 돕는 인성 木운이 좋다. 甲, 乙, 寅, 卯가 인성운이다. 그 다음으로 정관의 뿌리가 되는 지지로 관살운이 좋다. 亥, 子가 정관의 뿌리 운이다. 이상은 정격인 상관격에 정관이 손상된 것을 보호하는 입장에서 논한 것이다. 하지만 운이 아무리 잘 흐르더라도 이미 상관견관 파격이면 무슨 귀(貴)를 누리겠는가? 상관격에 정관을 아예 멸해버리자는 상관상진의

입장에서 본다면, 관살 土운이 제일 좋다. 다음으로 비겁 火운이 土를 생하니 좋다. 인성 木운은 상관을 극하기도 하지만 정관을 설하니 무난하다. 정관이 힘을 받는 水운과 재성 金운이 가장 좋지 않다.

실제 주원장의 삶은 어려서 거의 거지처럼 살다가 중년 이후에 몸을 일으켜서 원나라를 무너뜨리고 명나라를 건국했다. 亥, 子 관살운에 어려웠고, 乙丑 식신운부터 몸을 일으켜 丙寅, 丁卯가 지지의 인성이 상관을 극하는 것이 아니고 木생火하고 다시 火생 土하니 식상 土가 더욱 왕해지고 드디어 정관 壬水는 멸진(滅盡)이 된다. 그리고 戊辰 상관운과 己巳 식신운이니 철저하게 정관이 멸진된다. 그야말로 상관상진이 철저하게 이루어진 사주라고 할 수 있겠다. 己巳 대운 戊寅년(1398년)에 71세의 나이로 사망했다.[주원장의 기록을 찾아보면, 출생 시기를 음력 1328년 9월18일이라고 하면서 그 옆에 양력 1328년 10월 21일이라고 기재되어 있다. 해당 날짜의 간지를 지금의 역법으로 찾아보면 음력 9월 18일이 양력 10월 29일로 나온다. 즉 8일 차이가 난다. 그러나 이런 차이는 1582년에 교황 그레고리우스 13세가 기존의 율리우스력의 오차를 수정하기 위해 날짜를 보정하면서 생긴 차이다. 지금 우리가 사용하는 양력이 그레고리력이다. 그레고리력이 적용되기 250여 년 전인 1328년은 음력 9월 18일(丁丑일)이 양력 10월 21일이 맞다. 그러니 예시 명조를 주원장의 명조라고 여겨도 좋을 듯하다. 주원장의 사주는 상관상진傷官傷盡의 예로 많이 인용되는 사주다]

그러나 이 역시 주원장의 삶에 사주를 맞추어서 풀이했을 뿐, 같은 사주의 사람들은 상관견관 파격 사주의 삶을 사는 사람이 훨씬 많았을 것이다. 그래서 심효첨은 『자평진전』 끝에다가 사주를 논할 때에는 논리에만 얽매어 평하지 말고 사람됨을 보아가면서 논하라고 말했다.

역해자 후기

　이상 『자평진전』의 번역과 해설을 미흡하지만 마쳤다. 『자평진전』은 격국(格局)과 용신(用神)으로 사주를 분석한다. 그리고 대운의 풀이도 그 틀 안에서 이루어진다.
　이 책의 의도는 『자평진전』의 기본 틀 안에서 사주를 분석하고자 기획되었으며, 그러한 이유로 철저하게 자평식 관법으로 사주를 간명하는 방법만을 제시했다. 그래서 명조 풀이에서는 길흉만 언급할 수 밖에 없었다. 어디가 어떻게 좋고 나쁜지 종류와 형태를 논할 수 없었다. 예시된 명조의 인물을 자세히 알 수 없기 때문이다. 실전에서는 자평식 관법을 기본으로 하면서, 『난강망』식의 계절과 월별 십간론이나 『적천수』식의 기세론을 가미해서 간명한다. 그리고 형충파해와 신살류 등을 이용하기도 한다. 그러면 사주 간명이 더욱 풍부하고 정밀해질 것이다. 다만 이런 모든 간명법도 자평의 격국과 용신이라는 기본 틀에 익숙해지고 난 다음에 사용해야 제대로 활용할 수 있다고 생각한다.
　그런데 자평에서 말하는 격국과 용신이란 결국 오행의 생극작용에 의해 도출된 것에 불과하고, 격명(格名)이라는 것도 십신(十神)의 명칭에 불과하다. 결국 오행과 십신의 성정을 제대로 파악한다면, 격국 용신이나 운에 의한 변화도 모두 그 범주 안에 있으니,

사주 분석이 용이하게 될 것이다. 하지만 이런 내용도 모두 겉에 드러난 현상일 뿐이다.『자평진전』의 진의(眞義)를 한마디로 요약한다면 기(氣)와 질(質)의 교류(交流)다.『자평진전』은 흔히 알고 있듯 격국이라는 틀로 사주를 분석하는 것이 골자(骨子)가 아니다. 격국과 용신은 사주를 분석하기 위한 분석의 도구일 뿐이다.『자평진전』에서는 10간과 12지의 성정을 거의 설명하지 않고 있다. 단지「2 논음양생극」(論陰陽生剋)에서 木金과 火金을 예로 들어 기본적인 설명만 하고 있을 뿐이다. 이유는 자평의 관법이 10간과 12지의 속성으로 사주를 분석하는 것이 아니라, 음양의 대립과 보완으로 사주를 분석하기 때문이다. 즉 절대적이 아니라 상대적인 관점에서 양(陽)의 속성을 기(氣)로 음(陰)의 속성을 질(質)로 구분하고는, 기와 질의 상호 대립과 보완 관계를 사주 내에서 그 둘의 마찰과 교류를 통해서 통찰하고 있음이다. 결론적으로 말하면, 기와 질의 흐름을 격국과 용신이라는 틀을 빌려서 설명하고 있을 따름이다. 그러니 사주 분석을 제대로 하려면 음양(陰陽), 오행(五行), 간지(干支), 십신(十神), 용신(用神), 격국(格局) 등 사주의 기본 용어와 틀을 기(氣)와 질(質)로 분석하고 이해하는 사고와 자세가 필요하다고 하겠다.

찾아보기

12입절(立節日) 59
24절기(節氣) 59, 132
4길신(四吉神) 104, 154, 155, 163, 201, 233, 254, 262, 300, 301, 517
4흉신(四凶神) 105, 148, 163, 201, 233, 254, 265, 266, 300, 301

가

가색, 가색격(稼穡格) 34, 623
가신(假神) 503
간지일기격(干支一氣格) 652
강왕격(强旺格) 634
강휘상영(江輝相映) 357
개고(開庫) 124, 254, 259
거관, 거관유살(去官留煞) 513, 514, 580, 581
거살, 거살유관(去煞留官) 504, 513, 580
거식호살(去食護煞) 165, 167
건록, 건록지(建祿地) 152, 204, 285, 320, 352, 355, 359, 401, 556, 557, 582~584
건록용관, 건록용관격(建祿用官格) 320, 337, 340, 360
건록월겁격(建祿月劫格) 168, 174, 175, 178, 181, 575
건륭(乾隆) 황제 ⇦ 양인격 명조 148, 572

건왕(健旺) 491, 508
격국(格局) 8장, 12~13장, 18~19장, 26장
격용, 격국용신(格局用神) 29, 279, 324, 385, 386, 396, 400, 404, 406, 411, 416, 419, 421, 423, 425, 428, 429, 430, 452, 455, 457, 460, 464, 466, 468, 473, 474, 484~486, 488, 515, 521, 580
겸격(兼格) 191~194, 196, 197, 244, 245, 247, 265, 430, 431, 462, 597
고(庫) 96, 124, 241, 254, 255
고관무보(孤官無輔) 206, 321, 375~377, 534, 584, 585, 601
고재(孤財) 422, 423
고저(高低) 200, 201, 211, 219, 235, 288, 349, 392, 531, 566, 587
고지(庫地) 97, 121, 124, 257, 259, 260, 379, 500
고진, 고신(孤辰) 282
곡직, 곡직격(曲直格) 32, 623~625
공귀격(拱貴格) 360, 652
공귀협록격(拱貴夾祿格) 360
공록격(拱祿格) 652
공망(空亡) 48, 50~52, 500
공술격(拱戌格) 359, 360

공합(拱合) 611, 650, 651
공협(拱夾) 359, 360, 462, 477
관격투재(官格透財) 302
관귀(官鬼) 293
관대, 관대지(冠帶地) 85, 87, 89, 91, 92, 305, 309, 556, 558
관살혼잡(官煞混雜) 110, 168, 198, 216, 279, 316, 321, 324, 338, 342~344, 378~381, 385~387, 390~392, 396, 413, 414, 415, 426, 442, 443, 449, 453, 455, 458, 472, 480, 485, 501, 503, 508, 513~517, 539, 546~548, 552, 570~572, 577, 581, 599, 600, 607, 609, 614, 618, 637
관생인(官生印) 160, 417, 456, 587
관인상생, 관인상생격(官印相生格) 75, 198, 199, 221, 248, 356, 375, 378, 380, 490, 578
관인쌍전(官印雙全) 164, 171, 220
괴강격(魁罡格) 652
구응(救應) 170, 176, 179, 181, 184, 185, 213, 239, 277, 525
국량(局量) 502
군겁쟁재(群劫爭財), 군비쟁재(群比爭財), 군비<겁>쟁재 175, 182, 211, 395, 462, 650, 651
귀록, 귀록격(歸祿格) 368, 584, 652
귀인: 녹당귀인(祿堂貴人), 월덕귀인(月德貴人), 천덕귀인(天德貴人), 천을귀인(天乙貴人) 283~288, 360
귀중(貴衆) 286
극거(剋去) 177, 205, 209, 217, 226, 330, 379, 380, 448, 449, 469, 473, 478, 492, 495, 532, 535, 553, 565, 570, 578, 581, 599, 600, 604, 618
극상(剋傷) 79, 203, 256, 277, 318, 319, 322, 327, 357, 359, 386, 393, 416, 429, 459, 517, 534, 552, 591, 640
극설(剋洩) 203, 301, 367, 505, 561
극설교가(剋洩交加) 211, 316, 319, 389, 436, 475, 483, 532
근묘화실(根苗花實) 268, 295, 323, 328
금수상관, 금수상관격(金水傷官格) 175, 219, 222, 223, 225, 468, 470, 524, 534~539, 541, 546, 550, 551, 553, 643
금수상함, 금수상함격(金水相涵格) 228~230, 236, 596, 597
금수식상격(金水食傷格) 226, 470, 487
金水식신격 468, 486~488, 520
기룡격(騎龍格) 652
기명종살, 기명종살격(棄命從煞格) 291, 505, 626, 639
기명종재, 기명종재격(棄命從財格)

291, 626, 638, 640
기반(羈絆) 205, 385
기상(氣象) 291
기생(寄生) 477
기세론(氣勢論) 151, 152, 154, 517, 659
기식취살(棄食就煞) 172, 177, 180, 317, 319, 380, 488
기식취인(棄食取印) 167
기신(忌神) 105, 106, 176, 178, 201, 203, 207, 208, 211, 213, 233, 239, 246, 251, 267, 268, 276, 288, 297, 301, 303, 308, 309, 316, 318, 319~323, 330, 340, 374, 381, 389, 402, 405, 410, 415, 431, 432, 438, 449, 456, 486, 511, 525, 564
길신(吉神) 72, 79, 104, 154, 155, 160, 161, 163, 196, 197, 201, 204, 220, 230, 231, 233, 254, 260, 262, 263, 297, 301, 303, 380, 393, 402, 429, 437, 438, 460, 480, 485~488, 517, 518, 520, 525, 581, 587

나

녹, 녹지(祿地) 28, 29, 53, 89~91, 93, 120, 122, 123, 158, 174, 178, 181, 183, 206, 207, 226, 242, 284, 285, 309, 337, 340, 352, 355, 356, 361, 406, 451, 457, 462, 463, 469, 477, 478, 487, 505, 534, 535, 552, 555, 556, 558, 567, 582~585, 587, 588, 591, 593, 595, 597, 599, 600, 602, 604, 608, 609, 611, 614~619, 624, 632, 633, 635, 643, 644
녹겁격(祿劫格) 151, 153, 162, 166, 169, 174, 176, 181, 191~193, 200, 226, 229, 233, 237, 274, 275, 291, 435, 444, 587, 588, 590, 592~596, 598, 599, 603, 604, 606, 609, 610, 612~614, 616, 617, 619, 622, 649
녹겁용관, 녹겁용관격(祿劫用官格) 174, 608
녹겁용살, 녹겁용살격(祿劫用煞格) 174, 592
녹겁용재(祿劫用財) 226
녹귀(祿貴) 284
녹당(祿堂) 582
녹명(祿命) 53
녹왕(祿旺) 96, 118, 119

다

대운(大運) 183, 184, 218, 219, 268, 274, 311~315, 349, 389, 411, 414, 420, 458, 459, 467, 514, 515, 530, 543, 545~547, 549, 550, 578, 580, 581, 600, 604, 612, 616, 618, 619, 625, 627, 629, 630,

646, 647, 656
도기(盜氣) 404
도세주옥(淘洗珠玉) 403
도충, 도충격(倒沖格) 291, 455, 628~631, 643
동(動) 19, 30, 42, 44, 81, 137, 250, 255, 258, 260, 327, 331, 341~343, 345, 350, 405, 481, 628, 645, 650
동근(同根) 462, 493, 560
동류(同類) 230, 519, 597
두상(頭上) 184, 287
득기(得氣) 87, 88, 620
득력(得力) 298
득록(得祿) 284, 535
득시(得時) 116, 118, 626, 627

ㅁ

마(馬) 285
매광(埋光) 430
매금(埋金) 405, 430, 498
맹동지절(孟冬之節) 407
멸진(滅盡) 656
명국(命局) 315, 323
명리쌍전(名利雙全) 226, 574
명주(命主) 297
목다화식(木多火熄) 39
목욕(沐浴) 82, 83, 85, 89~91, 304, 305
목화상관격(木火傷官格)　　224, 227, 230, 527
목화식상격(木火食傷格) 487
木火食神격 465, 468, 469, 485~488, 520
목화통명, 목화통명격(木火通明格) 228, 229, 263, 274, 361, 596, 617, 624
몰관(沒官) 228, 385
묘(墓) 86, 127, 241, 258, 260, 261
묘고(墓庫) 119, 121, 153, 253, 257, 261
묘지(墓地) 87, 93, 124, 127, 136, 137, 306, 329, 523
무기(無氣) 210, 300, 622, 638
무력(無力) 87, 88, 97, 183, 199~201, 206, 211, 331, 544, 550, 561, 631
무정(無情) 200, 201, 210, 238, 244, 247~251, 382, 490, 495, 648
물생어묘(物生於卯) 45

ㅂ

반합(半合) 108, 109, 142, 184
발설(發洩) 33, 36, 64, 65, 83
발용(發用) 351, 352
방신(幫身) 326, 385, 411, 418, 420, 424, 425, 476~479, 482, 504, 513, 515, 531, 536, 540, 547, 549, 552, 553

방합(方合) 126~129, 408, 559~561, 571
배합(配合) 34, 98, 103, 106, 151, 219, 244~248, 268, 269, 293~297, 305, 334, 352, 384, 448, 520, 531
벽갑인정(劈甲引丁) 498, 535
변격(變格) 334, 337, 339, 340, 350, 378, 382, 385, 420, 435~437, 444, 499, 503, 513, 524, 533, 591, 637
병(病) 85, 217, 273, 274, 305, 379, 472, 473, 498, 502, 503, 510, 511, 571, 572
보정(補正) 62, 656
복록격(福祿格) 652
본기(本氣), 정기(正氣) 26, 29, 68, 90, 92~94, 121, 122, 127, 128, 137, 138, 152, 153, 158, 186~188, 193, 194, 241, 243, 260, 337, 344, 401, 417, 444, 500, 503, 523, 559~562, 583, 622
본신(本身) 88~91, 110, 111, 114, 166, 168, 172, 210, 258, 315, 357, 366, 373, 385, 405
부모궁 294, 562
부신(扶身), 부조(扶助) 197, 546
불상모(不相謀) 197
불선(不善)한 용신 151, 157

불합(不合) 109
붕충(朋沖) 138, 249, 250, 256, 651
비천녹마격(飛天祿馬格) 603

사

사(死), 사지(死地) 81, 83~85, 87, 90, 91, 237, 305, 308
사령(司令) 95, 116
사우(四隅) 477
사행(四行) 20, 21
살격봉인, 살격봉인격(煞格逢刃格) 165, 168, 412
살극신(煞剋身) 175, 178, 263, 319, 322
살봉식제, 살봉식제격(煞逢食制格) 165, 167, 173, 263
살생인(煞生印) 175, 176, 180, 201
살인격(煞刃格) 110, 148, 214, 216, 412
살인상생, 살인상생격(煞印相生格) 165, 167, 191, 202, 205, 215, 221, 321, 357, 427, 435, 445, 480, 490, 493, 509, 574, 580, 637
삼명(三命) 53
삼방(三方) 125, 627
삼합(三合), 삼회(三會), 회(會) 92, 114, 115, 125~129, 139, 141, 142, 244, 327, 331, 335, 337, 387, 523, 558~560, 591, 624, 627, 642

삼형(三刑), 형(刑) 125, 128~130, 143, 206, 244, 259, 358, 375, 376, 481, 644, 645
상(象) 23, 25, 28, 29, 53, 56
상관견관(傷官見官) 75, 174, 175, 179, 181, 191, 193, 197, 199, 216, 217, 222, 230, 247, 248, 256, 269, 270, 279, 284, 337~340, 379, 396, 404, 422, 423, 470, 478, 503, 520, 521, 528, 534, 537, 538, 542, 551, 552, 590, 597, 602, 610, 619, 646, 655, 656
상관대살, 상관대살격(傷官帶煞格) 173, 184, 215, 222, 223, 225, 532, 548, 549
상관상진(傷官傷盡), 상진(傷盡) 654~656
상관생재, 상관생재격(傷官生財格) 173, 175, 177, 181, 182, 184, 190, 192, 193, 236, 270, 284, 319, 359, 360, 521, 523, 529, 540, 541, 552
상관용관격(傷官用官格) 534, 551
상관용살인(傷官用煞印) 173
상관용재격(傷官用財格) 225, 227, 521
상관제복(傷官制伏) 380
상관제살(傷官制煞) 174, 214, 223, 533, 534
상관패인, 상관패인격(傷官佩印格) 173, 175, 177, 210, 223, 224, 231, 316~319, 526, 527, 529, 532, 542
상귀(傷貴) 284, 285
상극(相剋) 37, 40, 41, 57, 66, 68, 137, 171, 196, 197, 246, 251, 256, 400, 417~419, 528, 531, 544, 586~588
상득(相得) 195
상생(相生) 37~41, 59, 64, 66, 99, 128, 139, 195, 196, 198, 242, 245, 246, 406, 439, 440, 494, 586, 589, 611
상신(相神) 15장
상충(相沖) 323, 328, 329, 331
생극제화(生剋制化) 53, 283, 364, 525, 583, 592
생기(生氣) 25, 43, 67, 68, 83
생살(生煞) 573
생왕묘절(生旺墓絶) 56, 81, 83, 84
생의(生意) 442, 487, 524
생지(生地) 88, 91~93, 97, 127, 136~139, 242, 308, 309, 329, 351, 406, 475, 504, 514, 523, 556, 560, 568
서귀격, 육을서귀격(六乙鼠貴格) 361, 652
서머타임(Summer Time) 63
선(善)한 용신 151, 156
선후(先後) 142, 268, 269, 271~

273, 275~277, 280, 281
설수(洩秀) 221, 224, 274, 431, 449, 466, 469, 479, 480, 495, 519, 520, 522, 644, 646
성격(成格) 110, 166~168, 170~174, 176, 180, 182~184, 192, 193, 198, 199, 202, 205, 206, 213~219, 225, 231, 233~236, 238, 250, 255, 265, 266, 273, 276, 279, 280, 282, 287, 300, 303, 315, 316, 318, 321, 330, 334~338, 340, 350, 355, 356, 358~361, 367, 375, 379, 380, 382, 392, 402, 410~412, 415, 420, 429, 445, 446, 454, 458, 463, 464, 469, 470, 472, 473, 483, 493, 494, 502, 513, 517, 524, 565, 570, 578, 581, 599, 604, 621, 628, 632, 635, 640, 643, 646, 647, 649
성신(星辰) 282, 283, 285~288, 365
성중유패(成中有敗) 176, 181~183, 213, 239
성패(成敗) 170, 184, 185, 213, 218, 219, 235, 282, 288, 349, 378, 554
세록(歲祿) 584
세수(歲首) 49
세시(歲時) 49

세운(歲運), 연운(年運) 218, 311, 312, 329, 336, 420, 544, 550, 630
소운(小運) 312
소춘(小春) 47
소토(疎土) 39, 403, 430, 431, 441, 449, 467, 483, 498, 549, 550, 591, 612, 655
속상(屬象) 290, 291
쇠(衰) 46, 67, 85, 87, 89, 91, 116, 118, 228, 305
수고(水庫) 258, 548
수기(秀氣) 165, 216, 221~223, 227, 249, 258, 278, 432, 518, 522, 524, 526, 535, 536, 596, 623, 644
수다목부(水多木浮) 39, 443, 591
수렴(收斂) 23, 33, 35, 46, 64, 65
수성(壽星) 132, 133, 285
수장(收藏) 83, 86
水土 동근同根 462, 560
숙살지기(肅殺之氣) 33, 67, 68
순(旬) 48, 50
순(純) 195~197
순용(順用) 151, 156, 158, 161, 163, 204, 254, 393, 437, 440, 469, 472, 480, 484, 487, 619
순행(順行) 83, 84, 90, 91, 136, 306, 312~314
습목(濕木) 603
습윤(濕潤) 503

습토(濕土) 408, 455, 503
승령(乘令) 626, 627
시(施)한다 29
시두법(時頭法) 60, 588, 638
시상편관격, 시상일위귀격, 시상편관일위귀격(時上偏官一位貴格) 357, 358, 366, 367
시운(時運) 312
시인(時刃) 559
식극살(食剋煞) 196
식상생재(食傷生財) 159, 175, 184, 226, 237, 273, 302, 411, 513, 597, 619
식상제살(食傷制煞) 516, 619, 637
식상투재(食傷透財) 302
식상혼잡(食傷混雜) 464, 469, 473, 522, 527, 549
식생재(食生財) 175
식신대살, 식신대살격(食神帶煞格) 251, 262, 266, 315, 316, 318, 319, 481
식신봉효격(食神逢梟格) 165, 167
식신상관투살봉재(食神傷官透煞逢財) 302
식신생재, 식신생재격(食神生財格) 164, 165, 167, 172, 177, 180, 182, 196, 263, 273, 276, 318, 366, 367, 397, 440, 441, 459, 461, 462, 464, 476, 477, 521, 541, 568, 591, 595, 614
식신설기(食神洩氣) 180
식신시묘격(食神時墓格) 652
식신제살, 식신제살격(食神制煞格) 167, 172, 181, 226, 238, 263, 317, 318, 330, 357, 466~469, 472, 480, 636, 637
신강(身强) 72, 117, 171, 173, 175, 204, 210, 220, 229, 382, 396, 397, 427, 432, 440, 461, 476, 478, 484, 516, 519, 520, 522, 540
신강치삼기(身强値三奇), 삼기(三奇) 586, 587, 609
신살(神殺, 神煞) 53, 282, 283, 285, 288, 571, 599, 659
신살양왕(身煞兩旺), 신살양정(身煞兩停) 406, 505, 571
신약(身弱) 71, 72, 78, 117, 167, 183, 301, 304, 305, 323, 325, 351, 379, 385, 386, 395, 397, 414, 417, 421, 425, 427, 476, 478, 479, 481, 483, 484, 509, 510, 515, 519, 527, 535
신약(神藥) 473, 498
실시(失時) 116, 118
십간합(十干合) 103
십성(十星), 십신(十神) 50, 53, 68~80, 113, 114, 147, 154, 155, 160, 162, 163, 166~168, 177, 262,

266, 291, 295~297, 301, 303~307, 309, 318, 321, 322, 325, 344, 367, 429, 436, 472, 502, 517, 518, 539, 565, 581, 583, 590, 591, 600, 607, 654, 659, 660
십신 상생 상극도(十神相生相剋圖) 70
십신 간 생극 관계도(十神間生剋關係圖) 69

|아|

암장(暗藏) 245, 358, 399, 409, 410, 420, 534, 536, 566~568, 650
암재관격(暗財官格) 421
암충(暗沖) 327
암합(暗合) 327, 355, 358, 361, 362, 561, 640
양(養) 85, 86, 91, 305
양간부잡격(兩干不雜格) 652
양간종기부종세(陽干從氣不從勢) 640, 641
양생(養生) 65
양순음역(陽順陰逆) 90, 307
양신성상, 양신성상격(兩神成象格) 291, 471, 630
양인(陽刃), 양인(羊刃), 양인격 109, 122, 144, 148, 151~153, 155, 158, 163, 165, 166, 168, 169, 174, 175, 178, 181, 183, 184, 187,

200, 204, 216, 217, 224, 229, 233, 266, 267, 291, 300, 301, 304, 316, 318, 320, 345, 395, 401, 411, 412, 451, 463, 478, 504, 515~517, 522, 541, 555~560, 562~581, 583, 588, 592, 593, 619, 621, 622, 625, 630, 631
양인노살, 양인노살격(陽刃露煞格) 165, 166, 168, 174, 183, 563, 567, 571
양인용관, 양인용관격(陽刃用官格) 174, 317, 563, 565, 567, 570, 572, 577, 578
양인용살, 양인용살격(陽刃用煞格) 183, 320, 567, 579
양인합살(陽刃合煞) 168, 217, 266, 318
억부(抑扶), 부억(扶抑) 72, 117, 292, 364, 427
여기(餘氣) 92, 93, 119~123, 137, 153, 187, 188, 194, 241, 242, 401, 556, 560, 561
역마(驛馬) 393
역용(逆用) 151, 157, 158, 161, 163, 204, 254, 437, 485, 553, 619
역행(逆行) 51, 52, 83, 84, 86, 87, 90, 91, 306, 312~314
염상, 염상격(炎上格) 32, 623, 625, 631

오행 상생 상극도(五行相生相剋圖) 38
오행구족격(五行具足格) 652
오행대의(五行大義) 53
오행휴왕론(五行休旺論) 81
왕(旺) 30, 81, 116, 127, 171, 183, 227, 363, 395, 402, 403, 467, 471, 485, 538, 540, 547, 579, 587, 630, 636, 649
왕기(旺氣) 249, 431, 449, 466, 488, 517, 630, 640, 649
왕상휴수(旺相休囚) 118
왕쇠(旺衰) 86, 429
왕지(旺地) 92, 93, 127, 128, 136, 137, 139, 163, 308, 309, 329, 343, 561
외격(外格) 289~292, 354, 355, 363, 368, 505, 603, 621, 643, 644, 646, 649, 650, 652, 653
요영, 요영격(遙迎格) 290, 291
요합, 요합격(遙合格) 632, 643, 648, 650
용(用) 22, 26, 27, 54, 126~128
용신(用神) 8장~14장
용신격국(用神格局) 74, 152, 153, 200, 219, 239, 259
용신의 변화 186, 187, 196, 197, 218
용신의 순잡(純雜) 195, 199

우룡즉화(遇龍則化) 99
월건(月建) 58, 132, 134, 582
월겁용재격(月劫用財格) 182, 317
월두법(月頭法) 58~60, 635, 645
월령무용(月令無用) 292
월운(月運) 218, 312
월장(月將) 134
유기(有氣) 470, 471, 603
유력(有力) 38, 88, 199~201, 204, 205, 207, 209, 367, 376, 494, 525, 560~562, 566, 616
유상(類象) 290, 291
유정(有情) 114, 182, 200~203, 207~209, 238, 244, 246, 248, 251, 367, 376, 382, 397, 434, 473, 490, 493, 496, 523~525, 542, 616
유행(流行) 25, 28, 81, 83, 116
육신(六神) 69
육음조양격(六陰朝陽格) 632
육충(六沖) 125, 135
육친(六親) 69, 71~75, 77, 78, 106, 147, 259, 293~299, 309
육친궁(六親宮), 육친성(六親星) 297, 309
육파(六破) 139, 140
육합(六合) 114, 115, 125, 130~134, 138, 141, 143, 244, 628, 636, 637, 651
육해(六害) 138, 139

윤토생금(潤土生金) 430
윤하, 윤하격(潤下格) 33, 34, 623
음(陰) 장생 96, 120, 122, 123, 207
음간종세무정의(陰干從勢無情宜) 641
음극양생(陰極陽生), 양극음생(陽極陰生) 629, 643
음양 소식(消息) 136
응기(應期) 50
이격(離隔) 374, 529, 544, 545, 586, 587
이덕(二德) 287, 288
이방(李昉) 81
이이제이(以夷制夷) 224, 320
인(刃) 122, 558
인경재로(印輕財露) 302
인다봉재, 인다용재격(印多用財格) 172, 215, 302
인생신(印生身) 175, 176, 180, 201, 587
인생어인(人生於寅) 45
인수근경(印綬根輕) 265
인수대재격(印綬帶財格) 316
인수봉살, 인수봉살격(印綬逢煞格) 165, 167, 171
인수용관, 인수용관격(印綬用官格) 164, 166, 171, 319, 376, 382
인왕용식상격(印旺用食傷格) 274

인용식상, 인용식상격(印用食傷格) 172, 382
인원(人元) 88, 92, 94, 95
인출(引出) 348, 401
일귀격(日貴格) 652
일기격(一氣格), 종왕격(從旺格), 전왕격(專旺格) 622, 623~625, 630, 634, 644, 650, 652, 653
일덕격(日德格) 652
일록귀시, 일록귀시격(日祿貴時格) 355
일생이법(一生二法) 20
일양시생(一陽始生) 44
일운(日運) 218, 312
일원(日元) 111, 213, 285, 388, 517, 578
일인(日刃) 559
일행득기격(一行得氣格) 291
임관(臨官) 85, 89, 90, 305
입고(入庫) 253, 258
입묘(入墓) 93, 96, 259, 305

ㅈ

자식궁, 자식성, 남녀궁 297, 304, 306, 308, 309
자요사격(子遙巳格) 632, 648, 650
자형(自刑) 130
잡(雜) 195, 197, 241, 245, 263,

284, 325, 342, 380, 392, 420, 429, 440, 442, 469, 479, 562, 572, 631
잡기건록격(雜氣建祿格) 649
잡기격(雜氣格) 93, 188, 243, 246, 254, 335
잡기관인격(雜氣官印格) 339
잡기월겁격(雜氣月劫格) 182, 242, 244
잡기인수격(雜氣印綬格) 189, 242, 243, 245, 247, 249, 254
잡기재격(雜氣財格) 179, 256, 367, 403, 422
잡기 재왕생관격(雜氣財旺生官格) 366
잡기정관격(雜氣正官格) 153, 176, 245, 246, 248, 251, 256, 337, 374, 376, 430, 431
잡기정인격(雜氣正印格) 153
잡기편관격(雜氣偏官格), 잡기칠살격(雜氣七煞格) 153, 493, 499, 500
잡기편인격(雜氣偏印格) 153
장간법(藏干法) 47
장생, 장생지(長生地) 47, 82, 83, 85, 86, 89, 91, 96, 119, 120, 122, 123, 186, 206~208, 304~306, 327, 352, 408, 483, 491, 503, 530
재격패인, 재격패인격(財格佩印格) 171, 197, 398, 417, 524
재극인(財剋印) 161, 166, 167, 177,

180, 197, 315, 318, 375, 388, 389, 399, 425, 438, 455, 456
재다신약(財多身弱) 395, 398, 404, 529, 530, 540, 545, 552
재대상관, 재대상관격(財帶傷官格) 265, 359, 421, 422
재대칠살격(財帶七煞格) 215, 404, 423
재백(財帛) 393
재살(財煞) 406
재생관(財生官) 159, 160, 166, 184, 190, 204, 338, 411, 417, 456, 521, 552, 587, 595, 603, 614
재생살(財生煞) 159, 168, 175, 177~179, 181, 182, 184, 201, 203, 234, 238, 263, 266, 275, 276, 302, 318, 319, 322, 416, 455, 483, 493, 497, 593~595, 613, 614
재왕생관, 재왕생관격(財旺生官格) 171, 182, 183, 190, 195, 196, 202, 206, 219, 232, 263, 269, 270, 316, 337, 338, 366, 367, 394~396, 402, 410, 413, 414, 537, 538, 552, 553
재용살인격(財用煞印格) 407, 425
재용상관격(財用傷官格) 402
재용식생, 재용식생격(財用食生格) 171, 397, 411, 415, 416
재용식인격(財用食印格) 418, 419

찾아보기 673

재용칠살격(財用七煞格) 407
재투식신격(財透食神格) 164, 167
쟁합(爭合) 112, 113, 410, 536, 568, 585, 635
전기(專氣) 187, 241
전록(專祿) 584
전식격(專食格), 전식합록격(專食合祿格) 354, 355, 541
전실(塡實) 359, 360, 455, 629~631, 634, 635, 642~647, 649
전충(全沖) 572
전환기의 매개자 187
절(絕), 절지(絕地) 86, 87, 91, 305, 308, 309
절각(截脚) 579, 627, 646
절입일(節入日) 313, 314
정(靜) 19, 81, 341, 343, 347
정격(正格), 8정격(正格) 289, 622, 623, 634, 636, 650, 653, 655
정관대식상용인격(正官帶食傷用印格) 388, 389
정관용인격(正官用印格) 198, 199, 316, 356
정관용재, 정관용재격(正官用財格) 171, 206, 321, 381, 384~386
정관을 생하는 도구(생관지구生官之具) 403, 520, 521
정관패인, 정관패인격(正官佩印格) 164, 166, 171, 202, 380, 387

정관합거(正官合去) 385
정란, 정란차격(井欄叉格) 290, 291, 598, 642~644
정배(正配) 74, 75
정자시(正子時) 49
제강(提綱) 164, 166, 186, 207, 290, 291, 298, 312, 329
제살(制煞) 161, 179, 180, 182, 204, 215, 225, 226, 276, 302, 305, 318, 319, 322, 330, 355, 404, 405, 423, 424, 436, 451, 452, 454, 459, 471, 474, 475, 479, 481~483, 487, 491~493, 495, 497, 498, 504, 505, 507, 508, 511, 515~517, 532~534, 546, 548~551, 554, 573, 574, 580, 593, 598, 613, 615, 641
제살유관(制煞留官) 599, 618
제살태과(制煞太過) 435, 467, 482, 493, 549, 613, 615
제왕, 제왕지(帝旺地) 85, 89, 305, 306, 556, 558
조상궁 294
조양(朝陽), 조양격(朝陽格) 290, 291, 356, 632~634
조열(燥熱) 227, 305, 401, 441, 444, 455, 465, 485, 503, 519, 533, 544, 574, 580, 600, 609
조화(造化) 86

조후(調候) 183, 220~227, 229~231, 305, 367, 401, 405, 408, 414, 419, 426, 438, 441~443, 446, 458, 468~470, 485~488, 503, 505, 520, 524, 527, 532, 534, 536, 539, 541, 543, 547, 550~553, 576, 585, 594, 600, 649

조후 용신 296

존관제살(存官制煞) 617

종강격(從强格) 630, 641, 649

종격(從格) 71, 123, 515, 653

종살격, 기명종살격(棄命從煞格), 종관격(從官格) 191, 205, 291, 505, 639, 641

종시어간(終始於艮) 44

종아격(從兒格) 641, 646, 647

종혁, 종혁격(從革格) 33, 623

종화, 종화격(從化格) : 甲己합 화토격(化土格), 乙庚합 화금격(化金格), 丙辛합 화수격(化水格), 丁壬합 화목격(化木格), 戊癸합 화화격(化火格) 626, 627

좌선(左旋), 우선(右旋) 133, 134

좌하(坐下) 88, 258, 299, 302, 303, 399, 423, 429, 451, 462, 477, 500, 530, 541, 547, 548

주류무체(周流無滯) 400, 467

주원장(朱元璋) ⇦ 잡격의 상관상진 명조 655, 656

중관(重官) 110, 183, 284, 286, 316, 321, 324, 343, 344, 385, 387, 392, 395, 414, 442, 485, 528, 595, 600, 609

중기(中氣) 92, 93, 121, 123, 134, 137, 153, 187, 188, 194, 401, 556, 559~561

중살(重煞) 442, 453, 469, 480, 532, 533, 548

중탁(重濁) 601

중화(中和) 129, 211, 306, 364, 465, 482, 484, 487, 503, 520, 529, 574, 597, 602, 616

지벽어축(地闢於丑) 44

지장간(地藏干) 26, 29, 40, 88, 90, 93~95, 97, 116, 120~123, 127, 135, 137, 152, 153, 186~189, 191, 194, 219, 236, 241~248, 250, 253, 255~257, 259, 260, 270, 276, 327, 335, 341, 342, 344, 345, 347, 348, 350~352, 359, 401, 408, 462, 503, 525, 534, 537, 556, 558, 560, 561, 583, 590, 591, 640

지장인원(支藏人元) 88, 92, 94

진신(眞神) 229, 230, 503

진태양시(眞太陽時), 시태양시(視太陽時) 62

찾아보기 675

차

처궁(妻宮) 300, 302, 303
처성(妻星), 처재(妻財) 293, 302, 303
천간의 유인력 523
천간의 합화(合化) 58, 60, 99
천개어자(天開於子) 44
천격(賤格) 200, 201
천도(天道) 35
천살(穿殺) 139
천주(天廚) 285
천지수의 매개 54
천지쌍비격(天地雙飛格) 652
첩신(貼身) 201
청(淸) 109, 110, 179, 207, 216, 241, 243, 245, 246, 249, 250, 254, 255, 279, 336, 347, 350, 378~380, 382, 390, 392, 394, 405, 415, 440, 442, 458, 462, 464, 469, 471, 472, 477, 479, 493, 497~503, 513, 514, 527, 528, 531, 538, 539, 542, 562, 569~571, 573, 574, 598, 602, 614, 615, 646
체(體) 26, 27, 54, 126, 128, 623
체상가결(體象歌訣) 363
체용(體用) 26
추건격(趨乾格) 652
축요사격(丑遙巳格) 648~650
출고(出庫) 258, 259
충극(沖剋) 40, 135, 416, 517, 640, 645
충기(沖氣, 衝氣) 20~22, 31, 34, 90, 98, 241
충동(沖動) 135, 138, 257
충재(衝財) 290
취운(取運) 31-1장 이후
칠살격(七煞格), 편관격(偏官格) 35장
칠살식제, 칠살식제격(七煞食制格) 180, 182, 196, 208, 232, 235, 251, 276, 277, 319, 354, 355, 493, 507
칠살용인격(七煞用印格) 201, 493, 494
칠충(七沖) 76

타

탁기(濁氣) 539
탁부(濁富) 601
탈공(脫空) 50
탈식, 효신탈식(梟神奪食) 78, 160, 165, 175, 180, 230, 231, 273, 274, 318, 429, 471, 507
탈재(奪財) 162, 163, 367, 395, 403, 410, 414, 425, 525, 581, 588, 595, 603, 610, 614, 650, 651
탐재파인(貪財破印), 탐재괴인(貪財壞印) 175, 271, 272, 438, 456
탐합망극(貪合忘剋) 426, 563, 599
태(胎) 81, 85, 86, 305

태왕(太旺) 388, 435, 483~486, 492, 493, 529, 616, 617
토금상관격(土金傷官格) 521, 522, 530, 537, 541, 545
토다매금(土多埋金) 431
통관용신(通關用神) 516, 576
통근(通根) 87, 120, 124, 182, 193, 236, 237, 250, 258, 259, 457, 494, 495, 523, 525, 567, 574, 587
투간(透干) 153, 168, 187, 188, 196, 205, 243~248, 250, 254, 255, 258, 348, 350, 352, 379, 499, 582
투고(投庫) 96, 258, 259
투고(透庫) 259
투청(透淸) 336, 348, 350, 537
투합(妬合) 112, 113
특수격 653

파

파격(破格) 72, 130, 146, 159, 166~168, 175~177, 182~184, 189, 193, 197, 199, 203, 206, 209, 213~218, 222, 230, 234, 235, 239, 247, 248, 260, 263, 266, 272, 276~280, 283, 284, 286, 292, 301, 302, 316~318, 321, 325, 327, 330, 334, 337~340, 344, 345, 355, 357, 359, 375, 377, 380, 382, 385, 387, 390, 397, 408, 415, 416, 421, 429, 438, 445, 446, 456, 467, 469, 470, 472, 475, 484, 497, 517, 520, 527, 528, 534, 551, 564, 570, 574, 578, 590, 597, 601, 602, 604, 631, 640, 655, 656
팔살(八煞) 283
패격(敗格) 170
패중유성(敗中有成) 176, 179, 181~184, 213, 248, 251
편고(偏枯) 465, 469, 487
편배(偏配) 74, 76
편인투식격(偏印透食格) 165, 167
편재격(偏財格) 153, 191, 253
편정(偏正) 67, 68
포(胞) 86, 89

하

한난조습(寒暖燥濕) 305
한신(閑神) 221, 327, 420, 498
합거(合去) 104, 106, 110, 111, 114, 143, 176~181, 183, 203, 208, 209, 217, 234, 235, 238, 239, 270, 274, 277~279, 319, 326, 337, 338, 352, 377, 380, 382, 385, 387, 390, 391, 405, 410, 411, 416, 419, 420, 422~425, 440~442, 448, 452, 453, 455, 473, 475, 477~479, 482, 508, 532, 533, 535, 539, 545, 548, 550, 551, 563, 564, 570,

571, 578, 592, 594, 595, 599~602, 604, 611, 613, 615, 617, 618, 636, 640, 650
합관(合官) 114, 325, 571
합관유살(合官留煞) 216, 599, 618
합록, 합록격, 전식합록격(專食合祿格) 290, 354, 366, 541, 634, 638, 645, 648
합살(合煞) 179~181, 266, 267, 326, 379, 390, 391, 423, 424, 441, 442, 458, 490, 598, 613
합살위권(合殺爲權) 326
합살유관(合煞留官) 113, 442, 595, 617, 618
합상존관(合傷存官) 202
합화(合化) 58~60, 98~100, 102, 109, 111, 127, 348, 585, 626
합화격(合化格) 114, 291
행(行)한다 29
행운(行運) 311, 331, 334, 350
향배(向背) 103, 106, 396
허자(虛字) 355, 360, 361, 541, 591, 629, 631, 633, 634, 636, 637, 643, 645, 646, 649, 650, 653
협(夾) 440
협술격(夾戌格) 652
형충회합(刑沖會合) 125, 126, 239
형합, 형합격(刑合格) 290, 291, 358, 361, 368, 644~646

화겁위생, 화겁위생격(化劫爲生格) 589~591, 597, 643
화겁위재(化劫爲財) 589, 590
화격(化格) 114, 291, 626, 627, 653
화기(化氣) 오행 53
화살(化煞) 172, 205, 277, 319, 357, 407, 408, 426, 445, 446, 451~455, 457, 459, 466, 467, 479, 480, 488, 490, 495, 496, 498, 500, 504, 508~510, 512, 516, 517, 532, 533, 546, 548, 549, 579, 581, 593, 604, 637, 639, 641
화상위재(化傷爲財) 215, 523, 536
화신(和珅) ⇦ 양인격 명조 567
화염토조(火炎土燥) 184, 528
화인위겁(化印爲劫) 543
화출(化出) 626
화토상관격(火土傷官格) 528, 542, 548, 551
활간(活看) 264
활변(活變) 363
회국(會局) 168, 190, 191, 193, 226, 237, 330, 337, 340, 346, 349, 399, 432, 435, 436, 444, 450, 451, 516, 523, 552, 570, 571, 581, 592
회극(回剋) 450, 451, 453, 547, 552, 553, 570, 578, 580, 610, 612, 616

회록(會祿) 290
회합(會合) 92, 93, 125, 126, 128, 132, 141~145, 148, 153, 179, 187, 188, 194, 198, 213, 215, 237, 239, 241, 243, 248, 250, 254, 259, 327, 335, 336, 341, 342, 344~346, 348, 350, 374, 376, 378, 380, 382, 383, 387, 405, 430, 433, 444, 460, 491, 499, 500, 505, 512, 523, 525, 535, 537, 541, 547, 549, 550, 571, 574, 582, 589~591, 594, 597, 609, 615, 622, 624, 628, 646, 648
효신(梟神) 78, 105, 165, 175, 266, 273, 274, 318, 429
휴수(休囚) 96, 116, 119
흉성(凶性) 319, 357, 358, 521, 523, 553
희기(喜忌) 59, 94, 117, 161, 164, 191, 218, 235, 268, 306, 309, 311, 330, 334, 341, 347, 357, 363, 364, 392, 396, 400, 413~415, 429, 468, 476, 480, 484, 512, 517, 518, 543, 546, 548, 554, 581, 606, 627
희신(喜神) 104, 106, 160~162, 207, 211, 213, 246, 268, 285, 297, 301, 303, 309, 315, 320~322, 330, 339, 374, 405, 428, 432, 433, 449, 525, 533, 536

원문 예시 명조 찾아보기

12절도사(十二節度使) 명조: 형합격(刑合格) 645, 646

가

가 평장(賈平章) 명조 569, 571, 580
갈 참정(葛參政) 명조 395, 414
고관무보(孤官無輔) 명조 206, 321, 374, 376
고 상서(高尙書) 명조 590, 591
고 태위(高太尉) 명조 113
곽 통제(郭統制) 명조: 정란차격(井欄叉格) 642~644
관살유제(官煞有制) 명조 442, 443
관살혼잡(官煞混雜) 명조 198, 324, 342, 344, 381, 442, 443, 458, 503, 572, 599
공 지현(龔知縣) 명조 463, 464, 478
금수상함(金水相涵) 명조 228, 229, 236, 596, 597
김 승상(金丞相) 명조 174, 584, 585, 608
김 장원(金狀元) 명조 170, 377, 378, 387

나

나 어사(羅御史) 명조: 자요사격(子遙巳格) 648, 651
나 장원(羅狀元) 명조 522, 524, 541
누 참정(婁參政) 명조 592, 593, 615

다

도충격(倒沖格) 명조 : 관운장(關雲長) 명조 ① 630
도충격(倒沖格) 명조 ② 631
도통제(都統制) 명조 529, 530, 545

마

마 참정(馬參政) 명조 171, 265, 434, 435, 453
모 장원(毛狀元) 명조 180, 450, 424
모 장원(茅狀元) 명조 434
목 동지(穆同知) 명조 569, 570, 578

바

범 태부(范太傅) 명조 382

사

사 각로(謝閣老) 명조 367, 461, 462, 477
사 춘방(史春芳) 명조 173, 520, 521, 541
상 국공(常國公) 명조 172, 180, 466, 480
서 상서(舒尙書) 명조 468, 486
선 참국(宣參國) 명조 379, 380
설 상공(薛相公) 명조 385
손 포정(孫布政) 명조 436, 455
시상편관격(時上偏官格)으로 오인 명조 357
심 낭중(沈郞中) 명조 501, 503, 515
심 노분(沈路分) 명조 463, 464, 478

아

악 통제(岳統制) 명조 501, 502, 514
양 승상(梁丞相) 명조 172, 461, 462, 477
양 시랑(楊侍郞) 명조 171, 179, 416
어느 상서(尙書) 명조 ① 221
어느 상서(尙書) 명조 ② 411
어느 승상(丞相) 명조 ① 530, 545
어느 승상(丞相) 명조 ② 567, 579
어느 승상(丞相) 명조 ③ 535, 552
어느 승상(丞相) 명조 ④ 566, 567, 578
어느 평장(平章) 명조 598, 599, 618
오 상공(吳相公) 명조: 일기격(一氣格) 623, 624
오 방안(吳榜眼) 명조 419
왕 소사(王少師) 명조 586, 587, 609
왕 시랑(汪侍郞) 명조 172, 302, 437, 438, 457
왕 십만(王十萬) 명조: 종재격(從財格) 638, 640
왕 총병(王總兵) 명조 181, 601, 602, 619
왕 태복(王太僕) 명조 409, 410
왕 학사(汪學士) 명조 403, 422
우 감부(牛監簿) 명조 439, 440, 459
원 내각(遠內閣) 명조 174, 181, 594, 595, 614
유 운사(劉運使) 명조 498, 499, 512
유 제태(劉堤台) 명조 97, 474, 475, 483
이 시랑(李侍郞) 명조: 종살격(從煞格) 639, 641
이 어사(李御史) 명조 179, 406

원문 예시 명조 찾아보기 681

이 장원(李狀元) 명조 172, 432, 433, 451
이 지부(李知府) 명조 584, 585, 609
이 참정(李參政) 명조 179, 379, 381
인투칠살(印投七煞) 명조 445
일품귀격(一品貴格) 명조: 화격(化格) 626, 627
임 상서(林尙書) 명조 409, 410
임 회후(臨淮侯) 명조 431, 432, 450

|차|

작은 부자 명조 225, 398, 399
잡기재왕생관격(雜氣財旺生官格) 명조 366
장 도통(張都統) 명조 174, 588, 611
장 승상(章丞相) 명조 537, 552
장 장원(張狀元) 명조 596, 597, 616
장 지현(張知縣) 명조: 조양격(朝陽格) 632, 633
장 참정(張參政) 명조 171, 428, 429, 448, 449
장 통제(章統制) 명조: 요합격(遙合格) 648, 649
전 참정(錢參政) 명조 468, 469, 486
정 승상(鄭丞相) 명조 536, 553
제살유관(制煞留官) 명조 599, 618
조 시랑(趙侍郎) 명조 407, 426
조 승상(趙丞相) 명조: 합록격(合祿格) ① 635, 636, 637
조 원외(趙員外) 명조 504, 516
조 지부(趙知府) 명조 443, 444
주 상서(朱尙書) 명조 431, 449
주 승상(周丞相) 명조 497, 511
증 참정(曾參政) 명조 171, 398, 417
지극히 높은 등급 명조 491, 508
진 용도(秦龍圖) 명조 525, 542

|차|

채 귀비(蔡貴妃) 명조 173, 531, 532, 546
촉왕(蜀王) 명조: 합록격(合祿格) ② 635, 636

|타|

탈탈 승상(脫脫丞相) 명조 492, 493, 509

|파|

패라 평장(孛羅平章) 명조 526, 527, 543

평강백(平江伯) 명조 400, 402, 419

하
하 각로(夏閣老) 명조 531, 533, 548
하 참정(何參政) 명조 494, 510
합살유관(合煞留官) 명조 113, 442, 595, 618
합재존식(合財存食) 명조 439, 441
호 회원(胡會元) 명조 172, 466, 482
화겁위재(化劫爲財) 명조 589, 590
황 도독(黃都督) 명조 227, 465, 487

자평진전평해

원저자 / 심효첨(沈孝瞻)
역해자 / 강윤용(姜允茸)

발행처 / 도서출판 소강
발행인 / 김병성
발행일 / 초판 1쇄 2018. 6. 2.
등록번호 / 카2-47
등록일 / 1995. 2. 9
주소 / 부산광역시 서구 대영로 85번길 6
전화 / 051)247-9106 팩스 / 051)248-2176

값29,000원
ISBN 978-89-86733-42-6 93140
※잘못된 책은 바꿔드립니다.